香港文庫
研究資料叢刊

早期香港史研究資料選輯

研究資料選輯

上冊

馬金科

主編

地圖

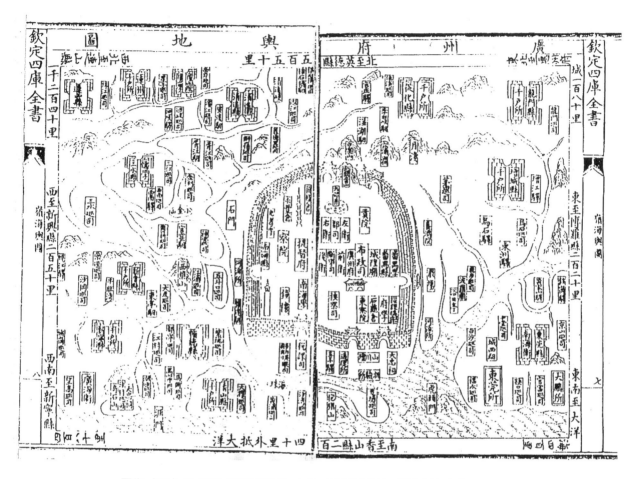

圖為（明）姚虞撰《嶺海輿圖》中的〈廣州府圖〉所標出的香港地區。應係萬曆元年以前圖，香港為東莞縣屬。

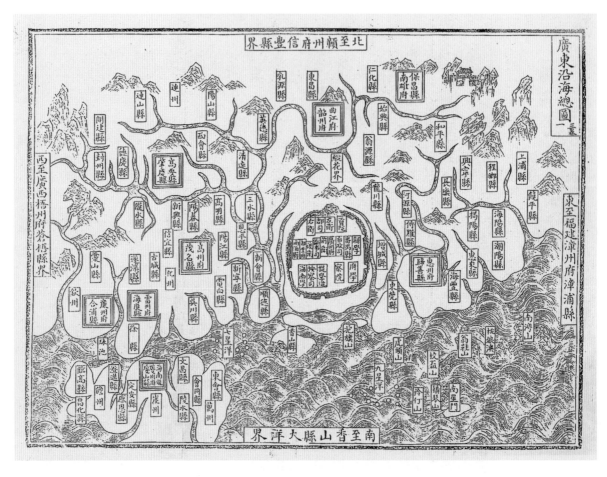

圖為（明）胡宗憲撰《籌海總編》卷三中的〈廣東沿海總圖〉。當時香港地區屬東莞縣。

圖為（明）郭棐撰《粵大記》中〈廣東沿海圖〉所見之香港島。因內地版本圖不清，摘自香港學者著述。

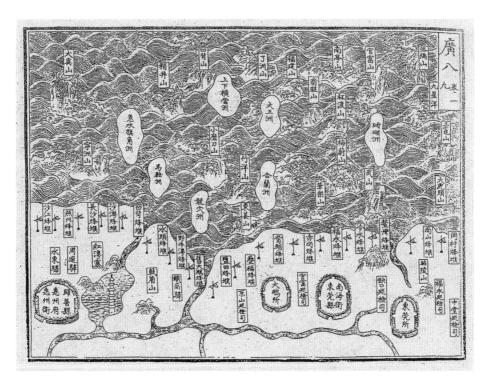

此圖為（明）胡宗憲撰《籌海圖編》中香港一帶的衛所、烽堠圖。當時香港一帶屬東莞縣。

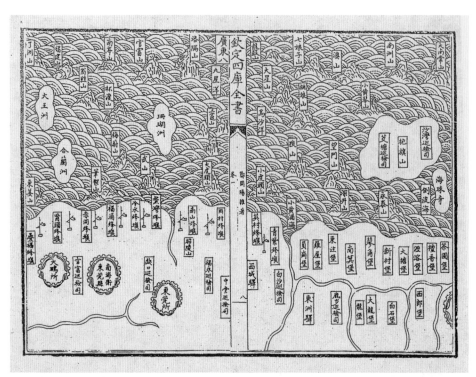

（明）鄭若曾（開陽）撰《鄭開陽雜著》中的〈萬里海防圖論〉錄有東莞縣沿海圖。
當時香港地區屬東莞縣。

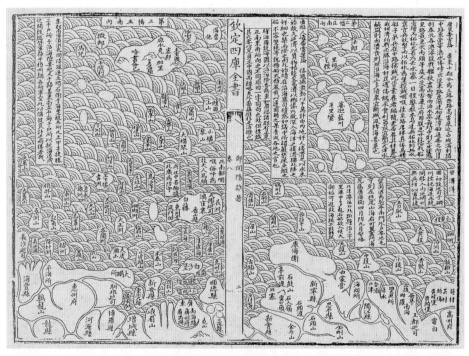

此圖為（明）鄭若曾撰《鄭開陽雜著》卷八〈海防一覽〉中的廣州、惠州府沿海圖。
從圖中可見已標出新安縣，此圖當為萬曆元年後繪。

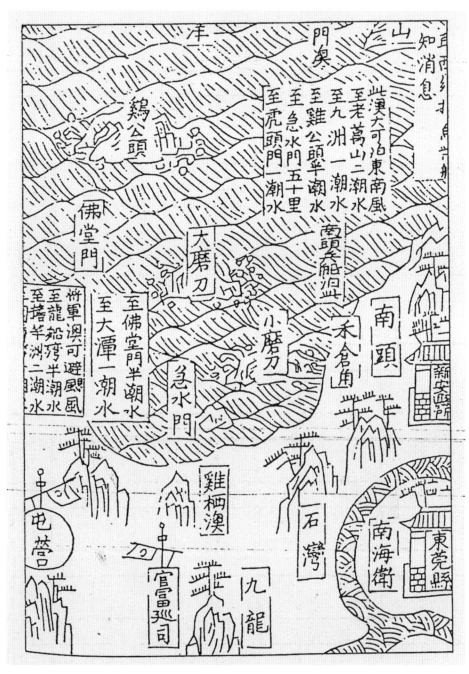

此圖為明代《蒼梧總督軍門志》中所載官富巡司之位置

此圖為明代《蒼梧總督軍門志》中的南頭寨圖

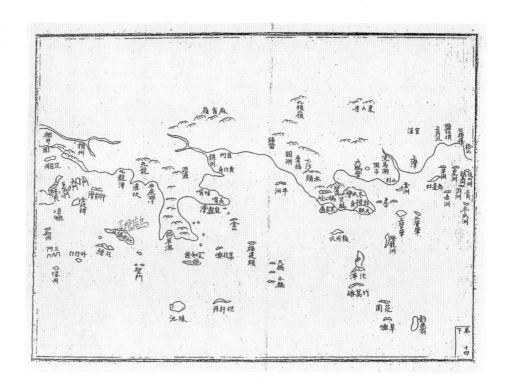

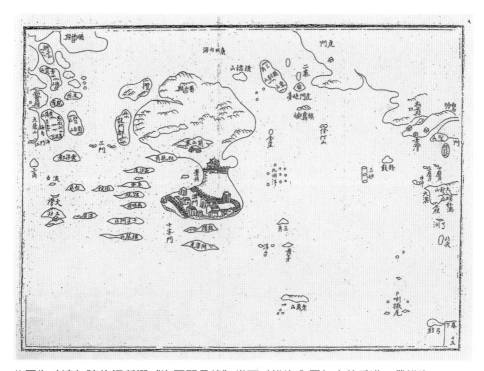

此圖為（清）陳倫炯所撰《海國聞見錄》卷下〈沿海全圖〉中的香港一帶沿海地圖（二幅）

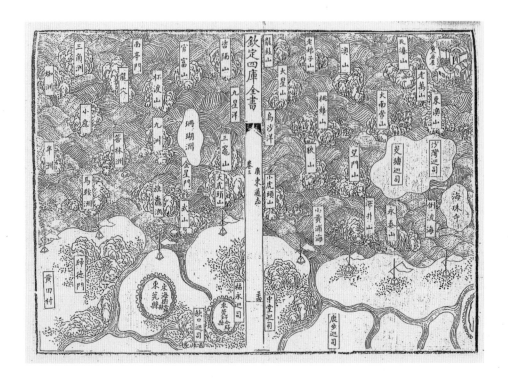

此四圖為（清）雍正時郝玉麟等監修、魯曾煜等纂《廣東通志》中香港一帶的地區形勢圖。

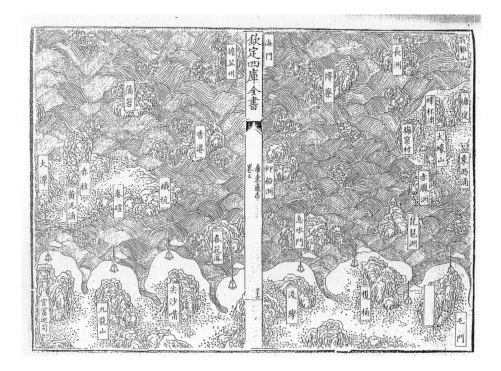

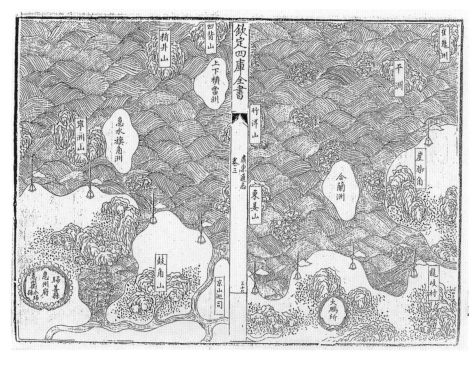

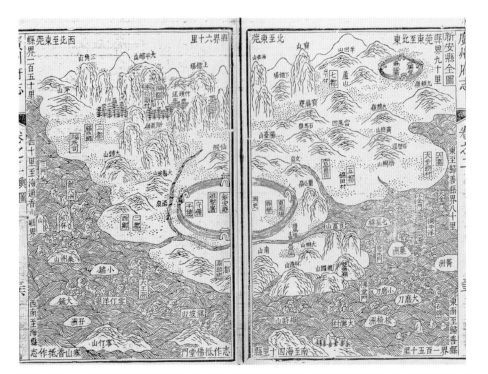

圖為（清）李侍堯等纂《廣州府志》中的〈新安縣全圖〉（此書為乾隆二十四年〔1759〕刊本）

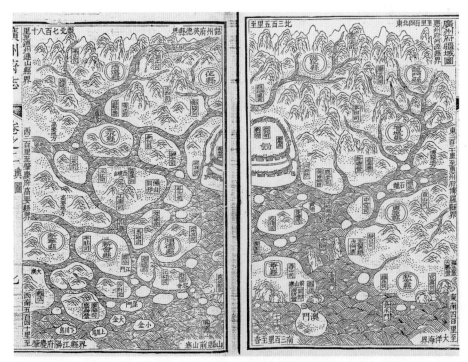

圖為（清）李侍堯等纂《廣州府志》中的〈廣州府疆域圖〉（乾隆二十四年〔1759〕刊本）

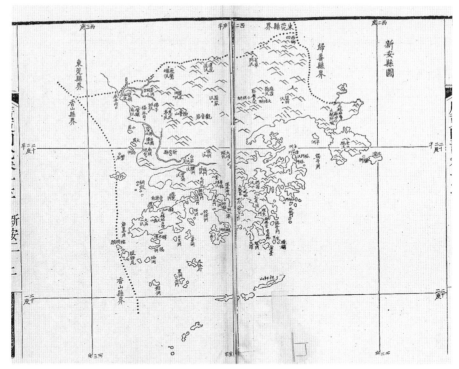

圖為（清）毛鴻賓、瑞麟等纂《廣東圖說》中的〈新安縣圖〉。該書〈凡例〉中記：香港雖已為"外國人等所居"而仍"載其形勢險易，原設營汛，新設海關及附近島嶼，以備考察"。

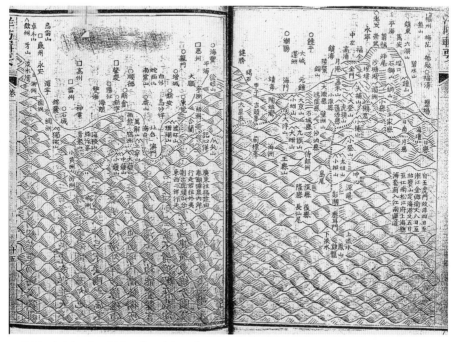

此圖為（清）嚴如熤輯《洋務輯要》收錄〈元明海運衛所圖〉中反映的香港地區海域情況

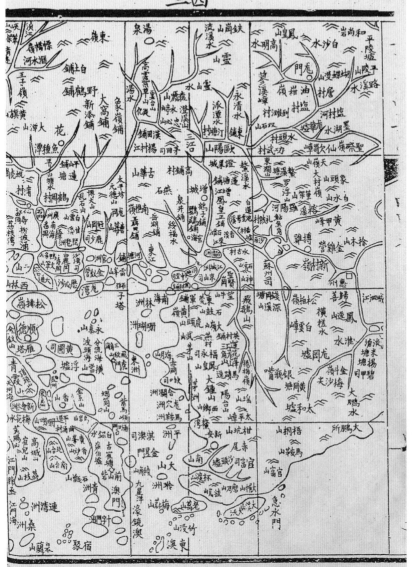

圖為（清）官文、嚴樹森繪《皇朝中外一統輿圖》中香港周圍一帶地區地圖。

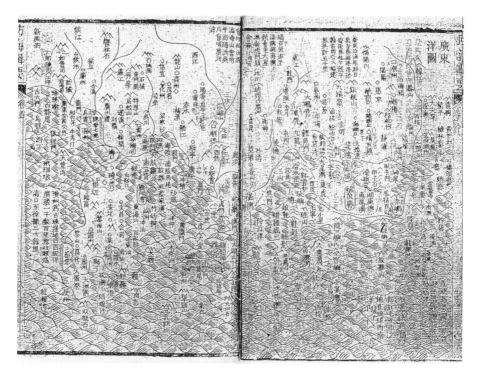

（清）俞昌會輯《防海輯要》中的《廣東洋圖》

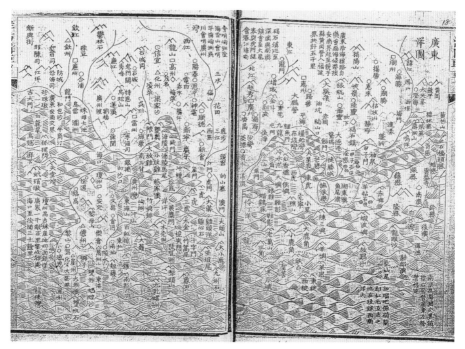

圖為（清）嚴如熤輯《洋防輯要》中的〈廣東洋圖〉。此書刻於光緒庚子年（1900），
較（清）俞昌會輯《防海輯要》中的〈廣東洋圖〉晚，看出是使用了俞昌會書中的
圖。圖中標出九龍、屯門、紅香爐等。

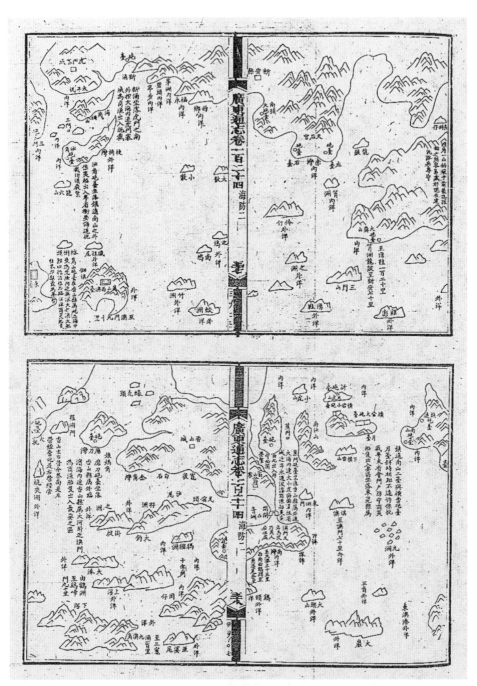

此四圖為（清）阮元纂《廣東通志》中的廣東中路香港地區一帶於嘉道時期的海防圖

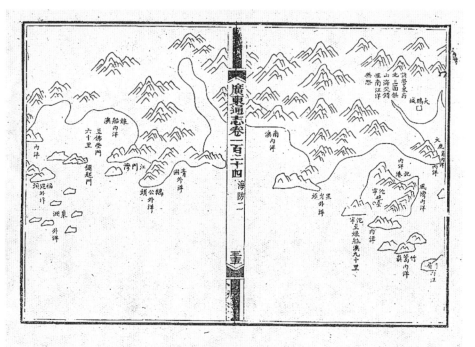

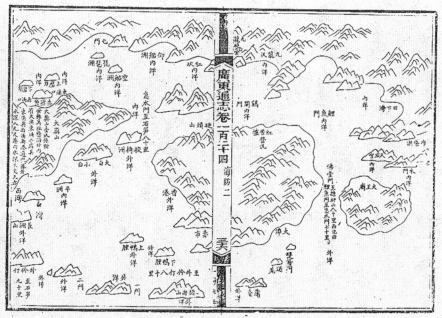

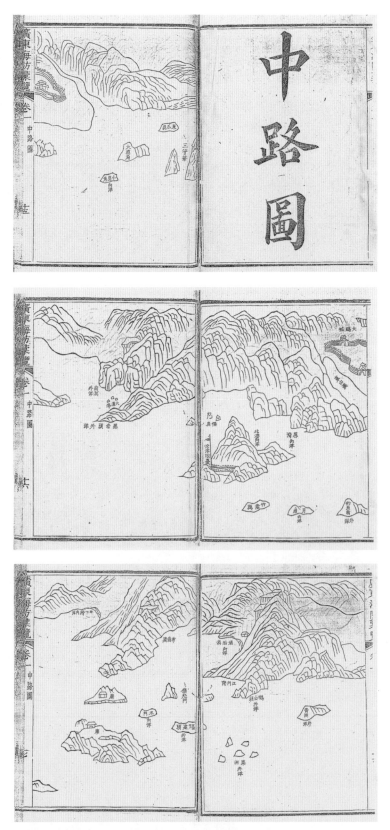

《廣東海防匯覽》中的清〈廣東中路海防圖〉六幅

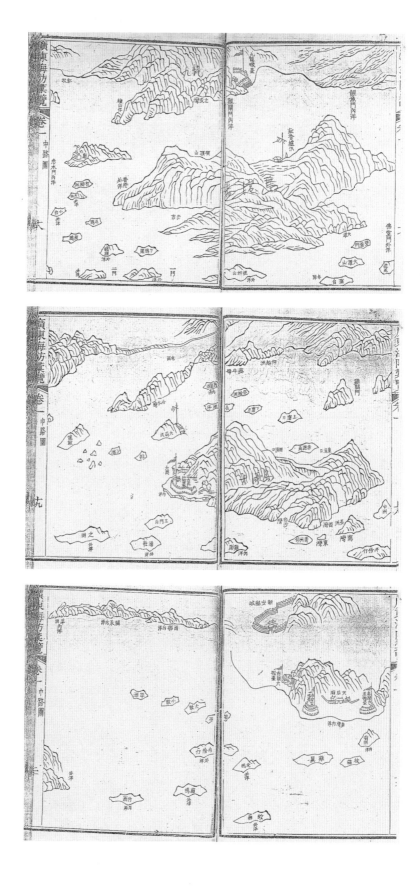

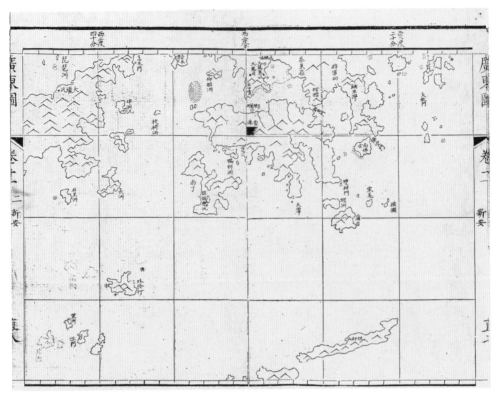

圖為（清）張之洞撰《廣東圖》中的香港一帶形勢圖

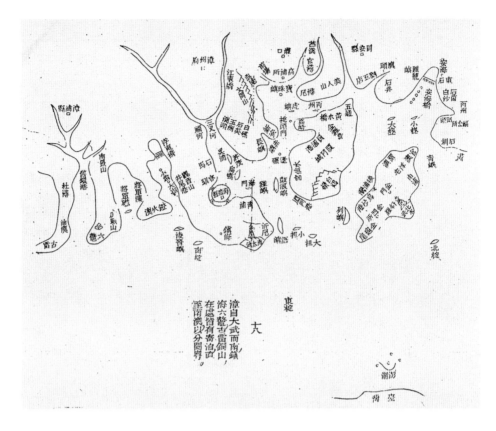

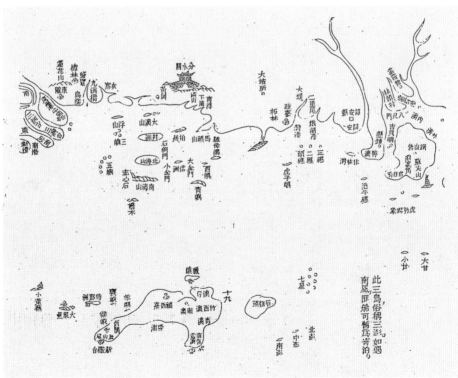

圖為（清）王之春撰《清朝柔遠記》中的〈廣東沿海形勢圖〉六幅

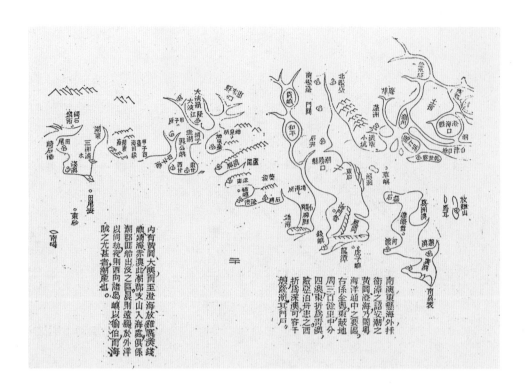

南澳東縣海外扞
衛漳之詔安潮之
黃岡澄海乃閩粵
海洋通中之要區
有係全閩要敝地
四澳東折為金澳
臉惡深澳可容千
艘臨洶泂其門戶

周三百餘里中分

內有黃岡、大澳而至澄海放雞鳾錢
嶺靖海赤澳此潮郡支山入海處俱係
潮郡匪船出沒之區晨則遠颺於外洋
以伺劫夜則西向諸島嶼以踰泊而海
賊之尤甚者潮座也。

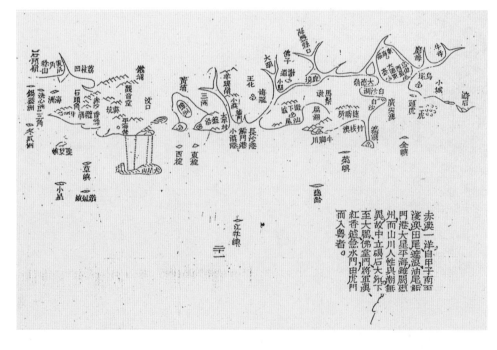

赤澳一洋自甲子南至
淺澳田尾遶浪油尾船
門港大虯平海雞蹗惡
州而山川人性與潮無
異故中立碶石大然下
至大鵬佛堂門將軍澳
紅香懸急水門由虎門
而入粵者。

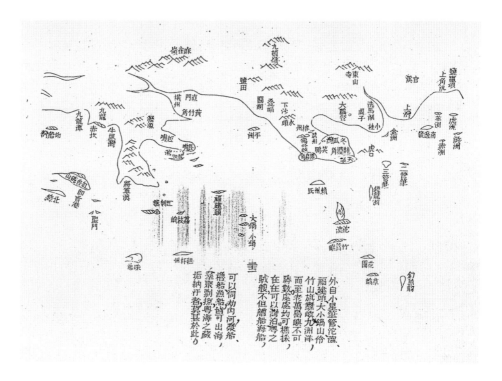

外自小星壼管沱濘、
福建頭、大小磡山俗
竹山旗漯峽九洲洋，
而至老萬舊島嶼不可
勝數處處均可樵採，
在在可以潛泊澳之，
賊艘不但腊船海船，

可以伺劫内河澳船、
撽船漁船皆可出海，
聚窟剝掠粤海之藪，
也垢納汙者孽甚於此。

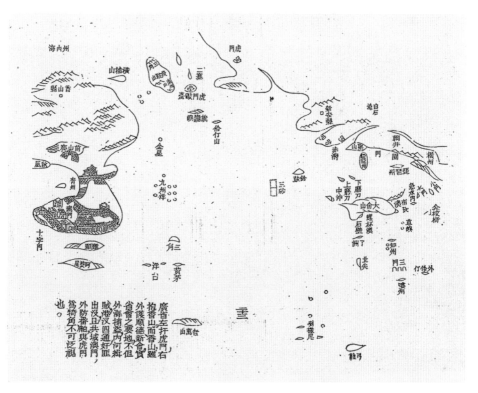

廣省至扞虎門右
抱香山而香山羅
拱順德新會皆
省會之要地不但
外海捕盜宜賣，
外防番舶與虎門
賊澳叉四通好匪
出沒擕舡不可泛禍
也。

道光初年香港之汎營塘房墩台及砲台位置圖

香港學者書中的〈道光初年香港之汎營塘房墩台及砲台位置圖〉

圖片

鴉片戰爭前的廣州黃埔港

鴉片戰爭前的香港

道光十九年（1839）停泊在廣東伶仃洋的英國鴉片躉船和外國鴉片走私船

收繳鴉片的地點之一——穿鼻洋龍穴島

道光十九年（1839）九月，九龍戰時的清九龍山砲台。

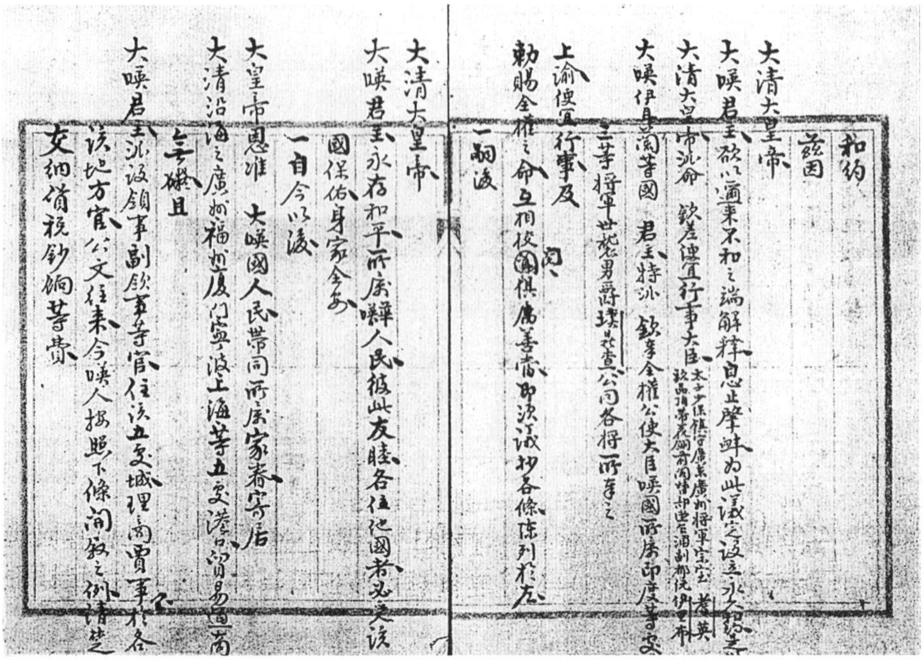

和約

大清大皇帝 茲因

大嘆君主欲以近來不和之端解釋息止釁爲此議定設立永久和約

大清大皇帝派命 欽差便宜行事大臣太子少保鎮守廣東廣州將軍宗室耆英 頭品頂戴花翎前閣督部堂乍浦副都統紅帶子伊里布

大嘆伊耳蘭等國 君主特派 欽奉全權公使大臣嘆國所屬印度等處

三等將軍世襲男爵璞鼎查公同各將所奉之

上諭便宜行事及

勅賜全權之命互相校閱俱屬善當即將議定各條陳列於左

一 嗣後

大清大皇帝

大嘆君主永存和平所屬華嘆人民彼此友睦各住他國者必受該

國保佑身家全安

一 自今以後

大皇帝恩准 大嘆國人民帶同所屬家眷寄居

大清沿海之廣州福州廈門寧波上海等五處港口貿易通商

無礙且

大嘆君主派設領事副領事等官住該五處城邑專理商賈事宜與各

該地方官公文往來令嘆人按照下條開敘之例清楚

交納貨稅鈔餉等費

中英《南京條約》（抄本）（一）

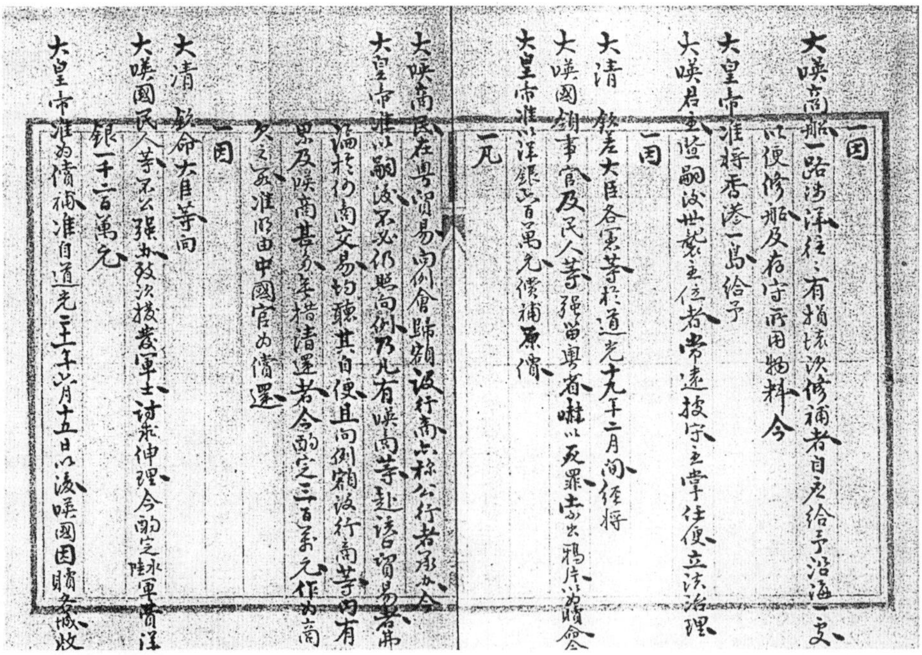

一 因

大嘆商船遠路涉洋往往有損壞須修補者自應給予沿海一處

以便修船及存守所用物料 今

大皇帝准將香港一島給予

大嘆君主暨嗣後世襲主位者常遠據守主掌任便立法治理

一 因

大清 欽差大臣等於道光十九年二月間經將

大嘆國領事官及民人等強留粵省嚇以死罪索出鴉片以爲贖命

大皇帝准以洋銀六百萬元償補原價

一 凡

大嘆商民在粵貿易向例全歸額設行商亦稱公行者承辦今

大皇帝准以嗣後不必仍照向例乃凡有嘆商等赴各該口貿易者勿論與何商交易均聽其便且向例額設行商等內有

累及嘆商甚多無措清還者今酌定洋銀三百萬元作爲商

欠之數准明由中國官爲償還

一 因

大清 欽命大臣等向

大嘆國官民人等不公強辦致須撥發軍士討求伸理今酌定水陸軍費洋

銀一千二百萬元

大皇帝准爲償補惟自道光二十一年六月十五日以後嘆國因贖各城收

中英《南京條約》（抄本）（二）

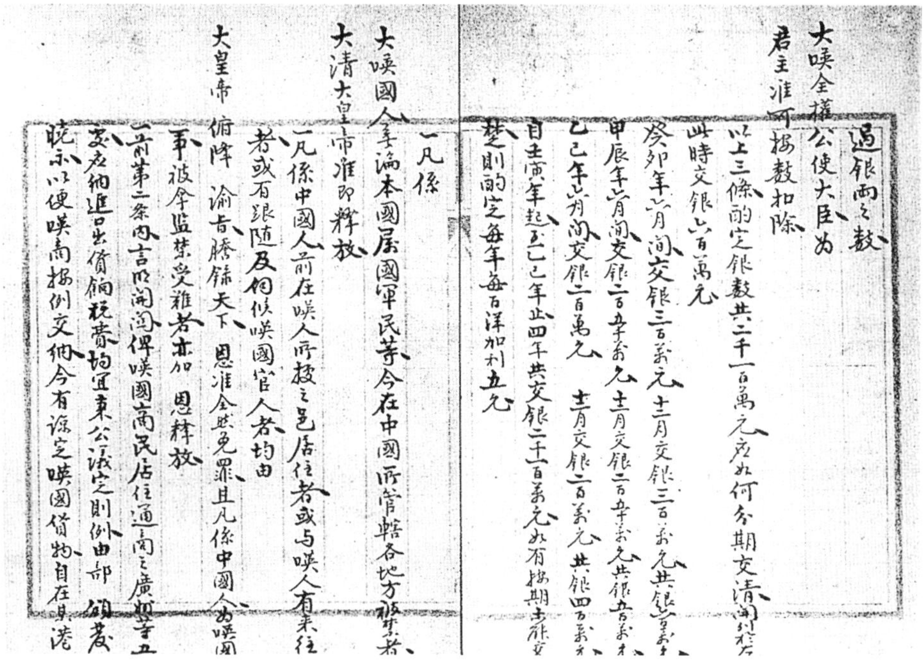

中英《南京條約》（抄本）（三）

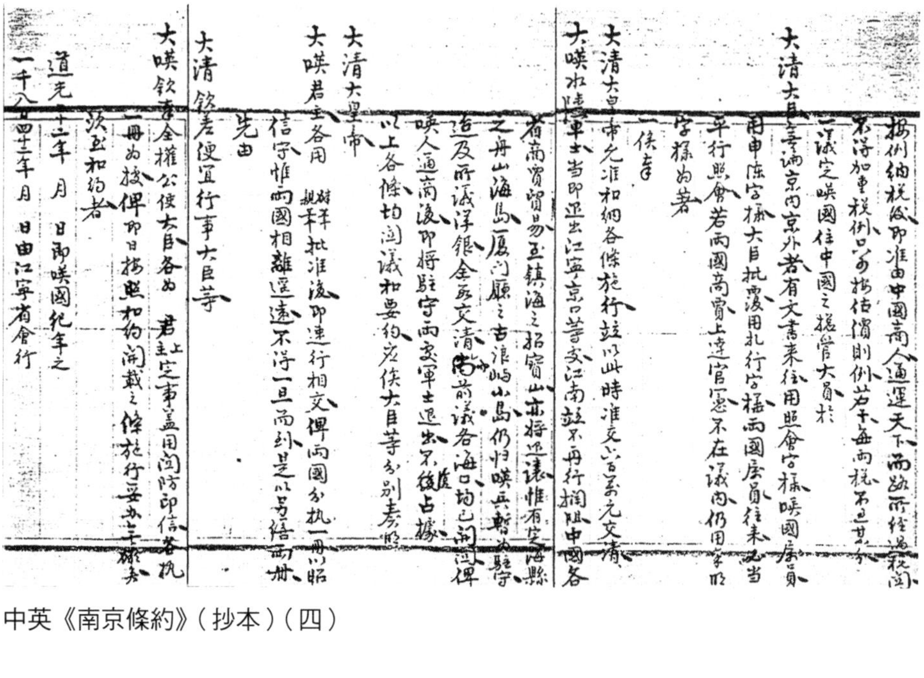

中英《南京條約》（抄本）（四）

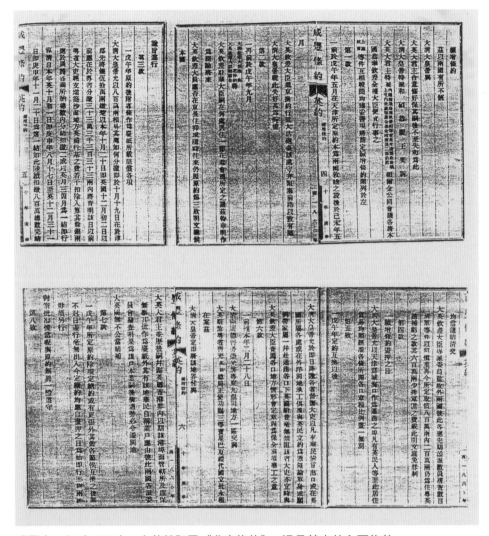

咸豐十一年（1861），中英簽訂了《北京條約》。這是其中的主要條款。

第一次鴉片戰爭後的香港（圖片由中國革命博物館提供）

道光二十六年（1846）前後的香港（圖片摘自謝敏聰《中華歷史圖鑑》）

咸豐五年（1855）前後的香港（圖片摘自謝敏聰《中華歷史圖鑑》）

咸豐九年（1859）香港中區海濱（圖片摘自毛佩奇、李澤奉《歲月河山》）

香港匯豐銀行（圖片摘自李樹等《中國歷史圖說——清代卷》）

中英《北京條約》的簽訂（圖片摘自李樹等《中國歷史圖說——清代卷》）

中英《北京條約》永租九龍司地
方一區（圖片由中國革命博物館
提供）

大英欽奉全權善定事宜公使大臣駐中華領事義

為照會事

接據

貴大臣爵閣部堂來文均已閱悉諒恩

貴大臣爵閣部堂極欲承平以使兩國彼此和好且知籌畫盡善

之中所遇難辦之處已屬不少本公使亦欲承平相和自應認負

重責以期萬全今擬照依

貴大臣爵閣部堂來文辦理一面以香港一島接收為英國寄

居貿易之所一面以定海及此間沙角大角等處統行繳還

《南京條約》談判期間，義律向清
政府發出的有關割讓香港的照會
（圖片由中國革命博物館提供）。

溯查多年以來素悉香港一處非展拓界址不足以資
保衛今中英兩國政府議定大略按照粘附地圖展擴
英界作爲新租之地其所定詳細界綫應俟兩國派員
勘明後再行畫定以九十九年爲限期又議定所有現
在九龍城內駐紮之中國官員仍可在城內各司其事
惟不得與保衛香港之武備有所妨礙其餘新租之地
專歸英國管轄至九龍向通新安陸路中國官民照常
行走又議定仍留附近九龍城原舊馬頭一區以便中

《展拓香港界址專條》第一頁（圖片由中國革命博物館提供）

國兵商各船渡艇任便往來停泊且便城內官民任便
行走將來中國建造鐵路至九龍英國管轄之界臨時
商辦又議定在所展界內不可將居民迫令遷移產業
入官若因修建衙署造築礮台等官工需用地段皆應
從公給價自開辦後遇有兩國交犯之事仍照中英原
約香港章程辦理查按照粘附地圖所租與英國之地
內有大鵬灣深圳灣水面惟議定該兩灣中國兵船無
論在局內局外仍可享用
此約應於畫押後自中國五月十三日即西歷七月初

《展拓香港界址專條》第二頁

一號開辦施行其
批准文據應在英國京城速行互換爲此兩國大臣將此專
條畫押蓋印以昭信守
此專條在中國京城繕立漢文四分英文四分共八分
大清國　太子太傅文華殿大學士一等肅毅伯李
　　　　經筵講官禮部尚書許
大英國欽差駐劄中華便宜行事大臣竇

《展拓香港界址專條》第三頁

光緒五年（1879）《申報》、《益聞錄》登載的
英船廠中國工人罷工情況。

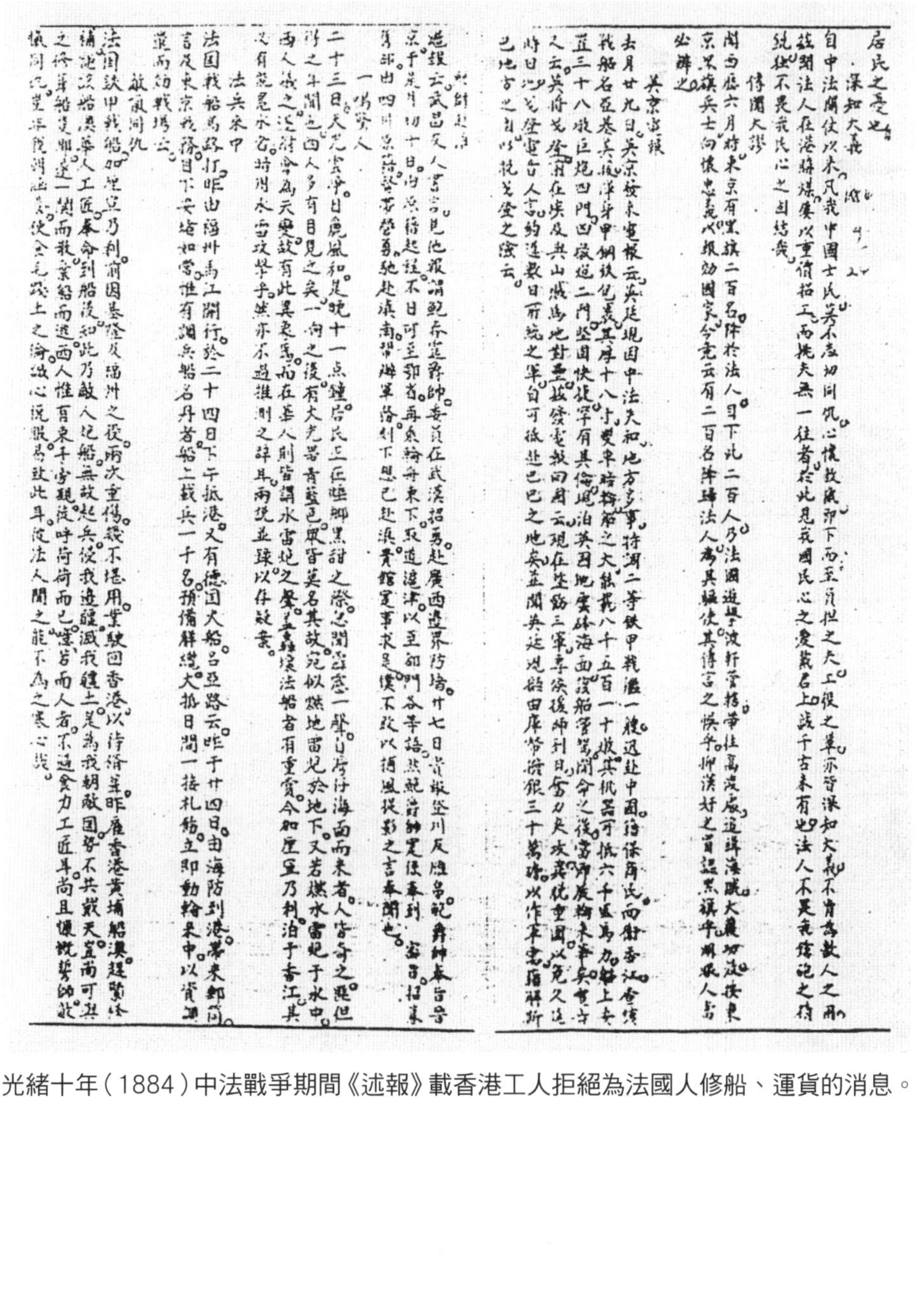

光緒十年（1884）中法戰爭期間《述報》載香港工人拒絕為法國人修船、運貨的消息。

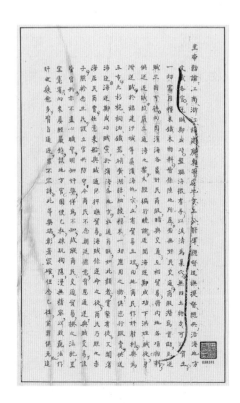

順治十八年（1661）十二月十八日下令
嚴立通海之禁的抄件複印件

總

序

香港，作為中國南部海濱一個重要的海港城市，有著特殊的社會經歷和文化特質。它既是中華文化值得驕傲的部分，又是具有強烈個性的部分。尤其在近現代時期，由於處於中西文化交匯的前沿地帶，因而還擁有融匯中西的大時代特徵。回顧和整理香港歷史文化積累的成果，遠遠超出整理一般地域文化歷史的意義。從宏觀的角度看，它在特定的時空範疇展現了中華文化承傳、包容的強大生命力，從而也反映了世界近代文化發展的複雜性和多面性。

梁啟超在《中國歷史研究法》中對有系統地收集史料和研究成果的重要性，曾作這樣的論述：

> 大抵史料之為物，往往有單舉一事，覺其無足輕重；及彙集同類之若干事比而觀之，則一時代之狀況可以跳活表現。比如治庭院者，孤植草花一本，無足觀也；若集千萬本，蒔已成畦，則絢爛炫目矣。[1]

近三十年來香港歷史文化研究，已有長足的進步，而對香港社會歷史文化的認識，到了一個全面、深入認識、整理和繼續探索的階段，因而《香港文庫》可視為時代呼喚的產物。

（一）

曾經在一段時間內，有些人把香港的歷史發展過程概括為從 "小漁村到大都會"，即把香港的歷史過程，僅僅定格在近現代史的範疇。不知為什麼這句話慢慢成了不少人的慣用語，以致影響到人們對香港歷史整體的認識，故確有必要作一些澄清。

從目前考古掌握的資料來看，香港地區的有人類活動歷史起碼可以上溯到新石器中期和晚期，是屬於環珠江口的大灣文化系統的一部分。由此我們可以清楚地看到，香港的地理位置從遠古時期開始，就

---

1 梁啟超：《中國歷史研究法》〔香港：三聯書店（香港）有限公司，2000〕，69 頁。

決定了它與中國大陸不可分割的歷史關係。它一方面與鄰近的珠江三角洲人群的文化互動交流，同時與長江流域一帶的良渚文化有著淵源的關係。到了青銅器時代，中原地區的商殷文化，透過粵東地區的浮濱文化的傳遞，已經來到香港。[2]

還有一點不可忽視的是，香港位於中國東南沿海，處於東亞古代海上走廊的中段，所以它有著深遠的古代人口流動和文化交流的歷史痕跡。古代的這種歷史留痕，正好解釋它為什麼在近現代能迅速崛起所具備的自然因素。天然的優良港口在人類歷史的"大航海時代"被發掘和利用，是順理成章的事，而它的地理位置和深厚的歷史文化根源，正是香港必然回歸祖國的天命。

香港實際在秦代已正式納入中國版圖。而在秦漢之際所建立的南越國，為後來被稱為"嶺南"的地區奠定了重要的政治、經濟和文化基礎。[3]香港當時不是區域政治文化中心，還沒有展示它的魅力，但是身處中國南方的發展時期，大區域的環境無疑為它鋪墊了一種潛在的發展力量。我們應該看到，當漢代，廣東的重要對外港口從徐聞、合浦轉到廣州港以後，從廣州出海西行到南印度"黃支"的海路，途經現在香港地區的海域。香港九龍漢墓的發現可以充分證實，香港地區當時已經成為南方人口流動、散播的區域之一了。[4]所以研究中國古代海上絲綢之路，不應該完全忘卻對香港古代史的研究。

到了唐宋時期，廣東地區的嶺南文化格局已經形成。中國人口和政治重心的南移、珠江三角洲地區進入"土地生長期"等因素都為香港人口流動的加速帶來新動力。所以從宋、元、明開始，內地遷移來香港地區生活的人口漸次增加，現在部分香港原住民就是這段歷史時

2　參看香港古物古蹟辦事處：〈香港近年的考古發現與研究〉，載《考古》第 6 期（2007），3-7 頁。

3　參看張榮方、黃淼章：《南越國史》（廣州：廣東人民出版社，1995）。

4　參看區家發：〈香港考古成果及其啟示〉，載王賡武主編：《香港史新編》（增訂版）〔香港：三聯書店（香港）有限公司，2017〕，3-42 頁。

期遷來的。[5]香港作為一個地區，應該包括港島、九龍半島和新界三個部分，所以到十九世紀四十年代，香港絕對不能說"只是一條漁村"。

我們在回顧香港歷史的時候，常常責難晚清政府無能，把香港割讓給英國，但是即使是那樣，清朝在《南京條約》簽訂以後，還是在九龍尖沙咀建立了兩座砲台，後來又以九龍寨城為中心，加強捍衛南九龍一帶的土地。[6]這一切說明清王朝，特別是一些盡忠職守的將領一直沒有忘記自己國家的土地和百姓，而到了今天，我們卻沒有意識到說香港當英國人來到的時候只是"一條漁村"，這種說法從史實的角度看是片面的，而這種謬誤對年輕一代會造成歸屬感的錯覺，很容易被引申為十九世紀中期以後，英國人來了，香港才開始它的歷史，以致完整的歷史演變過程被隱去了部分。所以從某種意義上看，懂得古代香港的歷史是為了懂得自己社會和文化的根，懂得今天香港回歸祖國的歷史必然。因此，致力於香港在十九世紀中葉以前歷史的研究和整理，是我們《香港文庫》特別重視的一大宗旨。

（二）

曲折和特別的近現代社會進程賦予這個地區的歷史以豐富內涵，所以香港研究是一個範圍頗為複雜的地域研究。為此，本文庫明確以香港人文社會科學為範疇，以歷史文化研究資料、文獻和成果作為文庫的重心。具體來說，它以收集歷史和當代各類人文社會科學方面的作品和有關文獻資料為己任，目的是為了使社會大眾能全面認識香港文化發展的歷程而建立的一個帶知識性、資料性和研究性的文獻平台，充分發揮社會現存有關香港人文社會科學方面資料和成果的作

5　參看霍啟昌：〈十九世紀中葉以前的香港〉，載《香港史新編》（增訂版），43-66 頁。

6　其實我們如果細心觀察九龍城在第一次鴉片戰爭以後形成的過程，便可以看到清王朝對香港地區土地力圖保護的態度，而後來南九龍的土地在第二次鴉片戰爭中失去，主要是因為軍事力量對比過於懸殊。

用，承前啟後，以史為鑒。在為人類的文明積累文化成果的同時，也為香港社會的向前邁進盡一份力。

我們希望《香港文庫》能為讀者提供香港歷史文化發展各個時期、各種層面的狀況和視野，而每一種作品或資料都安排有具體、清晰的資料或內容介紹和分析，以序言的形式出現，表現編者的選編角度和評述，供讀者參考。從整個文庫來看，它將會呈現香港歷史文化發展的宏觀脈絡和線索，而從具體一個作品來看，又是一個個案、專題的資料集合或微觀的觀察和分析，為大眾深入了解香港歷史文化提供線索或背景資料。

從歷史的宏觀來看，每一個區域的歷史文化都有時代的差異，不同的歷史時期會呈現出不同的狀況，歷史的進程有快有慢，有起有伏；從歷史的微觀來看，不同層面的歷史文化的發展和變化會存在不平衡的狀態，不同文化層次存在著互動，這就決定了文庫在選題上有時代和不同層面方面的差異。我們的原則是實事求是，不求不同時代和不同層面上數量的刻板均衡，所以本文庫並非面面俱到，但求重點突出。

在結構上，我們把《香港文庫》分為三個系列：

1. "香港文庫‧新古今香港系列"。這是在原三聯書店（香港）出版有限公司於 1988 年開始出版的 "古今香港系列" 基礎上編纂的一套香港社會歷史文化系列。以在香港歷史中產生過一定影響的人、事、物和事件為主，以通俗易懂的敘述方式，配合珍貴的歷史圖片，呈現出香港歷史與文化的各個側面。此系列屬於普及類型作品，但絕不放棄忠於史實、言必有據的嚴謹要求。作品可適當運用注解，但一般不作詳細考證、書後附有參考書目，以供讀者進一步閱讀參考，故與一般掌故性作品以鋪排故事敘述形式為主亦有區別。

"香港文庫‧新古今香港系列" 部分作品來自原 "古今香港系列"。凡此類作品，應對原作品作認真的審讀；特別是對所徵引的資料部分，應認真查對、核實，亦可對原作品的內容作必要的增訂或說明，使其更為完整。若需作大量修改者，則應以重新撰寫方式處理。

本系列的讀者定位為有高中至大專水平以上的讀者，故要求可讀性與學術性相結合。以文字為主，配有圖片，數量按題材需要而定，一般不超過 30 幅。每種字數在 10 到 15 萬字之間。文中可有少量注解，但不作考證或辯論性的注釋。本系列既非純掌故歷史叢書，又非時論或純學術著作，內容以保留香港地域歷史文化為主旨。歡迎提出新的理論性見解，但不宜佔作品過大篇幅。希望此系列成為一套有保留價值的香港歷史文化叢書，成為廣大青少年讀者和地方史教育的重要參考資料。

2. "香港文庫·研究資料叢刊"。這是一套有關香港歷史文化研究的資料叢書，出版目的在於有計劃地保留一批具研究香港歷史文化價值的重要資料。它主要包括歷史文獻、地方文獻（地方誌、譜牒、日記、書信等）、歷史檔案、碑刻、口述歷史、調查報告、歷史地圖及圖像以及具特別參考價值的經典性歷史文化研究作品等。出版的讀者對象主要是大、中學生與教師，學術研究者、研究機構和圖書館。

本叢刊出版強調以原文的語種出版，特別是原始資料之文本；亦可出版中外對照之版本，以方便不同讀者需要。而屬經過整理、分析而撰寫的作品，雖然不是第一手資料，但隨時代過去，那些經過反復證明甚具資料價值者，亦可列入此類；翻譯作品，亦屬同類。

每種作品應有序言或體例說明其資料來源、編纂體例及其研究價值。編纂者可在原著中加注釋、說明或按語，但均不宜太多、太長，所有資料應注明出處。

本叢刊對作品版本的要求較高，應以學術研究常規格式為規範。

作為一個國際都會，香港在研究資料的整理方面有一定的基礎，但從當代資料學的高要求來說，仍需努力，希望叢刊的出版能在這方面作出貢獻。

3. "香港文庫·學術研究專題"。香港地區的特殊地理位置和經歷，決定了這部分內容的重要。無論在古代作為中國南部邊陲地帶與鄰近地區的接觸和交往，還是在大航海時代與西方殖民勢力的關係，以至今天實行的"一國兩制"，都有不少是值得深入研究的課題。人們常用"破解"一詞去形容自然科學方面獲得新知的過程，其實在人文社會科學方面也是如此。人類社會發展過程的地區差異和時代變遷，都需要不斷的深入研究和探討，才能比較準確認識它的過去，如何承傳和轉變至今天，又如何發展到明天。而學術研究正是從較深層次去探索社會，探索人與自然的關係，把人們的認識提高到理性的階段。所以，圍繞香港問題的學術研究，就是認識香港的理性表現，它的成果無疑會成為香港文化積累和水平的象徵。

總序

由於香港無論在古代和近現代都處在不同民族和不同地區人口的交匯點，東西不同的理論、價值觀和文化之間的碰撞也特別明顯。尤其是在近世以來，世界的交往越來越頻密，軟實力的角力和博弈在這裡無聲地展開，香港不僅在國際經濟上已經顯示了它的地位，而且在文化上的戰略地位也顯得越來越重要。中國要在國際事務上取得話語權，不僅要有政治、經濟和軍事等方面的實力，在文化領域上也應要顯現出相應的水平。從這個方面看，有關香港研究的學術著作出版就顯得更加重要了。

"香港文庫‧學術研究專題"系列是集合有關香港人文社會科學專題著作的重要園地，要求作品在學術方面達到較高的水平，或在資料的運用方面較前人有新的突破，或是在理論方面有新的建樹，作品在體系結構方面應完整。我們重視在學術上的國際交流和對話，認為這是繁榮學術的重要手段，但卻反對無的放矢，生搬硬套，只在形式上抄襲西方著述"新理論"的作品。我們在選題、審稿和出版方面一定嚴格按照學術的規範進行，不趕潮流，不跟風。特別歡迎大專院校的專業人士和個人的研究者"十年磨一劍"式的作品，也歡迎翻譯外文有關香港高學術水平的著作。

（三）

簡而言之，我們把《香港文庫》的結構劃分為三個系列，是希望把普及、資料和學術的功能結合成一個文化積累的平台，把香港近現代以前、殖民時代和回歸以後的經驗以人文和社會科學的視角作較全面的探索和思考。我們將以一種開放的態度，以融匯穿越時空和各種文化的氣度，實事求是的精神，踏踏實實做好這件有意義的文化工作。

香港在近現代和當代時期與國際交往的歷史使其在文化交流方面亦存在不少值得總結的經驗，這方面實際可視為一種香港當代社會資本，值得開拓和保存。

毋庸置疑，《香港文庫》是大中華文化圈的一部分，是匯聚百川的中華文化大河的一條支流。香港的近現代歷史已經有力證明，我們在世界走向融合的歷史進程中，保留中華文化傳統的重要。香港今天的文化成果，說到底與中國文化一直都是香港文化底色的關係甚大。我們堅信過去如此，現在如此，將來也一定如此。

鄭德華

2017 年 10 月

前言

《早期香港史研究資料選輯》（1573—1898）經過我們一年多的緊張工作，終於脫稿了。據我所知，這個工作醞釀很久。1993 年三聯書店（香港）就已向我校出版社提出了編纂設想。當時，我校李文海校長非常重視此項工作，他很鄭重地將此項工作交給歷史系。歷史系負責人又將工作交給了我。這樣我邀請了幾位以研究中國近代史為主的同仁，根據自願原則成立起編纂小組，向三聯書店（香港）提出了初步編纂計劃。1994 年 7 月，三聯書店（香港）鄭德華先生親自來北京與我們編輯組見面，並把計劃確定下來。

在這一年多的緊張編選工作中，我們得到許多同仁和專家的關心幫助。我們組織過兩次討論會，李文海校長與胡繩武教授、王汝豐教授，北京師範大學龔書鐸教授均提出了一些好的建議。李校長還為本書題寫了書名。戴逸教授因外出開會未能蒞會。

1995 年元月，我有機會赴香港中文大學歷史系訪問。乘此好機會，我拜訪了香港吳倫霓霞教授和蕭國健教授。吳教授、蕭教授將他們的部分研究成果贈送給我，還熱情地支持我們的工作。香港學者研究本地歷史多年，碩果纍纍。他們的成就，無疑是我們應該認真學習的。

編輯《早期香港史研究資料選輯》時，因適逢第一歷史檔案館整理資料，我們便以明清時期古籍資料為主。時間基本上從明萬曆元年（1573）後至清光緒二十四年（1898）《展拓香港界址專條》的訂立。萬曆元年（1573）新安縣正式建置。因為有些史料不可能截然分開，又必然向上延伸一些，例如，說明新安縣的行政隸屬關係；新安縣沿海一帶的海防情況等等。再者，自嘉靖三十五年（1556）葡萄牙佔澳門後，香山濠鏡澳與香港島之間海域便成為外國船隻往來之處，"列廛市販，不下十餘國……。"從十七世紀後，香港沿海貿易日漸繁榮，海盜活動也日益增多。嘉靖時期，粵東海防即成為明政府高度重視的問題。

從我們所查閱的史料中，可以看到明清政府始終將香港地區作為新安縣的一部分。甚至在《南京條約》簽訂後，官方和私人著述中都仍標出香港一帶的形勢，如（清）毛鴻賓等纂《廣州府志》中〈新安縣圖〉，不僅標出香港地區，而且在〈凡例〉中記載其形勢險易，以備考察。還如（清）官文、嚴樹森等繪《皇朝中外一統圖》，（清）張之洞撰《廣東圖》中，均標有香港一帶形勢圖。

香港地區與新安縣、廣州府，乃至廣東省，在行政隸屬關係上自古以來是非常明確的。在《選輯》第一編中，列舉出大量史料以揭示香港與內地的不可分割，及與內地政治、經濟的密切聯繫。即使香港成為英國殖民地時，這種聯繫也未能中止，諸如太平天國革命、中法戰爭、中日甲午戰爭等，每一次大的政治事件，在香港都有所反映。而且在經濟上，香港也是外國對華貿易的重要中樞。這些方面的資料，第二、三兩編中收集不少。

從明朝以來，在倭寇、海盜猖獗時期，香港更是中國的海防前哨。史料中記載：嘉靖時粵東海防分為三路：東路、中路、西路。粵東海防三路的形成，與倭寇、海盜的三路進犯不無關係。據（明）嚴從簡著《殊域周咨錄》、（清）顧炎武著《天下郡國利病書》中記："海寇有三路，設巡海備倭官軍以守之。"當時的香港地區屬廣州府，為中路。

在十九世紀以前，明清政府將粵東三路作為防禦海寇入侵不可分割的三條防線。明太祖時期已在廣東設置二十四個衛所，廣州府即有七個衛、八個所，香港地區在粵東中路海防中佔重要位置，如（清）顧祖禹曾說：中路的重要之備在屯門、雞栖、佛堂門、冷水角、老萬山、虎頭門，其中大部分在現香港屬轄範圍內。隨着此地區人煙漸稠，加以受到倭寇、海盜侵擾等，早在明嘉靖末年，當地居民要求設縣管轄。萬曆元年（1573）明政府遂設新安縣，並加築南頭寨砲臺和加強佛堂門、伶仃洋一帶海防。

清初，東南沿海，特別是福建、廣東沿海很不平靜，反清鬥爭與海盜交織在一起，明末清初廣東衛所的建設有所荒廢。至清順治時期，面對反清的鬥爭，統治者開始感到整建海防衛所，加強海防的必要。當時，平南王耿繼茂、廣東巡撫李棲鳳說：往年水師裡外海哨船七百多艘，至順治十二年（1655）已僅有二百多艘，還不夠分防裡海的呢。到順治十六年（1659）遂有計劃地恢復沿海衛所，在廣東沿海設立煙墩、汛哨、砲臺，定為三里一墩、十里一臺。我們摘錄了（台灣）張偉仁主編的《清內閣大庫原藏明清檔案》中的有關史料，反映了順治時期對廣東海防的設置情況。

廣東的海防在遷海時發生很大變化。順治十三年（1656）六月十六日，清政府發佈的申嚴海禁敕諭中規定：不許片帆入口，一賊上岸，在沿海建土壩，樹木柵。順治十八年（1661）十二月十八日敕諭中又規定：自康熙元年（1662）後嚴立保甲法，不遵禁例者將嚴懲。在遷海時期，因遷入內地五十里，香港大部分地區為遷界外，因而撤新安縣，併入東莞縣。康熙二年（1663）東莞又被遷入三十里。遷海後從新安、沱濘、東至福建水陸交界各處，設砲臺二十五、城一座，駐兵一千四百五十名，裁大鵬所，還留一出海口子。廣州分為五個營。康熙七年（1668）展界，設新安營，設墩臺二十一座，大部在香港地區。後為八座，駐兵三十至五十名，其餘改為瞭望臺，每臺駐兵十名。至康熙二十三年（1684）統一台灣後，才基本恢復明初時衛所情況，定出春秋兩季巡海制度。

雍正後期，根據海盜等活動情況，又定出重點防守三十三缺。當時香港一帶為中缺。從乾隆中期後，海防逐步以防範外人為重點，至嘉慶時，已比較明確以防範西方兵船為主，對虎門、伶仃洋、大嶼山等處海防的重要性更為重視。

在第一編中，我們之所以重點反映香港地區的行政隸屬關係與明清以來海防設置情況，主要為說明香港與大陸的不可分割及其重要海防地理位置。為多挖掘史料，除了查找散在各種著述中的史料外，還通閱了順治元年至光緒二十四年的《清實錄》和張偉仁先生整理出的清內閣大庫檔（自順治元年一月二十六日至乾隆五十七年二月二十九日）。

第二編和第三編是本書的重點。主要收集自道光二十一年（1841）第一次鴉片戰爭爆發後，至光緒二十四年（1898）《展拓香港界址專條》訂立時的史料。關於琦善與義律對香港問題的談判，我們除摘錄清方資料外，還摘錄了日人佐佐木正哉的部分資料以備參考。因這一時期香港已成為英國殖民地，所以，當時中文史料的反映，必然與鴉片戰爭前不同。在那時，清人記載中，多為清英關係，或官紳對香港的觀感等，記載香港內部情況的，則為數不多。針對這一情況，除《清實錄》外，我們通閱了三朝《籌辦夷務始末》、《清季外交史料》、同治十一年（1872）至光緒二十四年（1898）的《申報》，並翻閱了各種文集，筆記等。收集了有關鴉片戰爭後清英關係、九龍城寨問題、太平天國餘部與香港，香港人民支援內地反侵略鬥爭、鴉片貿易、十九世紀中國士紳看香港等若干問題的史料。關於孫中山及其黨人在香港的活動，《選輯》中未涉及，原因是史料多，我們考慮以後以專題形式收集為好。

在英國佔據香港以前，香港一直是中國東南海防前哨。但因封建社會內商品經濟並不發達，作為香港特殊的經濟地理位置，並未顯示出來。可是，這並不意味着清政府不關心香港的得失，無論戰前和戰後，清政府曾三令五申，加強廣東沿海海防。道光二十年（1840）戰爭前夕，林則徐為增添防禦兵力，報請朝廷，將原大鵬營改為協，設副將，並將道光十年（1830）的左右兩營加強了兵力。又以修前山營剩餘生息金，在尖沙咀、官涌修建兩砲臺，安裝大砲五十門。

戰前，林則徐與鄧廷楨、關天培等將領，對廣東沿海防禦設施不謂不周，但由於清政府的愚昧無能，沒有強大的海上實力，東南沿海各省又缺乏像林則徐所佈置的那種防禦設施，因此，英國兵艦封鎖廣州灣後，率艦北上，清政府無力抵擋，被迫訂立《南京條約》，從而丟失了香港。

在這兩編中也收集了戰後清政府為挽回自己的損失，曾從幾個方面進行過努力：一是懲治琦善，命奕山見機收復香港。道光二十一年（1841）正月，當英人佔據香港後，道光曾諭知奕山"香港地方豈容給與逆夷泊舟寄住"？令奕山集各路官兵"一意進剿"。而奕山自知無力，只得敷衍搪塞，強調廣東砲臺需修，待虎門砲臺修好後，再見機進剿。甚至還提出什麼防備居住在廣東的在港華人家屬，招撫所謂"漢奸"，火焚香港等等。在琦善被道光革去大學士，拔去孔雀翎後不久，當年二月廣東巡撫怡良上奏皇帝：香港出現英示，示中說："爾等既為大英子民，自應順之。"道光見奏後，悖然大怒，令藉抄琦善家產，鎖逮來京等。從此項所收集的史料中，可以使我們更進一步形象地了解當時道光與一部分朝廷要官的無知。他們對香港的情況所知甚少，英佔香港後又無有效措施，在第一次鴉片戰爭中被打敗，自然是不可避免的。

二是香港島被英佔領後，為繼續管理在港和九龍的華人，又為防止商人在香港一帶走私漏稅與其他犯罪行為，清政府將官富司巡檢，移至九龍寨城，設九龍司巡檢，並定為海疆要缺。

原官富司巡檢位於新安縣治東南八十里，即官富寨。當九龍巡檢司設立後，其所轄村落，已較官富巡檢司少了。關於這方面情況，蕭國健教授所著《九龍城史論集》中記述的較為詳細具體。我們也從《清實錄》、《廣東圖說》等書中收集了一部分資料。九龍城寨在白鶴山南麓下，建石城一座，設置砲臺，在東南面配砲三十二門。城內還開池與水井、以石板鋪路、建副將、巡檢衛署、校場、兵房、火藥局等，還另闢空地建民居。城寨的一切防禦設施均已考慮到，建城均按傳統的風水習慣。以上資料可見《勘建九龍城砲臺文牘選》。我們認為由中國社會科學院近代史研究所劉蜀永先生整理的這份資料是很珍貴的。所以將《近代史資料》總七十四期所刊載的基本上收進來了。但由於光緒二十五年（1899）英國強佔九龍城後，實際上清政府已無法在九龍城內行使主權了。

三是由於香港與廣東沿海及內地聯繫非常密切，又為防範人民，清政府在十九世紀六十年代初期加強了廣東、深圳、九龍等地沿海防禦設施，在瑞麟、戴肇辰等纂《廣州府志》中有一些較為具體的記載。但隨着英人赫德控制中國海關，以及英國對九龍半島的強租，一切又都無濟於事了。

英國佔據香港後，香港很快成為列強侵略中國的堡壘。他們不僅在這裡策劃某些侵略戰爭的步署，還從這裡轉運軍火。例如中法、中日戰爭中，港英當局名為中立，實際上為法、日等提供各種方便和輸送軍火等。在列強以香港為據點侵略中國的同時，香港人民與內地人民共同擔負起抗擊侵略的鬥爭。光緒十年（1884）張之洞在致總署的函中指出：英國說，粵官主使香港人民抗法。總署詰問粵官，粵官則"以力不能答之"。從《選輯》中所收中法、中日戰爭時的資料，就充分體現香港人民與內地人民休戚與共的民族精神。

太平天國是中國近代歷史中一次大規模農民革命運動。這次運動波及之廣是中國歷史上任何農民戰爭所無法比擬的，而香港地區也有反映。在陳澧等纂《重修香山縣志》、陳碧池撰《海偶紀聞》等書中均有所記載。《選輯》因字數限制，未能進行專門性收集，僅就所選出材料中，可以看出天京被攻破後，有的將領曾逃往香港一帶，如森王侯玉田堅持參加了李世賢、汪海洋等餘部的鬥爭，直至犧牲性命。

香港匯豐銀行自十九世紀六十年代成立後，就以各種附加苛刻條件的貸款，從政治和經濟上控制清政府，操縱金融市場。在《選輯》內，從 1884 年駐英公使曾紀澤的奏摺中即可窺見一斑。同時《選輯》中也收集了在鴉片貿易中，清英雙方圍繞稅收問題長達多年的爭議。

在咸豐八年（1858）中英《通商章程善後條約：海關稅則》中准許鴉片合法進口，每百斤納稅三十兩。送往內地時，規定："其如何納稅，聽憑中國辦理……。" 光緒二年（1876）的中英《煙臺條約》，又規定："洋藥……與他項洋貨有別。" 英商在販運鴉片入口時，"由新關派人稽查，封存棧房或躉船，俟售賣時，洋商照則完稅，並令買客一併在新關輸納釐稅，以免偷漏。其應抽收釐稅若干，由各省察勘情況酌辦”。從李鴻章奏稿中可見，鴉片自合法入口後，其偷漏稅問題已使清政府感到有得不償失之感。如光緒七年（1881）《申報》中記載：同治十二年（1873）至光緒四年（1878）所到香港洋藥，每年八萬四千餘箱至九萬六千餘箱，運往各口有稅的，僅六萬五千餘箱至七萬一千餘箱。每年在香港私售鴉片，除小部分到新加坡、舊金山等地外，而大部分流入內地。清政府為防止鴉片在香港的大量偷漏稅，增加稅源，便設想在港設公司，設香港洋面巡船等，這一切不僅遭到港英當局的拒絕，甚至還提出由匯豐銀行包辦。清政府又提出是否可在香港設領事，而英方回答：不能用華官，只能用赫德那樣的人方可。關於以上問題曾牽動着清廷命官，如曾紀澤、李鴻章、左宗棠、張之洞、劉坤一、張樹聲等都參與了討論。經過數年反覆交涉，中英最後達成“稅釐並徵”，免各口內地一切釐捐，每百斤徵稅三十兩，加徵銀八十兩的規定。

對於港英當局的一些內部情況，我們主要從《清實錄》、《申報》等書刊中收集，雖為數不多，但可以看出由於華人勢力的逐步增長，港英當局為穩定香港社會，不得不採取一些諸如在輔政司下設管理華人的政務司，增設“華捕”；八十年代開始在議會中增加華人議員等。當時，香港已成為一個繁華城市，這與華人的勤奮努力是分不開的。如鄒代鈞撰《西征紀程》中記：那時香港人口已二十萬，歐美人僅佔二十分之一。香港的繁盛“殆亞上海”。所以，我們在第三編第一章中列出了《十九世紀中國官紳眼中的香港》一項。在此項中，摘錄了清朝一部分開明士紳，以較廣闊的視野，來觀察香港的各個方面。同時還記述了華人在港英當局統治下，仍保持中國的傳統風俗習慣和艱苦奮鬥的作風，並使華人社會地位逐步得到改善和提高。

香港，在成為英國殖民地後，它在城市交通，通訊等建設方面，畢竟是建立起一套資本主義的管理與技術體系，這就使生活在落後的半殖民地半封建社會中的一部分開明知識分子，以一種好奇、探索的精神，去觀察和認識它，成為他們觀察世界的窗口。一部分到過香港的開明士紳，一方面感嘆國家山河的淪喪，一方面認為吸取西方先進科學技術和管理方式的必要。如郭嵩燾、王韜、康有為、陳熾等人都在遊歷香港後，發出加強改革封建弊端的呼聲。我們在這本《選輯》中收集了他們的一部分觀點，從中可以感受到近代中國一批先進的知識分子是多麼迫切希望中國能從落後挨打中解脫出來。

第四編中則主要收集新安縣（包括香港地區）的物產、習俗與名勝、古蹟等。同時，我們也把一部分前三編中未收入的史料，將其分類放入此編中。這樣，第四編所收史料雖然頭緒較多，但史料大多具有相當價值。如第一次鴉片戰爭爆發以前，外國船隻在香港、澳門一帶地區活動情況，以及清政府所採取的政策等問題。從中可以看出自澳門被葡萄牙強佔後，伶仃洋上就再也未平靜過。從外國商船駛入，進而外國兵船的駛入。隨着十九世紀英國的強大，在中國南海上，中英矛盾衝突便日趨加劇。從侵擾與反侵擾，發展至販鴉片與反鴉片鬥爭，最後終於爆發第一次鴉片戰爭。

關於張保仔等海盜活動，是十八世紀末、十九世紀初香港沿海的突出問題。而且這些海盜與沿海漁民之間的關係比較複雜，長期以來曾困擾着政府當局。明清時期為防範倭寇、海盜，除實行保甲法外，就是採取剿撫並用。嘉慶時兩廣總督百齡一舉剿滅了張保仔、郭婆帶、烏石二等海盜。張保仔還做了清朝官吏。我們發現對廣東香港一帶的海盜活動，不能單純看作是偏遠沿海、居民較稀、統治較弱的原因。顯而易見，也是與明朝以後至十九世紀海上貿易逐漸發達有關。海盜是依賴掠取貨物錢財為生，他們能生存下去也是與一部分沿海漁民的暗中接濟分不開的。

香港居民對張保仔留有各種傳說，香港學者也作了許多研究。我們從實錄和地方志與部分文集、筆記中收集了若干材料，提供給讀者參考。

在地方志或有關文集中，所收錄的各代官紳以詩詞所表達的，對香港地區海島風光和歷史遺址的讚嘆感慨之情，也是一種很有價值的史料。我們特意選了一部分明清時代的。其中 1840 年以後的，如黃遵憲、劉光第的詩中，則多表達對祖國山河的眷戀和對失去土地的憤懣。這方面的史料還有待進一步挖掘。

英國自在香港建立起殖民統治後，非常重視沿海形勢與海道情況，他們甚至將香港與中國沿海聯繫起來進行考察。同時還將香港與各國海道往來路線，及香港周圍島嶼情況，船隻運行注意事項等一一考察清楚。《中國江海險要圖誌》是一本為多數近代史學者所知道的圖書，但它的重要性則在於，是一本由英國海軍部門編寫的具有指示性的圖書。當時中國方面又及時地將其譯出。另外我們還摘錄了日人岡千仞對英佔香港的一些看法，作為附錄。

為了使用方便，我們在書後附了一個書目索引。凡引用一條以上的均列出，以備讀者進一步參考。

我們這個課題組的同仁對香港學者的著述雖早有耳聞，但因大陸現藏香港史著述不太完整，我們想要閱覽的往往無法找到，因此，有些香港學者的著述未能看到。

對香港地區包括各島嶼、村落的古今地名變遷難免出現某些錯誤遺漏之處，謹請專家學者諒解。1994 年 8 月，中華書局出版的由余繩武、劉存寬教授主編的《十九世紀的香港》，是以大量中英港檔案和其他史料為據，撰寫的一部有分量的著述。我們希望《選輯》能在中文資料方面起到一些補充作用。

在收集資料中，儘管困難較大，但我們都很努力地去工作。例如我於今年三月突發高血壓病時，蕭林女士，主動協助我擔起一部分行政工作，並負責第一編分統工作。郭雙林先生承擔起第二編及第三編的分統工作，使編選工作沒有間斷。還如黃名長教授，雖已退休，仍積極參與了這一工作，並不辭勞苦，定時到北京圖書館查閱地方志。還如張玉婷女士和蔣香仙女士，都是在工作繁忙中儘量抽出許多時間查閱《清實錄》、《申報》等。這種精誠合作精神，使我病情好轉後，堅持完成最後統編工作。另外，我系葉鳳美女士在美國哈佛大學進行研究工作時，還幫助我們查找有關香港史著述的書目等，研究生鞠方安先生也幫助查閱有關史料。還應提出的是：在我們基本完稿後，請胡繩武教授又審閱了部分稿件。

我們在各處圖書館查閱資料時，只要對方得知我們在編選香港史料，便非常熱情地為我們服務，並主動協助查找，充分說明他們是多麼熱切盼望1997年香港回歸祖國啊！在這裡，我們不能不提到北京圖書館、中國革命博物館等單位對我們的大力支持。中國人民大學圖書館借閱部以及庫本閱覽室的吳冰先生、劉冬爽、郭媛女士親自為我們查找圖書。在此，我們一併表示感謝。

可以說，《選輯》凝聚了許多人的心血，正因如此，它才能在短短一年多的時間完成。

在香港，香港史的研究早在五十年代就由羅香林先生、簡又文先生等從事研究了。八十年代進入熱潮。而在內地雖有《香港史話》、《香港大事記》等書的出版，但總的來看是這幾年逐步發展起來。我想香港史研究方興未艾，今後必將進一步深入。香港史料的發掘也必然日益增多。我們謹將《選輯》作為促進祖國統一富強的一份奉獻吧。《選輯》還存在一些不足和缺點，我們衷心希望能在各方面讀者的支持和幫助下，不斷修訂與提高。

馬金科
一九九五年九月於北京

編輯說明

1.《早期香港史研究資料選輯》（1573—1898）〔以下簡稱《選輯》〕，主要收集明清時期中文資料，僅因選題所需，選用極少數已譯外文資料，如《中國海關秘檔》、《中國江海險要圖誌》等。

2.《選輯》分四編，編下分若干章。

第一編主要包括從明萬曆時期至清道光十九年（1839）的有關史料。在說明香港地區與廣東省的行政屬轄關係上，則延伸到古代。

第二編主要反映香港被英國割佔過程。

第三編主要包括 1898 年以前英國統治下的香港社會政治情況等。

第四編主要包括香港地區物產、風俗、名勝古蹟、社會情況、名人詩詞等有關史料。

3. 為使用方便起見，每章除章名外，都加以簡短按語。章下按問題分一、二、三……等類。朝代年號後，均註以公元年號。

4.《選輯》後附有引用書目索引。凡屬引用一份資料的，均列出，以備讀者參閱。

5. 對某些人物、地區或事件，如資料中無交待，一般加以簡單註釋。

6. 原中文古籍資料，大多無標點符號，編者均加以標點。

7. 個別資料，因使用版本不同，故出現同一種書落款略有不同。

《申報》於光緒八年正月六日（1882 年 2 月 24 日）以前為干支紀年，如辛巳、庚辰等，在此以後則用數字紀年，如光緒九年等，編者均按原報紀年落款。

8.《選輯》附有明清時期廣東省與新安縣香港地區沿海形勢和海防地圖若干幅，並附圖片若干以備參考。

目錄

上冊

下冊

第一編

第一章　歷史沿革

按：香港島、九龍半島及附近島嶼，在明清時期屬廣東省廣州府所轄的新安縣。在行政與軍事上都有明確的管理制度。廣州府，古為秦始皇置南海郡，至明洪武初，定曰：廣州府，清朝因之。領十四縣，新安縣為十四縣之一。自唐宋至明清，廣東沿海歷來為國家海防重地。明清時，即在廣東省設有布政使司、按察使司等機構，有總督、巡撫、總兵等官員對此地進行管理。

一、廣東省廣州府（包括香港地區的行政設置）

廣州府古揚州南境。秦始置南海郡，趙陀實據之。山川綿邈（元南海志）上據石門之隘，下瞰扶胥之險，長江天塹，壁壘完整（舊志）。國朝為府（元以前沿革不一，以下列郡俱同），領州一（連州）、縣凡十有四（附郭南海、番禺外，順德、三水、從化、東莞、增城、龍門、香山、新會、新寧、清遠、陽山、連山二縣隸連州）①。包山帶海，群邑羅衛，外郡倚以為重，故於此置省會，而責亦重焉。黃涌（順德地）、白墳（波羅海口）、南岡（鹿步滘口已上三營俱守備指揮防禦）、廣海（衛近新寧）、大鵬（千戶所近東莞）、香山、崖門（新會地）沿海東南戍守之。

註：①此為萬曆元年（1573）前的廣州府治轄縣數。萬曆元年置
　　新安縣。

　（明）姚虞撰：《嶺海輿圖》，〈廣州府圖序〉，七頁。

廣州府，《禹貢》揚州南境，春秋戰國為百粵地，秦始皇三十三年（前 214），置南海郡。漢初為南越國，元鼎六年（前 111）復置南海

郡，元封五年（前106）屬交州。後漢末，移交州來治，三國吳黃武五年（226）改置廣州，晉曰廣州南海郡，宋齊以後皆因之。隋開皇九年（589）郡廢，仁壽元年（601）改為番州，大業三年（607）復曰南海郡屬揚州。唐武德四年（621）復曰廣州，置總管府，天寶元年（742）復曰南海郡，至德元載（756）置嶺南節度，乾元元年（758）復曰廣州，咸通三年（862）分為嶺南東道，乾寧二年（895）改清海軍節度。五代為南漢國都，改興王府，宋復曰廣州中都督府、南海郡、清寧軍節度，為廣南東路治。大觀元年（1107）升為帥府，祥興元年（1278）升翔龍府。元至元十五年（1278）改為廣州路，兼置海北廣東道、肅政廉訪司，屬江西行中書省。明洪武初曰廣州府，為廣東布政使司治，本朝因之，屬廣東省，領縣十四：南海縣、番禺縣、順德縣、東莞縣、從化縣、龍門縣、增城縣、新會縣、香山縣、三水縣、新寧縣、清遠縣、新安縣、花縣。

（清）阮元、陳昌濟等纂：《廣東通志》卷三，九三至九四頁。

……國朝沿明舊制，仍置廣東省，省會在廣州，即古羊城，兩廣總督與廣東巡撫暨藩臬二司皆駐節焉。領府九：曰廣州，曰韶州，曰惠州，曰潮州，曰肇慶，曰高州，曰廉州，曰雷州，曰瓊州；直隸州四：曰連州，曰南雄州，曰嘉應州，曰羅定州。新設直隸庭一曰佛岡，散州廳九，縣七十八，廣州為中外門戶，海防要隘，風帆輪舶蟻聚蜂屯，各國闢口通商，始於道光二十二年（1842）。

（清）王錫祺輯：《小方壺齋輿地叢鈔》第一帙，一，龔柴著：《廣東考略》，一七七頁。

廣東，三面皆瀕海也。《禹貢》三江，皆從會稽入於南海。會稽之南，五嶺復有三江，又從廣城南一百里，合流入於南海，分東西二道焉。東道八十里，出古斗村南，自此浩淼無際（《增城志》：南海在縣南八十里，至沙貝二十里，溯波羅水，出虎頭門外。波羅水近古斗村）。又東南二百里，抵東莞南海衛，又南六十里，出虎頭門，又南一百五十里，抵南頭城（有東莞守禦千戶所，一名城子岡，南通牂牁，其西南有佛堂海門，經官富山，流入急水門海）。下海，可抵甌越[1]。

註：①甌越：據顧炎武註釋，甌越即指東甌，為今浙江省黃巖、臨
　　　　海、寧海一帶。

（清）顧炎武撰：《天下郡國利病書》四〇〈廣東上〉，一七頁。

　　南交者，粵也，陶唐之南裔也，故舉南交而可以概粵也。然史稱周武王巡狩，陳詩南海，又〈詩〉曰："於疆於理，至於南海"，[1] 則舉南海又可以概粵也。漢稱粵為交州，蓋本於唐。秦分粵地為南海郡，蓋本於周。然楊雄〈交州箴〉[2]，有曰："南海之宇，聖武是恢"，又曰："交州荒裔，水與天際"，則舉交州而南海在其中矣；舉交州亦可以概粵矣。其稱曰交趾，交州之趾也。粵趾於中原，而交趾趾於粵也。交趾自高陽時已屬，而堯名南交。故論地名以南交為古；論事以宅南交為古。

註：①此為《詩經》中〈大雅·江漢〉中的語句。
　　②〈交州箴〉：為楊雄的一篇賦名。

（清）屈大均撰：《廣東新語》下，〈南交〉，三〇頁。

　　……洪武初，永嘉侯朱亮祖，戡定南粵，於越秀山巔建望樓。高二十餘丈，以壓其氣[1]，歷二百餘年，清平無事。黃蕭養僭稱齊帝[2]，即位五羊驛館，踰月而亡，蓋其驗焉。嶺南形勢，蓋與曩時大異。風氣既開，嶠路四達，梅關橫隘，車馬周行，瀧水灘川，舟航交下，雖有強兵勁馬，戍守不給，一夫奪險，勢若山崩矣。

註：①以壓其氣：指壓制住元代以來粵東人反抗中央的鬥爭。
　　②黃蕭養：明英宗正統十四年（1449），在廣東海上起義，
　　　曾圍攻廣州，後失敗。

（清）屈大均著撰：《廣東新語》下，〈趙陀墓〉，四九三頁。

4

廣東布政司

古百粵地。元置廣東海北海南道宣慰司，隸江西行中書省。入明，領府十、縣六十六。

廣州府（至南京四千五百九十里，至北京七千八百三十五里）

《禹貢》揚州之南境，天文牛女分野。元路，明改府，領州一，縣十五。

縣：南海（附郭，元舊，三百五十一里）、番禺（附郭，元舊，一百二十九里）、順德（明析南海置，一百六十五里）、東莞（元舊，一百八十三里）、增城（元舊，九十五里）、香山（元舊，三十□里）、三水（明析南海、高要地置）、新寧（明析新會縣置，□十□里）、連州：（元路、降州、隸英德路。明初省，復州，一十七里，領縣三）陽山（元屬桂陽州，改連州，以縣屬韶州府，後改屬，六里）。連山（元隸連州，明屬韶州府，尋省入陽山縣，後復置，二里），新安（明析置，□十里）。

（清）查繼佐著：《罪惟錄》第一冊，卷六，〈志〉，五八三至五八四頁。

洪武九年（1376），改置廣東等處承宣布政使司，領府十，直隸州一，屬縣七十六（總為里四千二十八，夏秋二稅，大約一百一萬七千七百七十二石有奇）。而諸司衛所參列其中，今仍為廣東布政使司。

廣州府（屬州一，縣十五，南海縣附郭、番禺附郭、順德縣、東莞縣、新安縣、三水縣、增城縣、龍門縣、香山縣、新會縣、新寧縣、從化縣、清遠縣。連州 [①] 領縣二：陽山縣、連山縣）。

註：① 連州：雍正時改為直隸州。

（清）顧祖禹輯著：《讀史方輿紀要》卷一〇〇，第五冊，四一五〇頁。

廣州府（南海、番禺、順德、東莞、從化、龍門、增城、新會、香山、三水、新寧、清遠、新安、花縣等 [①]）

《禹貢》揚州南境，春秋戰國為百粵地。……明洪武初曰廣州府，為廣東布政使治。本朝因之。總督兩廣部院、巡撫部院及布政使司、按察使司治此。鎮守將軍及鹽運使司、糧儲兼水利道亦駐此。海防同知二：一駐佛山，一駐前山寨，通判駐永寧。

註：①花縣：康熙二十四年（1685），析番禺，南海二縣地建花
　　縣。

（清）洪亮吉撰：《洪北江全集》卷四一，〈乾隆府廳州縣圖志〉〈廣州府〉，一頁。

雜署

官富巡檢司在縣東南八十里，舊為官富寨與福永同為司，衙宇久壞，蒞任者多就赤尾民居。康熙十年（1671），巡檢蔣振元捐俸買赤尾村民地起造衙宇。

福永巡檢司在縣西北三十里許福永之南，舊屯門固戍寨。明洪武三年（1370）改為巡檢司，衙宇二座，遷移拆毀，康熙十年（1671）巡撫薛震修復。

（清）靳文謨纂：《新安縣志》卷五，〈宮室志〉，二至三頁。

（明初）總督兩廣軍務兼理糧餉帶管鹽法兼巡撫廣東地方一員。……景泰三年（1452），苗寇起，以兩廣宜協濟應援，乃設總督。……正德十四年（1519）改總督為總制，尋改提督。嘉靖四十五年（1566）另設廣東巡撫，改提督為總督，止兼巡撫廣西，駐肇慶。隆慶三年（1569）又設廣西巡撫，除兼職。四年（1570）革廣東巡撫，改為提督兩廣軍務兼理糧餉，巡撫廣東。萬曆三年（1575）仍改總督，加帶鹽法。

（清）張廷玉等纂：《明史》（六志），卷七三，〈志〉第四九，〈職官二〉，一七七四頁。

鎮守廣東總兵官一人，舊為征蠻將軍、兩廣總兵官。嘉靖四十五年（1566）分設，駐潮州府。協守副總兵一人（潮、漳副總兵，萬曆

三年〔1575〕添設，駐南澳）。分守參將七人（曰潮州參將，曰瓊崖參將，曰雷廉參將，曰東山參將，曰西山參將，曰督理廣州海防參將，曰惠州參將）。練兵遊擊將軍一人，守備五人，坐營中軍官二人，把總四人。

（清）張廷玉等纂：《明史》（六志），卷七六，〈志〉第五二，〈職官五〉，一八七〇頁。

總督（舊駐肇慶府城，乾隆七年〔1742〕，總督策楞奏明移駐會城）正二品（加尚書銜從一品），廣東、廣西一人。

謹按《明史·職官志》總督兩廣事務，兼理糧餉，帶管鹽法，兼巡撫廣東地方一員。永樂二年（1404），遣給事中雷鎮巡撫廣西。十九年（1421），遣郭瑄、艾廣巡撫廣東。景泰三年（1452），苗寇起，以兩廣宜協濟應援，乃設總督。成化元年（1465），兼巡撫事，駐梧州。正德十四年（1519），改總督為總制，尋改提督。嘉靖四十五年（1566），另設廣東巡撫，除兼職。隆慶四年（1570），革廣東巡撫，改為提督兩廣軍務，兼理糧餉，巡撫廣東。萬曆三年（1575），仍改總督，加帶鹽法，本朝因之。

（清）盧坤等輯：《廣東海防彙覽》卷六，〈職司一〉，一四頁。

廣東

鎮守一員　總兵官（舊為征蠻將軍、兩廣總兵官、嘉靖四十五年（1566）分設，駐潮洲府，管轄全省軍務）。

協守一員　潮漳副總兵（萬曆三年〔1575〕添設，駐南澳，所屬福建南路參將、遊兵把總、廣東柘林守備、潮州參將，及潮漳二府沿海衛所）。

分守七員　潮州參將（舊設，萬曆八年〔1580〕革，十二年〔1584〕復設，駐潮州府，統轄潮海等處）。瓊崖參將（嘉靖十九年〔1540〕添設瓊州參將，兼管雷、廉，隆慶六年〔1572〕改設，駐瓊州府崖陵，所屬白沙寨把總，撫黎防寇）。雷廉參將（隆慶六年〔1572〕添設，駐雷州府，所屬白鴿寨把總，所統，自廣海以西，直抵交南）。 東山參將（舊為高州參將，又為高肇韶廣參將，萬曆四年〔1576〕改設，五年〔1577〕又改駐富露，所領兵三千名，內分一支，戍守南鄉）。 西山參將（舊肇慶韶廣參將，又為遊擊，萬曆四年〔1576〕改設，五年〔1577〕又改駐函口，所領兵三千，內分一支，戍守封門）。 督理廣州海防參將（舊為廣州惠潮海防，萬曆三年〔1575〕改設，駐劄東莞南頭，所統廣海以東，直抵福建）。 惠州參將（隆慶六年〔1572〕添設，駐劄海豐縣，所屬碣石寨把總，萬曆二年〔1574〕令移駐新田）。

（明）申時行等修：《明會典》卷一二七，〈鎮戍二〉，六五八頁。

總督兩廣等處地方提督軍務糧餉兼巡撫事一人。順治元年（1644）置廣東總督駐廣州兼轄廣西。十二年（1655）徙梧州。康熙二年（1663）別置廣西總督，移廣東總督駐廉州。三年（1664）復併為一，駐肇慶。雍正元年（1723）復分置，明年仍合。七年（1729）以苗患，令雲貴總督兼轄廣西，十二年（1734）仍隸廣東。光緒三十一年（1905）兼廣東巡撫事。

（清）趙爾巽等纂：《清史稿》（十二志），卷一一六，〈志〉九一，〈職官三〉，三三四〇至三三四一頁。

文官制

本縣知縣一員、典史一員、典吏七名、承發一名、倉吏一名、庫史一名。

儒學教諭一員、司吏一名、訓導一員。

官富巡檢司巡檢一員、司吏一名。

福永巡檢司巡檢一員、司吏一名。

車莞場大使一員、攢典一名。

歸德場大使一員、攢典一名。

武官制

新安營遊擊一員。

中軍守備一員。

千總二員、把總四員。

按新安營額設官兵五百員名，城守守備一員、千總一員、把總二員。康熙三年（1664）奉旨增設官兵五百員名，故改守備設遊擊，加千、把總。大鵬營守備一員、千總一員、把總二員、官兵五百名。（大鵬營汛地前被大盜羅欽輦等盤據。順治十五年〔1658〕平定，增設員兵）。

東莞守禦所千總一員。

大鵬守禦所千總一員。

大鵬守禦千戶所正千戶一員、副千戶一員、百戶一員、鎮撫一員、幕官吏目一員、司吏一名（今俱革除）。

南頭寨參將一員、把總五員（今俱改設）。

（清）靳文謨纂：《新安縣志》卷四，〈職官志〉，一至二頁。

二、新安縣的正式設置與變化

新安，漢博羅縣地。晉咸和六年（331），置東官郡，治寶安。隋廢郡，屬南海。唐至德二年（757），改名東莞。明萬曆元年（1573），析東莞，置新安縣。東莞，康熙八年（1669 年）復置。

（清）王崇熙等纂：《新安縣志‧阮元序》上卷，二頁。

新安縣沿革考

《漢書地理志》番禺縣屬南海郡。

《後漢書郡國志》番禺縣屬南海郡。

《晉書地理志》番禺縣屬南海郡，成帝分南海，立東莞郡。

《宋書州郡志》寶安縣屬東莞郡。

《南齊書州郡志》寶安縣屬東莞郡。

《隋書地理志》寶安縣屬南海郡。

《唐書地理志》東莞縣屬廣州都督府。

《宋史地理志》東莞縣屬廣州都督府。

《元史地理志》東莞縣屬廣州路。

《明史地理志》新安縣屬廣州府（註：本東莞守禦所，洪武十四年〔1381〕置，萬曆元年〔1573〕改為縣）。

（清）李侍堯、沈廷芳等纂：《廣州府志》卷三，〈沿革〉，三一頁。

邑地（按：指新安）枕山面海，周圍二百餘里，奇形勝跡，不一而足。而山輝澤媚，珍寶之氣萃焉，故舊郡名以寶安。明萬曆改元，剖符設治，始名新安，取其革故鼎新，去危為安之義。國朝因之，而名不易焉。

（清）靳文謨纂：《新安縣志》卷一，一頁。

新安，本晉東官郡也。東控歸善，西抵香山，北連東莞，層巒疊巘，屏衛環列。東六十里曰梧桐山，二峰嵯峨於霄，為邑巨鎮。一百里曰九顧山。一百二十里曰大鵬山，由羅浮逶迤而來，勢如鵬然，一百三十里而遙曰陶娘山。東南五十里曰大帽山。七十里曰馬鞍山。八十里曰梅沙尖。南七里曰南山，則舊郡朝山也。三十里曰杯渡山，南漢時封為瑞應。與杯渡對峙曰靈渡山，宋元祐杯渡禪師卓錫處。七十里曰官富山。百里曰梅蔚山，宋景炎帝行在所也。北三十里曰陽臺山。八十里曰寶山，亦名百花林。東北六十里曰太平障山。西北四十里曰茅山。五十里曰參里山，曰鳳凰岩，曰大鐘山。西八十里曰虎頭山，屹峙中流，昔宋帝舟次於此。海中諸島曰合蘭洲，曰龍穴洲，曰大奚山，其嶼洞三十有六，曰零丁山，其下即零丁洋也。宋丞相文天祥曾經此，有詩。曰老萬山，曰南亭竹沒山，曰獨鼇洋，有飛瀑若從天而下。凡滇江端溪諸水，會珠江屈折百餘里至蛇犀，合龍江經虎門匯分流湖，澎湃而注注東焉。新安環境如斯，誠一鉅觀也哉。

然其形勢之所繫，內則鞏省城之金湯，外則絕邊倭之窺伺。撫茲邑也，登眺遠望，惕然有綢繆牖戶之恩，寧不覽輿圖而有裨哉。

（清）靳文謨纂：《新安縣志》卷一，四一五頁。

新安經始碑記

何維栢

隆慶壬申（1572）夏，巡海仁山劉公，還自海上過予，述南頭父老吳祚等語曰：吾儕老且死，獨子孫世淪鬱陷，何由見天日，號籲伏地，請建縣治，以圖保障。予曰：公何不力任，以綏厥蒸民。公謂建置事重，惟議添一丞少慰眾望，予曰：南頭設海防郡貳，與守備彈壓茲土，尚不能為小人依附，何有於丞，若建邑則職專，宰牧責重，拊循約束，強悍不得肆其惡，比聯良弱有所恃以生。東莞為藩蘺，會省為門戶，輯邇控遠，安內攘外，一舉而重善得矣。昔與制府劉公、吳公創議首此，今在鎮殷公亦言之。備公入，以予言探之。翌日，公以添丞上詳，因以予言質殷公。殷公曰：彼中父老意若何？公曰：萬口同詞，惟願立縣。殷公曰：何公素不苟於言，父老且宜之，宜以建縣，請令更詳入。殷公矍下，即疏馳請，諭旨名為新安。

（清）郝玉麟等總裁：《（雍正）廣東通志》卷六〇，〈藝文〉，五五頁。

今（萬曆初）析置羅定州、新安、普寧等九邑，各設守令撫綏之，是子惠之澤也。崇墉新築，以鞏海邦，外寇突來，恃之無恐，是保障之衛也。琶洲建塔，以樹捍門，眾水所趨，一方攸奠，是華表之勝也。府庠鼎修，規模宏廓，直闢前門，以暢靈秀之氣，是文明之會也。

（清）郝玉麟等纂：《（雍正）廣東通志》卷五九，〈藝文〉，八八頁。

茲粵志何志哉？亦謂尊王朝，崇省會，聯郡邑而已。故志緣乎治，而因乎勢者也。以近事論，張官置吏以為民也，如析置羅定州、新安、普寧等九邑，各設守令撫綏之，是子惠之澤也。崇墉新築，以鞏海邦，外寇突來，可恃無恐，是保障之衛也。琶洲建塔，以樹捍門，眾水所趨，一方攸奠，是華表之勝也。

（清）屈大均輯：《廣東文選》卷九，（明）郭棐：〈廣東通志·序〉，一九頁。

新安縣（疲難西北至府二百六十里。有縣丞分駐大鵬里，巡檢二，駐官富、福永）。

漢南海郡博羅縣地。晉咸和六年（331）分南海置東官郡，兼置寶安縣為郡治。齊移郡治縣仍屬焉。唐至德二年（757）改曰東莞。宋開寶五年（972）廢入增城，尋復為東莞縣地。明洪武二十七年（1394）置東莞守禦千戶所。萬曆元年（1573）改置新安縣。本朝康熙六年（1667）年省，八年（1669）復置。

寶山在縣東北，舊以山有寶，置場烹銀名石甕場，今山中銀滓猶存。

（清）洪亮吉撰：《洪北江全集》卷四十一，〈乾隆府廳州縣圖志〉，〈廣州府〉，六頁。

新安縣圖說

邑為古寶安郡處，府治之下流襟抱海洋，與香山遙對，以成犄角之勢。其西抵香山，遙連溟洋，南抵佛堂門，遠踰疊嶂，直達重洋。又南抵平海守禦所水陸交通，唯北抵蓮花峰、羊凹山，為東莞縣界。可由陸路上達會城，無海洋之隔，要其三面皆距海也。夫海濱之地，沙澂洲島非不重包疊裹，隱若藩籬，然擊汰乘風帆檣，如艘一日而千里者，非有門域可以限制之。巡查會哨，游奕往來，能無藉於大艚、小艇，連尾啣首，呼吸相通，以盡防禦之道乎？故縣治東北一百四里，特建專城為大鵬一營。蓋大鵬海面，為廣惠連接之所，內設參戎，多備守禦，與歸邑之平海營，陸路之左翼鎮兵，互為接應。又因離縣治窵遠，復移駐縣丞，以資緝捕，是以鯨波恬息，四民安堵，已非一日。至於煮鹽於海，採礦於山，皆生民之利賴，雖梟黠之徒，每易聚而滋事，防之不可不密。然山海交會之地，其氣磅礴，其蘊結亦必深厚，故其人多古茂，務本者多而逐末者少，猶為近古。

（清）李侍堯、沈廷芳等纂：《廣州府志》卷二，〈輿圖〉，三九頁。

康熙五年（1666）省新安入東莞。康熙八年（1669）復置新安縣。康熙二十五年（1686）增置花縣。雍正七年（1729）升連州為直隸州，陽山、連山隸焉。府今領十四縣。

（清）李侍堯、沈廷芳等纂：《廣州府志》卷三，〈沿革〉，一一頁。

（新安縣）邑為東莞分地，前俯大海、急水、佛堂、獨鰲洋、小三門諸隘，其出海所必經也。東路則長門、輞井建汎防邏；西路則鰲灣、茅洲分土守禦，至南頭一寨，原轄汎地處，尤為要害。（《府志》）

大鵬所、南頭寨、福永巡司，在縣西北三十里，舊為固戍寨。明洪武三年（1370），置巡司，三十年（1397）移福永村，改名官富巡司。（謹案：《粵大記》：官富、福永二巡司屬東莞，自明萬曆元年〔1573〕建縣，遂移置焉）柭渡山舊名屯門，唐立屯門鎮營以防海寇。宋亦設營壘於此。

（清）阮元等纂：《廣東通志》卷一二〇，〈關隘略一〉，二二九五頁。

新安縣（道光二年）

知縣（題調疲難中缺）

縣丞（部選缺，雍正九年添設）

典史（部選缺）

教諭（部選缺）

訓導（部選缺）

官富司巡檢（部選缺）

福永司巡檢（部選缺）

（清）阮元等纂：《廣東通志》卷一八五，二八八〇頁至二八八一頁。

三、明清史料中關於新安縣山川、形勢、城池及都里等記載

城池

邑城在城子岡，即因東莞守禦所城也。明洪武二十七年（1394）廣州左衛千戶崔皓開築。周圍連子城共五百七十八丈五尺，高二丈，面廣一丈，址廣二丈，門四。隆慶六年（1572）建縣，萬曆元年（1573），知縣吳大訓謂：北門當縣治之背，地脈非宜，塞之，止通東西南三門。城樓、敵樓各四，警舖二十五、雉堞一千二百、吊橋三、水關二。至萬曆五年（1577）知縣曾孔志增建東西南三門子城樓三、敵樓四，甃以磚石，庇以陰屋，以為更卒棲息之所。崇禎十三年（1640）知縣周希曜因議新增城池，將城垣周圍增高五尺。今總高二丈五尺，雉堞計八百九十有五，濠五百九十二丈。舊淺狹，尋浚闊二丈，深一丈五尺。

（清）靳文謨纂：《新安縣志》卷三，〈地理志〉，三頁。

城池

新安縣

城周五百七十八丈五尺，高二丈，上廣一丈，下廣二丈，為門三，曰東門、曰南門、曰西門。上為樓四，警舖二十有五，雉堞一千二百。縣東有大鵬所，城周三百二十五丈六尺，高一丈八尺，上廣六尺，下廣一丈四尺，為門三，上城樓敵樓如之，警舖十六，堞六百五十。按《省志》及《邑志》，城本東官郡舊治，明洪武二十七年（1394），千戶崔浩始築城，隆慶六年（1572）建縣，固其城池。萬曆間，知縣曾孔志增三東西南小城，其北門，萬曆元年（1573）知縣吳大訓塞。

國朝康熙七年（1668），颶風壞城樓、窩舖雉堞，知縣李可成，守備馬玉等同捐修復。池周五百九十二丈，廣二丈，深二丈。大鵬所池周三百九十八丈，廣一丈五尺，深一丈。

按：《邑志》崇禎間知縣周希曜濬。

（清）李侍堯、沈廷芳等纂：《廣州府志》卷四，〈城池〉，一三頁。

新安縣

縣治在府城東南二百六十里。漢博羅縣地，晉寶安縣地，唐東莞縣地，宋開寶五年廢，入增城，尋復為東莞縣地，明萬曆元年（1573）分置新安縣。

國朝康熙六年（1662）省，八年（1669）復置。

城周五里，高二丈五尺，城濠廣二丈五尺，深一丈二尺。九逕山城東四十里，下臨屯門澳，明海道汪鋐，嘗殲佛郎機於此。

桂角山，城東四十里，一名鰲潭山，兩峰競秀如角，多產桂樹，故名。上有仙女梳粧石，有宋鄧符力瀛書院遺址。

大嶺山，城東五十里。歲早禱雨輒應。

三杯酒山，城東七十五里大海中，形如三杯浮海，故名。

獅子嶺，城東八十里，有石屹立，雲掛則雨，康熙中，縣境分界於此。

馬鞍山，城東八十里。東枕大海，形似故名。

神山，城東九十里。上有巨石，削立如壁，禱雨輒應，故名。

三牙牌山，城東一百二十里大海中，形似故名。

虎頭山，城東一百三十里。一名獺子頭，怪石嵯峨，崎嶇險峻，邑人砌石，行者便之。

白鶴山，城東一百四十里。嘗有白鶴來棲，故名。有遊仙巖。

雞婆山，城東一百八十里。怪石嶙峋，最為險阻。

官富山，城東南三十里。宋景炎中，嘗駐蹕於此。東有官富場、宋王臺。

青山，城東南四十里。有青龍頭汛。

丫髻山，城東南五十里。兩峰並峙，故名。下有鄧符墓。

梅蔚山，城東南一百里大海中。林木蔭翳，前護縣治，後障東洋。宋景炎中，嘗駐蹕於此。

九頓山，城東南一百一十里。自麓至頂，連頓九阜，故名。往來大道，嘉慶中，邑人砌石，行者便之。

太平山，城東南一百三十里香港島上。山勢嵯哦，千霄蔽日，最為險隘。山上流泉，性溫，味旨。山下裙帶路，今為外國市埠。

交椅山，城東南一百三十里大海中。一名交椅洲，形似故名。東為青洲山，又東南為南丫山。

大鵬山，城東南一百六十里，一名七娘山。相傳有仙女七人遊此，故名。有龍潭、鹿湖、羊塘、石室、危石、高岸、飛瀑諸勝。

陶娘山，城東南一百六十里大海中。環拱如城，內容巨舶數十，昔為海寇所據，今疊石塞之。東界歸善縣。

三管筆山，城東南一百八十里大海中。突起三峰，尖削如筆，故名。海船可以寄椗。

南亭竹沒山，城東南二百一十里大海中。林木叢茂，內有盧亭，相傳為盧循之裔，能入水捕魚，以棕葉、竹籜為衣。

擔竿山，城東南二百五十里大海中，形似故名。海舶放洋，每以此山為準的。

南山，城南七里。秀拱如屏，上有雙石塔、觀音寺，有石似仙人足，鄉人多祈雨於此。南為赤灣山，有赤灣廟、竹林寺。

杯渡山，城南二十里，一名羊阬山，一名聖山。高峻插天，上有石柱二，高五丈餘，相傳杯渡禪師渡海居此，故名。南漢大寶中，封為瑞應山，今有瑞應巖、虎跑泉。

靈渡山，城南三十里。山勢聳峻，與杯渡山濱海對峙，有靈渡寺。

上下磨刀山，城南三十里，壁立海中，與大嶼山相望。

七星岡山，城南五十里，圓秀如七星羅列，故名。上有天后廟、禾穀夫人廟，祈雨輒應。

紅水山，城南五十里，上有二石，如龍船，一覆、一仰，叩之有聲，樹木叢生，溪水可引灌田。

零丁山，城西南七十里赤灣海中。四面環海，下為零丁洋。

大嶼山，城西南一百一十里大海中，一名大奚山。為急水門之障，上分三十六嶼，樹木叢集，地最寥闊。有大嶼山汛、大豪汛、東涌口汛、沙螺灣汛。有鹽田。海船可以寄椗。

鳳凰山，城西南一百一十里，大嶼山障內。雙峰插霄，形似故名。與杯渡山對峙，樹木叢生，最為險阻，產鳳凰茶。上有小石，祈雨多應。

大髻婆山，城西北三十里，形似故名。

大鍾山，城西北三十五里，在鳳凰巖北，有龍王壇。

參里山，城西北五十里。邑人黃舒有孝行，可比曾參，故名。有雲溪寺。

平地頂山，城西北六十里。山上平曠，有禾花娘壇，祈禱最為靈異。

校杯山，城西北六十里大海中。兩峰屹立，形似故名。

羊凹山，城西北八十里。有仙歌巖，口小而內大，可容數百人，北界東莞縣。

黃木山，城北三十里，一名筆架山。三峰秀矗，形似故名。左有蟾蜍石，鄉人每祈禱於此。

七仙山，城北三十里。上有巨石，形如七仙，鄉人祈雨多應。

陽臺山，城北三十里。由梧桐山發脈為縣鎮，山有祇園菴，南為文岡山。

大茅山，城北四十里。山勢高聳，兩峰峭立。

畫眉山，城北五十里。多畫眉鳥，故名。

石龍山，城北六十里。巨石嶙峋，形似故名。

盧山，城北八十里，一名百花林。其山絕險，上有虎頭潭，可以耕作，蹊徑通幽，最為險阻，昔為山寇所據，嘗置寨守之。

柑阮山，城東北四十里。多產赤竹，昔有猺人居之。

觀音山，城東北五十里。奇峰聳峙，仰干霄漢，有觀音廟。

大帽山，城東北五十里，形似故名。有石塔產茶。

梧桐山，城東北六十里。三峰秀拔，延袤十餘里，上多梧桐、異草，頂有天池，深不可測。第三峰曰：梅花尖，高峰插天，峭拔如筆，下有赤水洞，林木蔭翳，北有白面石巖，深廣如廈，外有甘泉，東有鹽田。

太平嶂山，城東北一百六十里。遠望如障，北界東莞縣。

大涌水，源出縣東北黃貝嶺，東南流經蕉逕汛，又東南流經羅湖村，又東南流經城門凹汛，又東南流經官富司署，又東南流經橫洲汛。分二派：南派，東南流經紅朱嶺村，官涌水自東南來注之。又東南流經山石下村，又東南流經橫龍岡，又東南流經后海村，又東南流入海。北派，西北流經石下村、屏山村，水自東北來注之。又屈西南流經先農壇，又屈西北流經縣城南，又西北流經大石鼓村，又西北流經大興圍、鐵岡村，水自東北來注之。又西北流經鰲灣村，又西北流經福永司署，又西北流入海。

茅洲河源出縣東北陽臺山，西北流經茅洲汛，又西北流經大浦涌、葫口村，水自東北來注之。又西北流經魯屋村，又西北流東莞縣，永平河自北來會，二源會合。又屈西南流經碧頭水汛，又西南流入海。

縣東北海岸，與歸善縣西南海岸，以大鵬山分界。東南為上太阬村，又屈西南過大鵬所城，又西南，過水頭村，又屈東南，過東山村，又東南，過楊梅阬，又東南，過鹿嘴角，又東南，過蹊蹭角，又屈西南，過東涌口，又西南，過老大鵬汛，又屈西北，過西涌口，又西北，過鵝公灣，（海船可以寄椗）又西北，過沙魚涌口，又西北，過葵涌，又屈西南，過沙頭角，又西南，過禾阬，又西南，過黎峒村，又屈東北，過釘角，又屈東南，過烏阬涌，又屈東北，過黃竹角，又屈西南，過烏泥阬，又西南，過全灣，又西南，過瀝源港，又屈東南，過瀝源汛，又屈東北，過塔門，（海船可以寄椗）又屈東南，過長短嘴，又屈西南，過小欽門，又屈西北，過糧船灣，（海船可以寄椗）

又西北，過乾門，又西北，過黃竹港，又屈西南，過將軍凹，又屈東南，過鰽魚灣，又東南，過佛堂門，（海船可以寄椗）又屈西北，過鯉魚門，又西北，過茶果嶺，又屈西南，過九龍寨城，（有九龍司署，海船可以寄椗）又西南，過尖沙嘴，又屈西北，過深水埗汛，又西北，過青衣門，又西北，過屯門汛，又西北，過上灘村，又西北，過沙岡天后廟，又西北，過大涌水南口，又西北，過赤灣，有左砲臺、右砲臺。又西北，過石圍塘汛，（有南頭砲臺）又西北，過鰲灣汛，又西北，過大涌水北口，又西北，過嘴頭角汛，又西北，過碧頭水汛，有砲臺。又西北，過永平河口，又西北，與東莞縣東南海岸分界。

縣東南海中有香港島（在九龍尖沙嘴之南，中隔一港，故名。一名裙帶路，東為鯉魚門，西北為急水門，南為南丫山，西南為青洲山，又西為交椅山，又西南為外零丁山，又南為一門、二門、三門，中有燈籠洲、仰船洲，水深不測，最為險隘。舊有居民數十戶。東有紅香爐汛，東南有赤柱汛、兩灣汛。道光中，嘆咭唎國人居之，分裙帶路為上環、中環、下環，建造外國砲臺。市廛商賈輻輳，遂為中外總市埠，海舶往來，必寄椗於此。）西為大嶼山，西南為樟木頭、鴉洲，又西南，為蜘洲、鞋洲，又西為榕樹頭、臘雜尾，又西，為三牙排、竹洲、鬼洲，西北為琵琶洲、赤瀝角、欖洲，又西北，為銅鼓、伶仃，又西北，為礬石仔洲，又西北，為大產、小產，南為螺洲、榕樹灣，又南，為擔竿山、外伶仃，又南，為黑洲三門，（海船可以寄椗）東為宋羌蒲臺、橫欄，又東北，為雙樹門、南佛堂，又東北，為大欽門、小欽門，又東北，為獨牛洲、赤洲、吉澳、平洲，（海船可以寄椗）又東北，為沱濘爛洲（四望汪洋，最為險阻）。

知縣一員

復設教諭、訓導各一員。均駐城外。

縣丞一員駐大鵬所城其屬大鄉二。

（清）毛鴻賓、瑞麟監修：《廣東圖說》卷一三，〈新安〉，二至八頁。

疆域

邑（按：指新安縣）地廣二百七十里，袤三百八十里。

東至三管筆海面二百二十里，與歸善縣碧甲司分界。

西至礬石海面五十里，與香山縣洪澳司分界。

南至擔杆山海面三百里，外屬黑水大洋杳無邊際。

北至羊凹山八十里，與東莞縣缺口司分界。

東北至西鄉凹山一百五十里，與歸善縣碧甲司分界。

西南至三牙山一百二十里，與香山縣澳門廳分界。

西北至合瀾海面八十里，與東莞縣缺口司分界。

東南至沱濘山二百四十里，與歸善縣碧甲司分界。

邑由城至府二百五十里，上至京八千餘里。

（清）王崇熙纂：《新安縣志》卷上，五七至五九頁。

新安都里

一都：

南頭村、龍岡村、東楠村、後海村、高地村、灣下村、谿西村、龜廟村、新塘村、白石村、塘蔭村、新圍村、平山村、庵前村、龍井村、珠岡頭、大涌村、寒洞村、留仙村、上邊崗。

二都：

西鄉村、鰲灣村、固戍村、南昌村、北盛村、黃田村、新涌村、山豬凹、臣田村、北竈村、莊邊村、莆心村、流塘村、上村、柘園村、鐵岡村、馬山頭、井瀝坑、白沙村、塘頭村、牛繩村、白芒村、篁里村、隔岸、新村。

三都：

福永村、臣上村、臣下村、竈下村、恩里村、白岡村、橋頭村、東坑村、石凹村、茭塘村、漁涌村、馬鞍山、梁家村、新村、山頭下、蒼頭村、壆頭村、歸德場、涌口村、涌頭村、岡頭村、大步涌、大田村、後亭村、茅洲山、茅洲墟、碧頭村、田尾村、中心墩、岡邊村、葫下村、沙莆村、溪頭村、塘下村、周山村、坑尾村、橋頭村、新村、黃松岡、卡山門、山尾村、流岡村、東渚村、新村、霧岡村、潭頭村、壆頭村、岡頭園、坑尾子、巷口村、莆尾村、大井村、西山村、南犀村、上頭田、白沙村、錦堂村、新橋村、上寮村、洪田村、黃莆村、嶺下村、林坡村、鄧家葫、石龍塘、白石下、黃蘇莆、田心村、上口村、黃金洞。

已上三都俱恩德鄉。

四都：

李松葫、黃屋村、西田村、新陂口、羅田村、水貝村、香園村、銀葫村、禾穀嶺、合水口、上輦村、田寮下、核桃園、矮嶺村、鮎魚溪、周家村、新溪村、舊溪村、鴨仔塘、大陂水、大橋村、黃分村、烏木墩、石家村、馬山頭、栗木岡、唐家村、慶南村、長圳村、田寮下、玉勒村、文屋村、逕背村、鞏合村、羅租村、涼水井、龍眼村、雞母村、岡雀稠、官田村、烏石巖、王家莊、對田嶺、應人石、塘子頭、烏石嶺、烏石莆、歷山村、白坭坑、棠坑村、黃岡村、棠頭村、丫髻岡。

五都：

錦田村、圓岡村、上府村、鑑巷圍、石湖塘、壆顧圍、沙莆圍、窩莆圍、圓葫莆沙、圓葫東頭、田寮圍、鬱子圍、長莆圍、教場莆、石岡圍、竹園圍、亞馬田、白沙圍、水蕉圍、山下圍、水邊圍、橫州村、大中村、橘子頭、大塘村、屏山村、香園圍、石步村、田心村、葫下圍、廈林村、長岡村、雞柏嶺、沙岡村、蚺蛇鬱、輞井村、羊凹村、屯門村、小坑村、石榴坑、子屯圍、黃塘下、新田村、新壆村、乾涌、洲頭村、勒馬州、米步村、蕉逕村、西山村。以上俱延福鄉，在大帽山之內。

掃管鬱、淺灣村、葵涌村、企嶺村、沙田村、官富村、衙前村、九龍村、莆岡村、古瑾村、翟尾村、新村圍、犬眼村、葫機蓬、黃坭涌、香港村、烏溪尾、沙角尾、壕涌、北港、涖涌、定角村、澳尾、洞仔村、瀝源村。

已（以）上在大帽山之外。

東西涌、螺杯澳、石壁村、梅窩村俱在大奚山。

六都、七都：

大步頭、龍躍頭、逕口村、下坑村、樟木頭、牛蜞龍、新村、田寮村、黃竹洋、跳頭村、龍塘村、蔴雀嶺、黃魚坦、地塘頭、高塘凹、坑頭村、塘坑村、隔圳村、河尚鄉、藍坑村、丙岡村、蓮塘尾、唐公嶺、西邊村、麥園村、上水村、嶺仔下、莆上村、平源村、鳳凰湖、凹背村、荔枝窩、黎峒村、上下園、鉗口墟、泰坑村、林材村、萬屋邊、沙橘寮、小瀝源、碗寮村、楓園村、粉壁嶺、綠逕村、歌堂凹、隔堂村、東西頭、黃貝嶺、大嶺下，油炸頭、田貝村、凹下村、橫岡村、蓮蔴坑、峒尾村、塘坑村、樟木萌、松園下、山嘴峯、岡頭村、羅坊村、大逕村、坑仔村、大莆村、彭坑村、大望村、橫排嶺、穀豐嶺、丹竹坑、山雞鬱、穀步村、筍岡村、莆心村、新屋邊、田心村、赤坎村、月岡屯、羅湖村、塘邊村、下村、塘尾村、福田村、赤尾村、岡下村、上步村、拈墩村、田面村、新英村、蚊洲村、莆海村、穀田村、下步村、麥園村、舊墟村、冚尾村、墇樹坦、馬料村、上梅林、下梅林、淡水坑、下林仔、東門村、白水塘、橫頭村、第三溪、高圳頭、關湖村、水貝村、龍岐村、黃母峒、新橋村、石橋頭、沙甫村、火堆村、橫岡村、大嶺下、橫坑村、鴨寮村、石橘頭、西山村、沙岡村、下沙村、疊福村、半天雲、大鵬所、烏涌村、大坑村、碧洲村、楊梅坑、鶴兆村、苔涌村。

已上六、七都俱歸城鄉。

（清）靳文謨纂：《新安縣志》卷三，〈地理志〉，五至九頁。

新安縣

鄉曰恩德、曰延福、曰歸城。

都曰第一，曰第二，曰第三，曰第五（俱屬恩德鄉），曰第四（屬延福鄉），曰第六，曰第七（俱屬歸城鄉）。

市曰城內，曰牌樓，曰西鄉，大廟前曰南頭新，曰南頭舊，曰南頭中，曰茅洲新，曰茅洲舊。

墟曰黃松岡，曰周家村，曰望牛墩，曰下步，曰月岡屯，曰大步頭，曰和平，曰白灰洛，曰蛋家蔭，曰雲林，曰深圳，曰天岡，曰碧頭，曰沙頭，曰大橋墩，曰平湖，曰永豐，曰鹽田，曰塘勤，曰青湖，曰塘頭下，曰清溪，曰葵涌。

（清）李待堯、沈廷芳等纂：《廣州府志》卷四，〈都鄙市廛〉，四五至四六頁。

墟市

城內市牌樓市、南頭新舊中之市、西鄉大廟前市、和平墟、白灰墟、周家村墟、蛋家蔭墟、雲林墟、望牛墩墟、黃松岡墟、碧頭墟、茅洲新舊二市、沙頭墟、下步墟、月岡屯墟、大橋墩墟（附峰圓蔭）、深圳墟、天岡墟、大步頭墟、清湖墟、永豐墟、塘頭下墟、葵涌墟、鹽田墟、清溪墟、塘勤墟。

（清）靳文謨纂：《新安縣志》卷三，〈地理志〉，一一頁。

津

南頭渡、佛山渡、下步渡、茅洲渡、烏石渡、圓岡渡、碧頭渡、岡頭渡、新田渡、茅洲田尾渡、烏溪沙渡、蘇雀嶺渡、塔子前渡、沙岡渡、白石渡、黃岡渡、羅湖渡。

（清）靳文謨纂：《新安縣志》卷三，〈地理志〉，一二頁。

海

滘水、大沙河、西鄉河、茅洲河、壁頭河、塘頭下海、合瀾海、南頭海、後海、急水門在官福司之南、佛堂門在官富司之東，為頭出海外關，舊設哨船防守，今廢。谿西灣、屯門灣、大傘、小傘洲在縣西南海中。大王洲在縣西南海中。平洲在縣西南海中。馬鞍洲在縣西西鄉村海中。平洲在七都下沙村前洋海中。龍穴洲、擔竿洲在縣西南外洋。勒馬洲在五都、白鶴洲、蚊洲、夾洲、媚珠池舊志云：在大步海，漢時採珠於此，今廢。七娘灘、甘溪涌、綠橘潭、海水響潭。

（清）靳文謨纂：《新安縣志》卷三，〈地理志〉，一六至一七頁。

田賦

新安縣萬曆元年（1573）官民竈僧等田地山塘海葑，原額二千九百一十一頃四十七畝二分五釐五毫，萬曆九年（1581）奉例清丈攢月，官民僧等田地山塘葑湖海坦涌溪，分上中下則共四千零二十頃八十二畝五分一釐一毫五忽，萬曆二十一年至崇禎十五年（1593—1642）逐增田地山葑海坦湖塘溪坡，共四十六頃四十二畝三分七釐八毫七秒一忽。（據〈阮通志・新安縣志〉參修）

（清）瑞麟、戴肇辰等修：《廣州府志》卷七〇，〈經政略〉，一二頁。

土田

明萬曆元年（1573），官、民竈、僧等田地、山塘、海葑原額二千九百一十一頃四十七畝二分五釐五毫。……國朝原額田地、山塘、湖陂、海溪涌、坦四千零三十九頃五十六畝七分六釐五毫，內奉丈勘未墾稅一百七十四頃八十八畝二分九釐一毫六絲。康熙元年（1662）遷熟田地、山塘、湖葑稅四千二百二十五頃七十五畝七分四釐五毫零九忽，遷荒田地、山塘九十七頃十六畝五分六釐一毫零六忽。……康熙六年（1667）歸併東莞編徵。康熙八年（1669）展界復縣治，署縣路一鰲督墾復原續遷移田地一百九十六頃一十九畝八分五毫一絲一忽。（後歷任知縣督墾，復原續遷移田地，至康熙二十四年〔1685〕為一百一十九頃四十六畝五分二釐八毫一絲四忽。）

（清）靳文謨纂：《新安縣志》卷六，〈田賦志〉，三至五頁。

貢賦

新安縣

原額田地萌、山、塘、湖、海、坦、陂、溪、涌共四千三十九頃五十六畝七分零，內

田三千七百六十頃三十三畝三分零。

地二百三十六頃四十三畝一分。

萌一頃五十六畝三分零。

山一十二頃四十七畝七分零。

塘二十六頃九十八畝三分零。

湖六十三畝八分零。

海四十八畝四分零。

坦六十畝七分零。

陂一畝五分。

溪二畝二分。

涌二分。

除豁荒、遷、難墾虛缺，尚存實稅九百二頃七十七畝五分零。

康熙四年（1665）至乾隆十二年（1747）墾復額外陞科，沙坦共二千九百七十九頃八十二畝五分零。

雍正三年（1725）裁併東莞所額稅四十二頃九十六畝零，通計民屯田地萌、山、塘、湖、海、坦、陂、溪、涌，共三千九百二十六頃五十六畝零。

（清）李待堯、沈廷芳纂：《廣州府志》卷一一，〈貢賦〉，二一至二二頁。

新安縣

官民田地山塘等稅三千八百九十八頃一十一畝七分九釐五毫零，應徵稅銀一萬零二百八十四兩六錢四分九釐，應徵丁銀九百八十兩零七錢三分八釐。遇閏加徵銀二百九十三兩一錢五分四釐。本邑米一千九百八十二石四斗三升零五勺。現額屯田四十二頃九十六石四斗六升四合五勺。實徵米五百七十五石八斗一升三合六勺零。

現額屯田四十九頃四十一畝四分三釐五毫零，實徵米五百四十一石八斗四升九合八勺零。[1]

註：①該田數為嘉道年間數目。

（清）阮元、陳昌齊等纂：《廣東通志》卷一六二，〈經政略〉，二九五三至二九五四頁。

田賦[1]

（新安縣）官民田、地、山、塘等稅共三千八百九十八頃一十一畝七分九釐五毫零。……應徵稅銀一萬零二百八十四兩六錢四分五釐。……遇閏加徵銀二百九十三兩一錢五分四釐。……本色米一千九百八十二石四斗三升零五勺。

折色改徵本色米七百九十六石四斗六升四合六勺。

現額屯田四十二頃九十六畝二分三釐一毫零。

實徵米五百七十五石八斗一升三合六勺零。

現額屯田四十九頃四十一畝四分三釐五毫零。

實徵米五百四十一石八斗四升九合八勺零。

註：①此為光緒初年的田賦數。

（清）瑞麟、戴肇辰等修：《廣州府志》卷七一，〈經政略一〉，二三頁。

戶口

明萬曆元年（1662）原額七千六百零八戶，口原額男婦三萬三千九百七十一口。

國朝戶二千九百六十六，口六千八百五十一，男五千五百六十七，婦一千二百八十四。康熙元年（1662）、三年（1664）兩奉遷析，尚存人丁二千一百七十二（後多次招復遷移，至康熙二年〔1663〕屆丁四千五百二十五）。

（清）靳文謨纂：《新安縣志》卷六，〈田賦志〉，七頁。

萬曆二十一年

（新安）戶七千七百五十二戶，口一萬三千三百零二口。

康熙元年、三年兩奉遷析，尚存人丁二千一百七十二。

康熙二十年　丁四千五百二十五。

康熙二十一年　招復遷移人丁三丁。

康熙二十三年　招復遷移人丁一百三十四。

康熙二十四年　招復遷移人丁一百零七。

（清）靳文謨纂：《新安縣志》卷六，〈田賦志〉，一、二頁。

新安縣，康熙元年（1662）至十一年（1672）實在人丁三千九百七十二，食鹽課銀一千五百一口。雍正九年（1731）至嘉慶二十三年（1818），丁一十四萬六千九百二十二。現編正丁七千二百八十九，另各屆編審新增抵補未復優免人丁七十六，優免不盡丁一百二十六，歸併屯丁四十六丁八分。

（清）阮元監修：《廣東通志》卷九〇，〈輿地略一〉，七頁。

新安縣

原額男婦丁口六千七百零九，連抵補新增共七千五百五十二，內男丁五千六百四十六，女口一千九百零六。

乾隆元年（1736）至十六年（1751）新增滋生丁口三千三十五，內男丁二千三百一十五，女口七百二十。

（清）李侍堯、沈廷芳纂：《廣州府志》卷一一，〈貢賦〉，四八頁。

乾隆三十八年（1773）至嘉慶二十三年（1818）除開除外，實滋生民灶丁口連原報共二十二萬五千九百七十九。（內男丁一十四萬六千九百二十二，女口七萬九千零五十七。）

（清）王崇熙纂：《新安縣志》卷七、卷八，〈經政略一〉、〈戶口〉，二五七頁。

學校

新安縣

寶安書院（知縣丁棠建）

梯雲社學

登雲社學

青雲社學

固戌社學

梧山社學

接青社學

（清）李侍堯、沈廷芳纂：《廣州府志》卷一六，〈學校〉，五一頁。

四、關於廣東沿海形勢

海門

江河之水所由出海者，為海門，最大者從廣州而出曰虎頭門，其小者曰虎跳，曰雞踏，曰雞啼，曰三門，曰東洲，此中路之海門也。從東莞而出曰南亭；從新安而出曰小三門，曰屯門，曰急水，曰中門，曰鯉魚，曰雙筋，曰南佛堂，曰北佛堂；從新寧而出曰大金，曰小金，曰寨門，曰官門；從惠來而出曰甲子門；從潮陽而出曰河渡；從澄海而出曰水吼，此東路之海門也。從新會而出曰崖門，曰松柏；從順德而出曰黃楊；從香山而出曰金星，曰上十字，曰下十字，曰馬騮，曰黃麖；從吳川而出曰限門；從海康而出曰白鴿，此西路之海門也。三路海門，東起潮洲，西盡廉州，南盡瓊崖，皆有水寨以守。水寨在潮州者曰柘林，在惠州者曰碣石，在高州肇慶者，曰恩陽，在廣州者，曰南頭，在雷州者，曰白鴿，六寨之汛地。廣寨則屯門，佛堂潮寨則東嶺下河渡，肇高寨則神電、馬騮，雷寨則北隘頭，其港深可泊大船，餘則港淺。惠州碣石衛，海石嵯岈，船易衝磕，止有白沙湖可泊大船，餘港多外淺內深。甲子門，其港亦淺，瓊州、白沙與萬州，其港俱淺，鬼叫門有暗沙，萬州有一港，頗寬廣，海舶爭避風，其中，稍不虔，則港口忽生一沙橫塞之，須祭禳，乃滅海中沙礁。

（清）范端昂輯：《粵中見聞》卷一二，〈地部九〉，一〇二至一〇三頁。

廣州三門海，去東莞城西南六十里，去新安城西北五十里，兩邑交錯，東南連惠州海，西南連香山海，皆接大洋，浩淼無際。海中有虎頭山、龍穴洲，合蘭洲、潮自東南來，至此，分而為三，過此復合。其水漩洄黝黑，積氣如黛，或白如霧，鼓舞吹噓，倏忽變化。龍穴洲，常有龍出沒，蛟蜃之氣，嘗蒸為城闕、樓臺、人物、車騎，錯出於層巒疊巘間，舟行海中弗見也。自外望之，變幻斯見，即之輒遠，離之復近，雖大風雨不能滅。蘇東坡曾作文以祭海神，其景立見。土人云：其氣，天晴則大，天陰則小，五色光芒不定，或如旌旗戈甲，則兆有兵革；或如倉如廩，則兆有豐登。每歲正月初三、四、五日必一見。蓋蜃乃千歲之雉所化，與龍同類。靜則為陰，含萬象於無，動則為陽，吐萬象於有也。合蘭洲，上多為芝蘭，有二石並峙，亦多蜃氣。

（清）范端昂輯：《粵中見聞》卷一二，〈地部九〉，一〇三至一〇四頁。

三門海在縣（按：指東莞）西南六十里，海中有三洲。潮自東南來，至此分為三道，既而復合，因曰二（三）門。舊志；縣境海道之備，有南頭、屯門、雞棲、佛堂門、十字門、冷水角、老萬山，零丁洋等澳，皆有哨兵戍守。

新安縣，府東南一百六十里，東北至東莞縣七十里，梧桐山在縣東四十里，又杯渡山在縣東南百二十里，下濱海，舊名屯門山。唐置屯門鎮兵以防海寇。又梅蔚山在縣南百里大海中、又西南八十里，大海中有官富山，山之東有官富場。

大奚山，在縣南三百餘里大海中，環三十六澳，周回三百餘里，一名老萬山。

佛堂門海，在縣南二百里，潮汐相通，志云：牂牁水，經官富山西南入海，分為二門：佛堂門海在其左，急水門海在其右。凡潮自東南大洋西流，經官富山而入急水門，番舶至此無漂泊之恐，故曰佛堂。自急水角經官富場，又西南二百里田合連海。水通東南大洋，連深澳、桑洲、零丁諸山而匯合於此，故曰合連。

合蘭洲，在縣南百九十里，在靖康場海中，與龍穴洲相比，又有大步海，亦在縣南百餘里。

官富鎮，即官富場也，有巡司。

（清）俞昌會輯：《防海輯要》卷六 八至九頁。

沿虎門口東岸屬東莞縣境，東行五里北有通東江，由曲海、九江諸水分流、合流之合連海口，又東行一十里，北有通合連海之水口，又東南行四十里入新安縣境。西有自九江發源通東江，並匯諸小水之永平河口，自東北來注之，又南行四十里，東有通流之小水注之；又南行五十里，西有自新安縣城東兩小水合注之海口；又東行七十里出急水門；又東行九十里過香港，出鯉魚門，出佛堂門；又東行三十里，出大欽門，又東行九十里至沱濘；又北行九十里過三管筆至歸善縣南境。

（清）周廣、鄭業煌等輯：《廣東考古輯要》卷五，〈水道〉，一九頁。

梧桐山，縣（新安）東四十里，山勢峭拔，多產梧桐因名。又杯渡山，在縣東南百二十里，下濱海，舊名屯門，山上有滴水巖及虎跑井。紀事云：東莞南頭城，古之屯門鎮，乃中路也，一云南頭城，東南海路二百里，至屯門山。唐置屯門鎮兵以防海寇。天寶二載（743）吳令光作亂，南海郡守劉巨麟以屯門鎮兵討平之。宋亦置營壘於此。又梅蔚山在縣南百里大海中。宋景炎二年（1277）正月南狩，幸此。今有石殿遺址；又西南八十里大海中有官富山，山之東有官富場。景炎二年（1277）四月，帝舟次於官富場是也。舊志官富山在東莞縣西南二百八十里。

大奚山，縣南三百餘里大海中，環三十六嶼，周回三百餘里，民居以漁鹽為生。慶元三年（1197）提舉鹽茶徐安國，以捕私鹽致亂，知廣州錢之望遣兵殲之，遂墟其地，後生息漸繁。明初，有萬姓者統其眾，今亦呼為老萬山。

佛堂門海，縣南二百里，潮汐相通，志云：𤅢牁水，經官富山西南入海，分為二門：佛堂門海在其左，急水門海在其右。凡潮自東南大洋西流，經官富山而入急水門，番泊至此無漂泊之恐，故曰佛堂。自急水角經官富場，又西南二百里曰合連海，水通東南大洋，連深澳、桑洲、零丁諸山而匯合於此，故曰合連。

合連洲，縣南百九十里，志云：縣南百餘里有大步海，中有媚珠池。南漢時採珠於此。又南八十里為合蘭洲，在靖康場海中，與龍穴洲相比，相傳有龍出沒其間，又有泉出龍穴洲石罅間，番舶回者，皆汲以過海。近志：縣西北八十里為大步海，又西北八十里為合蘭洲，似誤。

官富鎮，即官富場也。宋景炎二年（1277），蒙古將塔出等，以步兵追二王於嶺南，其別將唆都，由泉州取道泛海，期會於廣之官富場，謂此。今有官富巡司，志云：本官富砦，洪武三年（1370）改。

（清）嚴如煜輯：《洋防輯要》卷八，九至一〇頁。

澳東為東澳山，又東為九星洲，山九峰分峙，多巖穴奇葩異草，泉尤甘。商舶往來必汲之，曰天塘。水其下為九洲，洋旁連雞柏山，多暗礁，又東為零丁山。東莞、香山、新安三邑畫界處，下為零丁洋。又東於旗纛澳，又東北不二百里有二門：曰虎門、蕉門。蕉門南瞰大洋，有暗礁，不能寄掟，與東洲門、金星門可泊艚船，洋舶不由之。金星門之旁，有雞籠洲、小茅山、虎門、即虎頭門。大虎山峙其東，小虎山峙其西，雙扉害然，海水出入其中，橫檔山限之，所謂粵東山有三路，分三門，西以大庾為大門。海有三路，亦分三門，而以虎頭為大門，東西二洋之所往來，以此為咽喉者也。橫檔山有東西砲臺，與南山三門砲臺聲勢相應，虎門協副將領之。上有虎門寨，明萬曆十六年（1588）建武山前，旋徙山後。

（清）王錫祺輯：《小方壺齋輿地叢鈔》第九帙，〈澳門形勢篇二〉，三至九頁。

塘頭下海：在縣北發源，廓下田寮，下清湖樟坑逕等處，經莊屋村大湖，至塘下入東莞界，又數十里，會龍川江入蛇犀海。

金瀾海：在縣北四十里福永司之左。

南頭海：在南頭一里，兩粵諸水合珠江，經虎門遶南山逶迤而東，海中有烏白二石，對峙中流。

後海：距縣五里，通於海，自西而東，北接梧桐山，遶護縣城。

金連海：在城南百餘里，中有大奚山。

獨鰲洋：在城南二百里，左為佛堂門，右為急水門。

滘水：在城東四十里，發源於梧桐莆，隔龍躍頭諸山，西流曰：釗日河，北出曰大沙河，二支分流至滘山，合流而曰滘水，經橫岡山，逶迤四十餘里入後海。

大沙河、西鄉河、茅洲河，壁頭河（略）。

急水門：在官富司之南。

佛堂門：在官富司之東，為南頭出海外關，舊設哨船防守，今廢。

谿西灣。

屯門灣。

大傘、小傘洲：在城西南海中。

大王洲：在城西南海中。

平洲：在七都下沙村前洋海中，長二三里，橫互海面。

龍穴洲：在城西北；有蜃氣，多蒸為樓觀城堞人物車蓋往來之狀，正月常見之。

擔竿洲：在縣西南外洋。

勒馬洲：在五都，一山橫出海邊，形如勒馬。

白鶴洲：在海中，潮長，群鶴俱集，望如堆雪。

蛟洲：在五都，四圍鹹潮繞之，中有井泉甘美。

夾洲：在三都茅洲墟。

（清）李侍堯、沈廷芳等纂：《廣州府志》卷六，〈山川〉，三五至三七頁。

萬山，一名魯萬山，廣州外海島嶼也。山有二：東山在新安縣界，西山在香山縣界，沿海漁船籍以避風雨，西南風急則居東澳，東北風急則居西澳，凡南洋海艘，俱由此出口，故紀海國自萬山始。

（清）王錫祺輯：《小方壺齋輿地叢鈔》第一一帙，一三，楊炳南著：〈海錄一〉。

東莞縣大奚山，在縣南大海中，有三十六嶼，周三百餘里。舊志云：居民不事農桑，不隸征徭，以魚鹽為生。宋紹興間，招降其人來祐等，選其少壯者為水軍，老弱者放歸立寨。寨水軍使臣一員，彈壓官一員，無供億，寬魚鹽之禁，謂之醃造鹽。（南宋）慶元三年（1197）鹽司峻禁，遂嘯聚為亂，遣兵討捕，徐紹夔等就擒，遂墟其地。經略錢之望與諸司請於朝，歲季撥摧鋒水軍三百以戍，季一更之，然兵戍孤遠。慶元六年（1200），復請減戍卒之半，屯於官富場。後悉罷之。今有姓萬者為酋長，因名為老萬山，過其境者，悉與魚鹽云。（《蒼梧軍門志》）

（清）顧炎武著：《天下郡國利病書》四二，〈廣東下〉，二七頁。

大奚山在廣東島中。（南宋）慶元三年（1197），提舉徐安國捕盜，島民嘯聚為盜，劫高登為首，殺平民百三十餘人。經略雷㳂與安國素有隙，以生事聞於朝，盡摯島民戮之，無噍類。詔罷安國，以錢之望知廣州。象之嘗聞婺之士友鄭岳云：岳曾館廣州，時賊勢猖獗。福昌有延祥寨水軍，海寇畏之。錢帥請於朝，乞差延祥將官商榮將兵以往，而大奚山之人用木支格以釘海港，官軍不知蹊徑，竟不能入。而島民盡用海舟載其兵弩達廣州城下，州民散避。會官船水手善跳船，

與賊首船遇，乃從檣竿上飛過，斫斷其帆索，帆墮，船不能進，賊船遂亂，商榮因用火箭射之，賊大敗。（《輿地紀勝》）

（清）阮元等纂：《廣東通志》，〈前事略〉，一一八頁。

南海中有三洲，潮自東南來，至洲分三道，過洲復合，故曰門（東莞濱海有南頭、屯門、雞棲、佛堂門、十字門、冷水魯〔角〕、老萬山、伶仃洋等澳，又西南有烏豬洋、七洲洋、獨豬洋、交趾洋，接占城界）。

杯渡山，在新安東南，舊名屯門山，海路離南頭城二百里。唐天寶二載（743），吳令光作亂，屯門鎮兵討平之，即此。梅蔚山在新安南海中；又西南八十里，有官富山，山東有官富場。宋景炎二年（1277），正月，帝幸梅蔚山。四月，舟次官富場，即此。大奚山，在新安南大海中，一名老萬山，民居以鹽為生。宋慶元三年（1197），山民以私鹽致亂。佛堂門海，在新安南，羣洞（阿）水經官富山西南入海，分二門：左為佛堂門，右為急水門。潮自東南大洋西流，經官富入急水門，又西南曰合連海（海水連深澳，桑濟、零下諸山匯合於此，故曰合連）。合蘭洲，在新安南百八十里大步海南，與龍穴洲相接。南漢時，置靖康場採珠。

（清）王錫祺輯：《小方壺齋輿地叢鈔》第一帙，一七，馬冠群著：〈廣東地略一〉。

西經鮕門埠至小漠汛五十里，又西入歸善縣境，過盤沿港至大星汛六十里，大星南懸海岸，與長沙門，南澳互為形，便商船雲集之所。其東有赤州，又東為白鴨，東北為孖洲、青州、馬蛟州；又東北為東椗、西椗，又有曰東虎、西虎者，則盤沿港口正東之島也；又西而北，過鹽田港，經平海所，南至斗頭卡五十里；又西北經巽寮汛，過紅石灣，折而西南，過官溪塘百里；又西南折而東南，復轉而西南，屈曲至大鵬山四十餘里；又南入新安境，折東而南、而西、至大鵬所城四十餘里；又南而東、而南、而西、而北，環老大鵬汛，過大鵬角至沙角涌九十餘里；又西而南至黎村洞七十餘里；又南而東，過黃竹角，又過塔門汛，折南而至鳳頭二十里。鳳頭與大鵬角對峙，中為海渚曰大鵬海口，其互於海口中者獨牛洲也。又南而西，至糧船灣九十里，又西經乾門，過黃竹港，又西而南、而東，折南而西，至鯉魚灣六十里。灣東為大欽門，廣六里，東北為小欽門，廣三里，均便輪舟寄泊。灣南為南佛堂島，距港約半里，水甚淺，曰佛堂門，無風濤之險。自此而西北則鯉魚門矣。自鯉魚灣而西，至九龍汛南尖沙角七十里，隔海為香港。自西北偏西，至東南偏東，長二十六里，寬約七、八里至十六里。舊有居民數十戶，東為紅香爐汛，西為赤柱汛。道光間，英人居之，隨山勢高低為屋，分上環、中環、下環，市廛繁盛，商賈輻湊，遂為中外總準，海舶往來必寄椗焉。南有擔竿山，西南有南丫島，東南有螺州，有蒲臺。蒲臺之北，即南佛堂也。自尖沙角西北，至青龍頭汛五十里，又西經屯門汛上下灘村，過大涌水口，至新安西南赤灣汛九十餘里，上灘村南海中有大嶼山。在香港之西，廣袤過於香港，乃大鵬右營汛地。其東北與縣東南屯門汛相距三里，曰急水門，為旋流極險之處。其東有馬鞍島，又東為青衣潭島，兩島之間為雞踏門，自香港達廣州之水道也。東距香港之間為南丫水道，以近香港西南南丫島而名。水道隘處僅十八里，其中有平洲，有交椅洲，均足以資控制。自此而西南，曰外伶仃，曰黑州，曰三門，曰蜘洲，曰鞋洲，曰鬼洲，曰老萬山。老萬山者，舊名大奚山，島嶼周環，形勢散漫不足恃也。又由赤灣而北，經石圍塘、鼇灣汛，過大涌水北口，至永平河口六十餘里；又西北入東莞縣境，經新涌口，復經沙角南山觀音廟汛，至二纜口百二十里；又西北過大纜口，入番禺縣境；經墩頭汛、白沙汛、烏涌汛、魚珠汛、東圃汛、獵德汛，至廣州府治百二十餘里。府治為省會，南海、番禺附郭分治，江水東流，海船可至，綏定防閑，蓋宜審焉。

（清）徐家幹：《洋防略說》，三二至三五頁。

（省渡）

香港渡五，在天字馬頭。

澳門渡四，火輪船一，香港火輪船二，俱在新基渡頭。

新安長洲渡一，東莞太平渡二，俱在天字馬頭。

新安九龍渡，在五仙門。

新安裙帶路渡，在珠光里。

（清）瑞麟、戴肇辰等修：《廣州府志》卷六八，〈建置略〉，八頁。

嘗考之三四月，東南風汛，日本諸島入寇，多自閩趨廣，柘林為東路第一關鎖，使先會兵守此，則可以扼其衝而不得泊矣。其勢必越於中路之屯門、雞栖、佛堂門、冷水角、老萬山、虎頭門等澳，而南頭為尤甚，或泊以寄潮，或據為巢穴，乃其所必由者。附海有東莞、大鵬戍守之兵，使添置往來，預為巡哨，遇警輒敵，則必不敢以泊此矣。其勢必歷峽門、大小橫琴山、零丁洋、仙女澳、九竈山、九星洋等處，而西而浪白澳為尤甚，乃番舶等候接濟之所也。附海有香山所戍守之兵，使添置往來，預為巡哨，遇警輒敵，則亦不敢以泊此矣。其勢必歷崖門、寨門海、萬斛山、網洲等處，而西而望峒澳為尤甚，乃番舶停留之門戶也。附海有廣海衛、新寧、海朗所戍守之兵，使添置往來，預為巡哨，遇警輒敵，則又不敢以泊此矣。夫其來不得停泊，去不得接濟，則雖濱海居民，且安枕而臥矣，況會城乎？按今設禦之法浪白、望峒二所，各置戰艦，慎固防守，而南頭，宜特設海道駐劄，居中調度，似有以扼嶺南之咽喉矣。[1]

註：[1]此段史料可與（明）王在晉：《泊防纂要》卷一，第二頁史
　　料互為參照。

（清）盧坤等輯：《廣東海防彙覽》上函，卷三，〈輿地二〉，一至二頁。

赤澳一洋，自甲子南至淺澳、田尾、遮浪、汕尾、鮜門港、大星、平海，雖屬惠州，而山川人性與潮無異，故於居中碣石立大鎮，

下至大鵬、佛堂門、將軍澳、紅香爐、急水門。由虎門而入粵省，外自小星、筆管、沱濘、福建頭、大嶼山、小嶼山、伶仃山、旗纛嶼、九洲洋而至老萬山，島嶼不可勝數，處處可以樵汲，在在可以灣泊，粵之賊艘不但艚艍海舶可以伺泊，即內河漿船、櫓船、漁艇，皆可出海群聚剽掠，粵海之藏垢納汙莫此為甚。廣省左捍虎門，右扼香山，而香山雖外護順德、新會，實為省會之要地，不但外海捕盜，內河輯（緝）賊，港汊四通，奸匪殊甚，且共域澳門，外防番舶，與虎門為犄角，有心者豈可泛視哉！外出十字門，而至魯萬，此洋艘番舶來往經由之標準，下接岸門、三竈、大金、小金、烏豬、上川、下川、戙船澳、馬鞍山、此肇郡廣海、陽江、雙魚之外護也。

（清）王錫祺輯：《小方壺齋輿地叢鈔》第九帙，一〇，陳倫烱著：〈沿海形勢錄〉，二〇。

第二章　香港名稱的來源與形勢

按：香港島位於新安縣東南，屬新安縣地界。由於其特殊的地理位置，在中國海防及海外貿易上具有重要地位。割讓英國前，尚無"香港島"名稱，史籍中稱其地為"紅香爐"、"裙帶路"、"赤柱"等，至清道光二十年（1840），第一次鴉片戰爭時期，才出現"香港"統一之名。

一、"香港"名稱的來源

縣（新安）東南海中有香港島，在九龍尖沙嘴之南，中隔一港，故名。一名裙帶路。東為鯉魚門，西北為急水門，南為南丫山，西南為青洲山，又西為交椅山，又西南為外零丁山，又南為一門、二門、三門，中有燈籠洲、仰船洲，水深不測，最為險隘，舊有居民數十戶。東有紅香爐汛，南有赤柱汛，兩灣汛。

（清）毛鴻賓、瑞麟監修：《廣東圖說》卷一三，〈新安八〉，八頁。

道光二十一年（1841）二月己巳。

茲蒙垂詢香港地勢情形[1]。查香港離省四百六十里，孤懸海外，較澳門為尤遠，祗係全島中之一隅，其餘毗連者，又名大潭，又名裙帶路，又名赤柱，又名紅香爐。若就全島而論，東西約長五十里，南北約寬二十里。專就香港而論，東西約十里，南北約五里[2]，島內間有民房田廬，較之別島為少。

註：①道光二十一年（1841年）上諭，令琦善講明香港的地理位置、地形等情況，琦善為此進行說明。

《籌辦夷務始末》（道光朝）二，卷二三，〈琦善奏查明香港地勢及現在籌辦情形摺〉，八三二頁。

道光二十一年（1841）閏三月乙亥。

再查香港地方島嶼里數，據署大鵬協副將賴恩爵稟稱：遵查香港距新安一百六十里，離（省）城四百四十餘里。該處與赤柱、紅香爐、裙帶路各處互相毗連，形如鼎足，共為一大島，周圍約四十餘里，裙帶路與尖沙嘴兩相對峙。若就香港鼎形一足而論，周圍共約三十餘里，舖戶十二間，居民約七十餘家，面海背山，殊非泊船要澳，衹緣毗連裙帶路等山，故前次該夷以借香港為名，墾請寄居，其實欲據裙帶路與紅香爐兩處等語。

《籌辦夷務始末》（道光朝）二，卷二八，〈奕山等奏查明琦善與義律晤談情形等摺〉一〇〇一頁。

道光二十一年（1841）六月丁酉。

查毗連香港之裙帶路地方，自上年（道光二十年，1840）冬間被英夷佔據後，在該處砌築碼頭，起造房屋基址，……臣等謹查香港全島，東西綿亙起伏，共一百四十餘里，統名香港。就中分析，則香港地方在島之西南，由香港而西、而北、而稍東為裙帶路，再東為紅香爐。由香港而東為赤柱，地名雖分，其實諸峰均相鈎連。香港全島，北通海面，往西約三十里為尖沙嘴，往東約五十里為九龍山，均屬新安縣地界。現據署大鵬協副將賴恩爵稟稱：該夷前求香港與之寄居，意不重在香港，而重在裙帶路與紅香爐，名則借求香港，實則欲佔全島。

《籌辦夷務始末》（道光朝）二，卷三〇，〈祁墳等奏查覆虎門砲臺炸裂及琦善與義律講話各情形摺〉，一一〇二至一一〇三頁。

香港四周約百餘里，地形三角，群峰攢簇。……其境距廣屬之新安、九龍以南約十里①。地雖蕞爾，稱名頗繁。曰紅香爐峰，曰裙帶路，其西北曰仰船，曰赤柱，其東曰登（燈）籠，曰灣仔，而香港其大名也。山上多澗溪，名泉噴溢，活活聲盈耳，味甘冽異常，香港之名或以此歟？山中產花崗青石最饒，所植多瓜菜，而蔗尤盛。下環有田，略種禾苗。山坡之上，樹木鮮少，以供民樵爨，常被斬伐故也。居民多蛋戶漁人，誅茅構廬，栽種圍地，隨時捕魚為業，漁汛既過，隨而他徙。英人未至之先，為盜窟，山中有鐵鑊二百餘，列木為柵，若城堡。英人至，烈而焚之。其土著不盈二千，博胡林（薄扶林）一帶有屋二十餘家，依林傍澗，結構頗雅，相傳自明季避亂至此。蓋自桂藩之竄②，耿逆之變③，遺民無所歸，遠避鋒鏑，偷息此間，不啻逃於人境之外。此為跡之最古者矣，至於他所記載，無聞焉。

註：①此篇文章載王韜自編的《弢園文錄外編》中，該書於光緒九
　　　年（1883）在香港排印，估計此篇寫於十九世紀七十年代。
　　②桂藩：指南明桂王朱由榔。
　　③耿逆：指靖南王耿精忠。

（清）王韜：《弢園文錄外編》卷六，〈香港略論〉，一七七頁。

道光二十一年（1841）六月乙未。

香港為商船內駛必由之路，其島曰紅香爐，上有營汛居民，並非偏僻小港可比。既被佔據，不惟該夷來往自便，內外商船亦必盡遭搜截，聞早露其漸矣。我朝統馭中外，尺寸之土，不可以與人。香港一島，亦與定海何異？

《籌辦夷務始末》（道光朝）二，卷三〇，〈顏伯燾奏探聞廣東情形摺〉，一〇九四至一〇九五頁。

二、《廣東圖說》及《廣東海圖說》中有關新安縣及香港島沿海形勢的記述

四都城東一百四十里內，有小村十一，屬縣丞者三：曰新墟，曰：松山，下曰：大鵬所，餘屬九龍司、福永司，及典史，有大鵬所

城、新墟市、大鵬營，有東山寺，東南濱海。

七都城東北一百二十里內有小村二百六十四，屬縣丞者九十八：曰王母，曰葵涌，曰水貝，曰烏涌埔，曰田心圍，曰東村，曰沙埔，曰新橋，曰王母洞，曰新屋子，曰疊福下圍，曰東門，曰烏涌，曰水角壠，曰較場尾，曰上大阮，曰下大阮，曰嶺下嶺，曰龍岐，曰趙屋，曰水頭，曰石角頭，曰南阮埔，曰埔錦，曰埔尾，曰石橋頭，曰黃桐山，曰赤椰莆，曰新屋子，曰麻雀山，曰黃旗塘，曰牛脣嶺，曰鴨母腳，曰曹屋圍，曰疊福上圍，曰下沙，曰油草棚，曰平洲，曰水頭沙，曰南澳，曰岐沙，曰半天雲，曰枯木，曰大壠，曰高鐵，曰坪山子，曰柯屋，曰大嶺下，曰歐蘇圍，曰橫岡，曰碧洲，曰橫阬，曰荔枝阬，曰沙林棚，曰大碓，曰東山下，曰高嶺，曰楊梅阬，曰鹿嘴，曰馬尿河，曰犬眠地，曰大石，曰牙山，曰鶴藪，曰東門，曰隔田，曰蚺蛇，曰西洋尾，曰沙岡圍，曰西貢圍，曰鵝公，曰徑心，曰高圳頭，曰大嵐阬，曰凹頭，曰白石岡，曰張屋，曰白水塘，曰第三溪，曰羅屋廳，曰新圍子，曰橫頭，曰屯圍子，曰黃欖阬，曰楓樹頭，曰關湖，曰土洋，曰上洞，曰下洞，曰溪涌，曰大梅沙，曰小梅沙，曰紅安，曰朝陽，曰鴨宿，曰屯上，曰小莆，曰大擔角。餘屬九龍司、福永司及典史，往來大道有：王母墟、葵涌墟、老大鵬汛、麻雀嶺汛，有王母粧臺，東界歸善縣，南濱大海，北界東莞縣。

九龍司巡檢一員（駐九龍寨城）其屬大鄉七

一都城東二十五里內有小村十九，屬九龍司者六：曰上梅林，曰下梅林，曰水邊，曰蘭花地，曰橫洲，曰太亨，餘屬典史。

二都城東四十里內有小村三十四，屬九龍司者十三：曰湖貝，曰向西，曰廈村，曰盧勝塘，曰衙前蓢，曰衙前圍，曰羅湖，曰莆隔，曰羊觀田，曰曹屋圍，曰元岡，曰西湖，曰蚺蛇窟，餘屬福永司及典史，往來大道有深圳墟汛。

五都城東南四十里內有小村十：曰新田，曰屏山，曰黃岡，曰岡下，曰上步，曰筍岡，曰河上鄉，曰屯門，曰竹村，曰山下，有屯門汛，南濱大海。

六都城東南四十里內有小村三十二：曰南邊圍，曰沙頭角，曰大埔頭，曰黃貝嶺，曰福田，曰葵屋圍，曰赤尾，曰沙尾，曰沙嘴，曰孔嶺，曰舊墟，曰粉壁嶺，曰西邊圍，曰鳳園，曰大橋，曰山貝，曰白沙澳，曰勒馬洲，曰丙岡，曰金錢，曰燕岡，曰東頭，曰羅坊，曰田貝，曰新竈，曰丹竹阬，曰山雞窟，曰大篤，曰吉田，曰烏石下，曰新圍子，曰濠涌，往來大道有元墟荫、沙頭角墟、大埔墟、蕉逕汛。

三都城東北五十里內有小村五十九，屬九龍司者十一：曰錦田，曰沙頭，曰清溪，曰諸佛嶺，曰龍躍頭，曰上水，曰清湖，曰莆心湖，曰黎峒，曰石馬，曰凹下，餘屬福永司及典史，往來大道有：培風墟、清溪墟、苦草洞汛，北界東莞縣。

四都城東北五十里內有小村十一，屬九龍司者五：曰平湖，曰大平，曰草莆子，曰松園下，曰橫頭山，餘屬縣丞福永司及典史，北界東莞縣。

七都城東北五十里內有小村二百六十四，屬九龍司者一百四十五：曰沙角尾，曰田心，曰小瀝源，曰林村，曰湖南，曰莆上，曰新田，曰山貝，曰水蕉，曰沙莆，曰松園頭，曰李朗，曰斬竹阬，曰李屋，曰東皐，曰蠔涌，曰大澳港，曰長洲港，曰平洲港，曰桔澳洲，曰九龍寨，曰沙莆，曰莆岡，曰打鼓嶺，曰隔阬，曰竹園，曰園嶺，曰牛池灣，曰瓦窰，曰九龍子，深水莆，曰長沙灣，曰九龍塘，曰白薯莨，曰芒角，曰大圍，曰逕口，曰沙田，曰湴涌，曰沙田頭，曰下阬，曰南阬，曰碗窰，曰樟樹灘，曰九龍阬，曰掃管鬱埔，曰花香爐，曰椰樹下，曰東涌，曰西河，曰西涌，曰新洲，曰週田，曰大芬，曰復慶，曰南塘，曰木湖圍，曰赤水洞，曰橫排嶺，曰平洋，曰平源，曰田尾，曰萬屋邊，曰新田，曰南嶺，曰禾阬，曰大逕，曰大莆，曰官涌，曰湖南，曰牛凹，曰石步，曰淺灣，曰白沙，曰竹園，曰馬鞍岡，曰長頭莆，曰白田阬，曰上木古，曰下木古，曰王沙阬，曰旂嶺，曰赤嶺，曰緣分，曰大湖，曰巫屋，曰岡頭，曰橫塘，曰謝阬，曰象角塘，曰楊公塘，曰岡頭子，曰李公逕，曰馬鞍堂，曰洋尾，曰雪竹逕，曰石凹，曰潭羅，曰公村，曰鹽田，曰烏校田，曰荔枝窩，曰榕樹凹，曰黃岡下，曰蓮塘，曰香園，曰蓮麻阬，曰圓墩頭，曰逕口，曰沙井頭，曰凹頭，曰山嘴，曰擔水阬，曰爛泥灣，曰楝子，曰莆心排，曰官阬，曰井欄樹，曰孟公屋，曰交塘，曰赤逕，曰葕，曰北港，曰沙羅洞，曰黃泥合，曰流水響，曰烏雞沙，曰滘塘，曰下陽，曰樟木頭，曰大洞，曰樟上，曰松柏葕，曰深涌，曰橫岡，曰東涌，曰沙螺灣，曰羌山，曰牛牯角，曰二澳，曰石壁，曰塘福，曰杯澳，曰梅窩，曰大蠔，餘屬縣丞福永司及典史，往來大道有鹽田墟汛，南濱大海。

福永司巡檢一員（駐福永村）其屬大鄉四。

二都城西北三十里內有小村三十四，屬福永司者五：曰黃田，曰固戍，曰官田，曰逕貝，曰麻莆，餘屬九龍司及典史，有黃田市、固戍市、烏石巖墟，西濱大海。

三都城北五十里內有小村五十九，屬福永司者三十五：曰新橋，曰沙井，曰壆頭岡，曰鄧家朗，曰莆尾，曰福永，曰福永懷德，曰合水口，曰嶺下，曰燕村，曰水貝，曰樓村，曰周家，曰潭頭，曰衙邊，曰沙莆，曰碧頭，曰白石下，曰橋頭，曰大步涌，曰塘尾圍，曰玉勒，曰上寮，曰沙頭，曰塘下涌，曰長圳，曰塘下，曰下莆，曰田寮，曰洪田，曰樓岡，曰龍灣，曰下山門，曰後亭，曰山尾，餘屬九龍司及典史，往來大道有：橋頭墟、沙井市、雲霖墟、黃松岡墟、福永新舊墟、周家汛、嘴頭角汛、碧頭汛，有玉勒溫泉，西濱大海。

四都城北五十五里內有小村十一，屬福永司者二：曰羅田，曰唐家，餘屬縣丞九龍司及典史。往來大道，有永祥墟。

七都城北五十五里內有小村二百六十四，屬福永司者十：曰李松葕，曰上山門，曰霧岡，曰大王山，曰石岡，曰葕心，曰位江，曰龍門，曰羅租，曰應人石，餘屬縣丞九龍司及典史。

典史一員（駐城內。）其屬大鄉五。

一都附郭內有小村十九，屬典史者十三：曰新圍，曰隔岸，曰上川，曰向南，曰龜廟，曰田下，曰東柵，曰塘葫，曰上面岡，曰白石，曰莘塘，曰珠凹，曰泥圍，餘屬九龍司，有沙河墟，隔岸新墟白石汛。

二都附郭內有小村三十四，屬典史者十六：曰西鄉，曰南山陳屋，曰南山吳屋，曰杜屋，曰倉前，曰大涌，曰流塘，曰平山，曰大涌吳屋，曰大涌阮屋，曰鰲灣，曰北竈，曰新村，曰龍井，曰菴前，曰莊邊，餘屬九龍司及福永司，有西鄉市、鰲灣汛，西濱大海。

三都附郭內有小村五十九，屬典史者十三：曰城內六街，曰附城四街，曰第一甲，曰關口坊，曰龍岡，曰後海，曰北頭，曰鐵岡，曰茶岡，曰珠岡頭，曰謝山頭，曰長嶺皮，曰牛成，餘屬九龍司及福永司。

四都附郭內有小村十一，屬典史者一：曰福源，餘屬縣丞九龍司及福永司。

七都附郭內有小村二百六十四，屬典史者十一：曰涌下坊，曰灣下，曰大新街，曰龍屋，曰墩頭，曰倉前，曰興隆，曰西瀝，曰伶仃，曰三阬，曰三石下，餘屬縣丞九龍司及福永司，有大新街市，南濱大海。

大鵬協水師副將一員。（駐九龍寨城，隸水師提督，統轄本協左營、右營）

左營中軍都司一員。（駐大鵬所城）

守備一員。（駐大鵬所城）

左哨千總一員。（分防九龍砲臺汛）

右哨千總一員。（分防沱濘砲臺汛）

左哨頭司把總一員。（分防鹽田汛）

左哨二司把總一員。（分防佛堂門汛）

左哨三司把總一員。（管駕出洋巡船）

右哨頭司把總一員。（駐大鵬所城）

右哨二司把總一員。（分防糧船灣汛）

左哨外委千總一員。（分防九龍海口汛）

右哨外委千總一員。（分防老大鵬汛）

左哨頭司外委把總一員。（管駕出洋巡船）

左哨二司外委把總一員。（分防瀝源港汛）

左哨三司外委把總一員。（管駕出洋巡船）

右哨頭司外委把總一員。（駐大鵬所城）

右哨二司外委把總一員。（分防塔門汛）

左哨額外外委一員。（管駕出洋巡船）

右哨額外外委一員。（駐九龍寨城）

左哨頭司額外外委一員。（駐大鵬所城）

右哨頭司額外外委一員。（駐大鵬所城）

本營額設水師兵丁共七百九十五名。（內步兵二百十一名，守兵五百八十四名，均防縣境。）

本營駐防縣境水師兵丁共七百九十五名，內外委本身名糧七名。

額外外委本身名糧四名。

存城防兵二百四十四名。

九龍寨城防兵一百五十名。

鹽田汛防兵三十五名。

沱濘砲臺汛防兵五十五名。

老大鵬汛防兵十五名。

糧船灣汛防兵二十五名。

九龍砲臺汛防兵七十五名。

九龍海口汛防兵十五名。

佛堂門汛防兵二十五名。

瀝源港汛防兵一十名。

塔門汛防兵十五名。

巡洋兵丁一百二十名。

大鵬協水師右營守備一員。（駐東涌所城）

左哨千總一員。（管駕出洋巡船）

右哨千總一員。（分防大嶼山汛）

左哨頭司把總一員。（分防青龍頭汛）

左哨二司把總一員。（分防赤柱汛移駐東涌所城）

右哨頭司把總一員。（分防長洲汛）

左哨外委千總一員。（管駕出洋巡船）

右哨外委千總一員。（分防大嶼山石筍砲臺汛）

左哨頭司外委把總一員。（分防青衣潭汛）

左哨二司外委把總一員。（分防東涌口小砲臺汛）

右哨頭司外委把總一員。（分防坪洲子汛）

右哨二司外委把總一員。（駐九龍寨城）

存城外委一員。（駐東涌所城）

存城額外外委一員。（駐東涌所城）

左哨額外外委一員。（管駕出洋巡船）

右哨額外外委一員。（駐九龍寨城）

額外外委一員。（分防長洲汛）

本營額設水師兵丁共六百九十一名。（內步兵一百九十五名，守兵四百九十六名，分防縣境及香山縣。）

本營駐防縣境水師兵丁共六百四十一名，內外委本身名糧七名。

額外外委本身名糧四名。

存城防兵一百五十五名。

九龍寨城防兵一百名。

大嶼山石筍砲臺汛防兵三十名。

深水埗汛防兵三十五名。

大嶼山汛防兵四十名。

青龍頭汛防兵五十名。

長洲汛防兵四十五名。

青衣潭汛防兵十五名。

東涌口小砲臺汛防兵三十名。

坪洲子汛防兵十五名。

蒲臺汛防兵二十名。

沙螺灣汛防兵五名。

大濠汛防兵五名。

急水門汛防兵一十名。

梅窩汛防兵五名。

榕樹灣汛防兵一十名。

巡洋兵丁六十名。

水師提標左營遊擊一員。（駐城內）

中軍守備一員。（駐城內）

左哨千總一員。（駐城內）

右哨千總一員。（分防蓮花逕汛）

左哨頭司把總一員。（分防南頭砲臺汛）

左哨二司把總一員。（分防茅洲墩臺汛）

右哨頭司把總一員。（分防屯門汛）

右哨二司把總一員。（分防深圳墟汛）

左哨外委千總一員。（駐城內）

（清）毛鴻賓、瑞麟監修：《廣東圖說》卷一三，〈新安〉，九至一八頁。

香港

衝要等差 極衝。

道里遠近 西北距省城二百五十餘里，距新安縣城七十餘里，北距九龍寨城十餘里，西北距汲水門二十五里，西距澳門一百二十餘里。

水道深廣 香港，北對仰船洲，海面寬約五里，水深四丈餘。

潮汐 朔望日潮，長於巳正一刻，大潮高四尺餘。

沙嶼 口內西北有仰船洲，東有鯉魚門，東南有佛堂門各島。

形勢香港太平山綿亙海中，重關疊障，中外兵商輪船，自粵省往來閩滬者，海道必經於此，是為粵省東路咽喉，密邇省城最關要害。

輪船頭等大兵輪可到。

商船漁船各國商船凡數百號，為南洋諸埠入粵之總匯。

海防成案道光二十一年（1841）中英和議成。琦善議以香港予英人居住，自是遂為洋界。

九龍寨

衝要等差次衝。

所屬縣營屬廣州府新安縣大鵬協左營管轄。

道里遠近西北距省城二百四十里，距新安縣城六十里，西偏北，距汲水門二十里，南距香港十餘里。

水道深廣海面，寬約五里，灣內，水深一丈有餘。

潮汐朔望日，潮長於巳正初刻，上下大潮，高六尺半，小潮甚微。

沙嶼海中有沙礁。

形勢陸通省城，水控香港，負山面海，形勢遼闊。

輪船大輪船可到。

商船漁船香港渡船及小販商船數號，本港無漁船，惟附近將軍凹有漁船十餘號。

砲臺九龍山舊砲臺，在九龍寨城東南，與香港隔海相對。九龍西赤灣舊砲臺，前俯零丁洋海面。南頭、碧頭兩舊砲臺，不當船路。茅洲舊砲臺，偏在腹地，形制卑小，並圮無用。九龍東沱濘舊砲臺，在沱濘島上，形勢太孤，亦圮。

海防成案宋景炎二年（1277）文天祥移軍船澳。（在歸善縣南）

勇營光緒十年（1884）辦防，九龍駐副將賴鎮邊，陸勇一營。停戰後，裁撤。[①]

綠營額設駐防大鵬協副將一員、把總一員、外委一員、砲兵一百二十九名，分防九龍，營千總一員、外委一員、兵六十名。

輪船小輪船可到。

砲臺 陳頭口、蔗圍口兩砲臺，防守北江入省水道，光緒十一年（1885）建。土臺無大用，擬擇要增築。

汲水門（本作急水門今皆書作汲）

衝要等差 極衝。

所屬縣營 屬廣州府、新安縣大鵬協右營管轄。

道里遠近 西北距省城二百二十餘里，距新安縣城四十餘里，東偏南，距九龍寨城二十里，東南距香港二十五里。

水道深廣 海面，寬約三里，深八丈左右。

潮汐 大潮，高約六尺。

沙嶼 海中有沙礁。

形勢 兩山狹束，天然關鎖，水勢甚急，船難久停，為香港入省要隘。若有大隊兵輪屯劄，可以屏蔽虎門。

輪船 極大輪船可到。

商船漁船 香港渡船來省皆道於此。有小漁船數十號。

綠營 額設分防大鵬協，營把總一員，兵三十五名。

大嶼山

衝要等差 次衝。

所屬縣營 屬廣州府、新安縣大鵬協右營管轄。

道里遠近 西北距省城鳥道一百九十餘里，水道二百一十餘里，北距新安縣城四十餘里，北距虎門一百里有奇，山西面，距澳門四十餘里，東面距香港二十餘里。

水道深廣 四面水深，自十餘尺至百餘尺不等。

潮汐 大潮，高約六尺。

沙嶼 東北有青衣島，東有南丫洲、玟杯洲、尼姑洲，東南有長洲、外零丁諸島，南有石鼓洲、丫洲、蜘洲，西南有榕樹頭、牛頭山、臘雜尾諸島。

附近城鎮 島上有東涌口城。

形勢 山高三百丈，周迴百餘里，東北為汲水門，地廣土沃，形勢雄勝。

⬚輪船⬚極大輪船可到。

⬚商船漁船⬚大濠汛，有漁船數十號，長洲商漁船較多，平洲漁船略少。

⬚砲臺⬚石筍舊砲臺，在大嶼山上，久圮。

⬚綠營⬚額設駐防東涌所城，大鵬協右營，守備一員、把總一員存城，外委一員、額外外委一員、兵一百五十五名，分防東涌口小砲臺，外委把總一員、兵三十名，分防大嶼山汛，千總一員、兵四十名，分防大嶼山石筍砲臺，外委千總一員、兵三十名，沙螺灣，汛兵五名，大濠，汛兵五名，皆在大嶼山上。

註：①停戰後：指中法戰爭結束後。

（清）張之洞撰：《廣東海圖說》，二八至三二頁。

第三章　明清時期廣東沿海形勢及海防衛所設置變化概況

按：廣東海防自唐宋時即有明確設置，至明清時期，朝廷為防倭寇、海盜的進犯，對廣東沿海，特別是新安縣（包括香港地區）海防進一步加強。

一、明清時期廣東海防形勢及衛所

廣州府圖說

廣州府，古揚州南境，秦始置南海郡，趙佗實據之。山川緬邈（元《南海志》）上據石門之隘，下瞰扶胥之險，長江天塹，壁壘完整（《舊志》）。國朝為府（元以前沿革不一，以下列郡俱同）領州一（連州），縣凡十有四（附郭南海番禺外，順德、三水、從化、東莞、增城、龍門、香山、新會、新寧、清遠、陽山、連山、三縣隸連州），包山帶海、群邑羅衛、外郡倚以為重，故於此置省而責亦重焉。黃涌（順德地）、白墳（波羅海口）、南岡、（鹿步、海口已上三營俱守備指揮防禦）廣海（衛近新寧）、大鵬（千戶所近東莞）、香山崖門（新會地），沿海東南成守之嚴湟川（連州古名有守備都指揮）、陽（陽山）、連（連山）、朱岡星子（俱巡司隸陽山），西北叢嶂，實湘（臨武、江華俱湖廣衡州屬縣）、桂（賀縣、懷集俱廣西平梧屬縣）咽喉，殆亦次之。而三水參巨浸之派，胥江（新會地）當三鎮（廣韶肇）之中、帆檣上下，烏合突來，樓船屯哨，其可緩乎。環郡大洋，萬支莫測，風濤千里，皆盜賊淵藪。英（英德縣隸韶州）、陽（陽山）之交，移山藉火，民猺糅居，水陸恆病。故清遠、慶安（東莞古名）各轄以兵憲重臣，其勢均也。然兵食相須官民一體，番（番禺）、南（南海）邑若獨大而當省會，民亦獨勞曷以節之。東（東莞）、增（增城）、順（順德）、會（新會）僅充歲用、曷以贏之。香（香山）、清（清遠）而下，疲亦久矣，曷以舒之，均之惟茲。陶（晉桓公侃，廣州刺史）、宋（唐宰相璟，廣州都督。）、韓（唐昌黎公陽山令）、向（宋丞相敏中，知廣州）甘棠冉冉，濂溪（時為運判）、南軒（隨父寓連州）遠流道澤而清。獻（宋丞相崔與之，增城人）所謂諸賢寬得一分，則民受一分之賜。仰止群哲，典刑伊邇，尚亦鑒哉。

廣州府圖紀

領州一縣、十二（稅課司永豐倉各一，遞運所二，各州縣巡檢司四十九，倉十，水馬驛一十八，河泊所八）。

戶口

戶一十八萬七千九百六十八，口五十九萬八千四百九十。

田糧課稅。

官民田地山塘灣八萬五千四百四十七頃五十一畝一分六釐八毫七忽。

夏稅荳八斗一合二勺；米八百七十石七斗七升五合七勺。

秋糧米三十一萬二千四百九十一石五斗五升五合八勺。

農桑本色米二十，石六斗七升四合。

商稅等鈔二十六萬一千四百六十六貫一百三十六文。

魚課折色米一萬一千零四十三石六斗五合五勺零。

魚膠熟鐵翎毛共折價銀一百零七兩四錢九分七釐一毫一絲五忽。

廣州左衛合屬屯田額，徵二百頃三十三畝零細糧，五千五百五十六石八斗七升四合八勺。

右衛合屬屯田額，徵三百四十六頃五十九畝八分零細糧，一萬零三百四十二石零二升六合七勺三抄八撮。

前衛合屬屯田額，徵三百四十四頃七十二畝三分零、細糧九千九百九十五石一斗八升八合四勺一抄。

後衛合屬屯田額，徵二百四十六頃四十畝，細糧七千三百三十五石零八升三合七勺六抄七撮。

南海衛合屬屯田額，徵二百六十八頃八十畝，細糧八千零五十四石。

廣海衛合屬屯田額，徵二百二十頃九十六畝，細糧一萬二千七百六十八石。

清遠衛合屬屯田額，徵細糧六千八百六十九石五斗一升九合八勺。

增城所屯田額，徵八十一頃，細糧二千九百五十八石。

從化所屯田額，徵一百零三頃六十畝零，細糧六千七百二十石。

新會所屯田額，徵六十三頃六十畝，細糧二千零一十六石。

官兵馬疋。

廣州左衛額設各官共八十四員，旗軍一千三百四十六名，馬八疋。

右衛額設各官共八十四員，旗軍一千七百七十六名，馬八疋。

前衛額設各官共八十四員，旗軍一千五百三十一名，馬十九疋。

後衛額設各官共八十四員，旗軍一千三百一十七名，馬八疋。

南海衛額設各官共六十九員，旗軍一千五百五十四名，馬一十七疋。

東莞大鵬二所額設各官共三十員，旗軍六百二十四名，馬十疋。

廣海衛額設各官共六十九員，旗軍二千三百八十三名，馬十疋。

新寧香山海朗三所額設各官共四十五員，旗軍七百七十名，馬無。

清遠衛額設各官共八十四員，旗軍六百四十五名，馬三十三疋。

增城所額設各官一十五員，旗軍七百五十六名，馬十一疋（直隸都司）。

從化所額設各官一十五員，旗軍三百七十五名，馬無（直隸都司）。

新會所額設各官一十五員，旗軍六百七十九名，馬二疋（直隸都司）。

廣州四衛達官旗目舍共三百七十六員名，民壯四千八百四十四名，弓兵二千三百五十五役。

《文淵閣四庫全書》，〈史部二五二〉，〈地理類〉，（明）姚虞撰：《嶺海輿圖》，第四九四本，六九至七二頁。

廣東

廣東內連五嶺，外濱大海，潮惠通甌閩，高廉嚮交桂，雷瓊逼黎蠻，廣州之龍門、增城諸邑，皆為盜藪。嘉靖間，自海島入犯者為倭賊，出沒海洋者為海賊，據村峒者為猺賊，嘯聚山谷者為山賊，流劫無定者為浪賊，漁戶竊珠池者為蜑賊，縱橫殺掠，地方騷然，自羅旁大征之後，備禦益詳密矣。

一城堡。嘉靖四十五年（1566）題准，廣東扼塞要害，在東洋：有柘林、碣石、南頭；在西洋：有白沙港、烏兔、白鴿門，六處皆立寨，增兵、增船統以將官。無事，則會哨巡緝，有警，則互相策應，務以擊賊外洋為上功，近港次之。如信地不守，見賊不擊，俱坐罪重治。隆慶四年（1570）題准，馬耳澳，乃潮郡外戶，設水寨一所，與柘林相犄角。碣石、與馬耳會哨於甲子，馬耳與柘林會哨於南澳，保障潮陽、澄海、揭陽、海陽地方。萬曆五年（1577）題准，羅旁東、西兩山，週遭千五百里，田地饒沃，且有藤臘諸利，將瀧水縣改為羅定州，逕隸廣東布政司。黃姜峒、大峒二處，各築營城一座，各屯兵一千，選委指揮，充為把總駐劄，許其便宜撫剿。各峒地方，通屬管轄，其南鄉富霖、封門、函口四處，各立一所，即地立名，請給印信，各築所城一座，以備防守。

一兵馬。額設旗軍見在二萬九千九百四十七名，召募官兵三萬五千二百六十八員名。

一兵船。隆慶二年（1568）題准，廣東六處水寨，額數船雙，通行查理，缺者處補，壞者修治，一切刷虜商船，盡行放免。每歲終，海道副使點驗，係風浪損壞者，動支官錢修飭，係兵將損壞者，責令各役陪償。四年，令東莞、新會兩縣勸諭大戶，仍造烏艚巨艦，聽募本地壯兵，分作四班，於南頭、馬耳、柘林等處防禦。

一防守。隆慶二年題准，廣州等一十七衛所，舊撥官軍一萬餘員名，前赴督府及總兵哨捕，近除撤回一千一百九十員名外，將未撤八千九百餘名內，摘留附近梧州二千名，赴督府輪班哨捕，其餘悉發回廣州等衛所守城。四年，令縣官召募精健鄉夫一千二百名，分為四營，內立營長，量給白艚八槳船隻，分撥柘林、馬耳防守。營長效有勸勞，一年以上，量給冠帶。萬曆五年（1577）議准，富霖千戶所，添設參將，撥兵三千名，內分一枝，戍守南鄉、函口千戶所，添設參將，撥兵三千名，內分一枝，戍守封門。陽電海防參將，兼陸路陽江、恩平等處。

（明）申時行、趙用賢等纂：《明會典》卷一三一，六七三頁。

總督兩廣軍務、兼理糧餉帶管鹽法、兼巡撫廣東地方、一員。

海道。兼整飭廣州兵備一員，駐劄東莞南頭城。巡視海道一帶地方；整搠船隻，操演水戰，監督南頭、白鴿二寨。

韶南兵備一員，駐劄韶州，所轄南韶二府各縣衛所，并廣州府屬州縣，兼分巡分管練兵事務。

惠潮兵巡一員，駐劄潮州，兼管惠潮二府兵巡事務，巡歷惠州府屬海豐等十縣，潮州府屬饒平等十縣，提督捕盜水陸官兵，往來山海地方，操練營寨。

高肇兵備一員，駐劄肇慶，兼分巡嶺西道，整飭高肇二府兵備，修理各該城堡，操練官兵民快鄉夫打手，撫民捕盜。

羅定兵備一員，駐劄羅定地方，專管新設一州，并南鄉、富霖、封門、函口、四所，及黃姜峒、大峒二營，分管練兵事務。

雷廉兵備一員，駐劄廉州，整飭雷廉二府地方兵備，兼理分巡海北道，監督海康烏兔寨。

瓊州兵備一員，駐劄瓊州，整飭兵備，監督瓊州寨，操練兵船。

（明）申時行、趙用賢等纂：《明會典》卷一二八，六六四頁。

廣東

廣州府（舊有順德縣馬岡，清遠縣橫石磯，新寧縣城岡各巡檢司俱革。）

南海縣　神安巡檢司。三江巡檢司。

黃鼎巡檢司。江浦巡檢司。

金利巡檢司。伍斗口巡檢司（舊屬順德縣）。

番禺縣　茭塘巡檢司。鹿步巡檢司。

沙灣巡檢司。慕德里巡檢司。

獅嶺巡檢司。

順德縣　馬寧巡檢司。都寧巡檢司。

紫泥巡檢司。江村巡檢司。

東莞縣　中堂巡檢司。京山巡檢司。

白沙巡檢司。缺口鎮巡檢司。

官富巡檢司。福永巡檢司。

從化縣　流溪巡檢司。

龍門縣　上龍門巡檢司（添設土官副巡檢）。

新寧縣　望高巡檢司。

增城縣　烏石巡檢司。茅田巡檢司。

香山縣　香山巡檢司。小煮圍巡檢司。

新會縣　沙岡巡檢司。牛肚灣巡檢司。

潮連巡檢司。藥逕巡檢司。

大瓦巡檢司。松柏巡檢司（嘉靖十年（1531）添設）。

沙村巡檢司。

三水縣　西南巡檢司。三水巡檢司。

胥江巡檢司。橫石巡檢司。

清遠縣　港江巡檢司。濱江巡檢司。

迴岐巡檢司。

（明）申時行、趙用賢纂：《明會典》卷一三七，七一七頁。

廣州府海防圖說

粵東形勢，北陸皆山，西南東皆海，故重岡疊巘，峻坂深篁隨在有之。然承平日久，比戶可封，間有伏莽，亦為易制耳。惟是汪洋巨浸，浩瀚無垠，起自西南直達於東北，萬里長風，往來迅駛，外列大小西洋占城，暹邏、噶囉吧、安南、呂宋、琉球、日本諸國，內則界連閩、浙、江南、山左、遼陽等省郡，俱一帆可達粵省。其內地之屏翰，番夷之接軫乎，苟守之有道，則萬里之金湯，防之偶疏，即眾敵之正鵠也。老粵東海防分三路，廣州為海道之中路，自瓊廉來者，由石瓊館，硇州沿海安寧，川陽江而至新安，固不崇朝而至。而明時所患，獨於日本諸島為尤甚，蓋其自閩趨廣，以柘林為東路第關鎖，由柘林而西，則南頭，又西則浪白澳，又西則望峒澳，皆番船棲泊避風之地，防守巡哨不可不嚴。凡茲險要，雖不盡屬廣州，然有分疆而無限閾，惟多設遊巡，嚴立防汛，則指臂之使，呼吸可通，常山之勢，首尾相應，豈僅為會城之保障乎。

本朝巡防，海道最為嚴密。以廣州而論，由大鵬以迄廣海衛，自東而南而西，設重鎮，增守備墩臺，瞭望戰艦艍舡，鱗次海陬，聯密比撫。斯圖也，誠如畫沙聚米，凡形勝夷險，並會哨之方，碇泊之所，無不瞭如指掌矣。

（清）李侍堯、沈廷芳等纂：《廣州府志》卷二，〈輿圖〉，四三至四四頁。

粵海形勝總論

南幹地勢至廣東而盡，盡者盡於海也。廣東列郡十，直隸州三，而濱海者廣、高、惠、潮、廉、雷、瓊七郡，欽一州也。廣州領縣十四，而濱海者：南海、番禺、順德、東莞、新寧、香山、新會、新安八縣也。闔省防海之路有三：惠潮為東路，與福建連壤。漳泊通番之所必經，曰捷勝，曰平海，曰鵬所，皆惠郡衝險。而碣石，甲子門為要，曰清海，曰海門，曰鵬洲，曰大城，皆潮郡衝險，而柘林、南澳為要，此防海之東路也。高、廉、雷、瓊為西路，瓊固全粵外戶，高、廉、雷亦逼近安南、占城、暹邏、滿剌諸番。島嶼麻列，曰連頭港，曰汾洲，曰兩家灘，曰廣州灣，曰遂溪，曰湛川，曰瀾洲，曰樂民，曰青嬰地，曰平江，曰淡水灣，曰珠場，曰林墟，曰白沙，曰呂灣，曰禾田灣，皆四郡衝險。而白鴿、神電諸隘為要，此防海之西路也。而以廣州為中路，環郡大洋，風濤千里，曰屯門，曰雞踏，曰雞啼，曰冷水角，曰老萬山，曰三門，曰東洲，曰南亭，曰廣海，曰沙灣，曰黃圃，曰急水，曰沿栢，皆廣郡衝險。而虎頭門、澳門、南頭、崖門為要，此防海之中路也。凡三路東起潮州，西盡廉州，南盡瓊州，皆有水寨以守。水寨在潮者曰柘林，在惠曰碣石，在肇慶曰恩陽，在雷曰白鴿，在瓊曰白沙，而在廣郡者曰南頭，凡六寨。明吏科尹瑾海防要務疏曰：廣東六寨，將非不豫也，兵非不備也，當事臣工非不殫心經理也，然或不能消寇孽於未萌，而擒海賊於猝至，其故何哉？海洋廣闊，其分布難周也；海澳險阻，其巨艦易壞也；汛地空虛，其奸宄易乘也；兵糧虛空，其軍旅未充也；器具缺少，其急用未濟也；接濟潛通，其盜源未塞也；勦撫失算，其兵威未奮也；督率乏人，其查覈未嚴也。故灼知利弊，條列海防八事：一曰量地廣狹以置船多寡；二曰量海淺深以置船大小；三曰就寨修船以固守汛地；四曰查草虛冒以振飭軍旅；五曰預置器具以防備急用；六曰嚴禁私濟以杜絕寇源；七曰籌酌招撫以奮兵威；八曰專任海防，以肅軍務。其為海疆計至備，非威禦番夷者所當講求者哉。

（清）李侍堯、沈廷芳等纂：《廣州府志》卷七，〈海防〉，一至三頁。

言粵東海防者，以廣州為中路，而廣州海防，又以香山為中路。左則東莞、新安，右則新會、新寧，必犄角之形成，應援之勢便，然後近足以嚴一縣之鎖鑰，而遠足以立一郡之藩籬。故欲為一郡計，宜先為一縣計，欲為一縣計，宜合數縣以為計。自前明花茂設哨第一角，徐如珂隳澳城，張鳴岡驅倭出海。天啟初，建前山寨。國朝改設海防同知，專立前山營制。澳夷張保騷亂，各要隘設碉樓、水柵，可謂籌之詳矣。夫固圉之，方因地為守，今昔既殊，險易亦判。今綜全勢觀之，有內海防，然後一縣之門戶密，有外海防，然後全郡之門戶密。內海防則一縣之近地，自為勢，外海防則合數縣之守望，以為勢。夫防之於外，誠為至要，然內匪不清，馴為海寇，故內能嚴，而外始絕其根，況設防以為民也。邑盡水鄉，一港、一汊，悉通外洋，海寇可直入，尤不能不隨地為之備，自石岐南至第一角，東至東濠口，北至縣港口，西至象角頭，此內之內者也。象角頭東抵縣治十餘里，皆小港耳，其勢似稍緩，然北接第四沙，太平沙東接縣港口，田園錯雜，蜑戶寥寥，奸人借作崔苻藪，不憂大寇之窺伺，而仍憂小醜之跳梁。縣港口東濠口第一角，則咽喉也。距縣治或十餘里，或二十里，沿岸村庄，聲援可借。今碉樓、水柵，與民守之，但措置未盡善，則指臂或不靈。自第一角南迤東歷蠔、殼頭，至磨刀角迤西，歷螺洲門、黃麖門，至馬齒門（一名馬鰭門），又西至虎跳門，自東濠口東迤，北至東洲門，此界乎內外者也。東洲門插入於海，望之如牛角，然昔人以為東北極衝，致憾於防，次衝之榕樹門而不防，極衝之東洲門，蓋謂其足為東濠外蔽，而又以據南北之限也。蠔殼頭插而入於海，猶之東洲門也。昔人謂蠔殼頭，西望新會之崖門，猶東洲門，東望東莞之虎頭門，重以守第一角，不守蠔殼頭為憂。夫昔人之憂，憂磨刀海當其南衝，并憂三門海當其西衝耳。今西望阡陌，縱橫其勢，頗異，惟南來一徑，扼險為難，若崖門，在虎跳門外，西折而北入，專為新會南衝，與蠔殼頭無涉，并與香山西南內地無涉，非若東洲門之三面勞顧盼也。非若東洲門，與虎頭門之海道直通也，然西以防內奸，而南以防外寇，亦要地矣。且南來之徑，稍內則蠔殼頭當其衝，稍外則磨刀角當其衝，既守之於蠔殼頭，又守之於磨刀角，則蠔殼頭借磨刀角為外護，而勢不病其孤，與古人所謂戰在一處，守在一處之說相合，故磨刀角不容緩耳。磨刀角西與小托相對，則縣南與縣西諸口之匯也。小托右與大托相對，為黃麖門。大托右與井岸相對，為馬齒門，則黃梁都之左戶也。黃梁右戶惟虎跳一門，海面不寬，扼吭為易，東西砲臺又與新會分守，勝於鐵鎖之截，則香山西海，由南入北之徑固矣。既防磨刀角、虎跳門，又防黃麖門、馬齒門，此內若螺洲門，若三門滘，若竹洲頭，若湴涌，若上下洲汛，凡黃梁都北境，皆可高枕臥。惟沙田遼闊，西鄰新會，內匪出入，蹤跡難稽，較象角頭尤甚，弁兵巡哨，是不可不嚴者。自象角頭西迤，南至疊石海，則縣治之西戒，而虎跳門內之東徑也。越沙田而西，分數徑而北達於古鎮，守疊石，足以盡截東入象角之路，未足以盡截北入古鎮之路。古鎮東西海，皆郡南吭胭，東為曹步之橫琴海，當小欖西南，西為鱘鰉瀝，界新會東。昔張、郭諸匪出入為常，今橫琴海石堰，左右交幾斷一徑矣，惟南連太平沙第四沙，至象角東折，達浮盧海，其潛匿內匪，猶黃梁都之北境也。鱘鰉瀝界兩縣，闊二三里，古鎮外海二鄉，如張左右翼，實一方束咽之處。外則虎跳門海，既由南直抵崖門海，亦北抵三沙口，東折而併流，內則西達新會之江門，西北達新會之潮連，北達海洲小欖與順德之馬滘江尾而橫琴海，北與會於尖岡，今橫琴海既不足憂，自當專意於古鎮，與外海協力守鱘鰉瀝，使順德之南，新會之東，得外蔽，以成郡南內地關鍵也。由尖岡越沙滘而北，右折為石牌海，為東埒口，乃小欖一鄉之衝，而近地諸港之總也。東埒口北為二埒汛，又北為順德北側海，東埒口東迤南，為較剪口，又東南為罟步，又東南為橫逕，又東南為縣港口，皆內地也。而一望沙洲，群醜藏聚，與象角頭等處相勾引，所慮者惟此。東埒口東北為波頭汛，則大黃圃也。大黃圃東南為烏珠，為橫檔，為獨子，直達於三洲，則東洲門之北也。大黃圃東北，為小黃圃，小黃圃東北，為罟草土城，為潭洲。潭洲南迤東為黃旗角，皆番禺、順德之南戒也。諸鄉四面環海，海面亦闊，幾不能互為援，欲擇扼要之地以守之，使諸鄉無東顧憂，則莫如蕉門。黃旗角，南迤東至蕉門，則內外之界而最要之區也。蕉門，右西抵獨子，既為烏珠增一外蔽。蕉門左，北抵虎門，更為全郡鍵。其東戶蕉門之勢，牢虎門之力紓，而內地防禦不虞其偪促，故番、順境上與香山鄰者，皆恃以為安。且東與東莞、南沙對岸，南與東洲門遙相望，地雖小，固雄鎮也。嘉慶中議築砲臺於黃角山，旋以地非扼要改建於蕉門。誠以海寇之來，經蕉門不必經黃角。蕉門既入海港，巳歧、潭洲、黃圃諸村落四圍浩瀚，人人自危，不若併力守蕉門以成丸泥之勢。譬猶制虎者，搏諸內則甚難，拒諸外則較易也。但中流島嶼，其勢稍孤，能守之則南沙、東洲借以為勢，不能守之則指臂既非，鞭長不及，其勢盡潰散而無所用，故非重兵不濟耳。自東洲門南為涌口門，又南為金星門，門南為九洲洋，東為淇澳堡。淇澳浮寄海中，東與新安大嶼山近，有事祇內援之，而內不藉以為援，諸門雖雄據縣東而隔越重山，數十里無待資為保障，亦不能資為保障，蓋門能限南北，不能限東西。海舶東來，在在可泊。附近居民有警自為守而已。自金星門南迤西，經雞拍吉大至澳門，自磨刀角南迤，東經南野角、秋風角，至澳門。澳門為廣州南戒盡地，無澳夷居之，則為孤島，有澳夷居之，則為要區，故昔人屢憂之。澳南有十字門，十字門西大橫琴，與三竈到督環斜對，中為橫州，三竈西迤北，為雞啼門，又西為連灣，為浪白，又西迤北，為大虎三角山，居大虎浪白間，左右海如兩脇，皆要領也。大虎西迤北；則西入崖門，北入虎跳門，而西南接新甯上下川界，警備不可不嚴。雖諸處海道日淺，數十年後，或漸作桑田，而目前尚宜謹鍵，其門多設巡哨於內。此外如黑山、高瀾、大芒、黃茅頭、荷包灣，盡舟師遊奕之所耳，非一臺、一汛所能支也。往者，黑山置砲臺以難防禦，毀之。毀之誠是也，與其資寇，不若撤防也。若老萬山，雖在大橫琴南六十里外，與黑山情形則又異。寇得黑山不能守，得老萬山足以守，故防香山之老萬山，猶防新安之大嶼山也。非防其出入，而防其盤踞也。要之，海防之防海寇也，地遞變則憂遞紓。海防之防澳夷也，時愈久，則患愈迫。前明驅佛郎機與倭奴，後西洋人居之，尚循謹無他虞。邇來，西洋為紅毛所脅，且利其富饒，以房屋為紅毛居停。紅毛日強，西洋日弱，澳夷之消長，即事端所由生也。恐將來西洋有反主為客之形，紅毛成有挾而求之勢，則意外生變，無有窮期，豈僅為一邑害哉？故廣州海防，以香山為要，而香山海防，尤以澳門為要。（祝志）

（清）田明燿修，陳澧總纂：《香山縣志》卷八，〈海防〉，六至一〇頁。

竊照廣東濱海之地十郡而七，向者設兵三路，分布防守，土人目為遊擊之兵，深為得策。東路，則柘林西至甲子所等處，地盡潮惠之境。中路，則南頭西至望洞澳等處，地盡廣州之境。每歲，於東莞、新會、順德三縣、編差烏槽、橫江民船六、七十艘，分投把守，各以守備統之，彼此聯絡，首尾相應，有常守之兵，無不備之澳，制至善也。如東路，則柘林為閩廣之關顧。中路，則南頭為省會之門戶，而浪白、望洞等澳，則夷泊出沒之區，皆重地焉。西路比二路，若為少緩，然盜珠之賊，常淵藪其中。

（清）盧坤等輯：《廣東海防彙覽》卷九，〈營制二〉，六頁。

廣郡隸縣十有四，而瀕海者：南海、番禺、順德、東莞、新寧、香山、新會、新安也。曰屯門，曰雞踏，曰雞啼，曰冷水角，曰老萬山，曰三門，日東洲，曰南亭，曰廣海，曰沙灣，曰黃圃，曰急水，曰松柏，皆廣郡衝險，而虎頭門、澳門、南頭、崖門為要，此海防之中路也。

（清）盧坤等輯：《廣東海防彙覽》上函，卷三，三頁。

廣東廣州府之順德、東莞、新寧、香山、新會、新安等縣，惠州府之歸善、海豐等縣，潮州府之海陽、潮陽、揭陽、饒平、惠來、澄海等縣，肇慶府之陽江縣、德慶州，高州府之電白、吳川、石城等縣，廉州府之合浦縣、欽州，雷州府之海康、遂溪、徐聞等縣，皆在海濱，瓊州府又孤懸海外，而樂會縣則接界安南。廣東分三路：東路惠潮二郡與福建連壤，中路嶺南濱海諸郡，左為惠、潮，右為高、廉、雷、而廣州中處。

（清）章鎔撰：《海防經略纂要》卷下，四五頁。

蛇西上（南海、番禺兩縣界），大南常山（南海、番禺兩縣界），烏沙洋（白沙司界），西雄山（新會縣界），鄂州山（新會縣界），珊瑚洲（東莞縣界），杯渡山（東莞縣界），合蘭州（大鵬所界），石岐峰（香山縣界），九星洲（福永巡司界），萬斛山（順德縣界），上川上（順德縣界），大獲山（新寧縣界），馬鞍洲（鐵岡驛界）

虎頭門衡要，有龍穴、三角洲、橫當、三門、蕉門、獅子塔。

衛所（今俱裁，存舊志以備考）

廣州衛：鎮州所、靈山所、永安所。

南海衛：東莞所、大鵬所。

廣海衛：海朗所、新會所、香山所。

沿海巡檢

神安所（在南海縣治西）、五斗所（在南海縣治南）、黃鼎所（在南海縣治西）、江浦所（在南海縣治西南）、鹿步所（在番禺縣治南）、沙灣所（在番禺縣治南）、茭塘所（在番禺縣治南）、沙村所（在新會縣治南）、藥逕所（在新會縣治西）、牛肚司（在新會縣治西）、望高司（在新會縣治西南）、潮連司（在新會縣治東）、大瓦司（在新會縣治東）、缺口司（在東莞縣治西）、京山司（在東莞縣治東北）、官富司（在東莞縣治南）、小黃圃司（在香山縣治北）、香山司（在香山縣治西）、馬寧司（在順德縣治南）、都寧司（在順德縣治南）、紫泥司（在順德縣治南）、江村司（在順德縣治西）、三水司（在順德縣治南）、福永司（在新安縣治西）。

（清）李侍堯、沈廷芳等纂：《廣州府志》卷七，〈海防〉，八至一〇頁。

八旗駐防

康熙二十年（1681），設廣東廣州鑲黃、正黃、正白上三旗漢軍領催、馬甲、砲甲、弓匠。……雍正七年（1729），設廣州駐防水師營協一人，佐領、防禦各二，饒騎校、八旗漢軍水師領催有差。

綠營

順治八年（1651）定兩廣官兵經制。廣東設巡撫，標兵二營，將領八，兵凡二千。設廣東提督，標兵五營，將領八，兵凡五千。設廣東水師總兵官，標兵六千，分左右二協，中、左、右三營。二協設副將，復分二營，設將領八，兵一千五百。三營水師，各設將領八，兵各一千。設肇慶、潮州、瓊州三鎮總兵官，標兵二營，將領各八，共兵各二千。惟南雄為一千六百。設肇慶、高州水師及吳川等營參將，柵林鎮各營遊擊，將領各七，共兵各一千。設東莞、始興等州縣守備以下將領，兵二百至五百有差。……十年（1653）定兩廣總督標兵分五營，中營設將領八，左、右、前、後營共將領八，兵凡五千。國初置兩廣總督，康熙二年（1663），專轄廣東，四年（1665）兼轄兩廣，雍正元年（1723），復專轄廣東，十三年（1735），仍兼轄兩廣。

（清）趙爾巽等撰：《清史稿》（一四志），卷一三〇，〈志一六〇〉，〈兵一〉，三八六九頁、三八七〇頁；〈兵二〉，三八九七頁。

廣東提督一人。順治八年（1651）置，十八年（1661）徙惠州。康熙三年（1664），置水師一人，駐順德，七年（1650）省。嘉慶十四年（1809），改陸路提督，復置水師一人，駐虎門。光緒三十三年（1907）并為一。尋以海警復故。宣統三年（1911），仍省水師提督。總兵七人。（潮州鎮、瓊州水師鎮，俱順治八年置。高州鎮，十二年（1655）置。碣石水師鎮，十一年（1654）置。康熙三年省，八年（1669）復故。南澳水師鎮，二十四年（1685）改海防參將置。南韶連鎮，嘉慶十五年（1810）改左翼鎮置。北海鎮，光緒十二年（1886）改平陽水師鎮置。……）副將十有三人。（南雄協，順治八年置。龍門水師協、督標中軍，俱康熙四年（1665）置。中軍初分左、右翼，後併為一。廣州、惠州、黃崗、肇慶諸協，俱八年置。羅定協，十二年（1673）置。三江口協，四十一年（1702）置。順德水師協，四十三年（1704）改虎門協置。大鵬水師協，道光二十年（1840）改澄海協置。崖州水師協，二十二年（1842）改參將置。赤溪水師協，同治七年（1868）改廣海寨游擊置。……）參將十有二人。（督標中軍左營、增城營。其督標右營、前營、提標中軍、肇慶海口水師、欽州、新會、平海、海門、澄海諸營，俱宣統三年省。）游擊二十有七人。（……）都司三十有四人。（……）守備八十有二人。（……）千總百六十有八人。（……）把總三百二十有七人。

（清）趙爾巽等撰：《清史稿》（一二志），卷一一七，〈志九二〉，〈職官四〉，三三九一至三三九二頁。

廣東水師提督節制五鎮，統轄提標五營，香山等四協，新會、前山等營。（提標中營、左營、右營、前營、後營。香山協左營、右營。順德協左營、右營。大鵬協左營、右營。赤溪協左營、右營。新會營左營、右營。前山營）。

（清）趙爾巽等撰：《清史稿》（一四志），卷一三一，〈志一六〇〉，〈兵二〉，三九二一頁。

廣東水師，自順治九年（1652）設官弁千人，嗣設總督標水師，駐肇慶府，分為中、左、右、前、後五營。

巡撫標轄水師左右營、廣州協左右營、三水營、前山營、順德協左右營、新會左右營、增城左右營、大鵬營、永靖營。光緒二十九年（1903），裁廣東巡撫，以各營分隸提督標及廣州城守協。

水師提督標，康熙元年（1662）設，駐惠州府，轄四營。嘉慶後移駐虎門，分中、左、右、前、後五營，香山協左右營，順德協左右營，新會左右營，赤溪協左右營，清遠右營，廣海寨營，永靖營。

（清）趙爾巽等撰：《清史稿》（一四志），卷一三五，〈志一一〇〉，〈兵六〉，四〇一五至四〇一六頁。

二、明清時期新安縣及沿海（包括香港地區）海防設置

明洪武初，朱亮祖平定廣東遂命鎮守建置諸衛所分布要害。十七年（1384）指揮花茂上言，復設沿海諸衛所，分築墩臺，屯種荒田，且耕且守，以備倭寇，而軍制特詳。

東莞守禦所在縣治中，隸南海衛，官八員、旗軍三百八十八名。

大鵬守禦所在縣治東北，隸南海衛，官三員、旗軍一百三十三名。國朝罷衛軍，統歸營制。

新安營自明設參將一員、守備一員、千總一員，把總二員。萬曆十四年（1586）以總兵移鎮南頭，因裁參將。十八年（1590）罷移鎮，復設參將。

國朝順治初，裁去參將，專設城守守備一員、千總一員、把總二員。康熙三年（1664）添設遊擊一員，改城守為中軍守備，額設左右哨千總二員，左右哨把總四員。四年（1665）奉旨，總兵移鎮邑城。七年（1668）復罷鎮。乾隆二十二年（1757）總督楊應琚奏：以左翼鎮駐劄虎門，為外海水師，本營改為左翼鎮標左營。嘉慶十六年（1811）奉旨，粵東添設水師提督一員駐劄虎門，移左翼鎮駐陽江本營，復改提標水師左營，駐防新安。本營官現設遊擊一員、守備一員、左右哨千總二員、左右哨把總四員、外委五員（俱駐劄新安縣城）。

（清）王崇熙纂：《新安縣志》，卷一一，〈經政略四·兵制〉，三三至三四頁。

新安縣

邑為東莞分地，前俯大海急水、佛堂、獨鰲洋小三門諸隘，其出海所必經也。東路，則長門、輞井、建汛、防邏；西路，則鰲灣、茅洲，分土守禦，至南頭一寨，原轄汛地六處，尤為要害。

新邑，為省會藩籬，則沿海臺寨，尤為吃緊。展界以後，奉設邊防，除瞭望臺外，西至茅洲、碧頭，南由屯門，東抵大鵬，凡險要處所，額設臺寨一十二座，每座屯兵三五十名，更番防守，間有海曲、

山紆、鄉圍遼闊之處，仍復錯置營盤，星羅棋布，設防之密，無踰於此。壬子秋，屯門告警，一呼而兵民奮擊，渠黨盡俘，所謂設險以守，民忘其勞也。

大鵬山，去縣百二十里，即大鵬營地也。有城在其上，按明末，大盜羅欽贊、李成盤踞以為巢穴，流劫東、新、歸善，民不聊生。順治十三年（1656），新安知縣傅爾植請於上，剿平之。今以參將一員，督兵一千名守之。

九龍山，在新安東一百三十里，有砲臺建於山凹。急水門，在屯門外東，水勢湍激，震撼奔騰，雖龍門竹箭之險，不過是也。凡商舟，自汕尾往來者，貧蛋奸民，往往於此肆劫，不可不嚴為之防也。

陶娘山，在大鵬東南，抵惠州界，包拱如城，內容艟艨數十艘。先年，寇據島險，海道，何公用鄉耆歐陽景等議，壘石塞之。

大奚山，一名大嶼山，一曰磊州，俗曰大姨，有小姨與俱峙。在縣南百餘里，為急水、佛堂之障山，有三十六嶼，周圍三百餘里，山中有村落，多鹽田。宋紹興中，招降其人。宋祐等選少壯者為水軍，老弱者放歸，立砦。砦水軍，使臣一員彈壓，官一員，無供億，寬魚鹽之禁，謂之醃造鹽。慶元三年（1197），鹽司峻禁，遂哨聚為亂。遣兵討捕，徐紹夔等就擒，遂據其地。經略錢之望與諸司請於朝。歲季，撥摧鋒水軍三百以戍，季一更之，然兵勢孤遠，久亦生亂。慶元六年（1200），復請減戍之半，屯於官富場，後悉罷之。嘉慶十四年（1809），總督百齡圍張保於此，將以火焚之，保乘間遁去。二十二年（1817）總督蔣攸銛，飭候補知府彭昭麟查勘該處。孤懸海外，為夷船必經之所，又有大澳、東涌兩處，可以收口泊船，二處亦俱有村落，居民稠密。其東涌向無汛房，惟大澳口原設守兵十三名，雖有雞翼砲臺，派大鵬營千總一員，帶兵四十名駐劄防守，但地勢闊寬，距東涌、大澳口遙遠，勢難兼顧，請在東涌口，添設建汛房八間，圍牆五十丈，抽撥大鵬營外委一員，兵丁二十名分駐，並請在大澳口西面，近左右村二處，各建垛牆四十丈。北面，汛房後，亦建垛牆四十丈，以備隨時添兵、架砲之用。從之。其山勢極曠衍，凸凹屢顏，雖置大鵬之兵於此，不足以資分守。惟澳口多漁艇，民蜑叢雜，不下數十艘，人皆狂悍善汎，習知水道，即印以火烙，編其保甲，設澳長以率之，嚴出入以馭之。則漁艇可利於師舟，設不得其道，亦未嘗不可以為寇也。是在參戎者，善用之。上下磨刀山，在大嶼北，龍鼓山南，其洋名，以山分上下，大嶼之要津也。

（清）盧坤等輯：《廣東海防彙覽》卷三，〈輿地二〉，六至八頁。

佛堂門，海中孤嶼也。周圍百餘里，潮自東洋大海，溢西而行，至獨鰲洋，左入佛堂門，右入急水門，二門皆兩山夾峙，而右水尤艚，番舶得入左門者，為去危而即安，故有佛堂之名。自急水角，逕官富場，又西南二百里，曰連海，蓋合深澳、桑洲、零丁諸處之潮，而會合於此，故名。又西南五十里，即虎頭門矣。佛堂門又名鐵砧門，旁有巨石，長二丈餘，形如鐵砧，潮汐急湍，巨浪滔天，風不順，商舶不敢行。其北曰北佛堂，其南曰南佛堂，其南佛堂之山，乃孤島也。康熙年間，設立砲臺一座，以禦海氛。嘉慶庚午（十五年，1810），知縣李維榆，詳請移建此臺，於九龍寨海旁。

南頭一寨，原轄汛地六處：曰佛堂門、曰龍泊灣、曰洛格、曰大澳、曰浪淘灣、曰浪白。明萬曆十四年（1586），總督吳、御史王，會題南頭為全廣門戶，控制蠻倭，請以總兵移鎮。蓋番舶固可直達澳門，而由澳門至省，則水淺不能行，必須由大嶼山，經南頭，直入虎頭門，以抵於珠江，此南頭所以為全廣門戶也。正德年間，番彝佛朗機入寇，占據屯門，海道汪鋐平之。厥後，隆慶三年（1569），海賊曾一本入寇，四年（1570），倭寇流劫鄉村。萬曆年間，老萬山賊肆劫。崇正（禎）年間，艚賊李魁奇、劉香等，相繼入寇，雖屢經勦滅，而南頭之守禦尤嚴。

國朝康熙年間，亦以海氛未靖，故有遷界之舉。自復界後，海宇敉安，而設險更為周密，雖今之汛地及設兵，皆與舊制不同，而大嶼山、雞翼角砲臺、南頭砲臺、赤灣左右砲臺最為險要。大鵬一城，所以禦東北也，平海相連，而自惠、潮至者，則大鵬適當其衝。明隆慶五年（1571）倭賊攻大鵬所城，舍人康壽相率眾協守，圍乃解。

新安城南，水程二十里至伶丁山，山外即伶仃洋，縣東一百六十里，為大鵬所。其南面有七娘山，山外為老大鵬，即濱大海，所城東南有海口，大舶可入，其東北，過西鄉嶺、小貴嶺，復有港口，僅通小舟。大奚山海島，在邑南，水程九十里。佛堂門海島，在邑東南，水程一百五十里。

（清）盧坤等輯：《廣東海防彙覽》卷三，〈輿地二〉，一一至一二頁。

新安

邑為東莞分地，前俯大海、急水、佛堂、獨鰲洋小三門諸隘，其出海所必經也。東路則長門、輞井、建汛防邏。西路則鰲灣、茅州分土守禦。至南頭一寨，原轄汛地六處，尤為要害。

國朝設兵，與舊制不同，而慎固封守，以防海疆重地，厥無異焉。

（清）李侍堯、沈廷芳等纂：《廣州府志》卷七，〈海防〉，七頁。

中路海防

新安縣

官富巡司在縣東南八十里，古官富場《宋史》。景炎二年（1277），帝舟次於此，後改為砦。明洪武三年（1370）置巡司，今遷赤尾村。大鵬所城，在縣東一百二十里大鵬嶺下，明置。南通大海，東至海岸一里。《縣志》：城周三百二十五丈六尺，門三環以濠。本朝順治十三年（1656），設守備駐防。康熙四年（1665）裁所，九年（1670）復設。陶娘山，在大鵬東南抵惠州界，包拱如城，內容艨艟數十艘。先年，寇據島險，海道何公用鄉耆民歐陽景昭等議，壘石塞之。南頭寨，在縣東南海口，為一府門戶，本屯門鎮故址《唐書·地理志》。廣州有屯門鎮，宋時亦置營壘，曰屯門砦。明洪武三年（1370），併入固成砦，後改為南頭寨，設參將鎮守。本朝因之。照得新邑為省會藩籬，則沿海臺寨尤為吃緊，展界之後，奉設邊防，除瞭望臺外、西至茅洲、碧頭，南由屯門，東抵大鵬，凡險要處所，額設臺寨一十二座，屯兵二十五名，更番防守。間有海曲山紆鄉圍遼闊之處，仍復錯置營盤，星羅棋布，設防之密，無踰於此。壬子秋，屯門告警，一呼而兵民奮擊，渠黨盡俘，所謂設險以守，民忘其勞者。

縣屬砲臺六：曰泥灣山、九龍寨、大嶼山、赤灣、左右南頭寨。

（清）阮元等纂：《廣東通志》卷一二三，〈海防略〉，二三七九至二三八〇頁。

海道江道哨兵

東莞縣：南頭、屯門、雞棲、佛堂門、十字門、冷水角、老萬山、伶仃洋等澳。

（清）顧炎武著：《天下郡國利病書》四〇，原第一七冊〈廣東上〉，三一頁。

按東莞南頭古之屯門鎮，乃中路也。縣有烏艚船號子弟兵者，東西二路防守莫不用之。舊規，每歲春末夏初風汛之期通行，督發沿海府衛所縣捕巡備倭等官軍，出海防禦倭寇、番舶。撫巡定議，動支布政司軍餉銀五千兩，給發東莞縣貯候支用，僱募南頭、福永、西鄉等處，驍勇兵夫與駕船後生，共一千五百名。查取烏艚船，每年三十艘。分撥一千名，駕船二十艘，分兵於南頭海澳及佛堂門、伶仃洋等處，又發五百名，駕船十艘，往高、雷、廉等處緊關海澳，俱聽各備倭官員部領防禦巡緝。每月支給工食銀六錢、口糧三斗，於附近倉分關支。若非調遣，不給口糧，如不敷，於潮州府民壯七百八十三名數內[1]，二百八十三名工食銀兩徵解。東莞縣貯候雇募，支用其五百名工食銀兩，行該府委官選募本處慣經水戰打手與駕船後生[2]，共五百名，工食口糧照前數就於大城所關支查取。

註：①民壯：即民兵。洪武初選民間勇壯青年，編成隊伍，以時操
　　　練，有事用以征戰，事平復還為民。

②打手：明成化時，在民壯不足用時，又臨時僱募敢拚搏之人

防盜寇，稱為打手，事平後即散，不為定例。

（清）顧炎武著：《天下郡國利病書》四三，〈廣東下〉，一一一頁。

東莞、大鵬二所，額設各官共三十員，旗軍六百二十四名，馬十匹。

（清）吳蘭修編：《嶺南叢書》前編，（明）姚虞撰：《嶺海輿圖》，一〇頁。

水汛（廣東海防外海水師）

大鵬營，在廣州府東南五百里，東至歸善縣嶺凹村，陸路三十里，西至新安縣獨樹村，陸路九十五里，南至外洋，北至歸善縣西鄉凹，陸路三里，分防五汛：一、鹽田，二、沱濘砲臺（兼防老大鵬汛），三、九龍砲臺（兼防九龍海口汛），四、紅香爐水汛，五、大嶼山砲臺（兼防大嶼山、東涌凡二汛）。

（清）盧坤等輯：《廣東海防彙覽》卷五，〈道里〉，一八頁。

新安縣大鵬守禦所城

水師提督轄。大鵬營參將駐劄所，在縣城（新安縣）城東南一百二十里，大鵬嶺之麓。明洪武二十七年（1394），廣州左衛千戶張斌築，週圍三百二十五丈六尺，高一丈八尺，城樓四、敵樓四、警舖十六、雉堞六百五十、門三。東西南三面環水濠，周圍三百九十八丈。國朝康熙十年（1671）修，乾隆十六年（1751）奉准，動項修葺，嘉慶十九年（1814）捐修。

大鵬所防守營：國朝順治初年，原設防守千總一員。十三年（1656），上臺為善後，計設守備一員、千總一員、把總二員。康熙七年（1668）總督周題請大鵬營歸并惠州協所屬，新安營不轄大鵬，而大鵬營仍兼防新安。四十三年（1704）題定營制。大鵬設立水師營，添設遊擊一員、中軍守備一員，額設左右哨千總二員，左右哨把總四員。雍正四年（1726）裁遊擊，改設參軍一員，添設外委千、把總七

員，原隸水陸提標統轄。於嘉慶十五年（1810）奉旨，水陸區分，改歸水師提督為外海水師營，駐防新安大鵬所。

（清）王崇熙等纂：《新安縣志》下卷，三七頁。

海防

南頭寨在新安縣南，東至大星，西至廣海，本屯門鎮故址。《唐書·地理志》言：廣州有屯門鎮，宋時亦置營壘，曰屯門砦。明洪武三年（1370）併入固戍砦後改南頭寨，以省城門戶，設參將鎮守，國朝因之。原置寨船六十隻，東為大鵬所城，南面大海，東至海岸一里。順治十三年（1656）設守備，駐防新邑，西至茅洲、碧頭，南由屯門，東抵大鵬，凡險要處額設臺寨一十二座，每座屯兵三十五名，更番防守。

（清）瑞麟、戴肇辰等纂：《廣州府志》卷七四，〈經政略〉，九頁。

明以邑地為廣省門戶重地，設定南頭寨。原設陸營把總一員、哨官五員、隊兵三百三十名，舊例分撥一哨、一旗、往守大鵬所，兩季更戍。又設水兵分守海面。國朝設兵不同，然因寨為營，以固重地，厥無異焉。

（清）靳文謨纂：《新安縣志》卷八，〈兵刑志〉，七頁。

南頭寨原轄汛地六處：曰佛堂門、曰龍船灣、曰洛格、曰大澳、曰浪淘灣（陶娘灣）、曰浪白。東至碣石界大小星洋面五百四十里，西至虎門頭一百二十里，西南至老萬山、三洲柳渡五百一十里，南至大洋不計里數，北至東莞缺口巡司四十一里。天啟元年（1621）建立香山寨。割右司汛地與香山防守，又續將左司汛地分屬閩將防守。今本寨汛守與舊略異。

（清）靳文謨纂修：《新安縣志》卷八，〈兵刑志〉，七至八頁。

第四章　明初至嘉靖、萬曆時期廣東（包括香港地區）的海防

按：明太祖時，為防倭寇，在廣州府設置前後衛、左右衛、南海衛、清遠衛等衛所。至嘉靖時期，因海寇猖獗，遂正式建設廣東東、中、西三路海防設置。

一、洪武、永樂時期廣東沿海的海防建設

洪武元年（1368）二月，命平章廖永忠為征南將軍，參政朱亮祖為副，率師由海道取廣東。……廖永忠等率師，自福建航海趨廣東。先遣人以書至廣州，招諭元分省左丞何真。真，廣州東莞人。少英偉，達書劍，元末仕為河源副使。嶺海騷動，棄官歸鄉里，率眾保障。至正乙未（元惠宗十五年，1355）邑人王成、陳仲玉構亂，真請於行省，舉義兵除之，擒仲玉以歸。成築砦自守，圍之久不下。真募人能縛成者，予鈔十千，於是，成奴縛之以出。真烹之，駕鑊車上，號曰：四境有如奴縛主者，視此。於是，人以為漢侍蒼頭子密莫及也。遂併有循、惠二州，嶺表民賴以安。元授分省左丞，或陳符瑞，勸為尉陀計者，輒斥之。師至潮州，真遣其都事劉克佐，上印章，籍所部郡縣戶口、兵馬、錢穀，表奉歸附。四月朔，我師至東莞，真率官屬出見。

（明）方孔昭撰：《全邊略記》卷八，〈兩廣略〉，一頁。

明興，初亦未嘗有海上備，至洪武二年（1369），倭寇山東，寇崇明，又寇惠、潮，乃命行人楊載齎璽書，諭其國王良懷。良懷乃遣僧祖來貢方物。三年（1370），寇山東，轉寇浙、福旁海諸郡。五

年（1372），寇海鹽、澉浦、溫州。我始令浙、福造海船防倭。六年（1373），遂以於顯為總兵官，出海巡逐。未幾，復寇我登萊。七年（1374），寇我膠州。靖海侯吳禎追擊之於琉球大洋，斬俘甚重。十二（1379）、十三（1380）年來貢，俱以無表文分置其使於川、陝三邊佛寺。十四（1381）、十五年（1382）皆來貢。後乃以倭使如瑤坐通胡惟庸，事敗，發雲南守禦，始令信國公湯和，築登萊至浙東西防倭衛所。是冬，又令江夏侯周德興築福建海上十六城。二十六年（1393），倭又寇我金鄉。二十七年（1394），我乃敕魏國公徐輝祖、安陸侯吳傑練兵海上，一意防倭，絕其貢，不與通。

（明）馮應京編纂：《皇明經世實用編》（二）卷八，五六七至五六八頁。

　　明太祖既定天下，度要害地，係一郡者，設所，連郡者，設衛。大率五千六百人為衛，千一百二十人為千戶所，百十有二人為百戶所。所設總旗二，小旗十，大小聯比以成軍。廣州設前衛、後衛、左衛、右衛、南海衛、清遠衛、新會千戶所。後添廣海衛、新寧千戶所、增城千戶所、東莞千戶所、大鵬千戶所、香山千戶所、永安千戶所、從化千戶所。

（清）盧坤等輯：《廣東海防彙覽》卷八，〈營制一〉，一頁。

　　洪武十七年（1384）花茂上言：廣東南邊大海，奸宄出沒。東莞、香山諸縣，逋逃蛋戶，附居海島。遇官軍，則詭稱捕魚，遇番賊，則同為盜寇，飄忽不常，難於訊詰，不若籍以為兵，庶便約束。又請設沿海依山廣海、碙石、神電等二十四衛所，築城浚池，收集海島隱科無籍等軍，仍於山海要害地方，立堡屯軍，以備不虞，皆報可。（《明史‧花茂傳》）

（清）盧坤等輯：《廣東海防彙覽》卷九，〈營制二〉，二頁。

　　明洪武二十七年（1394），指揮花茂奏設東莞、大鵬二所，以備倭寇，屯種荒田，且耕且守。二所額軍二千二百有奇。後屯籍紛亂，額軍存者十僅二，又皆老羸憊疾，奴隸將領之門而已。………國朝革除軍伍，今各籍於民矣。

（清）靳文謨纂：《新安縣志》卷八，〈兵刑志〉，一頁。

廣州左衛（在府治北）。又有廣州右衛，在左衛之西，俱洪武八年（1375）建。又廣州前衛，在府治西，其北為廣州後衛，俱洪武二十三年（1390）建。

南海衛（在東莞縣治南，洪武十四年（1381）建。東莞守禦千戶所，在縣南，東莞縣舊城內，洪武二十七年（1394）置。有磚城，周三里有奇，環城為池，一名南頭城，備倭指揮亦駐於此。又大鵬守禦千戶所，在東莞縣東三百五十里，以相近有大鵬嶺而名。嶺脈自羅浮來，狀如飛鵬也，洪武二十七年（1394）置所，有城，周二里有奇，環城為池，俱隸南海衛）。

（清）顧祖禹輯著：《讀史方輿紀要》第五冊，卷一一○，四一八七頁。

永樂七年（1409）巡按陳奏：廣東洋闊，寇屢出患，往者調軍五千人，海船五十艘巡捕，二十餘年，多被漂無益。請如福建，設立水寨，於潮州、碣石、南海、神電、廣海、雷州、海南、廉州衛，每寨一官督之。

（明）方孔昭撰：《全邊略記》卷九，〈海略〉，六頁。

二、嘉靖時期廣東分東、中、西三路海防設置（香港地區屬中路）

嘉靖中，倭寇閩浙，滋漫亦及於廣東，議者謂廣東海防當分三路。三路者，左為惠、潮，右為高、雷、廉，而廣州為中。……若夫中路之備，則在屯門、雞栖、佛堂門、冷水角、老萬山、虎頭門等澳。而南頭澳在虎頭門之東，為省會門戶，海寇往往窺伺於此。為闌入之途，則東莞、大鵬之戍守宜切也。又西則峽門、望門、大小橫琴山、零丁洋、仙女澳、九竈山、九星洋諸處，而浪白澳，在香山澳之南，為番舶停留避風之門戶，則廣海衛及新寧、海朗二所之戍守宜切也。

（清）顧祖禹輯著：《讀史方輿紀要》第五冊，卷一〇〇，四一六〇頁。

嘉靖十四年（1535）按察僉事吳大本議：以東路柘林溪為瀕海要害，精選兵夫，以中路海道咽喉，用六百名。東路為門戶，用三百名，西路頗靜，用二百名。

（清）盧坤等輯：《廣東海防彙覽》卷九，〈營制二〉，三頁。

廣東要害論

廣東列郡者十，分為三路：西路高、雷、廉近占城、滿刺諸番，中路東莞等澳，水賊倭寇不時出沒，東路惠、潮與福建連壤，漳舶通番之所必經，其受海患均也。故舊制，每歲春汛，各澳港皆設戰艦，秋盡而掣回泊水寨。至今日則不然，倭寇衝突莫甚於東路，亦莫便於東路，其次則南頭等處，又其次乃及高、雷、廉三府，勢有緩急，事有難易，分兵設備亦當因之。故舊例，戰船中東二路不過二十艘，今則各宜增益，而柘林為尤甚。蓋柘林去水寨一日之程，警報未易猝達，寇若乘虛而入，柘林危矣，無柘林是無水寨也。官兵每秋掣班，必以柘林為堡，控賊咽喉，附近大城所軍，互為聲援，庶保無虞焉耳。嘗聞南洋灣鄉夫，在於東路，屢勝真倭，烏艚船子弟兵，昔在中路，首擒亞八，此皆宜素養者也。編號定甲，更番作息，無事則隨宜農商，以養其財聽用，則時使休閒以養其力，有警則預給工食椎牛醴酒，以養其氣，恩威相濟，務得其心，有不戰戰必勝矣，雖然亦未也。沿海港口，賊舟何處不可衝入，斷賊入路，策之要也。奸民與賊交通，餽之酒米，餽之衣服，餽之利器，斷賊內交，策之要也。大洋水鹹，鹽則肉潰，食則腹泄。沿海諸山多清泉，賊舟經過，必登山汲水，斷賊汲道，策之要也。論海防者不可以不知。

《文淵閣四庫全書》，〈史部〉三四二，〈地理類〉，（明）鄭若曾撰：《鄭開陽雜著》卷一，〈萬里海防圖論上〉，第四五〇本，五八四頁。

　　嘉靖三十三年（1554）七月，倭夷寇廣東潮洲。先是都御史談愷聞兩浙、直隸諸郡倭寇猖獗，恐其延及惠、潮也，遂移檄巡視海道，議戰守事宜，以靖海防。時廣東巡視海道副使汪栢議將防守潮州柘林、長沙等處海澳兵船併為柘林一哨，顧募東莞烏艚二十隻，潮州白艚船十隻，共撥兵一千二百名，委指揮黑孟陽為中軍統領，指揮李爵、李鑑，千戶王詔、虞欽、尚昂、戴應先等部領往來巡哨。……至七月初二日，果有賊船三隻，哨馬船五隻，從福建汀洲外洋泊潮州柘林。……初四日官兵奮勇與戰對敵，兵威大振，攻賊，敗船三隻，賊首徐碧溪等被傷，賊眾落水淹死者不計其數。浪湧不能取功，生擒番海賊寇方四溪等共一百八十名，皆係近時攻陷浙江等台溫及蘇松諸郡縣巨寇，今又湊合暹羅東洋諸國番徒，經年在海劫掠，流毒滋甚，幸而籌策先定，防守唯嚴，數千通寇，一旦削除，各省宿冤一麾可雪矣。

（明）嚴從簡：《殊域周咨錄》卷二，〈東夷〉（日本國），八〇頁。

　　照得廣東省城迤東，廣、惠、潮三府地方濱臨大海，倭寇海賊出沒無常。先年議設南頭、碣石、柘林三哨兵船分地防守，立法雖善，但原無朝除將官專統，每哨只委指揮一員管督，官卑權輕，號令不肅，以致兵無忌憚，得恣猖獗。如近日柘林哨兵之變，可為永鑒。……臣會同議照東莞縣南頭地方，內為省城門屏之巨防，外為海舶襟喉之要隘。當此鎮而設大將，屯重兵甲士，連雲樓船礙日，則內可以固省城之樊屏，外可以為諸郡之聲援；近可以杜裡海小艇劫奪之姦，遠可以防澳中番夷跳梁之漸，誠計安之要術，而善後之良圖也。臣等欲并三哨之兵而稍減其數，別選精於水陸戰陣兵夫，務足三千名，以今追出叛兵并白石賊大烏船二十隻，增置哨馬二十隻，八槳船二十隻，分撥三千人，乘駕選謀勇指揮二員分管。仍請乞特設參將一員總領，以威望素著熟於水戰者充之，名曰督理廣州惠潮等處海防參將，照例請給敕書旗牌，令其居常駐劄南頭地方，教演水戰。有警督兵出海勒捕海倭賊盜，……及彈壓香山濠鏡澳等處夷船，並巡緝接濟私通船隻。

（明）應檟編輯，劉堯晦重修：《蒼梧總督軍門志》卷二四，〈奏議二〉，吳桂芬：〈請設海防參將疏〉，二八〇頁。

照得廣東八府濱海，而省城適居東西洋之中，其在東洋稱最扼塞者，極東曰柘林，與福建玄鍾接壤，正廣東迤東門戶。稍西曰碣石，額設衛治存焉。近省曰南頭，即額設東莞所治，先年設置備倭都司於此。此三者廣省迤東海洋之要區也。……內南頭已經近設參將一員，督兵三千，足稱巨鎮。

（明）陳子龍等撰輯：《明經世文編》卷三四二，吳桂芬：〈請設沿海水寨疏〉，三六七二頁。

稽察之說有二：一曰：稽其船式。蓋國朝明禁寸板不許下海，法固嚴矣，然濱海之民以海為生，採捕魚蝦有不得禁者，則易以混焉。要之，雙桅尖底始可通番。各官司於採捕之船定以平底單桅，別以記號，違者燬之，照例問擬。則船有定式，而接濟無所施矣。其二曰：稽其裝載。蓋有船雖小，亦分載出海，合之以通番者，各官司嚴加盤詰。如果採捕之船，則計其合帶米水之外，有無違禁器物乎？其回也，魚蝦之外，有無販載番貨乎？有之，即照例問擬。則載有定限，而接濟無所容矣。此須海道嚴行設法，如某寨責成某官，某地責成某哨，某處定以某號，某澳束以某甲。如此而謂通番之不可禁，吾未之信也。

（明）顧天撰：《兵垣四編》，胡宗憲撰：〈海防論・廣福人通番當禁論〉，五至六頁。

又云[①]：國初防海規畫至為精密，百年以來，海烽久息，人情怠弛，因而隳廢。國初海島便近去處皆設水寨，以據險伺敵。後來將士憚於過海，水寨之名雖在而皆是海島移置海岸。聞老將言，雙嶼列港、峿嶼諸島，近時海賊據以為巢者，皆是言國初水寨故處，向使我常據之，賊安得而巢之？今宜查出國初海防所在一一修復，及查沿海衛所原設出哨海船額數，係軍三民七成造者，照數徵價貼助打造福船之用。

註：①又云：此處為嘉靖時都御史唐順之云。

《文淵閣四庫全書》〈史部〉三四二，〈地理類〉，（明）胡宗憲撰：《籌海圖編》卷一二，〈經略二〉，第五八四本，三四五頁。

照得水寨分建大小將領固有人矣，然無文職以監督之，則上下或至比周獨任，不無生弊，故監軍不可不設焉。……將六水寨照依信地分屬海兵道官，如柘林、碣石二寨則屬海防僉事；南頭、白鴿門兩寨，則屬海道副使。……凡稽察奸弊，催督錢糧，分別勤惰，明章功罪，皆其責任。遇有大夥賊徒，仍要同參將官親督各寨兵船出海勦捕，官兵臨敵退縮，許令以軍法從事。

（明）應檟編輯，劉堯晦重修：《蒼梧總督軍門志》卷二五，〈奏議三〉，吳桂芬：〈請設沿海水寨疏〉，二八七頁。

南頭參將止督理廣州海防，專管南頭一寨。東自大鵬所小星洋起，西至廣海衛交界止。

（明）應檟編輯，劉堯晦重修：《蒼梧總督軍門志》卷二四，〈奏議二〉，吳桂芬：〈請設海防參將疏〉，三一〇頁。

（明萬曆前）廣東兵防官考

提督兩廣軍務兼巡撫都御史。（駐劄梧州）

（舊嘗設總督兩廣都御史，事平即歸，非常設，故不載）

鎮守兩廣總兵官。（駐劄梧州）

巡按廣東監察御史。

巡視海道副使。（額設專為備倭并防捕海盜）

整飭瓊州兵備副使。

整飭清遠兵備副使。

整飭清遠僉事。

整飭高、肇兵備僉事。

整飭惠、潮兵備僉事。

整飭雷、廉兵備僉事。

市舶提舉司提舉（駐劄廣州）。

分守瓊崖參將。

分守高、肇、韶、廣參將。

分守惠、潮參將。

總督廣東備倭以都指揮體統行事。

守備惠、潮以都指揮體統行事。

沿海衛所

廣州衛（旗軍九百五十二名）。

　　鎮州所（旗軍二百十七名）。

　　靈山所（旗軍二百五十四名）。

　　永安所（旗軍三百九十名）。

雷州衛（旗軍一千三百八十名）。

　　樂民所（旗軍三百四十五名）。

　　海康所（旗軍三百二十三名）。

　　海安所（旗軍一百八十一名）。

　　錦囊所（旗軍二百三十五名）。

　　石城後所（旗軍二百三十四名）。

神電衛（旗軍一千五十八名）。

　　寧州所（旗軍四百五十七名）。

　　雙魚所（旗軍一百七十七名）。

　　陽春所（旗軍二百十名）。

廣海衛（旗軍一千一百六十五名）。

　海郎所（旗軍）。

　新會所（旗軍六百六十四名）。

　香山所（旗軍四百二十八名）。

肇慶衛（旗軍）。

　陽江所（旗軍）。

　新興所（旗軍二百五十二名）。

南海衛（旗軍一千一百十四名）。

　東莞所（旗軍三百二十八名）。

　大鵬所（旗軍二百二十三名）。

碣石衛（旗軍一千二百八十四名）。

　平海所（旗軍四百四十七名）。

　海豐所（旗軍四百二名）。

　捷勝所（旗軍五百八十二名）。

　甲子門所（旗軍二百八十七名）。

潮州衛（旗軍一千三百二十八名）。

　靖海所（旗軍二千八十二名）。

　海門所（旗軍二百二十五名）。

　蓬州所（旗軍三百八十八名）。

　大城所（旗軍三百八十三名）。

海南衛

　清閑所（旗軍五百八十七名）。

　萬州所（旗軍四百六十九名）。

　南山所（旗軍二百十五名）。

沿海巡檢司（弓兵數附）。

廉州府

　管界（弓兵二十名）。長墈（弓兵二十名）。

西鄉（弓兵二十名）。如昔（弓兵二十名）。

沿海（弓兵二十名）。林墟（弓兵二十名）。

高仰（弓兵二十名）。珠塲（弓兵二十名）。

永平（弓兵二十名）。

雷州府

東塲（弓兵三十名）。清道（弓兵三十五名）。

瀾州（弓兵三十名）。海寧（弓兵三十名）。

湛州（弓兵三十名）。黑石（弓兵三十名）。

高州府

凌綠（弓兵三十名）。寧村（弓兵三十名）。

赤水（弓兵二十五名）。

肇慶府

直將（弓兵五十名）。海陵（弓兵六十名）。

恩平（弓兵五十名）。

廣州府

城崗（弓兵五十名）。牛肚（弓兵五十名）。

沙岡（弓兵五十名）。邁逕（弓兵五十名）。

望高（弓兵五十名）。沙村（弓兵五十名）。

大尾（弓兵五十名）。潮道（弓兵五十名）。

三水（弓兵五十名）。江浦（弓兵五十名）。

江村（弓兵五十名）。都寧（弓兵五十名）。

馬岡（弓兵五十名）。馬寧（弓兵五十名）。

紫泥（弓兵五十名）。神安（弓兵五十名）。

黃鼎（弓兵五十名）。香山（弓兵五十名）。

茭塘（弓兵五十名）。五斗口（弓兵五十名）。

沙灣（弓兵五十名）。鹿步（弓兵五十名）。

白沙（弓兵五十名）。小黃浦（弓兵五十名）。

福永（弓兵五十名）。缺口（弓兵五十名）。

官富（弓兵五十名）。京山（弓兵五十名）。

惠州府

內外管（弓兵五十名）。碧甲（弓兵五十名）。

長沙（弓兵五十名）。甲子門（弓兵五十名）。

潮州府

神泉（弓兵五十名）。吉安（弓兵五十名）。

門闢（弓兵五十名）。桑田（弓兵五十名）。

招寧（弓兵五十名）。鮀浦（弓兵五十名）。

楓洋（弓兵五十名）。闢望（弓兵五十名）。

黃崗（弓兵五十名）。

瓊州府

清瀾（弓兵三十名）。舖前（弓兵六十名）。

澄邁（弓兵三十名）。青藍（弓兵六十名）。

調囂（弓兵六十名）。藤橋（弓兵六十名）。

牛嶺（弓兵六十名）。抱歲（弓兵六十名）。

巡德（弓兵六十名）。鎮南（弓兵六十名）。

安海（弓兵六十名）。田牌（弓兵六十名）。

沿海烽堠

雷州府

（那宋、八燈、包西、討綱、對樓、踏磊、清安、調黎、寧海、陳家、南門、通明、調陳、草綠、淡水、南浦、北品、北月、石歲、麻障、北鵝。）

高州府

（調高、尖峒、輔弼北、輔弼南、山南、連頭、白山、門浮。）

廣州府

（南海、那浮、譚村、黃村、赤水、蛤浦、北津、丹章、南洋、那貢、安民、處儒、逳田、豐頭、峰前、石門、白蒙、寨南、鎮口、放火南、奇黎、雙硐、陳村、白石角、企觀、北寨、大人嶺、馬鞍、黃岐、水南、亭子角、白沙、稍潭、四會、石門、青藍、節尾、煙峒、長洲、員攬、白岐、黃浦、青紫、英村、岡村、南山、鰲灣、冷水、福漏、赤岡、嘴角、疊福、藍田、秋風角、風門凹。）

惠州府

（舊大鵬、水頭、沙澳、沙江、野牛澳、凹背、長沙、虎白、芳茅、白沙湖、東坑、大麻、河田、古遝、石山、新設、平安、新涇、麗江、麗山、吉頭、桑州、前標、後標、競山、鉛錫、安充、闞州、關平。）

潮州府

文昌、鈎簾、南山、石城、前岡、沙尾、下嶺、大場、石牌、浮山、錢塘、環山、新村、鴻山、鴉髻、闞洲、白峰、黃崗、闞沙。）

沿海衛所戰船。

（舊制，每歲春末夏初，風汛之期，通行府衛所縣捕巡備倭等官軍出海，防禦倭寇、番舶，動支布政司軍餉銀，僱募南頭等處驍勇兵夫與駕船後生，每船分撥五十名，每艘船四艘一官統之，三路兵船編立船甲長副字號，使船水手教以接潮迎風之法，長短弓兵弩時常演習，使之出入往來如神。如無字號者，長副鳴鑼迫逐，俱待秋盡無事而摯。）

中路東莞縣南頭、屯門等澳。（大戰船八，烏艚船十二）

　廣海衛望峒澳。（戰船四）

東路潮州府柘林澳。（戰船二、烏船十五、哨船二）

　碣石、靖海、甲子門等澳。（哨船六）

西路高州府石城、具川、灣澳。（各哨船二）

　廉州府海面。（戰船二）

瓊、雷二府海港。（東莞烏艚各六，新會橫江船四）

雷州海港。（大戰船六）

廣東事宜

東路

廣東列郡者十，分為三路：東路為惠、潮二郡與福建連壤，漳舶通番之所必經。議者謂：潮為嶺東之巨鎮，柘林、南澳俱係要區，枕吭撫背之防不可一日緩，而靖海、海門、蓬洲、大城諸所，又皆跐步海濤，所賴以近保三陽，遠衛東嶺者也。惠州海豐東南濱海，其捷勝、平海、甲子門皆瞬息生變，惠潮守備劄於衛治城，有以嚴其防矣，然未知柘林為尤要也。柘林乃南粵海道門戶攄，（據）三路之上游，番舶自福趨廣悉由此入。舊例，風汛之期，各澳皆設戰艦，秋盡而掣回泊水寨，此在他澳猶可，柘林去水寨一日之遠，警報未易達，倘賊視我無備，批吭搗虛不亦危乎？無柘林是無水寨也，無水寨是無惠潮也。為今之計，東路官軍每秋掣班必以柘林為堡，慎固要津，附近大城所戍卒，互為聲援，不得規避空所縱賊馳驟，若遇颶霧塵霾，尤宜加之意焉。其外，碣石、靖海、甲子門海澳，雖視柘林稍次，而舟師防禦各有信地之責者，又可少懈乎？

中路

嶺南濱海諸郡，左為惠、潮，右為高、雷、廉，而廣州中處，故於此置省，其責亦重矣。環郡大洋，風濤千里，皆盜賊淵藪，帆檣上下，烏合突來，樓船屯哨可容緩乎？嘗考之三四月東南風汛，日本諸島入寇多自閩趨廣，柘林為東路第一關鎖，使先會兵守此，則可以遏其衝而不得泊矣。其勢必越於中路之屯門、雞栖、佛堂門、冷水角、老萬山、虎頭門等澳，而南頭為尤甚，或泊以寄潮，或據為巢穴，乃其所必由者。附海有東莞、大鵬戍守之兵，使添置往來預為巡哨，遇警輒敵，則必不敢以泊此矣。其勢必歷峽門、望門、大小橫琴山、零丁洋、仙女澳、九竈山、九星洋等處，而西、而浪白澳為尤甚，乃番舶等候接濟之所也。附海有香山所戍守之兵，使添置往來預為巡哨，遇警輒敵，則亦不敢以泊此矣。其勢必歷崖門、寨門海、萬斛山、綱洲等處，而西、而望峒澳為尤甚，乃番舶停留避風之門戶也。附海有廣海衛、新寧、海朗所戍守之兵，使添置往來，預為巡哨，遇警輒敵，則又不敢以泊此矣。夫其來不得停泊，去不得接濟，則雖濱海居民且安枕而臥矣，況會城乎？按今設禦之法，浪白、望峒二所，各置戰艦慎固封守，而南頭宜特設海道駐劄，居中調度，似有以扼嶺南之咽喉矣，應援聯哨，其中路今日之急務乎？

西路

議者曰：廣東三路雖並稱險阨，今日倭奴衝突莫甚於東路，亦莫便於東路，而中路次之，西路高、雷、廉又次之，西路防守之責可緩也，是對日本倭島則然耳。三郡逼近占城、暹邏、滿剌諸番，島嶼森列，游心注眄，防守少懈，則變生肘腋，滋蔓難圖矣，可弗講乎？故高州東連肇廣，南憑溟渤，神電所轄一帶海澳，若連頭港、汾州山兩家灘。廣州灣為本府之南翰，兵符重寄，不當托之匪人，以貽保障之羞也。雷州突出海中，三面受敵，其遂溪、湛川、洄洲、樂民等四十餘隘，固為合衛三道門戶，而海安、海康、黑石、清道并徐聞，錦囊諸隘，所以合防海澳以操縱反側，俾不敢梗化焉者，尤可齟齬玩愒已哉！若廉州，則尤為全廣重輕，海北扼塞，兩有攸寄，故兵符特於靈山達堡，增屯於衛北，海寇、蜑獠，外夷之憂，視三嶺獨勞焉。西南雄郡，如瓊，為廉之外戶，五指腹心盡為黎攄（據），郡邑封疆無不濱海，備倭之制，若白沙、石瓊，館頭、文昌、海安、海康對峙番島，飄風突來，防禦甚艱，近雖駐參將於崖州，責有攸寄，而守禦營戍舊額歲久寢弛。凡此，皆西路今日所當汲汲經畫焉者。深念預防俾幕南，稽顙重繹來庭，非長民若兵者之責乎？

一廣東兵餉，舊制於潮州府民壯數內抽追工食，選募打手、駕船後生分守三路。後因山賊竊發，念城池為重，寄留民壯守護，而前項兵食，每年於鹽利內處補，後議以兵貴精而不貴多，食宜預而不宜置，於東路兵夫止選三百名防守，遇有警報，則增僱三百以足六百原數，其中西路一千五百名內量減七百名，止募八百名，通計見該一千一百名。約計東路三百名，西路二百名，中路六百名。各路將三之一哨巡，三之二營守（每兵夫五十名，艚船一隻，兵夫一名，每月工食六錢，口糧三斗，船一隻，腳價一兩五錢，或一兩二錢）。兵船每四隻則以一官統之，日逐守巡，或閱月、半月更番相代，又於朔望量加魚鹽之犒，永為定額，所費俱於軍餉內取辦，遇有警報，又許徑自動支添募應選，不必直俟文移，動經旬月，以致噬臍無及，凡所應辦逐一登記，每月造報，迨掣兵之時截日住支，於以釐革浸漁冗濫之弊，此嶺南海防之大略也。

一廣東濱海諸邑，當禁船隻，若增城、東莞，則茶窖、十字滘，番禺則三漕、波羅海，南海則仰船岡、茅滘，順德則黃涌頭，香山、新會則白水、分水紅等處，皆盜賊淵藪也。每駕峻頭小艇，藏集兇徒，肆行劫掠，勾引倭奴，殘戮甚慘。為今之計，莫若通行各縣，令沿海居民，各於其鄉，編立船甲長副，不拘人數，惟視船之多寡，依十家牌法循序，應當如船二十隻總統於船甲長內，以十隻分統於甲副，仍於船尾外，大書某縣船、某甲下、某人，十字翻刻，黑填為記。其甲長副，各置簿一扇，備載鄉中船數并某樣船隻、某項生理，一一直書，每歲具呈於縣以憑查考，如遇劫掠，則被害者能識其船速，投首於甲長副，鳴鑼追究，俾遠近皆知，無字號者，即係為非，人人俱得拏送。舊時沿海居民明知賊盜，懼其反攻而不救，今後坐視者，罪以通同，則船有統紀，而行劫之徒忌畏，況操舟之時，可以按簿呼召，給價差用，而不致賣放之弊乎。議者謂：欲令每縣取無碍官銀千餘兩，造船百艘，分給軍民生理，令河泊等官，歲課入息，五年當抵造船之銀，如朽爛，更以歲課銀更造，此法固善，終不若無事，處事如前法之為善也。

一南澳當閩廣交界之處，周圍皆山，中有田百頃，乃國初起遣居民遺棄之地也。四面蔽風，大潭居中，可以聚舟，其大視金塘二倍，五六年來，因浙直攻捕之嚴，倭泊無所容，俱於此互市。福建捕急則奔廣東，廣東捕急則奔福建，定期於四月終至，五月終去，不論貨之盡與不盡也。其交易乃搭棚於地鋪板，而陳所置之貨，甚為清雅，刀鎗之類悉在舟中，若能密令人於濱海沉滅其舟，則在岸上之倭生擒也何有。

《文淵閣四庫全書》，〈史部〉三四二，〈地理類〉，（明）胡宗憲撰：《籌海圖編》卷三，第五八四本，八一至九○頁。

三、萬曆時期為防禦倭寇、海盜而加強的海防措施

萬曆二年（1574）八月己巳。吏部覆提督兩廣右都御史殷正茂題：查照先年閩浙事例，添設巡視廣東兼漳泉海防都御史一員及移申威道副使駐劄惠州府城。其原駐惠城者，移駐長樂，添設兵防同知一員，專駐陽江縣。又以廣西之博白聽海北分巡道兼制以廣東之開建聽，廣西分巡道兼制以廣東之開建聽，廣西分巡道兼制合行廣東、福建兩省撫按官會同計議，有無便利具奏。得旨：殷正茂並未言添設廣東巡撫，止是巡視海防，如不便，即當明言停寢，何必又推令再議。

《明實錄》，《神宗實錄》（五二），卷二八，一一頁。

萬曆二年（1574）九月丙子，吏部再議提督侍郎殷正茂添設巡視海防都御史一節。夫添一重臣，即以兵力以瓜分而益弱，事權以鼎峙而皆輕，況廣東、福建各設有海道副使，一應兵防事務，原非乏人。今惟以潮州監軍道與東莞南頭海道、福建海道相為犄角，摘各巡撫標兵分屬參將統領，俱駐潮、漳二府，防守應援兩頭，督撫無事各駐省城，居中調度，共切震鄰之恐，勿為秦越之視可矣。若伸威道移駐惠州，嶺東道移駐長樂，肇慶府添設海防同知，廣西博白聽海北分巡管轄廣東開建聽，廣西蒼梧道管轄俱如所請。詔曰可。

《明實錄》，《神宗實錄》（五二），卷二九，二至三頁。

萬曆四十六年（1618）十一月壬寅，廣東巡視海道副使羅之鼎言，香山蠔鏡澳為粵東第一要害，以一北總統兵六百防守無稗彈壓，可移羅定東西一將，抽兵六百助守澳門。而羅定道言：羅旁萬山聯絡，徭

僅雜居，萬曆初年討平，布兵防守。邇來撥減過半，移將或有通融，抽兵未敢輕議。布按二司謂，以澳視羅定則羅定為稍緩，以西山較東山，則東山又稍緩，宜以東山改設守備隸西山參將，提調移其兵四百於鷹兒埔，合原兵為一千而以香山寨改為參將，增置營舍，大建旗鼓以折亂萌。於是總督許弘綱巡按御史王命璿奏：澳夷佛郎機一種，先年布舶於澳，供稅二萬以充兵餉。近且移之島中，列屋築臺，增置火器種落已至萬餘，積穀可支戰守，而更蓄倭奴為牙爪，收亡命為腹心。該澳去渭城咫尺，依山環海，獨開一面為島門，脫有奸雄竄入其中，一呼四應，誠為可慮。該司權酌時宜，庶幾未雨徹桑，其廣州海防同知原議駐劄雍陌，今似可以無用，并乞敕下兵部，覆議從之。

《明實錄》，《神宗實錄》（六五），卷五七六，七至八頁。

天啟元年（1621）六月乙亥，廣東巡按王尊德以拆毀香山澳夷新築青州島具狀上聞，且敘道將馮從龍、孫昌柞等同心任事之功，乞與紀錄，部覆從之。按：澳夷所據地名蠔鏡，在廣東香山縣之南，虎跳門外海滸一隅也。先是暹羅東西洋佛朗機諸國入貢者，附省會而進與土著貿遷，設市舶提舉司稅其貨。正德間，泊高州電白縣，至嘉靖十四年（1535）指揮黃瓊納賄，請於上官，許夷人僑寓蠔境澳，歲輸兩萬金。從此雕楹飛甍，櫛比相望，番舶往來。有習於泅海者，謂之黑鬼，刺船護送。萬曆三十四年（1606）於對海築青州山寺，高可六七丈，閎敞奇秘非中國梵剎比。縣令張大猷請毀其垣，不果。萬曆四十二年（1614）始設參將府於中路雍陌營，調千人守之，至是稍夷其居，然終不能盡云。

《明實錄》，《熹宗實錄》（六六），卷一一，四頁。

萬曆元年（1573）一設墩堠。照得廣東沿海衛所武備不脩，烽堠廢墜，合行令道參等官，通於沿海地方，不拘十里、十二三里，擇其高阜去處，或就山頂可以瞭顧四遠者，即建墩臺一所。每所蓋房屋一間，深一丈五尺，闊八尺，周圍築牆高一丈，合用大白布旗一面、杉木旗桿一枝、小黃布旗三面、大小銅鑼各一、大小碗口銃三、燈籠三盞、水缸、鐵銅、煙缸各一。每墩撥軍六名，一年一換，俱於衛所食糧。旗軍差用器具，如有失壞，責令賠償。如遇瞭，見異船在海行使，即於賊船近處墩上舉大白旗，各墩連接走報。如賊勢將登犯某處地方，日則舉煙，夜則舉火，仍放大銃三個，鳴鑼令一軍執小旗，打小鑼，將賊船數目，約賊若干，登犯某處地方情由，毋分雨夜，走報鄰墩，一體傳報各軍，敢有私自下墩者，綑打一百，離墩所回家躲閑者斬首，傳示如失報誤事，若已得鄰墩之報，而不即傳聞誤事者，亦斬首。傳示附近各衛所掌印官兼督提調，另委督墩官一員，往來查督，總兵參遊官仍不時稽閱，不致廢弛。（萬曆二年內提督侍郎殷議行。）

一議留邊衛班軍以固城守。照得惠、潮二衛各所，介在山海，先年屢遭寇陷，良由官軍單弱所致。今議將極衝極（敝），如惠州之碣石衛，并捷勝、平海、甲子、海豐四所，潮州之靖海、海門、蓬州、澄海四所，各上班官軍，如係每年兩班者，每班量留三分之一，一班者酌定數目行。各衛所，編定班次，輪流上班守城。（萬曆六年〔1578〕內右都御史凌題行。）

一設裡海哨守。照得廣州府屬番、南、新、順、三水五縣沿海地方，萬曆初年，前軍門殷　議立哨船二十四隻，兵夫四百九十餘名，分為胥江、三水、波羅、瀝沙、儋峽五哨，畫疆為守，統以總捕指揮一員往來調度，歲費餉銀三千五百餘兩。第緣海面遼闊，官軍坐守觀望，每致失事，且餉用無經，每年措處支吾，殊非長策，相應裁斀。

（明）應檟編輯，劉堯晦重修：《蒼梧總督軍門志》卷二二，二三一至二三二頁。

沿海信地

柘林寨

自福建玄鍾港起至惠來神泉港止，為本寨信地。此寨原設於內港，嗣改於牛田洋，續增設副總兵，又改於南澳。近議，副總兵處另設船兵專劄南澳。其柘林兵船，仍於柘林澳住泊，分哨長沙尾、馬耳、河渡、海門等處。

碣石寨

自神泉港起，至巽寮村海面止。此地原多礁石，不堪泊船，改劄甲子港，分哨神泉、大星、巽寮等處。

南頭寨

自大鵬鹿角洲起，至廣海三洲山止，為本寨信地。分哨鵝公澳、東山、下官、富柳渡等處。

北津寨

自三洲山起，至吳川赤水港止，為本寨信地。分哨上下川、海陵、蓮頭、放雞等處。

白鴿寨

自赤水港起，至雷州海安所止，為本寨信地。分哨廣州澳、硐州等處。

自海安所起，至欽州龍門港止，舊有烏兔寨，續已裁革。於白鴿寨委哨官一員，領兵船十隻，駐劄海康港防守，此哨仍舊。近該軍門看得，自此以至龍門港，海洋遼遠，防守闊疏，北津寨船數多，議移十隻設協總一員，統領泊龍門港，又一哨官，領船十隻泊冠頭嶺、乾體港，交互哨邏烏兔等處。

白沙寨

瓊州府屬周圍地方海洋，俱為本寨信地。分哨烏泥、博敖、石、英潮、三亞等處。

六寨會哨法

廣東各水寨分定正遊二兵，分番哨捕更為出入，以均勞逸。每月，守把官率領兵船，會於界上險要，取具該地方衛所巡司結報。

柘林寨

該寨兵船往劄本寨，東與福建玄鍾兵船會哨，取玄鍾所結報，仍分二官哨：一住劄馬耳哨，至河渡門，一住河渡門哨，至海門西，至神泉，與碣石兵船會哨，取神泉巡司結報。

碣石寨

該寨兵船住劄甲子港，東至神泉，與柘林兵船會哨，取神泉巡司結報。仍分一官哨，冬春泊田尾洋，夏秋泊白沙湖，哨邏長沙一帶，西至大星山，與南頭兵船會哨，取大鵬所結報。

南頭寨

該寨兵船住劄屯門，分二官哨：一出佛堂門，東至大鵬，停泊大星，與碣石兵船會哨，取平海所結報。一出浪白、橫琴三竈，西至大金，與北津兵船會哨，取廣海衛結報。

北津寨

該寨兵船住劄海陵戙船澳，分二官哨：一至三洲上下川，哨邏大金、銅鼓，東與南頭兵船會哨，取廣海衛結報，一至放雞、連頭，西與白鴿門兵船會哨，取吳川所結報。

白鴿門寨

該寨兵船住劄沙頭洋，分二官哨：一至赤水，西與北津兵船會哨，取吳川所結報；一至海康哨邏圍洲一帶，與新移泊守龍門，乾體港兵船會哨，取淩祿巡司結報，即回，不許在彼住泊。

白沙寨

該寨兵船，正兵二官哨住泊白沙港：一自東而下，哨邏文昌清瀾，會同至樂會縣博敖港，與三亞兵船會哨，取樂會縣結報；一自西而下，哨邏澄邁、臨高儋州，至昌化英潮港，與三亞兵船會哨，取昌化縣結報。又遊兵二官哨住泊三亞港：一自東而上，哨邏陵水萬州，至樂會縣博敖港，與白沙兵船會哨，取樂會縣結報；一自西而上，哨邏感恩縣魚鱗州、昌化縣英潮港，與白沙兵船會哨，取昌化縣結報。

春秋汛期

春汛，四閱月，自三月初一日起，至六月終止。冬汛，二閱月，自十月初一日起，至十一月終止。係防汛月日捕兵等役，糧食照例全支，其餘收汛。每年以七月初一日起，至九月終止，又自十二月初一日起，至次年二月終止。各寨船兵等役，俱免放班，查照章程規則，所得工食，每名扣減三分之一，捕盜止支一兩，舵工八錢，斗繚椗手各六錢，兵夫并捕盜家丁俱支五錢三分三釐，其哨馬與叭喇唬船兵各糧食，不分防汛、收汛，一體全支。責令四時哨邏，倘或不係汛期，海上一時有警，不分倭夷、海賊，即便開洋追擊，工食照日全支，不得少吝。惟白沙寨信地，原在大海之中，汛期與南頭等寨不同。每年，自四月初一日起，至九月終止，共六箇月，番海之寇，乘南風而來，例應防汛。自十月初一日起，至次年三月終止，共六箇月，番海之寇，乘北風而去，時應收汛，及查該寨，原未發有叭喇唬船，惟哨馬船頗多，每遇冬春收汛之期，與橫江等船相兼差撥哨巡，均應一體扣減。橫江等船，減三分之一。哨馬船，減四分之一，以為定例。

（明）應檟編輯，劉堯晦重修：《蒼梧總督軍門志》卷五，九五至九七頁。

今沿海諸郡縣備倭大鎮有廣東、福建、浙江、江南、淮揚、山東、薊遼凡七，各有督撫重臣總軍務，又有專敕臣備兵事，有總鎮大將軍職調度，又有參、遊、備、總等官司哨守，而諸所防禦事宜，亦略可得可紀焉。以要害之分守者言之：在廣東則有東、中、西三路。東路扼全粵之上游，則於柘林設把總哨至豬頭礁與碣石會；碣石設把總哨至大星洋與南頭會；而惠、潮則有參將之設；南澳又有漳、潮副總兵之設。中路防省會之大洋，則於虎頭門設把總哨，至三角洲與廣海會；廣海設守備哨，至黃麞門與北津會，而廣州則又有海防參將之設。西路遏番賊之突入，則於陽電設參將哨，至赤水洋與白鴿會；白鴿門設把總哨至海安港與潿州會，而潿州則有游擊，雷、廉則又有副總兵之設；瓊州、白沙寨則有把總；崖州則又有參將之設，所以備粵寇者如此。

（明）馮應京編纂：《皇明經世實用編》二，卷八，五七五至五七六頁。

（明尹謹）……謹條陳海防八事，伏乞敕下兵部，併行廣東省參酌採用，則海防亦未必無小補矣。

一、量地廣狹以置船多寡。……即如南頭一寨，東至大星，西至廣海，省城門戶所由繫焉。原置船六十隻，視諸寨獨加之。……水寨之船，分為汛地三哨：一巡佛堂門，一巡大星，一巡廣海，分之誠是也。但廣州地方遼遠，哨探未周，如船在佛堂門，則佛堂門有備矣，設寇由雞公頭潛入海安縣，恐佛堂門之兵未之知也。船在大星，則大星有備矣，設寇由大鵬潛入大屯步，恐大星之兵未之知也。船在廣海，則廣海有備矣，設寇由十字門潛入香山，由松柏門潛入新會，恐廣海之兵未之知也。……而南頭、柘林、白沙三寨，尚宜酌量海澳，添造官船，務足分布港門，無至疏略。

一、量淺深以置船大小。夫廣東六寨汛地，各有港可以避風泊船，但港門有淺深，灣澳有險易。港深而易泊者，無論船隻大小皆可駐劄。若港門淺狹，則利於小船，而不利於大船。今六寨之中，水深可泊者，在南頭，則有屯門、佛堂門也。……港澳既深，雖有颶風驟發船易入港，用大船以禦敵誠為上策。

一、就寨修船以固汛地。……六寨借用民船可暫而不可久，故汛地空虛賊盜猶熾。近設官船與福建事例相同，船常在寨甚可經久。但往歲，寨船俱掣回省城修整，各寨汛地並無船隻防守，又何海寇之不結黨也？……今改議三年四省一修，亦計量及此耳。臣愚以為各寨之船，宜在各寨修之，即三年亦不必掣也。……夫各寨之船既不離汛地，則沿海之澳不至空虛矣。

一、查革虛冒以振飭軍旅。廣東寨船大號者，兵七十名，二號者兵六十名，三號者兵五十五名，四號者兵四十名，哨馬則二十五名。……乃將領有嗜利者，每船虛兵三名，哨官效將領，捕盜效哨官，各有所利，各不相非。甚以跟隨人役，冒頂兵餉，招募老弱，咸尅月糧，扶同欺隱，海上遠涉孰從而知之？……計一船之兵，十分已虛其二……。今宜責任守巡及海防，督理本府兵船常在海防查覆，嚴禁虛冒使兵皆足數。揀汰老弱使兵皆勇壯，或有逃亡事故者，限一日內申明扣餉，召人補額，毋致隱匿支糧。船泊在澳，不許各兵登岸偷閒，為將官者，亦毋得身先登岸以為人望。

一、預備器具以防備急用。……六寨船隻檣榱，一年小修，三年大修，已為定例。但海洋不測，一時颶風驟發船不到港，檣榱損壞亦尋常事耳。……今於各船檣榱果係被風損壞，而哨捕人員，原無侵欺冒領情弊，海防官宜即查明，缺即補之，毋徒棄船港中。若所費不多，則量出官銀，不必拘大修、小修之例。……至於軍器火藥，隨船大小，支給多寡，各有定數。

一、嚴禁私濟以杜絕寇源。海寇所賴者，船也，船上所賴者，檣榱、兵器也。彼海邊劫掠，不過布帛、米穀而已，擄人取贖而已。至於船上器具、柁椗、哨黃之類，皆船中所急用者也，烏得而有之？惟海邊姦民，潛相通濟，利其財物，賤貨而倍價。乏兵器，則以兵器通，乏檣榱，則以檣榱通，故賊得修理以為逋逃抗敵。若有司地方嚴加禁革，不使接濟之貨得以下船，各澳、各船，嚴加巡緝，毋使接濟之船得以出海。……官府果能設法禁戢，有出首得實者不惜重賞，鄉里容隱者嚴加重處，其事未有不發露者矣。（明尹謹〈海防要務疏〉）

（清）盧坤等輯：《廣東海防彙覽》卷一二，〈方略一〉，一七至二五頁。

（萬曆）十年（1582）六月，總督陳瑞與應甲[1]，謀分水軍二：南駐老萬山備倭，東駐虎門備蜑，別以兩軍備外海，兩軍扼要害。水軍沉蜑舟二十，生禽本濠[2]，諸軍競進，大破之石茅洲。賊復奔潭洲、沙灣，聚舟二百及倭舟十相犄角。諸將合追，先後俘斬千六百有奇，沈其舟二百餘，撫降者二千五百。

註：①應甲：即廣東總兵黃應甲。

②本濠：即萬曆時海盜梁本濠。

（清）阮元等纂：《廣東通志》卷二五〇，四四二一頁。

廣東都（指揮使）司：（萬曆十五年 1587）

廣州前衛、廣州後衛、廣州左衛、廣州右衛、南海衛、清遠衛、惠州衛、潮州衛、肇慶衛、雷州衛、海南衛、廉州衛（舊為千戶所）、廣海衛、碣石衛、神電衛（以上三衛後設）。

千戶所：

新會、韶州、南雄、龍川、儋州、萬州、崖州（以上千戶所為舊有）。東莞、大鵬、新寧、從化、增城、連州、香山、海朗、長樂、河源、平海、海豐、捷勝、甲子門、大城、靖海、海門、蓬州、澄海、廣寧、永安、靈山、欽州、寧川、信宜、陽春、雙魚、海康、樂民、海安、錦囊、石城、清瀾、南山、昌化、瀧水、南鄉、封門、函口、富霖（以上千戶所為後設）。

（明）申時行、趙用賢等纂：《明會典》卷一二四，二五六五至二五六六頁。

萬曆二十五年（1597）六月，總督侍郎陳大科議設復陽電參將以固海防。……查得潮之南澳，廣之南頭，肇慶之北津、電白，雷、瓊之白沙、白鴿，皆為沿海要區全粵門戶，務之須在在周防，事事有備。竊見城垣繕治有未固，軍興糧餉有未充，將領佈置有未周，士卒訓練有未熟，戰船火器有未齊整，節檄各守巡該道加意講求，從實詳奪。隨據守巡二道呈詳行布按二司會議前來，隨該會同巡按廣東監察御史馬文卿議照。國之防寇也，譬諸人身之防病也，必當視其受病之處加愼慎焉。昔倭夷侵犯我粵，一陷電白，再潰雙魚，皆在陽電之間，則陽電一帶，固百粵受病之處矣。今查廣、惠、潮、瓊等處，俱設參將，雷、廉、南澳，則設副總，棋布星列，畫地樞守，乃高、肇之間獨缺焉。查萬曆四年（1576），前督臣凌雲翼題設高州參將一員專管陸路，陽電參將一員專督舟師，嗣因羅旁之役，遂以高州參將裁改駐劄東山地方，將陽電參將議革。於是陽電陸兵併之於恩平守備，北津水寨僅設欽依把總一員統之，而高、肇之交始無參將矣。該道見前慮後，是以有設復參將移駐同知之議。臣等廣集眾思，僉謂陽電之間，一舍之外即為巨海，節年寇患率由此登陸以震驚全粵，參將之設是誠不容已也。但議復陽電參將則可，議移潿洲遊擊則不可，何者？潿洲有斷望平江等也之防，高廉固並重也，移之雖省供億之費，不能無顧此失彼之虞。惟北津把總一員，初以革參將而設，今亦宜以復參將而裁，即以其廩糧移給參將似亦相當。至於高州府同知，名曰海防，乃令端居府城，今議以本官移劄梅菉，均於海防有裨，既經司道會議，僉同相應亟行題請，准將陽電參將設復前來於二縣地方駐劄，統領北津水寨兵舡。遇汛出海防倭，遇警督兵邀殺，恩陽守備及衛所官軍俱聽節制，合用廩餼節湊處給。北津把總應行裁革。至高州府海防同知，照議駐劄梅菉地方，仍乞敕下禮部，鑄給關防一顆，以便行事。該兵部題覆，設復陽電參將，裁革北津把總，奉聖旨是，欽此欽遵。

（明）郭棐撰：《粵大記》卷三二，五二九至五三〇頁。

萬曆四十五年（1617）五月，總督周加謨、巡按田生金籌粵事者，內海屬之驛傳，外海屬之海道，似岐權也。陸兵仍巡道，而內外海惟海道所驅汛。汛期參差非制也。應先汛十日出移附海城，而大帥駐虎頭門以防其償。水軍之命在舟，水戰之命在火器。料價窳薄則士力殫，宜酌增之。

（明）方孔昭撰：《全邊略記》卷九，〈海略〉，二七頁。

嶺南濱海諸郡，左為惠、潮，右為高、雷、廉，而廣州中處，故於此置省，其責亦重矣。環郡大洋風濤千里，皆盜賊淵藪。帆檣上下烏合突來，樓船屯哨可容緩乎？嘗考之三四月東南風汛，日本諸島入寇，多自閩趨廣。柘林為東路第一關鎖，使先會兵守此，則可以遏其衝而不得泊矣。其勢必越於中路之屯門、雞栖、佛堂門、冷水角、老萬山、虎頭門等澳，而南頭為甚，或泊以寄潮，或據巢穴，乃其所必有者。附海有東莞、大鵬戍守之兵，使添置往來預為巡哨，遇警，輒敵則必不敢以泊此矣。其勢必歷峽門、望門、大小橫琴山、零丁洋、仙女澳、九竈山、九星洋等處，而西而浪白澳為甚，乃番舶等候接濟之所也。附海有香山所戍守之兵，使添置往來預為巡哨，遇警，輒敵則亦不敢以泊此矣。其勢必歷崖門、寨門海、萬斛山、硇州等處，而西而望洞澳為甚，乃番舶停留避風之門戶也。附海有廣海衛、新寧、海朗所戍守之兵，使添置往來預為巡哨，遇警，輒敵則又不敢以泊此矣。夫其來不得停泊，去不得接濟，則雖濱居民且安枕而臥，況會城乎？

（明）王在晉撰：《海防纂要》卷一，二頁。

第五章　清初遷海時期的廣東
（包括香港地區）

按：清初，為防禦東南沿海及鄭氏集團的抗清活動，朝廷屢下海禁敕令，遷徙廣東沿海居民至內地。至康熙朝，仍以海氛未靖，幾次立界遷民，給沿海與香港地區人民生活帶來很大動盪。遷海期間，清廷對廣東（包括香港地區）的海防設施也有所改變。至復界後，才基本恢復原設置，並根據具體情況有所加強。

一、清初廣東沿海的抗清活動

順治三年（1646）十二月，廣州破，巡撫佟養甲素聞家玉名[①]，遣副使張元琳即其家召之。家玉衣冠出見，責元琳以大義。……家義（玉）既義不屈，其受業師林洊復力贊其起兵。會焦麗、到滘二鄉苦被掠，與官兵相攻擊，殺數百人。家玉與其渠、何不凡、莫子元等善，約以大舟來迎。家玉出舊賜幢蓋麾葆，鼓吹登舟，襲東莞城，入之。執其新令，籍降紳李覺斯等家以犒士，騰檄遠近，所在嘯聚以應，時丁亥（順治四年，1647）之三月十四日也。十七日，清兵至，大戰於萬家租，遂復東莞，家玉走到滘。總兵李成棟攻到滘三日，破而屠之。家玉祖母陳氏、母黎氏、妹石寶俱赴水死。妻彭氏被執不屈，斷股體而死。家玉走西鄉，大豪陳文豹聚兵二千人保境，奉家玉進克新安縣，殺千餘人。四月十日，官軍攻西鄉，不克而回。家玉遣兵走襲東莞，戰於赤岡。五月，復自率兵攻東莞，不利，退回西鄉。成棟大軍至，攻圍數日，俱有殺傷。已而舟師敗，家玉走，夜經萬家租，視其家廟已毀，祖墳發掘，張氏族屠戮殆盡，拜哭而去。……西鄉亦隨破，陳文豹等俱見殺。家玉至鐵岡，得姚金之、陳穀子等眾各千人，遂走十五嶺，復得羅同天、劉龍、李啟新等眾三千人。先是，家玉遣兵攻龍門縣，陷之，至是入龍門，進攻博羅，亦陷之，并陷連平、長寧二城，勢復振。攻惠州三日不克，克歸善縣，還屯博羅。官軍攻之，家玉走回龍門募兵，旬日間得二萬人。家玉幼好擊劍任俠，多結山澤之濠，故所至翕然，蹶而復起。至是分其眾，列龍、虎、犀、象四營，進攻增城，入之。十月，成棟至增城，馬步萬餘，家玉分兵為三，鼎足相救，且倚深谿高崖以自固，大戰十日，力盡而敗。成棟圍之數重。諸將請血戰潰圍出，家玉曰：矢盡砲裂欲戰無具，將傷卒死欲戰無人，天明俱受縛矣。丈夫立天常，犯大難，事至已壞，烏用徘徊不決，以頸血濺敵乎哉！因起偏拜諸將，自投野塘中死。懷銀章一，篆曰：正大光明，閩賜也。時年三十有三。

註：①家玉：即張家玉，約生於萬曆四十二年（1614），卒於順治四年（1647）。號芷園，廣東東莞人，崇禎十六年（1643）進士。

（清）鄭達輯：《野史無文》卷八，七一至七二頁。

是年（順治四年，1647）春，佟養甲素聞家玉名，遣副使張元琳即家召之。家玉身冠出見，責元琳以大義。元琳固與家玉同為癸未庶常者也。歸報養甲，復飛書諭之家玉，答書曰：孔門高弟，太祖孤臣，如玉其人者，安可以不賢招招乎？生殺榮辱，惟公所命。其師林存力贊之，遂結鄉勇何不凡、莫子元等襲東莞，入之，執新令鄭流金，籍降紳李覺斯家犒士。成棟率水陸師至，家玉棄城走，以舟師屯杜深村。村近新安北。令走，家玉令諸生陳太赤領縣事。

（清）三餘氏撰：《明末五小史》（又名《五藩實錄》），〈桂藩上〉，一七至一八頁。

順治四年（1647）六月，時王師破杜溶村，韓如璜死之①。家玉引兵入新安，成棟圍之，家玉走博羅。

註：① 韓如璜：明東莞縣的舉人，與張家玉共起兵反清。

（清）三餘氏撰：《明末五小史》（又名《明季五藩實錄》），〈桂藩上〉，二一頁。

　　會東粵原任右僉都御史張家玉，合原任閣部陳子壯、給事中陳邦
彥等共舉義師。家玉善用兵，下東莞。北師盛兵復東莞，監軍道張
珣、生員尹端菴死之。再破博羅，不守，復攻增城，頗捷。戰敗，家
玉沉水死，師參謀林洊並見殺。子壯取高明，力竭城破，被執不屈，
死之。同事御史麥而炫、朱實蓮咸見殺。邦彥以兵擊敗北師於禺珠，
連破三水、高明，大戰胥江、新會，復下清遠，力竭被執，與生員馬
應房等咸見殺。

（清）查繼佐：《罪惟錄》第一冊，〈附紀〉，卷二一，四二七頁。

　　國朝順治三年（1646）總督佟養甲入粵，知縣楊昌歸順離任，知縣
張文煜蒞任。四年（1647）三月，陳御赤等率眾入城。邑人蕭一奇黎
民服會，原參將子董天爵集兵逐出赤，迎知縣張文煜守城。赤急攻三
月，監軍道戚元弼、武毅伯施福、五鎮施郎水陸援守不退。煜密令蔣
朝鳳縋城報督師李成棟。六月，追至山下王元喜樓，遂平之。順治五
年（1648）李成棟檄郡稱明。

（清）靳文謨纂：《新安縣志》卷三，〈地理志〉，一至二頁。

　　兩廣總督佟養甲殘揭帖（本揭對同順治四年〔1647〕七月初十日到）
　　總督兩廣軍務兼巡撫廣東佟養甲揭：為恭報粵地賊情仰祈聖鑒
事。竊照粵省為天下南服，海崖、荒徼、虎跳、南澳等門之外，四面
俱屬大洋。洋船多係番賊，隨風飄突，去不能追，來不可測。而海濱
奸黨勾連依附倏去倏來。前朝雖於海面設有營寨，而兵窳將惰，法紀
凌替，勢如養癰。及今不為戒備，遺患正不可知，此洋賊之最可慮者
也。至山賊四起，隨地嘯聚。職自入粵來，潮、惠一帶有賊林學賢、
陳耀等號召，動經數萬，踞城立稅，勒贖殺人俱同兒戲。職一路分別

剿者剿，撫者撫，目今潮之鎮平、程鄉、惠之興寧、長樂，匿藏山谷者尚多種類，以至博羅界連廣府增城、東莞、龍門、從化、清遠、新會、新寧，肇府、新興、高明、恩平、高要。凡崎徑之相通者，此逃彼匿，東擊西馳，兵進則遁，兵退則來，此山賊近省之不時竊發者也。若水賊縱橫海面動數千艘，到處盤踞出沒聲援，如東莞到滘地方，素稱盜藪，周圍土城內外深溝中，有大河藏戰船千計。貳月初旬，屢經巡道王文正與總兵陳虎設法招降，而群賊陽順陰逆，勢日披猖。隨會同水師遊擊吳文獻、副將張世新，與投誠總兵陳虎，統所部兵丁共貳千餘，乘駕閩海白艚船隻四面進攻，殺入寨內，賊勢大潰。忽有海面賊船叁百餘號順風突至，內外響應，力戰兩晝夜，而陳虎陣亡，同被銃死，火焚官兵貳百餘名，此東莞到滘貳月初十日事也。拾壹日，隨有四姓白旗等賊，駕船數千迫犯省城，日夜攻打太平門外。職身冒矢石，臨陣指麾，奮力格鬥。守備劉朝用，材官周一鳳，並兵丁梁奇、楊大等俱經陣亡。連戰叁日，斬賊數百，賊懼夜逃，正移督臣李成棟撥兵追剿，而東莞地方，又窩逆賊張家玉，係前朝翰林，煽眾裹網，於叁月拾肆日攻破東莞縣城，劫庫焚卷，殺典史趙玄胤、巡簡趙自端，擄知縣鄭鋈，狂逞鼓惑者數萬眾。督臣李成棟，會同武毅伯施福部下副將成陞，督兵親剿，成陞陣亡於望牛墩。晝夜攻打，相持數日，兵賊死傷相當。因張家玉潛住到滘，即用攻此擊彼之法，督臣選精銳叁百名襲取到滘，殺賊千餘。張家玉潛遁新安，又為海賊攻城，擄殺典史何彥瑋，大使李近春，亦撥兵撫戢安定。續又攻順德，督臣帶兵解圍，並剿冲鶴、黃連等村，賊巢攻三水，搶掠西南村，南海九江村，攻增城，攻新寧、新會。職皆會同督臣與武毅伯帶兵協剿。監軍道戚元弼偕往佐籌，此水賊近省之見在剿捕者也。此外潮州有賊賴其肖等，報數萬，副將文貴金往剿，遇伏兵四起，陣亡。韶州有賊陳慎簡信等，報數萬。惠州有賊蘇成等，報數萬。（下缺）

中央研究院歷史語言研究所編：《明清史料》己編，上冊，八四至八五頁。

順治四年（1647）丁亥，故廣信巡撫張家玉與舉人韓如璜結鄉兵攻東莞，入之，籍尚書李覺斯家以犒士，甫二日，大兵至，家玉敗走西鄉，如璜戰歿。家玉祖母陳、母黎、妹石寶俱赴井死，妻彭被執不辱死。西鄉大豪陳文豹奉家玉，取新安，復入東莞。未數日，大兵復來，攻家玉，敗走鐵岡。沿途集眾，復得數千人，遂入龍門、博羅、連平、長寧，攻惠州，克歸善，還屯博羅。大兵至，走龍門募兵，復得萬人，分龍、虎、犀、象四營，拔增城而據之。大兵來攻，分其軍為三，倚谿崖以自固，大戰十日乃敗，諸將請潰圍出家。家玉歎曰：矢盡砲裂，欲戰無具，將傷卒斃，欲戰無人。因偏拜諸將，赴野塘以死。初家玉之走鐵崗也，覺斯盡發其先壟，毀其家廟，殲其鄉以復焉。

（清）楊陸榮撰：《三藩紀事本末》卷四，三一頁。

總督兩廣軍務兼巡撫廣東佟養甲揭[①]。為彙報擒磔逆渠三大捷事。竊照東省逆渠陳邦彥、張家玉、陳子壯等違制逆命，糾合山海，荼毒生靈，逼省破縣，擄殺文武職官，勢日猖獗，我兵單弱，東援西應，屢疏請兵，迄今未至，力實難支。且廣東地方非山即海，到處賊巢，此征彼遁，終無了期。……職奉簡命定粵，稍有成局，倘一僨事，職罪滋大。因與提督臣李成棟晝夜焦思，寢食俱廢。如陳邦彥向在前朝，即糾海賊流劫地方，近復抗不投誠，糾賊霍師連等犯省，攻破清遠、三水等縣，擄殺道縣等官，所當速擒，以誅亂首。如張家玉，自三月內攻陷東莞縣城，已經奏報。後張家玉糾賊破龍門、乳源、歸善、博羅、長寧、河源等縣，與連平一州，擄殺州縣等官及副將，參、遊、都司等不下數十人。……如陳子壯與朱實蓮等兩犯省城，攻破廣寧，高明，德慶等州縣，盤踞高明縣城，與西逆陳邦彥勾連犄角，以思一逞，此逆不除，終遺後患。因懸示軍中，有擒三逆渠者，除犒賞外，即行題敘陞級，……隨於九月二十二日，據提督李成棟報，於本月十七日兵抵清遠，四面環攻……將城攻開，殺賊無數，生擒偽知縣施兆行。又先發總兵嚴遵誥、楊大甫伏兵，截殺敗逃之賊陳邦彥；……并將陳邦彥、曾天琦、陳廣、施兆行與偽參謀謝秉昌，偽巡檢華濬璟一并解俘前來，……將陳邦彥等六囚寸磔於市。

又於十月十一日，據監軍兵巡道戚元弼報：本月初十日辰刻，到增城分派馬步，令副將閆可義、梁得勝、張道瀛、馬寶、吳芝蕃，參將尤起冬，吳科、李應祥、喬進忠，中軍楊國興，都司王友，把總楊加誠，尾賊營後，斷其敗逃龍門之路。令參將王定國從中路衝進，副將杜永和、李漢貴……從南面超入，總兵施郎、黃廷……從南面接濟，齊進增城縣。……殺至賊巢，敗退入木寨，隨（遂）分兵攻打，竟日連破五巢，……張家玉先被箭傷，……家丁（玉）蹈水，斬級。……將張家玉首級懸示。

又於十一月初五日，據提督臣李成棟報稱：本督於前月貳拾伍日，親督水陸官兵暨武毅伯施福、監軍兵巡道戚元弼各帶部兵，由九江陸路直趨高明縣。賊兵深溝高壘，砲石雨下，環攻兩日不破。本督知逆子壯在城，因派定各營鎮將，造雲梯叁佰餘架分劄圍攻，仍面諭諸鎮將有先登陷城擒縛陳子壯者，除部院懸賞格外，仍題授加級。蓋為兩粵地方百萬生靈除禍，本不得不如此鼓勸也。至二十九日，都司馮定國督兵掘地，舁大砲火藥轟倒城牆……各營官兵雲梯齊上，凡係蓄髮者盡行誅戮陣斬。……隨將逆渠陳子壯寸磔於教場。

註：① 此揭為順治四年（1647）十一月七日所上。

張偉仁主編：《明清檔案》，〈兩廣總督兼廣東巡撫佟養甲揭報擒獲逆渠駢斬並請協剿餘黨〉，A6—182—（4—1）至（4—4）頁。

東莞張芷園家玉死節死事，明史及邑志載之極明，乃雜史言芷園為善不終，降於李自成之說。按自成既陷京師，家玉被執，上書自成，請旌己門為翰林庶吉士張先生之廬，稱自成為大順皇帝。自成怒，召入，長揖不跪，縛午門外脅之降，怵以極刑不為動。自成曰：若不降當磔汝父母，乃跪。時芷園之親在粵，為親屈賊。敗後南歸，起兵敗績，投野塘死，年三十三。蓋論其迹，而不論其心也。

（清）黃芝撰：《粵小記》卷三，二六頁。

明唐王聿鍵頒：以兵科給事張家玉監永勝伯鄭彩軍，命兵部多給劄付，以為家玉鼓舞人材之用。不宜吝亦不宜濫。濫則人視之太輕，弊則且有甚於吝也。

（清）三餘氏撰：《明末五小史》（又名《明季五藩實錄》），〈唐藩〉，一〇頁。

廣東東莞原兵部右侍郎張家玉起義，日與□交鋒[1]，殺傷以數千計。至是一敗莫支，家玉死之，□截其屍，宗族死者千有奇。然城門外即與□為敵，東莞終未降。[2]

註：①□，指清將李成棟。
　　②永曆四年（順治七年，1650）清軍才攻陷東莞。

（明）魯可藻撰：《嶺表紀年》，卷一，四九至五〇頁。

初，北師李成棟盡銳而西，直抵平樂，桂林勢甚危。會粵東余龍起兵。龍故江上盜，有眾萬餘，出沒甘竹灘。廣州陷，建義者多歸之，其勢甚張，焚北船於東莞，遂突廣州。北撫佟養甲堅壁不歸，檄成棟還師禦之。兵部左侍郎張家玉、舉人韓如璜起兵殺東莞縣令，鄭霖開門以應。已聞成棟且至，遂棄城，以舟師屯杜深村。遣張元瑩、陳瑞圖奉表行在，進家玉兵部尚書。兵科給事中陳邦彥亦起兵於高明，使其門人馬應房以舟師圍順德。李成棟既破余龍，遂趨順德，應房迎戰敗死，移兵破杜深村，韓如璜死之。家玉引兵入新安，成棟圍新安，復棄城走博羅，遂據博羅。七月，大學士陳子壯起兵九江村，與陳邦彥共攻廣州。初，邦彥約城內諸降將為內應，期以是月之七日三鼓內外並起。子壯先期以五日舟師薄城，謀洩。北撫佟養甲捕諸內應者，悉斬之。發巨砲擊舟，舟熸兵退，北風大作，養甲乘風追之，子壯大敗於白鵝潭，成棟亦自新安至。子壯退保九江，又棄九江入高明，與監軍道麥而炫、知縣朱實蓮嬰城固守。邦彥亦退嚙清遠指揮白曹燦反正，迎邦彥，邦彥率師赴之。成棟用四姓賊鄭昌等為導[1]，至高明，發砲破其城，殺朱實蓮於南門樓，子壯、而炫皆被執。成棟遂圍張家玉於博羅，城破，家玉復走增城，急攻之。成棟救增城，內外夾擊，家玉敗，火藥盡，乃與諸將痛飲，夜投濠死。將士數千人皆死，無降者。子壯臨刑罵不絕口，養甲寸磔之，分其骸骼散諸各郡城樓，遍召廣州諸紳坐堂上，觀其受刑以懼之。麥而炫從死，而家玉首亦至。東莞李覺斯，與家玉有仇，時在坐，請審視，恐為所欺。養甲曰："視此貌清正，固是義士，必家玉也"。未數日，成棟破清遠，陳邦彥率兵巷戰，力屈赴水，北兵鉤出之，與總兵曹天奇同檻送廣州。既至，亦大罵而死。

註：①四姓賊：明末清初廣東沿海有徐、石、馬、鄭四姓水盜。南明蘇觀生曾招撫，但不久即降清，並為其所用。

（明）錢澄之撰：《所知錄》卷二，一八六至一八七頁。

當是時，廣州陸寇則有花山砦，水寇則有徐、石、馬、鄭，謂之四姓兵，觀生皆撫之為用[1]，然桀驁不聽節制。

註：①觀生：即蘇觀生。

（清）三餘氏撰：《明末五小史》（又名《明季五藩實錄》），〈唐王聿鍵〉，四頁。

康熙二年（1663）

冬十日，蜑賊李榮、周玉反，破順德縣城，擄知縣王印而去，並流劫沿海鄉村。（《採訪冊》）

周玉、李榮皆番禺蜑民，以捕魚為業，所轄繒船數百，其上可設樓櫓列兵械，三帆八槳，衝濤若飛。平藩尚可喜以其能習水戰，委以遊擊之任，遇警輒調遣防護，水鄉賴以安輯。自康熙壬寅（1662）奉有海禁之旨，於是盡掣其船，分泊港議，遷其孥屬於城內，玉等鸂獺之性不堪籠縶，詐稱歸葬，請於平藩，可喜許之。明日攜家出海，糾合亡命，聲大振。康熙癸卯（1663）十一月，連檣集艦直抵州前，盡焚汛哨廬舍，火光燭天，燭於居民一無騷擾，復破順德縣，執縣令王允而去。可喜聞變，亟發舟師剿捕，獲賊首周玉，餘黨解散，出王令（即縣令王允）於賊舟，釋其縛，令得不死。是時尚藩與督撫兩院俱諱其事。王僅罷職而已。（《觚賸》）

（謹案：順德志載此事於康熙元年〔1662〕，與《觚賸》互異，疑榮玉之叛在元年，而破順德則二年〔1663〕事也。《順德志》僅據胡士洪筆記，未審確否，今不從）。

（康熙二年，1663）十二月，蜑賊突入新會、江門，遊擊張可久死之。復寇香山、海州。（《採訪冊》）

平藩尚可喜遣兵追蜑賊，破之，周玉就擒餘黨以次潰散。（《採訪冊》）

官兵追至大石海與榮玉大戰，自辰至未，周玉就擒，李榮與餘黨竄匿，尋發兵沙灣搜捕餘黨，將抵茭塘界，巡檢婁君玉以所部無叛黨叩馬止之，請以身殉，將兵者悟而止，茭塘民賴安。（《番禺志》）

玉自稱恢粵將軍，以林輔邦為軍師，所至焚劫，殘破順德。可喜發兵勦之，斬級二千餘，擒玉及輔邦。餘黨譚琳高、黃明初等竄據東湧海島，可喜檄水師進勦，琳高就擒，亂乃定。（〈逆臣傳〉）

謹案：東海疑當作東涌，即今烏涌等處是也。粵人呼水為涌，讀平聲，與唐韻之余隴切者不同。

（清）瑞麟、戴肇辰等纂：《廣州府志》卷八〇，〈前事略〉，二一至二二頁。

康熙十五年（1676）正月，鄭經以右虎衛許耀，前衛鎮洪羽等率師會在潮，將攻取廣東州郡。二月，平南王昏病日甚，偽周師克肇慶、韶州等處[1]，廣州人人自危。駐韶諸軍聞報燒營而遁……國軒等水陸并進[2]，圍惠州，攻博羅不下，旋下長慶、新安、龍門等縣。之信窮蹙，遂乞降於三桂。

註：①偽周師：即吳三桂軍。吳三桂反清時稱周王。

　　②國軒：即鄭經部將劉國軒。

（清）彭孫貽撰，李延昰補編：《靖海志》卷四，八頁。

鄭經迺以國軒鎮惠州，東莞守將張國勛亦降鄭經，經以為後勁鎮。自是鄭與吳分界而守。

（清）彭孫貽撰，李延昰補編：《靖海志》卷四，八頁。

康熙十六年（1677）七月庚子。平南王尚之信又疏報：海賊劉國軒，佔踞惠州，負固不服。先從陸路窺新安，已被官兵殺敗。又從水路抵東莞縣石龍地方，希圖順流直薄省城。臣統水陸官兵，分路夾剿，逆首劉國軒，棄城奔竄，偽總兵陳璉等，以惠州歸正。得旨嘉獎。下部議敘。

《清實錄》，《聖祖實錄》（一），卷六八，八七二頁。

康熙十九年（1680）二月，鄭經議欲撥國軒兵三萬配十船直入泉州港攻萬正色提督，使人持令箭抽兵，時兵已乏糧盡皆潰散，國軒禁不能止。守海澄陳昌以城投誠。國軒至廈門，知勢不可為，收拾餘眾下船，百姓遮道跪留。二十六日兵變，擄掠百姓，鄭經焚演武廳行營，盡率將士登舟。……二十九日，鄭經至澎湖。……三月十二日，鄭經回至東寧。……康熙二十年（1681）正月二十八日丑時，鄭經卒於台灣。

（清）彭孫貽撰、李延昰補編：《靖海志》卷四，一九至二〇頁。

二、順治、康熙時遷海令的實施情況

申嚴海禁敕諭

皇帝敕諭：浙江、福建、廣東、江南、山東、天津各督撫鎮，海逆鄭成功等竄伏海隅，至今尚未剿滅，必有奸人暗通線索，貪圖厚利，貿易往來，資以糧物，若不立法嚴禁，海氛何由廓清？自今以後，各該督撫鎮，著申飭沿海一帶文武各官，嚴禁商民船隻私自出海。有將一切糧食貨物等項，與逆賊貿易者，或地方官察出，或被人

告發，即將貿易之人，不論官民俱行奏聞處斬，貨物入官，本犯家產盡給告發之人。其該管地方文武各官，不行盤詰擒緝，皆革職從重治罪。地方保甲通同容隱，不行舉首，皆處死。凡沿海地方大小賊船，可容灣泊登岸口子各該督撫鎮務要嚴飭防守。各官相度形勢，設法攔阻，或築土壩，或樹木柵，處處嚴防，不許片帆入口，一賊登岸。如仍前防守怠玩，致有疏虞，其專汛各官，即以軍法從事，該督撫鎮一併議罪。爾等即遵諭力行，特諭。順治十三年（1656）六月十六日。

中央研究院歷史語言研究所編：《明清史料》（十），丁編，一五五頁。

順治十七年（1660）九月，戶部議復，總督李率泰疏言：海氛未靖，應遷同安之排頭、海澄之方田沿海居民八十八堡，及海澄內地，酌量安插。從之。

《清實錄》，《世祖實錄》卷一四〇，一〇八一頁。

順治十七年（1660），明桂王及李定國走緬甸，雲貴蕩平，命靖南王耿繼茂，自廣東移鎮福建。都統羅託為安南將軍，督剿。成功崛嶇海上十餘載，進取無功，乃謀奪台灣為窟穴。……朝廷議堅壁清野之計，下令遷沿海三十里於界內[①]，不許商舟、漁舟一舸下海。民戀生計，脅於嚴刑，多不願。……是年，李率泰遷同安之排頭，海澄之方田沿海居民八十八堡，及海澄邊境人民，安置內地，皆順治十八年事也。

註：①此處所謂遷沿海三十里，亦有記遷沿海五十里。

（清）魏源撰：《聖武記》卷八，六頁。

順治十八年（1661）八月，諭戶部：前因江南、浙江、福建、廣東瀕海地方，逼近賊巢，海逆不時侵犯，以致生民不獲寧宇，故盡令遷移內地，實為保全民生。今若不速給田地居屋，小民何以資生？著該督撫詳察酌給，務須親身料理，安插得所，使小民盡沾實惠，不得但委屬員，草率了事，爾部即遵諭速行。

《清實錄》，《聖祖實錄》（一），卷四，八四頁。

順治十八年（1661），議遷沿海居民於內地，俾避寇擾，大吏令盡撤繒船泊港汊，遷其孥於城邑。玉遂糾黨為亂，自稱恢粵將軍，以林輔邦為軍師，所至焚掠，殘破順德縣。可喜發兵剿之，斬級二千餘，擒玉及輔邦，餘黨譚琳高、黃明初等竄據東涌海島。可喜檄水師進剿，琳高就擒，亂乃定。

《清史列傳》卷七十八，，〈尚可喜傳〉，六四四〇至六四四一頁。

順治十八年（1661）十二月十八日

皇帝敕諭：江南、浙江、福建、廣東等處地方王公、將軍、總督、巡撫、提督、總兵、沿海地方文武各官，逆賊鄭成功，盤踞海徼有年，以波濤為巢穴，無田土物力可以資生，一切需用糧米鐵木物料，皆係陸地所產，若無奸民交通，商販潛為資助，則逆賊坐困可待。向因濱海各處奸民商販，暗與交通，互相貿易，將內地各項物料供送逆賊，故嚴立通海之禁，久經徧行曉諭。近聞海逆鄭成功下洪姓賊徒，身附逆賊，於福建沙城等處濱海地方，立有貿易生理，內地商民作奸射利，與為互市，凡杉桅、桐油、硝黃、湖絲、紬、綾、糧米一切應用之物，俱恣行販賣，供送海逆。海逆鄭成功賊黨，於濱海各地方，私通商販，如此類者，實繁有徒。又聞濱海居民商賈，任意乘船，與賊通同狃暱貿易。海賊係逆命之徒，商民乃朕之赤子，朕軫念生民，設立官兵防守。今商民不念朝廷德意，背恩通逆，與賊交易，該管官兵，亦不盡心職守，明知奸弊，佯為不知，故縱商民交通貿易，揆之法紀，豈宜寬宥？向來屢經嚴飭，該地方官圖便己私，疏玩徇隱，漫無稽查，以致藐法作奸之徒愈多，背旨通逆，罪不容誅。此等弊端，彰著最確，但念已往，前罪俱免追論，其海賊入犯江南案內一干罪犯，除康熙元年（1662）以前審結外，其餘的亦從寬免。今濱海居民已經內遷，防禦稽查亦屬甚易，不得仍前玩忽。自康熙元年（1662）以後，該地方文武各官，痛改前非，務須嚴立保甲之法，不時嚴加稽查，如有前項奸徒，通賊興販者，即行擒拿，照通賊叛逆律，從重治罪。其保甲十家長，若不預行出首，亦照通賊叛逆律治罪。若地方文武各官，於所屬地方不遵禁例，嚴飭督撫、提督、總兵官等，不時加稽查，容隱奸徒，致官民紳衿商賈船隻如前下海，被旁人首舉，其首舉之人授官賞賚，該管官以知情故縱，從重治罪。總督、巡撫、提督、總兵官等，亦從重治罪。王公將軍所屬官兵，若不嚴加整飭，致有前項弊端發覺，亦罪不宥。其在賊中洪姓等賊徒，於海濱貿易之人，該管地方文武各官，著嚴行稽查。濱海地方文武各官紳衿兵民商賈人等，若有泛海之船，俱舉送於該管總督、巡撫、提督、總兵官等奏報。若隱匿不舉，後經發覺，即以通賊叛逆治罪，決不寬貸。又聞海逆奸細多為僧道，潛遊各處，探聽消息。各地方寺廟僧道，容留往來，地方各官亦無稽察嚴禁。以後各地方僧道，須恪守清規，不得容隱奸徒，及來歷不明之人。地方官亦須嚴行稽察。如僧道私行下海，及容隱奸細，亦照通販叛逆律治罪，該管官亦以不行稽查，治罪不饒。特諭。

張偉仁主編：《明清檔案》，A37—98（3—3）頁。

康熙元年（1662）五月，平南王尚可喜、總督李棲鳳勘海至東莞（〈元功垂範〉）。兵部員外郎許朝聘，齎本部咨，令平南王同督撫鎮踏看濱海寇可犯地方，居民作何遷徙。平南王同總督李棲鳳，自番禺、新會、新安至東莞，以及惠、潮，還轅復述沿海二千餘里，生靈數百萬，一旦遷移，流離失業，深可憫痛，哀請宸恩。不許。（〈元功垂範〉）

陳伯陶等纂：《東莞縣志》卷三二，〈前事略〉，八頁。

康熙初年，以海島遊魂未滅，沿海防兵糜餉日久，立界遷民，禁及採捕。議者或謂損魚鹽之利，絕貧民衣食之原，然不出數年，投誠者接踵，海氛遂息。以所損之利，較所省之餉，果孰贏而孰詘耶。寇在海中，不能自耕而食，必資內地之粟以為生，濱海奸民，受其白鏹，聚米於家，尅日相濟，反以被掠報官。官日夕惟盜是諱，而何暇詰其奸，食不乏，寇不消。自遷界禁筏，粒米不得，盜入於海，而海寇悉為安插之編戶，此計之最得效之已收者也。海寇既弭，朝廷乃下寬大之詔，復其遷界，許令結筏捕魚，可以厚民之生矣。而言利者，遂進通商貿易，充裕國課之謀，於是洋禁大開，富家巨室爭造貨船。游手惰民，競充販客。微貨所挾，信息相期，往而獲利，則貪進而不肯休。……夫開洋之利，稱貸於豪富者，羨餘於持權者，侵蝕於胥吏者，各取什之三，其歸於國課，僅十之一而已。下取其九，上取其一，利無幾也。數傳之後，承平相習，脫有不虞。如嘉靖間，故患則徵兵調餉，費數十倍，悉所入之課而不償，而黔黎有殘害之厄，地方多蹂躪之禍，所謂利小而害大，利在下而害在上，不大彰明較著哉。愚謂封疆大吏，能直陳利害，破群情而罷其役，但許濱海細民，結筏捕魚，凡通洋船隻一切禁之，則內地之奸謀無自生，海外之邪釁無由召，此上策也。否則，顯立條約，檄諭所屬，有司察覈地方通洋貿易之人，照山海關例，報明姓氏居止，編為一冊。冊內註明某人於某年、某月、某日，置買某貨，向某海口，登某戶船。逮其歸也，又一一報明而註之冊，取其里長兩鄰結狀，其隻身無賴，貲本不足者不得偕往。

（清）吳震方編：《說鈴》第三函，〈嶺南雜記〉，二四至二五頁。

康熙二年（1663）八月，再立遷界，東莞復遷入三十里（〈鄧志稿〉）。

時伊、石二大人臨閱，[1] 駐饗堂山。西自大涌口沙塘坊，東至大山下白頭山，各插一旗，又遠指彭崗山，命插一旗。越數日，知縣鄭向親閱插旗處所，造冊報遷，謂大涌口當在遷例，將沙塘坊旗改插涌口

墟石山頂上。於是，涌口、劉家、坑宅、尾坑、尾橋頭、斗涌六鄉皆
在界外，惟當頭以直繩引之，尚留一半。（〈遷復始末〉）

先是，海南柵鄉以近虎門寨，留為護衛，至是亦遷。（〈鄧志稿〉）

註：①伊、石二大人：即吏部尚書伊里布，內閣學士石柱。

（清）陳伯陶等纂：《東莞縣志》卷三二，〈前事略〉，九頁。

康熙三年（1664）三月，城守蔣弘閩、知縣張璞逐東西二路二十四
鄉入界。以後，每年大人四季巡界。先是，初遷民多望歸，……養
生無計，爰有夫棄其妻，父別其子，兄別其弟。且為夫者哭而送其妻
曰：汝且跟別人為婢以免死。為父及兄者，泣而命其子若弟曰：汝且
傭工於他族，以養汝生。時豪民富客，常有不用貨買而拾養遷民子女
者，奚啻千百焉。至於壯年之民，散投各營以圖養口，其餘乞食於異
鄉者沿途皆是，輾轉於道旁者何處蔑有。又間有重廉恥者，行乞不忍
而又計無復出，遂自取毒草研水，舉家同飲而沒。

（清）靳文謨等纂：《新安縣志》卷一一，八頁。

（康熙三年）（1664）

夏五月，續遷近海居民。

續遷番禺、順德、新會、東莞、香山五縣沿海居民。先畫一界，
以繩直之，其間多有一宅而半棄者，有一室而中斷者，濬以深溝，別
為內外，稍踰跬步，死即隨之。（《觚賸》）

徙茭塘，沙灣近海各鄉居民，空其地為界，於石礪山巔築城，建
墩臺、營房，縣令彭襄派茭塘、沙灣兩司排人戶捐銀修築，民至窘
困。（《番禺志》）

是時，香山龍眼都、小欖古鎮、黃圃都鄉皆徙，督遷兵士恣俘
掠，知縣姚啟聖力爭之，乃稍戢。初，黃梁都民奉遷時，民多戀土，
都地山深谷邃，藏匿者眾。平藩左翼鎮總兵班際盛計誘之曰：點閱
報，大府即許復業。愚民信其然，際盛乃勒兵長連埔，按名令民自前

營入後營出，入即殺，無一人倖脫者。復界後，枯骨遍地，民叢葬一阜，樹碣曰木龍歲塚。木龍者甲辰隱語也。（《香山志》）

時懲於李榮之亂，恐遷民仍通海舶，當道臨縣勘定海界，會潮水大至，稻田彌望皆為巨浸。署新會縣與都司，欲因以為利，民無以應，遂逼城為界，近郭腴田悉為界外，民扶老攜幼流離載道，見者惻然。都司耿光日於鍬界處所置酒為樂。遷民貧者乏行街市，露宿衢道，往往餓死，門有死者則署縣，經歷李肇豐藉究死因，連逮保甲鄰佑，貽累多人，闔城民臥不安枕。逮六月，知縣龍之繩抵任，即具詳界外海田俟收稻畢方徙遷，民始得略甦。（《新會志》）

（清）瑞麟、戴肇辰等修：《廣州府志》卷八〇，〈前事略〉，二二至二三頁。

明末，海寇鄭芝龍踞台灣，子成功相繼跳梁。我朝定鼎，差內閣滿洲大臣蘇納海、鼇拜議沿海建墩臺。賊至，烽火為號，以便守禦，徙內地以杜奸宄接濟台灣之患。粵省起饒平大城所上里尾，西迄欽州防城。康熙元年（1662）壬寅，命吏部侍郎科爾坤、兵部侍郎介山，同平南王尚可喜、將軍王國光、沈永忠，提督楊遇明等巡勘潮屬濱海六縣，建墩臺七十有三，而海氛未靖。三年（1664）甲辰，又遣吏部尚書伊里布、侍郎碩圖，偕藩院將軍、提督覆勘，再徙內地五十里。海陽遷去龍溪、上莆、東莆、南桂四都，秋溪、江東、水南三都之半；潮陽遷去直浦、竹山、招收、砂浦、隆井五都，附郭、峽山、舉練三都之半；揭陽遷去地美一都、桃山半都；饒平遷去隆眼、宣化、信寧三都；惠來遷去大坭、隆井二都，惠來、酉頭、龍溪三都之半；澄海遷去上外、中外、下外、蓬洲、鱷浦、鮀江六都，僅存蘇灣一都，增築墩臺八十有四，各設柵欄以嚴出入。臺臣楊雍建、巡撫王來任、總督李率泰先後疏請。八年（1669）春正月，奉旨盡弛海禁。由是撤排柵，添設武營汛防，而台灣亦旋以蕩平矣。

（清）阮元等纂：《廣東通志》卷一二三，二三六七頁。

先是，臺投誠官房星海倡遷海之議。奉旨令徙內地五十里。至是科、介二大人審度虎門形勢、畫為邊界。西自圳頭山，東望蓮花峰，中駐蟻公嶺，分插三旗，在旗外凡八十餘鄉，刻日盡遷旗內。尋於三旗相對處，路築長塹為防，山列墩臺為守，海樹椿柵為闌，居民片帆不許出海，違者罪至死。（〈遷復始末〉）

時靖康場所屬盡遷，副將曹志會同總督兵，驅迫遷民野棲露處，難苦萬狀，有司雖日事安插，死者仍相枕藉。〈鄧志稿〉

（清）陳伯陶等纂：《東莞縣志》卷三二，〈前事略〉，八頁。

康熙初，大兵復金廈二島，鄭錦遁台灣[①]，始奏展沿海居民之界，復舊業焉。其海寇在廣者，則尚可喜以（順治）十七年（1660）敗鄧耀於海康，耀走交趾，盡平山寨。又有周玉者，番禺蛋戶也，繒船數百，三帆八棹，衝濤若飛，可喜署為游擊。（順治）十八年（1661），議沿海遷界，并盡撤繒船歸港汊，徙其眾於城邑，玉遂糾黨入海，自稱恢粵將軍，破順德。尚可喜破斬二千，復禽剿其餘黨於東涌海島。

註：① 鄭錦：即鄭經，鄭成功之子。

（清）魏源撰：《聖武記》卷八，六頁。

初遷。

順治十八年（1661），因海氛未靖，將議遷民以避害。總鎮張沿海看界[①]。

康熙元年（1662）二月，大憲巡邊立界，邑地遷三之二。三月，差總鎮曹、總統馬，督同營兵析界[②]，驅民遷入五十里。內地民初不知遷界之事，雖先示諭而民不知徙。及兵至，多棄其貨，攜妻挈子以行，野棲露處，有死喪者，有遁入東莞、歸善及流遠方不計道里者。

再遷。

康熙二年（1663）八月，大憲石、伊再看粵疆[③]，擬續立界，邑地將盡遷焉。督盧以邑地初遷[④]，人民困苦，會疏，乞免盡遷，止遷東西兩路，共二十四鄉。三年（1664）三月，城守蔣宏閏、知縣張璞，逐東西二路二十四鄉入界。以後，每年，大憲四季巡界。

先是，初遷民多望歸，尚不忍離妻子。及流離日久，養生無計，爰有夫棄其妻，父別其子，兄別其弟而不顧者。輾轉流亡，不可殫述。上臺及長官俱日謀安插，但遷民多，而界內地少，莫能救。

註：①總鎮張：即時任廣東總兵的張善。

②總鎮曹、總統馬：即康熙初年廣東總兵曹志。總統馬：不詳。

③大憲石、伊：即康熙初內閣學士石柱，伊為吏部尚書伊里布。

④督盧：即當時的兩廣總督盧崇岐。

（清）靳文謨等纂：《新安縣志》卷七，六〇頁。

粵東瀕海，其民多居水鄉，十里許，輒有萬家之村，千家之砦。自唐宋以來，田廬、丘墓，子孫世守之勿替，魚、鹽、蜑、蛤之利藉為生命。歲壬寅康熙元年（1662）二月，忽有遷民之令，滿洲科爾坤、介山二大人者，親行邊徼，令濱海民悉徙內地五十里，以絕接濟台灣之患。於是麾兵折界，期三日盡夷其地，空其人民，棄貲攜累，倉卒奔逃，野處露棲，死亡載道者，以數十萬計。明年癸卯，康熙二年（1663）華大人來巡邊界，再遷其民。其八月，伊、呂二大人復來巡界。明年甲辰康熙三年（1664）三月，特大人又來巡界，遑遑然以海防為事，民未盡空，為慮皆以台灣未平故也。先是，人民被遷者，以為不久即歸，尚不忍舍離骨肉，至是飄零日久，養生無計，於是父子夫妻相棄痛哭，分攜斗粟一兒，百錢一女，豪民大賈致有不損錙銖，不煩粒米，而得人全室以歸者。其丁壯者，去為兵，老弱者，展轉溝壑，或合家飲毒，或盡帑投河。有司視如螻蟻，無安插之恩，親戚視如泥沙，無周全之誼。於是八郡之民，死者又以數十萬計。民既盡遷，於是毀屋廬以作長城，掘墳塋而為深塹，五里一墩，十里一臺，東起大虎門，西迄防城地方，三千餘里以為大界。民有闌出咫尺者，執而誅戮，而民之以誤出牆外死者，又不知幾何萬矣。自有粵東以來，生靈之禍，莫慘於此。戊申（康熙七年 1668）三月，有當事某某者，始上展界之議。有曰：東粵背山面海，疆土褊小，今概於海瀕之鄉，一遷再遷，流離數十萬之民，歲棄三千餘之賦。且地遷矣，又在在設重兵以守，築墩樓，樹椿柵，歲必修葺，所費不貲，錢糧、工力悉出閭閻。其遷者，已苦仳離，未遷者，又愁科派，民之所存，尚能有十之三四乎？請即弛禁，招民復業，一以補國用，一以蘇民生，誠為兩便。於是，孑遺者，稍稍來歸，相慶再造邊海封疆，又為一大開闢焉。

（清）屈大均撰：《廣東新語》卷二，〈遷海〉，一一七至一一九頁。

甲辰（康熙三年，1664）春月，續遷番禺、順德、新會、香山、東莞五縣沿海之民。先劃一界，而以繩直之，其間多有一宅而半棄者，有一室而中斷者，濬為深溝，別為內外，稍踰跬步，死即隨之。遷者，委居捐產，流離失所，而周、李餘黨，秉機剽掠。巡撫王公來任，安插賑濟，存活甚眾。公以病，卒於粵。遺疏極言其狀，始得復界，流民乃有寧宇。

（清）鄧淳撰：《嶺南叢述》卷一三，一四頁。

三、康熙時期廣東沿海展界及復界

康熙七年（1668）正月，巡撫王疏乞展界[1]，奉旨，特派欽使會同總督周勘展邊界[2]，設防守海。士民歡呼載道，皆遠迎之。十月，總督周上疏，請先展界，然後設防。八年（1669）正月，展界，許民歸業，不願者聽，民踴躍而歸，如獲再生。奉旨，准復縣治。

註：[1]巡撫王：即廣東巡撫王來任。
　　[2]總督周：即兩廣總督周有德。

（清）靳文謨等纂：《新安縣志》卷七，六一頁。

康熙七年（1668）十一月戊申。兵部議覆，廣東、廣西總督周有德疏言：廣東沿海遷民久失生業。今海口設兵防守，應速行安插，復其故業。得旨。著都統特晉等，與該藩、總督、巡撫、提督會同一面設兵防守，一面安插遷民，毋誤農時，致民生失所。

《清實錄》，《聖祖實錄》（一），卷二七，三七八頁。

國朝康熙七年（1668）奉特大人暨提督親行踏勘展界 [1]，新安沿邊奉設墩臺二十一座。

新安營地方：

碧頭墩臺一座，茅洲墩臺一座，

嘴頭角墩臺一座，鰲灣角墩臺一座，

南山墩臺一座，聖山墩臺一座，

屯門墩臺一座，大軍營墩臺一座，

九龍墩臺一座，佛堂門墩臺一座，

大埔頭墩臺一座，黃竹角墩臺一座，

蔴雀嶺墩臺一座，鹽田墩臺一座，

鴉梅山墩臺一座，東坑墩臺一座，

西山墩臺一座，深圳墩臺一座，

五通嶺墩臺一座，大梅沙墩臺一座，

小梅沙墩臺一座。

續奉文行查，將不甚緊要之臺改作瞭望臺，新安營汛地實造墩臺八座：

碧頭墩臺一座（安兵三十名）。

茅洲墩臺一座（安兵三十名）。

嘴頭角墩臺一座（安兵三十名）。

鰲灣角墩臺一座（安兵三十名）。

屯門墩臺一座（設千總一員，安兵五十名）。

九龍墩臺一座（安兵三十名）。

大埔頭墩臺一座（安兵三十名）。

蔴雀嶺墩臺一座（設把總一員，安兵五十名）。

其南山、聖山、大軍營、佛堂門、黃竹角五座，俱改作瞭望臺，每臺設兵十名。

大鵬汛地實設墩臺四座：

鹽田墩臺一座（設千總一員，安兵二十五名）。

鴉梅山墩臺一座（安兵一十五名）。

東坑墩臺一座（安兵一十五名）。

西山墩臺一座（安兵一十五名）。

其深圳、五通嶺、大梅沙、小梅沙四座，改作瞭望臺，每臺設兵十名。

其碧頭、茅洲、嘴頭角、鰲灣角、屯門、九龍、大浦頭、蔴雀嶺、鹽田、鴉梅山、東坑、西山一十二臺、具詳司道府轉詳兩廣督院金，具題核實，共工料銀二千零五兩八錢六分五釐，以新安縣屬文武共捐一半，該銀一千零二兩九錢三分二釐五毫，文官捐二股，武官捐一股，其餘一半，奉派廣屬未附濱海各縣捐解修築。

註：①特大人：不詳。

（清）靳文謨纂：《新安縣志》卷八，〈兵刑志〉，三至四頁。

康熙八年（1669）二月，內奉總督兩廣部院周牌行新安沿路地方①，共起造塘房一十座，每塘設兵四名。

阿公山塘房一座，周家村塘房一座，

栗木岡塘房一座，白沙塘房一座，

流塘塘房一座，白石塘房一座，

龍塘塘房一座，月岡屯塘房一座，

平峯塘房一座，蔴雀嶺塘房一座。

註：①總督兩廣部院周：即兩廣總督周有德。

（清）靳文謨纂：《新安縣志》卷八，〈兵刑志〉，五頁。

（康熙八年，1669）

又奉總督牌行，准新安營移縣於險要處築設營盤、排柵，蓋造營房，撥兵防守，以絕盜賊來往窺伺。

輞井設營盤一座（安兵三十名）。

水逕頭設營盤一座（安兵三十名）。

苦草峒設營盤一座（安兵三十名）。

蓮花逕設營盤一座（安兵三十名）。

飛鵝莆設營盤一座（安兵三十名）。

佛子凹設營盤一座（安兵三十名）。

（清）靳文謨纂：《新安縣志》卷八，〈兵刑志〉，五頁。

康熙七年（1668），是年，遷民結黨為亂（《香山志》）。

八年（1669）正月，東莞、新安潮溢（東莞志、新安志）。詔復遷海居民舊業。（〈郝通志〉）

巡撫王來任卒於粵，遺疏極言其狀，及御史楊雍建條奏，詔可之。遣都統特某，副都統魯某、戶部侍郎雷某，會同平藩尚可喜、總督周有德，巡勘議撤排柵，改設各汛墩臺。（《郝通志》）

（清）瑞麟、戴肇君等修：《廣州府志》卷八〇，〈前事略六〉，二十六、二十八至二十九頁。

康熙九年（1670）四月甲辰。先是，原任兵部侍郎介山，於順治十八年（1661）八月內，差往廣東沿海立界移民。康熙二年（1663）四月，輔臣等傳旨，下部議處。部議以介山立界冊內，止寫從海至村里數，未有從村至界里數。將介山侍郎并加級及拖沙喇哈番革去。至是，介山疏奏處分冤枉。部覆毋庸議。得旨。介山前議處太過，著再議。於是吏部議，將介山復還拖沙喇哈番，仍削去加級，以原侍郎降一級用。從之。

《清實錄》，《聖祖實錄》（一），卷三三，四四二頁。

（康熙十七年，1678）十月，時鄭氏漳、泉縣屬盡棄，惟據守海澄。姚啟聖等難於復命①，乃遣人至海議息兵安民，意欲得海澄地也，鄭經竟不從。十二月再議遷界。甲寅（康熙十三年，1674）閩省遷民悉復故土，丙辰（康熙十五年，1676）八閩已復，康親王疏請遷界累民②，罷之。至是，督撫請再遷，從之。

註：①姚啟聖：康熙統一台灣時任福建總督。
　　②康親王：為康親王杰書。

（清）彭孫貽撰，李延昰補編：《靖海志》卷四，一五至一六頁。

康熙十八年（1679）正月，時雖設界而海訊往來，內地派糧如故。朝議上自福寧，下及詔安三十里，量地設險，築上寨，屯守兵，限以界牆。由是，瀕海數千里無復人煙。

（清）彭孫貽撰，李延昰補編：《靖海志》卷四，一六頁。

康熙二十年（1681），擢兩廣總督。……自遷界令下，廣東沿海居民多失業，興祚疏請展界，恣民捕採耕種。上遣尚書杜臻、內閣學士石柱會興祚巡歷規畫，兵民皆得所。

《清史稿》卷二六〇，〈吳興祚傳〉（三三），九八六三頁。

康熙二十二年（1683），又奏請廣州沿海地畝，招民耕種。上諭曰："前因海寇未靖，故令遷界。今若令民耕種、採捕，甚有益於沿海之民。浙、閩等省亦宜有之。爾部遣大臣一員前往，展界宜限期，詳閱確議，毋誤來春耕作之期。"

《清史列傳》卷九，〈吳興祚傳〉（三），五九四頁。

康熙二十二年（1683）十月丙辰。廣東、廣西總督吳興祚疏言：廣州七府沿海地畝，請招民耕種。上諭大學士等曰：前因海寇未靖。故令遷界。今若展界，令民耕種採捕，甚有益於沿海之民。其浙閩等處地方，亦有此等事。爾衙門所貯本章，關係海島事宜甚多。此等事不可稽遲。著遣大臣一員，前往展立界限。應於何處起止，何地設兵防守。著詳閱確議。勿誤來春耕種之期。

《清實錄》，《聖祖實錄》（二），卷一一二，一五六頁。

康熙二十二年（1683）十一月戊寅。上諭差往福建、廣東展沿海邊界侍郎杜璨等曰：遷移百姓，事關緊要，當察明原產，給還原主。爾等會同總督巡撫安插，務使兵民得所。須廉潔自持。勿似從前差往人員，所行鄙瑣也。

《清實錄》，《聖祖實錄》（二），卷一一三，一六四頁。

（康熙）二十三年正月戊辰。吳總制興祚、李撫軍士楨、郎藩伯廷樞，胡臬憲載仁，督糧蔣君伊、提舉汪君兆璋，率諸屬先後至，先行請安禮，乃敢具賓主會議諸務。是日，出示招民。先是陛辭之日，即已移咨兩省督撫，述皇上急欲小民歸業之意。至是復刊示曉諭，略曰：先因海寇陸梁，遊艐出沒，不時抄掠爾等。皇上為爾等身家計，權移內地，以避賊鋒。今邀皇上威靈，蕩平海外，兇孽永除。允科臣奏請，特遣大臣勘明地界，給還原主。或有原主已亡，無從查覓者，聽情願墾荒之人，量力承種，總俟三年起科。

皇上愛民至仁，爾等因當曲體，即爾等自今承佃之後，子孫世世享有永業，關係亦復非輕，爾等當聞命響應，勿有瞻顧。示下，萬眾歡呼，繼以泣下。因命飛遞各屬，務使周知，次與諸臣定議勘界。

《文淵閣四庫全書》，〈史部〉二一八，〈傳記類〉，（清）杜臻：〈粵閩巡視紀略〉卷二，第四六〇本，九五六頁。

康熙二十三年（1684）七月乙亥。奉差福建、廣東展界，內閣學士席柱復命，奏曰：臣奉命往海展界。福建、廣東兩省沿海居民，群集跪迎，皆云：我等離舊土二十餘年，已無歸鄉之望。幸皇上威德，削

平寇盜，海不揚波，今眾民得還故土。保有室家，各安生業。仰戴皇
仁於世世矣。

《清實錄》，《聖祖實錄》（二），卷一一六，二〇五頁。

（康熙）二年（1663）立定界樁，連歲遣官巡閱邊海諸郡縣。八年
（1669）有詔稍展界從民，得採捕近海。十三年（1674）成功子經乘閩
叛，洊居漳泉，王師收閩，寇遁。疆臣再修邊備，而海壇金廈復置戍
兵矣。十九年（1680）六月，福建督撫臣議處投誠之眾，奏請給還邊
界外土地，以無主者俾之耕種，且曰：方今海外要地，已設提督總兵
大臣鎮守，是官兵在外，而投誠在內，計可萬全無慮。詔許之，閩界
始稍稍開復。二十三年（1684）克台灣，十月兵部議請各省開界。得
旨：江南、浙江、福建、廣東沿海田地，可給民耕種，諸要地防守事
宜，其擇大臣往視焉。乃以工部侍郎金世鑑，都御史呀思哈往江南、
浙江；吏部侍郎杜臻，內閣學士石柱往福建、廣東。上面諭遣之，許
以便宜設防守，事竣奏聞。世鑑等往會督撫巡視，遂盡復所棄地與
民，各就地險易，撥置戍兵，疏上報可。自是沿海內徙衛所、巡司、
墩臺、烽堠、寨堡、關隘，皆改設於外，略如明初之制。

（清）賀長齡輯：《皇朝經世文編》卷八三，〈兵政〉，姜宸英：〈海防總論擬稿〉，五頁。

康熙二十三年（1684）五月……旨江南、浙江、福建、廣東沿海
田地可給民耕種諸要地防守事宜，其擇大臣往視焉。乃以工部侍郎金
世鑑、都御史呀思哈往江南、浙江，吏部侍郎杜臻、內閣學士石柱往
福建、廣東。上面諭遣之，許以便宜設防守，事竣奏聞。世鑑等往會
督撫巡視，遂盡復所棄地與民，各就地險易撥置戍兵，疏上報可。自
是沿海內徙衛所、巡司、墩臺、烽堠、寨堡、關隘，皆改設於外，略
如明初之制。民內有耕桑之樂，外有魚鹽之資，商舶交於四省，遍於
占城、暹羅、真臘、滿剌加、浡泥、荷蘭、呂宋、日本、蘇祿、琉球
諸國。乃設榷關四於廣東澳門、福建漳州府、浙江寧波府、江南雲臺

山，置吏以涖之，使泉貨流通，則奸萌自息，此上策也。

（清）王錫祺輯：《小方壺齋輿地叢鈔》第九帙，一〇，姜宸英：〈海防總論〉一。

康熙二十三年（1684）二月，弛海禁。（《戴府志》）

兵部題准廣東海口除夾帶違禁貨物，照例治罪外，商民人等有欲出洋貿易者，呈明地方官，准其出入貿易。（《大清會典》）

戶部覆准廣東省許用載五百石以下船出海貿易，地方官登記人數，船頭烙號，給發印票，令防守海口官弁驗票放行。（《大清會典》）

三月，命展元年（1662）遷海界。（《戴府志》）

七月，奉差往福建、廣東展界內閣學士席柱復命，奏曰：臣往海展界，沿海居民群集跪迎，皆云：我等離舊土二十餘年，已無歸鄉之望。幸皇上威德，削平寇盜，海不揚波，今得還故土，保有家室，各安其業，永戴皇仁於世世矣。上曰：百姓樂於沿海居住，原因海上可以貿易、捕魚。爾等明知其故，前此何以不准議行？席柱奏曰：海上貿易，自明季以來，原未曾聞。上曰：若因海寇不開為是，今海氛廓清，更何所待！（《東華全錄》）

（清）陳伯陶等纂：《東莞縣志》卷三二，〈前事略〉，一五頁。

（康熙）二十三年（1684），西南諸鄉遷民，盡復業。初，諸鄉久遷未復，田盡荒廢，自十五年，尚之信叛從吳逆[1]，遂開界墾荒，令民耕蒔，十七年（1678），催收王莊稅穀，十八年（1679），縣寨官兵督遷，焚寮刈稼，十九年（1680），縣徵前十八年虛稅，追呼不堪命。至是，民歸故土，地方官令民插標清丈，民始安業。

註：① 吳逆：即吳三桂。

（清）陳澧等纂：《重修香山縣志》卷二二，〈紀事〉，二二頁。

康熙二十四年（1685）七月初四日，據廣東布政司布政使郎廷樞呈稱云云等，因到，臣據此。該臣看得粵東州縣衛所等官，因錢糧難完，年年甘受參處，實非催徵不力，皆緣從前寇亂、民逃、田荒，即加意招墾，而元氣終難驟復所致。今准部文覆都察院左副都御史臣張可，前除奏將康熙十八年（1679）起，至二十二年（1683）止，未完民欠錢糧，自二十四年（1685）起，分年帶徵，奉有諭旨，欽遵移咨到臣，臣即案行布政司通行，查照一時，黃童、白叟莫不舉手加額，踴躍歡呼。

（清）李士楨撰：《撫粵政略》卷二，二九頁。

康熙二十五年（1686）二月十五日，據廣東布政司署司事督糧道參議汪震元呈稱云云等，因到，臣據此。該臣看得香山濠鏡澳門，孤懸漁島，彝人不識耕種，以海船貿易為生，未禁海以前，舊例洋船到澳，委官前去，丈抽船餉，並收內地商民至粵貿易唐洋貨稅，是為舶餉。自康熙元年（1662）禁海，澳門遷置界外，船餉停徵。續因西洋國進貢正使本多白勒拉，見粵彝禁海困苦，赴部呈控。康熙十八年（1679）十二月，內准兵部咨為備述，澳門界外孤洲等事，議覆刑部郎中洪尼喀等，到粵踏勘，准在旱路界口貿易。奉旨依議，旱路准其貿易，其水路貿易，俟滅海賊之日，着該督撫題請，欽此，遵行招商。其時海禁未開，粵（澳）門仍屬界外，內地商民禁止，不許赴粵，其外來船隻到粵洋貨，及商民貨船到香山縣，俱由旱路運至界口貿易，不許海路行走。令市舶司徵收，即旱稅也，是以有新定二萬二百五十兩之額。自康熙十九年（1680）起至二十三年（1684）止，所收稅銀造冊報部……今開海之後，現在到粵洋船，及內地商民貨物，俱由海運直抵澳門，不復仍由旱路貿易。今日關部所收之海稅，即以前市舶司所收之旱稅。

（清）李士楨撰：《撫粵政略》卷二，四一至四二頁。

四、清初遷界及展界後的廣東防禦設施

國朝康熙元年（1662）遷海時，急水、暗舖砲臺二座，又十里一臺，五里一墩，凡十六所（遂溪分界臺、北丫墩、新水臺、北坡墩、東坡平墩、慎教臺、黃竹根墩、深田臺、息安墩、那里坡墩、鵓鳩林墩、雞公嶺臺、金花垌墩、高橋岡橑、梓木岡墩、新屋村墩）。分撥城守兵巡海，臺六名、墩四名，把總一員督率。二年（1663），增設砲臺官兵六十名，內千總一員，戰兵三十四名，守兵十五名。其職，則出哨巡海，其兵器，則弓、箭、鎗、砲，其錢糧，則月俸月銀，其查邊，則大人每歲一臨，本府文武官與焉。其修邊柵，則各都保長，其大砲臺創造，則甲里任之。七年（1668）展海界，撤各墩臺，存留舊者一（暗舖砲臺），更設新者四（龍頭沙臺、三墩臺、烏兔臺、東村臺）以防守焉。二十三年（1684），督院親臨巡查，相視邊界，更定營制，化石營、石城，汰千總、把總各一員，兵一百名，總以砲臺千總一員，分防石城、城池、急水其城池塘汛，共安馬戰兵一十名、步戰兵二十名、守兵七十名（共一百名）。急水砲臺（兵六十名）、龍頭沙（兵十名）、三墩（兵十名）、烏兔（兵十名）、東村（兵十名）各臺，共安馬戰兵十名，步戰兵二十名，守兵七十名（共一百名），星羅棋布，可謂密矣。四十九年（1710），本道條陳，奉兩院批允，設立巡海槴艇二隻，交暗舖汛兵，配駕遊巡，每艇配兵十八名，水手二名，器械完具，而防海之法，稱大備矣（《石城縣志》）。

（清）盧坤等輯：《廣東海防彙覽》下函，卷三一，〈方略二〇〉，二頁。

康熙元年（1662）……詔徙瀕海居民於內地（是時，遷居民多流廣西梧州府。推官余玉成會同知府黃龍詳，請撫院金、藩司李，共捐粟賑給安撫之。順德縣知縣佘弼，亦捐俸出粟，賑濟遷海士民）。

康熙二年（1663）設沿河塘營，撥兵防守。

《（康熙）新修廣州府志》卷四，原書無頁碼。

康熙四年（1665）乙巳，……巡海使者至廣東，設沿海墩臺。沿海民既遷，設五里一墩、十里一臺，東起南澳，西迄防城，地方三千餘里，各大人分巡其界。

命廣東總督仍兼廣西。康熙五年（1666）丙午，裁新安縣，歸并東莞。

（清）郝玉麟等纂：《（雍正）廣東通志》卷七，〈編年〉，九頁。

康熙四年（1665）二月，巡海使者至廣東設沿海墩臺（《郝通志》）。

自元年（1662）以來，大臣歲來巡界，以台灣未平故也。是年，前總督李率泰遺疏請寬邊界，其略曰：臣先在粵，粵民尚有資生，近因遷移，以致漸漸死亡，十不存八九。為今之計，雖不復其室家，但乞邊界稍寬，則耕者自耕，漁者自漁，可以緩須臾死。瀕海至今德之。（《香山志》）

（清）陳伯陶等纂：《東莞縣志》卷三二，〈前事略〉，一〇頁。

康熙四年（1665）四月戊寅。……兵部議覆，廣東總督盧崇峻疏言：粵省邊界地方，各應留一出海口子。香山縣由水路，以順德橫石磯邊界為口子；廣海衛由陸路，以城岡堡邊界為口子；大鵬所由陸路，以歸善、淡水邊界為口子；平海所由陸路，以歸善邊界白雲墟為口子；海門所由陸路，以潮陽邊界南關里為口子，以便官兵運糧行走，地方官給與驗票。設立口子處，撥官兵防守，稽察驗票放行。如借端在海貿易，通賊妄行，地方保甲隱匿不首者，照例處絞。守口官兵知情者，以同謀論處斬，不知情者，從重治罪。從之。

《清實錄》，《聖祖實錄》（一），卷一五，二二六頁。

康熙四年（1665）九月庚子。分廣東省廣州、新會、新安、廣海、香山等各營，作五路統轄。三水、龍門、從化、增城、順德等營，屬廣州城守都司統轄。新寧營，屬新會遊擊統轄。東莞、大鵬二營，屬新安遊擊統轄。那扶營，屬廣海參將兼轄。香山營，因無附汛，自立為一營。從總督盧興祖請也。

《清實錄》，《聖祖實錄》（一），卷一六，二四四頁。

康熙四年（1665）十月丁巳。裁廣東廣州衛、廣海衛、香山所、新寧所、大鵬所、守備千總等缺。

《清實錄》，《聖祖實錄》（一），卷一七，二四八頁。

又奉總提督版行，（康熙八年，1669）准新安營移縣於險要處築設營盤、排柵，蓋造營房，撥兵防守，以絕盜賊來往窺伺。

輞井設營盤一座（安兵三十名）、水逕頭設營盤一座（安兵三十名）、苦草峒設營盤一座（安兵三十名）、蓮花逕設營盤一座（安兵三十名）、飛鵝莆設營盤一座（安兵三十名）、佛子凹設營盤一座（安兵三十名）。

（清）靳文謨纂：《新安縣志》卷八，〈刑志〉，八頁。

照得新邑，為省會藩籬，則沿海臺寨尤為吃緊。展界之後，奉設邊防，除瞭望臺外，西至茅洲、碧頭、南田、屯門，東抵大鵬，凡險要處所，額設臺寨一十二座。每座屯兵三五十名，更番防守。間有海曲、山紆，鄉圍遼闊之處，仍復錯置營盤，星羅棋布，設防之密，無踰於此。壬子（乾隆五十七年，1792）秋，屯門告警，一呼而兵民奮擊，渠黨盡俘。所謂設險以守，民忘其勞者。

縣屬砲臺六：曰沱濘山、九龍寨、大嶼山、赤灣、左、右南頭寨。

大嶼山東涌口、石獅腳砲臺，（嘉慶）二十二年（1817）總督臣蔣攸銛、阮元先後題准，部咨建築。

（清）阮元等纂：《廣東通志》卷一二四，二三八〇頁。

康熙八年（1669）二月，內奉總督兩廣部院周，牌行新安沿路地方，共起造塘房一十座，每塘設兵四名。

阿公山塘房一座、周家村塘房一座、栗木岡塘房一座、白沙塘房一座、流塘塘房一座、白石塘房一座、龍塘塘房一座、月岡屯塘房一座、平崋塘房一座、蔴嶺塘房一座。

(清) 靳文謨纂：《新安縣志》卷八，〈兵刑志〉，五頁。

康熙八年（1669）十二月丙子。復設廣州左衛、廣州後衛、廣海衛、雷州衛守備四員。新會所、香山所、新寧所、東莞所、大鵬所、平海所、靖海所、海康樂民所、海安錦囊所、雙魚海浪所千總十員。

《清實錄》，《聖祖實錄》（一），卷三一，四二七頁。

福永巡檢司在福永村南，離縣治三十里，原為屯門固戍寨。明洪武三年（1370），改為巡檢司衙宇二座。康熙三年（1664）遷界折毀。十年（1671），巡檢薛震修復。

(清) 王崇熙等纂：《新安縣志》上卷，二三三頁。

康熙元年（1662）賊鄭錦猖獗，命內大人科爾坤、介山巡視海濱居民，令徙內地五十里，賑貧民之不能遷者。（《郝通志》）於是黃梁都沙尾、北山、奇獨澳、黃旗角、潭洲諸鄉皆遷。官折界期三日，貧無依者不能遷如令，五月夷其地。（俱同上）

以撫標汰兵，增入前山寨額，分戍縣城。（《澳門記略》）

二年（1663）十二月番禺市橋蛋賊周玉、李榮寇海洲。（原註云：《鈕琇〈觚賸〉》。周玉、李榮，皆番禺蛋民，所轄繒船數百。平藩尚可喜，以其能習水戰，委以遊擊之任，遇警，輒調遣，防護水鄉，賴以安輯。自康熙壬寅（1662）嚴海禁，於是盡掣其船，分泊港汊，遷其孥屬於城內。鸕鷀之性，不堪籠縶。詐歸葬出海，糾合亡命，癸卯（1663）十一月，連檣抵洲前，盡焚汛哨、盧舍，復破順德縣，執縣令王胤而去。）馮大倫餘黨，乘機由陸路焚劫勢三日。（《祝志》）

三年（1664）甲辰春，續遷番禺、順德、新會、東莞、香山五縣沿海之民。先畫一界，以繩直之，其間多有一宅而半棄者，有一室而中斷者。濬以深溝，別為內外，稍踰跬步，死即隨之。（《觚賸》）

前山寨，設副將，增置營員。（員數、兵數、具詳營制。《澳門記略》）

四年（1665）巡海使者至廣東，設沿海墩臺。（《郝通志》）自元年以來，大臣歲來巡界，以台灣未平故也。是年，前總督李率泰遺疏，請寬邊界，其略曰：臣先在粵，粵民尚有資生，近因遷移，以致漸漸死亡，十不存其八九。為今之計，雖不復其室家，但乞邊界稍寬，則耕者自耕，漁者自漁，可以緩須臾死。瀕海民，至今德之，與巡撫王來任同祠祀焉。（《祝志》）

五年，海賊襲翠微，鄉人韋元懿禦之。（《大清一統志》詳韋元懿傳。）七年，遷民結黨為亂，三月巡撫王來任上展界之議，其略曰：東粵負山面海，疆土原不甚廣，今概於海濱之地，一遷再遷，流離數千萬之民，歲棄三千餘之賦。地遷矣，又在在設重兵，以守其界，築墩臺，樹椿柵，歲必修葺，所費不貲，錢糧工力皆出之民。其遷者，已苦佌離，未遷者，又愁科派，欲民生不困，其可得乎？請即弛禁，招民復業，腹內之兵，撤駐海沿，以防外患，則國用可漸補，土地不輕棄，而民生更大有裨也。如謂遷棄之地小，而防禦之事大，臣思設兵之意，以捍封疆，而資戰守，今海寇侵掠，乃縮地遷民，棄門戶而守堂奧，臣未之前聞也。臣撫粵二年有餘，亦未聞海寇大擾，所有者，仍被遷，逃海之民，相聚為盜。今若展其邊界，即盜亦可弭矣。（《祝志》）先是遷者，委居捐產，流離失所，而周李餘黨，乘機剽掠，巡撫王來任，安插賑濟，存活甚眾，以病卒於粵，遺疏極言其狀，（《勝賸》）及御史楊雍建條奏，詔可之。遣都統特某，副都統魯某，戶部侍郎雷某等，會同平藩尚可喜、總督周有德，巡勘，議撤排柵，改設各汛墩臺。（《郝通志》）

副將以海氛，請移保香山，留左營都司及千總守寨，建土城分把

130

總，哨戍關閘。（何準道曰：康熙七年（1668）秋，海賊從寨右登岸，攻劫果福園村，副鎮遂請移駐縣城，坐令扼寨之地武備損威。（《澳門記略》）秋，海賊從前山寨登岸，攻劫果福園，副將移駐縣城。（《申志》）

八年（1669），己酉春二月，詔復遷海居民舊業，《郝通志》。惟黃旗角、潭洲、黃梁都、沙尾、奇獨澳未復。時潭洲、黃旗角兩鄉人，赴督撫轅哀控，知縣曹文燫堅執前議，黃梁都亦格於寨議，俱不果。〈（申志）〉

（清）陳澧等纂：《重修香山縣志》卷二二，〈紀事〉，二〇至二二頁。

國朝知縣李可成（按：即新安知縣）條議

……勸開墾以增國賦。照得新邑久遷乍復，田地荒蕪，闢耕匪易。自析分界外，民居折毀，茲歸來者，必先謀樓址，方議耕鑿，則編茅積土，未雨之綢繆，當如何告誡耶？一畚、一鍤，費幾經營，刈草刪蕪，殊深勞瘁。惰而不前者，督之耕，而乏種者，給之。雖不克與民並耕並作，而日夕夕率，俾如共處主伯亞旅之間。自此，民間耕獲所及不論，則壤高下朔望報單彙核轉繳，當經報墾在案者。（康熙）九年（1670）冬秋計四百餘頃。十年（1671）、十一年（1672）計一千餘頃。然皆得寸則寸，得尺則尺，無匿少為多，及匿多為少者。統俟三年起科，國賦升而恆產復，所謂正德必先厚生，端有賴也。

修城池以資保障。照得新安城池，西南臨海，東北環山，屯門、佛堂，為省會門戶，則沿海設邑，為省會藩籬。守禦在一邑，保障即在全省，崇墉添池，急於他縣。往因遷徙，民人散亡，城垣頹塌。今當展復之會，雖云修葺，實同創興。所有四門敵樓無有也，銃臺窩舖無有也，雉堞則半傾矣，垣牆則半卸矣，濠溝則盡淤矣。於是，鳩工庀材，捐俸之後，繼以典鬻，務使高垣深塹，堅壁可守。至十年（1671）八月，颶風傾覆，奉督憲題達，檄行捐修，仍免措修，復如初，并應用銃砲火藥，咸同整飭，以臨薄海，以壯金湯，藩籬固而堂奧得安枕矣。

築臺寨以固邊防。照得新邑為省會藩籬，則沿海臺寨尤為喫緊。展界之後，奉設邊防，除瞭望臺外，西至茅洲、碧頭，南由屯門，東抵大鵬，凡險要處所，額設臺寨一十二座，周圍牆垣，方圓數十丈，中立官廳，兩廂群房，各用屯兵三五十名，更番防守。沿海一帶，左右聲援，呼應相接，間有海曲、山紆、鄉圍遼闊之處，仍復措置營盤，星羅棋布，設防之密，無踰於此。

（清）靳文謨等纂：《新安縣志》卷一三，〈藝文志〉，一二至一四頁。

本朝遷界後，所築煙墩、瞭臺，周圍數丈，不能駐兵。悉心籌畫，於臨海山梁，據三面之險，相度形勢，建立堡城。自八十丈以下，至二三十丈不等，安兵自八十名以下，至三四十名不等。城內俱築實心高臺，不用垛口，高出城牆垛口之上，眼界瞭亮，運用砲位，三面應手。上設大砲數位，建造營房，官兵防守，復添馬步塘汛，以為接應。又達濠一營，向設水師守備，并無城郭捍蔽。今築城一座，以資守禦。西自新安縣屬之沱濘起，東至閩省水陸交界至，共設砲臺二十五處、城一座，分駐官兵一千四百五十餘員名。果能將備稽查，弁兵效力，晝夜瞭探，以高臨下，遇有賊船，開砲攻打，立成虀粉。一臺之設，勝於兵船數十，一堡之兵，可當勁卒千餘，尚何奸徒不望風生畏，敢於海面遊奕哉。（〈總督楊琳建沿海砲臺序〉）

（清）盧坤等輯：《廣東海防彙覽》下函，卷三一，〈方略二〇〉，四至五頁。

又新安縣屬之沱濘山……環列海中，悉屬內洋，係賊船來往必經之路，如各扼險把守，豈能飛越。舊時，明季遺留及本朝遷界後，所築煙墩、瞭臺，周圍數丈，不能駐兵，雖有城堡數處，亦在內港，非控扼險要。琳仰遵皇上指授，於臨海山梁，據三面之險，相度形勢，建立城堡，自八十丈以下，二三十丈不等，安兵自八十名以下，至三四十名不等。城內俱築實心高臺，不用垛口，高出城牆垛口之上，眼界瞭亮，運用砲位，三面應手。上設大砲數位，建造營房，官兵防守。……西自新安縣屬之沱濘起，東至閩省水陸交界止，共設砲臺二十五處，城一座，分駐官兵一千四百五十餘員名。果能將備稽查，弁兵效力，晝夜瞭探，以高臨下，遇有賊船，開砲攻打，立成齏粉。一臺之設，勝於兵船數十，一堡之兵，可當勁卒千餘，尚何奸徒不望風生畏，敢於海面遊弋哉。①

註：①此段史料為楊琳的奏議，故錄下以與上一段對比。

（清）郝玉麟等纂：《（雍正）廣東通志》卷六二，〈藝文〉，四五至四六頁。

第一編

第五章　清初遷海時期的廣東（包括香港地區）

第六章　清初至乾隆時期廣東（包括香港地區）的海防

按：清初收復廣東後，為防範台灣鄭成功集團，即加強廣東海防。至康熙削平三藩，在廣州始設將軍、左右副都統，加強水師建設。雍正時期，又確定海防三十三要缺。香港地區官福、福永二司列為中缺。乾隆時期，重新修定了粵東巡海規定，並提出，廣東沿海不僅要防內盜，還要添設水師，禦防外夷。

一、順治時期的廣東沿海海防

兩廣總督佟養甲揭帖

（順治四年〔1647〕七月初十日到）

總督兩廣軍務兼巡撫廣東佟養甲揭。為建造敵臺以資保障，開設集場以聚商民事。竊照粵省倚山面海，海中不數百里，即有虎跳門、崖門、佛堂門等門俱係大洋。粵之為賊者，結艘千百，出入飄忽，可以逃匿，可以衝突。且島洋諸國，凡數十種，俱環海外，測候風汛，故臨海之人，有力則私通番舶，無事則挺身為盜，粵中素稱多盜，職此之故。然前代柔靡，不特兵力不支，亦且設險不備。職自二月十四日，戰退犯省海賊之後，寢食水兢，期以有備無患，莫如因險於地，即躬親相度，城南海中一磯，舊建海珠寺，廢圯不修，基將頹壞。職即設處鳩工，周圍增築城牆，上下開以銃眼，內外俱八字式，以便左右伏銃，截禦中流。內建高臺，可以望遠，擺列大砲，以便遠擊。臺高一丈五尺，周圍闊十三丈二尺，城連基高一丈二尺，圍七十一丈，中灌灰漿，堅固如鐵。仍撥都司孫光大領兵三百名，朝夕戍守，名曰丹霞臺。城東，舊建敵樓，亦盡傾圮，而遺址尚存。職即鳩工，於下腳加樁完固，築城建臺，俱如前式。而中臺更加高廣，高三丈一尺、圍二十丈，其城連基高一丈四尺、圍四十丈三尺，列器亦如之。撥旗鼓參將王肇禹領兵三百名，朝夕戍守，名曰東漸臺。城西西關人煙稠集，賊每泊舟，以圖劫掠者。職於曠衍海濱，墊樁開基，建設清平集場，便民貿易，亦如前式築城建臺。撥都司孟輝領兵四百名防守。臺凡二：其一曰：清平臺，其一曰：定遠臺，各高一丈五尺，各圍三丈八尺，城各高八尺五寸，各圍二十四丈，西關再西，則土名沙角尾，乃四衝水水口，賊所必經。職又鼓勵鄉民黃多華、黃文表，捐地、捐資，開墊基址，亦如前式築城建臺。都司孟輝，兼管防守，名曰：不波臺，高一丈四尺，圍一十九丈二尺，城高八尺，圍二十五丈。北城外，向皆荒僻，道路荊棘，人行稀少，遠村百姓，肩擔入城，或虞劫搶，或數人始行。職於五六里之外，擇一曠區，開墊太平集，委官勸鄉民共趨交易，建亭施茶四處，近村爭相來往，竟成坦途，人情熙攘，附近搭蓋廬舍，漸多村落矣。以上各工，始自二月十五日，成自四月初十日，木石工料賞犒，約費二千四百餘金，倉穀二千五十餘石，盡成萬年不拔之業。廣之士民，扶老攜幼，以觀厥成，咸為省城，屹然有金湯之恃矣，尚何患海寇、洋船窺伺近省哉。以上各工，或仍舊基，或築新址，職與各司道府官多方酌妥，不苦民，不募商，司道府各官，克勤監督，不負任使，職不一二日，即親行查勘，幸俱告成。……順治四年（1647）四月十五日，總督兩廣軍務兼巡撫廣東佟養甲。

中央研究院歷史語言研究所編：《明清史料》甲編，一八八頁。

　　敕廣東按察司副使徐炟茲命爾巡視海道，監督南頭、廣海、虎門、香山等寨，及馭澳、防倭諸務，帶管市舶，照依舊例駐劄。當茲兵燹初寧，整頓維新之日，該道地控水陸，責在安攘，務須先時儲備，如汛禦防，修船隻，以習水戰，簡器械以壯折衝，仍照題准事例，如期巡歷，嚴督沿海衛所官兵，遠偵密探，相機應援，遇有賊寇出沒，即行緝捕。或賊勢重大，宜馳報督撫計議而行，共圖保障。所屬衛所官員，或有不遵調遣，怠玩疏失，及私役軍兵，科斂財物，及與奸徒私通，接濟寇倭等項，應審問者，先行審問，應參處者，轉報該撫參處。敕中開載未盡事宜，聽爾酌便請行。爾仍聽督撫節制，每年終將行過事務，開送該撫咨部考核。爾受茲委任，須持廉秉公，殫力宣猷，俾寇息民安，斯稱厥職。如或貪黷乖張，因循誤事，責有所歸，爾其慎之，故敕。

張偉仁主編：《明清檔案》第一九冊，〈順治十一年（1654）三月十五日敕命徐炟巡視廣東海道〉，A19—20（2—2）頁。

平南王等揭帖（順治十三年〔1656〕二月初五日到）

平南王、巡撫廣東李揭。為海氛日熾，亟需戰船，懇敕備造，以策善後事。竊今粵東情形，東有閩逆鄭成功厚集船隻犯潮，已破揭陽、澄海、普寧三縣，現踞揭為巢穴，添築城高，希圖固守。西復有陳奇策、馮士驌等，阻海作祟。數年以前，賊艅不過三四十隻，今收李逆所遺之船，又擄掠沿海民商船隻，每艅動輒二三百號，出沒於陽、電、雷、廉各海面，有日增之勢。爵等思廣省，東至潮州，計水程二千餘里，目今潮州沿海一帶，俱遭鄭逆侵軼。西至雷瓊計程，亦如是之。遠又遭陳逆等飄忽蹂躪之慘。痛思順治十一年（1654）七月，內水師總兵孫一鵾與陳、馮等賊拒戰，猝以勢寡被難。本年五月間，水師左營遊擊劉良卿，亦以拒賊陣亡。總因廣省未有戰船可資堵禦耳。查先年粵東全省，裡外海哨船約有七百餘號，今止存二百餘隻，尚不足分防內海各口。且內海哨船，萬不堪行之外海，今鄭逆所恃者，惟在船隻。□□爵等，雖遣鎮將官兵，隨帶大砲，前往揭陽力勦，柰揭城環海之隔，官兵苦無船隻，不能飛渡截擊，止調有碣石總兵蘇利船隻，不過二百餘號，恐難濟事。爵等因念，若非亟造戰船，則賊之流毒不止在潮，萬一東西二逆，勾連以逞，而船隻未備，不特進勦難，即堵禦亦非易，竊恐粵東之患，更甚於閩中也。今計外海戰船，必須厚板長釘雙桅巨艦，不畏風濤之險，始可藉之應敵。為今日計，亟須打造戰船二百隻，有事兼藉蘇利處船隻，庶可稍濟堵勦之用，但所需物料工價，每船一隻，約費千有餘金。爵等仰屋熟籌甚苦，錢糧不敷，又值靖南王耿，同總督李，已往粵西會勦。爵等目擊時勢，宜圖善後之計，不敢不冒昧具陳。伏祈皇上鑒察，敕部議覆，動撥何項錢糧，用資打造戰船，此誠一勞永逸之計，不特粵東有備無患，即閩省，亦藉有聲援之勢矣。爵等幸甚，封疆幸甚。除具題外，理合具揭，須至揭帖者，順治十二年（1655）十二月十一日。

中央研究院歷史語言研究所編：《明清史料》甲編，三七一頁。

　　順治十五年（1658）其整飭海防一款內稱江南、福建、浙江、廣東各濱海要地，防海照防邊之例，三里一墩、十里一臺，官兵扎險控要，突遇有警，樹幟放砲，一呼即應，賊艘無從登岸等語，有益封疆，應請敕下四省各該督撫，嚴飭提鎮道將親履海濱，相視要害，密布官兵，首尾相聯，有警互相應援。某處設墩，某處設臺，各應撥官兵若干，會議妥確奏報，毋致疏虞可也等因。順治十五年（1658）十二月十七日題，本月十八日奉旨依議行，欽此欽遵，抄出到部，送司案呈，到部備咨粘抄到。職就經併案備行布按二司，密移各道，速將各鎮將標營兵馬查照原文密行察點，如有老弱及廝役火頭私僕虛冒等弊，逐一釐別汰革。冊報併移行各鎮道將領，遵照親履汛守海濱，相視險要，密布官兵，有警互相應援。併查議修設墩臺，撥發官兵偵防，去後屢行催促。據報未准各道移齊，至順治十六年（1659）十一月二十九日，隨據廣東布按二司會詳稱：奉職前後牌行，并奉撫按二臣行同，前因依經備移各道查議，今准嶺南兵巡道帶管海鹽道事按察司副使吳嵩胤移稱：查看得奉行查議整飭海防一款，設立煙墩砲臺，撥兵守瞭，蓋以傳烽備禦誠沿海地方急宜修舉者也。先經備移轉行各路將領查議前來，彙報在案，隨准關移，再行查確，敘入看內，茲准覆稱：廣郡地方如水師中營官兵，貼防新會熊子崖門汛地，應設煙墩共十一處，內除沙路、熊子二處枕近汛哨，曾經修設，撥兵十名守瞭，其黃涌、岐石、東鄉、睦洲、下宴、沙堆、那復、老虎坑、白廟九處遠隔汛哨，並崖門口應築砲臺，俱新會地方，均非水兵可能兼顧，兵力可能修建者也。左營官兵防守上中汛地，應設煙墩共三處，內除馬岡一處附近汛哨亦經搭蓋茅寮，撥兵五名守瞭，其三山一處係屬南海縣，龍灣一處係屬番禺縣。右營官兵防守下中汛地，應設煙墩共九處，先准移報每處撥兵四名，搭蓋茅寮暫為守瞭。今慮風雨吹刮，每處應設煙墩一座、營房一間，查江門、白石、潮連、外海嘴四處，係新會縣所屬。其古鎮、小欖、大欖、海洲四處，係香山地方。江尾一處係順德縣地方。又北街口捐築砲臺一座，營房四間，尚慮風雨洗頹，應築堅固，亦新會地方。左協官兵防守上東、下東汛地，應設煙墩共十五處，內除南岡頭、墩頭二處，俱近汛哨，各已修設，撥兵五名守瞭。尚獅子、石腳山應築墩臺一座，寮房二間，需兵十名守望，係番禺縣地方。又中堂、大分、軍舖三處，係東莞縣地方。新塘一處，係增城縣地方。至於波羅、石岡、凰涌、石碣、西洲、東洲、石南、水南八處，據議略緩，可免修設。其原有魚珠、黃布、獵德三處砲臺舊址，今應修復，係番禺縣地方。又香山寨汛地，應設煙墩三臺，山吉、大銀坑、崖口、涌口門、麻子、大環、秋楓角、深灣、象角、疊石共十一處，每處應建營房一座，又應設砲臺共六處。內除石龜潭一處已經署寨遊擊馬應魁捐築，現撥寨兵駐守外，其張婆澳、老鴉岡、前山、灶背、沙尾五處均未修設，俱係香山縣地方。若廣海寨汛地，應設煙墩、銅鼓角、雙門峰、火角、天妃角四處，俱經該寨王副將著兵搭蓋茅房，每處撥兵十名守瞭，又山背砲臺亦已捐築，撥兵五十名防守。虎門寨汛地，應設煙墩共五處，內除寧州、閣西、武山三處，俱近汛哨，已經修建，撥兵四名守瞭外，其南沙、黃角二處，據議略緩免設。又虎門口新築砲臺一座，已撥寨兵五十名防守。新安寨汛地，應設煙墩，嘴頭角、赤灣二處俱係新安縣地方，其鰲灣一處略緩免設。其右協官兵防守西路汛地，前准覆稱，該協副將李胤香回報，不在建設。以上本道轄屬各路汛地，應設煙墩砲臺，俱經各該將總鎮酌覆，無庸別議。獨是應設未舉各處，或工程浩大兵力不能，或離哨遙遠水兵難兼，則脩設責之有司，守望取之鄉勇，擬合移覆等因，准此。

又蒙巡按御史張批，據分巡南韶道按察司僉事周日燦呈，詳看得斥堠之建，原以瞭望海寇之飄突，平原巨賊之馳劫也。官此地者奉行，豈敢後時以干駁查，而貽害地方。但需設與不需設，實揣度地勢起見，諒亦憲臺祈洞鑒也。今南韶二府地方，上自雄而下抵英，僅小溪一線，灘高水急，非若巨浸汪洋，賊艘乘潮風而出沒者。況兩岸夾河一帶，又皆崇巖峭壁，曲折崎嶇，間有低窪，相望亦不甚遠，並無平原曠野，所以不需設立也。且自韶而下沿海，業有哨船分佈防守，設江道守備統總以專其責，惟嚴飭巡詰，則賊艘自息耳。即英、清以前之失事者，皆由狡賊扮作商客船隻，載假貨以飾人耳目，一劫則順流而下，此非墩臺之所能瞭望者。為今之計，凡有失事，惟責英清官兵查緝捕獲，則肅清河路之要著也。至於斥堠，今據兩府之覆議，與本道之管見，似萬萬不需議設矣。緣由蒙批，臬司覆，酌速詳以憑題覆，繳蒙此。

又准分守嶺東道布政司參議相有度移稱：設臺，設墩歸善係屬惠郡內地無庸議矣，而大鵬、平海二所，素有鎮防官兵，海豐惟謝道山要口，原有墩臺，今應脩築完固，以資防禦。但密邇縣城，從未撥兵防海機宜，今日統歸蘇鎮。蘇鎮素稱勁旅，扼險設禦，自有衣衻之戒，無庸強為增減也等因。准此。

又准分巡惠潮道參政魏執中移稱：防海之策，議設墩臺，潮屬除海陽附廓程鄉、大埔、平遠、鎮平、普寧五縣附山無庸增設外，潮陽、揭陽二縣舖前港口，實為閩船闖入之路，於順治十三年（1656）經築砲臺二座，每座撥兵二百名駐守，賊船不敢越砲臺而入者已近三年矣。惠來縣則有文昌山、釣鰲石、鉛錫、克安四墩，在神泉汛內係碣石、蘇鎮撥官莊亨帶兵瞭守，又有大徑、莿坑、錢表、靖海，石表五墩，在靖海汛內，亦蘇鎮撥官陳煙鴻帶兵瞭守，又有龜湖一墩，在海豐界汛，係蘇鎮撥官陳賜帶兵駐守。以上惠來原設十墩俱屬蘇鎮撥防無煩另議。澄海縣則有錢岡、石城、夏嶺、外砂、觀望、環山、高樓七墩，先年為防倭寇而設。今據該縣議稱：已有水師陳泰將官兵戰艦，並調防澄海縣官兵分佈駐防，又有柘林營官兵相為犄角，似可無復增撥之煩等語。此外則有饒平縣實與詔安毗界，又與南澳密邇。查沿海地方原有橫山、白沙、雞髻、鴻山、東山、上港六墩，相望不越十里之遙，舊制，每墩軍六名專司瞭望，今軍汰而墩址尚存。饒平吳鎮議請脩復，而該縣又以每墩兵少無裨於事，仍以重兵鎮守黃岡為請。本道謂：黃岡固為全潮門戶，而橫山各墩亦有棋置之勢，相應行令該縣刻期脩復，聽吳鎮照舊每墩撥兵六名哨瞭，遇有警息，則黃岡與大城所之兵馳赴策應，以防登岸，實捍外衛內之良法也。擬合移覆等因，准此。

又准分巡嶺西道參議兼僉事沈才鼎移稱：看得轄屬肇慶，惟陽江一縣濱臨大海，原設海雙二寨官兵扼防港口，併就煙墩撥兵把守，有警傳號互相救援。肇慶水師現在哨船二十八隻派守各處隘口，又係內海，向無墩臺咸藉安堵，其要明、恩開、興春、寧會、建封各州縣邑，居僻壤，非附海地方，無庸再議等因。准此。

又准分守嶺西道參政金鉉稱：看得高屬濱連瀚海者，則吳電二縣也。吳川縣舊有砲臺，接連巨洋，為吳陽之外藩，本道已捐發俸銀，見行該縣，縣丞史文真董工脩建。臺兵應於限門寨撥守，煙墩則覆船、嶺水口、大坑、烏坭、吳村、博立、新場、麻斜、廣州灣、田頭、青訓十一處。電白縣原有銃臺一座設於蓮頭港口，因年久已廢，工程浩大，官民交困之秋，難以驟言興建。煙墩則蓮頭、大石、麻岡、暗鏡四處，烽堠則山前、菜荳、那梓三處。查其當日基址猶存，議脩費用無多，應着各地方官按址及早脩葺，以資守禦可也。至石城一邑，則有二港可通，大船難行，惟已令該縣汛守官兵設防周備，無事再議等因，准此。

又准分守海北南道署道事雷州府知府陸彪移稱：看得堵禦海寇，築墩設臺二者詢羌着也。惟是雷屬海、遂、徐三縣濱海巨洋，如海康之南舖、津下、嵐村、山後嶺，遂溪之苦竹、曾家渡、石門舊縣港，徐聞之東場、大黃壚、三墩港各處俱屬衝險，俱經脩舉墩臺，或分兵堵禦，或撥堠長偵探防禦，似為周密，亦嚴飭各縣力行，無敢怠忽自干功令也等因，准此。

又准分巡海北道按察司僉事方國棟移稱：設立煙墩最為廉海扼要，雖原有定額，今已廢弛，經制各兵召募俱未足額，除移各官照原設墩臺佈兵扼守，如瀾洲、白望、坎馬等墩。欽州尖山望海峰臺均應設兵，其長墩、大江口、龍門賊艘往來出沒，與防城枕海，直抵龍門。

張偉仁主編：《明清檔案》第三六冊，〈兩廣總督李棲鳳揭陳整飭海防事宜〉，A36—43（10—3）至（10—0）頁。

本朝自底定廣東，設立外海巡船。凡大小各船，如趕繒船、艍船[①]，及艍仔船、拖風船[②]等，製至一百六七十隻，所以制防者備矣。（《防海備覽》）

註：①趕繒船：為一種小型輕快船，兩邊皆用短槳，用草包蓆為大篷，吃水不多，宜用於內海。艍船：比趕繒船小的為艍船。
②艍仔船、拖風船：均為適宜在岸邊行駛的小船。

（清）盧坤等輯：《廣東海防彙覽》卷一二，〈方略一〉，二七頁。

二、康熙時期的廣東海防設置

聖祖仁皇帝鑒藩鎮之弊，革封建之規，自康熙二十一年（1682）削平三藩，於邊腹要地，特建親軍大鎮。廣州始置將軍、左右副都統，前後調京城八旗漢軍官兵三千，挈眷駐防，此粵東有旗兵之始。乾隆二十一年（1756），奉旨裁減漢軍官兵之半，續派滿洲官兵一千五百員名，遂滿漢合駐焉。水師旗營，則建於乾隆十一年（1746）[①]，向係漢軍官兵。自滿漢合駐後，改為滿漢均補。續以滿員不諳水務，滿丁不敷挑補，奏准暫時全用漢軍官兵，俟滿洲將來得人時，再行合挑。將軍舊有軍標，專制廣協暨肇慶協，左軍統轄綠營弁兵三千五百名，分前後左右四營，如提鎮規制。乾隆三十三年（1768），奉文全裁，將軍遂無步營，因奏請以漢軍馬甲二百份改補，漢軍步甲四百名，而分隸於各旗下。至是，而將軍之馬步水軍始全也。將軍於操防旗兵之外，別無兼職。

註：①《清史稿》中記：水師駐防旗營為雍正七年（1729）設。

（清）慶保奏：〈廣州駐防事宜〉，清鈔本，三至四頁。

康熙二十一年（1682）奉令裁兵，今設定官兵分防東西二路臺寨汛塘。

東路：屯門寨千總一員（安兵三十名）、聖山臺（瞭望兵五名）、輞井汛（安兵二十名）、太軍營臺（瞭望兵五名）、北佛堂臺把總一員（安兵三十名）、九龍汛（安兵三十名）、大埔頭汛（安兵十名）、蔴雀嶺汛把總一員（安兵三十名）、黃竹角臺（瞭望兵五名）、苦草峒汛（安兵二十名）、水逕頭汛（安兵二十名）、白石塘（安兵四名）、龍塘塘（安兵四名）、月岡屯塘（安兵四名）、平峯塘（安兵四名）、蔴雀嶺塘（安兵四名）。

西路：鰲灣角汛（安兵二十名）、嘴頭角臺把總一員（安兵三十名）、茅州臺千總一員（安兵二十名）、碧頭臺（安兵三十名）、佛子凹汛（安兵二十名）、南山臺（安兵三十名）、蓮花逕汛（安兵二十名）、飛鵝莆汛把總一員（安兵二十名）、流塘塘（安兵四名）、息民亭塘（安兵四名）、栗木岡塘（安兵四名）、周家村塘（安兵四名），阿公山塘（安兵四名）。

以上建造營盤，分兵防守。邑地雖居海濱，然而佈置周密，山海二寇可無虞矣。

（清）靳文謨纂：《新安縣志》卷八，〈兵刑志〉，六至七頁。

（清康熙時）廣海寨游擊一員、守備一員、兵七百四十一名。千總二員，一駐長沙砲臺，一駐大澳灣汛。把總四員，左哨頭司駐下川大坦汛，左哨二司駐橫山砲臺水陸汛，圓山頭、狐狸逕、都斛、羊坑口、曹沖、腰鼓、上閣山背、大朗、大坦、荷木逕、海宴、康華內洋，自獨崖、東滘口、魚塘、鹿脛、旗壇、西滘口、胡椒石、白蕉灣、大排，皆右哨頭司把總管。自小灣、台沖、麒麟角、莆草角，皆右哨千總管。自青瀾角、沙瀾角、牛頭灣、椰子角、雙洲口、望頭、前朗、箕角、官涌口、坭嘴、橫山，皆右哨千總管。自黃茅洲、大角頭、銅鼓角、大金、小金、筆架島、穿龍島、梘甲門、沙底洋、烏豬島、黃麞門、木殼洲、琵琶洲、狗練洲、狗練角、漭洲、亞公角、神洲、鬼洲、北渡洋、娘澳等處，係廣海營管轄。每年上下兩班巡查。那扶營都司一員，兵二百四十五名，把總一員，駐徒門汛。外委把總一員，駐徒門砲臺，及寨門汛、中誠汛、旁鶴汛。通計巡船，潭滘、東滘口兩櫓船一隻，西滘口六櫓船一隻，上閣口快槳船一隻，白蕉灣四櫓船一隻，漁塘灣船一隻，麒麟角船一隻，三洲灣四櫓船一隻，大坦灣四櫓船一隻，雙洲口六櫓船一隻，橫山兩櫓船一隻。……諸營分布，如犬牙相錯，誠為久安長治之計。但法積久而弊生，虛冒寢多，有名無實，緩急未可深恃。為今之計，宜急修軍政，循名責實，有事則警守，無事則哨捕。

（清）陳碧池撰，趙天錫評訂：《海隅紀略》，五八至五九頁。

康熙四十二年（1703）七月辛未。廣東、廣西總督郭世隆疏言：粵東自南澳起，經碣石鎮與虎門協接界止，海面幾二千餘里，守汛遼闊。今應將遙對南澳之澄海協，添設船隻與南澳對峙巡防。又海門一所，最為緊要。應改為海門營，移達濠營遊、守、千、把，駐劄於此。分防廣錢二澳。達濠營亦係要汛，即移海門所守備，改為達濠營守備。至甲子一所，乃險要海口，從前止千總一員，今應將鎮左營移駐甲子所，與碣石鎮聯絡防守。又吳川營隔海一百餘里，有硇州一島，宜設立崟營，龍門協屬之乾體營，名為水師，向駐於陸地，可歸並廉州營。將乾體營兵，令白鴿寨守備一員、千總一員、把總二員統之。駐劄硇州改為州營。白鴿寨徑以千總領營，照舊管束平海、大鵬二所。至順德地方，外有香山、虎門二協。內有省會之兵，應裁去順德總兵官，止留中軍遊擊，改為順德營。其鎮標左營改為平海營。右營為大鵬營。下部議行。

《清實錄》，《聖祖實錄》（三），卷二一二，一五七頁。

康熙四十二年（1703）七月，疏言：“粵東自南澳起，經碣石鎮至虎門協，海面二千餘里，守汛遼闊，請增設兵船於遙對南澳之澄海協，以資巡防。海門一所，最為緊要，應移達濠營遊擊、守備、千總、把總駐劄，改為海門營，以海門所守備，移為達濠營守備。甲子一所，乃險要海口，從前止設千總一員，應以鎮左營移駐，與碣石鎮聯絡防守。吳川營隔海百餘里，有硇州一島，宜以龍門協所屬之乾體營兵，令白鴿寨守備、千總、把總統之，駐劄硇州，改為硇州營。白鴿寨即以千總管領。至平海、大鵬二所，逼近巨海，應專設二營。其順德一鎮，外有香山、虎門二協，內有省會駐防兵，可裁去總兵官，止留遊擊為順德營。改鎮標左營為平海營，右營為大鵬營。”下部議如所請。四十三年（1704）四月，疏言：“前奏添造戰船，俱經報竣，設立船兵，自南澳至龍門，令守備、千總、把總逐日帶領巡哨，副將、參將、遊擊每月會巡一次，水師總兵春秋二季駕船二十分巡外洋至瓊州。”[1]

註：①此段史料可參酌《清實錄》康熙四十二年（1703）七月辛
　　未史料。

《清史列傳》（三），卷一一，〈郭世隆傳〉，七九七頁。

康熙四十三年（1704），覆准廣東沿海地方，派定千、把總，帶兵會哨，副參將每月巡察。每年春秋之際，委令鎮臣統巡。

（清）盧坤等輯：《廣東海防彙覽》下函，卷二三，〈方略一二〉，一〇頁。

康熙五十七年（1718）二月庚寅。兵部議覆。廣東、廣西總督楊琳疏言："粵東沿海地方，東連福建，西達交趾，南面一路汪洋，諸番羅列，素稱險要。請於通省沿海泊船上岸之處，據高臨險，相地制宜，修築砲臺城垣，添設汛地，建造營房，分撥官兵，以靖海洋"。應如所請。從之。

《清實錄》，《聖祖實錄》（三），卷二七七，七一八頁。

康熙五十七年（1718）四月庚寅。兵部等衙門議覆，廣東、廣西總督楊琳疏言：粵東沿海要地以廣、惠、潮三府為重。而三府之內，惠、潮尤甚。敬陳防閑巡緝之法：一、統巡職任之宜分路也。南澳為閩粵交界，應令南澳總兵官、瓊州水師副將為統巡，派出標員為分巡，專巡本營洋面。外自南澳而西，平海營而東，為東路。自大鵬營而西，廣海寨而東，為中路。自春江協而西，龍門協而東為西路。各令總兵官副將為統巡，標員、營員為分巡，每年輪班巡查。一、外洋戰船之宜添撥也。請於澄海協裁艍艚船六隻，添造趕繒大船二隻。於大鵬營內撥出艍船二隻，歸澄海協。春江協添造趕繒大船二隻，碣石鎮改造艍船二隻，庶巡哨不致缺船。一、內河哨船之宜勻設也。請裁順德等營內河哨船一十八隻，以十六隻移設左翼鎮標左右二營。每營各分八隻，以二隻移設新安營。一、水師要汛之宜添兵也。海門營、達濠營經制弁兵，撥守砲臺之外，出巡守汛，不敷應用，應於督撫、將軍、提鎮等標二十營內，每營各裁出兵丁四名。又將新會營裁出把總二員，臣標右營內，裁出把總一員，添補海門、達濠兩營。再海門營，並無額設馬匹，應裁達壕營馬匹，添設海門營。一、濱海要地之宜駐官也。查潮州府饒平縣屬之黃岡，雖設有副將，不便理民事，而文職止有巡檢一員，不能駕馭，請將潮州海防同知移駐黃岡。海陽縣屬之菴埠，奸匪潛匿，縣令隔遠，難於兼顧，請將海陽縣縣丞移駐菴埠。一、遠地協將之宜屬鎮也，請將瓊州水師副將歸瓊州總兵官管轄，龍門水師副將歸高州總兵官管轄。俱應如所請。從之。

《清實錄》，《聖祖實錄》（三），卷二七八，七二九頁。

康熙五十七年（1718），覆准，南澳屬閩粵交界，瓊州孤懸海外，額設南澳總兵及瓊州水師副將應令各帶標員，專巡本管洋面。自南澳而西，平海營而東，分為東路，以碣石總兵、澄海水師副將輪為統巡，帶領協鎮標員，及海門、達濠、平海等營員為分巡。自大鵬營而西，廣海寨而東，分為中路。以虎門、香山二協水師副將輪為統巡，帶領二協標員，及大鵬、廣海二營遊守等官為分巡。自春江協而西，龍門協而東為西路。以春江、龍門二協水師副將輪為統巡，帶領二協標員，及電白、吳川、海安、硇州等營員為分巡。共派為三路，每年分為兩班巡查，如遇失事，照例查參。

（清）盧坤等輯：《廣東海防彙覽》，下函，卷二三，〈方略二〉，一二頁。

三、雍正時期關於廣東海防的 "三十三要缺"

查南海一邑幅員遼闊，依山環海，最易藏奸，設有六巡檢崗任巡緝。自雍正七年（1729）奉部議准，將神安、五斗口、三江、金利、黃鼎五司列入盜多三十三缺之內，三年無盜准其即陞，惟江浦一司未經列入盜多司分。今揆度地方難易，詳加區別，若水路沖衢，商賈雲集之五斗口司，河道幽僻，山岡起伏之三江司，錯居岐岸，外宄易侵之黃鼎司，仍應列為最要缺。其神安、金利二司，水陸雜坐，地多險僻，巡防亦為不易，應改為次要缺。至江浦一司，前雖未列三十三缺之內，而地方廣闊倍於別司，民悍俗刁，尋常之員難保無事，似應列為最要缺。再番禺縣設有四司，俱入三十三缺之內。查茭塘、沙灣二司地方，濱臨大海，民習舟楫，而慕德里一司，崇嶺密箐，徑路多岐，向稱多盜，竭力巡查，每難盡絕，在三十三缺之中，誠為第一要缺。其鹿步一司，地稍平坦，稽查易周，似應改為次要缺。又東莞縣設有巡檢，亦俱列三十三缺之內。查京山、中堂二司，地無水陸，煙戶繁多，奸宄易滋，應改為次要缺。至缺口鎮一司，稍為安靜，易於巡防，亦應改為中缺。再查順德縣共有四巡檢，惟都寧、紫泥列入三十三缺之內，其都寧一司，地皆臨海，港汊多岐，仍應列為最要缺。其紫泥司，業將容奇鄉險隘處，所撥分縣丞管轄，則巡防甚易，似應改為中缺。若江村一司，山海交錯，民情刁悍，且離縣窵遠，兼有龍山繁重之地，又馬寧一司，界連新、香，地半濱海，港汊多岐，最易藏奸，前雖均未列入[①]要缺，又香山縣原[②]三十三缺之內，□今增設黃梁都一司，查此三司地俱濱海，港汊甚多，且四面臨海，民村多居孤島，非寔力巡防，難免疏虞，似應均列為最要缺。又新會縣原設四巡檢司，惟沙村、牛肚灣二司列入三十三缺之內。查沙村、牛肚灣二司地方，直通大洋，均屬海疆要區，水面奸宄出沒無定，最為難防，似應照前定為最要缺。其潮連、大尾二司，地非險僻，巡察易周，均應列為中缺。至若三水縣之三水司，原屬常缺，毋庸置議。若胥江一司，向列三十三缺之內，地雖孔道，但民勤耕業，飭緝無難，似應改為中缺。又清遠縣屬之湞江、濱江二司，原列三十三缺之內，查二司地雖險僻，近設大埔坪同知駐劄彈壓，奸宄遠遁，巡防甚易，似應與迴岐一司均列中缺。又新寧縣屬之望高司，雖未列入三十三缺之內，但所轄地方，正當大洋，時有商船往來，上下二川，更為海賊出沒之所，防查寔非容易，應列為最要缺。又增城縣茅田、烏石二司，向係列入三十三缺之內，查烏石、茅田二司，地方均非險要，巡防易周，似應改為中缺。又新安縣之官富、福永二司，向來地方安靜，盜劫罕聞，均應列為中缺。又花縣之水西、獅嶺，與從化縣之流溪，其地係陸路居多，而稽查非難，應列為中缺，理合查覆等由。又據南雄府覆稱：查得雄郡保昌縣之平田、紅梅、百順三巡檢缺，與始與縣之清化逕巡檢一缺，均係素無盜案之區，毋庸濫邀議敘等由。又據韶州府覆稱：遵查韶郡曲江縣之平圃、英德縣之洸口、象岡各巡檢，係列三十三缺之內，其翁源縣添設之磜下鄉司，亦係照神安等巡檢之例揀選調補，查平面、洸口、象岡、下卿四……。

註：①、②　此兩處原稿無法辨認。

　　張偉仁主編：《明清檔案》，〈兩廣巡撫楊永斌揭報酌定巡檢等次分別升敘〉，A61—67，（26—9—11）頁。

　　頒到《大清律集解附例》，改虎門協四汛仍歸新安。虎門協屬之南山臺、鰲灣、佛子凹、嘴頭角四水汛，舊屬新安營。康熙三十一年（1692）改歸虎門協。至是，總督孔毓珣，以汛遠難兼，請仍歸新安，形勢為便。從之。

（清）郝玉麟等纂：《廣東通志》卷七，〈編年〉，五五頁。

　　清雍正八年（1730）二月初六日奉

　　上諭：……聞得廣東瓊州遠隔海外，其弁員等，竟於額設兵丁之外，另有一種掛名兵丁，乃係無賴之徒，夤緣餽送。而千、把等員，受其陋規，即准附名在冊，投充效贇，而此輩居然以營兵自居，不服地方拘管。

（清）盧坤等輯：《廣東海防彙覽》上函，卷九，〈營制二〉，九頁。

　　國朝雍正八年（1730）議准，各省沿海營汛，原分水陸水師。惟在大洋游巡，其陸路、海濱、塗岸，潮退膠淺，為水師巡船之所不到，其中各色小艇，隨潮飄泊，或有暗載違禁貨物，甚至乘機偷劫此等所在，設立小號巡船。（〈防海備覽〉）

（清）盧坤等輯：《廣東海防彙覽》卷一二，〈方略一〉，二五頁。

　　雍正十三年（1735）三月二十四日奉

　　上諭：國家設立兵丁，原以充緝盜安民之寄。廣東為濱海巖疆，武備尤宜勤練，不應少有廢弛。查通省兵丁，共計七萬餘名，不為不多，歲費俸餉等項，將及二百萬兩，國家之養之者，不為不厚。乃近年以來，朕留心訪察，粵省兵丁怯懦退縮者多，而奮往用力者少。……同一廣東之人，而為盜賊私梟者，則強悍無比，其食糧入伍者轉怯懦不堪。細推其故，皆由將備選募時，多憑兵家之子弟親戚，夤緣汲引。

（清）盧坤等輯：《廣東海防彙覽》上函，卷九，〈營制二〉，一○頁。

軍防

南頭寨，自大鵬鹿角洲起，至廣海三洲山至，為本寨汛地，分巡鵝公澳、東山下官富、抑渡等處。本寨兵船六十隻，駐劄屯門，分二哨：一出佛堂門東至大鵬停泊，大星與碣石兵船，會取平海所結報。一出浪白、橫琴、三灶西至大金，與北津寨兵船會取廣海衛結報。

北津寨，自三洲山起，至吳川赤水港至為本寨汛地，分巡上下川、海陵、蓮頭、放雞等處。……

白鴿寨，自赤水港起，至雷州海安所至，為本寨汛地，分巡廣州澳、硇州等處。……

柘林寨，自福建元鍾港起，至惠來神泉港至，為本寨汛地。此寨原設內港，旋改於牛田洋，因增設副總兵，又改於南澳。後議副總兵處，另設兵船專駐南澳，其柘林兵船，仍於柘林澳駐泊，分巡長沙尾、馬尾河渡、海門等處。

碣石寨，自神泉港起，至巽寮村海面止。此地原多礁石，不堪泊船，改劄甲子港，分巡神泉、大星、巽寮等處。

白沙寨，瓊州府全屬，周圍地方海洋，俱為本寨汛地。分巡烏泥、博敖、石礑、英潮、三亞等處。

粵東諸營汛，海防為重。東起潮州，西迄瓊廉皆濱海也。而此六大寨尤為要害。每歲哨邏俱官結，報大帥簡覈。至於限門、龍門、虎門等三寨，雖稱險要，然不入六大寨之數。

（清）郝玉麟等纂：《廣東通志》卷二三，〈兵防〉，二〇至二一頁。

雍正二年（1724）定廣東沿海保題州縣。巡撫年希堯奏稱：廣州府屬之東莞、香山、新安、新會、順德、新甯，惠州府屬之歸善、海豐，潮州府屬之潮陽、揭陽、饒平、澄海、惠來、海陽，肇慶府屬之陽江，高州府屬之電白、吳川、石城，雷州府屬之海康、徐聞、遂溪，廉州府屬之合浦、欽州，瓊州府屬之瓊山、澄邁、臨高、會同、樂會、文昌、儋州、萬州、陵水、崖州、昌化、感恩，三十五州縣皆海濱要地，應遴選才識勝任之員，保提調補，從之。（《阮通志》）

（清）陳澧等纂：《重修香山縣志》卷二二，〈紀事〉，二四頁。

（雍正）七年（1729）定廣東巡檢調繁之例，布政使王士俊條議：盜賊之繁，必有巢穴，惟巡檢易行覺察，而南海之神安、江浦、三江滘、金利、黃鼎、五斗口，番禺之鹿步、茭塘、沙灣、慕德里，順德之都甯、紫泥，東莞之京山、中堂缺口，增城之茅田、烏石，香山之小黃圃，新會之沙村、牛肚灣，清遠之江、濱江，三水之胥江，英德之洸口、象岡，曲江之平圃，潮陽之招甯、吉安，揭陽之湖口、北寨，博羅之石灣，陽春之古良，東安之羅苟等，共三十三司，於通省雜職內，選擇調補，三年稱職，保舉擢用。（《郝通志》）

（清）陳澧等纂：《重修香山縣志》卷二二，〈紀事〉，二六頁。

四、乾隆時期廣東海防情況與馬爾泰關於巡海的奏摺

兵部尚書兼都察院右都御史總督廣東、廣西等處地方軍務兼理糧餉紀錄一次降一級留任駐劄肇慶府馬 [①] 謹

題寫敬陳海疆等事，案照康熙五十七年（1718）五月二十六日，准兵部咨職方清吏司案呈，奉，本部送兵科抄出，該本部題前事等，因康熙五十七年四月初十日題，本月十二日奉旨依議，欽此。抄部送

司案呈到部，合咨前去，轉行各鎮，一體欽遵施行等因。計粘抄一紙，內開該臣等會議，得據廣東總督楊條奏疏稱：巡海舊例，粵省於南澳、碣石兩鎮內，一年輪委一員。臣細察形勢，南澳為閩省交界，瓊州孤懸海外，額設南澳總兵及瓊州水師副將，應令各帶標員崈巡本管洋面，如有失事，則以總兵、副將為統巡，派出標員為分巡，照例處分。自南澳而西，平海營而東，分為東路，以碣石總兵、澄海水師副將輪為統巡，帶領協、鎮、標員及海門、達濠、平海等營員為分巡。自大鵬營而西，廣海寨而東，分為中路，以虎門、香山二協水師副將輪為統巡，帶領二協標員，及大鵬、廣海二營遊、守等官為分巡。自春江協而西，龍門協而東，分為西路，以春江、龍門二協水師副將輪為統巡，帶領二協標員，及電白、吳川、海安、硇洲等營員為分巡。統巡既議分為三路，應請每年輪作二班，自二月至五月為一班，六月至九月為一班，分巡官亦然。如此分路、分班，在在佈防，處處嚴密，海疆自當永靖等語。應如該督所請，准其分為三路，每年兩班巡查，如遇失事，照例查參等因，到前督臣准此，雍正十三年（1735）七月十三日准兵部咨。為遵旨定議覆奏事，職方清吏司案呈兵科抄出，本部題前事等因，雍正十三年（1735）五月二十九日題，六月初二日奉旨依議，欽此。相應抄錄粘單，行文該督可也，合咨前去欽遵施行。計粘單一紙，內開議得浙閩總督郝等奏稱：南澳孤懸海島，出巡需人彈壓，酌議每年上班巡期，派右營守備出巡，與粵省鎮協會哨，派左營遊擊與海壇、金門兩鎮會哨，鎮臣仍駐鎮彈壓。下班巡期，派右營遊擊出巡，鎮臣親帶船兵，與兩鎮會哨，以左營遊擊晉營彈壓等語，應如該督等所請。嗣後，南澳每年上班巡期，准其以右營守備出巡，與粵省鎮協會哨，派左營遊擊與海壇、金門兩鎮會哨，該鎮仍駐鎮彈壓。下班巡期，准其以右營遊擊出巡，該鎮親帶船兵與兩鎮會哨，以左營遊擊晉營彈壓，仍將出洋官弁、兵丁姓名、船隻數目，造具清冊，報部查核可也等因，到前督臣准此。乾隆元年九月初七日又准兵部咨為分巡西路等事職方清吏司案呈兵科抄出本部題前事等因於乾隆元年（1736）七月二十二日題，本月二十四日奉旨依議，欽此。相應抄錄粘單，知照該督可也，合咨前去，欽遵查照施行。計粘單一紙，內開廣東西路洋面遊巡各協營將備弁員，應如該督鄂所請，再分為上、下二路，自春江而至電白、吳川、硇洲為上路。上班以春江副將為統巡，下班以吳川營遊擊為統巡，每班督帶春江、電白、吳川、硇洲各營員為分巡，俱於放雞洋面會合。巡查至洲一帶，自海安營而至龍門為下路。上班以海安營遊擊為統巡，下班以龍門副將為統巡，每班督帶海安、龍門各營員為分巡，俱於瓊州洋面會合。巡查所屬一帶至上路之電白營遊擊，准其上班隨巡，聽春江副將統領，電白營守備，准其下班隨巡，聽吳川營遊擊統領，如遇本營洋面失事，仍照例分別查參。恭候命下之日，臣部行文該督，欽遵可也等因，到前督臣，俱經移行，欽遵查照去後。今乾隆五年（1740）上班巡海官兵，經臣行委南澳鎮標右營守備、瓊州水師協副將，各帶標員兵船崇巡本管洋面，又行委碣石鎮帶領標員，及澄海、海門、達濠、平海各協營官兵船隻統巡東路，行委虎門協副將帶領標員，及香山、大鵬、廣海、新安、各協營官兵船隻統巡中路，行委春江協副將帶領標員，及電白、吳川、硇洲各營官兵船隻統巡西路。上路行委海安營遊擊帶領營員，及龍門協標官兵船隻統巡西路。下路飭令各於二月初一日出海，至五月底期滿，另撥更替，隨據各鎮將備呈報，俱於本年二月初一日出海，經臣將出海日期具疏題報在案。迨因上班巡期將滿，所有下班輪巡官兵，應預期派撥。臣因前來廣西巡閱沿邊地方，營伍案卷未有隨帶，當經分檄輪值下班統巡各該將，查照上年下班之例，行撥隨巡各營官兵船隻，務於本年六月初一日出海，接巡更替上班各鎮協營官兵船隻回汛。去後，茲據碣石鎮總兵官林君陞呈稱：本職帶領上班官兵船隻，統巡東路洋面，今班期已滿，業將原帶各營官兵船隻，於六月初一日撤師回汛等由。又據虎門協副將劉大勳呈稱：卑職帶領官兵船隻，統巡中路洋面，今班期已滿，業將原帶各營官兵船隻，於六月初一日撤師回汛等由。又據春江協副將許大猷呈稱：卑職帶領官兵船隻，統巡西路上路洋面，今班期已滿，業將原帶各營官兵船隻，於六月初一日撤師回汛等由。又據署理海安營遊擊印務、碙洲營都司林騰俊呈稱：卑署職接帶官兵船隻，統巡西路下路洋面，今班期已滿，業將原帶官兵船隻，於六月初一日撤師回汛等由。又據南澳鎮右營守備嚴晃呈稱：卑職帶領官兵船隻，崙巡本管洋面，今班期已滿，於六月初一日撤師回汛等由。又據護理瓊州水師協副將印務、海安營遊擊施致雲呈稱：本年下班輪值協標左營都司隨巡，茲奉行，據署理左營都司事督標、水師營守備謝英，帶領右營千總吳鸚昌、左營二司把總何吉配，駕兵船，於六月初一日出海聽候統巡。卑職就在行間，仍坐駕繒船，統領巡搜協屬洋面，更換上班原帶官兵船隻回汛等由。又據署理澄海協副將印務、海門營參將陳賢呈稱：遵奉帶領輪值隨巡協標右營守備鄭勝、左營左哨頭司把總李一成、右營左哨二司把總鍾林方，配駕兵船，備足砲械，於六月初一日出海，統領碣石、海門、平海、達濠各鎮營官兵船隻，接巡東路洋面等由。又據香山協副將陳汝鍵呈稱：遵奉帶領輪值隨巡協標左營守備王賓、右哨二司把總張武、右營左哨二司把總趙士上，配駕兵船，備足砲械，於六月初一日出海，統領虎門、大鵬廣海、新安、各協營官兵船隻，接巡中路洋面等由。又據吳川營遊擊嚴武呈稱：遵奉帶領輪值隨巡本營左哨二司把總陳榮，配駕兵船，備足砲械，於六月初一日出海，統領春江、電白、洲各協營官兵船隻，接巡西路上路洋面等由。又據龍門協副將謝雲呈稱：遵奉帶領輪值隨巡協標右營守備楊志英、左營左哨千總吳功、右營左哨頭司把總許建德，配駕兵船，備足砲械，於六月初一日出海，統領海安營官兵船隻，接巡西路下路洋面等由。又據署理南澳鎮右營遊擊事、澄海協中軍都司吳英漢呈稱：遵奉帶領輪值隨巡右營右哨千總潘登甲、左哨二司把總陳奇德，配駕兵船，於六月初一日出海，統巡本管洋面等由。并據上下班隨巡各官具報回汛出洋各日期到。臣據此，該臣看得粵東海道綿長，洋面遼闊，防範宜於嚴密，經前任督臣楊細察形勢，議以南澳總兵、瓊州協水師副將，各帶標員崙

第一編 第六章 清初至乾隆時期廣東（包括香港地區）的海防

153

巡本管洋面，其自南澳而西，龍門協而東，分為三路統巡，每年分為二班，官兵上下輪流更替等因，具題奉旨允行在案。續准部咨，嗣後南澳每年上班，以右營守備出巡，下班以右營遊擊出巡。又准部咨，西路洋面再分為上下二路，自春江而至電白、吳川、硇洲為上路。上班以春江副將為統巡，下班以吳川營遊擊為統巡，自海安而至龍門為下路。上班以海安營遊擊為統巡，下班以龍門副將為統巡各等因，俱經轉行遵照去後，今乾隆五年上班巡海官兵，經臣派撥行委嵩巡、統巡各鎮將備，俱於二月初一日出洋巡搜，已將出海日期題報，迨上班巡期將滿，所有下班輪巡官兵，應預期派撥。臣因前來廣西巡閱沿邊地方，營伍案卷未有隨帶，當經分檄輪值統巡各該將，查照上年下班之例行撥。隨巡各營官兵船隻，務於本年六月初一日出海，各將內外海洋島嶼遍加巡搜去後，隨據統帶碣石、海門、平海、達濠各鎮營官兵船隻，巡搜東路洋面之原署澄海協副將印務、海門營參將陳賢；統帶虎門、大鵬、廣海、新安、各協營官兵船隻，巡搜中路洋面之香山協副將陳汝鍵；統帶春江、電白、硇洲各協營官兵船隻，巡搜西路上路之吳川營遊擊嚴武，統帶海安營官兵船隻，巡搜西路下路之龍門協副將謝雲，嵩巡本管洋面之原署南澳鎮右營遊擊事，澄海協中軍都司吳英漢，護理瓊州水師協副將印務，海安營遊擊施致雲，各呈報俱於六月初一日出海巡搜。并據上班統巡東路之碣石鎮總兵官林君陞，統巡中路之虎門協副將劉大勳，統巡西路上路之春江協副將許大猷，統巡西路下路之署理海安營遊擊印務、硇洲營都司林騰俊，及嵩巡本管洋面之南澳鎮右營守備嚴晃，各呈報俱於六月初一日撤師回汛。又據護理瓊州水師協副將印務、海安營遊擊施致雲呈報，原領上班官兵船隻，亦於六月初一日撤師回汛各等由前來，除將出海官員職名造冊送部查核外，所有下班各官兵出海巡搜，及原撥上班各官兵撤師回汛日期，理合彙疏題報。再照東路統巡，續據新任澄海協副將錢志漢呈報：於本年八月初四日到任，就日出海，接帶統巡。又統巡西路上路海洋之吳川營遊擊嚴武，因預行保舉水陸人員案內，給咨赴部引見，印務行委龍門協左營都司魯之芳署理，據報於本年七月十二日出海，接帶統巡。又南澳鎮右營遊擊林嵩，據報離署海門營參將事務，於本年八月初七日回營，出海接帶統巡。至本案緣臣，先於四月初前來廣西巡閱沿邊地方，營伍案卷吏書未經隨帶，今在桂林料理軍務，現又兼帶撫篆，是以調取案卷吏書，來桂辦理，題報逾期，合併陳明。臣謹會同署廣東巡撫臣王、廣東提督臣保○合詞具題，伏乞皇上睿鑒，敕部查照施行等因。除具題外，理合具揭。

註：①馬：即馬爾泰，滿洲正黃旗人。乾隆初曾任兩廣總督。

張偉仁主編：《明清檔案》，〈兩廣總督馬爾泰揭陳海疆等事〉，A96—88（8—8）頁。

乾隆四年（1739），設要缺各司巡船。布政司薩哈諒請於南海之江浦、黃鼎，番禺之茭塘、沙灣，順德之馬甯，香山之小黃圃、黃梁都，新會之沙村、牛肚灣，新甯之廣海寨，惠來之神泉，揭陽之湖口十三要缺，各設巡船二隻。每船巡丁十二名，巡緝河道。（《郝通志》）

（清）陳澧等纂：《重修香山縣志》卷二二，〈紀事〉，二八頁。

乾隆九年（1744）澳門同知印光任議

一前山寨設立海防衙門，派撥弁兵彈壓番商，稽查姦匪。所有海防機宜，均應與各協營一體聯絡，相度緩急，會同辦理。老萬山、澳門、虎門、黃埔一帶營汛，遇有關涉海疆民夷事宜，商漁船隻出口、入口，一面申報本營上司，一面并報海防衙門。其香山、虎門各協營統巡、會哨日月，亦應一體查報。

（清）梁廷楠等纂：《粵海關志》卷二八，一九七六至一九七七頁。

乾隆十年（1745）七月辛未。吏部議准，前署廣東巡撫策楞疏稱：廣州府為邊海要地，各屬捕務向係佛山同知及廣糧通判兼轄。今府屬香山縣之前山寨，添駐海防同知。所有香山、順德、東莞、番禺等四縣，均屬相連。其捕務應改歸海防同知就近管理。至南海、增城、龍門、從化、花縣等五縣捕務，歸佛山同知兼轄。新安、新會、新寧、三水、清遠等五縣捕務，歸廣糧通判兼轄。凡盜案疏防，及提比經捕，俱照各管地方查參辦理。從之。

《清實錄》，《高宗實錄》（四），卷二四四，一四八頁。

乾隆十年（1745）將軍策楞奏言：粵東地處海濱，凡差使行走，非船不行，盜賊竊發，亦惟舟師可以追捕。現在甲兵之內，於海上情形，類皆茫然未曉，併有一經泛海，頭暈目昏，畏怯不能坐立者。伏思海疆重地，首重舟師，雖粵省駐防披甲，原未設有戰船，但各兵身處海濱，於舟師不加習練，究屬缺欠之處。查閩省駐防官兵，於附省洋嶼地方，另設水師一營，專司訓練水兵，其存城官兵，亦得輪班前往學習，數年以來，頗收水陸兼資之用。粵東海口甚多，港汊冗繁，兼之外夷船隻，時出於途，比閩省更為險要，似應請照福州之例，一體添設水師，奉

旨依議欽此。

（清）盧坤等輯：《廣東海防彙覽》卷八，〈營制一〉，一九頁。

滿漢水師旗營　乾隆十一年（1746），將軍策楞奏設。

大鵬營（原順德右營遊擊、守備、千總、把總等官，康熙四十二年（1703），裁順德總兵官，將鎮標、右營改為大鵬營，屬提標。原設遊擊，雍正四年（1726），改為參將，駐劄東莞縣大鵬所城，隸水師提督管轄）參將一員（駐大鵬所城）。

左營（道光十一年〔1831〕，分設左右二營，其左營官弁，惟把總一員，裁撥右營，餘俱照原額設）。守備一員（存營）。千總二員（左右哨各一，左分防新安縣九龍海口汛，右分防新安縣鹽田汛）。把總三員（左哨頭司，右哨頭二司各一，分防娘船灣、塔門二汛，右哨頭司存營）。

右營（道光十一年設，駐劄東涌所城）。

守備一員（道光十一年，將前山營守備改設）。

千總一員（道光十一年添設，專防大嶼山汛）。

把總三員（頭二三司各一，道光十一年〔1831〕添設二員，原大鵬營改撥一員，分防青龍頭、長洲、赤柱三汛）。

水師提標營（中左右前後五營，前後二營，內河水師，餘外海水師）。

提督一員。

中營（嘉慶十五年〔1810〕以左翼鎮中營改設，駐虎門城）。

參將一員（嘉慶十五年，以海口營參將移撥）。

守備一員（存營）。

千總二員（左右哨各一，分防距本營十一里鎮遠砲臺，一百五里新造汛）。

把總五員（左哨頭二三司，右哨頭二司各一，分防距本營三十五里大涌口汛，五十里大汾汛，十二里閘西山汛，九十五里鳳涌頭汛，十一里沙角砲臺）。

左營（原左翼鎮標左營，嘉慶十五年，改駐新安縣城）。

遊擊一員。

守備一員（存營）。

千總二員（左右哨各一，分防營東北六十里蓮花逕汛，一存營）。

把總四員（左右哨頭二司各一，分防營東南十里南頭砲臺，西北五十里茅洲墩臺，東南六十里屯門汛，東四十里深圳汛）。

右營（原左翼陣右營，嘉慶十五年改設，駐同中營）。

遊擊一員（嘉慶十五年，以左翼鎮中營遊擊移撥）。

守備一員（存營）。

千總三員（中左右哨各一，分防距本營十四里大虎山砲臺，十二里橫檔月臺汛，六十里雞公石砲臺）。

把總三員（左哨頭二司，右哨頭司各一，一存營，餘分防距營四十里獅子山塔臺，二十五里蕉門砲臺）。

（清）盧坤等輯：《廣東海防彙覽》上函，卷七，〈職司二〉，二六至二八頁。

乾隆十八年（1753）十月癸未。吏部議准。廣東巡撫蘇昌疏稱：廣州府新安縣捕巡兩員，管轄洋面。請各設巡船一，巡丁十二。從之。

《清實錄》，《高宗實錄》（六），卷四四八，八三〇頁。

乾隆二十年（1755）三月乙未。兩廣總督楊應琚奏：粵東沿海砲位，甚關緊要。歲演兩次，除正月仍委就近文武會看外，九月演期，應令各鎮臣於巡查營伍時，親詣各砲臺，率同文武演放，并查驗火藥砲子等項。其撫標砲臺二座。提標徑轄大鵬等營之砲臺，亦於九月內，令撫提督演。如遇督臣在省，則撫標與督臣會演，仍於歲底彙報。得旨，允行。

《清實錄》，《高宗實錄》（七），卷四八五，七三頁。

乾隆二十年（1755）十一月己亥。廣東提督胡貴奏：臣有統轄全省水師之責。本標五營，皆屬陸路，倘有緊要差遣，及出海巡察，外營水師，非素習親信之人。請於親標五營內，營各挑兵二名為一班，撥千把、外委二員管束。令大鵬、平海二營將備，帶領出洋教練，輪班撥換，使陸營兵，亦曉水務。得旨嘉獎。

《清實錄》，《高宗實錄》（七），卷五〇一，三二一頁。

乾隆二十二年（1757）三月辛酉。兩廣總督楊應琚奏：附近虎門鎮之新安營，改為鎮標左營。沿海緊要，向未貯有倉穀，計實兵六百六十餘名，須貯穀八百石，查有鹽羨紙硃餘銀，節年積存八百餘兩。請即於此項動支，以為該營買穀建倉之用。得旨，覽奏俱悉，如所議行。

《清實錄》，《高宗實錄》（七），卷五三六，七五五頁。

乾隆二十五年（1760）三月甲戌。兩廣總督李侍堯奏：粵東左翼鎮總兵自移駐虎門，有稽查內河外海之責，第每年統巡均於中右二營遊擊輪派。未定鎮臣何時出洋條例，請如碣石、南澳二鎮。每年上班巡洋以左翼總兵為統巡，仍酌留中、左二營遊擊一員，駐劄虎門彈壓其下班統巡。原係香山協副將，應仍照舊例。又查香山縣屬之老萬山。兀處大洋中，與澳門南北對峙，為來往商船停泊總匯。僅撥香山、大鵬二協營千把、外委四員在彼遊巡，既難鈐束目兵，而上年把總，竟有帶兵私回等弊。請於香山協左右二營都司守備中，每年輪派一員，前往督率巡防。得旨，著照所請行。

《清實錄》，《高宗實錄》（八），卷六〇九，八五二頁。

乾隆三十年（1765），吏部奏言，署兩廣總督策楞等奏：廣州一府，省會要區，東南緊接大洋，遠國商販絡繹，所屬香山與澳門，尤夷人聚居之地，海洋出入防範，不可不周，現駐縣丞一員，實不足以資彈壓。

嘗有邑父老，請於履曰：濱海之民苦於盜久矣。虎門為水師統轄之地，而劫掠之患，無歲無之。明府前請於蔣節相[1]，移武山之兵房於閣西，而蕃東之盜，不敢復出。今又請於阮宮保建砲臺於大虎山，橋頭雙岡之盜誠不敢熾矣。然西而番禺市橋，順德陳村，香山黃角之盜，嘗不從蕉門出也。東而新安碧頭，岡邊、燕村，碧岡之盜，未嘗不潛出於佛堂門、龍穴山，以肆劫也。東莞雖可即安，他縣之患未息，明府其何以籌之？

註：[1]蔣節相：即嘉慶時兩廣總督蔣攸銛。

（清）盧坤等輯：《廣東海防彙覽》卷六，〈職司一〉，九頁。

縣屬巡船

謹案內河各文職管駕巡船，自乾隆二年（1737），奏准南海等縣，所屬之江浦等巡檢司十三缺，俱瀕海最要之地，每司設巡船二，每船巡丁十二。東莞縣之中堂司巡檢，為次要之缺，設巡船一，巡丁十二。又十八年（1753），奏准，廣州府新安縣，添設巡船二，編列新字號，分歸官富、福永二司管巡。又三十四年（1769），奏准，南海之江浦，番禺之茭塘、沙灣，新寧之廣海寨四巡檢，轄地遼闊，仍舊各設巡船二，其黃鼎、馬寧、香山、小黃圃、黃粱都、沙材、牛肚灣、神泉、湖口各巡檢，原設巡船二，酌各裁其一，與中堂、官富、福永三缺，原設巡船一，分交各巡檢，親管駕巡。

（清）盧坤等輯：《廣東海防彙覽》上函，卷一四，〈方略三〉，一七頁。

乾隆四十六年（1781）十二月乙亥。兵部議准，兩廣總督覺羅巴延三奏稱：粵有巡洋大員，向例每年自二月起至九月止，分上下兩班巡查。自十月至次年正月，因風信靡常，未有統巡之員，難資彈壓。請嗣後將各鎮協營巡期，每年改定六個月為一班。上班自正月初一起，至六月底止。下班自七月初一起，至十二月底止，輪流更換。至統巡各員，例應會哨，上班仍請照舊例以三月初十，五月初十為期；下班統巡各員，既改於七月初一出海。而舊定會哨，係是月初十，為期太近，應改為八月初十，十月初十，再分巡員弁，每月與上下鄰境舟師會哨。現增添十月至次年正月巡期，亦應飭令按月增添哨期。均應如所請。又稱：雷瓊鎮海安、海口二營季巡，向係左右兩營守備輪流出洋。該守備上下兩班，又俱應統巡、分巡。大鵬一營，上班以守備出洋統巡，秋冬季巡，又係該守備帶領外委遊巡。是一徹班巡，即接季巡，均係終年在洋，營務乏員料理。請嗣後添委千總、把總，與守備輪班巡察。亦應如所請，從之。

《清實錄》，《高宗實錄》（一五），卷一一四六，三六三頁。

乾隆五十八年（1793），覆挑補水師兵丁，令該管將備，出具切實甘結，仍令該提鎮，於水操之便，親加試驗，如有畏水、暈船等事，將兵丁斥革，其挑補、出結將備，照冒領兵糧例治罪。

（清）盧坤等輯：《廣東海防彙覽》上函，卷九，〈營制二〉，一二頁。

　　（乾隆）五十九年（1720）四月，總督羅長麟奏：廣東水師自總兵、副將以至都守，每年上下兩班巡洋會哨。

（清）盧坤等輯：《廣東海防彙覽》下函，卷二三，〈方略一二〉，二八頁。

　　振履[①]護送夷使出洋，兼查各路砲臺，駕漿船，由黃埔趨龍穴，東至大嶼山，周覽形勢，詳加考核，恍然於粵東之患，不在外夷，而在內盜。砲臺兵房之設，所以防夷而尤不可不防盜也。蓋夷之不足患者有三：道路不諳一也，水米不濟二也，攻戰不力三也。番舶非極大，不能涉重洋，故其底入水必二丈許。海自老萬山以內，雖勢極汪洋，其下皆暗沙巨石相間，愈入愈淺，惟中瀝，或數十丈或數丈可以通行，夷人必於澳門僱蜑戶之熟於水道者引之，謂之引水，否則非滯於沙，即觸於石矣。且舟在虎門外則高，入虎門內則低，淡水力弱，則其舶愈不便轉移，此不足患者一。番舶之來，每艘必百餘人或數十人，所載糧米，至多亦不過數千石，自其地至中國，經年累月，所耗者必已過半，設有不虞，營員守砲臺以阻之，列師船以截之，東、香、新三縣，率各巡司，分堵口門，嚴斷奸民接濟，有不法者斬之，不數月，而夷人餓斃矣。……而夷人之來，均在九十月之交，海水春夏淡，而秋冬鹹。其時，涓勺不可入口，斷校椅之泉，截龍穴、大嶼之汲，不數日，而夷人渴死斃矣，此不足患者二。若夫攻戰之術，夷所恃者砲耳。……然其舶不敢深入，不過停泊外洋，肆其兇惡耳，颶風驟起，則必遭傾覆。且砲火雖猛，在船施放，搖盪必無定準，況砲可施於遠，而不能施於近，但於月夕，以蜑戶小艇，載火具，潛伏其舶下，舶之布帆重疊，猝不能卸，又沈重不便轉移，加以火攻，頃刻灰燼，砲力無所施。……有此三不足患，夷人誠無能為役矣。而洋匪之為民害，則在在可虞，是誠不可不嚴治之也。蓋番、東、順、香、新五縣瀕海之地，去縣窵遠，貧蜑奸民，或搭寮於山凹，或駕艇於水次，形跡詭秘，遷徙無恆，村中間有富監耆老，類多由盜劫起家。大者，駕紅單船，裝載酒米糖果，赴各路販賣；小者，家置蝦笱艇，出洋採捕魚蝦，遇有客船載重者，一呼而集，恆數十人，殺劫貨物，駛至外洋偏僻之地，分攜贓物而竄，官為查拏，則生者出結保領，而實則以盜保盜也，欲窮治其罪，又無贓據可證。（〈虎門覽勝〉）

註：①振履：即內務府總管大臣松筠。

（清）盧坤等輯：《廣東海防彙覽》上函，卷一二，〈方略一〉，一二至一四頁。

乾隆五十八年（1793）九月初一日奉

上諭：前因咭唎表文內懇求留人在京居住，未准所請，恐其有勾結煽惑之事，且慮及該使臣等回抵澳門①，捏詞煽誘別國，夷商壟斷謀利。諭令粵省督撫等，禁止勾串，嚴密稽察。又據該使臣等，向軍機大臣呈稟，欲於直隸天津、浙江寧波等處海口貿易，並懇賞給附近珠山小海島一處，及附近廣東省城地方一處，居住夷商，收存貨物種種越例干瀆，斷不可行，已發給敕諭，逐條指駁，飭令使臣等迅速回國矣。

因思各省海疆最關緊要，近來巡哨疏懈，營伍廢弛，必須振作改觀，方可有備無患，前已屢次諭知該督撫等，督飭各營汛，於咭唎使臣過境時，務宜鎧仗鮮明，隊伍整肅，使之有所畏忌，弭患未萌。今該國欲撥給近海地方貿易之語，則海疆一帶營汛，不特整飭軍容，並宜預籌防備。

註：①使臣：即英使馬戛爾尼。

（清）盧坤等輯：《廣東海防彙覽》下函，卷二三，〈方略一二〉，二七至二八頁。

第七章　嘉慶時期至鴉片戰爭前夕廣東 （包括香港地區）的海防

按：嘉慶時期已進入十八世紀。此時，外國來華船隻日漸增多。清政府為防範外國兵船的侵犯，在加強廣東海防的同時，特別對香港、澳門地區的海防形勢進行了詳細的分析與布防。道光十九年（1839），廣東水師與伺機進犯的英國兵船在廣東沿海尖沙嘴處進行了初次交鋒。

一、嘉慶時期的廣東及香港地區海防設施

嘉慶六年（1801）總督吉慶、提督孫全謀會奏：准部核定章程內，將粵洋區分東、中、西上、西下四路，設立洋巡船隻，就各鎮協營所轄洋面地方，派撥鎮將備弁等員，率帶本管兵丁，每船三、四、五十名不等，配撥砲火、器械，定為統巡、總巡、分巡、會哨各名目，分別上下兩班，先將各員造冊送部，遇有失事，即按照原報各職名題參。

（清）盧坤等輯：《廣東海防彙覽》下函，卷二三，〈方略一二〉，三七頁。

嘉慶十四年（1809）十月二十八日，兩廣總督百齡奏：伏查粵東地方依山環海，港汉分歧，東、中、西三路海道，綿延四千餘里。⋯⋯御史何南鈺奏請，粵省各路海汛添駐武員重兵，分頭鎮守。固為慎重海防起見，惟水陸營汛各有定制，勢不能偏倚疏漏。粵東通省，督撫提鎮協各標，額設陸路五十九營，連新設前山寨共六十營，設兵丁四萬二千五百九十二名。外海水師二十七營，額設兵丁二萬零一百九十二名。內河水師八營，額設兵丁五千九百二十名，通共水陸

九十五營，計共兵丁六萬八千七百零四名。嘉慶六年（1801），前督臣吉慶，派撥外海水師二十七營，分段洋巡，以南澳右營海門、達濠、澄海各協營為東路；以碣石左翼二標、平海、大鵬、香山、廣海各標協營為中路；以春江右營、電白、吳川、硇州各營為西上路；以雷州右營海口、海安、崖州、龍門各協營為西下路。……至各路要隘口岸，如東路之海豐、陸豐、南澳、饒平、澄海、潮陽、揭陽、惠來等縣，原設砲臺三十三座；中路之東莞、香山、新會、新安、新寧等縣，原設砲臺二十八座。奴才百齡到任後，籌辦捕務，因地制宜，復議於最要海口，新會之崖門，東莞之新涌、山口、到滘、大汾，番禺之沙灣、烏豬，順德之大圍涌、雞公石，高明之都含，開平之長沙，鶴山之古勞、水口各等處，籌添砲臺十二座。西路陽江、電白、吳川、石城、海康、徐聞、遂溪、合浦、欽州、瓊山、文昌，會同澄邁、陵水、崖州各州縣，原設砲臺一百二十六座，分別最要、次要，派撥目兵或一二百名，或數十名不等，駐劄防守，其陸路六十營，及內河水師八營，設立汛卡，巡哨各船，撥兵分防，星羅棋布，在在均關緊要。

（清）盧坤等輯：《廣東海防彙覽》上函，卷九，〈營制二〉，一四至一六頁。

嘉慶十五年（1810）……現於增設水師提督案內，復議請添八百名。當此兵充船足之際，甫經戡亂之初，自應新定水師營制，參以舊設洋巡章程，斟酌損益，分路巡緝，俾不疏於稽防，庶永期於安謐。臣等議將現在派段搜捕之一百六十號師船，挑出一百四十號，擬於虎門迤東，大鵬營所轄之佛堂門起，至虎門迤西，廣海寨所轄之大澳止（山）一帶洋面，區為中路，設船三十號……仍定以統巡、總巡、分巡、會哨名目，責成各鎮將備等官，率帶各路兵丁，按照派定界限，分別上下兩班，實力巡哨、搜捕。（總督百齡會奏）

（清）盧坤等輯：《廣東海防彙覽》下函，卷二三，〈方略一二〉，三九頁。

虎門自康熙年間創設副將，繼因任重事繁，改設左翼鎮總兵。迨嘉慶年間，海氛不靖，經兩廣制軍百公齡籌議，改設水師提督，於嘉慶十五年（1810）奏，蒙俞允。

（清）關天培撰：《籌海初集》卷一，三頁。

大鵬左營現額弁兵五百零五名。

大鵬右營現額弁兵四百八十二名。

水師提標中營現額弁兵一千零八十一名。

水師提督左營現額弁兵一千名。

水師提督右營現額弁兵一千一百零一名。

以上為嘉慶十六年（1811）兵額數。

（清）盧坤等輯：《廣東海防彙覽》上函，卷九〈營制二〉，二二至二三頁。

海上巡邏，固須多設船隻，其陸地僻處窵遠者，舊制，止設營汛兵丁，並無船隻可以巡海。應請各州縣水陸緊要處所，逐一清查分晰，某港、某口一帶水路，係海船所巡，某州、某縣陸路，若干遠近，係汛守兵丁所巡。其有陸路汛守，而兼巡海口者，即酌量添船、添兵之法，務使水陸巡查，各得其實，庶地方不致推諉，而防禦實受其益矣。（同知姚哲詳議）

（清）盧坤等輯：《廣東海防彙覽》下函，卷二三，〈方略一二〉，一〇頁。

嘉慶二十二年（1817）十二月總督阮，登山相度，議建砲臺於山腰扼要處，所以資防捍，當飭履監造東連、橫檔、鎮遠砲臺。北接闈西兵房，西通獅子洋，笑顧東南，重門設險，百世之利也。議定，莞邑父老莫不傳述相慶，謂夷船之來，尚未可定，而番、順、東、香、新五邑相連，貧蜑奸民瀕海出入者，於二虎之交，肆其劫掠，得闈西大虎添兵彈壓，東莞盜氛可自此永息矣。即如往歲獅子洋、蕉門一帶，每屆冬令，盜艇潛出，劫掠之患，無歲無之。自十月闈西兵房告成，至今盜艇無敢出者，此其成效也。

（清）鄧淳撰：《嶺南叢述》卷三，一四頁。

大嶼山、東涌口、石獅腳砲臺，嘉慶二十二年（1817）總督臣蔣攸銛，阮元先後題准部咨建築。

（清）瑞麟、戴肇辰等修：《廣州府志》卷六四，〈建置略〉，二五頁。

二、鴉片戰爭前夕廣東（包括香港地區）的海防及與英國兵船的交鋒

（道光二年，1822）

廣東水師提標中營駐東莞縣南七十四里虎門寨城。

廣東水師提標左營駐新安縣城，東至大鵬營陸程一百三十里，西至虎門寨水程一百里，西北至省，水程二百八十里，南臨海，存城守備一員、千總一員、外委一員，駐防兵五百二十二名，分防五汛，千總一員、把總四員、外委四員、兵三百二十三名。

蓮花逕汛在本營東北六十里，分防兵二十名、千總一員，撥防兵三十名。

飛鵝莆汛兵十名（距本營五十里，上至長山口汛十五里，下至周家村塘十里）。周家村塘兵五名（距本營四十里，下至栗木岡塘十里）。栗木岡塘兵五名（距本營三十里，下至至息民亭塘十里）。息民亭塘兵五名（距本營二十里，下至流塘塘十里）。流塘塘兵五名（距本營十里，下至本營海港二里）。

南頭砲臺在本營東南十里，駐防兵三十名、把總一員、外委一員，撥防兵五十七名。

赤灣左砲臺兵二十名（距本營二十里，上至赤灣右砲臺二里）。

赤灣右砲臺兵二十名（距本營十七里，上至石圍塘十四里）。石圍塘兵五名（距本營四里，上至鰲灣角汛十八里）。鰲灣角汛兵十二名（距本營十五里，下至本營洋面一里）。

茅洲墩臺在本營西北五十里，分防兵二十名，把總一員、外委一員，撥防兵四十四名。

茅洲水汛兵三名（距本營五十里，上至碧頭墩臺十里）。

碧頭墩臺兵十三名（距本營六十里，下至碧頭水汛二里）。

碧頭水汛兵三名（距本營六十里，下至嘴頭角汛十五里）。

嘴頭角汛兵十五名（距本營四十五里，下距佛子凹汛十里）。

佛子凹汛兵十名（距本營二十里，下至本營海面一里）。

屯門汛在本營東南六十里，分防兵十六名，把總一員、外委一員，撥防兵六十名。

輞井汛兵十名（距本營五十里，上至橫洲汛十里）。

橫洲汛兵十名（距本營五十里，上至官涌汛十里）。

官涌汛兵五名（距本營五十里，上至蕉逕汛十里）。

蕉逕汛兵五名（距本營五十里，下至大埔頭汛十里）。

大埔頭汛兵十五名（距本營六十里，下至城門凹汛十里）。

城門凹汛兵十五名（距本營七十里，下至大鵬營海面五里）。

深圳汛在本營東四十里，分防兵十六名、把總一員、外委一員、撥防兵三十名。

白石塘兵五名（距本營十里，下至龍塘塘五里）。龍塘塘兵五名（距本營十五里，下至蘇雀嶺三十里）。蘇雀嶺汛兵十名（距本營六十里，下至苦草峒汛二十里）。苦草峒汛兵十名（距本營八十里，北至東莞管界河水一里）。

水師提標右營駐同中營。

水師提標前營駐東莞縣城。

水師提標後營駐增城縣屬新塘。

（清）阮元等纂：《廣東通志》，卷一七五，〈經政略一八〉，三一八三至三一八四頁。

（道光二年，1822）

大鵬營在廣州府東南五百里，東至歸善縣嶺凹村，陸路三十里，西至新安縣獨樹村，陸路九十五里，南至外洋，北至歸善縣西鄉凹，陸路三里，存營守備一員、把總一員、外委二員、兵二百十名，分防兵五百九十名。

鹽田汛在本營西七十五里，上至沱濘砲臺，水程六十五里，下至水師提標左營蘇雀嶺汛，陸程十里，把總一員、外委一員、分防兵二十八名。沱濘砲臺在本營西，水程一百四十里，把總一員、外委一員，分防兵八十三名，撥防兵十名。

老大鵬汛兵十名（距本營陸程三十里，上至砲臺，水程四十里，下至九龍砲臺，水程一百二十里）。

九龍砲臺在本營西，水程二百九十里，把總一員、外委一員，分防兵三十八名，撥防兵十名。

九龍海口汛兵十名（下至紅香爐水汛，水程二十里）。

紅香爐水汛在本營西，水程二百九十里，下至大嶼山砲臺水程一百十里，千總一員、外委一員（該汛兵丁撥配米艇巡洋）。

大嶼山砲臺在本營西，水程四百里，千總一員，分防兵四十八名，撥防兵三十名。

大嶼山汛兵十名（上至東涌口，水程四十里，下至砲臺水程十里）。

東涌口汛，外委一員、兵二十名（距本營水程三百六十里，上至水師提標左營琵琶洲洋面水程二十里）。

大米艇二隻，中米艇三隻，每隻配兵四十六名，共二百三十名，巡緝本營轄屬洋面。

槳繒船二隻，每隻配兵二十七名，共五十四名，巡緝本營洋面。

（清）阮元、陳昌濟等纂：《廣東通志》卷一七四，〈經政略一八〉，三一七八頁。

本提督奉命由驛，於（道光十四年，1834）十一月初五日馳抵省城，初六日在省接印。適貴部堂巡閱公出，拜摺後即至虎門檢閱洋圖，摘查文卷，選帶將備二員，隨同赴洋。自沙角砲臺放洋，由龍穴、金星門過九洲，至澳門，查勘香山、十字門、雞鵄山、萬山一路形勢，復轉帆東向，由九洲洋外，過伶仃、石筍，勘屯門、大嶼山、東涌、急水門等處，收回大角砲臺。查虎門設立重兵，內護省城，外捕奸匪，緝盜、防夷，與香山為犄角。而香山逼近澳門，巡防更關緊要。昨，本提督接見該協副將秦裕昌，應答一切，頗合機宜，似一可靠之員。至老萬山在內伶仃之南，離虎門約三百里。萬山之外，一派汪洋，渺無畔岸。該處兩山對峙，為商夷船隻出入標準，雖設有東西砲臺，奈一片汪洋，處處可行，守臺官兵，僅供瞭望而已。應請於大鵬、香山巡洋船內，酌撥二船，駐守兩山，遇有夷船，收針到山，大鵬一船，則專報中營巡員，傳知沙角守臺汛弁知會，前途撥兵，飛報提督。香山一船，則專報澳門巡員，專報香山副將。探報既勤，有事則諸般有備，無事亦籍以稽查巡員。其兩營船隻弁兵，仍按月輪換以均勞逸，而專責成。並請飭行澳門同知，轉飭各引，凡遇夷船到山，查明後，即知會萬山師船，畫一稟報。至於虎門之外，萬山以裡，島嶼叢雜，最易藏奸。巡海師船各營，本有段落，應請仍循其舊以免更張。

（清）關天培撰：《籌海初集》卷一，一八頁。

　　道光十五年（1835）四月，偕兩廣總督盧坤奏："查虎門砲臺籌議增修，請添鑄六千斤以上大砲四十位，酌派各臺應用，並將南山砲臺前面餘地添築石基，建設月臺，移置砲位，橫檔背面山麓及對岸蘆灣山腳各建砲臺一座，其沙角、大角兩處作為瞭望報信之臺。自南山砲臺起至大虎砲臺，分作三股防堵。一聞信砲，即分上、中、下三路轟擊。"得旨，允行。……十六年（1836）四月，偕總督鄧廷楨奏："防夷經費，請於每年二月杪、八月初分飭本標將備，率親兵五百餘名，分赴威遠、鎮遠、橫檔、大澆、永安、鞏固六處，練習砲準；其大角、沙角砲臺等處，共兵六百四十名。每次操演，以十日為度。計每年需用正項及另加賞犒銀共六千七百餘兩，均由鈔產變價生息，及裁撤巡船節省項下撥給。"從之。

《清史列傳》（一○）卷三九，〈關天培〉，三○八九頁。

　　道光十五年（1835）總督盧坤等奏：……沱濘山砲臺，康熙五十四年（1715）建，屬大鵬左營，在營西水程一百四十里，把總、外委各一員，兵八十五名（營冊）。九龍寨砲臺，嘉慶十五年（1810）建，營制同，在營西水程二百九十里，千總一員、兵四十二名（司案略：佛堂門原建砲臺一座，歸大鵬營管轄，因年久圮壞，該臺孤懸海外，無陸可通，又無村莊，居民互相捍衛，且距大鵬營城二百餘里，距九龍汛水程四十餘里，控制不能得力。準前任提督錢夢虎議，將該臺移建九龍地方，兵與民合聲勢聯絡守禦，較為得力）。

　　大嶼山、石筍砲臺，嘉慶二十二年〔1817〕建，屬大鵬右營，在本營西，水程四百里，千總、外委各一員，兵四十八名（司案略：新安縣屬大嶼山，孤懸海外，四面皆水，為各夷船必經之處，內惟大嶼山、東涌口二處，可以收泊。其東涌口向無汛房，惟大澳口，額設守兵十三名。山上向有雞翼砲臺，係大鵬營千總駐守，但與東涌、大澳相距遙遠，不能兼顧。嘉慶二十二年〔1817），總督蔣攸銛、阮元先後題准部咨，委候補知府彭昭麟，會同新安縣，於東涌口建汛房八間，又於東涌口、獅山腳建砲臺二座，兵房七間，火藥局一間。大澳口楊侯廟後，建垛牆十丈，於二十二年〔1817〕八月竣工）。

　　赤灣左砲臺，屬水師提督左營，東南十里。南頭砲臺汛，距本營二十里，上至赤灣右砲臺二里，兵二十名。赤灣右砲臺，營制同，屬營東南十里。南頭砲臺汛，距本營十七里，上至石圍塘汛十四里，兵二十名。以上兩臺，歸南頭砲臺把總兼防。

　　南頭寨大砲臺，營制同，在本營東南十里，把總一員、兵三十名。（俱同上）

（清）盧坤等輯：《廣東海防彙覽》下函，卷三二，〈方略二一〉，一四至一五頁。

道光十九年（1839）四月，又遵查海口排練砲臺情形，奏言：「廣東中路海口，以虎門為咽喉，進口七里，一山屹立海中，曰橫檔，其前有巨石，曰飯籮排，又其前小山，曰下橫檔。海道至此分二支，右多暗沙，左以武山為岸。山下水深，英船必由之路，海面僅三百餘丈，鎖以鐵練，承以木排，復建砲臺，俯臨排練，就令英船堅固，尚有一層阻截，羈絆多時，臺砲乘之，必成灰燼。」……時通商之國以十數，俱遵具並無夾帶鴉片切結，惟英吉利持兩端。七月，英領事義律率船五隻，以索食為名，犯尖沙嘴，則徐檄參將賴思爵禦之九龍山，碎其雙桅大船，英船紛集，砲彈如雨，我軍以綱紗障船，就旁施砲，斃敵多名。接仗踰五時，英人死傷益眾，逡巡遁。……九月，復乘間糾兵船滋擾，水師提督關天培敗之穿鼻洋，遂竄泊尖沙嘴。則徐以其北有山梁曰官涌，可以俯而攻也，令深溝固壘以待之。英人果六犯官涌，皆受懲創，然猶逗遛外洋。則徐疏其反復情形，上以彼曲我直，中外咸知，諭令停止貿易，暴其罪狀，驅逐出口。……。二十年（1840）四月，奏：「尖沙嘴為英船經由寄泊之區，又為粵省東赴惠、潮，北趨閩、浙要道，請與官涌兩處各建砲臺，俾聲勢聯絡。」如所請行。

《清史列傳》（一〇）卷三八，〈林則徐傳〉，二九六五頁。

（道光）十九年（1839）六月，督造排樁鐵練，安置橫檔山前海面較狹之處，並於威遠砲臺迆西，添築大砲臺一座，以資防禦，奏入報聞。十一月，英船駛入省河，踞官涌，天培率兵擊走之。時英艇全數屯尖沙嘴，乘勝掩擊，均退出外洋。

《清史列傳》（一〇）卷三九，〈關天培傳〉，三〇九〇頁。

道光二十年（1840）三月二十六日（軍錄）。竊照廣東虎門海口，為中路扼要之區，於嘉慶十五年設立水師提督，駐扎其地。西則香山，東則大鵬，形成兩翼。查香山協向駐副將，管轄兩營，額設弁兵一千七百零九員名，兵力較厚。大鵬原止一營，額設參將一員，管轄洋面四百餘里，其中有孤懸之大嶼山，廣袤一百六十餘里，是以道光十年（1820）已將大鵬分為兩營，而所設弁兵只九百九十八員名，較之香山營制，已有軒輊。……臣等伏查尖沙嘴、官涌兩處，既經建設砲台，必須調兵防守。但大鵬左營額設參將一員、守備一員、千總二員、把總三員、外委五員、額外外委二員、步守兵四百九十七名。右營額設守備一員、千總一員、把總三員、外委五員、額外外委二員、步守兵四百七十五名。除分班出洋外，尚不足以敷巡守，據該營縣令議請添，經臣等與水師提督臣關天培再四籌商，應將大鵬改營為協撥駐副將大員，統帶督率，與香山協聲勢相埒，控制方為得力。

中國第一歷史檔案館編：《鴉片戰爭檔案史料》第二冊，〈兩廣總督林則徐等奏為請改大鵬營制而重海防摺〉，七〇頁。

道光二十年（1840）四月乙酉。

林則徐等又奏：查廣東水師大鵬營所轄洋面，延袤四百餘里，為夷船經由寄泊之區。其尖沙嘴一帶，東北負山，西則有急水門、雞踏門，東則有鯉魚門、佛堂門，而大嶼巨島，又即在其西南。四面環山，藏風聚氣，波恬浪靜，水勢寬深，嘆夷船隻，久欲依為巢穴。而就粵省海道而諭，則凡東赴惠、潮，北往閩、浙之船，均不能不由該處經過，萬一中途梗阻，則為患匪輕。上年（十九年）因嘆咭唎桀驁不馴，抗違禁令，經臣等與前督臣鄧廷楨調集官兵，在尖沙嘴迤北之官涌等處山梁，紮營安砲，分為五路，痛加剿擊，該夷兵船二隻，貨船數十隻，始皆連夜遁去。但恐兵撤之後，仍復聯檣聚泊，勢若負嵎，必須扼要設防，方足以資控制。隨飭候補知府余保純、署大鵬營參將賴恩爵、新安縣知縣梁星源，會同周歷履勘。旋據該員等稟稱：尖沙嘴山麓，有石腳一段，其形方長，直對夷船向來聚泊之所，又官涌偏南一山，前有石排一段，天生磐固，正對夷船南洋來路。若兩處各建砲臺一座，聲勢既相聯絡，而控制亦極得宜等語。

《籌辦夷務始末》（道光朝）第一冊，卷一〇，〈林則徐等又奏籌議廣東添設砲臺以防英軍摺〉，三〇二頁。

道光二十年（1840）四月二十五日，內閣奉上諭：

林則徐等奏添建砲臺一折。廣東尖沙嘴一帶地方，為夷船經由寄泊之區，又係該省船隻，東赴惠、潮，北往閩浙要道。該督等相變情形，請於尖沙嘴及官涌兩處，各建砲臺一座，聲勢既相聯絡，控制亦極得宜。著照所議，趕緊建築，以資防制。其尖沙嘴砲臺估需工料銀一萬七千九百五十一兩零，官涌砲臺估需工料銀一萬四千四十六兩零，准其在於商捐前山營生息銀內動支給辦，免其造冊報銷。

中國第一歷史檔案館編：《鴉片戰爭檔案史料》第二冊，一一二頁。

伏查廣東沿海各口，嘉慶年間設立砲臺一百二十餘座。道光以後添修至一百六十餘座。由省河以達虎門，砲臺林立，添修者為多，所以防洋船之出入也。道光二十一年（1841），洋人攻毀虎門砲臺。次年，重修砲臺十四座，內河砲臺四座，用銀四十一萬有奇，制備砲位不下數十萬。咸豐七年（1857），洋人滋擾省城，大小砲臺復遭平毀，無幾存者。就廣東海洋大勢論之，西、北兩江之水經省河，合東江南流，匯為內洋，大虎山扼其衝，實踞全省形勝之地。而東、西江支流分注外洋，如順德之龍江、新會之熊海，皆上受西江之水以注於海。故論粵海形勢，以虎門為東江正流，以新會之崖門為西江正流。而香山之蕉門、涌口門、第一角海、新會之虎跳門等處，海船皆可出入。即虎門之大角、橫檔水軍寮、九宰山諸砲臺，峙立大洋，四面皆通舟楫，港汊紛歧，在處繞越。獨洋船入水最深，必經虎門，為能扼之。其實，自古設險之地，亦因天時人事與為輕重。現今虎門之上約百里為大洲，洋人於此修造船隻，再上二十里為黃埔，洋船於此屯泊。附城沙面地方亦屬之洋人，所須防者，洋盜之駛入而已。

（清）王先謙編：《郭侍郎（嵩濤）奏疏》卷二，〈修築廣東省城砲臺片〉，一頁。

附：《籌海圖編》中的〈防倭寇圖說〉①

　　廣船視福船尤大，其堅緻亦遠過之。蓋廣船乃鐵栗木所造，福船不過松杉之類而已。二船在海若相衝擊，福船即碎，不能當鐵栗之堅也。倭夷造船亦用松杉之類，不敢與廣船相衝，但廣船難調，不如調福船為便易，何也？廣船非我軍門所轄，不似福船之易制禦，一也。廣船若壞，須用鐵栗木脩理，難乎其繼，二也。造船大戶，倩人駕使，任其毀壞，而不惜，三也。造費浩繁，其毀甚易，移文脩造，理勢難行，四也。將欲重價以僱之，則此船在廣，魚鹽之利自多，區區價微不樂於僱，五也。欲許其帶貨，則廣貨之來，無資於海。蓋福建收港，溪水甚逆，浙直道遠，風濤可畏，不如一踰梅嶺，即浮長江，四通八達，故雖帶貨，亦非其所願，六也。向來通倭境漳泉無生理之人，廣人自以魚鹽取西南諸番之利，不必如福船之當嘈以取利中國，七也。此廣船之利弊也。廣東大戰艦用火器，於浪漕中起伏蕩漾，未必能中賊，即使中矣，亦無幾何，但可假此以褫敵人之膽耳。所恃者有二：發鑛佛郎機，是惟不中，中則無船不粉，一也。以火毬之類，於船頭相遇之時，從高擲下，火發而賊舟即焚，二也。大福船亦然。

　　福船高大如樓，可容百人。其底尖，其上闊，其首昂而口張，其尾高聳，設柁樓三重於上，其傍皆護板，釘以茅竹，堅立如垣。其帆桅二道，中為四層，最下一層不可居，惟實土石，以防輕飄之患。第二層，乃兵士寢息之所，地板隱之，須從上躡梯而下。第三層，左右各護六門，中置水櫃，乃揚帆炊爨之處也。其前後各設木梡，繫以棕纜，下梡起梡，皆於此層用力。最上一層，如露臺，須從第三層穴梯而上，兩傍板翼如欄，人倚之以攻，敵矢石火砲皆俯瞰而發，敵舟小者，相遇即犁沈之，而敵又難於仰攻，誠海戰之利器也。但能行於順風順潮，回翔不便，亦不能逼岸而泊，須假哨船接渡而後可。

參將戚繼光云：福船高大如城，非人力可驅，全仗風勢。倭舟自來矮小，如我之小蒼船，故福船乘風下壓，如車碾螳蜋，鬥船力而不鬥人力，是以每每取勝。設使賊船亦如我福船大，則吾未見其必濟之策也。但吃水一丈一二尺，惟利大洋，不然多膠於淺，無風不可使。是以賊舟一入裡海，沿淺而行，則福舟為無用矣。故又有海滄之設。

參將戚繼光云：海滄稍小福船耳，吃水七八尺，風小亦可動，但其功力皆非福船比。設賊舟大，而相並我舟，非人力十分膽勇死鬥，不可勝之。二項船皆只可犁沈賊舟，而不能撈取首級，故又有蒼船之設。

參將戚繼光云：開浪以其頭尖故名，喫水三四尺，四槳一櫓，其形如飛，內可容三五十人，不拘風潮順逆者也。

參將戚繼光云：近者，改蒼山船制為艟艪，比蒼船稍大，比海滄更小，而無立壁，最為得其中制。遇倭舟，或小或大，皆可施功，但水兵人技皆次於陸兵。設使將水兵教練、遴選亦如陸兵，而後登之舟中，則比陸兵戰加一舟險，其功倍於陸兵必矣，司寄者何憚而不為哉。

蒼山船首尾皆闊，帆櫓兼用，風順則揚帆，風息則盪櫓。其櫓設於船之兩傍，腰半以後，每傍五枝，每枝二跳，每跳二人，方櫓之未用也。以板閘於跳上，常露跳頭於外，其制以板隔為二層，下層鎮之以石，上一層為戰場，中一層穴梯而下，臥榻在焉。其張帆下椗，皆在戰場之處。船之兩傍俱飾以粉，蓋卑隘於廣福船，而闊於沙船者也。用之衝敵，頗便而捷，溫州人呼為蒼山鐵。

參將戚繼光云：蒼船最小。舊時，太平縣地方捕魚者多用之，海洋中遇賊，戰勝遂以著名。殊不知彼時各漁人，為命負極之勢，亦由賊之入我地是也。今應官役，便知愛命，然此船水面上高不過五尺，就如以木打棚架，亦不過五尺，賊舟與之相等，既勢均不能衝犁，若使徑逼賊舟，兩艘相聯，以短兵鬥力，我兵決非長策，多見誤事。但若賊舟甚小，一入裡海，我大福海滄不能入，必用蒼船以追之。此船

175

喫水六七尺，與賊舟等耳，其撈取首級，水潮中可以搖，馳而快便，三色之中，又此為利。

崇明沙船可以接戰，但上無壅蔽，火器、矢石何以禦之，不如鷹船兩頭俱尖，不辯首尾，進退如飛，其傍皆茅竹板，密釘如福船傍板之狀，竹間設窗，可出銃箭。窗之內，船之外，隱人以盪槳，先用此舟衝敵入賊隊中，賊枝（技）不能卻，沙船隨後而進，短兵相接，戰無不勝矣。鷹船、沙船乃相須之器也。

漁船於諸船中制至小，材至簡，工至約，而其用為至重，何也？以之出海，每戰三人，一人執布帆，一人執槳，一人執鳥嘴銃。布帆輕捷，無輒沒之虞，易進易退，隨波上下，敵舟瞭望所不及，是以近年賴之取勝，擒賊者多其力焉。

此船定海臨觀象山一帶，沿海地方俱有之。其形如梭，用竹桅、布帆，僅可容二人，衝風冒亂，專入大洋，抵下八山，取殼菜、紫菜、打魚之利。舟至山麓，二三人以舟舁置灘塗避風潮，若欲西歸，仍舁舟下水，不能禦敵，但可為哨探之用，乃魚船之至小者也。

參將戚繼光云：網船形似織梭，內容二人，前後用二人，以罩罩之。風浪大可拖之塗上，且不能覆，喫水七八寸耳。此可走報，或用之裡港窄河，動以百數，每隻內用鳥銃二三，人蜂集，蟻附沿海、沿塗，而打之甚妙，如賊追逼，就可棄走。一舟不過一金之費耳。

兩頭船

按《大學衍義補》有兩頭船之說，蓋為海運。為船巨，遇風，懼難旋轉，兩頭製舵，遇東風則西馳，遇南風則北馳，海道諸船無逾其利，蓋武備，不嫌於多，慮患，不妨於遠，莫為之前猶將求之，而況設之前者，有未泯乎？以此衝敵，則賊舟雖整，可亂也。

船曰蜈蚣象形也。其制始於東南夷，專以駕佛郎機銃。銃之重者千斤，至小者亦百五十斤，其法之烈也，雖木、石、銅、錫犯，罔不碎觸，罔不焦。其達之迅也，雖奔雷、掣電，勢莫之疾，神莫之追，蓋島夷之長技也。其法流入中國，中國因用之以馭夷狄，諸凡火攻之具，砲、箭、槍、毬無以加諸。其成造也，嘉靖之四年（1525），其裁革也，嘉靖之十三年（1534）。數年之間，未及一試，而莫知其功用之大也。葛雉川曰：蜈蚣之氣能逼蛇，夷之制義毋迺為是故。與夫海宴河清，萬世所願，使長蛇之勢不能盡偃，則蜈蚣之制其能不興也乎？名器尚存，述之以俟採用。

海行甚速，而遲者鬥風故也。如大食國，在漳州東南，每歲通番者，必候冬初，西北風盛而去。夏初，東南風盛而來，所謂海舟無風不可動也。惟佛郎機蜈蚣船，底尖面闊，兩傍列楫數十，其行如飛，而無傾覆之患，故倣其製造之，則除颶風暴作，狂風怒號外，有無順逆，皆可行矣，況海中晝夜，兩潮順流，鼓楫一日，何嘗不數百里哉。

水戰非鄉兵所慣，乃沙民所宜。蓋沙民生長海濱，習知水性，出入風濤，如履平地。在直隸、太倉、崇明、嘉定有之。但沙船僅可於各港協守，小洋出哨，若欲出赴馬蹟陳錢等山，必須用福蒼，及廣東烏尾等船。

沙船能調戧使鬥風，然惟便於北洋而不便於南洋。北洋淺，南洋深也。沙船底平，不能破深水之大浪也。北洋有滾塗、浪福船，蒼山船底尖，最畏此浪，沙船卻不畏此。北洋可拋鐵貓（錨），南洋水深，惟可下木椗。

此船當與鷹船說參看。

太倉生員毛希秉云：太祖舊制，深嚴雙桅船隻，私自下海之禁。承平既久，法度浸馳，雙桅習以為常，甚至有五桅者長江大帆，一日千里。近蒙當道建言，申明舊制，曉諭改正，而未嘗著實舉行，故沙船入港，頭桅多寄海口，或倩人遊說官府，航海非雙桅不可，冀便其私蓋單桅、雙桅，無不可行，但有大小遲速耳。定制，沙民止許戶船一隻，巡船宜快便，多桅櫓，如糧船，有一定之式，以便江海識別。沙船宜樸實單桅，仍禁雙桅眼，責令本州縣及守禦官，限一月之內，改正違者，即係賊船，許諸人擒獲，首告，即以充賞。惟有副帆、副桅，以備損壞，而桅眼止一者聽。庶幾我常強而彼常弱，我常速而彼常遲，此造船之良法也。

註：①此史料本有圖，因篇幅關係，僅錄圖說，以見明代兵船
　　　情況。

　　《文淵閣四庫全書》，〈史部〉三四二，〈地理類〉，（明）胡宗憲撰：《籌海圖編》卷
一三，第五八四本，四〇五至四一四頁。

第二編

第一章　香港被割佔

按：1840 年 11 月琦善到達廣州後，不事戰守，一意妥協，最後以換回定海、沙角為名，擅自將香港讓予英國。清廷遂將琦善革職抄家，解京訊問，並命奕山待機收復香港。奕山等到廣州後，初則浪戰，繼則觀望。而廣東人民卻熱切盼望收復香港。《南京條約》簽訂後，英國 "合法" 地侵佔了香港。

一、琦善與義律關於香港問題談判的一般記載

先是，廷楨自閩解任至，值夷堅索埠地，琦善以閩之廈門、粵之香港，就廷楨商二地所與。廷楨曰，"廈門全閩門戶，夷居廈門可以窺內地。且澎湖、台灣之在廈東者，聲勢為所隔絕，不得聯絡。其害至深，固萬無許理。即香港亦在粵洋中路之中，外環尖沙嘴、裙帶二嶼，夷舶常藉以避風浪，垂涎久矣。今一朝給予，彼必築建砲臺，始猶自衛，繼且入而窺伺。廣東貨船，鱗泊黃埔，輜重在焉。其白黑夷之居夷館者以千百計，皆香港應也。與之良非所便。"琦善亦無以奪，已奏聞矣，至是進退無策。思借商議和款，往還論說，暫緩時日。義律已窺見其情，所請更日有加增，而求香港意愈堅。天培密請添兵守虎門，琦善慮夷知而有詞也，峻拒不許，而允償煙價至七百萬員，終無成議。

（清）梁廷楠著，邵循正校註：《夷氛聞記》卷二，五一頁。

琦善見夷人日肆狼猖，非羈縻之計所得緩。恐其再奪諸臺，則粵防全撤，得罪益重，思救目前之急，遽奏請開禁通商，給廈門為市

地，以明年正月初旬為期，還以煙價，又復許以香港全島，與義律再申和約，稱之公使大臣，以浙江所獲夷俘易定海。義律得文約大喜，請繳還沙角、大角兩臺，及所掠師船鹽船，由海道赴浙撤兵，求備文代遞伊里布，俾知繳還定海之由，送給留定船目。文至，琦善亦代封付伊里布，囑其據以收地。伊里布緣是觀望不敢出兵。不知兩臺失陷奏到，上已決意痛剿，革琦善、天培頂戴，帶罪立功，速調湖南、四川、貴州官兵，及南贛兵二千馳赴剿辦矣。

二十一年（1841）正月初三日，琦善自出閱視虎門，舟次獅子洋，於中道之蓮花山與義律見，商議條款，豐待酒食，使保純偕廣州副將趙承德主席勸釂。義律欲示其軍伍之整肅，飲已，領兵隊，攜鎗砲，列陣山坡操演，請琦善出閱，欣然臨觀畢，給賞而去。保純等亦先旋省。十九日，義律復請見於鎮遠山後之蛇頭灣，出上年所給券約，請蓋關防，琦善不允。（親供："正月十九日，義律又來求見，欲給香港為寄居之地，求為蓋用關防，未經允許。" 又云："當日逆夷求討地方兼貿易馬頭，恐後有建臺設砲等事，是以據實奏明。迨後逆夷圍困砲臺，事在緊要，不得不佯允所請，以救眉急。" 是香港之許給，已在上年圍困砲臺之時。其正月在虎門再見，所求係請蓋用關防。則上年許給時，未經蓋有關防，今和後乃請補蓋為據也。互勘極明）……琦善既目睹夷陣，怯其兵砲，愈執初見，以為非和則事未可知，特自憫無以回天也，遽以 "粵中地勢無要可握，軍械無利可恃，兵力不固，民情不堅" 陳奏。語似過張夷勢而代其邀恩，奏到在調兵後，遂奉嚴旨。且奉有 "煙價一毫不許，土地一寸不給" 之諭矣。

（清）梁廷枏著，邵循正校註：《夷氛聞記》卷二，五五至五六頁。

至是，乃募孟阿臘人為兵，倉皇至粵，入擾內河，求香港為市地。當事令給還夷欠。又去而分擾江、浙，奏奉恩旨：許以廣州、福州、廈門、寧波、上海五口為市，……遂就款。

（清）梁廷楠著，駱驛、劉曉校點：《海國四說・蘭崙偶說》卷四，一五三頁。

　　琦善前以廈門及香港二地商之鄧廷楨，廷楨言廈門全閩門戶，不可許；香港鼎峙，為粵海適中之地，環以尖沙嘴、裙帶路二嶼，藏風少浪，若令英人築臺設砲，久必窺伺廣東。琦善既據以奏聞。至是不能自背前奏，又無以拒義律之求，筆舌往反，終無成議。義律遂乘其無備，於十二月五日突攻沙角、大角砲臺，……陳連升父子戰死，賊遂居沙角、大角兩砲臺。時提督關天培、總兵李廷鈺、游擊馬辰等，尚分守鎮遠、威遠、靖遠各砲臺，兵各僅數百，相向而泣。天培遣廷鈺回至省城，哭求增兵，闔省文武亦皆力求，琦善置不問，惟連夜作書令鮑鵬持送義律，再申和議，於煙價復以香港許之，並歸浙江俘人，以易定海城。琦善與立契約，遂於正月赴虎門宴義律於獅子江。既而正月杪批摺回，於是事復中變。

（清）魏源著：《魏源集》卷上，〈道光洋艘征撫記〉（上），一七八至一七九頁。

　　當義律之請撫也，一索煙價，一欲得香港碼頭，琦相以事關割地，佯許之而未敢入奏。然英人自謀奪濠鏡不得，屢思於附近粵東省城乞一島之地以為定居，蓋早有窺香港之志矣。迨聞相國許其入奏，始則稱兵以要之，繼則請繳還浙之定海及獻出二角砲臺以易之。相國方欲請旨定奪，而英人已在香港出示，起造房屋碼頭，視為己有。未幾，將軍、參贊至粵，遂以六百萬及香港一島為城下之盟，而義律之狡焉以逞，遂於粵東始終之。

（清）夏燮著，高鴻志點校：《中西紀事》卷三，四九頁。

　　道光二十年（1840）十二月二十八日（軍錄）。

　　查該夷於本月二十三日遞到夷書二件，一係遵繳定海、沙角，一係請於尖沙嘴、香港寄居。奴才以尖沙嘴新建砲臺，設兵防守，非如香港之孤懸外洋可比。且係兩處地方礙難允准，當又備文仍令委員持往辯論。茲於二十五日又據該夷投到回文二件，一係止請於香港一處泊船寄居，一係求釋夷人二名。奴才查現在大局將定，前所獲之夷人自可無庸拘留，即准其查明釋放。至於香港地方，奴才先已派員前往勘丈，俟奉旨准行，再與該夷酌定限制。

中國第一歷史檔案館編：《鴉片戰爭檔案史料》第二冊，〈欽差大臣琦善奏為英人來書遵繳定海惟請於尖沙嘴香港寄居並釋放英俘等情片〉，七七四至七七五頁。

二十年（1840）冬，欽差大臣大學士琦善至粵，尋奉旨署兩廣總督。

義律自天津赴浙，亦由浙回粵，以相國撫意已定，請撤沿海防衛，許之。……

義律乘舟來往省會，首索煙價，繼又求給香港碼頭，行文照會，且趣相國回文，以昭憑信。相國以事關割地，遷延不覆。義律見兵勇漸撤，虎門空虛，數遣人挑戰，相國亟傳諭止之。義律曰："戰而後商，未為晚也。"十二月十五日，英人糾約漢奸，乘坐多船，直逼虎門外之沙角砲臺。三江副將陳連陞督兵拒之。初以地震扛砲擊斃夷兵四百餘人，援兵不至，英人併力攻之，遂奪砲臺。……

義律挾兵以要相國照覆之文，因前此有戰後再商之語，乃仍以索煙價、香港為詞，行文照會水師提督，並脅以三日內回覆之限。相國據以奏聞，……是時相國意在緩兵，仍執撫議羈縻之，迨兩砲臺奪破之奏至，上已簡授親臣宿將，一意進剿。義律亦偵知大兵將至，所請不行，逾年粵東之釁復起。

二十一年正月，相國與義律相見於蓮花城，定香港之約也。初，英人挾兵要撫，數行文照會，索香港甚力。相國慮虎門失事，佯許之，而未敢入奏。義律度香港未可驟得，續請獻出沙角、大角砲臺，並遣人赴浙，繳還定海以易之，又趣相國回覆。相國乃以出查砲位，與義律定期見焉。義律凡兩見相國，出其所定貿易章程，及給予香港全島如澳門故事，相國皆許之。義律又請蓋用關防，相國不可，但傳言囑其安靜守候，一面咨會伊相收復定海，省釋夷俘；一面據其照會來文，附折陳奏。

（清）夏燮著，高鴻志點校：《中西紀事》卷六，八三至八五頁。

　　當英夷垂涎澳門不可得，乃役志於香港，琦相亦知香港既給，必至屯兵聚糧、建臺設砲，流弊不可勝言。一旦為義律要挾，不能自持，故其前後奏詞，率多支離掩飾，而與義律往返晤商，事機秘密，即據其刑部訊供，亦恐多不實不盡之處。今按相國被逮，在刑部供稱：到粵後，該夷來討貿易碼頭，商議未定，即攻擊大角、沙角砲臺。琦善因救急無策，佯允代奏，給予香港地方寄居。該夷意在挾制，即在彼假出偽示，支搭帳房。十二月內，該夷欲交定海，當即函致伊里布，屬其帶兵前往收復，並有該夷給與留浙頭目信函，附入封內，由驛遞往。本年正月初五日，琦善赴虎門查勘（師）〔獅〕子洋面，夷目義律求見，以定海繳還，欲求通商，呈出所議章程數條，多係貿易瑣務。琦善以其多有窒礙，當加指駁。其時首府並將弁及洋商等，均在該處伺候，惟鮑鵬通曉夷語，是以令其傳話。十九日，琦善復往虎門查看砲位，至蛇頭灣地方，義律又來求見，懇給予香港全島，並擬寄居貿易各條款，求為蓋用關防。琦善未經允許。二十八日，該夷聞大兵將到，勢必攻剿，時思蠢動。琦善見虎門危急，著鮑鵬給與文書一件，內稱：如欲香港全島，屬其安靜守候，俟奏明後方可定議。並面諭鮑鵬，如夷情不順，即將文書帶回。鮑鵬見其情形兇惡，未曾付給，遂有二月初六日之事[①]等語。此其在粵查辦夷務之顛末也。

註：①二月初六日之事：即英軍攻佔虎門砲臺一事。

　　（清）夏燮著，高鴻志點校：《中西紀事》卷六，九一至九二頁。

　　道光二十一年（1841）。春正月，琦善以香港許。

　　粵東時已許償煙價銀七百萬圓，而英義律索香港甚力，琦善慮虎門失事，許之，而未敢入奏，乃歸浙江英俘易定海。義律度香港未可驟得，先遣人赴浙繳還定海，續請獻出沙角、大角砲臺以易之。琦善乃以出查砲位為辭，陰與義律訂期會於蓮花城。義律出所定貿易章程，並給予香港全島，如澳門故事，皆私許之。

（清）王之春：《清朝柔遠記》卷九，二〇〇頁。

二、琦善與義律關於香港問題的來往照會及奏摺

大英國家，決要擔保將來妥當。按照兩國歷久相通之理，使凡有英國民人，赴到中國經商。倘務正經貿易，不得再遭強迫喫虧。又欲免京師之上憲，及天下口岸之地方官，不得擅自恃勢，累及在中國經商之英人。因此各緣，故此大英國家催討在大清國家沿海地方，將島地割讓與大英國家，永遠住持，致為大英民人居處貿易之市，以免其身之磨難，而保其貲貨妥當。所割讓之島，廣大形勢之便，或止一島，或數島，皆照大英欽奉全權公使所擬也。

（日）佐佐木正哉編：《鴉片戰爭之研究》（資料篇），〈巴麥尊照會〉，1840 年 2 月 20 日（道光二十年正月十八日），六頁。

又割讓海島以為貴國貿易之地一節，查天朝與各國通商，本係格外施恩，但能恭順，概不拒絕。前因嚴禁鴉片，貴國不肯具結，是以不與通商，今既欲照常貿易，自有向來互市地方，其餘本非商賈雲集之處，不但天朝體制不能另闢一境，致壞成規，且既無人購買貨物，則為貴國貿易計，亦屬無益。

（日）佐佐木正哉編：《鴉片戰爭之研究》（資料篇），〈琦善照會〉，道光二十年（1840）八月初四日，一四頁。

惟請給地方一款，貴公使大臣，現既恭順，本大臣爵閣部堂，方將代為奏懇恩施，仍准通商。既通商矣，則向來自有一定馬頭，歷今已二百餘年，豈有因一人一事，遽爾更張之理？蓋天朝之與貴國通

商，原屬曠典，因通商而轉予之以地，無論與理不順，亦復於情不協。且從未與他國，獨能與貴國乎？

（日）佐佐木正哉編：《鴉片戰爭之研究》（資料篇），〈琦善照會〉，道光二十年（1840）十一月十八日，三十一頁。

請給地方一節，據來文稱云，已奉大皇帝諭旨，不願如此辦理。即英國原亦不求取地方，倘能應允另行開港貿易，本公使大臣，當可不再求地。惟請以從前貿易數港，即粵省之省口，閩省之廈門，浙省之定海三處，開准英國商船任意赴往買賣。似此辦理，本公使就可允照辦行。此所云准予英船在數港任意往來買賣等情，並非求准英國商船止可如此，即各國商船，俱可一然，准為貿易。惟從此以後，倘有再允外國之人，在此外別港開市貿易，亦當允准英民商船同然赴往。

（日）佐佐木正哉編：《鴉片戰爭之研究》（資料篇），〈義律照復〉，1840年12月12日（道光二十年十一月十九日），三二至三三頁。

至於地方一節，前請另行給予，此天朝從來未有之事，其勢斷不能行。即請予馬頭，以為貿易之地，亦經欽奉大皇帝諭旨，以海舶往來，均在粵海，斷不能另闢一境，致壞成規。曾於七月間，在天津時，照會在案。惟貴公使大臣，現既事事恭順，本大臣爵閣部堂，自當不揣冒昧，與求請通商，一併代為奏懇聖恩，請於廣州之外，祇能另給馬頭一處，准令乘舟載貨前往，即在舟中與行戶互市，仍遵前例，不得上岸居住，與居民私自交接。然必貴公使大臣，繳還定海，方見實在恭順，方可據情代奏。否則臣子事君之理，豈有未見恭順實跡，先行求請恩施。萬國一理，中外皆然，想貴公使大臣，亦必明此大義。

（日）佐佐木正哉編：《鴉片戰爭之研究》（資料篇），〈琦善照會〉，道光二十年（1840）十一月二十二日，三四頁。

茲貴大臣爵閣部堂，若可允以所請廣州之外，在浙、閩兩省，抑在江蘇、福建兩省，將各省一處開港貿易。貴大臣爵閣部堂，一面說定盟約，繕摺具奏，請旨准行，本公使大臣，即一面派員赴定海，令為早日豫備撤兵繳還。應先約明，自在定海奉到皇帝諭旨，將此間所結盟約，允准照行之日，以一月為期，即一月以內，速將據守定海之兵，統行撤退，並將定海繳還浙江上憲收回。且本公使大臣，心知貴大臣爵閣部堂，無誠不信，又知天朝信義示人，自可無庸疑慮。今不求該二處先開港，一經奉旨允准，就可撤兵繳還。俟定海統已撤兵，方請開港貿易。惟來文開載另給馬頭，即在舟中與行戶互市等因，本公使大臣再三熟思，倘如此辦理，則買賣之務，必不能行。應請異議籌辦，而此請並無別故，祇有求予方便館所，俾得寄寓貿易。其如何管理章程，即俟晤見之日，另議說定可也。

（日）佐佐木正哉編：《鴉片戰爭之研究》（資料篇），〈義律照會〉，1840 年 12 月 17 日（道光二十年十一月二十四日），三七頁。

於本月初一日，因此間未便久延，經本公使大臣咨會貴協鎮，煩請代稱，務望欽差大臣爵閣部堂及早議復。迄今又已二日，仍未接據復文。茲再將照會欽差大臣琦爵相公文一角寄送，煩請轉呈。本公使大臣仍當安俟二日，倘明日夜間子時以先，未能接據議復允照辦理，則本公使大臣既勉力承平，惟見無措善定，不敢遷延多日，必將各事交付佰統帥往後辦理。從初四夜後，擬藉兵法辦行。此事所關最緊，務望請貴協鎮，趕將公文急行轉遞，俾免交戰之禍。

（日）佐佐木正哉編：《鴉片戰爭之研究》（資料篇），〈義律咨會〉，1840 年 12 月 26 日（道光二十年十二月三日），四一至四二頁。

至於求通貿易，自有一定地方，早經欽奉大皇帝諭旨。海舶往來，均在粵海，斷不能另開一境，節經備文照會在案。……

至於寄居之說，貴國來此通商之人，向在澳門，租賃西洋人房屋居住，則此後奏奉恩旨，准令照常通商，自可照常居住。即另添一處馬頭，總不過為貿易而起，自有洋商照管，物貨銷盡，即可回轉。且海道一水可通，往來澳門，亦尚不難。既非意圖佔據，何必又於他處久住，起人之疑。

（日）佐佐木正哉編：《鴉片戰爭之研究》（資料篇），〈琦善照會〉，道光二十年（1840）十二月初三日，四四至四五頁。

惟有一面繳還定海，一面另行開港貿易一款，尚難說定萬全。如果貴大臣爵閣部堂欽遵皇帝諭旨，斷難不能開二處馬頭，准人寄居買賣，則本公使大臣亦必欽遵主命，萬難擅將定海繳還。乃想貴大臣爵閣部堂，倘可俾令本公使大臣幸得在澳門，或別處方便所在，與貴大臣爵閣部堂面談其事，或得通盤籌畫，依照貴大臣爵閣部堂來文開載祇給一港，毋庸寄居之語，尚得辦結，亦未可定。前經另行敍論各款者，亦須逐一說定。即有交易章程，自開棧房貯貨，隨帶家眷居住，及自管本國人民有罪者，節節必應籌畫周全，以免後論。諒在廣東省城必難通照本公使大臣為英國討請之處，允依辦理。如果在省城礙難應允，則如本公使大臣所見，惟有予給外洋寄居一所，俾得英人豎旗自治，如西洋人在澳門豎旗自治無異。

……

夫理論此等事件，必須再四面譚，方能結議。倘貴大臣爵閣部堂幸能依照所請，允在澳門相晤，可冀早日諸事說定，以俾辦結萬全。倘若貴大臣爵閣部堂欽遵皇上諭旨，斷不能依允所請，通變辦理，以使粵省貿易者，各得其當，並不能給以口外寄居一所，俾英人隨帶家眷，設館居住，開棧貯貨，豎旗自治，如西洋人在澳門者，則本公使大臣追念在粵交易向來章程，每每有釀出事端，誠恐後來必有復生爭論之處，是以未敢自擅結事。彼此若未能辦結，則毋庸商允和矣。

（日）佐佐木正哉編：《鴉片戰爭之研究》（資料篇），〈義律照會〉，1840年12月29日（道光二十年十二月初六日），四六頁。

又所稱予給外洋寄居一所之說，查天朝准令外國之人前來貿易，已屬大皇帝格外施恩，斷無再給地方之理，亦經本大臣爵閣部堂備文照會。並據貴公使大臣來文內，聲明不再求地，今何以又有予給寄居一所之語？若云西洋人章程，相沿已久，並非始自我朝，諒必為貴公使大臣之所諗知。今貴國豈能以前朝之事，強為比附。……至於貿易之事，歷來自有舊章。廣東省城，向無外國寄居之例。若貴國之人，仍如從前在澳門租賃西洋人房屋居住，則即隨帶家眷官員，亦不為禁止也。

（日）佐佐木正哉編：《鴉片戰爭之研究》（資料篇），〈琦善照會〉，道光二十年（1840）十二月初十日，四九頁。

道光二十年（1840）十二月庚午。

欽差大臣大學士署兩廣總督琦善奏：

竊奴才前於十一月二十一日，將夷情日漸迫切，酌允酬給洋銀五百萬圓，暨該夷請給地方之處，仍再曉以禮義，復委員持文前往各等情，具奏後。旋據該夷交委員等帶到覆書，據將價銀一款，降至七百萬圓，稱須先給二百萬，其餘作五年分還。又言地方一節，如不准給予，請於廣州之外，再准其往福建之廈門，浙江之定海，任意貿易，並又添出另款。而其面見委員時，言語倨傲，動加訶斥，大非前在天津之比。其兵目人等，亦無不喜事貪功，業有兵船二十餘隻駛近虎門，相距不過十里，一不遂欲，勢即猖狂。

奴才先訪得該夷求請地方，其所垂涎者，一係粵省之大嶼山，一係海島，名為香港，均在老萬山以內，距澳門不遠。伏查大嶼山袤延數百里，地居險要，早經建築砲臺，設有守備。即香港亦寬至七八十里，環處眾山之中，可避風濤，如或給予，必致屯兵聚糧，建臺設砲，久之必覬覦廣東，流弊不可勝言。既據該夷改請添給貿易馬頭，較之給予地方，似為得體，惟不能准其兩處。奴才隨備文照覆該夷，允為代懇天恩，於粵省之外，再准通商一處。仍告以祇准與行戶互市，不得上岸與居民交結，並將銀款一節，酌酬洋銀六百萬圓，衹允先給一百萬圓，其餘分七年帶還各等情，復行委員去後。隨據該夷備文，先令委員持回，文內聲明仍俟詳晰照覆等語。茲於本月二十六日，由署水師提標中軍參將轉遞該夷回文前來，該夷於酌酬洋銀六百萬圓一節，業已遵依，惟下餘銀兩，仍請分期五年，並又添出息銀。其貿易馬頭一節，亦仍請於廣州之外，或福建、或浙江、或江蘇，於此三省中，酌准通商二處，並請酌予寓居之所。據稱：如終不允所請，則必無善定等語。

《籌辦夷務始末》（道光朝）第二冊，卷一八，〈琦善奏英人強索香港擬准在廈門福州通商摺〉，六二七至六二八頁。

現接據貴提督本日來文，均已閱悉。本大臣統帥誠願兩國承平相和，今擬列明數款。倘若貴國能就一面依允，英國即可一面戢兵。……所有擬行各款，逐一開列於左：

一、應將現歸英國佔據沙角地方，仍留英國官員據守，給為貿易寄寓之所。

一、應以廣州一處，就即開港貿易。所有貿易事務，即在沙角辦理為妥。

（日）佐佐木正哉編：《鴉片戰爭之研究》（資料篇），〈義律、佰麥照會〉，1841 年正月初八日（道光二十年十二月十六日），五六頁。

查沙角為我官兵陣亡之地，皆忠義靈魂所聚。貴國之人若在該處寄寓，亦甚不祥。今貴公使大臣既為寄居起見，本大臣爵閣部堂，即查照貴公使大臣十二月初六日來文內所稱予給口外外洋寄居一所，代為奏懇。

（日）佐佐木正哉編：《鴉片戰爭之研究》（資料篇），〈琦善照會〉，道光二十年（1840）十二月十九日，六一頁。

本月十九日，接據貴大臣爵閣部堂來文。均已閱悉。寄居一所，今據貴大臣爵閣部堂，擬應予給。而沙角既難允為予給，本公使大臣仍欲權為依照貴大臣爵閣部堂之意，今擬以尖沙嘴洋面所濱之尖沙嘴、紅坎即香港等處，代換沙角予給，事尚可行。若除此外別處，則斷不能收領。此議已結矣。如貴大臣爵閣部堂能允照行，其寄居一所境界，復可本公使大臣與貴大臣爵閣部堂，另行詳定。

（日）佐佐木正哉編：《鴉片戰爭之研究》（資料篇），〈義律照會〉，1841 年 1 月 11 日（道光二十年十二月十九日），六二頁。

照得接據貴大臣爵閣部堂來文，閱悉。今已另文備復矣。……若云沙角、大角等處，本公使大臣仍再約議，俟貴大臣爵閣部堂允照本公使大臣十九日公文開載，將尖沙嘴、香港各等處，讓給英國主治，為寄居貿之所等由辦理，則本公使大臣等，即於接到來文之時，就日將以沙角、大角二處送還。倘若貴大臣爵閣部堂，果能依照本公使大臣此次說明一節辦理，於貴大臣爵閣部堂就便之時，幸給本公使大臣面談一次，以便了結萬全可也。

（日）佐佐木正哉編：《鴉片戰爭之研究》（資料篇），〈義律照會〉，1841 年 1 月 14 日（道光二十一年十二月二十二日），六九頁。

……所請廣州於道光二十一年正月初旬開艙，即照依來文辦理。同日交還沙角、大角之處，亦照來文接受。惟尖沙嘴與香港，係屬兩處，本大臣爵閣部堂再三籌畫，雖所用地方較小，而實礙難奏請。因思貴公使大臣心地明白，通曉事理，必能諒此苦衷，代為籌計盡善。況此時諸事皆定，亦不值因此一事擔延。自應即照貴公使大臣前日與鮑鵬面訂之言，止擇一處地方寄寓泊船。為此照會貴公使大臣，再行籌思具覆，以便即為代奏也。

（日）佐佐木正哉編：《鴉片戰爭之研究》（資料篇），〈琦善照會〉，道光二十年（1840）十二月二十三日，七〇頁。

接據貴大臣爵閣部堂來文，均已閱悉。……今擬照依貴大臣爵閣部堂來文辦理，一面以香港一島接收，為英國寄居貿易之所，一面以定海及此間沙角、大角等處，統行繳還貴國也。再本公使大臣，須以疊次公文開載議辦各款，彙寫盟約一紙，以俾兩國和好永久，則望於貴大臣爵閣部堂就便之時，幸得面談，以期訂明可也。

（日）佐佐木正哉編：《鴉片戰爭之研究》（資料篇），〈義律照會〉，1841 年 1 月 16 日（道光二十年十二月二十四日），七〇至七一頁。

道光二十年（1840）十二月二十八日（軍錄）。

再，嘆夷遵照繳還定海、沙角，吁懇通商寄居，並以奴才冒昧量允所求，請旨治罪，業經分別具奏在案。查該夷於本月二十三日遞到夷書二件：一係遵繳定海、沙角，一係請於尖沙嘴、香港寄居。奴才以尖沙嘴新建砲臺，設兵防守，非如香港之孤懸外洋可比，且係兩處地方礙難允准，當又備文仍令委員持往辯論。茲於二十五日，又據該夷投到回文二件：一係止請於香港一處泊船寄居，一係求釋夷人二名。奴才查現在大局將定，前所獲之夷人，自可無庸拘留，即准其查明釋放。至於香港地方，奴才先已派員前往勘丈，俟奉旨准行，再與該夷酌定限制。廣州開港一節，該夷狡贅異常，其情實屬迫不及待。迨經再四論說，已據該夷於二十三日來文內，聲請以明歲正月初旬為期。奴才代奏乞恩折內，聲明自道光二十一年起，似與明降諭旨尚無窒礙。

合則附片密陳，謹奏。

道光二十一年正月十一日奉硃批：覽。欽此。

中國第一歷史檔案館編：《鴉片戰爭檔案史料》第二冊，〈欽差大臣琦善奏為嘆人來書遵繳定海惟請於尖沙嘴、香港寄居並釋放英停軍情片〉，七七四至七七五頁。

道光二十年（1840）十二月二十六日（軍錄）。

大學士署理兩廣總督琦善跪奏：……茲欽奉諭旨，跪聆之下，惶懼信深。雖現在業據該夷情願繳還定海、沙角等處，經奴才另折據情代奏。惟奴才於未奉廷寄之先，輒以勢出無何，酌允代懇恩施，冒妄之咎，實所難辭。

理合再行恭折密奏請旨，將奴才從重治罪，以儆庸懦，伏乞皇上聖鑒。

中國第一歷史檔案館編：《鴉片戰爭檔案史料》第二冊，〈欽差大臣琦善奏陳未經奉旨已允英所請自請治罪摺〉，七六五頁。

照得接據貴大臣爵閣部堂二十六日來文，均已閱悉。現在事事既已說定，本公使大臣全賴貴大臣爵閣部堂誠信，知必如議。於二十一年正月初旬以內，就行開港貿易。茲備公文，咨會佰統帥，請即讓還沙角、大角等處。所有兵船軍師，撤退九龍所近之香港島地駐。並請將前日所獲貴國舟師等船，一俟貴大臣爵閣部堂派弁，赴銅鼓洋面接受，即行繳還可也。

（日）佐佐木正哉編：《鴉片戰爭之研究》（資料篇），〈義律照會〉，1841 年 1 月 20 日（道光二十年十二月二十八日），七四頁。

大英軍師統帥總兵佰，為照會事：

照得本國公使大臣義，與欽差大臣爵閣部堂琦，設定諸事，議將香港等處全島地方，讓給英國主掌，已有文據在案。是該島現係歸屬大英國主治下地方。應請貴官，速將該島全處所有貴國官兵撤回。四向洋面，不准兵役稍行阻止難為往來商漁人民。維思現議兩國和好，本統帥果望幸可常遠相安，自必盡心竭力，以保各事妥善。而貴官如有滋擾阻止，使民不安，係貴國終非誠心求和之明徵。本統帥定必查照嚴辦。本統帥存心誠信，先應明白指示，望免爭端為美。為此照會。須至照會者。

右照會，

廣東大鵬營協鎮賴。

道光二十一年（1840）正月初六日。

（日）佐佐木正哉編：《鴉片戰爭之研究》（資料篇），〈佰麥照會〉，道光二十一年（1841）正月初六日，七五頁。

道光二十一年（1841）正月丁酉。

欽差大臣大學士署兩廣總督琦善奏：

竊嘆夷自前赴天津稟訴，奉旨准其查辦後，該夷已心知欽感。迨本月十五日，正在查辦之際，祇緣該夷僻處化外，向無紀律，當此夷兵環聚之時，未能約束，致弁兵情急，佔奪沙角砲臺，並將大角砲臺攻破。該夷旋即自知懊悔，現在據稱：情願將定海繳還，統撤師船回棹，並將粵東之沙角砲臺獻出。惟該夷素以戀遷為務，歷蒙天朝寬大之恩，准令通商，俾資生計。自斷其貿易後，舉國無以為生，並以該國距此數萬里，航海而來，動輒經年越歲，拋撇鄉井，隔離骨肉，情可矜憫。間觀西洋夷人，久沐天朝懷柔曠典，得以攜眷在澳門寄居。今此事同一律，欲求代為籲懇天恩，自道光二十一年起，准其仍前來粵通商，並請倣照西洋夷人寄居澳門之例，准其就粵東外洋之香港地方泊舟寄居，即不敢再求往他省貿易各等情。懇請代奏前來。奴才除給咨該夷，令其作速由海道齎赴浙江，將定海刻即繳還，奴才亦即收回沙角外。可否仰懇聖恩，俟伊里布奏報收回定海後，俯准該夷自道光二十一年起，仍前來粵通商，並倣照西洋夷人在澳門寄居之例，准其就粵東外洋之香港地方泊舟寄居，出自逾格鴻慈。

《籌辦夷務始末》（道光朝）第二冊，卷二一，〈琦善奏英人願將定海繳還沙角獻出懇就香港泊舟寄居摺〉，七三四至七三五頁。

道光二十一年（1841）正月庚戌。

協辦大學士兩江總督伊里布奏：

竊奴才於道光二十一年正月十六日，准署兩廣督臣琦善來咨，以嘆夷已遵照繳還定海及該省之沙角，該督允為代懇天恩，准其仍前來粤通商，並請倣照西洋夷人寄居澳門之例，將廣東外洋之香港地方，給與泊舟寄住，業已據情代奏，囑即收回定海，一面撥兵前往彈壓等情。並據取到夷目義律呈遞奴才來文一件，又該夷目給與留浙頭目胞詛等夷信三件。奴才折閱義律呈遞之文，亦稱願將定海獻還。

《籌辦夷務始末》（道光朝）第二冊，卷二二，〈伊里布奏粵准通商現飭英人繳還定海摺〉，七七二至七七三頁。

大英欽奉全權善定事宜公使大臣駐中華領事義，為照會事：

照得先日與貴大臣爵閣部堂，議將香港一島讓給英國主治。其對面之尖沙嘴地，聽照貴大臣爵閣部堂來意，不請兼給。當經面為說明，尖沙嘴不應留存砲臺軍士，致懾該處洋面及香港海邊地方。惟據尖沙嘴砲臺數座，現聚軍士多人。本公使大臣，全賴貴大臣爵閣部堂誠信之意，請望就將該臺砲械軍士，統行撤回九龍，可期相安全妥矣。不然則各該處既有軍臺，其對面之香港島山處處，即須樹立砲臺，俾開放砲彈，起火箭砲，以為自護，並須多留英國水陸軍士，保守地方，誠恐其中難免偶因不相順處，致壞兩國承平和好之意。不如先將該處臺汛軍械將士，均即撤回九龍，則英軍砲臺，除須在門口等處，備武提防，堵禦外國相敵者及海盜寇船外，自可無庸多建，兵亦不用多留矣。此果兩相重信，友交保和常遠之美法也。本公使大臣因念如此擬議辦理，可期相安永久。倘因未能如此，必致以安易危，欲保和好，終適礙難，勢所必有。是故特此專請願貴大臣爵閣部堂，熟思之。且知此際該處光景，固非善妥，一日難保無事。其尖沙嘴等處砲臺，應以軍械將士退回九龍之情至緊要。貴大臣爵閣部堂，就便查照施行登覆。為此照會，須至照會者。

右照會，

欽差大臣文淵閣大學士署理兩廣總督一等侯琦。

一千八百四十一年正月三十日。

道光二十一年正月初八日。

（日）佐佐木正哉編：《鴉片戰爭之研究》（資料篇），〈義律照會〉，七六頁。

欽差大臣文淵閣大學士署理兩廣總督部堂一等侯爵琦，為照會事：

本月十一日接據來文，內開請將尖沙嘴砲械軍士撤回，則英軍砲臺，除須在門口等處，備武提防，堵禦外國相敵者及海盜寇船外，自可無庸多建，兵亦不庸多留等語。查貴國求請承平，已均議定，具有公文，原可無庸添兵防守。所有尖沙嘴砲位兵丁，現已檄行撤回。惟砲位須由海船載運。貴公使大臣即飭知貴國軍士人等，此係依允所請，撤回存儲砲位，無得起疑，致滋別故。

至所稱門口等處備武提防，堵禦外國及海盜寇船之處，查來此貿易諸邦，均與貴國和好，並無相敵，何庸堵禦？若謂因海盜起見，則貴國在此寄寓，既尚須酌設隄防，天朝尤當自為防守。否則豈有貴國寄寓之人，留兵設砲，而天朝將原設兵砲撤回，未為情理之平。今既允將尖沙嘴兵砲撤回，則將來貴國亦毋庸築臺設砲，方見公道信實，永久相安也。為此照會。須至照會者。

右照會；

嘆咭唎國公使大臣義律。

道光二十一年（1841）正月十四日。

（日）佐佐木正哉編：《鴉片戰爭之研究》（資料篇），〈琦善照會〉，七八頁。

欽差大臣文淵閣大學士署兩廣總督部堂一等侯琦，為照會事：

本月十三日，接據來文。內開請照本月初五日貴公使大臣開列各案，酌定依允，不能更改等語。查前據送閱各款，本據貴公使大臣面請酌改。是以本大臣爵閣部堂，就當面言明各語，於本月初九日酌定四條。案閱大意，亦與貴公使大臣所擬，不甚相遠。不過漢文通順，是以語句字面，每有不同。今若逐條辯論，轉滋意氣。或貴公使大臣再行詳酌，或再行妥議何如？為此照會。須至照會者。

右照會：

咭唎國公使大臣義律。

道光二十一年（1841）正月十四日。

（日）佐佐木正哉編：《鴉片戰爭之研究》（資料篇），〈琦善照會〉，七九頁。

大英欽奉全權善定事宜公使大臣駐中華領事義，為照會事：

照得接據貴大臣爵閣部堂正月十四日來文二件，均已閱悉。並據差人稱，請於本月二十日，再行面談等語。本公使大臣必知貴大臣爵閣部堂來意，就於二十日會晤。誠望當就得以諸事妥議善定，俾足兩國體制，均無損也。蓋本公使大臣願為兩國承平存和，且欲為貴大臣爵閣部堂減免難處者，已自認責甚重矣。乃斷不敢以恭奉國主恩命，竟置不理。尤不得以大英國體，全行不顧。為此照會，須至照會者。

右照會：

欽差大臣文淵閣大學士署理兩廣總督部堂一等侯琦。

一千八百四十一年二月初七日。

道光二十一年正月十六日。

（日）佐佐木正哉編：《鴉片戰爭之研究》（資料篇），〈義律照會〉，七九至八〇頁。

大英欽奉全權善定事宜公使大臣駐中華領事義，為照會事：

今將昨經貴大臣爵閣部堂與本公使大臣議擬陳列善定事宜條款，逐一繕寫漢英同文一張送閱。惟照英國之例，須應兩國欽差公使，均在一所，同時當面蓋印，方與體制相符。是故特請貴大臣爵閣部堂，指出會面處所，定於早日再晤。幸得蓋印完結，事宜周全。為此照會。須至照會者。

右照會：

欽差大臣文淵閣大學士署理兩廣總督部堂一等侯琦。

一千八百四十一年二月十三日。

道光二十一年正月二十二日。

（日）佐佐木正哉編：《鴉片戰爭之研究》（資料篇），〈義律照會〉，1841 年 2 月 13 日（道光二十一年正月二十二日），八○至八一頁。

善定事宜：

一，天朝大皇帝准將治屬之廣東新安縣附近海濱者香港一島，給予大英國主。所有大清沿海各省船隻，俱得往彼貿易。惟須先在尖沙嘴掛號，以免走私漏稅之弊。大英國主，則亦不再請讓地，並不再請往他處貿易。既議如此辦理，則大英國主准應凡有各省商民船人等，駛至香港貿易者，概得身家貲財，共保安堵，並不另行加徵稅餉規費，亦不令其輸納大英國帑。

一、嗣後居住香港之中華民人商戶犯罪者，即交附近地方官，眼同辦理。其寄寓中華之英國商人等犯罪者，即交總管，會同各該地方官，在香港審明眼同辦理。如有中華民人犯罪逃避者，英官確查實情，即行拿交地方官治罪。

　　……

（日）佐佐木正哉編：《鴉片戰爭之研究》（資料篇），〈條約草案〉，八一至八二頁。

大英欽奉全權善定事宜公使大臣駐中華領事義，為照會事：

現由定海接據本月十八日回文……，再據本日接准水陸軍師統帥佰咨開：所有事宜，現已遷延日久，未見了結，萬難自負重責仍行罷手。則本月之內，倘終未能善定事宜條款，蓋印了結，諸事全妥，必使再開釁端，不免仍復相戰。今雖先行備師船，而或交敵之禍，尚可幸免，果所願望等因。准此，本公使大臣理應據情照會貴大臣爵閣部堂，誠望可能免再攘事端。為此，照會。須至照會者。

右照會：

欽差大臣文淵閣大學士署理兩廣總督部堂一等侯琦。

一千八百四十一年二月十六日。

道光二十一年正月二十五日。

（日）佐佐木正哉編：《鴉片戰爭之研究》（資料篇），〈義律照會〉，1841 年二月初六日（光緒二十一年正月二十五日），八三頁。

道光二十一年（1841）正月庚戌。

大英欽奉全權善定事宜公使大臣駐中華領事義為照會事：照得接據貴大臣爵閣部堂二十六日來文，均已閱悉。現在事事既已說定，本公使大臣大全賴貴大臣爵閣部堂誠信，知必如議於二十一年正月初旬以內，就行開港貿易。茲備公文咨會伯統師，請即讓還沙角、大角等處，所有兵船軍師，撤退九龍所近之香港島地駐劄。並請將日前所獲貴國舟師等船，一俟貴大臣爵閣部堂派弁赴銅鼓洋面接收，即行繳還可也。夫思此際人心尚有未安之處，請貴大臣爵閣部堂即便出示曉諭眾民，以兩國難端諸事，現在善定，彼此和好，友交可期長遠，凡有文武官弁士民人等，與嘆民及諸外國人民，通交往來，俱應以友禮相待，方為順理，各得相安之道。本公使大臣今蒙貴大臣爵閣部以嘛噊哂國人單啞泥等，一釋放，一鳴謝，感恩不勝，為此照會。須至照會者。

硃批：朕斷不似汝之甘受逆夷欺侮戲弄，迷而不返，膽敢背朕諭旨，仍然接遞逆書，代逆懇求，實出情理之外。是何肺腑？無能不堪之至！汝被人恐嚇，甘為此遺臭萬年之舉，今又摘舉數端，恐嚇於朕，朕不懼焉。

《籌辦夷務始末》（道光朝）第二冊，卷二二，〈義律照會〉（附件），七七八頁。

欽差大臣文淵閣大學士署理兩廣總督部堂一等侯琦，為照會事：

照得接據貴公使大臣來文，均已閱悉。本大臣爵閣部堂，本欲備文商酌，因日來抱恙甚重，心神恍惚。一俟痊可，即行辦理。為此先行照會。既已承平，務望等待。倘再如上年之不候回文，即行滋擾，則前議一切，皆歸烏有。本大臣爵閣部堂，萬難再為周旋。想貴公使大臣，亦必知其為難也。須至照會者。

右照會：

嘆咭利國公使義律。

道光二十一年（1841）正月二十七日。

（日）佐佐木正哉編：《鴉片戰爭之研究》（資料篇），〈琦善照會〉，光緒二十一年（1841）正月二十七日，八四至八五頁。

三、琦善被革職，奕山等受命收復香港

初，琦善之陛辭也，奉面諭以英人但求通商則已，如要挾無厭，可一面羈縻，一面防守，一面奏請調兵，原未令其撤防專款也。及逆黨攻陷砲臺，大肆猖獗，上震怒。於是有「煙價一毫不許，土地一寸不給」之旨，並調四川、貴州、湖南、江西兵赴剿，命林則徐、鄧廷楨隨同辦理洋務。然琦善不與林則徐商議一事，且洋人和議已絕，尚不許關天培增兵為備，而彼則號召日多，器械日備，兇燄百倍於前矣。

二十一年（1841）正月七日，下詔暴逆人罪惡，特命宗室奕山為靖逆將軍，湖南提督楊芳、戶部尚書隆文為參贊大臣，聲罪致討。

（清）魏源著：《魏源集》卷上，〈道光洋艘征撫記〉（上），一七九頁。

時上方授奕山為靖逆將軍，隆文、楊芳為參贊大臣，飭即馳赴粵中剿辦，適相國奏至，大怒。奉上諭：「……琦善著革去大學士，拔去花翎，仍交部嚴加議處。欽此。」

（清）夏燮撰，高鴻志點校：《中西紀事》卷六，八五頁。

道光二十一年（1841）正月。

琦善、伊里布罷。

時義律繳還定海，伊里布在浙接粵東咨文，遂以收復定海聞。上諭：「伊里布不遵諭旨，惟知順從琦善，屢次奏報，始以兵砲未集藉詞緩攻，繼以接得繳還定海之札即信以為真，殊非初命赴浙剿辦之意，

仍令摺回本任。"

時上已知琦善不足任，遂命宗室奕山為靖逆將軍，尚書隆文、湖南提督楊芳為參贊大臣，赴粵剿辦。琦善罷。

暴英人罪。

先，義律因琦善許給香港，請用關防為據，琦善未敢遽從，但屬其安靜守候。既咨伊里布以收復定海、省釋囚俘，遂據義律來文附奏，上大怒。奉詔："覽奏曷勝憤懣，不料琦善怯懦無能一至於此！該夷兩次在浙江肆逆，攻佔縣城、砲臺，傷我鎮將大員，荼毒生民，驚擾郡邑，大逆不道，覆載難容，無論繳還定海、獻出砲臺之語不足深信，即使真能退地，亦只復我疆土，其被戕之官兵，罹害之民人，切齒同仇，神人共憤，若不痛加剿洗，何以伸天討而示國威？奕山、隆文兼程前進，迅即馳赴廣東，整我兵旅，殲茲醜類，務將首從各犯、通夷漢奸檻送京師，盡法處治。至琦善身膺重寄，不能聲明大義、拒絕要求，竟甘受其欺侮，已出情理之外，且屢奉諭旨，不准收受夷書，膽敢附摺呈遞，代為懇求，是何居心？且據稱同城之將軍、都統、巡撫、學政及司道府縣均經會商，何以摺內阿精阿、怡良等並未會銜？所奏顯有不實。琦善著革去大學士，拔去花翎，仍交部嚴加議處。"

（清）王之春：《清朝柔遠記》卷九，二〇〇至二〇一頁。

道光二十一年（1841）正月庚戌。

諭軍機大臣等：寄諭靖逆將軍奕山，參贊大臣隆文、楊芳，本日據伊里布馳奏，粵省夷務查辦完竣，現飭繳還定海一摺。逆夷在粵猖獗，必得聲罪致討，聚而殲旃，方足以伸國法。此時雖有繳還之說，難保非逆夷詭計，奕山等經朕命往督辦，惟當一意進剿，無論該夷是否繳還定海，總須一鼓作氣，設法捷渠，斷不可為其所惑，致誤機宜。且香港地方，豈容給與逆夷泊舟寄住，務當極力驅逐，毋為所據，即使該夷將來畏罪繳還香港，亦俟屆時奏明請旨。此時惟有整我師旅，悉數殲除，是為至要！伊里布原摺及寄裕謙諭，著鈔給閱看。

《籌辦夷務始末》（道光朝）第二冊，卷二二，〈廷寄〉，七七三至七七四頁。

道光二十一年（1841）二月乙丑。

已革大學士琦善奏：

竊奴才前將察看虎門形勢，及接見嘆夷義律據求酌定章程等情，恭摺馳奏後。奴才隨酌擬章程四條發給閱看，未據遵依，亦未存留。奴才以業經奉旨飭令剿洗，並聞該夷有在香港地方，張貼偽示，誘令民人往見之事，亟需加意備剿。竊恐虎門一帶佈置尚有未周，奴才復親往查勘。詎該夷義律聞信，又來舟次求見，奴才以大兵未集，祇得暫先羈縻，免其疑慮，遂與晤見。〔硃批：與逆夷翻如莫逆〕當諭以香港原係天朝地土，前此代為具奏，亦祇懇恩給予寄寓一所，並非全島，且未奉諭旨，亦尚未敢裁給。至於該處居民，尤屬天朝百姓，豈准嘆國主治，該夷何得遽行前往張貼偽示，徒致搖惑民心。該夷自覺理屈，據請照澳門之例，仍歸州縣管理，惟地方則堅求全島，並欲自行貿易。其瀕行時，據稱再行備文呈請等語。

奴才查該夷狡執不從，且現在先後奉到諭旨，將奴才交部嚴加議處，並欽派奕山、隆文、楊芳前來剿辦。則此後該夷再來投文，自應遵旨拒絕。〔硃批：太遲矣，日者因何喪心病狂？〕所有備剿事宜，亟須加緊籌辦。現查廣東全省兵丁，除沿海水陸各營，均須自為防守，未便調動，暨其餘內河水師及陸路弁兵，酌量留防本境外，餘俱先已調赴虎門、澳門等處協防。今又於虎門添撥督標陸路及內河水師兵丁一千二百五十名，並飭據南海、番禺、東莞等縣，共僱得壯勇五千八百名，分撥虎門各砲臺山後，協同防守。其進省經由之水路烏涌、獵德、二沙尾、大黃窖、白泥涌及旱路燕塘等處，除先行籌備外，現亦會同將軍撫臣加謹防守。所有虎門各砲臺應需水米、柴薪、火藥、鉛子、鐵子等項，均已寬為豫備。沿海州縣亦通飭一體防範，凡有通海河道，亦飭設法籌堵。惟現在所調各省官兵均尚未到，奕山等亦約須三月間方可抵粵，距今尚有兩月。而該夷豕突性成，既未蒙恩允准所求，勢必先肆滋擾，奴才惟有竭盡血誠，以期仰酬高厚。

再昨奉垂詢：廣東砲臺，前據鄧廷楨等安設排鍊，阻截夷船。此次攻破之大角、沙角砲臺，是否即係其處？著琦善一併查明，據實具奏等因。欽此。伏查前設排鍊，係在虎門以內，此次所攻大角、沙角砲臺，均在虎門以外，合併陳明。

〔附件〕章程底稿

謹將奴才酌擬章程底稿，錄呈御覽。為酌定章程事：照得嘆咭唎國，現已將天朝浙江省之定海縣繳還，求為奏懇大皇帝恩施，准令照前來粵通商，並給予寄居之地一處。所有善後各事宜，自應詳加酌定，俾垂永久。為此開列章程如左：一、既經奏請大皇帝恩旨，准令嘆咭唎國之人仍前來廣通商，並准就新安縣屬之香港地方一處寄居。應即永遠遵照，不得再有滋擾，並不得再赴他省貿易，以歸信實。一、嗣後嘆咭唎國來廣商船，應仍照前在黃埔報驗納稅，所有一切貿易事宜，亦應仍前與例設洋商妥為議辦，不必與天朝在粵官員通達公文。至稅則向有一定，從無更改，自無庸多為置議。一、嗣後嘆咭唎國來粵商船，如有夾帶鴉片煙土及一應違犯天朝例禁之物者，即將船貨沒官，即一切正經貨物如有漏稅走私者，亦將船貨沒官。其夾帶鴉片禁物及漏稅走私之人，即行治罪。一、嘆咭唎國前此所稱負屈之處，現已概行說定，即照所議辦理，以後永無異義。以上各條，分寫漢字夷字，一樣兩分，彼此各執一紙，先由嘆咭唎國掌事大臣蓋用印信前來，天朝再行蓋用欽差大臣關防，以期永遠存照。

硃批：一片囈語。

《籌辦夷務始末》（道光朝）第二冊，卷二三，〈琦善奏續籌防堵英船並酌擬章程底稿呈覽摺〉，八一三至八一六頁。

道光二十一年（1841）二月己巳。

巳革大學士琦善奏：

竊奴才本月二十五日，承准軍機大臣密寄，奉上諭：據琦善奏嘆夷情形，及該夷意欲繳還定海各一摺。該大臣冒重罪之名，委曲從權，朕已鑒此苦衷。惟現已明降諭旨，布告天下，志切同仇。昨復派奕山、隆文、楊芳帶兵赴粵剿辦，勢難中止。今既據琦善苦心調停，即著琦善作為己意，飭令速還定海、沙角，退出外洋。且俟我兵雲集，示以聲威，大加懲創。彼時該夷恐懼乞憐，再由該將軍等酌量情形，代為奏請。此時惟有設法羈縻，仍密為防範，不可稍有疏懈，致墮奸計。再香港地方，離省遠近若干里，地形寬狹若何，在彼開港是否有關利害，著一併迅速查明具奏，再降諭旨等因。欽此。查沙角業已收回，定海亦據呈遞夷書，經奴才飛咨伊里布查照收繳，在粵夷船退出外洋，經奴才奏報在案。至奴才前此佯允所請者，非不知該夷狼子野心，本非善類，准予寄居，原難保不貽後患，然患之在將來者，猶可隄防，而患之在目前者，不及準備。蓋自被其侵犯砲臺後，兵心益形渙散，民情亦多惶惑。且彼時夷船繞越，竄入虎門，圍住橫檔砲臺五日，奴才前奏我軍接濟兵糧亦須加意防維者，即此之故。是以萬不得已，允其代為奏懇天恩，始據遵繳定海、沙角，退出外洋。而實則佯允通市，迄今並未開艙，蓋該夷則得步進步，而奴才則可緩即緩。惟地方一節，雖僅許其請給寄寓一所，並無全島字樣，亦未向其指對地段，而該夷於本年正月間，前赴香港，先行佔據，擅出偽示。適奴才親赴虎門，據該夷於舟次求見，既經奴才面向辯論，已據請照澳門之例，仍歸地方官管轄。但仍堅請全島，亦經奴才據實奏聞。

奴才原擬祇就香港酌請裁給，今該夷藉圖全島，是其得隴望蜀，狡詐性成。奴才現蒙鴻慈逾格，俯鑒愚誠，不加重罪，仍諭令羈縻防範。奴才具有天良，感而益奮，敢不竭力籌防。故凡添撥兵丁，召募壯勇，堵塞河道，僱覓船隻，均會同逐一趕辦。又有向名快艇，往往販私，為夷人所勾引。今姑不究其既往，已僱得四十餘隻，雖其人未可信任，而內地多留一人，即該夷少僱一人，究不致為其所用。又現有咪喱國商船來粵，被嘆夷阻止不得進口，並訛傳內地欲借其船打仗，奴才已令洋商傳知，並無其事。且諭以彼之不得貿易，皆係嘆夷之故，但能設法內渡，天朝仍與其照常通商。藉以安撫其心，使之怨嘆夷而戴天朝，是即不為我用，亦尚不致有黨惡助奸之慮。至嘆夷現在之所急者，一在通商，一在求將章程條款早為議定，蓋用關防，俾其持回該國，加用掌事印信，以為經久之計。查奴才前擬章程四條，未據該夷遵依，續又據其自行擬具條款，呈請用欽差關防，其詞尚多矯強，奴才以事關印文，未敢輕許。但現據投遞夷文，因海道迅速，已有自浙回粵兵船，定海業已繳還，彼得有所藉口。且奉旨飭調兵將，該夷亦早得消息〔硃批：漢奸本自不少，又有鮑鵬往來，何信息不可得也〕，自必乘此及早滋擾，豈肯坐待攻剿。而我軍則大兵未集，後路不濟，設再被其豕突，關繫匪輕。奴才一面備文告以患病，藉延時日；一面將其條款，酌加刪改發還，飭令另繕，呈請蓋用關防。仍佯諭以此出自奴才之意，尚未具奏，係大皇帝之所不知。以備將來奕山等到後，可以再酌。所有現在情形及查明香港緣由，理合恭摺密奏。

《籌辦夷務始末》（道光朝）第二冊，卷二三，〈琦善奏查明香港地勢及現在籌辦情形摺〉，八三一至八三三頁。

道光二十一年（1841）二月戊寅。

已革大學士琦善、廣州將軍阿精阿、兼署兩廣總督廣東巡撫怡良、漢軍副都統英隆奏：

竊臣琦善於二月初二日，將嘆逆決意打仗，斷難再為羈縻，亟籌剿堵情形，具奏在案。拜摺後，即與臣阿精阿、臣怡良、臣英隆備細面商，以該逆如此逞蠻，不獨虎門各砲臺均極喫重，即由內洋以至省河一帶，難保不於風潮長發之際，乘勢長驅。查內河汊路極多，臣等雖於上年〔十二年〕冬間，先已擇要飭防，惟歷時兩三月之久，誠恐椿〔樁〕木等件或有損傷，沙土砲臺或有浮鬆，偏僻汊港或有遺漏。當於初四日分駕小舟，出赴東西各水路，分投測視。並與鄧廷楨、林則徐率同熟悉河道之員弁，來往會查。或登山梁，或臨水口，凡應添駐弁兵及可以釘椿攔簰設法堵塞之處，均即僱帶工役兵勇，上緊添辦。正在督催間，接據提督關天培連函報稱：初三初四兩日，嘆夷之火輪，隨帶三板多隻，疊進三門口內，衝撞簰椿，施放火箭，將附近官廠民房肆行燒燬。先經兵勇抵拒，該船急遽退出，火亦撲息。至第二次復來滋擾，適貴州總兵段永福帶兵一千名至彼紮營，逆船旋即回棹。臣等聞信之下，飛飭各處將弁兵丁，竭力守禦，並馳檄前途，迎催各省官兵。旋據差往虎門探信之武弁先後馳回面稟：初五日，夷兵船十八隻，帶同該夷各三板，將四面環水之橫檔、永安相連兩砲臺周遭圍繞，火輪船忽往忽來，見各臺上防守緊嚴，尚未動手。初六日昧爽，南風盛發，該逆即佔住上風，疊放大砲，攻擊橫檔、永安兩砲臺，又分出兵船火輪船，堵截別臺赴援之水道。經派防橫檔、永安之肇慶協副將慶宇、題升督標中軍副將達邦阿、香山協水師副將劉大忠督率兵弁，盡力開砲抵禦。己午之間，逆夷兵船稍為退避，旋見潮長。夷船仍復蜂擁而至，抵死齊攻。直至酉刻，該臺砲聲漸微，想係官兵力竭。遠見逆夷兵船攏岸，夷兵紛紛上山，恐橫檔、永安相連兩砲臺已被佔奪。其靠西之鞏固砲臺，靠東之威遠、靖遠、鎮遠三臺，仍被夷船圍攻未解，文報不能相通，不知能否保全，亟回稟報等情。

《籌辦夷務始末》（道光朝）第二冊，卷二四，〈琦善等奏橫檔等砲臺失守加嚴防守省垣摺〉，八四二至八四三頁。

四、清廷將琦善解京審訊，命奕山等查清香港情況

道光二十一年（1841）正月。……

初，英人圖在省城外香港寄居貿易，琦善奏稱此倘給與英人，勢必屯兵聚糧，建臺設砲，覬覦廣東，流弊不可勝言。至是轉申請，英人遂乘機竊據，張發偽示，脅民服從。巡撫怡良等以聞，諭曰："此事並非奉旨允行，何以該督即令英人公然佔踞？覽奏殊堪痛恨！朕君臨天下，尺土一民，莫非國家所有。琦善擅與香港，擅准通商，膽敢乞

朕恩施格外，且妄稱地理無要可扼，軍械無利可恃，兵力不固，民情不堅，危言要挾，不知是何肺腑？辜恩誤國，喪盡天良！著即革職，鎖拏來京，嚴行訊問。所有家產，即行查鈔入官。"

《清史列傳》（一〇）卷四〇，〈琦善傳〉，三一五一頁。

義律數索香港，志在必得，琦善當事急，佯許之而不敢上聞。至是，義律獻出所踞砲臺，並願繳還定海以易香港全島，別議通商章程。琦善親與相見蓮花城定議，往返傳語，由差遣之鮑鵬將事，同城將軍、巡撫皆不預知。及英人佔踞香港，出示安民，巡撫怡良奏聞，琦善方疏陳："地勢無可扼，軍械無可恃，兵力不固，民情不堅，如與交鋒，實無把握，不如暫事羈縻。"上益怒，詔斥琦善擅予香港，擅許通商之罪，褫職逮治，籍沒家產。

《清史稿》（三八）卷三七〇，〈琦善傳〉，一一五〇一至一一五〇二頁。

時英夷犯廣東，攻陷沙角、大角砲臺。上命奕山為靖逆將軍，馳往剿辦，兼命戶部尚書隆文、湖南提督楊芳為參贊大臣以副之。先是，大學士琦善以欽差之廣東，持撫夷議。英領義律索香港為貿易市埠，並索十九年虎門所燒鴉片煙價。至是，聞大兵將集，急欲要盟。復請獻出沙角、大角砲臺，並繳還定海以易香港，琦善許之，據以入奏。上震怒，將琦善交部嚴議。……時義律以通商之議已得請於琦善，擅出偽示曉諭居民，指香港為英之屬埠，行文照會大鵬營副將，令其撤回內地營汛。事由巡撫怡良奏聞，而琦善猶謂定海收復，撫議可成；續奏香港地勢及籌辦情形，上益怒，責琦善辜恩誤國，革職逮問。……又將琦善原奏發交奕山等閱看，敕令確切查明，即使香港並非險要，亦必設法趕緊收回，斷不准給予英夷貿易，致滋後患。

《清史列傳》（一四）卷五六，〈宗室奕山傳〉，四三八七頁。

先是，正月，義律、伯麥合出新偽示，張帖於新安赤柱，曉其居民，稱：「爾總琦善將香港地方讓給英國，存有文據，是居香港者為英國子民，事須稟英官治理。」復以此語照會大鵬營副將賴恩爵，恩爵以呈怡良。則徐聞而髮指，勸怡良實奏，謂：「人民土地皆君職，今未奉旨而私以予叛逆之夷，豈宜緘默受過。」怡良尚徘徊，東莞鄧淳集紳於學，具詞以請，謂偽示橫悖已甚，宜加痛剿，並詣制府陳焉。入見者數十輩。琦善謂款夷出自上意，而諸君未識情形，爭執如是，早晚禍及，可自為計，仍舉四事為言。駐防進士朱朝玠者，旗士篤實君子也，與辨至日昃而出。（營文並錄夷示上，紳士皆未之知。林公見事關重大，揣怡公必俟紳士呈請而後奏，尚可以對琦相。時晦前二日，林公召予語以故，且問外間公議將如何。予曰：「既非紳士請奏，不可，惜某年望皆輕，又素居江村，未嘗授讀省會。否則立集科甲門生，列名具詞，傾刻可行。若俟通啟，不惟輾轉需時，抑事機先露，將有悔之者矣。」林公是之。辭出，即拓黃學博培芳商之。黃蓋香山人，居省且十世，門下多通顯故也。黃出語予，謂：「我兩人方當有差，未便與名，不與則無以告同志。」正躊躇間，而鄧徵君淳至，知其事，慨然集諸紳於學，以朔日具詞進。姚司馬衡、何文學榛，同在撫幕，其日見林公，亦與正言及之。兩人歸勸但據情轉奏，怡公遂首肯）迨怡良奏到，而兩江總督裕謙，力參琦善畏葸偏私之奏適至。（片奏云：「……沙角、大角砲臺既失以後，至虎門尚有砲臺八座。而威遠、鞏固、永安，三臺鼎峙，鐵練橫鎖，天險斷難飛越。此時自當速調兵勇固守，親自馳往虎門，號令調度，以安人心以作士氣。一面知會浙江，乘機進剿克復，使賊首尾不能兼顧。其時定海祇有夷船二十餘隻，且貨船居其半。又義律、伯麥皆未回浙，定城只有副將一人，而粵中義律得砲臺後，已舍舟登陸，正是極好機會。乃摺中於剿堵佈置事宜，一字不題，惟以覆書緩兵為言，危言脅撫入奏。且趕緊札囑浙省不必進兵。旋即以給予香港、即日在廣州通商定議。不但故違高宗純皇帝敕諭，並未俟繳還定海後恭請皇上准否賞給之諭旨。是該夷先得馬頭後還定海，以地換地，既不使威在朝廷，且許其即日通商。

給地在前奏聞在後，又非恩出自上。該逆佔據城池，戕害文武，荼毒生民，罪大惡極，竟可置之勿論。倒行逆使，謬妄專權。此琦善違例專權之罪三也。⋯⋯）

（清）梁廷楠著，邵循正校註：《夷氛聞記》卷二，五九至六一頁。

時，琦善已革去大學士，拔去孔雀翎，而怡良復以英人香港偽示奏呈，有："爾等既為大英國子民，自應順之。"於是上益震怒，籍琦善家產，鎖逮來京。

（清）魏源：《魏源集》卷上，〈道光洋艘征撫記〉（上），一八〇頁。

是時，義律自以香港業經相國說明允給，遂於該處擅出偽示，曉諭居民，指香港為英之屬埠。又行文照會大鵬營副將，令其將內地營汛撤回。副將照鈔來文，由提督咨會到粵，粵撫怡良據以奏聞，⋯⋯

奉上諭："⋯⋯琦善著即革職拿問，所有家產即行查抄入官。欽此。"

維時將軍、參贊已在途次，連奉廷寄，令兼程赴粵。而琦相仍以定海收復，撫事可成，遂續奏陳香港地勢及現在籌辦情形。上恐該將軍等到粵，復蹈權宜請撫之故轍，當將琦善前後摺奏及兩次硃批給交將軍等閱看。復奉廷寄，言："英夷種種不法，殊堪髮指！前有旨，令楊芳先行會防，並令奕山等兼程前進，計已接奉遵行。該將軍等到粵後，務即會集各路官兵，一意進剿，不可存一通商之見，稍涉游移，更不可因有繳還定海之事，少加寬縱。"又密飭將軍等訪查當日琦善與義律屢次晤面，談論香港之事："彼時有無官員在旁？該夷目與琦善有無私相餽送之事？逐一查明，據實具奏"等因。當琦相上年之赴粵也，陛辭出都，沿途諏訪通習夷語之人。行至山東，有東省濰縣知縣招子庸者，廣東人，述有同鄉鮑鵬在署，素習夷語，遂由東撫推轂，挈之至粵。鮑鵬以前年在粵充夷館買辦，與義律相識。又以販煙土賺重利，經粵督查辦私梟，入之訪查案內，鵬懼罪潛逃山東。迨隨相國入粵，數與義律往還，所有請給香港退還定海之事，皆鮑鵬居間來往作說客。而相國以事關通夷，特秘之。中外藉藉，語浸聞於上。及二角之役，上決意主剿，見相國終欲為義律乞恩，以此益疑之。

（清）夏燮撰，高鴻志點校：《中西紀事》卷六，八五至八七頁。

道光二十一年（1841）正月。籍琦善家。時，義律以香港業經琦善允給，遽諭居民以香港為英屬埠，又照會我大鵬營副將，令將營汛撤回。粵撫怡良以聞，……

奉上諭："……琦善著即革職拿問，所有家產即行查抄入官。"

初，琦善之陛辭也，面諭以"英夷但求通商則已，如要挾無厭，可一面羈縻，一面奏請調兵"，未令其撤防專款也。及英人攻陷砲臺，上震怒，有"煙價一毫不許，土地一寸不給"之旨，並調四川、貴州、湖南、江西兵赴剿，命林則徐、鄧廷楨隨同辦理。然琦善不與則徐、廷楨議事，又不增兵為備。時將軍奕山、參贊楊芳、隆文已在途次，廷寄令兼程赴粵，而琦善仍以定海收復、撫事可成，續奏香港地勢及現在籌辦情形。上恐奕山等到粵，復蹈權宜請撫故轍，將琦善前後摺奏及硃批交將軍等閱看。復奉廷寄，言："英夷種種不法，殊堪髮指；前有旨，令楊芳先行赴粵會防，並令奕山等兼程前進，計已接奉遵行。該將軍等到粵後，務即會集各路官兵，一意進剿，不可存一通商之見，稍涉游移，更不可因有繳還定海之事，少加寬縱。"又密飭將軍等，訪查當日琦善與義律屢次晤面談論香港之事，彼時有無官員在旁？該夷目與琦善有無私相餽送之事？逐一查奏。

（清）王之春：《清朝柔遠記》卷九，二〇一至二〇三頁。

又言："楊芳前於江西途次接奉參贊印信，即有'以偏僻小港，惟該逆屯集貨物'之語。甫經到粵，撫議又起，是楊芳之與琦善，其心思知慮，固已如出一轍。該二臣疊經聖諭訓飭，猶敢復萌故智。奕山、隆文閱歷未深，猶可諉為不諳軍務，楊芳老於疆場，事機坐失，咎復奚辭！廣東以虎門為門戶，虎門一失，全勢已去。琦善馳備撤防，開門揖盜，而砲位守門之具盡被擢去，否亦戕毀。楊芳被到，並不據實陳奏，仰求聖恩，寬以時日，鑄砲造船，訓兵練勇，俟奕山、隆文到日，謀定而與之戰。一味膽大粗疏，至於僨事。是時，奕山若再扶同粉飾，君門萬里，何以釋主上南顧之廑！查香港為商船駛進內洋必由之路，其島曰紅香爐，上有營汛居民，並非偏僻小港可比。既被佔據，不惟該夷船悉由其便，即我商船駛入內洋，亦必遭其搜括，聞已早露其漸。我朝統馭中外，尺寸之土，不可與人。香港一島，亦與定海何異？即使計日可復，而煙船紛紛四出，等於游魂，此事終無了局。……"

（清）夏燮撰，高鴻志點校：《中西紀事》卷六，九八頁。

道光二十一年（1841）二月辛酉

廣東巡撫怡良奏：竊臣於道光二十一年正月初六日，兩次欽奉諭旨，遵將豫備情形，由驛奏聞在案。嗣據署大鵬協副將賴恩爵稟稱：嘆逆投遞該副將照會文一角，係收受香港地方，令內地撤回營汛等情。照鈔具稟到臣，接閱之下，不勝駭異！竊惟我國家撫有寰區，無遠弗屆，薄海內外，悉子悉臣，即至重譯來廷，亦無不懷柔綏服。乃嘆夷義律等，妄肆鴟張，已忘名分，況復膽思狡啟，指稱欽差大臣琦善與之說定讓給，實為駭人聽聞。該大臣到粵如何辦理，雖未經知會到臣，然以事理度之，亦萬無讓給土地人民，聽其主掌，如該逆所稱已有文據之理。既無從悉其真偽，徬徨夙夜，心急如焚。前聞民間傳說，嘆夷即在香港地方貼有偽示，逼令該處民人歸順彼國各語。方謂傳聞未確，故惑人心，茲據水師提臣轉據副將賴恩爵稟鈔偽示移咨前來。則是該夷竟以香港視為己有。要害之地為其所據，相去虎門甚近，片帆可至。沿海之新安、東莞、香山、順德以及省城各處，勢非刻刻戒備不可。嗣後內地犯法之徒，必至以此為藏匿之所，是地方既因之不靖，而法律亦有所不行，更恐犬羊之性，反覆靡常，一有要求不遂之事，必仍以非禮相向，雖欲追悔，其何能及？

　　且大西洋自前明寄居香山縣屬之澳門，相沿已久，所有在粵華夷，均歸同知縣丞管轄，議者猶以為非計。今該逆夷竟欲將天朝土地人民據為己有，更恐致滋後患。伏思宸謨廣運，聖慮周詳，定能燭照靡遺，不使奸宄得以遂志，何待愚昧為之過計。但臣忽聞海疆要地，外夷竟思主掌，並敢以天朝百姓，稱為暎國子民，臣實不勝憤恨！第一切駕馭機宜，無從悉其顛末，惟於上年〔二十年〕十二月二十八日，欽奉諭旨：調集兵丁，豫備進剿，兼令琦善督同林則徐、鄧廷楨妥為辦理。始經宣示。臣等晤見琦善，亦均悉心商請，添募壯勇以壯聲威，固守虎門砲臺，防堵入省要隘。惟用兵之道，全在識定心堅，若再稍涉游移，逆夷窺伺多端，實有措手不及之慮。現既有夷文並據稟鈔偽示，不敢緘默。

　　硃批：必當由驛速奏，甚有識見。

《籌辦夷務始末》（道光朝）第二冊，卷二三，〈怡良奏英強佔香港並出偽示摺〉，八〇三至八〇四頁。

　　道光二十一年（1841）閏三月乙亥

　　靖逆將軍奕山、參贊大臣隆文、楊芳、兩廣總督祁奏：竊奴才等前准軍機大臣字寄，奉上諭：琦善前奏，香港地方寬至七八十里，如或給予，必至屯兵聚糧，建臺設砲，久之覬覦廣東，流弊不可勝言。茲又據奏，香港孤懸海外，離省較遠等語。前後情詞自相矛盾，顯係不實。著奕山、隆文、楊芳、祁確切查明，據實具奏等因。欽此。……詳核所稟，自屬實在情形。是琦善前奏香港周圍約七八十里，或係專指一島而言。今該夷尚有住〔駐〕泊尖沙嘴者，搭蓋棚寮五六間，均有夷人在彼住宿。又於山下開架帳房二頂，共有夷人三四十名，查尖沙嘴與香港對峙，中隔一海，該處藏風聚氣，可以停泊。該夷等在彼游移住〔駐〕泊，未必不垂涎於此。奴才等當與臣祁塤會商，嚴飭署水師提督率副將，仍不時密加偵探，隨時稟報。……。

212

《籌辦夷務始末》（道光朝）第二冊，卷二八，〈奕山等奏查明琦善與義律晤談情形等事摺〉，九九九至一○○一頁。

道光二十一年（1841）五月辛未

奕山等又奏：奴才等正在繕摺間，據水師營署提督何岳鍾、參將李賢、遊擊王鵬年、曹飛揚、希萬和等先後稟稱：夷船現在全行退出虎門，已將虎門、橫檔各砲臺繳還，夷船駛放外洋者二十餘隻，尚有十餘隻拋泊零丁洋迤東香港背面之裙帶路地方。該逆夷等先於正二月門，即在此處搭蓋寮篷，修理石岸，現仍停泊寄碇。至各臺砲位，散失甚多，餘者殘毀，盡為廢鐵，砲臺僅存基址。〔硃批：甚屬可恨。〕奴才等前已奏明，飭令新任提臣吳建勳赴任。現已酌帶水勇前往，令其先行逐一踏勘情形，派兵防守，以便委員前往查估辦理。奴才等親身分看省河，打量水勢淺深，先將要隘堵塞，絕其來路，庶可由內及外，層層設防，以期固守。

《籌辦夷務始末》（道光朝）第二冊，卷二九，〈奕山等又奏英船退出虎門並查勘各砲臺情形片〉，一○六○頁。

道光二十一年（1841）五月乙卯

奕山等又奏：嘆夷停泊裙帶路，修築石路，建蓋遼〔寮〕篷，前已附片陳明。奴才等思裙帶路雖在外洋，離虎門二百餘里，逆夷詭云候旨，實欲仿照澳門之例，為卸貨之地。惟天朝疆土，豈容外夷佔據？是以飛檄水師及澳門、香山、新安各處，查明裙帶路修蓋房間共有若干，有無勒索民戶之事，所用磚石木料何處透漏，該處是否係入虎門要路，能否壟斷各國商稅，內地商人出海，往來有無阻礙，自外洋入澳門，是否必由此路，抑另有可通之徑，飭以不動聲色，詳明密稟。茲據各營稟稱：該夷在毗連香港之裙帶路，築馬頭一條，係二三月動工，長八九丈，寬六七丈，高七八尺，築房一連三間，祇有牆基，此外並無添造。四月間，有夷人至香港查問戶口，耆老鄉民不聽傳喚，夷人即去，未經再來。所有裙帶路磚瓦係黑夜自外洋載入，不由內地，無從堵截，現在停工未運。至各國夷商及內地商船往來，裙帶路並非出入虎門必由之路。由外洋入澳口門有二：其一為擔竿洋，在新安縣之東南，係新安所屬；其一為老萬山，在新安縣之西，香山兩縣分屬。夷船每月夏秋間多由老萬山而入，春冬間多由擔竿洋而入，俱可不由裙帶路而至虎門。澳門尤在虎門之西，去裙帶路更遠，洋面四通八達，在在可通，逆夷更不能壟斷等語。奴才等揣逆夷之意，深懼不准貿易，欲倚外洋銷貨，聲言係前督臣琦善允准居住，說明以此調換定海，藉為狡賴。目前內河水大，未能即刻攔堵，虎門無險可據，若即圖收復，而無船無砲，竊恐進退無據，未易得手。且裙帶路該逆亦未必終能久居，嘆夷向來租居澳門大西洋房間，而抽稅其貨，今欲自修馬頭，不但大西洋失所憑依，即各國亦有窒礙，夷與夷互相猜忌，必至外鬨。而該夷此番闖入內地，肆其焚掠，粵中士民無不切齒。奴才等分鄉曉諭各村，聯絡團練丁壯，到處截殺，防其登岸。各港斷其水米，奸商絕其透漏，該逆私貨既不能銷，內外又須防備，廣集兵船，守一外洋空島，則不攻而自敗矣。我備既修，乘其釁而蹙之，絕其貿易，不難制其死命，而兵端可以永靖，海疆可以奠安。

《籌辦夷務始末》（道光朝）第二冊，卷二，〈奕山等又奏查明裙帶路情形片〉，一〇七五至一〇七六頁。

道光二十一年（1841）六月丁酉

兩廣總督祁、廣東巡撫怡良奏：

……又奉旨飭查前署督臣琦善擅許嘆夷香港，究竟給與全島，抑止給予一隅，現在該夷是否退出，抑仍然佔據一節。查毗連香港之裙帶路地方，自上年〔二十年〕冬間被嘆夷佔據後，在該處砌築馬頭，起造房屋基址，業經奕山等會同臣祁墳將一切情形，兩次具奏。茲奉諭旨飭查，臣等謹查香港全島，東西綿亙〔互〕起伏，共一百四十餘里，統名香港。就中分析，則香港地方在島之西南，由香

214

港而西而北而稍東為裙帶路，再東為紅香爐。由香港而東為赤柱，地名雖分，其實諸峰均相鉤連。香港全島，北通海面，往西約三十里為尖沙嘴，往東約五十里為九龍山，均屬新安縣地界。現據署大鵬協副將賴恩爵稟稱：該夷前求香港與之寄居，意不重在香港，而重在裙帶路與紅香爐，名則借求香港，實則欲佔全島。所開之路，係由裙帶路開起，察其情形，似欲開至香港，復由香港開至赤柱。又署新安縣知縣彭邦晦稟稱：該夷船陸續駛赴裙帶路拋泊，聲稱係奉前任總督琦善允准，給與居住。至尖沙嘴與裙帶路相對，為夷船聚泊之所，十九年間（1839），曾經前任總督林則徐奏請設立兩臺，一在尖沙嘴，臺名懲膺，一在尖沙嘴附近之官涌，臺名臨冲，派撥兵砲，以資控制。嗣因琦善以該二臺海外孤懸，不足禦侮，而新安地方緊要，飭令將兵砲撤回縣城防守，旋被嘆夷潛據。現將臨衝臺內兵房拆卸，臺基轟裂，其懲膺砲臺仍復佔據各等語。又據署水師提臣何岳鍾，署大鵬協副將賴恩爵節次咨稟：嘆夷先後在裙帶路、赤柱各處張貼偽示，並有偽知縣名目。其偽示以緝盜禁賭為名，陽為約束，陰示招徠，無非欲內地商民前往該處與之貿易。而內地安分商民，均以其非我族類，不願與之來往，惟愍不畏法之漢奸，間與勾通，希圖獲利，現已札飭嚴密查拏。其餘情形，經臣等密加查訪，均與稟報相符。至前署督臣琦善，是否給與全島，抑止給與一隅，並無明文。惟檢查案卷內，有副將賴恩爵稟報一件，內稱：嘆夷遣夷目逞送書帖，並稱香港等處，已蒙欽差大臣准伊等駐紮，請將各汛弁兵撤回等語。又查琦善任內所出示文，有該夷既准貿易，復求寄居，既准寄居，復求全島之語。臣等愚昧之見，竊意琦善原只許以一隅，俾得寄居，而夷情無厭，遂藉此要求全島，似係實在情形。

《籌辦夷務始末》（道光朝）第二冊，卷三〇，〈祁墳等奏查覆虎門砲臺炸裂及琦善與義律講話各情形摺〉，一一〇〇至一一〇三頁。

五、奕山對收復香港觀望不前

英人見朝廷赫怒，局勢大變，恐和議永絕，且洋船兵費浩大，急欲通商以濟餉，各國商船罷市久，亦皆咎之，乃於二十六日，託彌利堅國頭目與洋商伍怡和調停，遞書言如欲承平，不討別情，但求照舊通商，如有私夾鴉片者，船貨入官。蓋並琦善所許之煙價，香港，皆不敢求矣。楊芳諭令退出虎門，義律言俟奉通商之旨，兵船即退。是月楊芳、怡良奏聞，是時門戶已失，賊入堂奧，兵潰民散，砲械俱乏，舍暫款無一退敵緩兵之策，而煙價埠地，皆不索，亦足伸朝折衝樽俎之威，與琦善未逮之前，情形迥異。……

而楊芳正月初行至江西時，聞粵中和議將定，先為給嶼堆貨之奏，以遙附琦善，固已不取信於上。及是再奏，又不陳明粵中開門揖盜，自潰藩籬，非權宜不能退賊收險，以屈為伸之故；與夫目前洋人震懾天威，國體已振，勢機大轉，不可再失之故；及與將來守備已固，如再鴟張，立可剿辦之故；但影響吞吐其詞。上以其毫無方略，未戰先撫，非命將出師本意，不許。是時定海之洋船亦至廣東，共五十大艘，半泊香港，半入虎門，舳艫相接，嶘樹出賣鴉片之幟。將軍奕山行至江西，以各省兵砲攻具未集，暫駐韶州以俟。三月二十三日，奕山、隆文及新任總督祁，並抵廣州。……楊芳不欲浪戰，奕山初至，亦然之。既而惑於翼長、隨員等之言，以不戰則軍餉無可開銷，功賞無由保奏，急欲僥倖一試，遂不謀於楊芳，即以朔夜半，三路突攻洋船。

（清）魏源：《魏源集》卷上，〈道光洋艘征撫記〉（上），一八〇至一八二頁。

初，將軍、參贊之至粵也，屢奏粵民皆漢奸，粵兵皆賊黨，故遠募水勇於福建，而不用粵勇。官兵擒捕漢奸，有不問是非而殺之者。粵民久不平，而英人初不殺粵民，所獲鄉勇皆釋還，或間攻土匪，禁劫掠，以要結民心。故雖有擒斬敵人之賞格，無一應命。

（清）魏源：《魏源集》卷上，〈道光洋艘征撫記〉（上），一八四頁。

⋯⋯詔將軍、參贊分一人前赴嘉興防堵，於是奕經自紹興渡江而北，欽差大臣耆英方馳至嘉興，忽奉命前赴廣東，其杭州將軍關防，命特依順署理。蓋據御史蘇廷魁之言，風聞廓爾喀國已攻襲英人駐防印度之兵，洋船將回兵救援，因有退出寧波之事。故命耆英前赴廣東，體察虛實，乘機攻香港。及江左告急，復命中道折回防堵。

時香港洋船十四，杉板小船數十，洋兵千餘，漢奸海盜藪聚其間。奕山等既招回漢奸三千餘，其香港漢奸頭目內向者，亦十之六，各願立功贖罪，請包修虎門砲臺，並請乘冬令晦潮，出其不意，與香港漢奸表裡應和，火攻洋船，一舉殲之。而奕山聽祁言，惟恐觸其怒，不許。六月，詔責奕山視師廣東半載，毫無方略，屢命收復虎門，攻香港，以牽制閩、浙賊勢，皆以造船未就為詞，惟以填河道為事，革去御前大臣、都察院左都御史。

（清）魏源：《魏源集》卷上，〈道光洋艘征撫記〉（下），一九八頁。

三月，奕山、隆文亦至。義律來文請在香港開市，督撫以未奉諭旨駁之。（二月末，嗎囒咭於夷議一體嚴拏走私之說，代註“此端與英官無涉”語。今來文請縱走私，故拒之）是時夷船之在定海者，多駛復廣東，虎門香港合五十餘船。

（清）梁廷楠著，邵循正校註：《夷氛聞記》卷三，六五頁。

道光二十一年（1841）八月戊子。

靖逆將軍奕山、參贊大臣齊慎、兩廣總督祁𡎴、廣東巡撫怡良奏：竊嘆夷分船北駛，奴才等已於七日馳奏在案。又據香山、新安等處稟稱：義律於初七日，乘坐兵船馳出老萬山，向南開行，探無下落。又稟稱：香港洋面，尚有夷兵船十餘隻，火輪船二隻，停泊裙帶路、尖沙嘴，遊奕不定，續又到五十門砲大兵船一隻等語。奴才等查嘆夷屢次求為代懇馬頭，奴才等拒絕不准，又不聽開導，分船北上，名為自行呈訴，而反覆貪狡，已可概見。香港一帶，漢奸聚而未散，以夷船為護符，借以走私。而粵省自省河失防之後，砲械船隻皆為焚毀，所餘水師巡船，僅可哨探，不能抵禦。況尖沙嘴路通九龍，毗連內地，新安一帶，陸兵單弱，水陸兩路，均為喫緊。奴才等與水師提臣吳建勳商造戰船式樣，尚未完工，若於此時收復香港，恐致四面受敵，應援無具。且各省官兵，不服水土，加以痢疫，困乏日形，不若撤兵募勇。蓋粵東善後，非倉促〔猝〕可以集事，而夷性桀驚，宜隨時設備，無論客兵不可久居，倘我集彼散，我散彼集，不但財力耗於無用，而事機亦必坐失。是以奴才等先經揀派紳士余廷槐、黃培芳等，分路前往四鄉，鼓勵士民，抽丁團練。隨又委高廉道易中孚及候補道西拉本前往覆查。茲據該道等回省稟稱：南海、番禺兩縣各鄉社，逐村查驗，已練有三萬六千餘名，按名點看，俱年力精壯，器械整齊，分隊操演，尚屬勇健。並據紳耆等口稱，二百年仰沐朝廷深仁厚澤，浹髓淪肌，當此海疆不靖，無不願效前驅，以報聖主。察其情詞，實出義憤。各鄉各有章程，如若調用，再行發給口糧，當即分賞銀牌銀兩，無不歡呼踴躍等語。查粵省良民，自遭夷匪焚掠，人人切齒，比戶同仇，於斯可見。況沿海中路當賊之衝，香山、新安、新會、東莞等縣，自去年〔二十年〕以來，深賴官民互衛，一律勸勉，如果民心既固，何患不眾志成城？……

《籌辦夷務始末》（道光朝）第三冊，卷三二，〈奕山等奏練勇撤兵摺〉，一一七八至一一七九頁。

道光二十一年（1841）八月初六日（軍錄）。

再，奴才前訊白夷供詞，據稱現在廣東香港地方止有兵船三隻，岸上有兵千名，砲臺尚未築好等情。現在又准福建撫臣劉鴻翱咨會，廈門有夷船五隻，是香港、廈門二處皆已空虛，正可乘機克復，傾其巢穴。

中國第一檔案館編：《鴉片戰爭檔案史料》第四冊，〈欽差大臣裕謙奏報浙江沿海形勢及籌防情形片〉，九七至九八頁。

道光二十一年（1841）十月辛巳。

靖逆將軍奕山、參贊大臣齊慎、兩廣總督祁墳奏：奴才等准浙江撫臣劉韻珂咨稱，逆夷自八月十六日攻打定海，二十一日失守等語。奴才等查來咨，係由陸路抄後，腹背受敵，遂致不支。又前接欽差大臣裕謙來咨，囑令奴才等乘虛奪取香港，搗其巢穴。又兩省當事諸臣，以廈門、定海之失，歸咎於廣東之清還商欠。奴才等辦理不善，百喙難辭，何敢再行申訴？但前後實在情形，非目睹身受者不能周知。奴才奕山、臣祁墳到粵時，虎門內外，砲械無存，弁兵失散，省河要隘為賊所扼，直逼城下。逆夷立待還其商欠，准予通商，一言不決，即行滋事。爾時攻守無具，譬盜入室，環立榻前，拒之不得，況能起捕。然奴才等以不戰不能息兵，疊承嚴諭，何敢依違觀望？遂激勵兵勇，焚燒其船，開仗攻擊，相持五晝夜。嗣緣逆夷冒死登岸，襲我後路，聲言求和息兵。數日來，砲響震天，火光遍地，漢奸在藥局放火，勢將內變，城內居民痛哭，呈懇罷戰。爾時奴才等已辦一死，與城俱忘〔亡〕，伏念恩深權重，負荷匪輕，倘省城有失，全粵瓦解，不但數百萬生靈同遭大劫，而恢復海疆，恐千百萬糧餉不能濟事。……

《籌辦夷務始末》（道光朝）第三冊，卷三七，〈奕山等奏不能乘虛收復香港並清還商欠片〉，一三七八至一三七九頁。

道光二十一年（1841）十月二十二日奉上諭：

……據奕山等奏稱，粵省現制長牌，幔以牛皮，覆以濕被，陸戰尚屬可用。又陸續招徠水勇二百餘人，隨大船出沒，或可制勝等語。著奕山等即將現募水勇勤加練習，其拋擲火彈火砲，務令隨時演試，使之便捷有准。該夷兵船笨重，如能用小船牽制，繼以火攻，亦可得手。該將軍等仍當相度情形，一遇可乘之機，即時進剿，收復香港，切不可因循怠玩，坐失機宜。……

中國第一歷史檔案館編：《鴉片戰爭檔案史料》第四冊，〈著靖逆將軍奕山等將現募水勇勤加練習即時進剿收復香港等事上諭〉，三九四頁。

道光二十一年（1841）十一月辛未。

靖逆將軍奕山、參贊大臣齊慎、兩廣總督祁、廣東巡撫梁寶常奏：……至近日逆夷情形，現據署大鵬協副將賴恩爵稟稱，查明外洋香港，及潭仔洋並內零丁洋等處，共有夷兵船十六隻，又火輪船一隻，往來不定。又據水師提臣報稱，時有大三板夷船，在海面四處游奕，係聽信漢奸浮言，探聞省河建臺塞路，是以攔截石船，不許載運。十月間，曾有逆夷三板船，駛至赤瀝角海面，將載運石料船隻，焚燒四隻，撞沉一隻。又據澳門同知、香山縣知縣稟報，屢有該逆火輪船在尖沙嘴、裙帶路，又有三板船在香山縣屬掛碇洋面，往來游奕各等情。奴才等伏思逆夷狡詐異常，現以香港為逋逃淵藪，而浙江已蒙命將出師，一經剿辦，則該逆大幫夷船，必致竄回廣東，再圖滋擾。且該逆以貨船改作兵船，又另造小快船數十隻，其心尤為叵測。奴才等惟有激勵兵勇，並上緊填塞省河，趕辦砲臺砲位，以期有備無患，仰副我皇上慎重海疆之至意。

《籌辦夷務始末》（道光朝）第三冊，卷四〇，〈奕山等奏省河要隘亟須填塞並現在防堵英軍情形摺〉，一五二〇至一五二二頁。

道光二十一年（1841）十一月二十一日（軍錄）。

茲奉諭旨嚴催修理虎門，收復香港等因。查廣東省雖現有招募水陸壯勇三萬餘名，僅能在省河各要隘三十餘處分據把守，未能出洋攻剿。至虎門砲臺八座，工程甚巨，非數月不能完工，各臺砲位須八百餘尊，方敷安置。……奴才等再四熟商，惟有俟虎門砲臺修理後，再行進剿，收復香港。……香港現有夷船十四隻，三板數十隻，漢奸海盜萬餘人，不時窺伺，因內河水陸壯勇各處巡察，防範甚密。近有逆夷火輪船兵船二隻駛至新安磨刀洋等處游弈，俱為鄉勇擊退。

中國第一歷史檔案館編：《鴉片戰爭檔案史料》第四冊，〈靖逆將軍奕山等奏為遵旨查覆廣東籌備防守情形摺〉，四九七至四九九頁。

道光二十一年（1841）十二月二十八日（軍錄）。

奴才奕山、齊慎、臣祁墳、梁寶常疏。奴才等伏查此次招回漢奸，令其立功贖罪，本係開其自新之路，以圖可乘之機。……現據差往香港偵探夷情之義勇回稱，探得逆夷兵船，在香港招集漢奸六百餘人，每名給安家銀三十元，每月給工銀十元等語。可見逆夷奸謀，仍以勾引漢奸為務，正不得不極圖招撫，勉其帶罪立功，庶不致為賊用，此現在權宜辦理之法也。……奴才等悉心核議，通盤籌畫，所有陸續投回漁戶漢奸三千餘名，業經安插虎門以外，揀派兵弁，督同頭目管帶，酌給口糧船價，以備臨時調遣。

中國第一歷史檔案館編：《鴉片戰爭檔案史料》第四冊，〈靖逆將軍奕山等奏為遵旨委議安置投回漁戶漢奸摺〉，五九一頁。

道光二十一年（1841）十二月二十八日（軍錄）。

靖逆將軍奕山奏，……奴才愚見，虎門六臺不能不修，香港全島不能不取。……至進攻之法，戰船不能猝成，水兵難以得力，只有招回漢奸，使為內應。聯絡香山、東莞、新安沿海義勇，分頭埋伏，暗運火具，以備焚燒。逆夷若先入虎門，則斷其後路，搗其巢穴，可以內外夾擊，以快人心。惟尖沙嘴係裙帶路咽喉，九龍山為陸路要隘，均當設守，以應後路。現在香港漢奸頭目傾心報效者已有十之五六，原擬臘盡舉事，因各處密稟，尚未佈置盡善，師期亦不敢預定，恐有洩露，必須月黑順潮，出其不意，方可一炬而燼。

中國第一歷史檔案館編：《鴉片戰爭檔案史料》第四冊，〈靖逆將軍奕山奏為遵旨密議制英之策摺〉，五九二至五九三頁。

道光二十二年（1842）正月癸亥。

茲欽奉諭旨，著臣等分摺密奏。就臣愚昧之見，通盤籌畫，省城為全粵根本，省河為省城內戶，虎門為省城外戶，省河未固，則虎門砲臺不能修，虎門砲臺未修，則香港不能復。是以自本年〔二十一年〕七月，逆船分往閩、浙各省滋擾之後，即經選派老成官員及本處紳士，將附近一帶河道，填石打樁，酌量堵塞，以阻夷船進省之路，經臣等分次周歷查勘，工料尚屬堅實。並以逆夷詭計多端，仍不能阻其內犯，故於石樁兩岸，擇地分建砲臺土牆，將補鑄及新鑄各砲分撥安置，派定兵勇駐紮。若逆船駛入，為石樁所阻，我兵勇兩面開砲攻擊，較為得力，兼可守護石樁。此外最要次要各要隘，亦陸續建築砲臺砲牆，分段防守。合計新築及修復石砲臺及三合土砲臺共七處，土臺土牆約三十餘處，陸路通省各隘口，又復分派兵勇屯紮，似此固守嚴防，省城大局似可無虞。至虎門砲臺，共計威遠、靖遠、鎮遠及橫檔、小橫檔、鞏固、永安、大虎、沙角、大角共十處，現亦剋期興工。約計工程日期，如仍用石修築，即同時並舉，總須兩月外方可竣工，若用土築，可以速就，難以經久，亦須月餘方能完竣。且現鑄各砲位，除省河安置外，餘砲無多，不敷虎門應用，現在仍趕緊鑄造。香港又懸處海中，無陸路可通，臣不敢謂遽能得手。惟思此事若再曠日持久，誠如聖諭，虛糜帑項，株守省城，何時蕆事？

《籌辦夷務始末》（道光朝）第三冊，卷四三，〈祁墳奏議覆防務情形摺〉，一六二八至一六二九頁。

道光二十二年（1842）五月二十四日（軍錄）。

至現在粵洋尚有逆船十九隻，其停泊香港附近之尖沙嘴者不過六七隻，其餘仍在九洲、三角、潭仔、內零丁各洋面，往來游奕不定。並探得該夷自去年冬間至今，在香港對面之裙帶路造有夷樓五十餘間居住，將原蓋篷寮盡行拆去各等情。

中國第一歷史檔案館編：《鴉片戰爭檔案史料》第五冊，〈靖逆將軍奕山等奏報自浙駛回英道光二十二年（1842）五月癸亥。

靖逆將軍奕山、兩廣總督祁墳、廣東巡撫梁寶常奏：竊奴才等接據楊威將軍來咨：逆船退出寧郡，恐其紛擾海疆，咨照一體防範。並准浙江撫臣劉韻珂咨稱：寧波夷船，全數退赴鎮海，其鎮海夷船，大半開往定海，咨行防堵前來。奴才等竊思夷情詭譎異常，其往來船隻，經過粵洋，亦屬靡定。自上年（二十一年）五月以後，有由該（英）國駛來船隻，僅在粵洋游奕未經東駛者，有甫來粵洋停泊，旋出老萬山洋面駛往閩、浙者，又有前往閩、浙之船，去而復返仍泊粵東洋面者。是以奴才等於本月十六日，奏報夷情摺內，當將該逆新到兵船四隻，火輪船三隻，奏明在案。現復查得該逆灣泊九洲巡船六隻，潭仔巡船一隻，黃埔夷船一隻，尖沙嘴巡船二隻、兵船二隻、八號火輪船一隻，以上共二十隻，均係本年二月以前來到之船，分泊各洋面不定，未經東駛。其自三月以後，有由該國新到十四號火輪船一隻，泊於三角。而尖沙嘴地方，在香港對面，所泊夷船為最多。三月杪來泊夷目吐密管駕中巡船一隻，四月初來泊十號火輪船一隻。四月十八日，由該國新到三桅兵船四隻，每船夷兵約二三百名不等。四月二十二日，又由該國新到三桅兵船四隻，每船約來兵二百餘名，約各載馬四五十匹不等，又新到中小巡船二隻。以上新到尖沙嘴兵船巡船十〔一〕隻，雖探聞有欲行駛往閩、浙之信，尚未開行。此現泊粵東洋面，未經東駛之逆船也。又探有六號、九號、十一號火輪各一隻，唎嘧巡船一隻，吻噸中巡船一隻，裝兵中巡船一隻，自該國駛來尖沙嘴，均於四月十六日以前陸續起碇，已出老萬山東駛，似係駛往閩、浙。又有十二號十三號火輪船各一隻，三桅兵船六隻，中巡船一隻，係四月初旬甫來尖沙嘴，即於十八十九等日起碇，由校椅洲西駛，探報似亦係駛往浙江。此外另有兵船一隻，嘩喻巡船一隻，係自上年秋冬間，駛出老萬山東去，今復於四月中旬駛回，仍泊尖沙嘴，探係由閩、浙甫經駛回。此又現在探得由粵洋駛往閩、浙，以及前往閩、浙復行駛回，仍泊粵洋之逆船也。以上逆船來往，俱係據澳門同知並新安、香山各縣及大鵬、香山各協營，隨時稟報，該文武員弁，亦係據該引水之水手在洋瞭望，究之大海茫茫，其或赴閩赴浙，亦不能確然指實。即如該逆由浙駛回船隻，如仍在粵洋灣泊，尚可探悉，倘竟有〔由〕外洋駛回本國，亦無從而知。惟現在尖沙嘴地方，既有由該國新到以及自浙駛回之三桅兵船巡船，較往時實為加多。且該逆火輪船，直到距省四十里之黃埔窺伺，夷情尤為叵測。奴才等自當隨時激勵兵勇，嚴加防範，以固省垣而免疏失。

至逆船在香港情形，疊據水師提臣轉據大鵬協稟報：沙山嘴（尖沙嘴）之懲膺臺、官涌之臨衝臺，已被該逆拆毀。復於裙帶路、赤柱之上灣、中灣、下灣地方，隨時修建營盤、兵房、鬼樓、馬頭等工，亦時有拆毀，並有前被火焚燒復修者。又於裙帶路、燈籠洲兩處修建砲臺，安設銅鐵大砲三十四位，均有夷目帶領夷兵駐守，偵邏甚嚴。復有漢奸在該處修造草棚鋪房，交通買賣。其對面之尖沙嘴，更有兵巡各船連泊。是該逆竟以香港為巢穴，而漢奸亦藉以為逋逃藪，奴才等現雖防守，刻刻不敢忘戰，俟有可乘之隙，再當相機妥為辦理。

至奉旨飭查該逆國中，有無事故一節。查本年二月間，傳聞夷商在澳門談及，嘆逆所屬出產棉花之嗌啊喇地方，均有嘆夷兵目，帶領黑白夷兵各數百名駐守。因黑夷出兵在外，多有傷亡，僅賸白夷，亦不敷駐守。該處逆夷兵目，於去冬勒派該處黑夷商民充當兵役，因而構怨，群起刺殺夷目，並將白夷兵數百名焚斃殆盡各等情。奴才等因係風聞無據之詞，未敢冒昧入奏。近日又據香港探報：逆夷所恃者，因前佔有嗌啊喇之埠頭，藉產鴉片厚利，得充兵餉。今被嗌啊喇咾鬼子，將八顛之弟殺死，奪回鴉片埠，以致兵餉不繼，揆其情形，似難耐守等語。前後印證，雖屬有因，究無確據。奴才等再當密為偵探，並隨時確查該逆來往船隻，迅速奏報。

《籌辦夷務始末》（道光朝）第四冊，卷五〇，〈奕山等奏查明廣東洋面英船來往並香港情形摺〉，一九二七至一九二九頁。

道光二十二年（1842）六月戊寅。

靖逆將軍奕山、兩廣總督祁墳、廣東巡撫梁寶常奏：竊奴才等前奉諭旨：嘆〔該〕逆來往船隻，必由閩、粵各洋經過，有無逆船自粵赴浙，抑或有逆船由浙南駛，經過該二省洋面之處，著即探明，隨時由驛迅速奏報等因。欽此。當經奴才等於四月二十七、三十等日，將查探逆船來往情形，疊次奏報在案。查前次奏報，泊在粵洋逆船，除駛往閩、浙十三隻外，截至四月二十五日止，尚有四十隻。嗣據該管營縣陸續稟報：四月二十七日新到裝兵船四隻，中巡船二隻，二十八日新到裝兵船二隻，二十九日又新到裝兵船四隻，均泊尖沙嘴。另有二號火輪船一隻，係上年〔二十一年〕八月內赴浙，亦於四月二十八日駛回尖沙嘴。並查出上年十月內，復回三角洋面中巡船一隻，理合補報等語。奴才等查得該逆船續到十四隻，合之四月二十五日以前所泊四十隻，共計五十四隻，是否由粵東駛，飛飭該管文武員弁，逐細查明稟報去後。茲據各該處續報：除前報駛往閩、浙逆船十三隻不計外，其自四月二十四日起至五月初四日止，又有大巡船一隻、中巡船六隻、小巡船三隻、裝兵船二十二隻、十號火輪船一隻，均於四月二十四、二十九及五月初二、初三、初四等日，自尖沙嘴起碇，駛出老萬山東駛。又有由浙駛回尖沙嘴之二號火輪船一隻，經夷目吓嘟唎、嗎唎嘫二名管駕，該船於五月初六日，出老萬山東駛。以上巡船裝兵船火輪船共三十四隻，陸續出老萬山東駛，探係前往閩、浙。另有夷目吐嘧一名。管駕囋啐咍嚧巡船一隻，先據新安縣稟報，該船於五月初四日自校椅洲西駛，探係駛回本國。續據澳門同知稟報，該夷目管駕該巡船，係於五月初六日，出老萬山東駛，即與夷目吓嘟唎、嗎唎嘫二名，均赴浙洋各等情。

奴才等伏查本年四月十六日以前，逆船由粵東駛者，僅止六隻，乃自四月十八日，嘩喻巡船自浙駛回以後，旋於四月十九、二十一、二十四等日，出老萬山東駛者八隻。自四月二十八日二號火輪船自浙駛回以後，旋於四月二十九、五月初二、初三、初四、初六等日，先後出老萬山東駛者三十三隻。統計該逆兵船巡船火輪船除夷目吐嘧管駕巡船一隻，是否駛回本國，抑係駛赴浙洋，另行確切查明外，其自四月至五月初六止，先後共出老萬山東駛者四十七隻。且有夷目呀嘟嘟即嘆嘯喳及嗎唎嚦二名，即隨二號火輪船，跟蹤駛往。並探得新到大巡船內，載有番婦番孩一百餘名，安置裙帶路夷樓居住。其裝兵船內，約載夷馬二百匹及砲車等項。

揣度該逆情形，或因在浙與大兵接仗，是以嘩喻巡船及二號火輪船駛回粵洋報信，旋將四月內新到兵巡火輪各船，開駛赴浙，肆其豕突，亦未可定。但夷情叵測，或逕駛往浙省寧波、乍浦等處，抑或分駛廈門、上海、天津一帶各海口，肆行滋擾，難以逆料。且風聞該逆船亦有駛往台灣之信，均應加意防堵，以備不虞。除飛咨揚威將軍並沿海將軍督撫一體嚴加防範外。查現在粵東洋面，自二月以前到泊各船，截至五月初六日止，共計逆船六十七隻，除已起碇東駛者四十八隻，計尚存逆船十九隻。其二月以來泊逆船十六隻，仍泊於九洲、三角、潭仔、內零丁、尖沙嘴各洋面。其嘩喻巡船一隻，十四號火輪船一隻，及四月二十二日新到裝兵船一隻，據報向咖嗯嘣及校椅洲等處駕駛，尚未駛出老萬山，誠恐該大幫逆船，不久仍由各處駛回粵洋。奴才等隨時激勵兵勇，嚴密防堵，如有可乘之隙，自當相度機宜，妥速辦理，仰慰宸廑。再查逆夷巡船，有大中小三等，專為接仗而設。大巡船載砲七十餘門，中巡船載砲四十餘門，小巡船載砲二十餘門，其裝兵船，則僅有砲十門八門及四門兩門不等，係為夷兵居住及裝載火食之用。

《籌辦夷務始末》（道光朝）第四冊，卷五二，〈奕山等奏廣東洋面停泊英船陸續東駛情形摺〉，二〇〇五至二〇〇七頁。

道光二十二年（1842）六月乙巳。

至現在夷船情形，前次查明截至五月初六日止，除已起碇東駛者四十八隻外，實存粵洋十九隻。業於五月十四日奏報在案。嗣後據各該營縣陸續探報：查有逆目吐嗱巡船一隻，及四月內駛到裝兵船一隻，又由該國新到十五號火輪船及小巡船各一隻，又由浙駛回逆目嘩喻巡船一隻，均於五月十四至二十六等日，駛出老萬山東去，似俱係駛往浙洋。現在粵東洋面，自二月以前，來泊逆船十六隻，及十四號火輪船一隻，又五六月新到中巡船小巡船各一隻，均泊於九洲、三角、潭仔、內零丁、尖沙嘴各處往來游奕。其自東北外洋駛回西南外洋各逆船，疊據南澳鎮各營員稟報，除四月內駛回西南外洋逆船七隻。所有逆船來往及在粵洋停泊各數目，謹逐一查明具奏，此後陸續查明，再當隨時奏報。至虎門砲臺，為全省屏蔽，一日不修復，終屬不了之局。⋯⋯。嗣於四月內，逆船又駛到四十餘隻，分泊各洋，更未便輕於一試。現查逆船陸續東駛，其留泊粵洋者仍有十九隻。

《籌辦夷務始末》（道光朝）第五冊，卷五七，〈奕山等奏查明兵勇月需經費並現在籌辦洋務情形摺〉，二二〇三頁。

道光二十二年（1842）七月辛酉。

靖逆將軍奕山、兩廣總督祁壔、廣東巡撫梁寶常奏：⋯⋯道光二十二年（1842）五月二十四日，奉上諭：有人奏，逆夷擄掠貲財，載回廣東香港裙帶路收貯等因。欽此。又於六月初一日，奉上諭：逆夷於香港裙帶路地方，建造樓房等因。欽此。伏查該逆自上年二月佔據香港之後，即於毗連之裙帶路，修築石路，搭蓋篷寮。復於該處上灣、中灣、下灣地方，隨時修建營盤兵房鬼樓馬頭篷寮等工，亦間有拆毀，並有時被火焚燒復修者。又於裙帶路、燈籠洲兩處修築砲臺，安設銅鐵大砲，派有夷目帶領夷兵駐守。均經疊次奏明在案。

其住居香港偽知縣名堅，又有噴順即贊遜，呢唎哳即乜唎時，均係夷商，現聞逆夷令充兵頭。嗎嚕嗻即馬履遜，啡喻即匪倫，俱係該逆夷頭目，能通曉漢字漢語，並非幕客。嗎嚟噠父子同名，其父死之後，現在之嗎嚟噠名字之上，添一秧字，緣夷人謂小為‘秧’，故名秧嗎嚟噠。上年冬間，曾有貿易商船，在九洲、九龍及大嶼山、佛堂門各洋面經過，被該逆將商船拉往香港二十七隻，據船戶郭開明等來省控告有案。本年正月內，該夷目吓嘟嗻即啞嘆嘃喳，與嗎哩噠赴澳門商議，恐結怨於商民，查所拉商船，除變賣贖回外，仍存十一隻，即將該船盡行釋放，以後並無續拉船隻及納獻陋規情事。

至香港漢奸，其著名頭目，盧亞景即盧景，又有鄧亞蘇、何亞蘇、石玉勝等，為之勾引煽惑，立有聯義堂、忠心堂各名目，均在香港，約計十餘處。曾經奴才等於上年招回石玉勝、黎進福等一千餘人，妥為安置，奏明在案。因盧亞景一名尤為首惡，設法招致，當即密派眼線給以翎頂，盧亞景旋亦允許願為內應，相機舉事。此逆夷佔據香港，漢奸各立名目之情形也。奴才等竊思助逆之漢奸，既有姓名堂名，原不難按名緝拏，無如該漢奸盤踞香港，逆夷為之包庇，查拏愈緊，則趨赴香港者愈多。是以出示招致，如有洗心革面反正來歸者，概赦不問，果能殺賊立功，更當格外加賞，倘竟怙惡勿悛，一經拏獲，罪在不赦。如此剴切曉諭，既足間其黨與，且可收為我用。現又購線招得朱泗水一名，係逆夷嚹順之幕客，亦願悔罪立功。奴才等訪聞朱泗水與盧亞景各分黨與，勢不兩立，現在香港漢奸，漸已陸續聚眾互鬥，夷人亦不能相安。

……至現在逆船情形，自上次奏報之後，續來粵洋駐泊者，又有十六、十七號火輪船二隻。其在外洋瞭望，由西南洋駛往東北洋夷船計四隻，由東北洋駛往西南洋夷船計四隻。昨據各該營縣報稱：本月十三日，突有三桅中巡船一隻，兩桅小巡船二隻，駛進沙角海口。當令引水詰問，據稱係查看各國貨船在虎門以內共有幾號。又稱聽聞現修虎門砲臺，故來看望等語。該逆船駛進橫檔，往來游奕，於十八日仍復駛回尖沙嘴、三角各洋面分泊。另有八號、十六號火輪船二隻，亦於十四日駛至距城四十里之黃埔游奕。奴才等隨傳諭各砲臺，如逆船竟敢駛至石壩窺探，即行開砲轟擊。該逆船亦即於十五日駛回香港。逆夷種種詭譎情形，可恨之至！奴才等惟有簡練兵勇，嚴密防範，仰紓宸廑。再聞逆夷由浙江駛回船隻，內裝載銅錢，散作夷兵食用，不知確數。又聞駛回各船內，裝載傷斃及病斃夷人屍首不少，或謂有千餘具，或謂有四百餘具。並聞刻下香港漢奸，多已不敢受僱赴浙矣。

《籌辦夷務始末》（道光朝）第五冊，卷五八，〈奕山等奏遵旨查明香港地方漢奸名目及現在籌辦情形摺〉，二二六七至二二六九頁。

道光二十二年（1842）八月己丑。

靖逆將軍奕山、兩廣總督祁𡎴、廣東巡撫梁寶常奏：至現在逆船情形，自上次奏報之後，由該國續來小巡船一隻，裝兵火食船一隻，又夷目名嗗七十餘門砲位大巡船一隻，該夷目嗗即管駕大巡船並十七號火輪船一隻，及上年（二十一年）十一月內，來泊九洲之中巡船一隻，均於七月初三初九等日，出老萬山向東行駛，似赴江、浙一帶。其在外洋瞭望，由西南駛往東北外洋夷船計三隻，由東北駛回西南外洋夷船亦計三隻。現在香港、尖沙嘴洋面，尚泊嘆逆巡火各船四隻，港腳貨船薑船十五隻，三板八隻。另有嘆逆巡火各船十四隻，分泊於九洲、潭仔、內零丁、三角各洋面。至本省防兵並水陸壯勇，分撥各路要隘三十餘處，尚覺不敷守禦。所有各省徵兵一千六百餘名，仍應暫留調遣，以期嚴密防範。奴才等自當隨時相度，俟夷務大定，即當陸續撤回，斷不敢虛糜帑餉，仰副聖主慎重軍儲至意。

《籌辦夷務始末》（道光朝）第五冊，卷六○，〈奕山等奏遵查天竺等國船隻情形並現籌洋務緣由摺〉，二三二八至二三三○頁。

道光二十二年（1842）九月己巳。

靖逆將軍奕山、兩廣總督祁𡎴、廣東巡撫梁寶常奏：八月初六初七等日，有嘆夷九號、十二號火輪船各一隻回粵，傳說在江寧停泊夷船，有業經議撫之信。詢悉該船係於七月二十五日自江寧開行，不過十一二日即抵粵洋。正在查訪間，臣祁墳等適接欽差大臣耆英等來咨，以噢夷業經議撫，所有被虜夷人及被誘漢民，一體懇恩釋放二款，欽奉諭旨，俱著准其所請等因。欽此。欽遵咨照前來。始知議撫之說，確可憑信。該九號、十二號火輪船二隻，即於八月初九日駛回本國。其八月內由該國新到夷船，計裝兵船三桅大巡船及十八號火輪船各一隻，均停泊尖沙嘴，又有十三號火輪船一隻，小巡船一隻，中巡船一隻，亦於八月二十及二十六、二十九等日，由江南先後回粵。其十四號、十六號火輪船二隻，並十二號火輪船一隻，即於八月初四、十二、二十四等日，先後駛出老萬山，前赴江、浙一帶。其在外洋瞭望，由西南駛往東北外洋夷船計二隻，由東北駛回西南外洋夷船計八隻。現在香港、尖沙嘴洋面，尚泊有該夷各項船一十一隻，三板船五隻，另有該夷巡船裝兵船共十一隻，分泊於九洲、潭仔、內零丁、三角各洋面，察看情形，尚為安靜。

《籌辦夷務始末》（道光朝）第五冊，卷六一，〈奕山等奏查明英船來往情形並現在酌裁壯勇緣由摺〉，二三九二至二三九三頁。

六、廣東人民為收復香港，反抗英國殖民統治的鬥爭

或謂今之英逆，即前明之倭寇，以菜視之，與倭寇實有區別。倭寇鄰近邊地，來往可以自如，逆夷則不然，數萬里重洋，非可朝發夕至。路途既遠，需費浩大，繼不能多帶兵弁。現在之到處蹂躪者，全藉糾內地之奸民以為兵，搶內地之財物以為餉。為今之計，欲剿英逆，須收香港，欲收香港，須撫漢奸，漢奸一散，則逆夷之耳目手足俱廢，任其猖獗，而亦無能也。但招撫之亦有道焉，凡為漢奸者，始因貪夷之利多，一去則與之俱去，今則知己之罪重，欲來而不敢遽來。大人誠能密訪其人，可以膺此任者，令其申以大義，赦其重罪，果能立功，且為保舉優獎，該逆未有不回頭者。蓋彼祖宗墳墓俱在故

囿，父母妻兒安居樂土，誰肯舍之而他適。然謀之不密，不特我不能得其力，且足為彼之助，而後來接辦者，更難措手。廣東漢奸凡有三種：有與夷人相好，平素走私販私，畏罪而逃入夷船者；有素無身家，不能謀生，被誘而誤入夷船者；有與夷人相好，而亦有身家，不敢竟入夷船作奸者。現在，畏罪及被誘者，俱在香港，其有身家者，尚在內地，設機關敗露，使若輩得知動靜，則彼希圖厚利，暗中報信，亦情理所常有者，不可不防也。邇來城廂內外，聲言粵東不須打仗，香港漢奸俱已招回，俟有機會，祇用一把火，便可恢復。又言：已發翎頂若干，賞其頭人，葇當聞之，不勝駭然，如用反間計，令其互相仇殺，則愈傳愈妙。若果欲招回，而事未曾辦，已喧傳若此，豈不有誤將來。且剿辦逆夷，亦不全在收回香港，夫主收回香港之說者，一為復我故土，一為掃其巢穴也。其實兵革之息與否，則全在乎示以兵威，如出奇制勝，令其大創，雖以香港聽彼佔據，彼亦不敢仰視，若僅能獲地，而未能殲其醜類，得其渠魁，則收復之後，未有不復來爭者，或於他島另起風波，亦事勢所不能禁者也。葇之管見，招回漢奸，是為上策，趕造戰具，亦屬要圖。

（清）朱雲峰評：《籌海策略》，余含葇撰：〈上梁中丞平夷・策三〉，三二至三三頁。

如逆夷之佔據香港也，豈因香港有大利哉，實欲為巢穴，以為用兵進退之地步耳。當其初得香港也，未知各大憲肯聽其佔據與否，故攻沙角，攻橫檔，打烏涌，打獵德，入我堂室，扼我咽喉，大肆鴟張，令人畏懼，然後香港穩為彼有矣。既得香港，遂於此造房屋，糾漢奸，招商船，蓄糧草，出可以戰，退可以守，因此而犯閩，又因此而犯浙，近則又思犯江南矣。各省之邊患，俱由香港長其威，香港不收回，各省之兵斷不能息。說者謂我不收香港，不修砲臺，夷人必不來打。噫！為此言者，是真為漢奸之魁，而為逆夷之內應也。……逆夷現在不擾廣東，豈結好於粵人哉？不過欲以香港為招兵之地，為備糧之所，為養蓄精銳之區，若他省不得志，必向廣東而狙獗，此理最易明而事勢之所可逆料者也。現在虎門砲臺不許修築，其居心何在，其奸計已彰，而論者猶以不打廣東，進言於大憲之前，是明以兒戲之談論國家之事，以春秋誅心之法斷之，雖寸磔何辭哉？菜嘗綜覽目前之大勢與將來之大計而熟籌之，逆夷之猖狂也，藉漢奸為爪牙，漢奸之嘯聚也，恃買辦為接濟，買辦之流通也，藉香港為墟場，欲剿逆夷，須散漢奸，欲散漢奸，須絕買辦，而漢奸既招撫，則賣辦自散，香港自收，逆夷不能停留，自然閩浙江南之兵船，不能大肆其威，而長其勢。然則此日之計，收香港是為急務，而收之之法，其細目在乎見機，而大段可以臆度者，請為我大人陳之：

一、香港孤懸海外，似非內地可比，然既與九龍對面，即屬天朝地土。……不思早為恢復，將來咪哩嘢亦索地矣，浸假而嗬嘮，而佛蘭西皆效尤矣。與之，則各建砲臺，永為廣東之害，不與，則有詞藉口，又啟叛逆之端，是香港一島，其緊要無異於內地也。該逆已據有年餘，猶不及時恢復，設一旦兵釁大開，建議追究發難之由，及釀禍之始，將誰執其咎也？應請發憤為雄，早為設法，以收復故土為要也。

一、收香港之法，不可急，亦不可緩。現在逆夷盤踞，全藉漢奸為之羽翼，彼漢奸是我民也。……惟趁其心志未定，腳步未穩時，設法招之，鮮不為我用者。若因循日久，聽其胡行亂走，則收打單錢，收埠頭錢，收地租錢，遇有貨船，時出劫掠，獲利既厚，必不回頭，不特內地奸民趨之若鶩，且恐獄中要犯，乘機脫逃，各案更難辦理。……

……查香港漢奸萬有餘人，番禺二千有零，其餘，香山、東莞、新安、新寧、嘉應州等處有六七千人，因盧亞景為夷人信任，該夷待番禺之奸獨厚，番禺諸奸，遂持亞景之勢，每凌虐諸漢奸，諸奸因此不服，不能同心，此正天以亞景為我分漢奸之黨也，有此機會，圖之不難。現在各路線人，俱欲立功報效，又何所畏而不為。……

一、漢奸之心，本難盡信，古有謀之不善，因誤聽而致大敗者，此亦不可不防也。今香港則不然，泥水木匠共四五千人，現住鬼樓，可以乘時起事，其餘諸奸，均於太平山，設酒立誓，願殺諸夷。惟各大憲，許其立功，命其動手，彼即相機行事，不用內地一將一兵，此則無可疑也。……

一、盧亞景雖為頭目，然統屬僅番禺二千餘人，其餘漢奸，均不服夷約束。以前，亞景逆志甚堅，雖親戚相好，再三說合，俱不回頭。邇來各路線人，主使諸奸，於該夷用離間法，鬼子俱已生疑，言亦不聽，計亦不從，亞景即不招回，而香港亦不能安身，此人已屬無權，來與不來，不干收復香港之事，但諸漢奸之心，未能信以為真，而各線人之言，亦未能認以為實。惟今先招亞景回來，以試其誠偽，則可以卜各事之真假，此亦偵探賊情之妙法也。

一、香港之巢穴既燬，該逆未有不報復者，現在虎門砲臺，俱未修築，無以禦之，似乎引火而焚身，不知漢奸已籌之熟矣。裙帶路對面有斜灣小山，四面砂多水淺，大船所不能至，而香港之船至內地者，又必由此，若令漢奸退居此島，可為虎門之蔽，逆夷來攻，漢奸日與之鬥，斷不能遽至內地，即至內地，而有漢奸截其後，可成夾攻之勢，該逆亦無有不敗。再漢奸與逆夷為仇，不比內地之兵弁，蓋始而相助，繼而相反，自有勢不兩立之意，即無軍令，亦決無退走者。且於斜灣設一墟場，令附近紳士為之領袖，使各處之貿易者，俱至斜灣，而不至香港，逆船雖欲停泊，亦必以絕糧而他適。應請札飭承辦人，與該處紳士妥立章程，再通知漢奸，待時而動，斯可以善後矣。

一、……今收復香港……於漢奸宜用撫，於英逆則用勦，此則機宜秘密，不可以輕動者，月前。翼長李曾札諭金祖謨及姜華耀，前赴香港，招回漢奸，略有成效。及李北上，此事忽然中止，漢奸觖望，咸謂來人俱無信行，將來有欲辦此事及承辦者，雖有儀秦之口，恐進身難比如前之易，更恐日久漏風，鬼子得知此舉，則防閑更緊，而為禍更烈。且漢奸曾言，大憲若不欲收回，伊等則佔據屯門，搶劫為生，以圖機會。果若是也，是外患未平，而內賊蜂起，海防事尚堪問乎？但招撫為重任，非金、姜二人可勝任者，應請飭令承辦人，公擬赴香港數人，上衙門數人，一切事宜俱要同行同辦，斯可以杜懷私之弊，且免內外扦隔，任伊一人播弄，使大事有貽誤也。

......

一、噗夷販賣鴉片，獲利甚厚，從前屯貯澳門，因西夷收棧租，收用錢，兼以地方官稽查，使費浩大，是以設立躉船，長泊海中。自嚴禁後，知躉船不能復駐，漢奸慫恿，乃思佔據地方，陽為貯貸，陰則為鴉片也。所以，據得香港，即行建造房屋。近因漢奸人心不齊，日相攻擊，該逆又不能約束，始覺香港孤立海中，若用夷兵鎮守，糧餉亦甚難濟，若藉漢人護衛，心志未必無虞，況屬天朝土地，定不能為久計。聞近日將各工人停止，不復建造者，實為此也。顧奸夷反覆無常，不足為信，惟現造鬼樓百有餘間，已可居住，斷不能任其久佔為巢穴，而四出滋擾，應請迅圖收復，一則便於修造虎門砲臺，二則免得久戍，多費粉餉，三則無處棲身，兵端亦可稍靖也。......

(清) 朱雲峰評：《籌海策略》，余含英撰：〈上梁中丞平夷・策四〉，三六至四四頁。

道光二十年（1840）英吉利犯廣州，靖逆將軍率師討之，楊公芳為參贊大臣，先生上書楊公言：香山淇澳、新安大澳，其人能潛伏海中，請召募，使攻夷船。又言：番禺慕德里司鴉湖村民聚眾數千人，將為亂，宜乘其未發，招為鄉勇，珠江群盜快蟹船亦宜招撫，使擊夷人，此以賊殺賊之法也。

(清) 陳澧撰：《東塾集》卷五，五頁。

（東莞生員）王安瀾管靖康社學事。社學為東莞缺口司六十鄉公所。安瀾以文弱書生能使六十鄉之人咸聽其決斷，則亦非常人矣。六十鄉約有五、六萬人，多習水善鬥，所用鳥槍能及數里之遠。......又聞有鄉人願先收復香港，功成後補給口糧者，特無人號召之，匿不肯出耳。

（清）陳澧撰：《東塾集》卷五，六頁。

　　道光二十一年（1841）春二月初六夜，英夷攻橫檔砲臺。二十一日黎明，英夷駕火船，自南路入破湖洲砲臺，殲守勇，隨至沙涌砲臺，入渡頭村，淫掠，過野廟，笑愚人奉此土偶，斬之頭墮地，村人怒與戰，雷兆成等十人死之。（見〈忠義傳〉）濠涌守者，棄砲臺，踉蹌逃。日將晡，夷船至石岐海，居民遮岸望，夷人見我眾，頂禮搖手，要以無相害。既夕，至張溪口，陷於淖。夷大懼，有董事者，家北門，周北堡奔而呼曰：從我來，焚其船者，賞五百金，生獲一夷人者，賞百金，獻一夷人首級，賞十金。其人平日不信於鄉間，無應之者。須臾，潮長，英夷火張溪文閣，出東濠，駕火輪船去。當夷船之未去也，西北一帶，火光燭天，居民驚竄，四城皆閉，思樹登城望，惟歎息流涕而已。後知其來也，兵頭義律亦在船中，火之，可無省城之禍，始不勝痛恨云。

（清）陳澧等纂，《重修香山縣志》卷二二，〈紀事〉，四八頁。

　　賊踞香港，大蓋帳棚一百餘間，並設有偽官。初一日據探報，新蓋帳棚，忽拆去一半。又據報夷官紛紛上船，凡夷船在烏涌、獵德一帶，共二十餘隻，火輪船數隻，三板艇十餘隻云云。弟早間行香後進見時，妄參末議，以為夷眾既由香港上船，彼處必現在空虛。如能分兵一路，暗襲其巢穴，一面引重兵守泥城，如省城打仗時，可以出奇兵，由花地兜其後路，縱未能得全勝，亦可以牽制其兵。奈當事者，以書生之見，並無應者。迨到事敗之後，群歸罪放發令太早，不知賊船以全數駛進虎門，其意何在？我不擊彼，彼必擊我，先發制人，未為不可，特佈置失當耳。

（日）佐佐木正哉編：《鴉片戰爭之研究》（資料篇），〈王庭蘭致曾望顏書〉，二八七頁。

　　……然五處通商，已出夷人望外，反將我粵東香港，一旦饋於夷人。獨不念香港係蓋粵之咽喉，兩廣之名勝。我百姓十居數世，煙火萬家，代置產盡在桑，且有祖宗墳墓在焉。捨產業而去桑梓，委骸骨於豺狼，誰無父母，誰非人子。不若力戰沙場，殉君親之難，得死於先人邱墓之鄉，猶瞑目也。嗟乎！狼心狗行之輩。生作大清之人，死作大清之鬼，決不受夷人戮辱，為天下萬世笑也。

（日）佐佐木正哉編：《鴉片戰爭之研究》（資料篇），〈粵東義民布告〉，三一一頁。

蓋聞善政之源，以愛民為本。殘忍之治，不問其情，以上壓下，屈抑成招，所謂苛政猛於虎也。故知命者，不立於嚴牆之下，危疆不居，識時務者，稱為俊傑。本處理刑之官，殘忍苛刻，通埠皆知，受冤無訴，無奈其何。

古人云：治則進，亂則退。因其無理，即是亂鄉。本地理事之官，視唐人如草芥，作生命如蟲蟻。請觀審事之判斷，受冤枉者，十居其七八，審事不問其情，不察其真偽虛美，惟憑一證人以定是非。乃證人又不拘君子小人，但有人對官指證，即定案矣。

夫詭譎刁詐之人，不詢情由，以察其奸，硬證之人，何難買也。是以有奸徒逞刁舞弊，而好人受害者，不知幾多。或有本屬理虧而求託，致有理者反受屈而無伸者。有匪徒搶奪，優遊事外，良人無辜，誣陷為盜者；又有盜掠而附近小民平空受累者；又有英人被竊，將僱工押抵填者；又有僱工受毆辱，告而不理者；有番人欠帳，問討反責者；有因小過而重責罰銀者；有番人酒醉而到門辱罵，忍氣吞聲者；有貪夜叫開舖門，任意鎖拿，搜其犯夜者；有知其店舖有些本錢，其人忠厚，差人設計陷害，串同詐食；有與供人及綠衣頭人串通，教哄勒詐者。種種冤屈，不可勝數。奸人狡猾，不怕斬雞頭打碎碗。審斷者不採其情，不察其理，良人受屈，奸人逞志矣。

貪財酷虐之人，豈令其執政為民父母？故古時之官，愛民如子，民敬之如父母，處一事，斷一獄，務得真情，不受奸人之欺，使受罰之人，刑當其罪，雖苦楚而不怨。

236

今到此地，受冤無訴。城門失火，殃及池魚。無辜受害，呼天莫聞。嗟呼！此地相逢，皆是異鄉之人，其棄父母，別兄弟妻兒，而求衣食於此者，俱為貧窮故耳。其顧工於番人之家，受其凌辱，手打足踢，而忍辱不敢出聲者，莫奈其何故耳。父母聞之，慟哭於庭，囑兒歸來，寧甘飢寒。他方顧工覓食，妻兒得報，淚滿衿席，仰面呼天，曷有其極！後日歸家，無面見故鄉之人，不幸死矣，其終作冤枉之鬼。思念及此，豈不寒心。

有等負貲財而來貿易者，更畏首畏尾，偶有小事，或因夥伴牽連。其綠衣之人，更以之為肥羊可食。請看數百間之店舖，蝕本者十居其九，寧有二三十門賺錢者乎？涉此邊海，懷資本而來，欲覓蠅頭小利。一朝無辜禍及，受鞭背之慘，或鞭數十，或鞭至百，肉飛流血，其歸家何以見人？或釘鍊挑坭，在此地亦羞見同鄉之輩。嗟嗟，孰非天之所生，父母所愛，其視人如草芥，痛由爾痛，死由爾死，豈有關心，絕無情理。其十分謹慎者，受魚肉難堪，或謂做生意，人寧受小虧，免到官廳受恥，一旦禍自空中而來，事不由己，致受鞭背，血淋釘腳，挑坭之苦，悔無及矣。願我同人，速整歸裝，勉勤爾業，上天無虧，寧趁洋遇埠，皆是有理之鄉。願諸君及早思之。

五月十日，裙帶路抄白。

（日）佐佐木正哉編：《鴉片戰爭之研究》（資料篇），〈香港匿名揭帖〉，三一一至三一四頁。

蓋當時①新安先設有社學，九龍、尖沙一帶，貧民向以牛羊穀米濟夷，不過利其厚值，而久矣苦其暴戾，積怒者深。其春已自為團練，將俟夷眾一離香港，驟起殺其寥寥守者，毀其數舍，付之一炬。

註：①即 1849 年廣州人民反對英國人進入廣州城。

（清）梁廷楠著，邵循正校註：《夷氛聞記》卷五，一六九頁。

八年（1858）春，粵紳大會南海、番禺之義民，設團練局於佛山鎮，主其事者，侍郎羅惇衍、翰林編修龍元僖、給事中蘇廷魁也。……

　　初，中西不睦，地方官出示，禁止華人受僱外洋，供其服役。迨省城陷後，英人逼令巡撫出示，諭以“中外講和，不日罷兵通商，爾等凡有在麥高[①]、香港等處（麥高與香港對洋，香港在珠江口之北，麥高在珠江口之南，其民多仰食於外洋者）為英、法署中辦理文案及受僱服役人等（法與佛同，西人月報皆作法），遵前示辭退者，仍速回原署照舊辦理，毋得心懷疑慮，觀望不前”等因。（據西人月報，係七年十二月，蓋即城破後事）佛山紳士聞之，謂：“中西之釁，實起自漢奸，向來違抗封艙之案，必先撤其沙文[②]，使之供應窘絕。”遂於三月間，由局中出示：“今粵中各府縣鄉村耆老、首事，通飭民間男女，有在香港、麥高等處為外洋人教書、辦理文案及一切僱工服役人等，限一月內，概行辭退回家。有不遵者，收其家屬，無家屬者，繫其親族。”於是漢奸兇懼，一月之內，告歸者二萬餘人。夷人身司炊爨，不堪其苦，（矣）〔以〕告領事巴某，巴言：“非破佛山之局不能挽回，然水師提督當赴天津時，曾戒諭在粵兵丁，毋得與粵人挑戰。今日之事，非我所得專也，無已，且以弛禁告。”遂由巴領事出示曉諭華民，言：“現經公使、水師提督在天津與大清議和好，不日即可通商，爾等仍各安原業，即地方官亦應仰體皇上之意，毋再阻撓，致激他釁”云云。遣火輪船一隻前往新安，正張帖間，有鄉勇伏發，殺傷夷人數名。帖示者係新安當地之民，亦被殺。其麥高之示，交與駐麥高之夷官，轉達於香山大尹，聞新安事發，亦中止。英、法之在省者，聞其事，因起兵攻新安，陷焉。佛山之局，紳民同心，聲勢響應，惜不能成紀律之師，故築室多謀而攻城鮮效。

註：①麥高：即澳門，英文為 Macau。

　　②沙文：即洋商買辦，英文為 Servant。

　　（清）夏燮著，高鴻志點校：《中西紀事》卷一三，一七○至一七一頁。

　　（咸豐八年，1858）春三月，粵紳侍郎羅惇衍、翰林院編修龍元僖、給事中蘇廷魁設團防局。

時英法踞廣州，民多不附，而北門外九十六鄉素與洋人為仇，謀保衛計。佛山鎮紳士設團防局，首嚴清野，禁絕漢奸，相約洋人入界者，登時格殺。……

初，中西釁起，地方官嚴禁華人受外洋僱役。省城既陷，英人逼令巡撫示諭以"中外講和，不日罷兵通商，爾等凡在麥高、香港等處（麥高與香港對洋，香港在珠江口北，麥高在南，其民多仰食於外洋），為英法署中辦理文案，及受僱役人等，前遵示辭退者，仍速回原署，照舊辦理，毋得觀望不前"。團防紳士聞之，謂中西釁起，漢奸向來違抗封艙之案，必先撤其沙文（沙文即華民受洋人僱役者），使之供應窘絕，遂出示，令粵中各府縣鄉村耆老首事通飭民間男女，有在香港、麥高等處為外洋人教書辦文，及効力僱役人等，統限一月內回家，違者收其家屬，或繫其親族。於是漢奸歸者二萬餘人。

洋人身司炊爨，不堪其苦，以告領事巴夏禮，偽諭華民，言："現今公使、水師提督在天津與大清議和，不日即可通商，爾等仍各還原業，即地方官亦當仰體皇上之意，毋再阻撓，致激他釁。"因遣火輪船一，往新安張示。鄉勇突發，殺傷數洋人，並殺其帖示之土民。麥高之示亦得不懸。英法在省垣者聞之，旋起兵攻陷新安。

（清）王之春：《清朝柔遠記》卷一三，二六四至二六五頁。

七、《南京條約》及其附件的簽訂

道光二十二年（1842）六月

二十八日，集船八十五，直逼江寧城，勢益兇暴。先既奉有"設法招撫許便宜行事"之諭。伊里布已遣武舉張振龍、家僕張禧等，冒險赴夷船以候款開導，夷果停不復攻，而責覆款議殊亟。初六日，耆英至自丹徒，復遣佐領塔芬布、陳志剛等，與禧再詣夷船，切實論議。……嘆嘓喳終恃馬理遜熟悉情勢。條件皆屬其登覆。……夷復求賞給香港為彼來商僑居地，聽在廣州、福州、廈門、寧波、上海四省五地，通商貿易。五口外仍不准商船駛往他港，違即受治。齡[①]等答以"香港之建造夷屋，在未款前已上事，尚可代請。至市地舊止廣州，今增其四，數實過多，不無窒礙。其開市貿易，如何輸稅，亦應預為詳議，庶免臨時爭執。"……

塔芬布等還報。當事僉以所請悉如夷初意，而索項視前轉奢，遷延莫決，難以遽復，又使更往傳語。當往返議擬時，夷船已易白旗以俟矣。而漢奸有慮和議成不利己私者，七月初八日夜二鼓，夷聞漢奸鬨播謠言，有"當事實無和意，不過借議款事暫杜急攻，已一面飛調壽春兵，晝夜馳來決死戰"語。夷酋信之，恐遂中我計，忽下令諸船皆易旗，約以次早復開仗，猖獗更不可名狀。當時相顧無策，慮及江寧城周五十餘里，防守兵力不敷，所調江寧、浙北、徐州兵，率挫敗之餘，斷難恃以克敵。又望見夷登據城外鍾山，俯瞰全城虛實如指掌，飛砲轟墮，勢必難支。事勢至斯，不得已咸願為國受過，隨使咸齡偕署布政使黃恩彤面見夷酋，開誠告以無他，勸勿為流言所中，至中道乖違，因盡勉徇所請，一切不復再加挑駁。夷眾乍聞，歡呼，喜出望外。於是鑑[②]、伊里布、耆英會奏，言："夷逼金陵，情形危迫，呼吸即成事端。根本一有挫動，鄰近如安徽、江西、湖北，皆可揚帆直達。所請雖貪利無厭，而意但在求市地通商，尚非潛蓄異謀可比。與其兵連禍結，流毒滋深，曷若不惜巨費以全大局。……"上念東南數百萬民命慘遭塗炭，強為遏抑加恩，勉如所請，而諭令反覆詳議，永銷後患。耆英等同詣夷舟，與立和約十有三條，善後事宜八條，鈐以關防。

註：① 齡：即參加議和之侍衛咸齡。
　　② 鑑：即時任兩江總督牛鑑。

　（清）梁廷枏著，邵循正校註：《夷氛聞記》卷四，一一八至一二二頁。

是月之下旬，英夷濮鼎查、馬利遜等自鎮江駛駕火輪兵船八十餘

240

艘，連檣上溯，自觀音門至江寧北河外之下關，傳烽舉火，照徹城中。時牛督方自上海回，沿江告警，一日數驚，然不謀江上之守，惟引領東望，日遣人探欽使起居，而耆帥方自浙西起節，伊相初到，大局未敢專也。夷艘抵城下，趣之急，牛督飛書照會，以欽差大臣已奉諭旨永定和好，不日即可到省。

七月初三日，伊相遣家人張喜偕揚州商夥先詣英舟，傳大府意，羈縻之。濮鼎查、馬利遜讓語曰："耆將軍到，未知何日，若歸語欽差、制府，為我治邸舍於城中，入而徐議之可也。"答："通好出自密旨，非百姓所得聞，待耆將軍至，宣揚上意，曉示軍民，則四海一家矣。"馬利遜曰："我軍數萬里遠來，轉輸無及，方謀就食於城中，若必欲俟耆將軍者，速為我辦餉糈三百萬。"二人者歸以告伊、牛。時新調壽春鎮兵已抵城外，將弁陳平川等皆憤憤，請決一戰。牛曰："虎鬚未可撩也。"曰："然則請閉城登陴而守。"牛曰："是令寇疑我。"時江寧、京口將軍在座，聞之，拂衣而起。南畿城守（其）〔甚〕嚴，重視京兆將軍錄鑰杜，啟閉必以時。制府遇有急事，夜鼕傳呼，必遣人告將軍，索令箭，然後得啟。

方夷舟之泊下關也，將軍亟傳令箭閉城，城中兇懼。時居民方戒京口焚燒之禍，盡送其帑，又遷新舊殯厝於郊外，猝聞重閉之令，漏限已促，填塞城門，有枕籍死及推棺而暴露者。制府止之，不可，乃劾將軍，將軍亦具疏劾制府。然牛督惴惴，恐誤撫局，伊相來往調，約以巳啟申閉。迨見敵情叵測，牛督殊無意戰守，怒而歸，傳諭旗兵，閉駐防之內城，設紅彝砲於城上，遙對制署，居民益恐。維時英夷已將要求各款先行照會，……要三帥刻日畫諾。

初六日，耆帥入城，先按其所請各款，逐一照覆，稍稍駁詰之，英人不可。又聞壽春鎮兵之至也，謀先發以制之。

初八日戌刻，夷舟突張紅旗，旋分兵安設大砲於鍾山上。山在城之東北，俯瞰全城，牛督初以議撫，不謀扼險而守，遂為所踞。揚言詰朝攻城，牛督亟遣人止之。

241

初九日，三帥遣侍衛咸齡、江寧藩司黃恩彤、寧紹臺道鹿澤長，同張喜等前詣下關夷船上，告以所請各款，業已據情代奏，俟奉到批回，即可永定和約。是日，耆、伊二帥由八百里驛置奏聞，上覽而憤甚，以其奏示樞臣。是時滿首揆攬機務，謂：「兵興三載，糜餉勞師，曾無尺寸之效，剿之與撫，功費正等，而勞逸已殊。靖難息民，於計為便。」上亦久厭兵，而幾幸外夷之一悔禍也。爰排廷臣之議而許之，惟福州係省會之地，飭以泉州換給；所請鈐用國寶之處，著易以該大臣等關防。

時三帥退兵之後，將以修好，先遣張喜等上船，約以十五日相見於舟中。……

屆期，三帥率侍衛、司、道等前詣英舟，與濮鼎查等四人相見，皆用夷禮，申訂盟約。十七日，各大吏復親詣下關，具牛酒犒師。濮、馬等忽辭不見，大吏回城，亟遣張喜登舟問故，馬利遜曰：「前定之款，無可通融，苟中悔者，將執橐鞬以周旋，何以見為？」蓋多魚之漏師也。大府奉到批示，懼撫事中沮，秘不以聞，仍奏乞天恩，俯如前請。又稱鈐用國寶，乃其本國主所藉以覘向背從違者，若不奉允准，所議各條，一概不行等語。上知三帥之危言要挾，而度其不能戰也，趣即依議完案。三帥果於覆奏之後，堅訂前盟，一一如其所請。十九日，三帥率同城文武前赴儀鳳門外之靜海寺。時濮鼎查乘坐綠呢大轎，護從兵丁二百名，整隊來寺相見會話，將前議各款先後畫諾。二十一日，英將濮鼎查、馬利遜等由旱西門進城，至上江考棚答拜。是日，大吏傳集四營兵，擺隊鼓吹陞砲，迎之入城。馬利遜來往傳說，議俟本年六百萬交款後（原議二千一百萬，本年先付六百萬，餘一千五百萬，分作三年付給），奉到硃批，鈐加國寶，即全數駛出吳淞口外。是役也，三帥拱手受盟，一詞莫贊，而居間作說客者張喜及商夥顏某，預通消息，黃恩彤、鹿澤長因其介紹，數至舟中，以締三重臣之好，兼為億萬生靈請命。……

（清）夏燮著，高鴻志點校：《中西紀事》卷八，一一五至一一八頁。

　　朝廷廑念漕運重地，敕耆英便宜從事。是時敵人已奉國王諭至，但得他省通商，不必更索兵餉、煙價，其鴉片煙亦不再至。……至是伊里布遣張喜等至洋船，洋酋言：一，索洋銀二千一百萬圓，三年交付。一，索香港為市埠，並往廣州、福州、廈門、寧波、上海貿易。一，洋官欲與中國官員敵禮。餘與上年同。張喜言煙價、兵餉廣東已給上百萬，今索價更奢、索埠太多，若之何？馬禮遜言（馬禮遜，洋官之通漢語者。）此我國所索之價，豈即中國所還之價？且此次通商為主，志不在銀錢，但得一二港口貿易，其兵餉、煙價中國酌裁可也。而諸大吏不速覆，遣張喜往返傳語。越二日，張喜還，則敵聽漢奸言，聞增調壽春兵之信，謂我借款緩敵，如今日不定議者，詰期交戰，其意蓋欲款局速成，非望所求盡允。而諸師已膽裂，即夜覆書，一切惟命，其禁約鴉片章程，一語不及，英喜出望外。諸師會奏，言敵設砲鍾山之頂，全城命在呼吸，蓋仿襲粵省失四方砲臺之說，其實絕無其事。且奏稱昔純皇帝征緬無功，棄關外地五千里，尤以鑿空無稽之談，誣祖德，駭聽聞。敵人又言講款文書，中國需用御寶，彼國亦遣火輪舟歸，請國王用印。兵船惟退出海口，其舟山及鼓浪嶼、香港之洋兵，必俟三年銀數交竣，方可撤歸。七月初九日，款議成。耆英、伊里布、牛鑑親赴敵人濮鼎查之舟。越二日，濮鼎查、馬禮遜等亦入城會於正覺寺。

（清）魏源：《魏源集》卷上，〈道光洋艘征撫記〉（上），二○一頁。

　　道光二十三年（1843）六月十五日，欽差大臣、兩江總督奴才耆英跪奏：為嘆夷通商輸稅業已酌定大略章程，先行恭摺馳奏，仰祈聖鑒事。……接據夷酋嘆嘴喳自香港來文，請定期會晤，面定大局。奴才當以此事非與該酋面加商榷，終難定局。而於未開市之先，令其來省會商，易啟民間疑慮。且香港情形究竟若何，將來能否杜其走私，亦應親往察看明白，庶有把握。當於五月二十六日早，帶同廣東臬司黃恩彤、侍衛咸齡等，由黃浦換船開行，經過獅子、零丁、磨刀、銅鼓各洋面，約計水程四百餘里，風靜波恬，舟行順速，是日下午即抵香港。⋯⋯

奴才查看香港本屬荒島，疊巒復嶺，孤峙海中，距新安縣城一百餘里。從前本係洋盜出沒之所，絕少居民，只有貧窮漁戶數十家，在土名赤柱灣等處附穴緣崖，畸零散處。該夷於近年以來，在土名裙帶路一帶鑿山開道，建蓋洋樓一百餘所，漸次竣工。並有粵東無業貧民蛋戶在該處搭蓋棚寮，販賣食物。約計夷商不滿數百，而內民之小貿及傭力者不止數千人。奴才率同黃恩彤等與噗嘶喳接見數次，將通商章程及輸稅事例反覆辯論，大局粗定。⋯⋯即於二十九日恭鈐用御寶和約，頒發該酋敬謹祇領，並據該酋將該國和約呈遞前來。奴才驗明收訖後，即於六月初一日率同黃恩彤等駛回粵省。

中國第一歷史檔案館編：《鴉片戰爭檔案史料》第七冊，〈欽差大臣耆英奏報已與噗嘶喳面定通商輸稅章程並換和約摺〉，一九二頁。

道光二十三年（1843）八月二十七日（朱摺）。

臣耆英、臣程矞采、臣祁墳、臣文豐跪奏，為酌定善後條約，恭摺由驛馳奏，仰祈聖鑒事。

竊照通商案內未盡事宜，如各國商船止准在五口貿易，不准駛往他處，及香港華夷雜居，應行設法稽查等款，必須妥立章程，匯列一冊，與上年在江南原定條約一並存貯，前經臣耆英先後奏蒙聖鑒在案。臣等公同籌議，所約各條大半均有成說，此時只須重申前約，通行遵照。惟香港雖非買賣馬頭，已為商民錯處之地，有商即有貨，難保無內地商人希圖偷漏，前往貿易情事，稽查之法亦不可不嚴。當經匯定條款，照會噗嘶喳往返商定，繕寫成冊。⋯⋯謹將議定善後條約十七條，附例小船章程三條，欽遵前奉諭旨，另繕恭呈御覽。仍俟奉到批摺，再行照會欽遵，並行知各國一體遵照。

中國第一歷史檔案館編：《鴉片戰爭檔案史料》第七冊，〈欽差大臣耆英等奏報與英議定通商案內未盡事宜之善後條約緣由摺〉，二九四頁。

道光二十三年（1843）九月二十二日（朱摺）。

再，各國通商事宜，奴才會同督撫諸臣，上秉宸謨，下體民隱，通盤籌定，各該夷尚皆誠服。此後各海關監督果能人人破除私見，約束丁胥，妥為辦理，不致復生弊端，可期國課漸充，海疆永靖。惟鴉片煙一項，上年夷酋嘆嗰喳在江南時，奴才即與要約嚴禁。該酋答稱買之者既多，販之者即眾，嚴禁恐難。迨伊里布抵粵後，該酋又諄諄向告，本年五月奴才前赴香港，該酋復以為言，均經正言拒絕。嗣又據呈遞說帖，內稱鴉片煙既奉天朝嚴禁，該夷寄寓中華，不敢違約，已曉諭該國商人，不許販煙。但該酋止能禁止嘆咭唎商人，不能禁止別國。倘別國船內帶煙發賣，內地又有接買之人，該國商人必定效尤，該酋亦難約束。正經貨物必致因而走私，且恐啟拒捕滋事之端，不若抽收平允之稅，轉可永久相安等情。又經奴才會同督臣祁墳、撫臣程矞采復以中外協力查禁，冀挽頹波，平允之稅，似難核議在案。奴才竊維凡事皆當先清其源，獨禁煙則應先截其流。而利之所在，雖白刃當前，奸民亦必趨而不顧。若持之過急，則人數眾多，設竟鋌而走險，辦理益形棘手。倘徒務禁煙之名，而任其陽奉陰違，不獨貽笑外夷，即內地奸民亦將狎而生玩。當此夷務初定之時，弛張均無把握，操縱實出兩難。（朱批：真切。）奴才反覆籌思，迄無善策。所有現在目擊耳聞情形，不敢緘默不言。

謹據實附片密陳，伏乞聖鑒。謹奏。

朱批：另有旨。

中國第一歷史檔案館編：《鴉片戰爭檔案史料》第七冊，〈欽差大臣耆英奏報嘆嗰喳懇請抽收鴉片煙稅緣由片〉，三四〇頁。

道光二十三年（1843）九月二十四日（上諭檔）。

臣穆彰阿等跪奏，為遵旨速議具奏事。

本年九月十六日，耆英等奏酌定善後條約一摺。奉朱批：軍機大臣速議具奏，單並發。欽此。臣等公同商榷，將該大臣等原奏各條悉心參核，逐一分晰，錄呈御覽，恭候欽定。

一、原單內稱，鈐印稅則例冊及鈐印貿易章程，嗣後五港口均奉為式二條。現在通商碼頭既分有廣州、福州、廈門、寧波、上海五口，所有稅例及一切貿易新章，自應一律辦理。應如所議，各口均奉為式。

一、原單內稱，貨船進口報關一款內，所罰銀兩及查鈔之貨物，應歸中華國帑以充公用一條。此項銀貨既系罰款及查鈔入官之項，應如所議，歸公充用。

一、原單內稱，開關後，嘆商止准在五港口貿易，不准赴他處港口，亦不許華民在他處港口串同貿易一條。現在通商碼頭既有議定五口，自不准其再有越界私相交易。應如所議，嗣後嘆商如有擅往他處港口遊奕販賣，即將船貨一並鈔取入官，嘆官不得爭論。倘係華民私串，即將串同之華民從嚴懲辦。

一、原單內稱，嗣後華商欠嘆商或嘆商欠華商之債，均由華、嘆該管官從公處結，彼此著追，均不保償一條。華商所欠嘆商之債，前經議定官不保交，並不得仍執洋行代賠之例請賠。其代為著追一節，亦必須實係人在產存，方准追給；若已逃匿無蹤及家產盡絕者，不得因此藉口，仍致嘵嘵瀆懇。至商所欠華商之債，應即照所議，由嘆官代為著追，不代保償。

一、原單內稱，五港口嘆商不可妄到鄉間，並不可遠入內地貿易一條。各口既准嘆商居住往來，自應議定界址，庶彼此日久相安。所有嘆船水手及船上人等，應俟管事官與地方官立定禁約後，方准上岸。如有不遵禁約擅至內地遠遊者，不論係何品級，應聽該地方民人捉拿送辦。惟所稱由民人交嘆國管事〔官〕處罪，似未允協，應令送交地方官轉交辦理，免滋事端。至上岸嘆人，該民人既不得擅自毆打傷害，設嘆人不服捉拿以致互鬥，或民人毆傷嘆人，或嘆人毆傷民人，其如何辦理平允之處，應令再為詳議。

一、原單內稱，嘆人攜眷赴五港口居住，或租賃房屋，或租基地建屋一條。嘆人與家屬所住房屋，准於何處租賃，何處建造，尤應各就地方民情先行議定。彼此出於兩願，方可相安。其租價高下，應即照現在五港口所價為准，不許華民勒索，亦不許嘆商強租。其每年租屋若干所，建屋若干間，即由嘆國管事官通報地方官轉報立案。至房屋增減，現在雖難預定額數，惟嘆人居住既有議定界址，其與家屬所居房屋，即將來人數增添，自不得於界址外別有租賃，別有蓋造，應再與切實要約。

一、原單內稱，西洋各外國商人，如准其一體赴各口貿易，即與嘆人無異，將來設有新恩施及各國，應准嘆人一體均沾一條。各外國商人向止准其在廣東貿易，現既准赴福州、廈門、寧波、上海各口通市，即係大皇帝新恩，嘆國與各國一體均沾。且稅則及一切章程，現已議定頒行各口，嘆國及各國均當一律恪遵，不得妄有請求，以昭信守。

一、原單內稱，華民因犯法逃至香港，或潛往嘆國官船、貨船避匿，及嘆國水手兵丁或別項嘆人等，逃至中國地方藏匿一條。應照所議。凡此等逃匿之人，華民由嘆官交與華官，按法處治，嘆人由華官捉拿監禁，交給近地嘆官收辦，均不得庇護隱匿。

一、原單內稱，通商港口必泊有嘆國嘆官船一隻，以資約束，其官眾將去，必另有一船接代，該港口管事官等應先具報中國地方官一條。此等接代官船到中國時，自應由港口管事等官先行具報，以免生疑，中國兵船自不致有所攔阻。其官船既不載貨，自應免納船鈔。

一、原單內稱，定海、古浪嶼退地後，凡有嘆官居住房屋及棧房兵房，不得拆毀，亦不請追修造價值一條。應照〔所〕議。俟退出後即交與華官，轉交各業戶管理。

一、原單內稱，嘆商串通華商偷漏，除該國出示嚴禁嘆商，並通報中國地方官捉拿外，本地方官亦應將串同偷漏之華商等查辦一條。應如所議。嗣後嘆國偷漏商船，一經地方官拿獲，其貨無論價值品類，全數查鈔入官。其串同偷漏之華商及庇護分肥之衙役，應責成地方官嚴密訪查，照例懲辦。

一、原單內稱，華民欲帶貨往香港銷售者，先在廣州、福州、廈門、寧波、上海各關口完納稅銀，由各海關給發牌照前往；其欲赴香港置貨者，亦准其向廣州、福州、廈門、寧波、上海各華官衙門請牌，於運貨進口之日交稅；其在香港置貨之船即在香港請領牌照出口一條。應如所議。嗣後欲往香港售貨及在香港置貨，華商於出口時均照此給與牌照，以憑稽查。每來往一次，即將原領牌照呈繳華官查銷。其非五口互市之處，均不准擅請牌照往來香港。惟此項牌照，據稱責成九龍巡檢會同嘆官隨時稽查通報。香港地懸海外，帆檣處處可通。若五口售貨置貨之商畢集於此，其船貨有無偷漏？所恃止有牌照，九龍地方是否來往咽喉，不致偷越？巡檢一官是否足資查驗？應令再行詳議。

一、原單內稱，香港必須特派嘆官一員，凡遇華船赴彼售貨置貨者，將牌照嚴行稽查一條。香港並未設有華官，凡往彼售貨置貨之商，其經各海關給與牌照者，出口進口尚可由華官查驗。其有未經請領牌照，或有牌照而非五口所給者，若私向香港往來，華官無從過問。其稽查之職全在嘆官一人，設非公正嚴明，即有奸商偷越，未必視為己事。應令嘆國選擇可靠之員，認真查驗。如有未請牌照及牌照不符商船前往香港貿易者，應不許其在彼通商，並將情由具報華官，備案查辦。

一、原單內稱，華商在香港拖欠各債及嘆商在港口拖欠帳目一條。華商在香港所欠嘆商之債，自應由嘆官就近清埋。其已逃出香港者，如係嘆商未經查明行保，被其假托詭騙，華官自無從追究。若實係潛回原籍，人存產在者，應准其官為勒追。其嘆商在港口拖欠華商帳目，若華官將清單及各憑據通報官，嘆官亦即照新章第五條所議，代為著追，以昭平允。

一、原單內稱，各港口海關，按月將所發牌照等具報粵海關，粵海關轉為通知香港嘆官，嘆官照式具報一條。應如所議。嗣後各港口海關，每月將所發牌照若干張，及船隻字號、商人姓名、並貨物品類數目，或由香港運至各港口，或由各港口運至香港，逐一具報粵海關，轉行嘆官。嘆官即將往來各商之船號、商名貨物數目報明粵海關，由粵海關通行各海關查核辦理。

一、原單內稱，嘆國二枝桅或一枝桅、三板劃艇等小船，向不輸鈔。今議定各船除搭客附帶書信行李仍照舊免輸外，倘載有貨物，即按噸輸納一條。此等小船或由香港赴省，或由省赴澳，所載貨物自應按噸納鈔。所稱最小者以七十五噸為率，最大者以一百五十噸為率，每進口一次，按噸納鈔一錢；其不及七十五噸者，仍照七十五噸計算；倘已逾一百五十噸，即作大洋船論，每噸輸鈔五錢。此等小船往來，自不便與大洋船一體納鈔，而運載貨物則同。今大船輸鈔五錢，小船輸鈔一錢，相去懸殊，難保不避多就少。所有小船每月進口數次（次數）應再酌定，以示限制。

一、原單所開，小船定例三條。均應如所議。嗣後嘆國二枝桅或一枝桅及三版划艇等小船，必須領有嘆官牌照，用漢、嘆字樣寫明何等船隻，能載若干噸，聽候稽查。其船到虎門，即停止通報。倘載有貨物，均在黃埔關口報明。到省後即將牌照繳存管事官，代請粵海關准令起貨。如未經允准，擅自卸貨，即照新定章程內貨物進口報關一款辦理。若進口貨已起清，出口貨又全下船，其進口出口稅與船鈔亦已完納，管事官即給還牌照，准其開行。

以上各條，該大臣等所議亦已詳備。惟香港通市一節最關緊要。緣各口准赴香港貿易，則該處竟成售貨置貨之總匯，課稅盈絀，全係乎此。今出口進口之船所憑止此牌照，而牌照之查驗，所恃僅在嘆官，則其權已非我操。況洋路隨處可通，其船之出入不必盡由五港，貨之往來不必盡領牌照，設有奸商往彼貿易，又豈能保嘆官之一一為我查驗？是此處辦理稍疏，恐五處津關將成虛設。現在粵海關稅額所以有盈無絀者，只緣停市已久，蓄極一通，是以較旺於前。且新章甫經議定，在噗人亦不得不稍示公平以遵功令。而江蘇、閩、浙又未開關，則全力所萃惟在粵海，是其旺亦可暫而不可常也。今為善後計，其香港專設噗官一節，固已勢無可駁。而小船運載貨物，即為短絀之由，巡檢稽查牌照，不無偷越之弊。是以臣等復令詳議。再，香港地居海外，將來一經開市，無可設防，惟有於各處出海船只設法稽查，嚴防偷漏，尚屬權自我操。請旨飭下沿海各督撫，無論何口，但有可通海道處所，務須加意防範，無任商船任意出人之處，詳細妥議具奏。

所有臣等遵議緣由，是否有當，伏乞皇上聖鑒。謹奏。

中國第一歷史檔案館編：《鴉片戰爭檔案史料》第七冊，〈軍機大臣穆彰阿等奏為核議耆英等所定善後條約摺〉，三四一至三四五頁。

八、英國佔據香港後法國在其附近海面的活動

道光二十二年（1842）三月壬子。

奕山等又奏：查佛囒哂與噗夷毗連疆界，各為一國，素稱強悍，前因爭擾地方，構有嫌隙，彼此交兵多年，後經議和。該國亦與廣東向來交易，上年〔二十一年〕十二月間，據稱該國新到兵船一隻，兵頭嗔哮嗰，吐嗯唎管駕來粵，泊在香港對面尖沙咀地方，並云後尚有兵船未到等語。正在密飭查訪間，旋據報稱哂兵頭吐嗯唎，乘坐小三板來省入館。當經密飭洋商等暗為訪詢，據云來省意欲面見官府，有稟商事件，不肯明言。帶有素曉中華言語之和尚唗、呷哩叮二人同來，稟稱該國兵頭有密商軍務，不用通事傳話，懇請當面稟陳等情。奴才等以該國向通貿易，素稱恭順，乃噗夷興兵犯順，擾及海疆，阻撓各國生意，未始不怨恨噗夷。今既據稟請當面密陳軍務，正可因勢利導，駕馭羈縻，為以夷攻夷之計。……又據汛弁探報，逆夷兵頭嘆嘓喳，於上年十二月間，由浙潛回香港。又探得哂兵頭到香港，與逆夷

兵頭見面二次。旋據香山駐劄縣丞張裕稟稱：咈囒哂和尚咓嚨

等面稟，該兵頭現有要事，於正月十六日，開船前往呂宋去看兵船，留話給真時爾，進省稟覆。二月初五日，真時爾到行呈遞說帖，仍以解和為詞，希冀賞給逆馬頭。奴才等察其行事，似唆逆新與連和，佛夷思於中取利，又思分地，故為之居間。夷情詭譎多端，該兵頭雖陽為恭順，焉知不藉探內地虛實，另生事端。雖現在該夷同咪唎喼各國夷商進省行照常貿易，而無故求和，不能不疑，遂以好言拒絕，並導以不可助逆，玉石俱焚，若能為中國出力，大皇帝必加恩於爾國等語。除密飭水陸兵勇嚴其防範，觀其動靜外，所有咈囒哂兵頭來省情形，不敢壅於上聞，據實附陳。

《籌辦夷務始末》（道光朝）第四冊，卷四五，〈奕山等又奏法蘭西兵頭嗼哖喁等來省求為英人講和情形片〉，一七一六至一七一八頁。

道光二十一年（1841），英人再犯舟山，乞援於法。時有法國兵頭來至粵東之香港，傳聞濮鼎查自浙潛回，與法國兵頭見過兩次。而是時已有人奏稱：「英逆糾集天竺、佛蘭西、小呂宋等國，同惡相濟，請飭曉諭解散」等因。奉旨：「交靖逆將軍查辦。」於是法國兵頭懼以助逆干天朝使臣詰責，乃自香港駕舟來粵，求見將軍，靖逆聞其帶有兵船在後，因勖以反攻英人，兵頭答稱：「英、法新和無釁，此來先須講款，方可藉詞交兵」等語。靖逆疑之。

（清）夏燮著，高鴻志點校：《中西紀事》卷一二，一五六至一五七頁。

佛蘭西、彌利堅者，皆大西洋強國，與英人同市廣東，且世仇英人而恭順中國。上年英人入犯，並阻遏諸國貨船，不許貿易，諸國皆憾之，言英人若不早回國，亦必各調兵船來粵，與之講理，林則徐兩次奏聞。俄林則徐罷，琦善一意主和，前議遂中止。及去年琦善褫逮甫數日，彌利堅頭目即出調停，故有但許通商，不索一切，及私帶鴉片，船貨充公之請。乃廣東諸帥，夜攻洋館，反誤殺彌利堅數人，於

是彌利堅不復肯出力。而佛蘭西洋官於英人再次敗盟之後，屢在粵願助造兵船。是冬來兵船二，兵帥一，言有機密事願面見將軍，請勿用通使，從有能漢語之二僧，可以傳言。將軍奕山及總督祁墳與再會城外，屏左右，密言英人阻隔諸國貿易，國王遣兵船前來保護，並命從中解散，請赴江浙代款，必能折服英人，不致無厭之求，倘英人不從，亦可藉口與之交兵。……

乃奕山始則拒不肯奏，佛蘭西請先赴香港，晤濮鼎查，議之數日，覆稱英人以香港及煙價三百萬為請。奕山亦屏不奏，良久始奏聞。又言敵情叵測，難保其非陰助英人，代探我虛實。佛蘭西自正月至五月，待命半載，及六月駛赴吳淞口，則英人已深入長江。……是冬回至廣東議互市，英人欲各國洋商就彼處掛號始輸稅，佛蘭西、彌利堅皆憤言，我非英國屬國，且從未狡夏馮陵，何厚彼而疏我？於是彌利堅來兵船八，不數月，佛蘭西亦來兵船八，皆上書求入貢，而陳誠款，並請留兵船於閩、粵，惟貢使數人由陸入京，……而廷臣再三卻之。

（清）魏源：《魏源集》卷上，〈道光洋艘征撫記〉（下），二〇三至二〇四頁。

九、《清實錄》中有關英佔香港及道光的態度

道光二十年（1840）四月，諭內閣。林則徐等奏：籌議添建砲臺一摺。廣東尖沙嘴一帶地方，為夷船經由寄泊之區，又係該省船隻東赴惠、潮，北往閩、浙要道。該督等相度情形，請於尖沙嘴及官涌兩處，各建砲臺一座，聲勢既相聯絡，控制亦極得宜，著照所議，趕緊建築，以資防制。其尖沙嘴砲臺，估需工料銀一萬七千九百五十一兩零。官涌砲臺，估需工料銀一萬四千四十六兩零。准其在於商捐前山營生息銀內動支給辦。免其造冊報銷。

《清實錄》，《宣宗實錄》（六），卷三三三，六三頁。

道光二十年（1840）四月乙酉。改廣東澄海協副將為大鵬協副將，駐大鵬九龍山。澄海協都司為大鵬協中軍都司，兼管左營事務，駐大鵬所城。大鵬營參將為澄海營參將，駐澄海協。大鵬左營守備為澄海左營中軍守備，駐縣城。澄海左營守備為左營左軍分防守備，仍駐蓬州，均作為外海水師題補缺。添設大鵬左營把總二員、外委二員、額外外委二員、兵二百九十一名。右營千總一員、把總一員、外委二員、額外外委二員、兵二百九名。撥把總一員、兵七十五名，防右營官涌砲臺。把總一員，防九龍山砲臺。原駐九龍砲臺千總一員，並新設額外外委一員，兵一百三十名，防左營尖沙嘴砲臺。外委一員、兵十五名，防前經裁撤之左營紅爐汛。從總督林則徐請也。

《清實錄》，《宣宗實錄》（六），卷三三三，六四頁。

道光十九年（1839）十一月庚子。諭軍機大臣等：林則徐等奏，轟擊夷船情形一摺，覽奏均悉。嘆咭唎國夷人，自議禁煙之後，反覆無常，前次膽敢先放火砲，旋經剴諭，偽作恭順，仍勾結兵船，潛圖報復，彼時雖加懲創，未即絕其貿易，已不足以示威。此次吐嗞夷船，復敢首先開放大砲，又於官涌地方，佔據巢穴，接仗六次，我兵連獲勝仗，並將尖沙咀夷船，全數逐出外洋。該夷心懷叵測，已可概見，即使此時出具甘結，亦難保無反覆情事。若屢次抗拒，仍准通商，殊屬不成事體。至區區稅銀，何足計論？我朝撫綏外夷，恩澤極厚，該夷等不知感戴，反肆鴟張，是彼曲我直，中外咸知，自外生成，尚何足惜。著林則徐等酌量情形，即將嘆咭唎國貿易停止，所有該國船隻，盡行驅逐出口，不必取具甘結。其毆斃華民兇犯，亦不值令其交出。噹啷一船，無庸查明下落。並著出示曉諭各國，列其罪狀，宣佈各夷，俾知嘆夷自絕天朝，與爾各國無與，爾各國照常恭順，仍准通商。倘敢包庇嘆夷，潛帶入口，一經查出，從重治罪。其沿海各隘口，並距夷埠不遠之海島，均著林則徐等相度機宜，密派員弁兵丁，嚴加防護，毋稍疏懈。……將此各諭令知之。

《清實錄》,《宣宗實錄》(五),卷三二八,一一五四至一一五五頁。

道光二十一年(1841)正月辛卯。

諭內閣:我朝撫馭外夷,全以恩義。各國果能恭順,無不曲加優禮,以期共樂昇平。前因西夷鴉片煙流毒日甚,特頒禁令,力挽澆風。惟嘆咭唎恃其驕悍,不肯具結,是以降旨絕其貿易,乃並不知愧悔,日肆鴟張,突於上年六月間,乘駕夷船數十隻,直犯定海,佔據城池。復於福建、浙江、江蘇、山東、直隸、奉天各省洋面,任意往來,多方滋擾,該逆夷桀驁不馴,至於此極。原不難整我師旅,悉數殲除。因念該夷投遞書函,自鳴冤抑,不可不為之查究,以示大公。特命大學士琦善馳赴廣東,據實查辦。倘該夷稍有天良,自應全數赴粵,靜候辦理,乃一半起碇南行,一半仍留定海,是其狡黠情形,已堪髮指。近聞數月以來,姦淫婦女,擄掠資財,建築砲臺,開挖河道,且令偽官出示,諭民納糧。百姓何辜,罹此荼毒。興言及此,寢饋難安。迨琦善抵粵後,明白開導,仍敢要求無厭,既思索償煙價,又復請給馬頭。朕早料其反覆無常,斷非信義之所能喻,特於年前,簡調四川、貴州、湖南、江西各路精兵,前赴廣東,又調湖北、湖南、安徽各路精兵,前赴浙江,預備攻剿。茲據琦善馳奏,該逆夷於上年十二月十五日,糾約漢奸,乘坐多船,直逼虎門洋面,開砲轟擊,傷我官兵,並將大角砲臺攻破,沙角砲臺佔據。是其逆天悖理,性等犬羊,實覆載所難容,亦神人所共憤,惟有痛加剿洗,聚而殲旃,方足以彰天討而慰民望。現在所調各省勁兵,計可趕到,著伊里布剋日進兵,收復定海,以蘇吾民之困。並著琦善激勵士卒,奮勇直前,務使逆夷授首,檻送京師,盡法懲治。其該夷之醜類,從逆之漢奸,尤當設法擒拏,盡殺乃止。至沿海各省洋面,疊經降旨,嚴密防範。著各將軍督撫等加意巡查,來則攻擊,並曉諭官民人等,人思敵愾,志切同仇,迅贊膚功,共膺上賞,朕實有厚望焉。將此通諭中外知之。

又諭：琦善奏嘆夷攻佔砲臺情形一摺。逆夷到粵以後，日肆猖獗，疊經朕嚴諭該省慎密周防，相機剿辦。該文武大員，宜如何妥為佈置。本日，據琦善馳奏，該處沙角砲臺，竟為逆夷佔奪，大角砲臺亦被攻破，並有戕傷將弁，搶奪師船之事。可見該署督等，於堵禦各事宜，全未豫行籌備。琦善著交部嚴加議處，仍督率調到各官兵奮勇堵剿，迅奏膚功。關天培身任提督，統轄水師，平時既督率無方，臨事又倉皇失措，著先行革去頂帶，仍令戴罪立功，以觀後效。所有傷亡將弁兵丁，著該署督確切查明具奏。

論軍機大臣等：本日據琦善馳奏，逆夷攻佔砲臺一摺。前因逆夷日肆猖獗，疊降諭旨，妥為準備，相機剿辦。原料其垂涎廣東，已非一日，該大臣身膺重寄，既知該夷情形桀驁，又見該省營務廢弛，自應先事豫防，以期有備無患。茲據奏報，逆夷佔奪沙角砲臺，並攻破大角砲臺等情。該夷甫於上年十二月十五日肆逆開砲，兩砲臺均被攻破，可見該省全未準備，實堪痛恨。已明降諭旨，將琦善、關天培分別摘頂嚴議矣。現在逆形顯著，惟有痛加剿洗，以示國威，尚有何情理可喻。已飛飭四川、湖南、貴州各省官兵，迅即赴粵，並飭江西前所調南贛鎮兵二千名，馳赴接應矣。廣東本省官兵，悉歸該署督統轄。現在情形緊急，著先行分布要隘，按段拒守，毋許再有疏虞。所調各兵，計正月內可以陸續到粵，著即督率將弁，奮力剿除，以圖補救。至廣東砲臺，前據鄧廷楨等安設排鍊，阻截夷船，此次攻破之大角、沙角砲臺，是否即係其處，著琦善一併查明，據實具奏。將此由六百里諭令知之。

又諭：前因嘆夷情形桀驁，必須痛剿。已有旨令裕謙、錢寶琛，於江西南贛鎮挑選精兵二千名，聽候調遣。本日據琦善馳奏，該逆夷佔奪沙角砲臺，並將大角砲臺攻破等語。著裕謙、錢寶琛，即將前選精兵二千名，派委曾經出師之鎮將備弁統領，迅速起程，前赴廣東，聽候差遣。並嚴飭帶兵之員，沿途妥為約束，毋許滋擾，將此由六百里諭令知之。

又諭：前因嘆夷日肆桀驁，降旨令裕泰等，將所派湖南兵一千名，令祥福帶領，四川兵二千名，令張青雲帶領，貴州兵一千名，令段永福帶領，分起赴粵。本日據琦善馳奏，該夷攻破大角砲臺，並將沙角砲臺佔奪。夷情猖獗益甚，必須厚集兵力，速加剿滅。所有前派各兵，著湖南、四川、貴州各督撫，即飭令所派帶領之員，迅速起程，前往廣東，聽候調用，毋稍遲誤。將此由六百里諭令知之。

《清實錄》，《宣宗實錄》（六），卷三四四，二三五至二三八頁。

道光二十一年（1841）正月甲午。

欽差大臣大學士署兩廣總督琦善奏：查嘆夷進兵情形，向共知其僅長水戰，今詎料其並設有陸兵，戰船則大小悉備，火器則遠近兼施，佔奪砲臺後，勢將直擊虎門，進攻省垣，拒守實難。不得已，允其代為奏懇，於外洋給寄寓一所。又該夷仍欲於廣州即行開港，俟發摺後，再將必須俟奏奉諭旨，方可開港之處，備文照覆，向其竭力論說。倘該夷漸知改悔，固萬分之幸，如執迷不悟，再事狡逞，奴才祇得不避重罪，從權辦理。

諭軍機大臣等：本日據琦善奏，嘆夷佔奪砲臺，難於拒守一摺。又另片奏，籲懇恩施等語，覽奏十分憤懣。該大臣自因省垣倉庫重地，復因居民繁多，恐有激變，故為此權宜之計，佯允所請，暫示羈縻。現已降旨，授奕山為靖逆將軍，隆文、楊芳為參贊大臣，赴粵協同剿辦。又添派湖北、四川、貴州三省兵丁各一千名，迅赴廣東接應。一俟將備到齊，不難整頓戎行，亟籌攻剿。將軍阿精阿，近駐省城，提督郭繼昌統轄陸路官兵，俱有守禦之責，著該大臣等趕緊團練兵勇，獎勸士卒，並儲備軍需、糧餉、槍砲、火藥，俟奕山等到後，和衷共濟，協力進剿，克復海隅，以申天討而建殊勳，萬不可稍有畏葸，致失機宜。將此由六百里加緊諭令知之。

又諭：本日已明降諭旨，授奕山為靖逆將軍，隆文、楊芳為參贊大臣，馳往廣東辦理嘆夷務。並於前調官兵之外，添派湖北、四川、貴州兵各一千名，迅赴廣東聽候調遣矣。現在夷情形，甚屬猖獗，楊芳接奉此旨後，著迅即馳驛前往，會同琦善相度機宜，和衷剿辦。至湖南官兵，前曾降旨調撥一千名，前往廣東，此時計已起程。現在如應添調若干名，著楊芳酌量派撥，並著遴選得力將弁管帶，隨後前往廣東，以資攻剿。計楊芳到粵在奕山、隆文之前，如有可乘之機，即迅速進剿，總當一鼓作氣，不必候奕山等到粵，始行攻擊。倘稍存觀望，坐失事機，恐該參贊不能當此重咎也。將此由六百里加緊諭令知之。

又諭：前因剿辦嘆夷，有旨諭令該督等挑選精兵，豫備調遣，此時定已陸續起程。茲據琦善奏，逆夷攻佔砲臺，實堪髮指。已特授奕山為靖逆將軍，隆文、楊芳為參贊大臣，前往廣東剿辦。著裕泰於湖北省再派兵一千名，寶興於四川省再派兵一千名，桂良等於貴州省再派兵一千名，令曾經出師之將弁，迅速管帶前赴廣東，聽候差遣。並嚴飭帶兵之員，沿途毋許滋擾。將此由六百里加緊各諭令知之。

《清實錄》，《宣宗實錄》（六），卷三四四，二三九至二四〇頁。

道光二十一年（1841）正月丁酉。

又諭：本日據琦善奏，嘆夷情形及該夷意欲繳還定海各一摺。該夷反覆無常，既不將定海繳還，復敢屢次開砲尋釁，若不加以兵威，安能令其畏服。現已明降諭旨，佈告天下，志切同仇。昨復派奕山、隆文、楊芳帶兵赴粵剿辦，勢難中止。今據該大臣奏稱，該夷情願繳還定海、沙角等處，恐係巧為緩兵之計，倘甫撤兵，旋復猖獗，是我兵進退，反無所據。此時惟有密為防範，不可稍有疏懈，致墮奸計。再香港地方，離省遠近若干里，地形寬狹若何，在彼開港是否有關利害？著一併迅速查明具奏，再降諭旨。將此由六百里諭令知之。

又諭：現在嘆夷在廣東日肆猖獗，已授奕山為靖逆將軍，隆文、楊芳為參贊大臣，馳赴剿辦。著錢寶琛、梁章鉅各於該省，揀選大砲數十尊，試放有準，一俟奕山等飛調，即行迅速解往應用。如舊砲難資得力，或不敷應用，即著督匠迅鑄銅砲數十尊，約重三千斤為率，俾資輕捷而利施放，毋得遲誤。將此由五百里各諭令知之。

《清實錄》，《宣宗實錄》（六），卷三四四，二四三頁。

道光二十一年（1841）正月庚戌。

諭軍機大臣等：本日據伊里布馳奏，粵省夷務查辦完竣，現飭繳還定海一摺。逆夷在粵猖獗，必得聲罪致討，聚而殲旃，方足以伸國法。此時雖有繳還之說，難保非逆夷詭計。奕山等經朕命往督辦，惟當一意進剿，無論該夷是否繳還定海，總須一鼓作氣，設法擒渠，斷不可為其所惑，致誤機宜。且香港地方，豈容給與逆夷泊舟寄住，務當極力驅逐，毋為所據，即使該夷將來畏罪繳還香港，亦俟屆時奏明請旨。此時惟有整我師旅，悉數殲除，是為至要。伊里布原摺，及寄裕謙諭，著鈔給閱看。將此諭知奕山、隆文，並諭楊芳知之。

又諭：本日據伊里布馳奏，飭繳定海一摺。前有旨諭裕謙兼程赴浙，作為欽差大臣，會同余步雲攻剿逆夷，克復定海。現據伊里布奏稱，接到廣東來信，並義律呈遞文件，願將定海繳還等語。逆夷反覆無常，所言殊不足信，著裕謙於馳抵鎮海後，察看情形，如定海業已繳還，著即撫卹難民，修理城濠，一切善後防守事宜，妥為經理。倘詭言獻地，仍復負嵎，即遵照前旨，相度機宜，痛加剿洗，斷不可因有繳地之說，為其所愚，仍蹈伊里布覆轍。逆夷所請將貨物帶至定海行銷，懇令商民收買，斷不准行。所有前調赴浙之皖、楚等省官兵，不可中止，仍著裕謙催令前進，協力進攻。前獲夷俘晏士呫喇呫釐等，必待繳還定海，方可釋放交收。伊里布原摺發給閱看，即由該大臣發交該督祗領。將此由六百里諭令知之。

《清實錄》，《宣宗實錄》（六），卷三四五，三五五頁。

道光二十一年（1841）正月辛亥。

諭內閣：前因嘆夷自浙回粵，復肆悖逆，攻陷砲臺，特授奕山為靖逆將軍，隆文、楊芳為參贊大臣，調集各路精兵，聲罪致討。茲據琦善奏，嘆夷獻出沙角、大角砲臺，並遣人赴浙繳還定海，懇請俯准所請，暫示羈縻等語。覽奏曷勝憤懣，不料琦善怯懦無能，一至於此。嘆逆兩次在浙江、廣東肆逆，攻佔縣城、砲臺，傷我鎮將大員，荼毒生靈，驚擾郡邑，大逆不道，覆載難容。無論繳還定海，獻出砲臺之語，不可憑信，即使真能退地，亦祇復我故土，其被害之官弁，罹難之人民，切齒同仇，神人共憤，若不痛加剿洗，何以伸天討而示國威，著奕山、隆文兼程前進，迅即馳赴廣東，整我義師，殲茲醜類，務將首從各犯，及通夷漢奸，檻送京師，盡法懲治。其沿海各省將軍督撫等，尤當加意嚴防，來即攻擊，務令片帆不返，同奏膚功。至琦善身膺重寄，不能申明大義，拒絕妄求，竟甘受逆夷欺侮，已出情理之外。且屢奉諭旨，不准收受夷書，此時膽敢附摺呈遞，並代為懇求，是誠何心。且據奏稱同城之將軍、副都統、巡撫、學政及司道府縣，均經會商，何以摺內阿精阿、怡良等，並不會銜，所奏顯有不實。琦善著革去大學士，拔去花翎，仍交部嚴加議處。

諭軍機大臣等：本日據琦善馳奏，夷船退出外洋，親往勘辦一摺。嘆夷屢次肆逆，反覆無常，藉繳還沙角等地為詞，益肆要求挾制之計。現已明降諭旨，痛加攻剿，並令奕山等兼程前進，聲罪致討。惟大兵未集以前，難保該逆不復肆猖獗，著即責成琦善設法堵禦，調兵防守，倘仍執迷不悟，以致再有挫失，朕惟琦善是問，國法具在，決不稍為寬貸也。並著阿精阿、怡良等，謹遵前旨，戮力同心，分飭所屬，水陸交嚴，認真防範，不得意存推諉，稍有疏虞，併曉諭軍民人等，同心禦侮，毋為奸夷所惑，懍之慎之。將此由六百里諭令琦善、阿精阿、怡良、關天培、郭繼昌、裕瑞、英隆知之。

又諭：本日據琦善馳奏，嘆夷兵船，全數退出外洋一摺。逆夷反覆桀驁，藉繳還定海、沙角、大角砲臺為詞，肆其詭譎，已明降諭旨，痛加剿洗。並諭令楊芳先赴廣東督辦矣。此時定海及沙角、大角砲臺，即使繳還，而前此肆其騷擾，傷我官弁兵民，罪無可逭。該將軍等膺茲重寄，必當整我師旅，聲罪致討，以張撻伐而伸國威。況此次既不允所請，該逆夷難保不復肆猖獗。著奕山、隆文兼程前進，速赴廣東，會集各路官兵，一意進剿，設法擒渠，務殲醜類，是為至要。琦善摺著鈔給閱看，將此諭令知之。

又諭：寄諭參贊大臣楊芳，本日據琦善馳奏，嘆夷兵船，全數退出外洋一摺。逆夷反覆桀驁，藉繳還定海、沙角、大角砲臺為詞，肆其詭譎，已明降諭旨，痛加剿洗，並諭令奕山等迅速前進矣。該大臣務當兼程迅赴廣東，相機剿辦。約計程途，該大臣到粵在奕山、隆文之前，如有可乘之機，即迅速進剿，不必候奕山等到粵，始行攻擊。此次既不允該逆夷所請，難保不復肆猖獗，倘稍存觀望，坐失事機，恐該參贊不能當此重咎也。琦善摺著鈔給閱看。將此由六百里諭令知之。

欽差大臣大學士署兩廣總督琦善奏報：嘆夷現已遣人前赴浙江繳還定海，並將粵省之沙角、大角砲臺，及原奪師船鹽船，逐一獻出，均經驗收。該夷兵船，已全數退出外洋。奴才查勘各情形，地勢則無要可扼，軍械則無利可恃，兵力不固，民情不堅，若與交鋒，實無把握，不如暫示羈縻於目前，仍備剿捕於後日。得旨：朕斷不能以汝之甘受逆夷欺侮戲弄，迷而不返，膽敢背朕諭旨，仍然接受逆書懇求，實出情理之外，是何肺腑，無能不堪之至。汝被人恐嚇，甘為此遺臭萬年之舉，今又摘舉數端，恐嚇於朕，朕不懼焉。

《清實錄》，《宣宗實錄》（六），卷三四五，二五六至二五八頁。

道光二十一年（1841）二月辛酉。

諭軍機大臣等：寄諭靖逆將軍奕山、參贊大臣隆文、楊芳、兩廣總督祁𡎴，本日據楊芳馳奏，接奉諭旨，先赴廣東會剿。又據怡良馳奏，嘆逆投文狂悖，並在香港出有偽示各一摺。已明降諭旨，令祁𡎴補授兩廣總督，將琦善革職鎖拏，解京審訊。並諭令楊芳、怡良等，先行防堵矣。嘆逆膽敢佔據香港，出有偽示，不法已極。該將軍等到粵後，惟有會集各路官兵，一意進剿，設法擒渠，殲除醜類，務使片帆不返，盡數殄滅，方足以彰天討而快人心。若一有通商二字存於胸中，則大負委任之意。該將軍等身膺重寄，自必志切同仇，惟當迅奏膚功，懋膺上賞，實有厚望焉。楊芳、怡良摺，俱著鈔給閱看。將此由五百里各諭令知之。

又諭：本日據楊芳馳奏，接奉諭旨，先赴廣東會剿。又據怡良馳奏，嘆逆書詞狂悖，並在香港出有偽示各一摺。嘆逆在粵，妄肆鴟張，琦善不遵朕旨，痛加剿洗，膽敢擅給香港，縱其狂悖。本日已有旨斥革，派英隆將其鎖拏解京究辦矣。香港地方，逼近虎門，現為該逆佔踞，勢必窺伺橫行，益無忌憚。各處海口，必應刻刻戒嚴。楊芳現報行抵豐城，計日內即可到粵。怡良兼署督篆，水陸官兵，係其統轄。阿精阿、關天培、郭繼昌，均有守禦防堵之責。現在大兵尚未雲集，必須一力防禦，毋稍疏懈。怡良所奏添募壯勇，固守砲臺，分守要隘各事宜，著即責成楊芳，會同怡良、阿精阿、關天培、郭繼昌等，和衷商辦，分投佈置，加緊隄防，倘稍涉疏虞，定惟楊芳等是問。至香港通商，斷無是理，楊芳所奏，將來准令於偏岸小港屯集貨物之語，甚屬非是。該逆種種悖逆，必應盡數殄滅，務令片帆不返，方足以快人心。著該大臣等，一俟奕山、隆文到粵，即行大彰撻伐，極力攻剿，毋使稍留餘孽，致滋後患。再琦善現在帶往廣東之鮑鵬，著怡良密委員弁鎖拏，同琦善一併解京審辦，倘走漏風聲，致令遠颺，恐該署督不能當此重咎。至琦善欽差大臣關防，著怡良摘取妥貯，俟有便員來京，飭令帶京呈繳。將此由六百里各諭令知之。

又諭：本日據怡良奏，嘆逆投書狂悖，並於香港地方出有偽示。又據楊芳奏，剿辦嘆夷事宜各一摺。嘆夷日肆鴟張，膽敢佔據香港地方，指稱屬伊收管，出示逼令該處民人歸順，實堪髮指，此皆由琦善畏葸無能，受其欺侮，以致益形猖獗。已有旨將琦善革職，拏解來京矣。至楊芳所稱，現在大局，或一面威服定海，或一面准其在偏僻小港屯集貨物等語，亦屬非是，此時萬不許作此議論。裕謙現在業經到浙，一切當已佈置周妥，惟有迅加進剿，殲此醜類，務使片帆不返，以彰天討而快人心。怡良、楊芳摺，並著鈔給閱看。將此由五百里諭令知之。

《清實錄》,《宣宗實錄》(六),卷三四六,二六五至二六八頁。

道光二十一年(1841)二月辛酉。

諭內閣:前因嘆逆日肆猖獗,降旨令琦善等嚴密防範,如有必須攻剿之處,不可遷延誤事。嗣因該逆攻佔砲臺,特將琦善交部嚴議,仍諭令奮力剿除,以圖補救。乃琦善到粵以後,甘受逆夷播弄,節經諄切告戒,迷而不返。自稱專辦夷務,不令阿精阿、怡良等與聞,疊次奏報情形,非係開脫逆情,即屬代求恩宥,於一切防守剿堵事宜,置之不問。並因該逆有繳還定海之言,輒將義律呈遞伊里布文件,及該夷目給與留浙頭目夷信,代為由驛遞交伊里布,以致伊里布聽信順從,遲延觀望。本日據怡良馳奏,嘆逆投遞逆詞,並在香港地方出有偽示一摺。香港地方緊要,前經琦善奏明,如或給予,必至屯兵聚糧,建臺設砲,久之,覬覦廣東,流弊不可勝言。旋又奏請,准其廣東通商,並給香港地方泊舟寄居,前後自相矛盾,已出情理之外。況此事並未奉旨允行,何以該督即令逆夷公然佔據。現據怡良奏報:逆盤踞香港,稱係琦善說定讓給,已有文據。並偽發告示,稱該處百姓為嘆國子民。覽奏殊堪痛恨。朕君臨天下,尺土一民,莫非國家所有,琦善擅與香港,擅准通商,膽敢乞朕恩施格外,是直代逆乞恩。且伊被人恐嚇,奏報粵省情形,妄稱地利無要可扼,軍械無利可恃,兵力不固,民情不堅,摘舉數端,危言要挾,更不知是何肺腑。如此辜恩誤國,實屬喪盡天良。琦善著即革職鎖拏,派副都統英隆,並著怡良揀派同知知州一員,一同押解來京,嚴行訊問。所有琦善家產,即行查抄入官。

《清實錄》,《宣宗實錄》(六),卷三四六,二六五至二六六頁。

道光二十一年(1841)二月己巳。

諭軍機大臣等:本日據伊里布馳奏,收復定海一摺。又據琦善馳奏，查明香港地勢及現在籌辦情形一摺。嘆逆在粵日肆猖獗，攻擊砲臺，戕我官兵，佔據香港，擅出偽示，種種不法，殊堪髮指。前有旨令楊芳先行赴粵會防，並令奕山等兼程前進，計已接奉遵辦。該將軍等到粵後，務即會集各路官兵，一意進剿，殲除醜類，設法擒渠，必使該逆等片帆不返，方足以彰天討，不可存一通商之見，稍涉游移，更不可因有繳地之事，少加寬縱。諒該將軍等身膺重寄，自必志切同仇，佇盼捷音，毋負委任。至琦善前奏：香港地方寬至七八十里，如或給予，必至屯兵聚糧，建臺設砲，久之覬覦廣東，流弊不可勝言。茲又據奏：香港孤懸海外，離省較遠等語。前後情詞，自相矛盾，顯係不實。著奕山、隆文、楊芳、祁墳，確切查明，據實具奏。即使香港並非險要，亦必設法趕緊收回，斷不准給予該夷，致滋後患。琦善原摺，著發交奕山、隆文閱看，俟途遇琦善時，將前後二次硃批給閱。原摺仍由該將軍等遇便呈繳。伊里布摺並著鈔給奕山、隆文、楊芳、祁墳閱看。將此由五百里各諭令知之。

《清實錄》，《宣宗實錄》（六），卷三四六，二七五至二七六頁。

道光二十一年（1841）二月壬申。

諭軍機大臣等：本日據琦善奏，逆夷聞大兵將集，意圖先肆滋擾一摺。該夷妄肆鴟張，現聞內地調兵，四出窺探，朕早料其必有滋擾之事。定海退去兵船，諒必歸併香港，恃眾負嵎，儘力抗拒，若兵力單弱，遽行進剿，恐有疏失。本日已降旨飭令阿精阿、怡良等，暫時協力防禦，且俟大兵雲集，再行攻剿。著奕山等兼程前進，抵粵後與楊芳會合，統領各省調集兵丁，奮勇直前，殲除醜類，毋稍觀望。琦善摺鈔給閱看。將此由六百里加緊各諭令知之。

又諭：寄諭廣州將軍阿精阿，兼署兩廣總督廣東巡撫怡良，水師提督關天培，陸路提督郭繼昌。本日據琦善奏稱，逆夷聞大兵將集，意圖滋擾一摺。該夷現聞內地調兵，四出窺探，並有兵船數隻，疊至下橫檔山後探水，顯露詭謀。惟此時兵未到齊，尚覺單弱，該將軍等，務當督飭本省兵弁,及陸續到粵兵丁,分佈要隘,協力堵禦,毋稍疏虞。一俟靖逆將軍及參贊大臣等到後,自應一鼓作氣,帶兵進剿,以靖餘氛。琦善原摺,著發給閱看。將此由六百里加緊各諭令知之。

《清實錄》,《宣宗實錄》(六),卷三四六,二七九頁。

道光二十一年(1841)閏三月乙亥。

諭軍機大臣等:奕山等奏,官兵漸次到粵,分守要隘一摺,覽奏均悉。粵東民情浮動,經該將軍等妥為佈置,眾志成城,守者有堅定之心,戰者必有奮勇之氣。現在所調各路官兵,諒已陸續到齊。僱募水勇,並備辦快蟹等船,亦應次第齊備。該將軍等務當謀勇兼施,分路兜剿,毋令該夷聞風遠竄。惟所奏由廣西購辦大木,韶州、肇慶二府置造小排,並提催江西、廣西砲位,尤當嚴密催辦,以應要需。該處漢奸既多,所有商辦一切機宜,自應加意慎密,毋稍漏洩風聲。另摺奏:查明香港地方情形,內地尺土,皆關緊要,豈容逆夷溷跡。所有前經該夷佔據之香港,並現在寄泊之尖沙嘴等處地方,均著該將軍等於進剿得手後,將該夷驅逐,各地盡行收回。至琦善與義律如何說話,及有無餽贈往來。現在鮑鵬業經起解送京,俟抵京後再行研鞫,不難水落石出。又奕山等遵旨查明各國夷商情形一摺,既據奏稱各國並不敢覬覦於天朝,自必安心貿易,毫無驚疑。即著該將軍等妥為撫綏,俾逆夷稔知惡貫滿盈,自絕生路。各國倘能輸誠效順,自顧生計,漸與嘆夷攜貳,則以毒攻毒,未始非用兵權變之法。惟在該將軍等計出萬全,揚國威而喪逆膽,朕佇盼捷音之至。該將軍等必能迅奏膚功,共膺懋賞也。勉之。將此由六百里加緊各諭令知之。

《清實錄》,《宣宗實錄》(六),卷三五〇,三三一至三三二頁。

道光二十一年(1841)四月戊申。

諭軍機大臣等:本日據奕山等馳奏,官兵抵禦情形一摺。據奏:逆夷兩路分攻東西砲臺,經總兵段永福、琦忠、長春、張青雲等,督率將士併力抵禦，轟沈火輪船一隻，並被兵勇拋擲火箭、火器焚燒三桅兵船一隻，東砲臺打折夷船大桅一枝，震落夷人數名落水。次日，又復擁至。經遊擊伊克坦布等，督率兵勇，擊斃夷匪數名，夷人開砲自炸，轟碎三板船一隻等語。該將軍等，經朕面授機宜，到粵以後，調遣鎮將，督率弁兵，兩次焚擊夷船多隻，逆情甚屬倉皇，洵屬謀勇兼施，不負委任，可嘉之至。惟繒浦火船，竟被漢奸焚燒，復於接仗時拋擲火罐、火毬，焚燒房屋，深堪痛恨。現據該將軍等，拏獲多名，訊明梟示。此種奸匪，必須盡行誅戮剿辦方可得手。著奕山等，嚴密查拏，獲到一名，即於訊明時在軍前正法，慎毋姑息養奸。據奏：齊慎日內可到，即令分駐佛山、石門一帶，督率總兵等，擇要堵禦，均著照議辦理。此次打仗，守城出力各員，著奕山等查明具奏，候朕施恩。其東砲臺打折夷船大桅之兵丁，並著查明，奏請獎勵。傷亡弁兵，分別奏咨賜卹。現在招募福建水勇一千名，業經到粵，仍著該將軍等，努力防守，多備砲械，出奇制勝，奮勇剿洗，迅奏膚功，同膺上賞。勉之望之。將此由六百里加緊諭令知之。

又諭：有人奏：本年二月內，廣東夷匪滋事，該處鎮遠砲臺有九千斤大砲炸裂，傷斃守兵五百餘名，其餘兵丁一鬨而散，至今未聞奏辦等語。著祁墳、怡良查明據實具奏。又現據琦善供稱：在夷船與義律講話時，有直隸隨帶武弁、廣東巡捕，及親隨兵丁多人在旁聽聞等語。琦善在蓮花岡等處，屢次與義律講話，是否果有員弁多人在旁，抑或有時屏去從人，私相談論，或祇鮑鵬、白含章等與聞？其廣東巡捕等員，概不知悉，並著該督等，就近查訊隨往員弁，詳晰覆奏，毋許徇隱。至香港地方，經琦善擅許，逆夷在彼貿易，究竟給與全島，抑止給與一隅？現在該夷是否退出，或仍然佔據？亦著祁墳等查明，據實具奏。再前據御史高人鑑奏：鮑鵬前在廣東緣事，經地方官查拏竄逸等語。鮑鵬即鮑聰，原犯何事？該地方官因何查拏？有無案據？著一併查明具奏，並將案據解交刑部，以憑查辦。將此諭令知之。

《清實錄》，《宣宗實錄》（六），卷三五一，第三四七至三四八頁。

道光二十一年（1841）五月辛未。

又諭：據奕山等奏，查明續燒夷船及義勇擒斬夷目一摺，覽奏欣悅之至。新安縣武舉庾體群、義勇顏浩長、龍國昭等，先後在洋面焚燒夷船，砍倒逆夷先鋒嚛嗶，並斬紅旗夷目一人、黑白夷匪十餘名。該義勇紳士等志切同仇，實堪嘉尚，並前次斬獲呫嘜之義勇紳士等，著該將軍等，於派員查驗明確後，一併按格奏賞，以昭激勸。又另片奏：夷船全行退出虎門，已將虎門橫檔各砲臺收復等語。夷船現仍寄碇伶仃洋沲東之裙帶路地方，著奕山等即飭提督吳建勳，將砲臺基址及殘缺砲位，踏勘情形，派兵防守，以便委員查估辦理。該將軍等仍親歷查勘省河，堵塞要隘，以期層層固守。將此由六百里加緊諭令知之。

又諭：本日據奕山等奏：參贊大臣隆文，因籌辦軍務，焦勞致疾，朕甚懸念。該參贊力疾辦公，轉恐增劇，必當遵旨暫且安心調養，以期速愈。現在軍營事務，有將軍參贊三人在彼，足敷辦理，該參贊不准勉強從事，俟病痊後再行會同籌辦一切，萬勿焦急，加意調攝，為國宣猷，歲月正長也。其善體朕意，將此諭令知之。

《清實錄》，《宣宗實錄》（六），卷三五三，三五九至三六〇頁。

道光二十一年（1841）五月己卯。

諭軍機大臣等：奕山等奏，籌備守禦內河情形一摺，覽奏均悉。據稱修復砲臺，添鑄砲位，非一二年不能一律完固，師船砲臺皆無可恃，獅子洋內不得不以省河為屏蔽等語。著即照議，先將要隘數處，密為填塞，以絕兵船來路。至省河南北二路砲臺，即著趕緊興修，安兵練勇，加意防守。內戶既固，再行添製戰艦，籌運磚石，由內而外，將各砲臺次第修復，以期捍衛。其應臺分兩層，改造砲眼之處，著細心體察，如式築修，總期攻擊有準，不得草率了事。

另片奏：夷匪在香港對面之裙帶路建蓋寮篷，修築馬頭等語。香港地方緊要，豈容該夷久據。著奕山等，不時密探該夷在彼有無另蓄詭謀，作何舉動，隨時防範，毋稍疏虞。將來如有可乘之機，必應將該地方設法收復，方成事體。義勇等擒斬夷目，著仍遵前旨查明，按格奏賞。又另片奏：楊芳現在患病，著飭令安心調理，即著齊慎移駐省城軍營，以資彈壓調度。將此由六百里加緊各諭令知之。

《清實錄》，《宣宗實錄》（六），卷三五二，三六三頁。

道光二十一年（1841）六月癸巳。

又諭：奕山等奏，廣東省城神廟顯應，請頒給扁額一摺。據奏：此次嗊夷肆擾，撲近城牆，正欲開砲，粵秀山觀音大士神像顯靈，居民共見，撲滅火箭，雷雨傾盆，衝沒漢奸夷匪多名，夷人無不畏懼。現在海氛既熄，省垣安堵，護國庇民，仰邀神貺，朕實深寅感。著發去親書扁額，交奕山等祗領，虔詣廟中，敬謹懸掛，以答神庥。尋頒御書扁額曰：慈佑清海。

諭軍機大臣等：本日據奕山等奏：請撤兵，分期啟行，已明降諭旨，照議辦理，並諭令沿海各督撫酌量情形，奏請撤兵矣。又據奕山等奏：曉諭嗊夷，懍遵前定章程，一體通商，並籌備堵禦一摺，覽奏均悉。該夷所修裙帶路寮房石路，內商既不肯前，各夷又不從此入口，是該夷銷貨不便，未必日久佔據。裙帶路與香港毗連，著奕山等仍遵前旨，遇有可乘之機，設法收復。前據楊芳奏請，將水師改為陸路，自係因近來訓練不精，不能得力之故。此時固未便全改章程，其應如何變通酌劑之處，該將軍等妥議具奏。至省河及大黃滘砲臺，據奏必須修造據守，著即趕緊興工，所有砲位一百二十餘尊，即妥為分別安放，務須佈置得宜，施放有準，方稱有備無患。所有一切善後章程，著即責成奕山、齊慎、祁墳、怡良，和衷商榷，妥議辦理。倘有辦理不善之處，惟奕山等四人是問。懍之。將此由六百里諭令知之。

《清實錄》，《宣宗實錄》（六），卷三五三，三六八至三六九頁。

道光二十一年（1841）六月乙未。

諭軍機大臣等：朕聞廣東辦理夷務，四月初一日官兵攻擊夷船，初二日該夷駕火輪船一隻，駛至省西泥城一路開砲，兵勇望風而逃，被燒船隻六十餘號。初三、四、五等日，逆夷駕船十餘隻，開砲攻打上岸，防兵四散遁走，被燒民房甚多，佔去四方砲臺。經廣州府知府余保純，向逆夷面議息兵。初十日，有鄉民數萬人，圍困義律等眾，功在須臾，因余保純得義律私書，出城彈壓，鄉人始漸解去。逆夷將大角、沙角、橫檔等砲臺磚石，移往香港，起造馬頭、房屋，又於香港潛開大路，一通香山，一通惠州各等情。如果屬實，是該處情形，所聞與所奏迥異。梁章鉅前駐劄廣西梧州府城，與廣東毗連，且正值軍務喫緊之時，文報相通，務將所聞實在情形，詳晰具奏。朕於他處，亦有飭諭密查，該撫不准稍有含混，自取咎戾也。將此諭令知之。尋奏：開門揖盜，咎在琦善，而受其指使者，為余保純。歷訪廣東夷務情形，與諭旨所開無異。謹將在梧州時所接員弁報單呈覽。報聞。

《清實錄》，《宣宗實錄》（六），卷三五三，三七〇至三七一頁。

道光二十一年（1841）六月丁酉。

諭軍機大臣等：據祁墳奏，籌辦機宜等語。現在夷船退出虎門，近省河道，自應設法整理。各處砲臺必應趕緊修築，並撫卹難民，招徠遷徙，立於不敗之地，以俟其可乘之隙。所見甚是。其香港地方，係屬中國土地，斷不准因琦善有准給寄居之說，任其陰圖盤踞。至漢奸通夷助逆，最為可恨，惟操之過蹙，轉恐逼令出洋。所奏亦非無見。前已有旨，令奕山、齊慎、祁墳、怡良會商妥籌，祁墳、怡良係該省督撫，尤屬責無旁貸。其如何收復香港，如何解散漢奸，務須和衷商辦，斟酌萬全，以副委任。將此由五百里諭令知之。

兩廣總督祁墳等奏：遵查正月初三日，琦善在蓮花城會晤義律一次。十九日又在蛇頭灣會晤一次，止鮑鵬在船傳話，隨往員弁，概不與聞。琦善諭令鮑鵬僱覓鄉勇文稿，稱為職員。所捐何職，無案可稽。鮑亞聰因販賣煙土，經林則徐訪拏未獲，是否即係鮑鵬，應由刑部向鮑鵬究訊。報聞。

《清實錄》，《宣宗實錄》（六），卷三五三，三七一至三七二頁。

道光二十一年（1841）八月乙酉。

又諭：前據顏伯燾等續奏，夷船駛入閩洋，廈門失守，已降旨令該督等設法克復矣。前因逆夷佔據香港，有旨令該將軍等相機收復。現在該逆滋擾福建，粵洋夷船自必減少，若乘其勢分力弱之時，督率兵勇，痛加剿洗，使彼首尾不能相顧，但須謀定後動，計出萬全，固不可坐失事機，尤不可再有挫失。且該逆前踞定海，經琦善議給香港，始將定海退還。現在琦善、伊里布均獲重譴，此次該逆既佔香港，又復攻擊廈門，難保不故智復萌，又思更換以售其誑騙愚弄之計。奕山、齊慎，經朕特簡，祁墫、怡良，均有地方之責。著即體察情形，乘機進剿，如能設法攻復香港，則從前辦理不善，尚可少贖罪戾。若狃於前議，觀望遷延，又墮逆夷更換詭計，則覆轍具在，不能輕恕也。懍之勉之。將此由六百里加緊諭令知之。

《清實錄》，《宣宗實錄》（六），卷三五五，四〇五頁。

道光二十一年（1841）八月戊子。

又諭：據奕山等奏，分鄉團練，撤兵募勇一摺。據稱：香港洋面，尚有逆夷船隻，戰船造未完工，客兵不可久居。現擬撤兵募勇，分鄉團練等語。逆夷反覆無常，必應隨時設備，該省現練有水陸義勇三萬六千餘名，並將各鄉丁壯，分成團練。此項練勇，俱係民兵。祁墫、怡良，有守土之責，著會同奕山等和衷共濟，派委員弁管束，認真訓練，加以激勸，俾收實效。所有前調各省官兵，著仍遵前旨分撤，其各營所帶擡砲，著准擇其堅固者，留粵備用。至香港地方，昨有旨令奕山等乘機攻復，現在招練戰勇，願效前驅，正可一鼓作氣，設法進剿。該將軍等，務宜妥速酌辦，慎勿再失機宜，致干重咎。將此由六百里諭令知之。

《清實錄》，《宣宗實錄》（六），卷三五五，四一〇頁。

道光二十一年（1841）八月己亥。

又諭：據奕山等奏，六月初四日，海面颶風陡發，所有尖沙嘴、裙帶路帳房寮篷，悉被吹捲無存。所造之屋，亦並折毀，埽蕩一空等語。是該處已無房寮可住，自不致仍有夷人在岸佔踞。乃昨據裕謙奏，擒獲夷匪供稱：香港地方，現在岸上有兵一千名，兵房數百間，與該將軍等所奏情形何以迥不相符？著即詳細查明，據實具奏。再關天培陣亡時，不肯點砲，及火門透水之兵丁，必應嚴拏，從重懲治。並慶宇、達邦阿二員，究竟如何下落，均經降旨飭查，何以延未覆奏？著即一併查明，迅速具奏。將此諭令知之。

又諭：朕聞嘆咭唎逆夷，在浙滋擾。有越南國貿易人聲言，嘆夷悖亂天常，稱兵犯順。並云彼國善製船砲，工且迅速，各項火器，精於嘆咭唎所為。若有文檄，與之彼國，自能效順等語。逆夷近日疊肆猖獗，必應設法大加懲創。越南是否素為該夷所最畏，船砲火器是否能制嘆夷之命，其願為效順之語，果否出於至誠，抑係別有所圖？著祁𡎴、梁寶常確探密查。並於接奉後，密行知照廣西巡撫周之琦，一體查探，據實具奏。事關重大，毋稍含混，亦慎勿漏洩，是為至要。將此密諭知之。

《清實錄》，《宣宗實錄》（六），卷三五六，四二一至四二二頁。

道光二十一年（1841）九月丁巳。

諭軍機大臣等：奕山等奏，相機克復香港一摺。據稱現在粵省內外不能兼顧，自係實在情形。惟水陸義勇，既有三萬餘人，加以所留各處精兵數千名，兵力不為單薄，一有可乘之隙，自當相機攻剿，動出萬全。所云招回漢奸數百名，固可為耳目之用，此最要之機，間不容髮，務宜獎勵激勸，妥速為之，以收實效。至砲位為行軍要需，趁此暇時，督率工匠趕緊興鑄，無論大小銅鐵，總期質地精純，試放適用有準，是為至要。將此由五百里諭令知之。

《清實錄》，《宣宗實錄》（六），卷三五七，四四八至四四九頁。

道光二十一年（1841）十月辛巳。

諭軍機大臣等：前據裕謙奏，香港尚有夷兵房屋，降旨令奕山等覆奏。茲據奏稱，原報埽蕩一空，係指葵寮木棚而言。該逆嗣又搭造房屋貯貨藏身，並圖招商走私，原奏實無捏飾等語。覽奏已悉。……至香港地面，如有可乘之機，仍著相機收復為要。將此由五百里諭令知之。

《清實錄》，《宣宗實錄》（六），卷三五九，四七九頁。

道光二十一年（1841）十一月辛未。

諭內閣：祁𡎴等奏，遵旨查驗副將等受傷情形一摺。廣東肇慶協副將慶宇、香山協副將劉大忠、督標中軍副將達邦阿，前據該督等奏，因防守砲臺不力被傷落海，遇救得生，奏請革職。當飭令祁𡎴、梁寶常將該副將等，果否受傷，確切查明具奏。茲據該督等親提驗明，慶宇等所受傷痕，委無欺飾情弊。慶宇、劉大忠、達邦阿著照前議，一併即行革職。

諭軍機大臣等：奕山等奏，填塞省河要隘，並防堵情形一摺。據奏：獵德等處，均已設法堵塞，將次工竣。續又查出潭洲等處，俱屬要隘，均須次第築堡、修臺等語。逆嘆犯順以來，從未大加懲創，近則大幫逆船自閩入浙，粵東存船無幾，正可乘機剿洗。屢經諭令該將軍及時進兵，收復香港，以期少贖罪戾。此次奏報，仍止填塞省河，一切剿辦機宜未提隻字，豈朕命將出師，專為堵塞省河而作，豈不貽笑諸夷。況據奏稱，外洋香港及潭仔洋，並內伶仃洋等處，夷船十六隻，又火輪船一隻，往來不定。並聞省河建臺塞路，膽敢攔截石船，焚燒撞沈，並在香山縣屬掛碇遊奕，桀驚情形殊堪髮指。總緣該將軍等，坐擁重兵，一籌莫展，以致逆夷日形猖獗。現在奕經等即日抵浙，一經剿辦，難保不竄回廣東再肆滋擾。

《清實錄》，《宣宗實錄》（六），卷三六〇，五二九頁。

道光二十二年（1842）四月甲午。

又諭：本日已降旨，著耆英馳驛前赴廣州將軍之任矣。廣東自上年嗼逆犯順以來，佔據香港，闖入虎門。前據奕山等奏報：香港未能即時收復，惟議守省城，以填塞省河為先。其次修築虎門砲臺，進取方有把握等語。現在省河填塞究竟若何，是否足資抵禦？其虎門砲臺現在是否動工修築，何時可以工竣？著耆英到任後確切查明，據實具奏。至香港地方，豈容被逆夷久據？現在廣東砲臺等工，如已妥為豫備，正可乘機進取，明攻暗襲，收復香港，以伸國威。即著責成該將軍一力籌辦，毋負委任。其欽差大臣關防，即著帶赴廣東任所。將此由六百里加緊諭令知之。

《清實錄》，《宣宗實錄》（六），卷三七一，六七一頁。

道光二十二年（1842）五月壬申。

諭軍機大臣等：有人奏，逆夷擄掠貲財，載回廣東香港裙帶路收貯。現在該處建造樓房、寮、廠、砲臺，其偽官最著者，為贊遜、乜哩時蛤等堅[1]，其幕客著名者，為馬履遜、匪倫[2]。各處渡船小船，均須獻納陋規，方准出海，否則被其劫貨留船。又新安士民，屢欲燒船殺賊，因該將軍等出有通商告示，不敢舉動。其漢奸曾給翎頂者，惟盧景尤為首惡，其人包庇漢奸，船隻砲械俱全，替夷運貨，搶掠鄉村，其餘如聯義堂、忠心堂，均係漢奸自立名目等語。逆夷佔住香港地方，據為巢穴，逼勒陋規。因該將軍等准其通商，以致被害士民不能報復，又有漢奸助逆包庇，為之羽翼。如果屬實，為害匪細。著奕山、祁墳、梁寶常確切查明，據實具奏，毋許稍有隱匿。其助逆之漢奸，既有姓名堂名，不難按名查拏。著奕山等嚴密訪查，按律懲治，不准畏難姑息。將此諭令知之。

註：① 贊遜、乜哩時蛤等堅：估計是指香港最早的立法局、行政局
　　　議員 Robert Johnston 與首任總督 Herry Pottinger。
　　② 馬履遜、匪倫：估計是指英國傳教士 Robert Morrison 與香
　　　港最早的立法局、行政局議員 William Caime。

《清實錄》，《宣宗實錄》（六），卷三七三，七二三至七二四頁。

道光二十二年（1842）五月癸亥。

又諭：奕山等奏，廣東逆夷來往各船隻，並香港情形一摺。據稱查探逆船蹤跡，有僅在粵洋游奕者，有駛往閩浙者，有去而復返者。現在香港對面尖沙嘴地方，有該（英）國新到及自浙駛回之三桅兵船巡船，較往時加多。該逆火輪船直到黃浦窺伺，尤為叵測。又該逆夷在尖沙嘴修建營房、砲臺，均有夷目帶領夷兵駐守，更有漢奸修造草棚鋪房，交通買賣等語，覽奏均悉。逆夷蹤跡靡常，情形詭詐，著該將軍等隨時偵探，即行具奏，仍嚴密防堵，毋稍疏虞。至該逆國中究竟有無事故，仍著留心訪察，再行具奏。將此由四百里諭令知之。

《清實錄》，《宣宗實錄》（六），卷三七二，七一〇頁。

道光二十二年（1842）六月戊寅。

諭軍機大臣等：奕山等奏，查探逆船情形一摺。據奏：粵東洋面，自二月以前至五月初六日止，共計逆船六十七隻。除起碇東駛者四十八隻，尚存逆船十九隻。其新到巡船內載有番婦、番孩，裙帶路造有夷樓五十餘間，裝兵船內載去馬匹砲車等項，覽奏均悉。逆夷於香港裙帶路地方公然建造樓房，安置婦孺，顯有久據之意。該將軍等相度情形，如能於逆黨聚居之處，掩其不備，乘間縱火焚燒，亦足快人心而褫逆魄。惟廣東漢奸最多，務須密為佈置，懸立重賞，招致義民，斷不可稍露風聲，致逆夷豫為準備。又祁墳、梁寶常奏，夷務用過銀數一摺。據奏：水陸各勇尚存二萬有奇，既不用以攻剿，未免徒

糜糧餉。著奕山等，勤加訓練，簡其精壯勇敢者，暫留調遣，其老弱無能者，即予裁汰，庶帑項不至虛糜，兵勇悉成勁旅。所奏現存銀兩及每月用度，務當力加撙節，可省即省，著仍遵前旨，不得過十萬兩之數。將此由四百里諭令知之。

《清實錄》，《宣宗實錄》（六），卷三七四，七三五頁。

道光二十三年（1843）七月乙巳。

諭軍機大臣等：耆英奏，酌定通商輸稅章程一摺。據奏，五月二十六日，帶同黃恩彤、咸齡，輕裝減從，即坐火輪船前往香港，接見該酋噗嘛喳，已將通商章程及輸稅事例，確定大局。該酋極為恭順帖服，即於六月初一日回省等情。其粵海關進出貨物，現已議定棉花、茶葉稅則，約計關課，有贏無絀。因該夷急於通市，即照伊里布前定期限，於七月初一日先在廣州開市，著即照議辦理。惟香港四面環海，舟楫處處可通，現已有內地民人零星買賣，必須明定章程，以杜走私漏稅。並一切未定事宜，著耆英會同祁、程矞采、文豐通盤籌畫，固須俯順夷情，尤當慎持國體，永杜弊端。……將此由四百里諭令知之。

《清實錄》，《宣宗實錄》（六），卷三九四，一〇六〇頁。

道光二十三年（1843）九月癸巳。

又諭：據耆英等奏，酌定善後條約，當交軍機大臣速議具奏。茲據覈議具奏，俱著照所議行。惟香港通市一節，最關緊要，該處為售貨置貨之總匯，課稅盈絀，全繫乎此。而出口進口之牌照，若僅責成九龍巡檢，會同嗼官隨時稽查，恐辦理稍疏，即不免有偷越之弊。其應如何設法嚴查之處，著耆英等再行悉心妥議具奏。其各處出海船隻，仍著嚴飭各海口文武員弁，實力稽查。……將此諭知耆英、祁墳、程矞采，並傳諭文豐知之。

《清實錄》，《宣宗實錄》（六），卷三九七，一一二〇頁。

道光二十三年（1843）十月辛酉。

諭軍機大臣等：前據耆英等奏，請改設巡檢，移駐附近香港之九龍地方，稽查出入牌照等語。朕以香港為售貨總匯，若僅責成巡檢稽查，恐立法尚未周密，令該大臣等再行妥議，茲據耆英奏稱，體察情形，不在驗照官之大小，全在行之以實。所有前赴香港之船，既由給照口岸，按月報明粵海關，業已互有稽考。九龍巡檢，不過查其已到未到，並無稅銀可收，似可無虞偷漏等語。著照所議辦理。所有祁墳等前奏廣東新安縣屬之官富司巡檢，請移駐九龍地方，改為九龍巡檢，作為海疆要缺，即照所請，准以試用從九品許文深試署。俟試署期滿，如果稱職，另請實授，並定為在任三年，如經理得宜，即予保舉升擢，毋庸扣至六年俸滿。其現准試署之許文深，能否經理得宜，仍著祁墳等隨時察看，如不勝任，即行撤回，另為酌調，毋得稍事因循。至該巡檢雖無徵收稅課之責，而稽查出入，務令華夷相安，斷不可任吏胥勒索，別生事端，是為至要。……將此諭知祁墳、程矞采，並傳諭黃恩彤知之。

《清實錄》，《宣宗實錄》（六），卷三九八，一一三一至一一三二頁。

道光二十四年（1844）九月丁丑。

改鑄廣東新安縣九龍巡檢印信。從巡撫程矞采請也。

《清實錄》，《宣宗實錄》（七），卷四〇九，一三二頁。

道光二十六年（1846）六月庚午（十七）。

又諭：耆英等奏，官紳捐建城寨各工一摺。廣東九龍山地居扼要，亟應改建石城，設立砲臺衙署營房以資守衛。現據該省官紳陸續捐資，經該督等派員督同估計修築，著照所議辦理，統俟工竣驗收，再行奏請獎敘。此項工程，著免其造冊報銷。

《清實錄》，《宣宗實錄》（七），卷四三一，三九五至三九六頁。

第二章　第一次鴉片戰爭與九龍

按：道光十九年（1839）虎門銷煙後，英國商務監督義律率英國鴉片販子竄至尖
沙嘴附近。7月7日英水兵毆斃林維喜，事後又拒絕交兇與具結。9月，英兵船
在九龍砲擊廣東水師，挑起九龍之戰。之後，林則徐在九龍及附近地區加強海防。

一、交兇與具結交涉

英吉利國領事義律，書寄佛山分府大老爺、澳門軍民府 ① 大老
爺，為通知事：

現聞尖沙嘴洋面，有師船三十四隻，在彼灣泊，使本國船隻極難
得以接濟食物。維思飢餓之人，正恐有冒險求食者，如其師船久泊該
處，釀出不幸，自不能仍責義律保其各事平安是問也。且此事緊急，
望可早日辦理為幸。謹此書呈。

道光十九年（1839）五月初九日

註：①澳門軍民府：即澳門軍民同知，乾隆八年（1743）設，駐
　　前山寨，專門負責處理駐澳外人事務。

　（日）佐佐木正哉編：《鴉片戰爭前中英交涉文書》第捌拾叄號，二一七至二一八頁。

喊咭唎國領事義律敬啟澳門等處軍民府，為轉稟上憲之事：

查五月二十七日，尖沙嘴村居民一名，被毆傷斃命。遠職遵國主
之明諭，不准交罪犯者，按照本國律例，加意徹底細查情由，秉公審
辦。倘若查出實在死罪之兇犯，亦擬誅死。現今遠職謹報誠言，該犯
罪不發覺。特將此情恭請電鑒，祈轉稟上憲，感德不淺。

道光十九年（1839）七月初七日具。

英吉利國領事義律，為啟示事：

現聞有本國船之水手人等，在尖沙嘴混行上岸，無故滋事，驚動該處平安人民。其事最堪嚴恨，本領事聞知，未免極怒。即經示諭各該水手，不准復行上岸，並令人查問滋事者為何人，稟候本領事嚴治其罪。查近來在該處洋面灣泊之船甚多，難保全無生事之人，是以曾經選擇船主四人，派令巡檢，准其在大桅頂上插紅色或藍色小旗。嗣後如有英吉利國水手人等，攪擾內地民人，即當向插旗之船主訴冤，自必查明，將罪人懲懲。其住居尖沙嘴之民人，本領事及本國商人等，皆知其為平安守分之人，英等無不敬愛。惟是外國水手酒醉之後，即妄行作事，難以治理。望以各處民人，皆不以酒賣給，則幸免生事，而各存相安之心，豈不美哉！本領事恐有未明者，特行啟示四方君子人等依照。特字。

道光十九年（1839）　月　日。

（日）佐佐木正哉編：《鴉片戰爭前中英交涉文書》第捌拾陸號，二一八至二一九頁。

英吉利國領事義律，為陳情事：

竊義律凜遵國主之命，必求善盡職分，事事秉公辦理。而在本領事所管理之內，倘有犯罪者，義律自應加意，勉力認真查察。如果係英吉利國人犯罪，即將犯人依照本國律例審辦也。維尊官現在所行之情，甚有不解，而官憲日前所辦之事，猶屬背義陷害。蓋上次則告以曉諭，聳動本國商梢人等，藐視伊國領事，欲使伊等不聽遵義律循例之諭矣。不日忽行反轉，即仰義律欲求以緊要事務辦理定妥也。追思本國船隻駛往尖沙嘴洋之時，義律即經嚴諭本國人等，凡遇天朝官憲有事查問，務要常存恭敬。又經諭令極須約束水手，毋得縱容滋事等由去後。即據官憲示諭眾民，並求聳動英〔吉〕利國人，令其不聽從義律之言。獨不思彼一端倘敢不從，而此一端豈肯反為遵奉乎？即使外國派來官員，如義律等，倘肯聳動內地民人，令不遵奉官憲諭示，叫伊抗違定例，即應允相助，或有似此妄為，殊有不符，試問民人安能綏靖約束耶？可見官憲日前所為，實不與公義相安之理。而近日遇人滋事妄行之情，實由官憲日前聳動所致也。如諭發來之公文，義律必先求永禁此等煽惹人心之行為，並求大憲按照定例，准收義律加封之稟帖，方能如常接收來文，俾得遵奉憲諭也。特此陳情送聞。右公文呈送欽差大臣委員尊台電鑒。

道光十九年（1839）六月十一日。

（日）佐佐木正哉編：《鴉片戰爭前中英交涉文書》第捌拾捌號，二一九至二一〇頁。

英吉利國領事義律，敬稟澳門等處軍民府大老爺，為轉稟二憲之事：

查五月二十七日，尖沙嘴村居民一名，被歐〔毆〕傷斃命，遠職循國主之明諭，不准交罪犯。而案〔按〕照本國之律例，加意徹底細查情由，秉公審辦。倘若查出實在死罪之兇犯，亦擬誅死也。現今遠職謹報誠言，該罪犯不發覺。特將此情恭啟大老爺電鑒，祈轉稟上憲，感德不淺矣。

道光十九年（1839）七月初八日。

（日）佐佐木正哉編：《鴉片戰爭前中英交涉文書》第玖拾號，二二〇頁。

道光十九年（1839）七月初九日：

查尖沙嘴命案，早經委員諭令義律，交出兇夷，聽候審辦。及延至月餘之久，抗不交兇，且不接諭，是以本大臣、本部堂斷其接濟，使知悔悟。茲閱該丞轉送義律稟詞，伊尚藉稱該國律例，以為不交罪犯係遵其國主之諭等語，尤屬謬妄。

查該國向有定例，如赴何國貿易，即照何國法度，其例甚為明白。在別國尚當依該處法度，況天朝乎？此案華民林維喜，被嘆國夷人毆死，係五月二十七日之事，經本大臣、本部堂訪聞，於六月初間，委員至尖沙嘴查辦，而義律先已回澳，復在澳門給諭數次，竟敢抗不收閱，此實出於義律之狂悖妄為。該國主遠在數萬里外，豈能諭令不准交犯？今以伊庇匿兇夷之咎，誣卸於其國主，則是誣罔不忠。在天朝既無以對官憲，在伊國並無以對其國主矣。至謂伊國律例亦應誅死，可見殺人償命，中外所同。但犯罪若在伊國地方，自聽伊國辦理，而在天朝地方，豈得不交官憲審辦？且從前內地所辦命案夷犯，歷歷有據，各國無不懍遵，豈義律獨可抗違此例乎？若殺人可不抵命，誰不效尤！倘此後唤夷毆死唤夷，或他國毆死唤夷，抑或華民毆死唤夷，試問義律將要兇手抵命耶？抑亦可以不抵耶？

伊稟內雖云，查出兇犯亦擬誅死，此乃毫無憑據之語，誰能信之。又云該罪犯不發覺，更屬欺人之語。查義律既係職官，自有此案之後，兩次親赴尖沙嘴，查訊多日，若尚不知誰為兇手，是木偶之不如，又何以為職官？況明明查有兇夷，私押在船，若再抗違不交，是義律始終庇匿罪人，即與罪人同罪，本大臣、本部堂不能不執法與之從事矣。

《林則徐集‧公牘》，〈會批澳門廳轉稟義律抗不交兇說帖〉，一二九至一三〇頁。

道光十九年（1839）七月十九日。

諭澳門同知再行傳諭唤咭唎國領事義律知悉：

照得義律前在省城夷館，遵諭呈繳鴉片，先後遞稟，不下二十次，詞意俱甚恭順，屢經本大臣、本部堂批諭褒嘉。迨下澳以後，尚請委員議杜鴉片章程，又經本部堂批獎，一面會同本大臣遴委大員赴澳查議。乃於四月二十日，忽據稟要求格外開恩，准在澳門裝貨，當查與天朝定例不符，斷難允行，是以會同批駁。該領事因所求未遂，輒將前稟請議章程之語，自行翻悔，置委員於不理。此後，凡有批諭，不收不看，飭令洋商通事傳諭，則竟掩耳走避，實屬怪謬異常。本大臣、本部堂念其秉性未馴，或日久自知悔悟，詎料桀驁日甚，竟將該國來粵貨船，一概阻留尖沙嘴洋面，不許進口，又不能約束夷眾，致令酒醉上岸，兇殺華民林維喜身死。本大臣、本部堂委員至澳，諭令義律交出兇夷，照例辦理。乃延月餘之久，抗不交兇，筆諭口傳，一概不理。狂妄至此，雖在他國，尚且不容，況天朝乎！……

夫殺人者死，天理昭彰，無論中國外夷，一命總須一抵，若兇手得以庇匿，誰不可以殺人。本大臣、本部堂前日批諭中，已將此理明白詳示，豈尚不知悔悟乎？……本大臣、本部堂儘此一次嚴諭，如果即日送交兇犯，並將新來鴉片悉數呈繳，尚可寬限一線。不然，即當肅將天威制其死命，毋謂言之不早也。

《林則徐集·公牘》，〈會諭澳門同知再行諭飭義律繳土交兇稿〉，一三一至一三二頁。

道光十九年（1839）八月十五日。

本大臣奉大皇帝特命來粵，與本部堂斷絕鴉片根株，總要夷船主無煙土帶來，始肯歇手。……該夷懍之！

一、毆斃林維喜之兇夷，係英國船上水手，眾供早經指定，即花旗亦已辨明。且查義律已將登岸酗酒在場滋事夷人數名，拘禁在船。若此數人之中，不能審定正兇，何妨送請天朝官憲，代為審明。祇留一個應抵之人，其餘仍即發回。此係天朝辦理命案定例，無枉無縱。若再抗違不遵，在一人漏網之事猶小，而外夷壞法之事難容。惟有聲罪致討，痛加剿辦，以申天朝國法。該夷懍之！

一、躉船名目隻數，與應逐奸夷姓名，均經奏明大皇帝，奉旨驅逐。除已去者不究外，其未去之空躉奸夷，抗玩逗遛，無非在此復賣鴉片。業經拏獲鴉片經紀，審明屬實，將丹嘧哪躉船焚燬除害。其餘各躉均當儆懼，即日全出老萬山，各奸夷亦須即日附搭回去。如去後，果知改悔，另行來粵，作正經買賣者，仍准將船名人名呈報明白，許其自新。此時總不得抗諭挨延。如違，即與呀嘧哪（之）〔躉〕船一體焚燬，並將逗遛之奸夷按名拏究。該夷懍之！

一、貨船既不進埔，又不回帆，尖沙嘴係天朝洋面，豈能任其久泊，致將新來煙土，復行散賣，流毒無窮。況林維喜命案，即因夷船久泊而起，乃兇夷既不交出，復將貨船改裝砲械，意圖滋事。一經斷其接濟，即於七月二十七日，義律率領多船，赴九龍滋擾，先行開砲傷我官兵。是伊自來肇釁，此次之敗，亦由自取，既經冒昧嘗試，豈尚不知利害乎？所有聚泊各貨船，據義律懇為通融辦理，本大臣、本部堂非不許其通融，第據稱必須等候該國主回信，究竟此地何時信去，該國何時信來，必須距離如何月日始能接到，應先據實回稟。果將前三條逐一遵辦，自不難酌予恩施，使其正經貨物早行售賣也。

以上各條，諭到之日，即行稟覆，或送澳門廳轉稟，或赴沙角師船呈遞，均准接受核辦。若遲延不覆，過此八月中旬，即當統率水陸兵勇，聲罪致討，後悔無及。該夷懍之！

《林則徐集・公牘》，〈會札澳門廳傳諭義律條款〉，一三六至一三七頁。

英吉利領事義律，敬啟澳門軍民府大老爺，為陳情事：

竊於本月十二日，接到本國水師參督官吐嘧咨知，於月之十二日早時，駛坐本船之小三板，赴至九龍灣。其三板雖插有英國之旗，又無兵械，且未惹事，忽被該處小砲台六次放砲攻擊等因。維思吐嘧水師官係奉印度等處水師提督派來，惟懷和意，只不能不照顧本國之人，見有人命臨危，自應查明保護，遇着攻擊國旗，不免請為伸明。是以請為代訴此情，求派官員細查緣由。如去年六月十六日提督馬他倫請為伸明事件之案，一體辦理，俾得相和不絕。況現今已有相爭相惹之情，人心不安，尤須伸明解歇各端。萬望大憲俯念此情妥辦，致免不和，俾得英國常在天朝相交無不承平也。特字敬為奉知，上澳門軍民府大老爺電鑒。

道光十九年（1839）八月十七日。

（日）佐佐木正哉編：《鴉片戰爭前中英交涉文書》，第壹佰零陸號，二二七至二二八頁。

嘆咭唎國領事義律接到軍民府大老爺本月十三日轉發大憲傳諭條款一本，為此恭敬真實陳覆也。

一、速將鴉片全數呈繳等諭。本領事惟得謹報實情，早經嚴行誠諭本國船隻，如有載帶鴉片者，令其立即開行。則現泊尖沙嘴洋之船隻，自不應有一兩鴉片。而官憲每時有疑，要往查驗嘆國有無裝載。或驗各船，或查某隻，本領事自當派令屬官，同行搜檢。倘若查得實有，即將貨物盡行入官，本領事亦不敢辯駁相阻。蓋大皇帝所禁之貨，嘆咭唎官斷不保護也。且若嘆咭唎商人自有之船，或商友托為代辦船隻，載有鴉片，而該商人賣之獲利，並不稟明本領事，以俾咨明官憲，即將該商等各夥驅逐，本領事絕不照應。夫領事願著明理義，分別正經貿易，禁絕違禁私賣者。故此陳請條例，嗣後在粵買賣之咭唎商人，務當各令夥計逐一簽名，自行出結："實心實意不肯與販賣鴉片稍有相干，並不肯准僱傭者夾帶，不敢知其有而縱容之。倘有失信，一經官憲及本領事明白訪出，自知嚴例，隨即驅逐"等意。此結呈送本領事蓋印連簽，轉呈大憲督核。如未出結者，不應准其駐粵貿易也。又嗣後每遇嘆船來到，應須即日由該船主及經紀商人出結明言："並未夾帶鴉片，現時亦無裝載，將來正在內海之際，又不肯載鴉片"等意，分寫漢字嘆語，合呈本領事封印立憑為實，轉送官憲嘆看，方准該船開艙貿易。如未出結，則不應准其開艙也。竊想所求，惟欽遵大皇帝之聖旨。如蒙上憲信依本領事，照此條例辦理，則不難分開正項與違禁貿易者，各不相混。且遠職如不認真辦事，必致自取咎戾，未免玷辱已極，故必求實人出結，纔肯接收加印也。

一、交出毆斃林維喜之兇手等諭。本領事只得再三陳說誠言，曾經秉公嚴審，只據訊得五人酗酒亂作，皆無兇殺之罪，此人已見嚴擬其罪。而其兇犯，倘經查覺，自當一體按照本國律例審辦，即如在本國殺斃嘆國人民一樣，定以死罪。乃思當日上岸滋事者多也，不獨有嘆人，而亦有咪唎喧人，混同亂作致死，兇手未得發覺。今維伏請大憲再行細訪，自可知之。本領事為國官員，不敢玩視，或以實情假飾之。且經在粵歷年辦事，常存真心，為本省上憲所明知，敢請上憲自證也。至此次之案，本領事自當仍為綜核省察毆斃者實為何人，若能

查出果係嘆人，本領事既奉國主特派公辦事務，不敢背命，定必認真
照本國律例審辦。恭請官憲在場看視也。且萬望大憲洞明細查，俯念
難情，公議立法，嗣後互為查察案件，俾得天朝法例及本國章程，各
得相全。則以後每遇似此之案，即可循照定例辦理，而得永遠承平，
極為善妥矣。

一、躉船與見逐商人，均應揚帆回去等諭。本領事應遵上憲之
諭，一俟數日之後，北風幸吹，就可令其開行。但其商人十六名之
中，有吐呀咃咕一人，現年紀輕，只有嘰十數歲者，並有嘩喱一名，
兩人皆未販賣鴉片，望可姑容留居，以昭天朝秉公之至意也。

一、此地何時信去嘆國，何時信來等諭。本領事於四月十七日，
曾將緊要各事據實詳細疏明，待至十二月內，望可奉到批回。而尚未
奉批之先，斷不能准船進埔也。

竊思嘆咭唎國與天朝交通，歷有二百年來，無不承平相安，萬望
大憲使其常遠相和不絕。在本領事奉派遠來，供職誠意，仰慕大皇帝
之恩，無不恭敬上憲，遵奉法度。如蒙實全信依，斷不敢絲毫失信
也。敬字陳請奉知。上澳門軍民府大老爺清鑒。道光十九年（1839）
八月十七日。

《林則徐集・公牘》，〈澳門同知鈔呈義律遵奉款條說帖〉，一四二至一四三頁。

至毆斃林維喜之兇手，遠職實未訪知何人，只得仍行隨時認真察
究，將所查出各情，咨知官憲，如不可照此辦理。遠職既經將現時各
情，詳細陳明本國所管之印度大憲，只得安候提督馬他倫，或自來或
自派大官，來此行查。而先未來之先，惟能仍然存情安等也。至尚留
之躉船及見逐商人，何日揚帆回去，請俟數日，遠職即可指明日期。
其躉船數隻，或有枯壞，須在此賣拆者，亦未可定。至吐呀咃咕拿喱
兩人，萬望大憲俯念其情，恩准所求。如不可准之，亦必令伊同去
也。貴員無庸懷疑，遠職自必仍然勉力察究毆斃林維喜之兇手，實係
何人，一俟回至尖沙嘴洋面之日，即將示知各人等。如能報知何人毆

283

傷致斃，實有憑據，果係嗼國人民，即以二千大員，賞給報情之人。倘能發覺，即當咨會官憲代稟也。至見逐之商人，祈　大憲示諭，准予回澳，辦理事件清楚，到澳後六日，即能令其駛駕躉船，如數揚帆回去也。

　　道光十九年（1839）八月。

（日）佐佐木正哉編：《鴉片戰爭前中英交涉文書》第壹佰零捌號，二二九至二三〇頁。

先十餘日在尖沙嘴洋面遇有水手之屍浮泛，其情屬實，當經本國水師船官士嚜，會同副領事參遜查勘，係英國吐嘩咿船梢人。該船早已揚帆而去，適驗屍，未見傷痕。隨經海邊葬埋，有內地及外國人等，均多旁視也。現聞有說，正疑此人為毆斃林維喜之兇手，亦未可定者也。遠職不知實情，難言是否，奈已再三照本國律例認真查究。雖此例甚務要緝拿兇手，而此案之兇人，尚未發覺實係何人也。

　　道光十九年（1839）八月二十日字。

（日）佐佐木正哉編：《鴉片戰爭前中英交涉文書》第壹佰零玖號，二三〇頁。

　　道光十九年（1839）八月二十一日。

　　欽差大臣兵部尚書兩江總督部堂林。兵部尚書兩廣總督部堂鄧，札署澳門同知蔣丞傳諭嗼咭唎國領事義律知悉：

　　八月二十一日，據該署丞稟稱："前奉欽差大人、督憲大人會同發給傳諭條款一本，當經轉發嗼咭唎國領事義律閱看遵辦。旋於八月十七日，據該領事義律來至澳門，在西洋兵頭屋內，與卑職面晤，復將憲諭各事逐條宣示，該領事極知感悟。茲十九日，復據義律呈遞說帖，求為轉稟，謹將原帖稟送察覽，伏乞核示"等情。本大臣、本部堂當將義律所遞該署丞說帖各條，逐加披閱，分別准駁。茲仍逐條臚列，發交該署丞，傳諭義律，立即遵照稟覆，毋違。

　　一、據義律稱："早經嚴諭該國船隻，如有載帶鴉片，令其立即開行。現泊尖沙嘴之船，自不應有一兩鴉片。官憲要往查驗，該領事當派屬官同行搜檢，倘若實有，即將貨物盡行沒官。嗣後在粵買賣之嘆咭唎商人各令夥計逐一簽名，自行出結，並不准雇傭者夾帶，未出結者不准住粵貿易。又嘆船到來，即日由該船主及經紀出結，分寫漢字嘆語，合呈該領事封印立憑，轉送官憲察看，方准開艙貿易，如未出結，即不開艙"等語。本大臣、本部堂查本年二月間諭令繳煙之時，即已併令出結，蓋此次欽奉大皇帝嚴諭，務令永斷鴉片來源，萬不能再容該夷偷賣。即各國來船，既知中國如此嚴禁，亦應畏刑悔罪，永將鴉片掃除淨盡，始不至反累正經貿易。彼時即已訪知義律與參遜及各商人，業經擬具結稿，所敘頗為妥當，其稿尾載明一千八百三十九年四月初四日字樣。本大臣、本部堂均已知之。若使當時即將此結送出，豈不十分體面。乃義律忽然轉念，匿結不交，以致下澳之後，種種不妥，實屬自生棘。今尖沙嘴貨船至三十八隻之多，謂無一兩鴉片，非當情理難信，且拿獲買土之歐亞豬、彭亞開等，供明七月二十八日，尚在客順船上買得公班煙土，豈非確切憑據？況二月間伶仃躉船二十二隻，尚據報繳煙土二萬二百八十三箱。今尖沙嘴之船，比之前泊伶仃船數，多至一倍，竟謂無一兩鴉片，本大臣、本部堂何以奏聞？倘以此上干大皇帝震怒，試問此後該國尚能再通貿易否？今特再諭該領事，務將尖沙嘴各船，再行實細查，如有煙土藏留，不論多寡，均須據實呈出。不但不得隱藏船內，即或另裝三板潛行運往別處寄囤，一經查獲，即照新例將人犯分別斬絞，船貨全行入官。倘有帶赴東西各路私賣者，一經舟師追捕，船必燒燬，人必擒殺。何如明白呈繳，既得免罪，並且許其貿易。該領事果願保全該國生計，應仍遵照節次呈繳之諭，不得專執一說，致日後查出煙土，重治其罪，轉貽後悔也。此次專等該領事查明稟復，除應繳外，即照所請派令委員逐船搜檢查驗。果無絲毫夾帶，則正經貿易之貨物自當公平保護，仍准照該領事前稟量予通融，除澳門永不許進貨外，餘由該領事自行酌量稟候示遵，總不使各船主玩延受累。至出結加結章程，本係遵照二月間原諭，應即如其所請，轉飭現今在粵各船與隨後來船，一體遵照辦理。惟結內尚應寫明遵照欽頒新例，如有夾帶鴉片，人即正法，船貨全行入官"字樣，毋得參差。

一、據義律稱："毆斃林維喜之兇手，自必仍然勉力察究實係何人，即當呈明官憲代稟"等語。如果真心察究，何難即行得實。姑准予限十日，查出送官審辦。現在各處所派水陸兵勇，雲集海洋，不得再有飾延，致干剿辦。

一、據義律稱："躉船一俟北風，就可令其開行。至見逐之商人，望准回澳，六日內令其如數而去"等語。查現值秋令，常有北風，正可催令躉船開行。其驅逐回國諸夷，姑如所請，暫准回澳，收拾行李，駕船回去。自進澳至出澳，統以六日為限。但恐其將船內煙土夾帶入澳，已專派文武大員在澳口查驗上岸，一面守催下船開行。並諭令西洋兵頭，一併查催，總不得逾其所請六日之限。如再託詞延延，即當嚴拏。至不驅逐之夷者，應俟事竣，另行示期，再准搬回常住，不得混入驅逐奸夷之內，紛紛回澳，致令皂白不分，自取玷辱。

一、各國夷商來粵貿易，所有貨船進埔，及夷商在省在澳，均准由洋商雇給買辦工人應用，定例原所不禁。乃有一種奸徒，不由商雇，私與夷人往來，勾串營私，無所不至，是以內地名曰"漢奸"。近嘆因夷全數出澳，伊等俱即隨至洋面貨躉各船居住。除在啊喇上代吐呀沸等賣煙之經紀彭亞舍等，業經拿獲外，現又拿獲買煙匪犯歐亞豬、彭亞開，訊據供稱，客順船上有銀匠周亞全、木匠陳亞有、伙工黃亞八三名。一船如此，他船可知。又有黃車葉（即黃亞初）及羅老本二名，亦聞潛匿夷船。此外，各船藏匿漢奸，更不知凡幾。是各夷船平日既藉其勾通，聞拏又為之包庇，按之天朝法律，斷難任其藏匿不行查拏。況此等奸徒，內外播弄，不但犯中國之法，即引誘夷人走私犯罪，與夷人亦有損無益。該領事既知欲求永保承平，斷絕鴉片，務即將諭內指出各犯，及其餘各船上藏匿漢奸，按名查出，稟送官憲，豈不更昭恭順，永斷根株，將來各夷商專做正經貿易，不至為此輩所惑，自可長安樂利矣。

以上四條，諭到之後，該領事務即查明，先將遵辦緣由，稟復本大臣、本部堂察奪，不可稍有含混，自干咎戾。其稟仍露封由澳門同知閱過轉呈，以憑備案。

至天朝以大字小，凡外夷來至中國貿易，恪遵法度等，無不仰邀柔遠之恩，不得率將"相和"字樣，寫入稟內，致與體制不符，有干嚴飭。合並諭知。

《林則徐集·公牘》，〈禮澳門同知傳諭義律准駁條款〉，一三九至一四二頁。

英國領事義律敬字：

昨日接准來劄，情節已悉。至本國貨船何隻先赴沙角搜查駁貨，請俟本國商人過來，擬定如何擇揀船名，然後即可報明也。今望官憲就可准令買辦工人，照常接濟，並准商人奉牌，三板照常往來省澳。謹此奉知，上澳門軍民府大老爺清鑒。

道光十九年（1839）九月十七日。

另寫帖如左：

本日接到尖沙嘴來信，其應去商人，除打打披、馬文治、加士三人，皆已駕唦咘貨船，昨日啟椗外，尚存士丹佛一名，已報帶同家眷，駕吒船回國。該船係極早回英國者，但非士丹佛之船，伊必離以催行。又應去之船，除願折賣三隻，即可飭至潭仔估變外，尚存含船一隻，架刺結一船，自必均照憲諭催行，一俟開行，即當通知也。義律字。

（日）佐佐木正哉編：《鴉片戰爭前中英交涉文書》第壹佰貳拾肆號，二三八至二三九頁。

澳門軍民有蔣，劄付英國領事義律知悉：

頃據呈遞說帖，內稱該國貨船，須俟各商擬定揀擇何船，先赴沙角盤驗，然後可報明請點。並懇即照舊給回工人買辦，並三板牌照，以使往來省澳等情。據此。查現雖據該夷商情願將貨船駛赴沙角聽候盤驗，惟尚未據請照問盤，是遵辦尚屬空言，仍無成效，未便遽給工人買辦。如果該領事刻即催令各貨船趕緊請照駛赴沙角，聽候盤驗。其餘諭辦各事，亦果踴躍遵行，本分府定必代為稟請大憲批准照，舊給回買辦工人，並許奉行三板往來省澳。爾時自當諭知遵照，斷不肯有意留難也。特劄。

道光十九年（1839）九月十七日。

（日）佐佐木正哉編：《鴉片戰爭前中英交涉文書》第壹佰貳拾伍號，二三九頁。

道光十九年（1839）九月二十一日。

欽差大臣兵部尚書總督兩江等處地方節制廣東全省水師軍務林、兵部尚書兼都察院右都御史總督廣東廣西等處地方事務兼理糧餉鄧，諭嘆咭唎國領事義律知悉：

九月初八日，據該領事稟稱：諭辦各事，已皆洞曉，不難循照即行善妥辦明。至毆斃林維喜兇手，一經拿獲，自應稟明提究。茲於初九日赴澳，逐條會議等語。本大臣、本部堂以為此次必能遵諭妥辦，且該領事前遞結式，大段已屬不差，祇須添入數字，便稱如式。況有該國船主嚕喇，貨主吩呀喱已出之結，式樣分明，毫無為難之處，更易諭知各夷商遵照。詎意該領事仍不諭令遵具妥結，僅云聽候盤查。獨不思盤查之請，該領事於一月以前，即已列入條款。且據稱：各船均令出結，始准貿易，仍聽搜查等語。若本大臣、本部堂不必酌商結式，則彼時即可准行，又何必屢次給諭，多方開導乎？誠以該國貨船先前被爾阻擋，耽擱半年，今再按船盤空查驗，每一大船，非五六十隻西瓜扁不能盤盡，而內河現存西瓜扁不過數十隻，往來盤運，至遠亦須五日始能盤盡一船，以四十船計之，即須二百日方可查畢。各夷商果能等至二百日後貿易乎？各夷眷果能等至二百日後回澳乎？此一難也。盤驗不得不認真，無論粗細貨物，總須解捆點數，即極笨重者，亦須打入鐵釺，以驗其中有無煙土。而打釺則不能無躓躓，解捆則不能無拋撒，加以海潮蕩漾，風汛不常，貨物漂沒，事所常有。此二難也。既驗之後，駁船裝載入口，一船至少亦須兩人押送，一大船分為駁船五六十隻，則押送約須百人，該夷船均能有此多人否？若無押送之人，即難保不失落物件，中國官憲無從代為追取，彼時饒舌無益。且駁船到埔到省，貨物交付別人，不能自主。此三難也。本大臣、本部堂愛惜諸夷，不欲為此虧損，是以酌籌辦法，示以遵式具結者，即予免查。是引之於簡便之途，而示之以信義之重，此心直可以對諸夷矣。乃該夷仍不明白，甘受搜撿之煩，推其愚昧想頭，不過以"人即正法"字樣為不好看。獨不思所謂正法者，乃專指夾帶鴉片之人言之，果不夾帶，即照出結，有何妨礙。如吩呀喱具結進埔，便已開艙貿易，即咪夷承買唎㖞躉船，併買港腳哋呧船內棉花，載到穿鼻洋面，昨亦遵式具結進埔，不必搜查，豈不直截體面？其不願遵照結式者，明係仍欲售私，此心大不可問，獨不思查出鴉片，豈能倖逃顯戮乎？且不特此也，近日尖沙嘴夷船，每將鴉片裝載三板，私赴東西兩路偷售，是與在中路賣煙何異？此次查辦之法，不但船上搜有鴉片，便將夾帶之人正法，即另裝三板將鴉片運赴東西各路覓售，一經獲拏，查係何夷所帶，仍將該夷正法。雖不照式具結，而依法辦罪則一也，該夷等更何用其趨避乎？

前日該領事添約夷商數人到澳會議，似係因此數人尚知事體，故與相商。乃聞伊等膽敢把持，即先違抗，並抑勒各小商，不使出結，尤為可惡。如此刁頑挾制，其為賣鴉片之奸夷無疑。本大臣、本部堂先前尚擬通融，今既知有此情，斷不能容其抗頑。所有到澳主議不願具結之夷商，應俱不准貿易，勒令開船回國。須知天朝准爾貿易，原係柔遠之道，如不恪遵法度，何難絕爾通商。至前次驅逐該夷出澳，禁止接濟，原云俟其交出命案兇夷，一切悉遵法度，方許回澳。今不但兇夷未交，即具結一事，尚且如此抗違，而該夷人紛紛回澳，並帶家眷同來，豈能容其居住？已飭該處文武嚴行驅逐，並於關閘等處俱派官兵駐紮，如再延不出澳，定即圍拏矣。

再，現據新寧縣稟報，八月十九日有大小夷船四隻，在廣海白石角洋面槍斃無辜民人李象先一名，拋屍落海，復持刀過船，砍傷無辜民人朱洪恩等三名，割去七人髮辮，經師船追至，該夷船向東逃出外洋，仍回尖沙嘴等情，更堪詫異。廣海洋面並不通番貿易，該夷已不應到，何況白日殺人，一死三傷，割去七人髮辮，不法至此，更何可容！應著該領事查明竄赴廣海之大小四船，係何船名，殺傷華民之夷人，係何姓名，據實稟復，以憑懲辦。

又西路瓊州洋面，拏獲販賣鴉片之夷人吐唎等三名，據供：係船主吧喱遣哢吐喫駕兩枝桅船，往西路不知名洋面，運煙二十餘箱與呧嚦船，取回銀八箱，船上還有煙八十箱，經師船追拏逃去等供。查吧喱是喊呧船主，實為賣煙之首，應著該領事送出質審。

其餘漢奸在夷船者，現在愈訪愈多，前經諭令送出，而該領事不以為意。大抵該夷非善言所能感化，本大臣、本部堂惟有派令師船，赴尖沙嘴圍拏各兇犯、煙犯及藏匿夷商之漢奸。用特明白諭知，以便防備。本大臣、本部堂辦事正大光明，並不肯出其不意也。特諭。

《林則徐集・公牘》，〈會義律飭交兇夷並遵式具結〉，一六七至一七〇頁。

通事回船傳稟，一切均已知道。刻下本軍門所要者，止打死林維喜之兇夷一名。如義律具限交出兇手，本軍門斷不苛求也。一經具限交兇，即可收兵回口，否則斷斷不依也。此覆。

道光十九年（1839） 月　日。

（日）佐佐木正哉編：《鴉片戰爭前中英交涉文書》第壹佰叁拾伍號，二四六至二四七頁。

英國領事義律，至再至三肅稱：其毆打林維喜致斃者，不知何人。若經查知，早已嚴辦，倘後查知，亦必嚴辦也。現因此案挾制，義律原惟平安是求，而此次無所奈何，凡有干係，自非義律是問。謹字奉知。

道光十九年（1839）九月二十八日。

（日）佐佐木正哉編：《鴉片戰爭前中英交涉文書》第壹佰叁拾陸號，二四七頁。

欽差大臣兵部尚書兩江總督部堂林、兵部侍郎廣東巡撫部院怡、兵部尚書兩江總督部堂鄧、上駟院御督理粵海關稅務豫為曉諭事：

案照本大臣本部堂於十月十五日欽奉上諭：夷船出具切結，如果可靠，自必漸就肅清。倘該夷再有反覆，即當示以兵威，永遠不准交易，俾冥頑之徒知所儆懼等因。欽此。查先於八月間據澳門同知轉據義律求准貿易，本大臣、本部堂、本部院以誠相待，不肯多疑，是以據情具奏。仰蒙大皇帝預料夷情難免反復，今英夷仍敢抗不遵結，果係反復無常，難逃洞鑒，應即欽遵諭旨，斷其貿易。除別國各船及港腳之嚹喇、噹啷二船，均已遵式具，係正經貿易夷商，仍准照常貿易外，茲定於十一月初一日封港，奏明遵旨，永停英吉利國貿易，合行示知。為此示仰各關官吏及洋商通示引水並各國夷人一體知悉，自定期封港以後，所有英吉利港腳貨船，概不准與之交易。此外各國夷船遵式具結者，仍准通商，以示勸懲而分良歹，但不許私聽英夷勾串，將其船隻貨物，或改名冒混，或帶運代銷，致於查出，一並斷絕貿易。此係欽遵諭旨，永杜鴉片來源，儆戒夷情反復，不得視為泛常。各宜凜遵毋違。特示。

道光十九年（1839）十月二十二日。

（日）佐佐木正哉編：《鴉片戰爭前中英交涉文書》第壹佰叄拾柒號，二四七頁。

天朝署水師提標中軍參府事澄海協鎮都督府李，為轉諭事：

本月十三日，奉欽差大臣，總督部堂札開，道光十九年十一月十一日，據英吉利國領事義律稟稱，竊遠職實欲承平，而無不肅敬天朝律例，為本省大憲所共知。而現因事務紊亂，遠職不免憂慮，是以謹請欽差大人、總督部堂洞明施布，以俾各務再得安寧，英國商人家眷等復得回澳居住，安俟奉到國主恩命，纔可循照正理辦明，各事善妥。至英國已與天朝交通歷有二百年來，茲時所求，惟欲仍作正經貿易。凡事欽遵大清律例，而不違本國制度，俾可兩為同存也。謹此稟赴查察施行等由到本大臣、本部堂。據此。查該國來粵通商，歷二百年，我天朝一視同仁，原不忍忽然拒絕。無如該夷夾帶鴉片，利己害人，流毒無窮，以致上干聖怒。本大臣、本部堂宣示新例，令具切結，亦惟永斷此毒，並非責以所難。若該夷於繳清煙土之時，即能遵諭具結，專作正經貿易，則不獨來船早已售完出口，並去船亦可載貨重來，所謂平安善妥者，無過於此。乃始則貨船欲行進口，被汝阻留在外，不得開艙，且壞許多貨物，此是汝之自誤，尚得云欲求承平耶？且貨船若不阻留，則並無毆斃林維喜之案，又何至事務紊亂乎？既有命案，即須交兇，此是古今中外通例，豈能因汝而廢法律？至澳門暫住夷商，原為料理貿易之事，汝既不許貨船進口，即不應仍住澳門。乃汝於出澳之後，在九龍、穿鼻等處，皆汝先行開砲，欲求承平者，顧如是乎？今已欽遵大皇帝諭旨，奏明封港，不與汝交易，此皆由於汝之自取，並非天朝無故絕人。汝不悔悟於前，至此時始云憂慮，不已晚乎？至求家眷回澳居住，以俟該國之命，試問阻擋進口貨船，以及庇匿兇夷，疊次開砲尋釁，此果遵該國之命而行耶，抑獨不必俟該國之命耶？且該國有遵式出結之噹嘟一船，家眷在澳，汝尚押令下船，而玩法違抗之人，轉准攜眷入澳，試問有此是非倒置之理乎？汝稟內稱欽遵大清律例，而不違本國制度，此語尚無不合，但須知汝國制度，亦不能出天朝律例之外。蓋汝國制度，原以貿易為生，若違天朝律例，即永遠不許貿易。是汝國制度，皆因汝而壞，汝能當此重咎否？現在業已封港，本不必多言，因汝具稟懇求，姑將此理明白宣示，並使汝國眾人咸知所以封港之故可也。合就諭飭。諭到，該將即便轉諭該領事義律知照，毋違等因。奉此。合行轉諭。諭到，該領事義律即便遵照毋違。特諭。

道光十九年（1839）十一月十四日。

（日）佐佐木正哉編：《鴉片戰爭前中英交涉文書》第壹佰肆拾壹號，二四八至二四九頁。

（道光十九年 1839）十一月朔，奉上諭，輟英吉利貿易，盡逐其船出口，榜其罪狀於各夷，禁各夷不得代販鴉片。該船停泊長沙灣等處，遷延不去。

十七日，義律與澳兵總敦阿特厘阿加西阿打西爾威拉賓多書，請將英人貨物運囤澳門，照規納稅。十二月十二日，兵總覆書拒之。

（道光）二十年（1840）正月初二日，英國窩拉疑兵船船主吐嘧，與澳兵總書，請進一兵船至澳，護住澳英夷，請勿理我與中國之事。兵總覆言：兵船進澳，歷來所無，如欲圖我，我聲爾罪於萬國矣。吐嘧復奉書兵總，言英人欲寄西洋旗下居住，乞為保護，免受中國苦磨。兵總覆言：澳受中國管束，容爾住，中國封禁伙食，全澳立斃，爾住船何礙，爾但知英人失所之難，不思西洋五千人為爾受累，亦甚難也，何不恕如此。

（清）陳澧等纂：《重修香山縣志》卷二二，〈紀事〉，四七頁。

二、九龍之戰

（林則徐）遴選隨員知府余保純、劉開域出虎、澳門，頒式各國，使合漢夷字繕結。諸國皆如式繳送。義律請令隨員入澳，會議禁煙章程，因請此後聽其國船至，即收泊於澳門，由澳卸載，不經虎門。則徐以澳門西洋船舊有定規，非英船可得援照，如不入泊黃埔，海關從何徵稅，私貨從何稽核，嚴詞批駁。義律言既不准收泊澳地，便無章程可議。遽負氣繳還所賞茶斤，堅不拒結，盡止其國來船，候王文至方放入口。……故義律以待命為請。其不敢具結也，實稔知南洋息辣（錫蘭）、新嘉坡諸市埠，積頓鴉片尚多，運至仃仃者方源源不絕，自憚人疏職小，無奧援於國，倘一遵中國結狀，則來者貨沒人殺，皆出其手，為指顧間事，而彼國尚未之知，肩任重大，用是籌之益決，持之愈堅。延至五月，會有英船水手毆斃村民於尖沙嘴者。正嚴勒取結，怒其蕘抗，報至，更令交兇犯訊抵。義律購緝正兇，自拘集其起事黑夷五人，聽官查勘，尚未敢遽形悖逆也。則徐恐義律久居澳門，得與西洋人交結為奸。諭以"英商在澳，原為摒擋貿易，今貨船既不入口，無艙可開，無貨可售，逗留無謂，"令其概行遷出，下令禁絕入澳蔬食。西洋人懼為所累，莫肯為英人居停。義律不得已，攜其妻若子，率住澳英夷五十七家，倉卒下海，暫出尖沙寄泊，由是諸夷怨甚。

（清）梁廷枏著，邵循正校註：《夷氛聞記》卷一，二七至三〇頁。

八月初五日，英夷所僱呂宋墨爾咩那（Bilbaino）二桅躉船，泊潭仔洋售私，舟師二，率二火船至，首尾夾爇，傾刻燒盡。夷眾下水逃者悉撈獲。九月晦，義律率其得忌喇士等貨船三，與夷埠應招新至兵船二，赴九龍山砲臺索食，突攻我師船。參將賴恩爵砲擊之，翻其三桅船一。夷駕三板駛近助戰，皆中於砲，餘退泊尖沙嘴。昧爽，復配械於三板，再至，亦被擊，旋自駛退。諸夷嘩以為怯。是日，適有英船繕結紙求入者二。義律揮其兵阻之。先二日，英兵船二自澳來，至穿鼻洋。兵目士密（H. Smith）投詞虎門，請停攻爇尖沙嘴船，俟其國信至，事即定，約其船退三里候批。提督關天培仍責令交兇，原封擲還，隨領五船巡洋。士密誤疑專以出戰也，遽燃砲迎擊，師船拒之，閱一時久。天培身先士卒，挺立桅前，揮四船同時砲擊。值風潮皆順，壞其奉倫船頭鼻，夷兵多落水死。……既敗，即與義律、秧馬禮信（Young Morrison）同駛避於尖沙。十月初，又來攻尖沙嘴北官涌山砲臺，接仗凡六次，卒為舟師擊斃無算。凡淡水泉脈，皆守以兵，或下毒物，英船不敢聚泊，遂相將出椗外洋。

（清）梁廷枏著，邵循正校註：《夷氛聞記》卷一，三〇至三一頁。

（道光十九年，1839）澳門各官報：五月廿二日，九洲洋來兵船二，廿三日來兵船七，車輪船三，後又來兵船十，車輪船二，旋插木牌於灘，書漢字，說內地船隻不准出入粵省門口，俟英國通商，再行無阻，又召商船，赴英船貿易。

七月廿二日未刻，英國嘩喻喻等，率三板十餘、火輪船一，由九洲洋駛至澳門關閘，突然開砲，官兵迎擊，隨遁。易中孚率署澳門同知蔣立昂、香山縣丞湯聘三，由南而北，署肇慶協副將多隆武、督標副將波啟善，由北而南，署提標遊擊阮世貴等，在中往來接應，惠昌耀率師駛至青洲，水陸夾擊，壞夷船桅柁，沈三板數隻，夷兵墮水者藉藉。旋有夷船來助，香山水師兵丁羅名贊、曾有良、麥朝彪三人轟砲，連斃夷兵目一人、夷兵十餘人，夷船且戰且逃，至戌刻，向九洲洋竄去。檢獲夷砲彈大小二百餘，重十餘斤，或三十斤不等，官兵死六人，壯勇死三人，波啟善、水師守備陳宏光，面目俱傷，署香山縣知縣吳思樹，聞夷欲犯前山，即帶鄉勇至前山策應，雇繒船八隻，堵禦內河隘口，林則徐隨添設各路兵，共八千名。屯澳夷船，隨竄磨刀及伶仃洋。

（清）陳澧等纂：《重修香山縣志》卷二二，〈紀事〉，四八頁。

　　林則徐下令盡逐外洋之躉船與澳門之奸商，不許逗留內地。……於是義律由省下澳，稟言躉船販煙之弊，極須設法早除，如委員來澳會議章程，可冀常遠除絕，並稟請准本國貨船泊卸澳門。……

　　林則徐以澳門向例，惟准設西洋額船二十有五艘，若英人援此例，不入黃埔，則海關虛設，而私煙夾帶，何從稽察，嚴駁不許。義律言不准泊澳，便無章程可議，因不受所賞茶葉，不肯具結，言必俟奉國王命定章程，方許貨船入口。……而五月內，復有尖沙嘴洋船水手毆斃村民林維喜之事。諭義律交出人犯抵罪，義律拘訊黑夷五人，未獲正犯，懸賞購告犯之人，亦非故意違抗也。

　　七月，林則徐與鄧廷楨遵例禁絕薪蔬食物入澳，並以澳門寓居洋人，原為經理貿易，今既不進口貿易，即不應逗留澳門。義律率其眷屬及在澳英人五十七家，同遷出澳，寄居尖沙嘴貨船。於是義律始怨，暗招洋埠兵船二艘來粵，又擇三大貨船，配以砲械，赴九龍山，假索食為名，突開砲攻我水師船。我參將賴恩爵揮兵發砲，擊翻雙桅洋船一，杉板船二，及英人所雇呂宋躉船一。八月，義律遂託澳門西人，代為轉圜，願將躉船奸商，盡遣回國，其貨船亦願具結，如有夾私者，船貨充公，惟不肯具"人即正法"四字。……

而林則徐以各國結不畫一，必令書"人即正法"之語，且責繳兇犯。旋有英國二貨船，遵式具結，於九月晦入口，而義律遣二兵船阻之，且稟請毋攻燬尖沙嘴之船，以俟國王之信。水師提督關天培以兇犯未繳，擲還其稟。時我師船五艘在洋彈壓，彼見前稟不收，且我師船紅旗，即發砲來攻。蓋西人號令，紅旗進戰，白旗止戰也。關天培開砲應之，擊斷洋船頭鼻，西兵多落海死。十月初，又回攻我尖沙嘴迤北之官涌山砲臺，不克。洋船恐我乘夜火攻，又水泉皆下毒，無可汲飲，遂宵遁外洋。

（清）魏源：《魏源集》卷上，〈道光洋艘征撫記〉（上），一七一至一七二頁。

詎（道光十九年，1839）七月二十九日，接據大鵬參將賴恩爵稟稱，該將帶領師船三隻，在九龍山口岸，查禁接濟，防護砲臺，該處距尖沙嘴約二十餘里。七月二十七日午刻，義律忽帶大小夷船五隻赴彼，先遣一隻攏上師船，遞稟求為買食，該將正遣弁兵傳諭開導間，夷人出其不意，將五船砲火一齊點放，有記名外委之兵丁歐仕乾，彎身料理軍械，猝不及防，被砲子打穿脅下殞命。該將賴恩爵見其來勢兇猛，亟揮令各船及砲臺弁兵，施放大砲對敵，擊翻雙桅飛船一隻，在漩渦中滾轉，夷人紛紛落水，各船始退。少頃，該夷來船更倍于前，復有大船攔截鯉魚門，砲彈紛集。我兵用網紗等物，設法閃避。一面奮力對擊，瞭見該夷兵船駛來幫助，該將弁等忿激之下，奮不顧身，連放大砲，轟擊夷人多名，一時看不清楚，但見夷人急放三板下海撈救。……殆至戌刻，夷船始遁回尖沙嘴。計是日接仗五時之久，我兵傷斃者二名，其受傷重者二名，輕者四名，皆可醫治。師船間有滲漏，桅篷亦有損傷，均即趕修完整。嗣據新安縣知縣梁星源等稟報，查夷人撈起屍首，就近掩埋者，已有十七具。又漁舟疊見夷屍隨潮漂淌，撈獲夷帽數頂，……自此次對仗以後，巡洋舟師……巡緝愈嚴……。

（清）林則徐撰：《林文忠公政書》卷五，〈使粵奏稿·會奏九龍洋面轟擊夷船情形摺〉，一四三頁。

尖沙嘴迤北，有山梁一座，名曰官涌，恰當夷船脊背之上，俯攻最為得力，當即飭令固壘深溝，相機剿辦，夷船見山上動作，不能安居，乃糾眾屢放三板，持械上坡窺探，即經駐劄該處之增城營參將陳連陞、護理水師提標後營遊擊之守備伍通標等，派兵截拏，打傷夷人二名，奪槍一桿，餘眾滾崖逃走。……九月二十九日，夷船排列海面，齊向官涌營前開砲，仰攻數次，我軍紮營得勢，砲子不能橫穿，僅從高處墜下，……官兵放砲回擊，即聞夷船齊聲喊叫，究竟轟斃幾人，因黑夜未能查數。十月初三日，該夷大船在正面開砲，而小船抄赴旁面，乘潮撲岸，有百餘人搶上山崗，各放鳥槍，僅傷兩兵手足，被增城右營把總劉明輝等率兵迎截，砍傷打傷數十名，刀棍上均沾血跡，夷人披靡而散，……初四日，夷船又至官涌稍東之胡椒角開砲探視。經駐守之陸路提標後營遊擊德連，將大砲攙一齊回擊受傷而走。臣等節據稟報，知該處疊被滋擾，勢難歇手，當又添調官兵二百名，派原任遊擊馬辰，暨署守備周國英、把總黃者華，帶往會剿，復思該處既佔地利，必須添安大砲數位，方可致遠攻堅。……

中國史學會編：《鴉片戰爭》（二），〈林文忠公政書·會奏穿鼻尖沙嘴疊攻轟擊夷船情形摺〉，一八七至一八八頁。

查廣東沿海地方，設立營汛砲臺，分駐弁兵守望，最為嚴密。然無外奸窺伺，不許輕率開砲，即如春間防堵省河，未嘗一動兵械。……詎（道光十九年，1839）七月二十一日，嘆夷巡船一隻，來至九洲，經澳門廳營遣引水前往查詢，該巡船遽行開槍向其攻擊，已屬呈兇生事。況七月二十七日，該夷船大小船十餘隻，向九龍駐守之師船，以索食為由，乘人不覺，先行開砲，傷及官兵，該師船自不能不放砲回擊。聞是日義律親在船上，其該國巡船亦在彼處幫助打仗，是此次實由該夷先來尋釁，諒亦自知之明。從此以後，九龍駐守各兵，防範加嚴，亦出於勢之不得已也。

《林則徐集·公牘》，〈批澳門廳為義律呈訴吐嚕三板至九龍被砲攻擊稟〉，一三八頁。

道光己亥（十九年）十一月，即中國九月三十日，新聞紙曰：得忌喇士船主遵義律之命，去攻打九龍山砲臺，正在出力時，已經衰敗，被中國打退；又另有三板幾隻趕前幫助，亦皆退回，陸續歸尖沙嘴。次日，又預備有軍器之杉板船再去攻打，眾船至，亦皆覺得昨日之敗，若不報復，英吉利旗號必定受辱，於天明時，鼓勇而去，豈知所預備之事，皆屬枉然，是日，又收回尖沙嘴。義律此事辦理大錯，無一件錯事可以比之，諸事軟弱，可悲可鄰。此舉原係保護我國旗號之體面，及我等自己之聲名，理應極力攻打，燒燬師船，拆毀砲臺，以除所受之凌辱，今卻如此收煞，我笑義律意見錯，又能忍受也。

（清）魏源編撰：《海國圖志》卷八二，〈夷情備采〉上，一二頁。

中國不肯與外國人在海面打仗，惟有關閉自己兵丁在砲臺內，又斷絕敵人之火食，此或者是最好之法，亦係將來必行之法，然此法實難行，蓋因各處人煙布滿，居民祇欲賣火食，所以在尖沙嘴、銅鼓洋各處，火食亦甚易得，但要好待土地人方好。或者中國必用舊時待鄭成功法子，將其沿海各岸人民驅入三十里內地，不遵命者殺，我思此法亦難行，因徧處海岸皆係富厚城池，當日所能行者，以開國得勝之兵威也。

（清）魏源編撰：《海國圖志》卷八一，〈夷情備采〉上，三頁。

近聞九龍砲臺新修更堅固，又聞多出師船，並裝滿引火之物，明是要圍兩隻兵船，待灣泊着，即向船放火。現在我等船灣泊銅鼓洋，潮水甚急，難於灣泊，卻利於中國人順流火攻，甚於尖沙嘴，不知士密何故在此灣泊。

（清）魏源編撰：《海國圖志》卷八二，〈夷情備采〉上，四頁。

道光十九年（1839）七月廿七日午刻，大鵬參將賴恩爵師船泊九龍山，義律率夷船五隻，求買食，突砲火齊發，傷兵一名，賴急發砲擊退，已而來船愈眾，砲彈雨下，互有所傷，戰至戌刻，始退。八月初五，守備黃琮燒哪艇船於潭仔。初七日，義律至澳，託西洋夷目遞書澳門同知蔣立昂，請罪乞和。十五日請具結，夷船任官搜查，如或帶煙貨盡沒官，惟抵死不書"人即正法"四字。

（清）陳澧等纂：《重修香山縣志》卷二二，〈紀事〉，四六頁。

十九年（1839）躉船之役，義律主之。時欽差大臣查辦來粵，飭令各洋躉船鴉片悉數繳銷。首傳義律，不至。嗣因各洋稟覆稽延，拘其奸商顛地等。義律適自澳門回，則對艙撤去沙文（沙文，即洋商買辦，見後）之令已下，不得已始遵飭繳銷，而悻悻欲圖報復之意不已也。……是年之秋，各洋貨船來粵者，皆遵諭停泊澳洋，聽候中國委員查驗。義律首發難端，凡英之貨船，悉配以兵船，聚泊尖沙嘴，不聽查驗，制府發令驅逐，始駛出老萬山。

（清）夏燮撰，高鴻志點校：《中西紀事》卷三，四七至四八頁。

當十九年（1839）躉船之役，欽差大臣林則徐奉命授兩廣總督。是年夏秋之交，各洋艘先後來粵，制府先期傳諭洋行通事人等，令其停泊澳門洋面，待查明船內並無夾帶鴉片一斤者，方准進口開艙，各洋唯唯如命。惟英之義律首先違抗，不聽查驗，遂有該國（吐）〔吐〕密、嘩喻兵船二隻來粵，攔阻遵結之貨船，不令進口。於是示以兵威，一挫之於九龍山，再轟之於穿鼻洋，三逐之於尖沙嘴（見咨會各省文中），疊經敗竄，乃駛出老萬山。

（清）夏燮撰，高鴻志點校：《中西紀事》卷四，六三頁。

道光十九年（1839）秋七月，廣東水師參將賴恩爵敗英人於九龍山。

時，林則徐諭令各洋船先停洋面候查，丈量船身入水漬痕尺寸，必無夾帶鴉片斤兩者，方准入口開艙。各國商俱唯唯如命，英義律獨違抗不肯具結，謂必俟其國王命定章程，方許貨船入口，而遞稟請准其國貨船泊近澳門，不入黃浦。則徐嚴駁不許，又禁絕薪蔬入澳。義律率妻子及被逐奸商，與住澳之五十餘家，同遷去澳，寄居尖沙嘴貨船。

義律甚慚憾，乃潛招其國兵船二，又取貨船配以砲械，假索食突攻九龍山。參將賴恩爵揮兵發砲，沈其雙桅船一。其所顧躉船逗留漢仔者，亦旋為水師攻毀。

義律懼，求澳門洋人轉圜，願遵新例，惟不肯即交毆斃村民之犯，又遞稟請毋逐尖沙嘴貨船，且俟其國王之命。水師提督關天培以兇犯未繳，擲還其稟，而義律益怨。

……

冬十月，廣東水師提督關天培擊敗英人，英人遁出外洋。

時我師船五艘在洋巡歷，英船見我師紅旗，遂來攻。天培發砲應之，斷其船頭鼻，又壞其桅樓。英兵多落海死，餘遁還尖沙嘴。時英人又窺我官涌岡營，以小舟登岸來攻，亦多為我砲所斃。我師連勝，英船恐我師乘夜火攻，又毒水泉，無可吸飲，義律乃宵遁出老萬山外洋。

（清）王之春：《清朝柔遠記》卷八，一八八至一八九頁。

三、鴉片戰爭期間清政府在九龍及其附近的設防

九龍寨砲臺，嘉慶十五年（1810）提督臣錢夢虎，議將縣屬佛堂門砲臺移建於九龍寨，總督臣百齡行令，新安縣勸捐建築。司案略：佛堂門原建砲臺一座，歸大鵬營管轄，因年久圮壞，該臺孤懸海外，無

陸可通，又無村莊，居民互相捍衛，且距大鵬營縣城二百餘里，距九龍汛水程四十餘里，控制不能得力。准前任提督錢夢虎議，將該臺移建九龍地方，兵與民合，聲勢聯絡，守禦較為得力。

（清）阮元等纂：《廣東通志》卷一二五，二四四八至二四四九頁。

　　九龍寨砲臺砲八位（內二千斤三、一千五百斤、一千斤、七百斤、四百斤、三百斤各一）

　　大嶼山砲臺砲八位（內二千斤、一千斤各二、八百斤一、五百斤三）

　　赤灣左砲臺砲六位（內一千三百斤、一千斤、七百斤各一、五百斤三）

　　赤灣右砲臺砲六位（內一千三百斤、一千斤、七百斤各一、五百斤三）

　　南頭砲臺砲八位（內二千斤、一千斤各二、八百斤一、五百斤三）

　　新涌砲臺砲十二位（內二千五百斤、七百斤各二、一千五百斤一、八百斤三、五百斤四）

（清）盧坤等輯：《廣東海防彙覽》下函，卷二一，〈方略一〇〉，二八頁。

　　道光二十年（1840）四月二十五日。

　　奏為籌議添建砲臺兩座，以資控制，而重海防，恭摺奏祈聖鑒事：

　　竊照廣東水師大鵬營所轄洋面，延袤四百餘里，為夷船經由寄泊之區。其尖沙嘴一帶，東北背負岡陵，西則有急水門、雞踏門，東則有鯉魚門、佛堂門，而大嶼巨島，又即在其西南，四面環山，藏風聚氣，波恬浪靜，水勢寬深。嘆夷船隻，久欲倚為巢穴。而就粵省海道而論，則凡東赴惠潮，北往閩浙之船，均不能不由該處經過。萬一中途梗阻，則為患匪輕。上年因嘆咭唎桀驁不馴，抗違禁令，經臣等與前督臣鄧廷楨調集官兵，在尖沙嘴迤北之官涌等處山梁，扎營安砲，分為五路，痛加剿擊。該夷兵船二隻，貨船數十隻，始皆連夜遁去。

但恐兵撤之後，仍復聯檣聚泊，勢若負嵎，必須扼要設防，方足以資控制。隨飭候補知府余保純、署大鵬營參將賴恩爵、新安縣知縣梁星源，會同周歷履勘。旋據該員等稟稱，尖沙嘴山麓，有石腳一段，其形方長，直對夷船向來聚泊之所。又官涌偏南一山，前有石排一段，天生磐固，正對夷船南洋來路。若兩處各建砲臺一座，聲勢既相聯絡，而控制亦極得宜等語。當經飭令將兩臺高寬丈尺，及開築地平，並建造牆垛砲洞，弁署兵房，神廟望樓，藥局馬路，一切工料價值，覈實確估。據該員等呈送圖說清摺，臣等逐一核算，並委員詳細稽查，凡有可以撙節之處，復經酌量核減。計尖沙嘴砲臺，估需工料銀一萬七千九百五十一兩零，官涌砲臺，估需工料銀一萬四千四十六兩零。實係省之又省，必不能少。

　　竊思此項工程，係屬防夷要務，斷不可緩。第國家經費有常，仍不敢請動帑項。臣等當與藩臬運司公同籌劃，查有前山營生息一項，係由洋商捐銀，發交當商生息。前於嘉慶十四年，（1809）奏明作為添設前山營兵餉之用，按年覈實支銷，已歷三十餘年之久，因而存有積併盈餘。截至道光十九年（1839）五月底，報部冊開實存銀五萬三千八百餘兩。除大鵬營現議更改營制，所需添造快船，建立衙署，及製備新兵器械，另摺請在此款動支外核其成數，尚足以敷動撥前項砲臺工料之需。合無仰懇聖恩，俯念砲臺工費為防夷所需，而捐款息銀與庫項有間，准於商捐前山營生息一項銀兩，動支兩座砲臺經費，並請循照舊章，將動用銀兩總數，於冊內開除造報，免造工料細冊報銷，感荷鴻慈，倍無既極。至此項工程，因夷務喫緊之際，先已購料興工，趕緊建築，務於夏令南風盛發以前，一律全完，以資防制。計兩臺應安大砲五十餘門，亦已於腹地各營，酌其緩急情形，先行運撥濟用，一面籌資購補，期於普律森嚴，以仰副聖主綏靖海疆之至意。所有籌議添建砲臺緣由，據藩臬運司會詳前來。臣等謹會同廣東水師提督臣關天培，合詞恭摺具奏，伏乞皇上聖鑒訓示。謹奏。[1]

註：①此段史料可與第一編、第七章，二中的四月乙酉史料互相

參照。

中國史學會編：《鴉片戰爭》（二），〈林文忠公政書・尖沙嘴官涌添建砲臺摺〉，二〇三至二〇五頁。

道光二十年（1840）四月二十五日即西曆五月二十六日到。

奏為察看廣東水師情形，大鵬營現居緊要，籌議改設副將，並添撥移改官兵船隻等項，以資守禦而重海防，恭摺奏祈聖鑒事：竊照廣東虎門海口，為中路扼要之區，於嘉慶十五年（1810）設立水師提督駐劄其地，西則香山，東則大鵬，形成兩翼。查香山協向駐副將，管轄兩營，額設弁兵一千七百零九員名，兵力較厚。大鵬原止一營，額設參將一員，管轄洋面四百餘里，其中有孤懸之大嶼山，廣袤一百六十餘里。是以道光十年（1840），已將大鵬分為兩營，而所設弁兵只九百九十八員名，較之香山營制，已有軒輊，且所轄尖沙嘴洋面，近年更為夷船聚泊之區，該處山高水深，風浪恬靜，夷船倚為負嵎之固，上年調集官兵，痛加剿擊，始行全數退出。恐兵撤之後，仍復聯檣而來，佔為巢穴。當又相度形勢，在於尖沙嘴及官涌兩處，添建砲臺二座，現在工程將峻，已於另摺縷析奏報在案。

臣等復查尖沙嘴、官涌兩處，既經建設砲臺，必須調兵防守，但大鵬左營額設參將一員、守備一員、千總二員、把總三員、外委五員、額外外委二員、步守兵四百九十七名，右營額設守備一員、千總一員、把總三員、外委五員、額外外委二員、步守兵四百七十五名。除分班出洋外，尚不足以敷巡守。據該營縣會議請添，經臣等與水師提督臣關天培再四籌商，應將大鵬改營為協，撥駐副將大員統帶督率，與香山協聲勢相埒，控制方為得力。但官兵俸餉，歲需支應，國家經費有常，未敢遽議增添。惟有就通省各營設法抽撥，并於水師各缺酌量改抵，以歸簡易，飭據司道核議會詳，併咨准陸路提督臣郭繼昌核覆前來。

臣等查外海水師副將，共有四缺，內除香山協應與大鵬分張兩翼，毋庸更議外。其龍門一協，地處邊陲，與越南夷地緊連。崖州一協，係煙瘴之區，且外臨大海，內控黎人，均為邊疆要地，未便改抵。惟澄海一協，雖與閩省接壤，而上接南澳，下連潮州，有水陸兩鎮為鄰，尚屬易資聲援。應將澄海協副將，改為大鵬協副將，移駐大鵬所轄扼要之九龍山地方，居中調度。其澄海協之都司，改為大鵬協副將中軍都司，兼管左營事務，駐劄大鵬所城。並於大鵬左營添設把總二員、外委二員、額外二員、步戰守兵，連新添外委額外名糧，共二百九十一名。大鵬右營添設千總一員、把總一員、外委二員、額外二員、步戰守兵連新添外委額外名糧，共二百零九名。以把總一員，兵七十五名，專防右營官涌砲臺，以把總一員，駐防九龍砲臺，將原駐九龍砲臺之千總一員，移防左營尖沙嘴砲臺，併帶新設額外外委一員、兵丁一百三十名。又以外委一員、兵丁十五名，防守前經裁撤今應設回，與尖沙嘴對峙之左營紅香爐汛。又大鵬額設大小米艇六隻，撈繒船三隻，分撥配巡，不敷派遣。應添大中米艇四隻，左右營各半，以千總一員、把總一員、外委二員、兵丁二百零四名配駕。又添快船二隻，以額外二員、兵丁五十六名配駕。其餘外委一員、額外一員、兵丁十二名隨防九龍，聽候副將差遣，所添員弁船隻，先儘水師各營移撥。應請在陽江鎮右營抽撥千總一員、海門營抽撥把總一員、外委一員、龍門協左營抽撥外委一員，龍門協右營抽撥外委一員，陽江鎮右營抽撥大米艇一隻，海安營抽撥大米艇一隻，龍門協左營抽撥中米艇一隻，海門營抽撥中米艇一隻，又在龍門協右營抽撥撈繒船一隻，歸入海安營配緝，所需配船弁兵舵工口糧，隨船移撥支給。至議抽兵丁五百名，水陸勻撥，水師應抽兵丁二百五十名。現在外海內河，防堵巡緝，在在需人，若概於額設步守兵內抽撥，未免顧此失彼。應在水師提鎮協營酌量抽撥步兵三十七名、守兵九十四名，酌裁馬兵，改補步兵一十名，連撥外委本身步糧三名，共得步兵五十名、守兵九十四名，尚需添補步兵二十五名、守兵八十一名。在水師各營馬糧較多營分，將馬糧三十三名，改為守兵，步糧較多營分，將步糧一百六十四名，改為守兵，均各歸還原營兵額，同馬兵所改步兵一十名，遞年節存馬步糧料等項銀兩，撥補增添步守兵丁一百零六名，歲需經費之用。此外仍需把總二員、外委一員、步兵連外委本身名糧七十五名、守兵一百七十五名，應於督標五營及永靖營酌抽把總二員，陸路提標五營酌抽外委一員，其原食馬糧一分，勿庸隨撥，併於陸路各營勻撥步兵七十五名、守兵一百七十五名、共兵二百五十名，均歸大鵬入額。其外委仍食本身步糧，並在大鵬步兵數內，添設額外外委四員，仍支本身名糧，以資差遣。至澄海地方，應將澄海協改為澄海營，即將大鵬參將移駐，作為澄海營參將，澄海原有守備二員，分為左右二營，左營守備駐劄篷州所城，右營守備駐劄樟林所城，均未便移改。將大鵬左營守備，改為澄海左營中軍守備，駐劄縣城，經管兩營錢糧。其澄海左營守備，改為左營左軍分防守備，仍駐篷州，右營仍循其舊，以資防守。所有現改大鵬協副將都司及澄海營參將左營中軍守備、左營左軍分防守備、俱照舊定為外海水師題補之缺，其水陸各營抽撥兵丁，所需糧餉公費紅白等項，以及一切軍裝器械，俱由各營撥出隨帶，毋須另添。澄海協改駐參將守備，有原設副將都司衙署，可以棲息辦公。大鵬所城改設都司，亦有守備原署可住。其防守砲臺弁兵，即住砲臺，均毋須另建衙署。惟大鵬添設大快船二隻，各營無可抽撥，應另行製造。計每隻需用裝造工料銀四百三十二兩，二船共銀八百六十四兩，歲需弁兵口糧燂洗以及修費等項，約需銀一千四百餘兩。又九龍地方，改駐副將，紅香爐添設汛防，應建衙署兵房，以及大鵬新兵應製號衣器械等項，所需經費均需預籌。查有前山營生息一項，從前係由洋商捐出本銀十萬兩，發交當商生息，以作添設前山營兵餉之用。除每年支用外，截至道光十九年（1839）五月底止，實存銀五萬三千八百餘兩，除另摺奏請動支，添建尖沙嘴官涌兩砲臺工料共銀三萬一千九百餘兩外，所有此次添造快船、及建造衙署、製給新兵號衣器械等項用費，均請於此項息銀內動支，毋庸請動餉項，如此改調添設，因地制宜，似於海疆控制大有裨益。如蒙俞允，所有添造快船、應建衙署兵房、製給新添步守兵丁軍械等項，臣等即飭令地方文武，會同確估辦理，其改設副將等官應行鑄換關防，並一切營制抽撥細數，及未盡事宜，統容另行咨部核辦。再前山營生息本銀，係由洋商捐出，與正雜錢糧不同，每年止將收支實存數目報部查核。今請動支此項息銀，以作添造快船衙署製給軍械經費，應俟動用後，將支用總數於冊內開除造報，懇免備造工料細冊報銷，合併陳明。臣等謹會同廣東水師提督臣關天培、陸路提督臣郭繼昌合詞恭摺具奏，伏乞皇上聖鑒訓示。謹奏。

中國史學會編：《鴉片戰爭》（二），〈林文忠公政書・請改大鵬營制摺〉，二〇五至二〇八頁。

道光二十年（1840）七月壬辰。

兩廣總督林則徐奏：嘆咭唎夷船逗留外洋，臣等疊飭各將弁，帶領兵勇火船設法焚剿，於五月初九日，乘夜縱火，燒燬夷船三隻，業經會摺奏聞在案。查該夷目自貿易斷後，每揚言兵船多隻，即日到粵。臣等不為所動，而仍密為之防，除上年〔十九年〕所到之吐噷、嘩唥兩船，與近時續到之嘟嚕噎、哈吧吐兩船，在外洋游奕情形，先已查明具奏外。茲據澳門文武稟：據引水探報，五月二十二日，望見九洲外洋來有兵船二隻，一係大船，有砲三層，約七八十門，其一較小，有砲一層。二十三日，陸續又來兵船七隻，均不甚大，砲位亦祇一層。又先後來有車輪船三隻，以火焰激動機軸，駕駛較捷，此項夷船，前曾到過粵洋，專為巡風送信。茲與各兵船，或泊九洲，或赴磨刀，或赴三角外洋，東停西竄，皆未敢駛近口門。

臣等查中路要口，以虎門為最，次即澳門，又次即尖沙嘴一帶，其餘外海內洋相通之處雖不可勝數，然多係淺水暗礁，祇足以行內地之船，該夷無船不能飛越。所有虎門各砲臺，先已添建增修，與海面所設兩層排鍊相為表裏。猶恐各臺舊安砲位未盡得力，復設法密購西洋大銅砲，及他夷精製之生鐵大砲，自五千斤至八九千斤不等，務使利於遠攻。現在該處各砲臺,計有大砲三百餘位,其在船在岸兵勇,隨時分撥,共有三千餘名。

至澳門地方,自奏委高廉道易中孚與奏留升任之香山協惠昌耀會同防範,先後派駐兵勇,亦有一千三百餘名。又尖沙嘴一帶新建砲臺兩座,業已趕辦完工,並設法購辦大砲五十六位,分別安設。其附近山梁,駐兵共有八百餘名,此外各小口及內河水陸要隘,亦皆添兵多名,協同防堵,聲勢已皆聯絡,布署並不張皇。現在該夷兵船,亦祇飄泊外洋,別無動靜,即使此後漸圖窺伺,而處處皆有準備,不致疏虞。

此時商旅居民,極為安謐,即他國在澳夷人,亦皆貿易如常,而臣等密察周防,總不容一刻稍懈,且隨處偵拏接濟,嚴斷漢奸,務令盡絕勾通,俾其坐困。第恐在粵無可乘之隙,該處夷船趁此南風盛發,輒由深水外洋,揚帆竄越,臣等現已飛咨閩、浙、江蘇、山東、直隸各省,飭屬嚴查海口,協力籌防,以冀仰紓宸念。

《籌辦夷務始末》(道光朝)第一冊,卷一一,〈林則徐奏英船來粵防守情形並咨各省協力籌防片〉,三二九至三三〇頁。

林則徐奏:委高廉道易中孚、香山協副將惠昌耀駐澳防範,先後派兵勇一千三百餘名。(案:此事當在冬、春之交。)後又添調督撫兩標兵,連前合二千名,派委參將波啟善、副將多隆武、守備程步韓,俱屯澳。

前山營有一項,從洋商捐出生息,嘉慶十四年(1809)奏作添設前山營兵餉之用,按年覈實支銷,歷三十餘年。至道光十九年(1839)五月底,部存銀五萬三千八百兩。二十年(1840)春,林則徐奏將銀添設快船,建衙署,製兵械,餘撥建尖沙嘴、官涌兩砲臺。

(清)陳澧等纂:《重修香山縣志》卷二二,〈紀事〉,四七頁。

道光二十一年(1841)十一月庚午。

祁墳等又奏:查粵省各處要隘,港汊紛歧,自虎門入省河,其路有三：一由新造、三元岡、穗石、白泥涌、大石、瀝滘至大王滘，一由魚珠、烏涌、黃埔、圓邨、獵德至二沙尾；一由蕉門、潭洲、登洲、三山等處遠赴大通滘；均為入省要路。統計隘口三十餘處，皆須分布壯勇，以資堵禦。自本年七月以後，南、番兩縣所屬各鄉，雖已先後團練壯勇五萬餘名，有事則互相救援，無事則仍安農業，然各保各鄉，不能遠應調遣，其相距各處要隘較近可聽調用者，僅有數千餘名，不敷分撥。且夷船來去靡定，防守要隘，必須晝夜巡邏，而各邨臨時聽調之鄉勇，又不能常川駐防。是以前經奏明，另募壯勇，分撥防守。

現計陸續招募，共有三萬餘名，協同留防官兵，佈置水陸要隘，每處或一千餘名至數百名不等，均經委員督同紳士管帶。惟此項應募者，俱係潮州、香山、順德、東莞等處之鄉民漁戶，與省城各鄉自行團練者有間。該壯勇遠道而來，願效前驅，防守要隘，未便令其枵腹從事，自應查照奏定章程，分別水陸，均於設防之日起，給予口食銀兩，俾得踴躍效命。至各鄉團練之壯勇，內各保鄉村者，均係自行捐辦，無須給發口糧。其可聽調用者，俟臨時調用，再行給發，以節糜費。臣等仍不時親往校閱，課其勤惰，與以獎勵。至沿海各州縣，業經臣等札飭各該地方官，剴切勸諭紳士鄉民，照省城辦法，分鄉團練。惟土堡尚未修建齊全，現在欽奉諭旨，又經飭諭各地方官督率沿海村莊居民，處處仿照辦理。務使聲勢聯絡，藉收眾志成城之效。

《籌辦夷務始末》（道光朝）第三冊，卷四〇，〈祁墳等又奏防守壯勇請於設防之日起給予口食銀兩片〉，一五二四至一五二五頁。

第三章　鴉片戰爭後的九龍問題

按：第一次鴉片戰爭後，清政府為管理香港附近地區，將官富司巡檢移至九龍，
設九龍巡檢司，並改建九龍城，擴建砲臺。第二次鴉片戰爭期間，英索租九龍司
地方一區。光緒二十四年（1898）英國強租位於深圳河以南、九龍半島界限街以
北及附近島嶼的中國領土，租期為九十九年。事後，港英當局又強行佔領九龍城，
移走設在九龍的稅關。

一、九龍巡檢司的建立

道光二十二年（1842）九月。

耆英、伊里布又奏：再廣東香港地方，已准令嘆夷棲止，惟該處
尚有民戶，難保不無滋事犯案者。除罪名較重，解交新安縣照例審詳
外，其有酗酒賭博、鼠竊剪絡、犯笞杖罪名者，應就近解交尖沙嘴巡
檢審理，以期久安。相應奏明，俟奉到諭旨後，即咨明廣東督臣撫臣
欽遵辦理。

《籌辦夷務始末》（道光朝），第五冊，卷六一，〈耆英等又奏港民犯案應交新安縣審理賠嘆
洋銀先由廣東商欠兌交片〉，二三八〇頁。

道光二十三年（1843）八月二十四日（朱摺）。

兩廣總督革職留任臣祁𡎖，三品頂帶廣東巡撫臣程矞采跪奏，為
改設附近香港之巡檢衙門，奏明請旨遵行事。

竊臣祁𡎖於上年十月接准欽差大臣耆英等移咨，內開九月初十日
具奏，廣東香港地方已准令嘆夷棲止，惟該處尚有民戶，難保不無滋
事犯案。除罪名較重解交新安縣審辦外，其酗酒賭博鼠竊剪絡，犯該

笞杖罪名者，應解交就近尖沙嘴巡檢審理，俟恭奉諭旨後，即咨明廣東督撫臣欽遵辦理。嗣經奉旨允准，復經移咨臣等揀派巡檢移駐彈壓等因在案。

臣等查香港地方既准唻夷棲止，自應就近移駐官員，以資彈壓。惟體察該地方情形，尖沙嘴係新安縣所屬荒涼沙島，向無居民，難以建設官署。查有距尖沙嘴八里許之九龍地方係屬墟市，與香港正對。臣等公同商酌，擬將該縣所屬之官富司巡檢裁撤，移駐九龍，改為九龍巡檢。凡香港一帶民戶有酗酒賭博鼠竊剪綹，犯該笞杖罪名者，即由該巡檢查明訊辦。遇有民夷交涉事件，亦可由該巡檢就近彈壓辦理，似於海疆要地有裨。……臣等督同藩臬二司，查有試用從九品許文深，曾於本年二月間委令署理官富司巡檢，因九龍地方緊要，即令暫駐九龍。……合無仰懇聖主恩施，准將九龍巡檢作為海疆要缺，即令許文深試署，俟試署期滿，如果稱職，另請實授。並請定為在任三年，如經理得宜，華夷安貼，即予保舉升擢，毋庸扣至六年俸滿請升，倘辦理不善，即當隨時分別撤回參辦。……如蒙俞允，即將現任官富司巡檢張蘊輝暫行留省，俟有相當缺出，另行咨補。至各官員繁簡缺分，例有定額，官富司巡檢本係選缺，今移駐九龍，改為海疆要缺，例應另將要缺巡檢一缺改調歸選，以符定例。俟奉旨後，容再查缺請改。其九龍巡檢應頒印信及建設衙署一切事宜，統俟查明，分別辦理。……

中國第一歷史檔案館編：《鴉片戰爭檔案史料》第七冊，〈革職留任兩廣總督祁墳等奏請裁撤附近香港之官富司巡檢移設九龍巡檢摺〉，二八八至二八九頁。

道光二十三年（1843）十月二十二日（上諭檔）。

軍機大臣字寄兩廣總督祁、廣東巡撫程，傳諭布政使黃恩彤。道光二十三年十月二十二日奉上諭：

前據耆英等奏，請改設巡檢移駐附近香港之九龍地方，會同唻官稽查出入牌照等語。朕以香港為售貨總匯，若僅責成巡檢稽查，恐立法尚未周密，令該大臣等再行妥議。茲據耆英奏稱，體察情形，不在驗照官之大小，全在行之以實。所有前赴香港之船，既由給照口岸按月報明粵海關，業已互有稽考，九龍巡檢不過查其已到未到，並無稅銀可收，似可無虞偷漏等語。著照所議辦理。所有祁墳等前奏，廣東新安縣屬之官富司巡檢，請移駐九龍地方，改為九龍巡檢，作為海疆要缺。即照所請，准以試用從九品許文深試署，俟試署期滿，如果稱職，另請實授。並定為在任三年，如經理得宜，即予保舉升擢，毋庸扣至六年俸滿。其現准試署之許文深能否經理得宜，仍著祁墳等隨時察看，如不勝任，即行撤回，另為酌調，毋得稍事因循。至該巡檢雖無徵收稅課之責，而稽查出入，務令華夷相安，斷不可任吏胥勒索，別生事端，是為至要。

中國第一歷史檔案館編：《鴉片戰爭檔案史料》第七冊，〈著兩廣總督祁墳等照耆英所議改設巡檢於附近香港之九龍地方等事上諭〉，三五七頁。

道光二十三年（1843）十月辛酉。

其九龍地方，經對夷人聚居之地，船隻之往來香港者必泊於此，稽查甚為近便。若商船販貨出口前赴香港，應先在出口處所完納稅銀，再行給發牌照，沿途及香港即以牌照為憑，分別驗放。其在香港販貨進口之船，應在進口處所完納稅銀，本係仿照定例辦理，全在行之以實，不在驗照官之大小。況前赴香港之船，既由給照口岸按月報明粵海關，則所有赴香港商船若干隻，業已互有稽考，九龍巡檢不過查其已未到彼，何時返棹，並無稅銀可收，似可無虞偷越。

《籌辦夷務始末》（道光朝）第五冊，卷七〇，〈耆英奏通商善後案內實在情形摺〉，二七七九頁。

二、九龍城寨的改建

懇請將委勘緣由行令有關官員稟

敬稟者：本月十五日接奉憲札，內開准署陽江鎮沈文稱，會同陽江縣朱令，勸諭紳士譚鴻義等，捐資添建九龍砲臺，並該處副將、巡檢各衙門、兵房，業經匯繳經費銀二萬四千五百餘兩等由。飭委卑職馳赴九龍，逐一勘估，繪圖造冊，呈繳察核等因。奉此，遵查前項工程係現署陽江沈鎮臺勸捐呈報，內有衙署工程，從前委經署新寧縣喬應庚勘估，原擬發帑興修，現在一律捐辦。所有原估式樣及現造情形，均須悉心妥議，據實勘估。合無仰懇憲臺咨會陽江鎮，並札飭喬令會同勘報，一面將委勘緣由行令該管地方官一體遵照，並請飭發全案卷宗，以備查考。是否有當，理合具稟大人察核。肅此，具稟。恭請福安，伏乞垂鑒。卑職謹稟。

道光二十六年（1846）五月十五日稟。

中國社會科學院近代史研究所編：《近代史資料》總七四期（1989），劉蜀永整理：〈勘建九龍城砲臺文牘選〉，四至五頁。

顧炳章、喬應庚復核勘估工程情形稟

委員廣東試用通判顧署廣東新寧縣事候補知縣喬，謹稟宮保中堂、大人閣下敬稟者：道光二十六年五月二十五日接奉憲札，飭委卑職等，隨帶委員豐順縣湯坑司巡檢袁潤業，前赴九龍地方，立將應建城寨砲臺及原估復核，每處實需工料、銀兩若干，繪圖造冊，呈繳察核，毋稍浮冒飾延。又奉憲諭，前項工程基址，必須相度形勢，悉心籌劃，以期妥善等因。奉此，遵查新安縣屬九龍山地方，於道光二十三年奏明改調大鵬營副將一員，九龍司巡檢一員駐紮，控制該處。原設九龍砲臺一座，議應改修，並建文武衙署、兵房。先經奉委候補知府倪守及卑職應庚，先後分別勘估冊報，尚未興辦。復經現署陽江鎮沈鎮督同陽江縣朱令，勸諭紳庶報捐經費銀二萬數千兩。繳經奉發廣州府貯庫各在案。茲奉前因，卑職等遵即前赴九龍山，會同地方文武各員查勘，得九龍山在新安縣之東南，距城陸路一百里，水路一百八十里。山形如弓，灣長二十餘里，南面臨海與香港之紅香爐山、群〔裙〕帶路等處隔海對峙；北面依山傍田；東為鯉魚門，直達大洋；西為尖沙嘴，內通虎門。該山居民聚處不一，多係耕種捕漁為業。惟中間附近白鶴山五里以內沿海一帶，店鋪民房數百餘戶。按志書內載，名曰九龍寨。現在副將、巡檢皆駐紮其間。此九龍山地勢情形也。復勘城基，非形勢未協，即地盤低窪。惟白鶴山南麓下，離海邊三里，一片官荒，地平土堅，風水亦利，既無墳田相礙，亦無潮水淹浸。就此建築城寨，核與防海衛民題義相洽。當經勘丈明確，擬建石城一座，北坐南向，圓圍一百八十丈，高連垛牆一丈八尺，厚一丈四尺。城門、敵樓各四座，即以其方名。西門坐居兌方，建而不開，以利方向。一切工程做法考古閱今，參之城寨、砲臺，並行不悖。城上敵台東、西、南三面配砲三十二位，北面依山，無庸備砲。城內開池，廣深各一丈，另水井二口。通衢街道俱鋪石板。正北建武帝廟一所，東北角建副將、巡檢衙署各一所。西北角建演武亭、大校場、軍裝火藥局並兵房十四間。東南、西南空地預備民居，毋致兵民互雜。城之前面，舊有九龍砲臺一座，建自嘉慶十五年。其臺原在佛堂門，因孤懸難守，移建於此。臺周三十一丈，南面安砲八位，其餘三面均係馬牆。今擬將南面加高培厚，官廳、兵房一律修葺，添易三千斤砲二位，足為城寨犄角之勢。至於城之東北角大竹園山，及西南角尖沙嘴兩處，各設卡房煙墩，由九龍協撥兵駐守，聲氣聯絡，藉通策應。城之之北即白鶴山，僅離城十餘步，登山俯覽全城，如在膝下。雖山背附近竹園村堪資援應，第高阜據險，究不可不妥為防範。今擬城北添築腰牆一道，圈圍山頂周一百七十丈，高八尺，厚三尺，酌開長形槍眼，旁設耳門，中建望樓，以杜抄襲，而期周密。至於九龍副將九龍協鎮時赴香港巡查彈壓，若坐三板腳艇，不足以壯觀瞻，擬造大快船一隻，長五丈二尺，寬一丈二尺，式樣與省河沙尾艇大略相同。前項新建城寨、臺汛、望樓、神廟、衙署、兵房、演武亭、軍裝火藥局以及快船並改修砲臺一切工程物料，確訪時價，詳細核明，共需工料價銀二萬六千七百兩，先發九成成圓庫平花銀二萬四千零三十兩。所用丈尺係工部尺，委係實在，無稍浮冒。此勘估工程做法之情形也。除將未盡事宜及應行興革各事另列清摺附稟呈繳外，理合將勘估工程銀數分別造具妥冊，繪圖貼說，據實具稟。是否有當，伏乞大人察核，並請另委大員復加勘估，委員督紳承辦，實為公便。卑職應庚前估衙署工程做法丈尺，現經卑職炳章會同復勘，悉屬妥協，合併聲明，伏乞垂鑒。恭請福安。除稟督、撫憲暨運、藩、登、糧、臬覆所憲外。卑職○○、○○謹稟。

計稟繳確估工程銀數簡明總冊一本，地理總圖一紙，工程造作圖一紙，另清摺一扣。

紅稟由：具稟奉委勘估九龍城寨、砲臺、神廟、衙署、演武亭、兵房、藥局、臺汛、望樓、快船，另改修九龍砲臺等項工程，履勘地勢，確估銀數，繪圖造冊，並將未盡事宜備具清摺，候察核批示由。

一稟督、撫憲運、藩、登、臬、糧復所憲。

道光二十六年（1846）閏五月二十五日稟。

（借用南海縣印，借用廣糧分府關防）

中國社會科學院近代史研究所編：《近代史資料》總七四期（1989），劉蜀永整理：〈勘建九龍砲臺文牘選〉，五至七頁。

列摺呈候察核未盡事宜稟

委員廣東試用通判顧署廣東新寧縣知縣喬謹將奉委勘估新安縣屬九龍城寨砲臺案內，除具稟繪圖造冊申復外，尚有未盡事宜，理合逐款列摺呈候憲核。

計開

一、城寨興工，應請給示曉諭也。查九龍地方，舖民雲集，漸成市鎮。奉經奏明設官建署，並築造城寨、砲臺、巡船，實為捕盜衛民起見。此次興辦，大工、匠役人等五方雜處，該工匠與舖戶居民必須和衷相處，各安本業。勘城基本屬官荒，該地方人民毋得任意阻撓。其有干礙城基之平民房屋二十餘間，興工之時例應拆卸，聽候印委各

314

員勘驗明確，酌給工價，另行移建，以示體恤，而昭核實。至飯舖、歇店稽查宜周，毋得容留匪徒，以及開場聚賭。在工匠役、小工人等務遵條規，聽候督工委員管束，不得酗酒打架，滋生事端。尤不得三五成群私往別處遊蕩。所買米糧食物，現錢交易，不准強賒勒買。各店舖亦不得高價居奇。該營縣巡檢之兵差、弓役人等，尤應守法奉公，實力巡緝。如果始終勤奮，工程完竣，准由該管各員擇尤稟請上憲，分別超拔獎賞。倘敢陽奉陰違，需索擾累，以及土人、匠役不遵示禁，滋事誤公，均應從嚴究辦。

一、建築城寨應拆民房請給予工價，作正開銷，以示體恤也。查所勘九龍城寨東南、西南角一帶，民房數十間，除圈入城內無相關礙不計外，內有逼礙城牆基址，必須拆卸之民房約十餘間，又兩屋相連拆此廢彼應行全拆之民房六七間。前項房屋低下無樓，雖原建工本不多，而窮苦小民應宜優加體恤。請俟興工時，由督工委員會同地方官勘估明確，實在應拆民房若干，每間應補給工本銀若干，繪圖造冊，報候憲核。所給工本銀兩，准其入於工程項內，另款支銷，毋庸地方官捐給，以示體恤。

一、匠役人夫責承匠頭造冊具結，呈由督工委員填給腰牌，以便稽查也。查此次工程應用匠役小工人數眾多，誠恐良歹不一，應責成承辦匠頭妥為招僱。無論石匠、木匠、泥水匠、鐵匠及小工人等，均以十名之中設立頭人一名，分班別類，各有管查。仍將各項頭人、工匠造具姓名、年籍清冊，取具連環保結，呈請督工委員按名填給腰牌，以憑稽查管束。如有離工告退，即將腰牌繳銷。倘滋事不法，偷盜逃匿，應將該班頭人並原保匠頭分別查究嚴辦。

一、九龍山石准令匠頭開採，工竣封禁，以昭慎重也。查本省歷辦砲臺應用八寸方砧石，每丈報銷工價銀一兩二錢至一兩九錢不等。因時地估計辦理，悉屬實在。此次勘估八寸方砧石，每丈工價銀七錢六分，按九成折實銀六錢八分四厘。緣九龍出產石料，採運容易，是以工價便宜。應請行令地方文武會同督工委員給示曉諭，准令工匠專在於九龍寨附近開山取石，不得前往香港山場開採滋事。所有石匠仍歸承辦匠頭造冊管束，以專責成。工竣之日，即行封禁，由九龍協暨九龍司巡檢就近稽查。

一、工程添改隨時報勘，並予限期，以歸核實而速蕆事也。查此次勘估工程，業經造冊分晰明白。第工程浩大，倘有零星工作，勘估未及周備，及興工之後，別有應行添設移改並更易原估做法各事宜，應由督工委員隨案報請勘辦，仍將原估工程銀數應除應抵，隨案聲明。至興工之日應如何酌定，限期具報。工竣應請飭令督工委員核議稟覆，俾得克期蕆事，毋致曠日持久。

一、工程完竣，請予以保固年限，以重公事也。查例載城垣保固三十年，海塘保固三年，又本省歷辦砲臺工程均保固十年。此次士民捐築九龍城寨工程，做法實與砲臺無甚區別，且建在海濱，又非內地城池可比。應請比照砲臺成案，工竣之日起限，保固十年，以歸畫一。

一、在工委員酌定薪水等銀，以資辦公也。查本省歷辦軍需善後工程，在事員弁均給薪水。此次建築城寨、砲臺，本屬善後之事，而航海辦公尤為勞苦之差，似宜酌定薪水，以示體恤。今擬督工委員一員，每月薪水銀五十兩；幫辦委員一員，每月薪水銀三十兩；九龍協彈壓地方，月給賞犒弁兵費用銀二十兩；九龍司巡檢專司巡緝，月給緝捕費銀一十五兩；在工書寫一名，每月工食銀三兩；就近撥派營兵、弓役共八名，每月每名口糧銀一兩，共銀八兩。以上每月薪水等銀一百二十六兩，酌定八個月為限，共計銀一千零八兩。至於興工之後，委員往來船價，以及工次搭蓋篷廠銀兩，應由督工委員據實開報，與薪水口糧一併入於工程項內，作正支銷。

以上各條，卑職等體察情形，管見所及，是否有當，統候憲臺察核施行。

道光二十六年（1846）閏五月二十五日稟呈。

（借用南海縣印，借用廣糧分府關防）

中國社會科學院近代史研究所編：《近代史資料》總七四期（1989），劉蜀永整理：〈勘建九龍砲臺文牘〉，七至一〇頁。

道光二十六年（1846）六月庚午（十七）。諭內閣：耆英等奏，官紳捐建城寨各工一摺。廣東九龍山地居扼要，亟應改建石城，設立砲臺、衙署、營房以資守衛。現據該省官紳陸續捐資，經該督等派員督同估計修築，著照所議辦理，統俟工竣驗收，再行奏請獎敘。此項工程，著免其造冊報銷。

《清實錄》，《宣宗實錄》（七），卷四三一，三九六頁。

復勘九龍寨山海形勢古跡等稟

謹將復勘新安縣屬九龍寨地方山勢方向，海面寬闊，附近山場古跡，查明原舊尖沙嘴砲臺建廢緣由、存砲數目，逐一列摺呈候憲核。

計開

一、九龍寨山勢坐北向南，其來龍自東北之虎頭山，旋轉至西北乾方九龍澳，折入坎宮，白鶴山為主山。該山南面臨海，東南直對鯉魚門水口，歸於巽位，山水氣脈均佳。今城寨建於白鶴山南麓下，城門方向以坐山坎卦為主。北門宜開於坎宮伏位壬方，主興旺。南門開於離宮丙方，為延年門，主益壽。東門開於巽宮巽方，為生氣門，主榮昌。西門開於乾宮乾方，主高爵厚祿。按山形局，擬開四門，均屬大吉。惟前面離方水大，宜於鶴山上添建鎮海樓一座，供奉北帝神像，另於高坡處所，酌安砲位，以鎮風水，更為周密。

一、城內水池開於東南角，生氣巽方，與副將衙署對照，主大吉。

一、九龍城寨南門，城腳量至九龍舊砲臺處，計長一百二十丈；由砲臺量至海邊三十餘丈。統計南門至海邊一百五十餘丈。

一、九龍城寨海邊與香港之紅香爐山隔海相對，離海面寬一千餘丈，約有五六里。九龍寨城東南首，即鯉魚門海口，寬約四百餘丈。九龍城寨西首尖沙嘴與香港之群〔裙〕帶路隔海斜對，海面寬約五百餘丈。其九龍城自西邊尖沙嘴至東邊鯉魚門，山徑旋環共約二十餘里。

一、白鶴山在九龍城寨西北。志書內載，上有游仙巖，巖下三小石，形如品字。上盛一巨石高約六七丈，廣約三丈餘，壁立難升。石北刻游仙巖三字，第年遠，字稍模糊。昔嘗有白鶴一雙棲止石上，故名。

一、鯉魚門在九龍城寨之東南，相離海面約五六里。

一、佛堂門在鯉魚門之東南，相離鯉魚門約十里。志書內載，佛堂門又曰鐵砧門，旁有巨石長二丈餘，形如鐵砧。潮汐急湍，巨浪滔天，風不順，商船不敢行。其北曰北佛堂，其南曰南佛堂。兩邊皆有天后古廟，北廟創於宋咸淳二年，廟之右曰碇齒灣，古有稅關，今廢，基址猶存。至南佛堂之山，乃孤島也。康熙年間設砲臺一座，以御海氛。嘉慶庚午，知縣李維榆詳請移建此臺於九龍寨海旁，即現在修建九龍之舊砲臺也。查該砲臺方圍三十一丈，南面臨海，配砲八位，東邊開門，內有官廳，兵房共十間。

一、虎頭山在九龍城寨之東北，離城寨四五里。志書內載，虎頭山怪石嵯峨，險峻難行，然實當衝要道。乾隆壬子年（乾隆五十七年1792），土人捐金，兩邊砌石，較前稍為平坦。查該山附近大竹園村，此次所建卡房、堆臺，即在虎頭山腰處所。

一、官富山在九龍城寨之西北，離城寨五六里。志書內載，官富山下為官富寨，縣治東南八十里。原設官富司巡檢，因衙宇久壞，蒞任者多就居民舍。康熙十年（1671），巡檢蔣振元捐俸買置離縣城三十里之赤尾村民地，建造衙署，仍以官富司名。今奉改設九龍司，所有赤尾村衙署仍存其舊。

一、官富山，志書內載官富駐蹕。宋景炎中，帝舟幸於此，即其地，營宮殿。今土人將其址改建北帝廟。其官富司衙署基，今名衙前村。查該處村民不過二十餘戶，地盤不甚廣闊。

一、宋王臺在官富山之東，九龍城寨之西南角，離城寨一二里。志書內載，山頂有盤石，方平數丈，宋帝昺駐蹕於此。臺側巨石有宋王臺三字。

一、前稟估冊所稱垜牆，即城上之垣也。查《太平御覽》內載，城上垣謂之睥睨，言於孔中睥睨非常也。亦曰陴，助城之高也。亦曰女牆。所謂堞，即女牆也。

一、前稟估冊築城前後砌石，中用泥土。今閱《聖武記》，書內云：凡磚石之城，中用沙土，砲不能透，大砲遇沙即止等語。今擬照辦，中用沙土。

一、尖沙嘴在九龍城寨之西南，離城寨約陸路十里，水路十餘里。該尖沙嘴地方於道光二十年三月建造砲臺二座，一名懲膺，一名臨衝，共配鐵砲五十六位，分派大鵬左右兩營防守。嗣於道光二十一年正月奉文，以該二砲臺不足禦侮，飭將原配砲位、藥彈運赴新安縣城防堵。其二處砲臺旋經坍塌拆毀。今查原運赴新安縣城砲位，自七百斤至五千斤，止共五十六位。除經水師提標中、右兩營撥配貞吉第十、二十三號戰船大小砲位四十位外，尚存新安縣城五千斤砲一位、四千斤砲一位、三千斤砲四位、二千五百斤砲六位、二千斤砲二位、七百斤砲二位，以上存砲十六，位將來堪以運赴九龍城寨配用。再，查所存新安縣城砲十六位，內七百斤鐵砲二位。據水師提標左營遊擊陳魁倫移稱，該七百斤砲二位已經撥運師船，行至海康縣屬洋面，遭風失水，通報有案，並以聲明。

道光二十六年（1846）六月十五日委員顧謹呈。

（借用廣糧分府關防）

中國社會科學院近代史研究所編：《近代史資料》總七四期（1989），劉蜀永整理：〈勘建九龍砲臺文牘選〉，一○至一二頁。

道光二十六年（1846）六月庚午。

協辦大學士兩廣總督耆英奏：

查九龍山地方，在急水門之外，與香港逼近，勢居上游，香港偶有動靜，九龍山聲息相通。是以前經移駐大鵬營副將及九龍山巡檢，藉以偵察防維，頗為得力。第山勢延袤，駐守員弁兵丁無險可據，且係賃住民居，並無衙署兵房堪以棲止，現值停工，又未便請動公項。……今於該處添建寨城，用石砌築，環列砲臺，多安砲位，內設衙署兵房，不惟屯兵操練足壯聲威，而逼近夷巢，更可藉資牽制，似於海防大有裨益。

《籌辦夷務始末》（道光朝）第六冊，卷七六，〈耆英奏九龍山逼近香港亟應建立城寨以資防守摺〉，三〇一〇至三〇一一頁。

造具膛樣並開列簡明清摺呈核稟

謹將奉委勘估九龍寨城、廟宇、衙署，除另造工程做法估冊稟繳外，理合造具膛樣，開列簡明清摺，一併呈候憲核。

計開

一、九龍寨山勢座北向南，其來龍自東北之虎頭山，旋轉至西北乾方九龍澳，折入坎宮，白鶴山為主山。南面臨海，東南直對鯉魚門水口，歸於巽位，山水氣脈均佳。今城寨建於白鶴山南麓下，城門方向以坐山坎卦為主。北門宜開於坎宮伏位壬方，主興旺；南門開於離宮丙方，為延年門，主益壽；東門開於巽宮巽方，為生氣門，主榮昌；西門開於乾方，主高爵厚祿。按山形局擬開四門，均屬大吉。

一、原估寨城周圍一百八十丈，內東西南三面高一丈三尺，厚一丈四尺。另外垛牆高五尺，厚二尺，連城牆共高一丈八尺。其北面城牆不配砲位，城牆厚六尺餘，與東西南三面城牆同。

一、原估城牆外面用八寸砧石三層，內面用八寸方砧石二層，中心用黃泥並沙築成，垛牆全用八寸方砧石砌。

一、原估後山腰牆一道，圈圍山頂。其圍牆長一百七十丈，高八尺，厚三尺，均用大塊石築砌，酌開長形槍眼，每個高一尺六寸，闊寬七寸。

一、喬令初估副將及巡檢各衙署，每所頭門、儀門、大堂、二堂共四進並無三堂。今另加添三堂一進，所有工料仍照初估，銀數並不加增。

一、遵查三、四、五千斤鐵砲砲身長不過五、六、七尺。今城上敵臺厚一丈四尺，除安砲外，尚有餘地六七尺，足敷施轉。理合詧明。

一、新建寨城一座，後山腰牆一道，武帝廟一所，衙署二所，演武亭一所，兵房十四間。另外新建虎頭山等外卡房、墩臺二所，修建舊九龍砲臺一座。統共工料銀二萬六千三百五十。九成摺實庫平花銀二萬三千七百餘兩。另有篷廠及往來船價並委員薪水，均不在此數。理合察明。（以上係用手摺進呈）

遵查原估九龍城周圍長一百八十丈（原估長一百三十五丈）。內東西南三面城牆高一丈三尺，厚一丈四尺，另外垛牆高五尺，厚二尺，連城牆共高一丈八尺，均用石砌。理合察明。

遵查原估北面城牆不配砲位，牆厚七尺餘，與東西南三面同。理合察明。

遵查原估後山腰牆周圍長一百七十丈，高八尺，厚三尺，酌開長形槍眼，每個高一尺六寸，闊七寸，均用石砌。理合察明。

遵查三、四、五千斤鐵砲砲身長不過五、六、七尺。今城上敵臺厚一丈四尺，除安砲外，尚有餘地六七尺，足敷施轉。理合察明。

遵查城內餘地直深四十餘丈，橫闊五十餘丈。所建副將衙署，深不過十餘丈，前面多有空地。理合簽明。（以上五款係用紅簽貼膛樣）

附近南面並東南角建成南面城，長六十九丈，厚一丈四寸，高一丈五尺四寸（照原估加高二尺四寸）。另垛牆高五尺，厚二尺二寸（照原估加厚四寸）。

東西南三面，上城面厚一丈四尺，下牆腳厚一丈六尺。東面、西面城共長六十六丈，高一丈三尺，厚一丈四尺。另垛牆高五尺，厚二尺二寸（照原估加厚四寸）。

北城長六十四丈（照原估加十九丈），高一丈三尺，厚七寸（下厚八尺，照原估下加寬一尺）。另垛牆高五尺，厚二尺二丈（照原估加厚四寸）。

統共城臺百九十九丈（照原估加十九丈）。城內橫量七十丈零七尺，直量三十五丈二尺。

道光二十六年（1846）六月二十日呈。

中國社會科學院近代史研究所編：《近代史資料》總七四期（1989），劉蜀永整理：〈勘建九龍砲臺文牘選〉，一二至一四頁。

九龍砲臺及其配臺情形稟

謹將大鵬協左營九龍砲臺建造年月日，高寬長尺及配臺弁兵砲位數目開列呈電。

計開

九龍砲臺一座。查該砲臺係嘉慶十六年建造，周圍城牆共長三十一丈，城牆高一丈一尺。垛子四十二個，每個高三尺。前面城牆馬道寬一丈三尺五寸左右，後城牆馬道寬五尺。內營房一十一間，譙樓一間，派防千總一員，配臺兵丁四十二名。另協防外委帶兵二十名，分駐九龍海口汛。

配臺砲位內，二千斤生鐵砲三位，一千五百斤生鐵砲一位，一千二百斤生鐵砲一位，一千斤生鐵砲一位，七百斤生鐵砲一位，三百斤生鐵砲一位。

中國社會科學院近代史研究所編：《近代史資料》總七四期（1989），劉蜀永整理：〈勘建九龍砲臺文牘選〉，一四至一五頁。

請飭發第一批工程經費稟

委員試用通判顧、署新寧縣事候補知縣謹稟大人閣下敬稟者：案奉憲札，飭委卑職等督辦九龍寨城、衙署、兵房工程，遵照批詳條款章程，隨時查照辦理，一面先赴廣州府庫，請領取存捐項購料興工等因。查此項工程稟准十月初七日興工，卑職等於初三日帶同各匠由省起程赴工辦事，業將興工日期並請頒發鈐記各緣由稟報在案。茲奉前因，理合繳具印領一紙。稟請憲臺迅飭廣州府，撥發原收九龍捐項第一批成元庫平經費花銀四千兩，以便購料興工。除將請領經費數目呈報廣州府備查外，理合稟候大人察核施行。再所領工程經費，按批請領，每批繳具騎縫領結，一樣兩紙，註明印領、堂領字樣。內將印領一紙報繳登復所，其堂領一紙，呈交廣州府，以備查考，而昭慎重。合併聲明。肅此，其稟。恭請福安，伏乞垂鑒。卑職謹稟。

一稟登復所。

計稟繳請發第一批工程經費花銀四千兩印領一紙。

道光二十六年（1846）十月初二日稟。

（借用廣糧分府印）

中國社會科學院近代史研究所編：《近代史資料》總七四期（1989），劉蜀永整理：〈勘建九龍砲臺文牘選〉，一五頁。

興工祭土神祝文

維道光二十六年（1846）歲次丙午十月初七己未日，督辦九龍城工委員署廣東新寧縣知縣喬應庚、廣東試用通判顧炳章、廣東湯坑司巡檢袁潤業、謹以齍柔毛、庶饈、香帛之儀，敢昭告於本境山川土神前而頌曰：山川毓秀，土地效靈。選擇斯境，建立寨城，涓吉興造，浩大工程。惟祈默佑，不日告成。官民集慶，庶物咸興。虔告。尚饗。

中國社會科學院近代史研究所編：《近代史資料》總七四期（1989），劉蜀永整理：〈勘建九龍砲臺文牘選〉，一五至一六頁。

拆卸民房補償銀兩曉諭

督辦九龍城工委員候補糧捕分府顧為曉諭事：照得九龍地方建造城池，凡有阻礙城基之房屋，例應迅速拆卸。當經會同地方官勘丈妥辦，應拆梁興德等平民房屋十六間，取結在案。查例載，拆卸民房，每間給銀二兩八錢至五兩不等，是應遵照辦理。惟念該民人梁興德等均屬貧窮，今酌量從寬，每間舊屋給銀五兩，每間新屋給銀七兩五錢，統計銀二百五十九兩一錢七分，照依後開條款數目，按戶即日給發，定限一個月內拆卸淨盡，拆落料物着原業戶一併領回，聽其擇地建造。其租屋居住之人，迅速交清租價，另行搬遷。至砍伐樹木、菜果及搬屋費用，例不給價。今本分府格外損資賞銀一百七十兩，分別等次開列於後。此項加賞銀兩准於十一月十六日照數給領，用示體恤。各宜遵照。特諭。

　　道光二十六年（1846）十月十二日示。

中國社會科學院近代史研究所編：《近代史資料》總七四期（1989），劉蜀永整理：〈勘建九龍砲臺文牘選〉，一六頁。

　　改變柵門管理辦法曉諭

　　督辦九龍城工委員候補糧捕分府顧為曉諭飭遵事：照得九龍直街原有柵門三道，向歸各店鋪輪流管理，所辦極屬妥當。惟現在興辦工程，官兵晝夜往來巡緝，各柵門啟閉無常。若仍令鋪戶關鎖，未免過於辛勞。今本分府傳集謙益等店，諭令專僱柵夫三名，每月每戶給工食銀一兩。自十一月十四日起，至明年三月十四日止，共計工食銀一十二兩，另加賞柵夫棉衣雜用共銀二兩，另又新造左右橫街柵門二道，約計工料銀十兩。統計前項銀二十四兩，由本分府如數兌給，即日發交謙益店領收，俾得酌量妥辦，誠於公事地方咸有稗（裨）益。至於新建九龍寨城，原為防海衛民起見，城內地基本屬官荒，各店鋪鄉民如有情願遷進城內居住者，任從擇地建屋，以順輿情。倘有土棍把持攔阻，立即指名稟控，以憑會同地方官嚴拘究辦。特諭。

　　右諭通知。

　　道光二十六年（1846）十一月十四日諭。

中國社會科學院近代史研究所編：《近代史資料》總七四期（1989），劉蜀永整理：〈勘建九龍砲臺文牘選〉，一六至一七頁。

　　獎賞九龍寨附近團練曉諭

　　督辦九龍城工委員候補縣正堂喬、候補糧捕分府顧、即補縣左堂袁為獎賞事：現准九龍分司許報稱，九龍寨附近各鄉團練，擇於本月十七日齊集校場，請往閱看等由。准此，當經親臨會閱查看，得該處鄉民素著良善，守法奉公。現在農忙事畢，團練鄉勇，供〔？〕匪保良，深堪嘉尚。且所閱各壯勇，隊伍齊整，技勇咸熟，尤為盡善盡美。自應量予獎勵，以勉勤勞。為此賞給銅錢六千文，著各團長祗領分派，聊以盡本縣、本分府、本分縣之微意耳。特諭。

道光二十六年（1846）十一月十七日示。

中國社會科學院近代史研究所編：《近代史資料》總七四期（1989），劉蜀永整理：〈勘建九龍砲臺文牘選〉，一七頁。

九龍街道建築圍牆木柵曉諭

督辦九龍城工委員候補糧捕分府顧為曉諭事：照得九龍街尾左右鋪戶中隔荒地一幅，並無關欄。今在該處建築碎石圍牆一道，寬八丈，高九尺，厚一尺二寸；另於海邊街口添做木柵一道。不但地方周密，而且風水更佳。前項應用銀兩悉由本分府給發。飭令本處匠役陳亞長辦理。該處鋪戶人等，務宜同心照料，以成善舉。特諭。

道光二十六年（1846）十一月二十一日示。

中國社會科學院近代史研究所編：《近代史資料》總七四期（1989），劉蜀永整理：〈勘建九龍砲臺文牘選〉，一七頁。

瀝園村港口情形稟

敬稟者：十六日申刻接奉鈞諭，飭查瀝園港口一節。遵查虎頭山後瀝園村港口係屬內河，徑通大鵬營，並非外洋海口。緣九龍協所轄左營兵馬錢糧駐紮大鵬，是以擬撥巡船，以資應援。現已將原圖添貼浮籤，以便考查。至奏案圖說，准於十九日恭繪齊備呈繳。肅此，稟覆。敬請福安。恭繳憲諭，伏乞垂鑒。卑職謹稟。

計稟繳原圖二紙，一夾單稟撫憲。

道光二十六年（1846）十二月十六日稟。

中國社會科學院近代史研究所編：《近代史資料》總七四期（1989），劉蜀永整理：〈勘建九龍砲臺文牘選〉，一八頁。

　　道光二十七年（1847）正月三十日內閣奉上諭：耆英等奏捐建九龍城寨砲臺工現辦情形一摺。此項工程現在核計捐數已屬有贏無絀，其官紳捐輸著即停止，仍俟工竣後，核明本案工程外尚有盈餘銀若干兩，再行奏明撥歸該省藩庫，以備需要。欽此。

中國第一歷史檔案館編：《鴉片戰爭檔案史料》第七冊，〈著兩廣總督耆英即行停止官紳捐輸九龍城寨砲臺工程事上諭〉，七七七頁。

　　九龍城工拆房補價等四款實報稟

　　委員廣東試用通判顧、廣東候補知縣喬等謹稟宮保中堂大人閣下敬稟者：案奉憲札，飭委卑職等督同湯坑司巡檢袁潤業督辦九龍城工，遵照批詳條款章程，隨時查照辦理。並奉發條款章程一紙，內開建築城工之應拆民房，俟興工時估給工價。在工委員薪水及兵差口糧，酌定八個月為限。又往來船價及篷廠工料據實開報。以上四款用過經費銀兩，作正支銷各等因。奉此，伏查拆卸民房一款，原勘應拆二十餘間，內有業主自建自居，亦有轉賃別姓開店貿易。安土移建，事不容易，必須體察情形，分別給價妥辦，並予以搬運之費。其有砍伐果木，踩踏瓜菜，亦應給賞資本，務使有盈無絀，以仰副憲臺軫念民艱至意當經勘文明確，拆去梁興德等民房二十一戶。計大小平房二十六間，砍伐荔枝樹木二十八株，踩踏花生瓜菜地畝四十井，買斷陳賢泰、陳楊祐稅地四畝五分，另建造街坊石圍牆三幅，柵門四道，補建瞽目院一所，圈出石井一口。以上統共用銀八百一十四兩。至薪水、口糧一款，初議督辦委員一員，月給薪水銀五十兩；幫辦委員一員，銀三十兩；九龍協銀二十兩；九龍巡檢銀十五兩；在工書寫一名，口糧銀三兩，兵丁四名、小差四名，每月每名銀一兩。以上額定每月薪水口糧銀一百二十六兩。嗣奉委督辦委員二員，照初議添增一員，每月應增薪水銀五十兩，並以所派兵丁四名不敷差遣，續稟奉提憲酌半支，給每名銀五錢。另添僱柵夫、更夫共三名，每名工食銀二兩。工次油燭紙張雜用，每月銀一十兩以上。原續薪水口糧雜用，每月銀二百零二兩，遵照八個月為限，共銀一千六百一十六兩。另興工祭土及工竣酬神牲禮分胙，並廟宇開光延僧建醮，酌賞團練鄉勇，捐建民間義學，共銀三百兩，應入於薪水項內支銷。統共薪水等銀一千九百一十六兩。又篷廠一款，查此次工程搭蓋篷廠甚巨，內除石匠等一千七百名所蓋篷廠，已言明由各匠自行經理不計外，其委員監工廠及兵差住宿並堆貯物料各廠屋，另置器具床板等項，統共用銀七百二十兩。又船價一款，查由省往九龍經過零丁洋，必須僱用沙尾艇，每天船價銀四五兩不等。此次工程各委員及官親、家人往來絡繹。若遇愛〔爰〕解經費，則又須移會營員，添派師船，每次賞錢四十千或三十千不等。統計自上年五月查勘至本年五月工竣為止，需用船價、賞犒等銀六百六十兩。以上四款共計實用銀四千一百一十兩。實用實銷，無稍浮冒。至所請幕友、官親襄理公事，一切修脯已由卑職等將所領薪水項內自行支送。惟原置器具、牀板各物，既經開銷正項，擬將各物移交九龍協及巡檢衙門公用。為數無多，請免估變。除俟工竣，將買斷陳賢泰等山地四畝五分遞年應完糧稅銀六分有零，糧米不及一升，另行稟請，飭縣註冊豁免糧稅外，理合稟候憲台察核。肅此，具稟。恭請福安。伏乞垂鑒。除稟督撫憲暨登復所外。卑職等謹稟。

　　紅稟由：稟報九龍城工用過拆造民房補給工價並薪水、口糧、篷廠、船價等四款銀數據實報銷由。

　　一稟督、撫憲登復所。

　　道光二十七年（1847）四月十三日稟。

　　（用九龍城工鈐記）

中國社會科學院近代史研究所編：《近代史資料》總七四期（1989），劉蜀永整理：〈勘建九龍砲臺文牘選〉，一八至二○頁。

九龍寨城添築工程續估銀數等稟

委員廣東試用通判顧、廣東候補知縣喬謹稟宮保中堂大人閣下敬稟者：案奉憲札，飭委卑職等督同湯坑司巡檢袁潤業督辦九龍城工，遵照批詳條款隨時查照辦理等因。奉此，卑職等遵即前往九龍，會同該地方文武官員，鎮靜妥辦，並將興工日期及派卑職應庚專管銀兩各緣由通稟在案。伏查此項工程，原議在九龍建造石城一座，周圍一百八十丈，高連垛牆一丈八尺，內東、西、南三面城牆厚一丈四尺，北面城牆厚七尺。後山建粗石圍牆一道，長一百七十丈，高八尺，厚三尺。武帝廟一所，副將、巡檢衙署各一所，演武亭一所，軍裝局一間，火藥局一間，兵房十四間，城樓四座，堆房六間，水池一口，水井二口，虎頭坳、九龍坳等處汛房、煙墩二所。另拆修原舊九龍砲臺一座。原估工料銀二萬六千三百五十兩。嗣於興工之後，因南面地勢低窪，商同將南城加高二尺四寸。又因藥局、演武亭等皆建在城之東北，地基不甚寬裕，而城外居民多欲遷入城內居住者，故將北城添築長一十九丈，統計周圍一百九十九丈。至原估東、西、南三面城牆厚均一丈四尺，北城厚七尺，城面城腳均係一律。今將東、西、南三面城腳各加厚二尺，北城腳加厚一尺，上側下寬，以固基址。又將周圍馬道旁邊及內外牆腳，均加築灰沙城心，添用橫馬石條。至於神廟、衙署，原估磚牆因恐日久浮鬆，現將牆腳改用石砌。此外，如城內之開平地基，城外之挖砌壕溝，東門之添築照牆，砲臺之加用椿木。九龍仔坳該土民以地勢扼要，稟求添築三合土圍牆三十八丈。以上所添各項工程，皆係因地制宜，必不可少。將來有料可查，有工可驗，不能稍涉虛浮。當復逐一確估，需添工料銀五千五百四十兩。前復原續工程共估工料銀三萬一千八百九十兩，本無虛糜。但卑職等既奉專司其事，固不敢尅扣見長，而於購料支銀時，有可量為減省者，亦不得不從樽節辦理。現在通盤核算，約可節省銀三千兩。除俟工竣另行造冊具報外，理合稟候憲臺察核。至前項樽節銀兩，仍請於工竣時將一半轉給新安縣發商生息，以備歲修之需，一半作為犒賞。實為恩便。肅此，具稟。恭請福安，伏乞垂鑒。除稟督撫憲暨登復所外，卑職謹稟。

紅稟由：具稟九龍寨城添築工程續估銀數，及請將樽節之項仍行給回犒賞，並發商生息以備歲修由。

一稟督撫憲登復所憲。

道光二十七年（1847）四月十三日稟。

中國社會科學院近代史研究所編：《近代史資料》總七四期（1989），劉蜀永整理：〈勘建九龍砲臺文牘選〉，二〇至二一頁。

釋報銷部費一事呈文

遵查九龍寨城各項工料，原估銀二萬六千三百五十兩，續估添工銀五千五百四十兩，二共銀三萬一千八百九十兩。現計折實用過銀二萬八千八百九十兩，尚餘節省銀三千兩，已有卑職等稟請將一千五百兩，轉給新安縣發商生息，以備歲修之用。其餘一千五百兩，擬交沈守留為報銷部費，因部費二字未便形諸稟內，故改為犒賞名目用。特陳明，伏乞原鑒。

一清摺呈督撫憲登復所。

道光二十七年（1847）四月十三日試用通判顧、候補知縣喬謹呈。

中國社會科學院近代史研究所編：《近代史資料》總七四期（1989），劉蜀永整理：〈勘建九龍砲臺文牘選〉，二一頁。

九龍城寨各工一律完竣稟

委員廣東試用通判顧、廣東候補知縣喬謹稟宮保中堂大人閣下敬稟者：案奉憲札，飭委卑職等督同湯坑司巡檢袁潤業督辦九龍城寨、砲臺、神廟、衙署、兵房、藥局等工程，遵照批詳條款章程，隨時查辦，一俟工竣，稟請委驗等因。奉此，卑職等遵即前赴工次，督令承辦之六品軍功劉金堂、周昭漢等認真建造，業將興工日期，並原估、續添各項工程做法，確估銀數，先後稟報在案。伏查此項工程於上年十月初七日興工，茲於本年四月十八日一律完竣。卑職等詳加查驗，所有原估、續添各工程，委係工堅料實，造作如式。用過工料銀三萬一千八百九十兩，另又用過拆造民房補給屋價、搭蓋篷廠、薪水、口糧等銀四千一百一十兩。統共報銷銀三萬六千兩。實用實銷，並無浮冒。除飭該承辦劉金堂等另造妥冊，呈由卑職等申繳登復所核辦外，合將工竣緣由，取具承辦，保固甘結。卑職等加具聯銜鈐結，一併稟繳憲台察核，俯賜委員驗收，實為公便。肅此，具稟。恭請福安。伏乞垂鑒。除稟督撫憲暨登復所外。卑職謹稟。

計稟繳承辦士民保固甘結一紙，督辦委員保固鈐結一紙。

紅稟由：稟報九龍城寨各工一律完竣，繳具各結，並請委員驗收由。

一稟督撫憲登復所憲。

道光二十七年（1847）四月十八日稟。

中國社會科學院近代史研究所編：《近代史資料》總七四期（1989），劉蜀永整理：〈勘建九龍砲臺文牘選〉，二一至二二頁。

顧炳章等九龍寨城工程保固鈐結

督辦委員候補通判顧、候補知縣喬今於與結事：依奉結得士民劉金堂、周昭漢等承辦九龍城寨、砲臺、神廟、衙署、兵房、藥局各項工程，於上年十月初七日興工，茲於本年四月十八日一律完竣。委係工堅料實，造作如式，用過原續工料銀三萬一千八百九十兩；另又用過拆造民房補給屋價及運腳、船價、搭蓋篷廠、薪水、口糧等銀四千一百一十兩。統共報銷三萬六千兩。據承辦劉金堂、周昭漢等出具保固十年甘結一案。此項工程委係工堅料實，並無浮冒，堪以保固十年。倘有限內倒塌，卑職等照例賠修，中間不扶合加具鈐結是實。

道光二十七年（1847）四月十八日結。

中國社會科學院近代史研究所編：《近代史資料》總七四期（1989），劉蜀永整理：〈勘建九龍砲臺文牘選〉，二二至二三頁。

施工佔用民地請豁免糧稅稟

委員試用通判顧、候補知縣喬等謹稟大人閣下敬稟者：案奉憲札內開，現奉巡撫部院徐批，據卑職等稟報，九龍城工一律完竣一案，奉批據稟已悉，仰登復所轉飭知照，仍將用過陳泰賢等山地應豁稅糧，飭縣查明詳豁等因，轉行到職。奉此，仰見大人慎重公事，體恤下民之至意。卑職等曷勝欽佩。伏查建築九龍城基均係官地，惟西門一處用過民人陳泰賢等山地四畝五分，當經督同九龍司許巡檢吊契勘文明確。緣陳泰賢、陳景一、陳楊祐等弟兄三人，籍隸新安縣九龍衙前村，於道光十四年冬，開契買陳觀英、陳朝田等祖遺土名九龍洞下則民米稅四畝，又土名九龍寨西社下則荒地稅五畝五分，共計九畝五分，原價銀一十四兩，遞年共應完稅銀一錢六分四厘，米四升四合，係一契買受。茲因九龍寨西社地方建築城基，用過陳泰賢等荒地稅四畝五分，照時值給過價銀三兩。所有稅糧應請注銷。其餘剩九龍西社下則荒地稅一畝，並九龍洞下則民米稅四畝，共計五畝，仍歸原業戶陳泰賢等照常管理，輸納糧稅。緣奉前因，合將原勘查驗緣由，繪圖註說，照抄契紙，呈候察核。卑職等更有請者，此次建築九龍城寨原為防海衛民而設。該城外舖戶居民情願遷入城內居住者，自應任其擇地蓋屋。該地方文武各官尤當加意撫循，並飭兵差人等不得藉端需索。如有土匪豪右抑勒阻難，立即嚴拿解究。仰懇大人俯賜，一併出示曉諭，給發九龍司貼板，在於四門張掛，俾士民周知，共相勉勵，實為德便。肅此，具稟。恭請福安。伏乞垂鑒。卑職等謹稟。

計稟繳勘圖一紙，並附抄原契。

紅稟由：稟繳原勘陳泰賢山地圖契，請行縣豁除糧稅並請出示曉諭由。

一稟登復所。

道光二十七年（1847）六月二十九日稟。

中國社會科學院近代史研究所編：《近代史資料》總七四期（1989），劉蜀永整理：〈勘建九龍砲臺資料〉，二三至二四頁。

賠修九龍工程完竣稟

委員署廣東廣州佛山同知候補通判顧謹稟大人閣下敬稟者：道光二十八年九月間，准署理九龍協李參將、署理九龍協鎮府李函開，以是年八、九兩月颶風大作，各衙署、兵房、望樓、鼓樓多被吹颶倒壞，其城腳灰縫及馬道灰沙間有損裂等因。遵即前往勘明屬實，鳩工購料，妥為修復。擇於十月初六日興工，茲於本年正月二十五日一律完竣。當准李署協、署協鎮府李知照前來，卑職復往查驗，委係如式修復堅固，並無草率朦捏。伏查九龍城寨衙署，奉經卑職與喬令監工倡建，此項被風颶壞，係在保固限內，例應賠修，以重公事。所有用過修復工料銀五百八十六兩，除寄存廣州府外辦歲修銀五百兩領回支用，尚不敷銀八十六兩。業經卑職與喬令分賠完訖，不敢請領公項，並請免予造冊。合將賠修工竣緣由稟報大人察核。再，九龍工程原案稟明節省銀三千兩，奉經提存府庫，以備發商生息歲修之用。現在此案業奉報銷，合無仰懇憲恩俯賜飭將前項節省未領銀三千兩，發交新安縣，分給當商永遠輸息，所收息銀遞年由縣解營，作為歲修備用。如遇限內城牆倒塌，仍責成卑職等賠修，斷不敢藉有此款稍存推諉，合併陳明。肅此，具稟。恭請福安。伏乞垂鑒。除稟督撫憲暨登復所外。卑職謹稟。

紅稟由：具稟賠修九龍工程完竣，請將原案節省未領銀三千兩發縣交商輸息，以備歲修由。

一稟督撫憲登復所。

道光二十九年（1849）二月二十四日稟。

中國社會科學院近代史研究所編：《近代史資料》總七四期（1989），劉蜀永整理：〈勘建九龍砲臺文牘選〉，二四頁。

耆英徐廣縉奏請獎敘捐資官紳及酌提捐資盈餘備支各項要工摺

道光二十七年（1847）五月初四日

臣耆、臣徐跪奏，為捐建九龍城寨、砲臺等項工程一律完竣，並官紳捐輸經費，先經遵旨停工，現查明捐資官紳，請給獎敘恭摺具奏仰祈聖鑒事：竊照九龍山地名，應行改建城寨，設立砲臺、衙署、營房，先經前撫臣黃會同臣耆奏明，由粵省官紳捐建，並請照歷次捐修砲臺、戰船成案，給予獎敘。道光二十六年七月二十八日奉到上諭："著等奏官紳捐建城寨各工一摺，廣東九龍山地居扼要，亟應改建石城，設立砲臺、衙署、營房以資守衛。現據該省官紳陸續捐資，經該督等派員督同估計修築，著照所議辦理。統俟工竣驗收，再行奏請獎敘。此項工程免其造冊報銷。欽此。"欽遵，轉行遵照，隨飭委員勘估興辦，並將勘辦情形及地方形勢、工程做法，繪具圖說，續行具奏。道光二十七年三月初五日奉到上諭："此項工程現在核計捐數，已屬有贏無絀。其官紳捐輸，著即停止，仍俟工竣後，核明本案工程尚有盈餘銀若干兩，再行奏明，撥歸該省藩庫，以備要需。欽此。"當即行知，於本年三月初十日停止捐輸。查此項工程，先經委員核實勘估，共需工料銀三萬六千兩，即責成該紳等自行建築，仍委員會同監修。據報於上年十月興工，本年四月工竣。復經委員驗明，建造如式，工料堅固，委無浮冒偷減情弊，出具驗收切結，並取具監修委員該紳等保固各結備案。至各官紳捐輸經費，自道光二十六年九月初一日起，至二十七年三月初十日止，共收洋銀四十三萬二千六百七十三兩。又陽江鎮，據陽江縣知縣朱庭桂率同紳士譚鴻義等，收損洋銀三萬六千零二十兩。二共實收洋銀四十六萬八千六百九十三兩，均經先後解繳廣州府庫。除支給九龍工費外，尚存盈餘銀四十三萬二千六百九十三兩。當即欽遵諭旨，解歸藩庫，除擬將盈餘項下酌提銀二十萬兩，備支目前應修要工，及未雨綢繆事宜之用外，茲據司道督同委員查明捐資官紳銜名、銀數，按照例案逐一核明，悉屬相符，列冊詳請具奏獎勵前來。臣等復加查核，均無冒濫，合將捐資各官紳銜名，銀數照繕清單，恭呈御覽。仰懇皇上逾格恩施，准查照例案給予獎敘，以示鼓勵。至此項城寨工程，事屬創建。該監修委員候補通判顧炳章、候補知縣喬應庚等實心經理，工料既屬堅固，又能力加樽櫛。訪諸水師提臣賴恩爵，亦稱工堅料實，經理得宜。查尚有應建琴沙砲臺、虎門同知衙署、省垣內外城工，以及添調防兵兵房、修葺加工火藥局等項要工，均責成該委員等一手辦理。統俟各工告竣，果能始終勤奮，再由臣等據實保奏，合併陳明。除飭將各官紳年貌、籍貫、履歷造冊送部外，臣等謹合詞恭摺具奏。伏乞皇上聖鑒，訓示遵行。謹奏。

再，粵省官紳捐輸九龍城寨、砲臺等項經費，現在截數共收洋銀四十六萬八千六百九十三兩。除支九龍工費銀三萬六千兩，尚盈餘銀四十三萬二千六百九十三兩。臣等與司道公同籌計，尚有應辦要工，如肇慶府高要縣屬之琴沙地方，當東西兩江之沖，南控高明、鶴山河面，北扼北江及通三水縣，西南江口為肇慶府屬緊要門戶。現留弁兵駐紮巡緝，係搭蓋篷寮居住，實非經久之計。應於此處建造砲臺一座，添派弁兵防禦。又新設虎門屯防同知，應建衙署。經前撫臣黃題准由粵省籌捐辦理，無須動項開銷。應即於此次捐輸項內撥用。惟該同知駐紮之虎門廣濟，相距武營較遠，必須派撥弁兵防衛，添建兵卡、汛房。又東莞縣屬缺口司巡檢衙署，原在虎門廣濟墟，嗣應風雨坍塌，未經建復。現將該巡檢舊署基址改建同知衙署，其缺口司巡檢衙署，擬即移建在太平鎮口地方，使彼此聲勢聯絡，於地方更有裨益。又，省垣內外城工，間有損壞，亟須修葺，以資保障。至督標兵丁，現在駐省僅止四百名，應再添六百名，以壯聲勢，亦須建造兵房，俾供棲止。又，粵省額操火藥寬為儲備，其火藥局另須妥為修葺，虛〔以〕免漏濕之虞。以上各工已委員分投勘估，擬即於此項捐輸盈餘銀四十三萬餘兩內，酌提銀二十萬兩以為各項要工之需。此外恐尚有未盡事宜，容臣等體察情形，隨時奏明辦理。如工用復有盈餘，即與現存捐輸盈餘之二十三萬餘兩一併封貯本省藩庫，以備要需。

再，此次捐輸，議令收繳洋銀，係為便於本省行用。今工費之外，計有盈餘，若傾鎔紋銀，折耗較多，應請歸入海關尾銀，另款存貯，以備要需，合併陳明。所有酌提捐輸盈餘銀兩備支各項工需緣由，臣等謹合詞附片具奏。伏乞聖鑒訓示。謹奏。

中國社會科學院近代史研究所編：《近代史資料》總七四期（1989），劉蜀永整理：〈勘建九龍砲臺文牘選〉，二五至二七頁。

各部奉旨依議耆英所奏各事宜摺

為遵旨速議具奏事：道光二十七（1847）年八月初二日，內閣抄出協辦大學士兩廣總督宗室耆英等奏籌辦砲臺，添撥兵丁，建造兵房，儲備火藥及修葺城垣調兵駐省各事宜一摺。奉朱批："該部速議具奏。欽此。"欽遵抄出到部。

臣等查該督原奏內稱："省河虎門砲臺，舊章向未畫一，或輪流防守，或臨時添調，倘遇有事，難期得力。現復體察情形，酌定實在額數，常川駐守，以專責成。查省河一帶水陸砲臺共二十二座，除永康一台逼枕省垣，舊設弁兵足敷防守，無庸另議外，其南安、西固、東定、保厘、鳳凰岡、大黃滘、南石頭、沙腰、東望、侖頭、東安、東固、東靖、中流砥樁等十四台係屬最要，配砲三百七十一位，每砲應配兵三名，共一千一百一十三名。海珠、永靖、耆定、拱極、保〔極〕、永靖、西砲臺等七臺，係屬次要，共配砲一百三十二位，每砲應配兵二名，共兵二百六十四名。又每臺酌派司理軍火兵二名，共應配兵一千四百一十九名。除原配兵八百九十一名，應添配兵五百二十八名。在於該管之撫標、廣協、順德協及提標中後二營均勻派撥。虎門海口砲臺共一十四座，內威遠、靖遠、鎮遠、水軍寮、沙角、上橫檔、下橫檔等七臺係屬最要，原配砲共四百七十六位，內除上下橫檔相對處所，共砲三十位，形勢逼近，難以互行施放，無庸配兵外，實共配砲四百四十六位，每砲應配兵三名，共一千三百三十八名。蛇頭灣、竹洲、九宰、南鞏固、北鞏固、大角、大虎等七臺係屬次要，原配砲一百五十位，內除大虎、蛇頭灣有砲八位，相度形勢，施放不能得力，無庸配兵外，實共配砲一百四十二位，每砲應配兵二名，共二百八十四名。又每臺酌派司理軍火兵二名，共應配兵一千六百五十名。除原配兵一千二百五十二名，應添配兵三百九十八名。查有第六號貞吉戰船原配兵六十名，於道光二十六年二月屆應小修。又第九號貞吉戰船原配兵三十五名，第八號貞吉戰船原配兵五十名。該二船俱於道光二十六年十一月屆應小修。又第二號、第四號貞吉戰船，各配兵八十名。該二船俱於本年十二月屆應小修。以上五船共兵三百五名，應俟次第撤回歸伍。今擬就便配撥砲臺，以海口防守之兵仍歸海口防守之用，其餘不敷兵丁，由提標中右二營均勻派撥。其有礙施放之砲，雖不必配兵，應仍留臺備用，毋庸裁撤"等語。應如所奏辦理。

"至省河各臺兵房尚敷棲止，虎門最要各臺，除沙角一臺毋庸添建兵房外，其餘威遠等六臺，應添建兵房二十八間、軍裝局二間、火藥局二間，另拆造原建兵房一十八間。又上下橫檔孤峙海面，並無陸路可通，應添造三板船三隻，以便兵丁汲水買米之用"等語。應如督所奏，准其添建，合共估計工料等項銀五千一百八十兩，應在九龍砲臺捐款盈餘項下支銷。"又兵丁常川在臺駐守，額給糧餉不敷食用。查虎門各臺兵丁，道光二十五年議定每年六、七、八、九四個月，每兵每月增給銀四錢，為數無多，既未能週年支外，而省河各臺又未一律增給，未免兩岐。今擬省河虎門各臺，每兵每月一律增給銀五錢，共兵三千六十九名，每月應需銀一千五百三十四兩五錢，每年應需銀一萬八千四百十四兩，遇閏加增。查有防夷水操經費生息項下，每年可得息銀五千五百兩。排練經費生息項下，每年可得息銀三千五百兩。南韶惠潮兩道公捐犒賞項下，每年銀一千兩。又水師各營應行找回承修戰船二成工料項下，共存銀三萬八千八百七十六兩零。業經議定免其請領，捐備充公。現擬發商一分生息，每年可得息銀三千八百八十餘兩。連虎門各臺兵丁每年應支增給四個月口糧項下，共銀二千兩。統計共得銀一萬五千八百八十餘兩，尚不敷銀約二千五百餘兩。即在現屆小修貞吉戰船五號之裁撤兵丁停支口糧銀內，酌撥給領，尚屬有盈無絀"等語。

戶部查前項三板船三隻，既據兵部准其製造，應需工料銀兩，應准其在於九龍砲臺捐款盈餘項下動支造報。至省河虎門各臺共兵三千六十九名，每兵每月一律增給銀五錢，每年應需銀一萬八千四百十四兩，遇閏加增，應准其在於防夷水操經費等款內動支，其不敷銀兩，即在屆修貞吉戰船、裁撤兵丁停支口糧銀內酌撥。至虎門各臺兵丁，每年應支增給四個月口糧銀兩，現已改歸本案一律支銷。其屯租項下，每年開支銀二千兩，即撥入本案新收項下列造，仍於屯租案內分晰造報，並將各款遞年收支數目，按年題報核銷。

工部查前項各工，應令兩廣總督轉飭作速照例造具冊結，題報核辦。至應添造三板船三隻，估需工料銀兩，亦應令該督編列字號，造具成規細冊，送部具題核辦。

該督又稱："各臺需用火藥亟應寬為儲備，除每月操演應用火藥照常支領外，擬製造加工火藥五萬斤，分貯各臺，以備緩急。"亦應如該督所奏，〔准〕其照數添製。查加工火藥每百斤需工料銀九兩二錢，計五萬斤需銀四千六百兩，亦於九龍砲臺捐款盈餘項下支銷。工部查製造前項加工火藥數目，亦應令該督轉飭造具工料銀兩細數清冊，照例題報核辦。其應需銀兩，戶部亦應准其在於九龍砲臺捐款盈餘項下動支造報。

又稱："省河各砲臺，向係撫標、廣協等營分管；虎門各砲臺向係提標中右二營分管。惟各該營員均有巡緝差操之責，勢難常川駐守。若責令兼顧，仍恐有名無實。擬於各營參、游、都、守中，擇其結實可靠者，省河各臺派委四員，虎門各臺派委二員，常川經理，以一年為期。如果勤慎得力，嚴密操防，著有實效，即於期滿時核明，請給議敘。倘有始終奮勉，堪資倚賴之員，留防至二年者，給予升銜。至三年者，以應升之缺升用。該管期內，如有失事，與該本管營員一律參處；倘不能得力，隨時撤退更換，以昭激勸而杜推諉"等語。應如該督所奏辦理。所有派委各員，應酌給薪水，以資操防。擬每員每月給予銀三十兩，在米耗盈餘項下支給。戶部亦應如所奏辦理，仍於遞年米耗盈餘案內，分晰報部查核。

又稱："各臺每月操演大砲，即照現行章程，派委文職大員，會同監視演放。粵省垣年久失修，雖經地方官隨時粘補，未能悉臻鞏固。茲擬擇要興修，核實估計。並城上兵房、砲棚等項，共需工料銀一萬二千兩。又城內火藥局二處，亦應及時修造，估需銀五百八十兩，均在於九龍砲臺捐款盈餘項下支銷。"工部查前項各工，應令兩廣總督轉飭作速照例造具冊結，題報核辦。其應需工料銀兩，戶部亦應准其在於九龍砲臺捐款盈餘項下動支造報。

又稱："粵省內外兩城地址寬闊，五方雜處，闤闠櫛比，宵小易於托跡，必須按段分派兵丁彈壓。除旗營防兵另有差使及撫標、廣協額兵僅敷應用外，其督標六營共額兵四千四百五十餘名，向調在省駐防僅四百名，管帶官四員，其餘均駐肇慶，一時調集不及，兵力實形單弱。茲擬於肇慶各營添調千總、把總六員，帶兵六百名來省常川駐紮，一年更換。計督標連前駐省兵四百名，共成一千名"。亦應准其照數撥駐。至添調千總、把總六員，來省常川駐紮，亦應如該督所奏，准其添調，在省常川駐紮，仍俟一年更換時，專咨報備案。"除額支糧餉外，仍參酌舊制重定章程，每弁每月給口糧銀二兩，每兵每月給口糧銀一兩，以資餬口，即在米耗盈餘項下，按月支給。應需兵房，在於督標衙署新舊箭道並軍裝局等處隙地建蓋"等語，亦應如該督所奏，准其建蓋。估計料銀六千八百七十兩，亦於九龍砲臺捐款盈餘項下支銷。工部查前項各工，應令兩廣總督轉飭作速照例造具冊結，題報核辦。戶部查該督所奏，每弁每月給口糧銀二兩，每兵每月給口糧銀一兩，在於米耗盈餘項下，按月支給之處，亦應如該督等所奏辦理，仍於遞年米耗盈餘案內，分晰報部查核。其應建兵房，估需工料銀兩，亦應准其在於九龍砲臺捐款盈餘項下動支造報。至所撥兵丁，有由修葺貞吉戰船內派撥者，俟工竣應行配載時，再由各營酌量派撥。以上各砲臺兵丁經此次移駐之後，仍請旨飭下該督，責成該管將備協力嚴防，務使兵歸實用，餉不虛糜，以仰副我皇上廑念海疆有備無患至意。所有臣等會同速議緣由，是否有當，伏乞皇上訓示遵行。再，此

338

摺係兵部主稿，合併聲明。為此謹奏請旨。

道光二十七年（1847）八月初六日具奏。

本日奉旨：“依議。欽此。”

中國社會科學院近代史研究所編：《近代史資料》總七四期（1989），劉蜀永整理：〈勘建九龍砲臺文牘選〉，二七至三一頁。

三、亞羅船事件與英索租九龍半島南端

咸豐六年（1856）秋九月，英夷稱兵犯粵，其釁起於來粵之劃艇。艇之船主英人，所載舟子則華人也。中西前約載有：“不法華民逃至香港，或在英之官船、貨船潛匿者，經英官查出，交付華官。若華官探聞在先，亦准照會英官移取，其英人犯法逃入中土者，亦如之。”是月初十日，有自外洋來粵之劃艇，張英國旗幟，泊於粵河，粵之水師武弁見舟中所載者皆華民，將治以通番之罪，遂執舟子十二人，械繫入省。船主以訴領事巴夏禮，巴至舟查勘，武弁不為禮。巴乃照會粵督，以武弁應移取不應擅執，且明舟子無罪，請釋之。

時葉相國名琛任兩廣總督，不許，又因在粵之包公使以請，許之。英有水師提督西某者，聞其事，欲起釁端。相國遣送舟子於領事廨中，而領事以事關水師，弗受也。二十六日，西水師興兵攻我黃浦砲臺，相國遣雷州知府蔣某至領事廨中，詰其起釁之由。時西水師亦在焉，同聲答曰：“傳言誤聽，屢乖二國之好，歸語相國，當入城面議之。”蓋水師、領事意不在舟子，欲藉面議為入城地也。……

（清）夏燮撰，高鴻志點校：《中西紀事》卷一二，一五九頁。

咸豐六年（1856）秋九月，英人犯廣州，大學士總督葉名琛督義勇拒之。

中西前約載：“凡有不法華民，逃至香港或在英船潛匿者，英官查交華官。若華官探聞在先，亦准照會英官移取。其英人犯法逃華者，

亦如之。"是月初十日，有洋艘張俄羅斯國旗來粵河，水師弁兵見所載皆華民，將罪之通番，遂械舟子十二人送省。船主以訴領事巴夏禮，至舟查勘，營弁不為禮。巴夏禮怫然，乃照會粵督，以營弁不應擅執，且明舟子無罪，請釋之，總督葉名琛不許。又因包公使以請，許之。英水師提督西某欲尋釁，名琛遣送舟子於領事廳，而領事以事關水師弗受。

（清）王之春：《清朝柔遠記》卷一三，二六一至二六二頁。

咸豐十年（1860）九月。

以廣州九龍司地與英人。

九龍司巡檢，屬新安縣，地鄰香港，總督勞崇光先租與英使巴夏禮，至是續定和約，即將其地付英人管轄，與香港並為英屬地，而徙其民。

（清）王之春：《清朝柔遠記》卷一四，二九〇頁。

廣州《博聞報》云，英國擬取香港附近地方為建臺駐兵之用，前經探聞消息，登請報章。茲接英京來信，言英國割地之議，經於一千八百九十七年十月初旬由駐北京英公使麥端尼路及英水師提督與中國總稅務司赫德會商就緒，不日妥立條約，當即劃界交付。查英國索地之意，蓋謂香港為英國最要之屬地，而普天下最要之通商港口，香港實居其次，倘四面並無砲臺營壘以資障蔽，雖有英水師駐近中國水界，亦不能有恃無恐。設一旦與別國搆怨釁起，須臾則全港必為敵人所有，無可抵禦，故必割取香港附近之地，得以從容展布，自可成為最鞏固之口岸。否則香港既不能保，更將由此掣動英之大局。此時中國縱任由英國水師駐近港地，亦必諸多掣肘，無可設施。所以亟請割讓，俾得資以保護云云。刻下中國經已允從，其所割地方，聞係由深水埔以達深圳河，直至該處山畔為界。由此而東，則直至美士灣、鯉魚門而止。由此而西，則經由社路港及美士灣包括之各嶼島，紆近而至深水埔。其地勢迴環，圓如滿月，由此設險以守，則百密而無一疏，故英人垂涎及之也。

《申報》合訂本，第五八冊，〈英護香港〉，光緒二十三年（1897）十二月二十五日，九一頁。

德佔膠州灣後，俄國軍事情報中指英佔香港島對面一部分土地。

……

據最近消息，由海軍提督布脫勒（Butler）所率領的英國大艦隊已到達台灣島，同時報紙報導說，英國得到中國的同意，佔領了香港島（維多利亞 Victoria）對岸的一部分土地。

駐柏林軍事代表恩加勒乞夫致維·烏·索洛古布，情報由陸軍大臣轉交外交大臣，1897 年 12 月 4 日（十一月二十二日）第二十七號密。

《紅檔雜誌有關中國交涉史料選譯》，一二〇頁。

四、九龍"租借"前社會一斑

道光二十三年（1843）十一月庚寅。

又諭：有人奏，廣東已革新安縣武生陶鳳岡，糾約匪類萬餘，以九龍山為巢穴，於廣州、廉州、高州等府，出沒往來，攔截商賈，擄掠村莊。……將此諭令知之。尋奏：遵旨確查，實無陶鳳岡姓名蹤跡，惟有因案在逃之新安縣已革武生陶奉安，業傳訊該犯家屬，據稱至今未回。……九龍山亦無巢穴。得旨：雖查無其事，不可置之度外，陶奉安務期弋獲。

《清實錄》，《宣宗實錄》（六），卷三九九，一一四七頁。

香港對岸有地曰九龍，近來賭博之風大熾，蓋由香港遷於此者也。從前香港此風最盛，自禁絕之後，該賭徒無以為生，遂相率而移禍於九龍，窩聚於彼，罔有顧忌，設局誘人，機械百出，而香港之好賭者無不聞風而至。由港至九龍須用渡船，日來渡船之中擁擠不堪，自朝至暮，過渡者肩摩踵接也。其中大半多有因賭而前往者。噫，賭之害大矣！既能行禁令於香港，胡復令其肆毒於九龍乎？嚴飭而永禁之，是在為民上者矣。

《申報》合訂本，第二冊，〈過海賭博〉，同治癸酉（1873）六月初一日，五七八頁。

客有遊於九龍者，言該境賭館停閉，究其故，則曰該境賭局自停閉復開後，赴賭人相屬於道，設賭頗慶多福。距兩日前，有糾黨至者，或言是新安營伍中人，見該境賭館略無派送陋規，謂該賭館等目無所屬地方，不知規矩，乃擾其賭局。於是人紛如蟻，勢如川沸。被擾之賭局，固已踐躪不復成聚者，未被擾者，亦趁勢並即停閉一時，各賭闃其無人。或謂地方有賭，本為地方之害，然地方官於朝夕見聞之下，竟不嚴禁，想當別有會心也。得此擾之者，殊覺先聲奪人，足為地方除害，是當場之霹叱，比之"各宜凜遵無違"之語，尤為有驗也。或謂彼之擾之，非為禁之，乃謂欲其關而使之不得開者，此欲揚先抑。抑使不得遂其欲，而後可以惟我所欲也。使設賭者而知順擾賭者之欲，則擾賭者之欲遂，而設賭者之欲亦遂。賭場復設，賭人如織，亦指顧間事耳。設賭者欲遂己之欲，而謂其固不能遂他人之欲乎哉？此千古之狐，同一邱之貉，良可慨也！

《申報》合訂本，第三冊，〈九龍賭局被停〉，同治癸酉（1873）九月二十九日，四八三頁。

（光緒十七年〔1891〕九月）

（二十九日記）九龍一口，查核去年粵海關各廠貿易情形，最為暢旺，綜計進出口貨物，估值銀三千八百五十萬餘兩，較上年增至六百三十七萬餘兩，較前年亦增三百二十九萬餘兩。是年進口貨價內，洋米已居其大半，足見內地各縣收成非甚豐足，居民購食洋米，其資財虧耗已甚，似非興旺之象。

鍾叔河主編：《走向世界叢書》第一輯，薛福成：《出使英法義比四國日記·出使日記續刻》，四三八至四三九頁。

〔光緒十八年（1892）九月〕

二十九日記　九龍關進口洋貨，十六年（1890）值銀一千七百九十六萬餘兩，十七年（1891）僅值銀一千三百二十九萬餘兩；所少之價，則惟米、火油、洋藥三項也，其餘洋布、棉紗、鉛鐵等類頗皆增旺。出口土貨均係運往香港，值銀一千七百一萬餘兩，較上年多二百餘萬兩。此項增多之數，茶葉實居其半，土絲一項，出口者四千四百餘萬擔，價銀一千四百六十餘萬兩。綢緞、赤白糖、煙葉、煙絲均有起色。由香港復進口之土貨，價銀三百三十七萬餘兩。由本口運往各口之土貨，價銀一百八十五萬餘兩。

鍾叔河主編：《走向世界叢書》第一輯，薛福成：《出使英法義比四國日記·出使日記續刻》，六五五頁。

五、九龍 "租借" 後人民的抗爭與《展拓香港界址專條》的簽訂

光緒二十四年（1898）四月丁酉。

總理各國事務衙門奏請許英人於廣東九龍關立租界。允之。

（清）朱壽朋輯：《光緒朝東華錄》（四），總四○九○頁。

天津《國聞報》云：香港商務局於前月十六日聚會，商議九龍華人稅關一事。各局員紛紛其說，局紳維檄倡言曰：九龍地面既劃歸英國管轄，而華人稅關及各關廠若仍准其在香港近地駐紮，緝私巡船仍准在港界海面來往，殊於香港商務有礙，而於華人渡口生意更覺阻擾。可否照會中朝，將香港九龍及附近關廠遷回中國界內。倘中朝允將關廠及緝私船一概撤去，則香港政府亦當妥籌善法，保護中國稅餉，並於鴉片走私一事，必格外提防，不准其由港運入中國內地。云：主席基利深以維君之說為然，局紳則臣即起而言曰：中國稅關既不許在港抽稅，則所有鴉片到港必須核計，方足保護中國稅餉，惟各稅廠及巡船必須移出港界之外云云。各員均以為合。遂照所陳刊示於眾，並詳

稟政府。

《申報》合訂本，第六〇冊，〈請移稅關〉，光緒二十四年（1898）八月二十八日，三〇七頁。

光緒二十五年（1899）四月初九日。

兩廣總督譚鍾麟、廣東巡撫鹿傳霖奏為廣州九龍關租界先後辦理情形事：

竊廣州新安縣屬九龍地方，英國展拓租界，上年經總理衙門與英使議立約章，鈔錄原奏及界圖，咨行到粵。去冬九龍稅務司義理邇來見，言租界一定，則稅關必須挪移，當以租章內並無挪移稅關之文，嚴行申飭。本年二月，港官請會勘界址，即派知府王存善前往。札內聲明：如欲移關則租界暫不必定。王存善以札示港督，亦無異詞，乃立合同，電陳總理衙門定案。不圖港督翻悔，電致英使，如照現定之界，不將深圳等村劃歸租界，則稅關即須移出。本總理衙門告以仍由粵議。港督於二月二十二日來省，見臣鍾麟，未提深圳等處，但欲移關。臣以原約無挪關之文，萬不可移，反復辯論，臨行訂問港督，答云移關一事，可不再提。乃去後又背前言，仍電英使，在總理衙門曉瀆。因內外力持，不稍遷就，始由赫德轉稱，接沙相電，展緩半年。洋情反復無常，義理邇復與華商串通一氣，必欲挾制移關而後已。且妄報土民穿有官兵號衣，意圖挑釁。請旨飭下總理衙門，堅持原議，飭令赫德將義理邇撤去，更換稅司，以重稅務而顧餉源。初港督在省，面訂三月初八日交收租地，請派兵保護。臣鍾麟許以三日內即派兵六百名馳往九龍，會同大鵬協副將，擇要駐紮，以資彈壓。惟新安民風強悍，租界內村莊不下萬戶，食毛踐土二百餘年，一旦聞租與英國管轄，咸懷義憤，不願歸英管。乃港官未交收租界之前，兩次遣兵逕至租界內大埔墟搭棚，亦不告知地方營員派兵同往，自與土民口角爭鬧，燬其棚蓆，先肇釁端。於是租界內各鄉聚眾揚言，集資備械，專與洋人為難，眾情洶洶，不可復遏。臣等兩次出示曉諭，各安生業，不得滋事。飛飭該縣營員，妥為開導彈壓，一面派令王存善馳赴香港，與港督商議。而港督反委咎官兵保護不力，照會索賠。且以土民有穿號衣者，疑係官兵助民興鬥，復告以官兵欲鬥則鬥耳，何必雜入土民隊中。如謂暗遣官兵助民，則決無穿號衣之理。此事由英官先往搭棚，口角，激成民變，與中國無干。三月初六日，土民數千聚集大埔壚山坡，開挖坑塹，拒阻英兵，英派印度兵及在港華人往逐，開放槍砲，互有傷亡。初七日復與土民相攻，附近居民紛紛逃避，遷徙一空。即於是日乘民不備，升豎英旗，作為接受管理。土民糾約壯丁出鬥，固結莫解，更恐會匪乘機勾結，其禍尤烈。臣等曾照會領事轉告港督，新附之民，當加體恤，不可太苛，不可用威。今界未交收，輔政司駱檄遽出，示令居民呈驗印契，且欲加稅，於是激成事變。目前固囂然不靖，日久恐終難相安。港督亦未回覆。初八日後，聞英官不再發兵，或可漸期安靖，前派保護之兵勇，亦一律撤回。租界內逃出老弱良民，飭縣設法安撫，勿使失所，以靖地方。謹奏。

　　光緒二十五年（1899）四月初九日奉硃批：該衙門知道。

（清）王彥威輯：《清季外交史料》卷一三八，〈粵督撫譚鍾麟、鹿傳霖奏報九龍關租界辦理情形〉，二七至二九頁。

　　光緒二十五年（1899）五月十五日。

　　兩廣總督譚鍾麟、廣東巡撫鹿傳霖奏為英人佔據九龍城侵越租界，法人藉廣州灣為圖佔吳川、遂溪兩縣地方，勢難理諭，請旨飭總理衙門妥籌辦法、密授機宜俾得遵行事：

　　竊九龍關展拓租界，經總理衙門與英使訂立條約，繪圖定界，寄粵照行。本年二月初，委員與英官會勘北面，以水為界。合同初立，港督即有不將深圳劃入界內，則稅關必移出九龍城之外等語。屢經辦駁，港督旋允旋翻。三月初，輔政司駱檄，示諭界內居民將印契呈驗，並有加稅之說。眾心不服，聚數千人與英兵互鬥，各有損傷。臣等飭新安縣傳諭紳士，妥為開導，並兩次出示曉諭，毋得生事。照會領事轉致港督，新附之民，宜從寬待。港督出示安撫，詞極遜順，民心始安。四月初八日，港督文稱^①，奉本國政府諭，派兵將深圳、九龍城等處扼守，竟將九龍城內官弁兵丁一併逐出，軍械號衣悉行褫奪，派兵據守深圳，令紳士具稟，願歸英國管轄。即日將派去彈壓之華兵三百名軍械號褂，盡行搜去，勒令立刻遷移。現於距新安城二十餘里、距深圳二十里之沙角駐兵二百名，云將築砲臺守之。九龍城海關已閉，惟汲水門外三稅廠，尚係中國收稅。港督並飭白稅司妥為照料，故目前未便遽與決裂，但照會領事轉致港督，以後兩國交涉事件，是否仍照條約辦理，希即見覆。現尚未有覆音。總署屢言與之婉商，其人反覆，殆不可以理論。此九龍近日情形也。……謹奏。

光緒二十五年五月十五日奉硃批：該衙門迅速酌核電覆。

<hr>

註：①港督文：即港督文翰。

（清）王彥威輯：《清季外交史料》卷一三九，〈粵督撫譚鍾麟、鹿傳霖奏英人佔據九龍城，法人圖佔吳川、遂溪兩縣請飭辦法摺〉，二至四頁。

光緒二十四年（1898）四月十八日。

總理各國事務衙門慶親王奕劻等奏為英國擬拓香港界址，議定租章，請旨派員畫押事：

竊英、俄素相猜忌，俄租旅大後，英人即思在中國渤海上游租借口岸，以為屯泊兵艦之所，期可制俄。因日本退還威海衛有期，英使臣竇納樂於本年三月初十、十一等日來署，面商接租威海，其租章照旅順辦理。旋又因法租廣州灣之議已定，竇納樂迭次來署商議，請展拓香港後面之九龍山地方，以為保護香港之計。臣等再三駁斥，而竇納樂聲稱：英國議院本意在浙江之舟山及福建一帶圖佔口岸，以保利權，因念中國為難情形，祇有就原有之香港展拓界址，上年曾經駐廣州領事向粵省商及等語。臣以展拓界址與另佔口岸不同，允議暫租專條，尚可操縱，由我仍留九龍城及原有碼頭，以便文武駐紮，兵商各船來往停泊，及他日造鐵路根據。且香港英官原允幫助中國整頓稅務，亦可趁機議明，實力相助。經臣等迭與該使臣面商，彼此已將條款定妥平允，將相助稅務一節，另行照會存案。其九龍界址，仍聲明粵督派員與香港總督再行劃分。除英租威海衛俟妥訂條款再行請旨外，謹將英拓香港界址專條繕單呈覽。如蒙俞允，請特派大臣與該使臣訂期畫押，彼此互換。謹奏。

光緒二十四年（1898）四月十八日。

奉硃批：依議。

謹將與英使竇納樂議展香港界址專條繕單恭呈御覽。

溯查多年以來，素悉香港一處，非展拓界址不足以資保衛。今中英兩國政府議定大略：按照粘附地圖展拓英界，作為新租之地。其所定詳細界線，應俟兩國派員勘明後，再行計劃。定以九十九年為限期。又議定所有現在九龍城內駐紮之中國官員，仍可在城內各司其事，惟不得與保衛香港之武備有所妨礙。其餘新租之地，專歸英國管轄。至九龍間新安陸路，中國官民照常行走。又議定：仍留附近九龍城原舊碼頭一區，以便中國兵商各船、渡艇任便往來停泊，且便城內官民任便行走。將來中國建造鐵路，至九龍英國管轄之界，臨時商辦。又議定：在所展界內，不可將居民迫令遷移，產業入官。若因修建衙署、築造砲臺等官工，需用地段，皆應從公給價。自開辦後，遇有兩國交犯之事，仍照中英原約、香港章程辦理。查按照粘附地圖，所租與英國之地內，有大鵬灣、深圳灣水面，惟議定，該兩灣中國兵船無論在局外局內，仍可享用者，均應自畫押之日起，中國五月十三日，即西曆七月初一號開辦施行。其批准文據，應在英國京城進行互換。為此，兩國大臣將此專條畫押蓋印，以昭信守。此專條在中國京城繕立漢文四份、英文四份，共八份。

大清國太子太傅文華殿大學士一等肅毅伯李、經筵講官禮部尚書許，大英國欽差駐中華便宜行事大臣竇。

（清）王彥威輯：《清季外交史料》卷一三一，〈總署奏英國擬拓香港界址議定章程摺〉，一七至二〇頁。

光緒二十四年（1898）四月庚子。

總理各國事務衙門奏：與英使議定展拓廣東香港九龍城租界專條，以九十九年為期限。自開辦後，遇有兩國交犯之事，仍照中英原約香港章程辦理。租地內大鵬灣、深圳灣水面，中國兵船無論在局內、局外，仍可享用。請派員畫押。允之。

《清實錄》，《德宗實錄》（六），卷四一八，四七八頁。

六、英佔九龍城與中英關於承建廣九鐵路和陸路電線的交涉

奏為粵省官助商辦陸路電線告成，現經電報官局歸併承受，所有粵省官項暨將來報資，擬請分別支銷造報，恭摺具陳，仰祈聖鑒事：

竊維電報之法，昉於泰西，近始行於中國。光緒七年（1881）間，直隸總督臣李鴻章議設津滬陸路電線，由天津以達上海，與上海洋商舊日造成海線直達香港者得以接續。維時尚未議有浙、閩至粵陸路電線之舉也。臣樹聲以天津至香港六千餘里，電線傳報僅需數時，而由香港以至粵東省城僅數百里，尚未設有電線，每值寄電天津，必須專人前往香港電局，輾轉傳達，未免耽延。是以前在粵督任內，即經飭令司局，設法招商，湊集資本，援照津、滬成案，造設省城以至香港對岸之九龍地方陸路電線，俾與香港洋商水線相接，轉達上海以迄天津，庶幾一氣貫通，聲息愈臻靈速。復恐商人以民間私家傳報無多，得利有限，或致吝於捐集，並許官為量助，以期易底於成。旋據司詳，招得華合公司商人李璿等情願承辦，即於光緒八年春間由省興工，迤邐前進，工次增城縣屬新塘村地方，該處村民因事屬創辦，意存疑慮，群起阻撓。又經委員會同地方官前赴該處詳為開導，民間知其無礙，浮言始息，遂又接續興工。迨至九龍地方，將與香港水線相接，英商又不肯應允，該商李璿等與之據理辦爭，先後停工，凡逾數月之久，至九年（1883）冬月間，津、滬、浙、閩、粵電報總局委員、直隸候補道盛宣懷在上海與英商議定：吳淞口陸線與彼海線相接，彼

348

之香港海線亦與粵省九龍陸線相接。爰與李璿等議將粵線讓歸津、滬電報總局承受，將華合公司改為廣州電報分局，始克與英國香港水線彼此接連。此粵省招商設立電線，續經歸併津、滬電報總局承受之原委也。

此起電線商人設立之時，節節停阻，因而工費一切未免增多，計共支用洋銀四萬三千二百兩，除該商李璿等湊合股分銀一萬七千二百八十兩，已由津、滬總局如數給還外，尚有官項撥助銀二萬五千九百二十兩，係由粵省司局籌款借支。原議彙同商款，按本起息，計自興工起，至讓歸津、滬電報總局之日止，時閱年餘，應得息銀一千四百四十兩，共本息銀二萬七千三百六十兩。現據司局議詳，此起電線既歸津、滬總局承受，應請查照津、滬事例，不收息銀，如寄總理衙門、各省督撫、出使各國大臣、洋務、軍務、電報，於信紙上蓋印，驗明轉發，是謂頭等官報，應收信資，另冊存記，即將前項本息銀二萬七千三百六十兩陸續劃抵，按年彙報，以扣清之日為止。至粵省電寄出使各國大臣電報，須經由洋人海線，現在閩、粵陸線尚未連接，所寄沿海各省電報，亦須暫經洋人海線，均應另給報費。此項報資銀兩，應請作正開銷，歸入善後案內，按年造報，以期覈實。據廣東布、按二司會同善後總局營務處各司道詳請。奏咨立案，以便報銷前來。除分咨戶、兵、工部暨總理各國事務衙門查照外，臣等謹合詞恭摺具陳伏乞皇太后、皇上聖鑒，敕部查照施行。謹奏。

《張靖達公奏議》卷八，〈廣州九龍陸路電線歸併電報局承受摺〉，五二九至五三二頁。

再案：查同治九年（1883）間承准總理各國事務衙門來函，以英國駐京公使擬於中國海道暗設電線，經總理衙門力與辯論，其線祇准設於沿海洋面，水底線端祇准在船隻內安放，不得牽引上岸等因，密切知照在案。光緒八年（1882）春間，復准總理衙門來函，英人欲於香港設立水線，直達粵東省河，應准其將線端引至省城西面附郭之沙面上岸，屬由粵酌量辦理。臣樹聲以洋人水線深入省城內河，且將線端牽引上岸，於海疆防禦之宜既多窒礙，且粵民耕三漁七，省河帆檣如織，設於彼族水線一有損壞，勢必日滋口舌，而於自主權利所損尤多。但總理衙門已允通融在先，斷無逕行阻止之法，當與總理衙門往復函商，惟有由粵商自設陸路電線，相為抵制。水線工鉅費繁，彼知事分利薄，或可不阻自止。隨即密飭廣東藩、臬兩司暨善後總局各司道，議招商人設立華合公司，剋期舉辦自省至港陸線。復因英商急欲興工，事機甚迫，商力驟難充裕，勢不能不量籌官項撥助，庶官商合力，易於告成。嗣後英商水線之議果即中止，惟此次倉猝創辦，線路經過之地，民間以事非習見，疑議群興，迭次委員勸諭開導，動輒經旬停工以待。及做至九龍，又以英商不允接線，華商與之辯論多時，未能就緒，節節稽阻，工費倍於尋常。去年議將此線併歸津、滬電報總局承受，該局華商亦以成本太重，不願接收。而華合公司商人實因沿途阻撓，為時過久，工費加多，做成之後並未獲有利益，又難責令賠墊，不得不諭令津、滬電局華商接受，援照北洋奏定成案，准將所助官款留於該局，存抵報資，藉敷周轉，維持南北陸線全局，潛挽先允通融上岸原議，以收中國自主之權，而杜英線引入內河之譎計。此粵東安設省港陸線緣起及成本較重、官款存抵報資之實在情形也。

據該司局等將設線撥項各緣由，詳請奏明立案，以便報銷前來。臣等現經恭摺具奏，惟暗阻英人省河水線之謀，補救通融線端上岸之舉，此中用意機緘，似未便率行宣露。現在臣等正摺既請敕部查照，將來報銷冊籍繁多，勢又未能隱密，是以正摺內祇以省港內無電線，恐致文報稽緩為言，以密事機而昭慎重。所有其中實在情形臣等謹附片密陳，伏乞聖鑒。謹奏。

《張靖達公奏議》卷八，〈自設省港陸路電線情片〉，五三二至五三五頁。

光緒八年（1882）十一月初二日。

接奉鈞函，以粵商擬設電線一事，現准少荃中堂函覆粵商陸線，香港英人不准上岸，英商水線應即援例阻擋。查英人既不准華商之線在香港上岸，中國應亦不准英商之線在沙面上岸，飭將現在辦理情形及少荃中堂所聞是否確實，詳為奉覆等因。查此事前接少荃中堂電報，業經詳覆一函，嗣據英國領事有雅芝來文，又經詳晰照覆，所有此事端委及現辦情形，已具於前項文函之內。茲謹錄稿寄呈，伏祈訓示。至英商線端不准在沙面上岸一節，自當遵照尊諭，援例阻止。

《曾忠襄公書札》卷一七，〈覆總理各國事務衙門〉，一頁。

接奉惠函，備承肫注。承示設立陸線一節，並鈔寄傅相摺稿，祇悉壹是。電報迅速，不惟有利於商民，實與洋務、海防大有裨益。現因英法各國請設各口海線，勸集華商先辦由滬至粵陸線，以杜外人覬覦之漸，而保中國自主之利權，碩畫周詳，無任佩紉。刻下招商集股，勘路開辦，一俟傅相派員前來敝處，即當派員會同察度，並行知地方官一體照料保護。此間所設由省至港陸線，前增城鄉民頗有阻撓，嗣經委員極力開導，勸懲並施，現已安靜無事，不日即可告成矣。荃權攝海疆，乏穀可述，幸賤恙已愈，邊圍亦俱妥綏，堪以告紓錦系。

《曾忠襄公書札》卷一七，〈覆盛杏蓀〉，三頁。

頃奉惠書，承示貴公司創辦省港旱線一事，云："已用心力兩載，實欲顧全大局。至安放水線過海達港，英國雖允即行，而香港行商會館主席津順致輔政司之函，亦極力相助，尚冀其成。敝公司一旦忽與大東電報公司訂立接線會辦，與初意相背。弟在香港貿易，每年值理華商事務，與洋人交涉，一秉至公，恃以誠實取信。今事勢反復，執事與盛觀察奉委辦理津、滬、浙、閩各省陸路電線[①]，既與英商訂立合同，現目情形亦難移易，我既不能委曲遷就，彼亦不可旦夕變更，是以弟集議籌商，僉稱願將華合電報公司全盤讓與中國電報局。所有開銷數目一概據實照算，由貴局與大東電報公司訂立合同，似亦順理成章，於大局有裨。已稟兩廣督憲飭知。"等語。弟經即將來函面呈盛觀察，並集各商董會總，已公請盛觀察日內赴粵面商，想執事為顧大局必能妥議。弟等月前與大北電報公司爭回上海至吳淞旱線及廈門海灘線路，亦為國體起見，現與大東公司議約，於省港電線亦有裨益也。

註：①盛觀察：即盛宣懷。

《鄭觀應集》下冊，〈盛世危言後編〉一二，〈覆香港華合電報公司何昆山書〉，總一〇一二至一〇一三頁。

香港西字報言，九龍電線工程，近因派有兵士二百名在彼彈壓，故鄉人並無阻撓。計目下所裝電桿，已有一千三百八十七枝，線路已布至一百七十里之遠。如別無阻滯，大約再閱月餘可以蕆事矣。

《申報》合訂本，第二二冊，〈港報譯錄〉，光緒九年（1883）二月二十日，四一三頁。

光緒九年（1883）十一月十七日。

華英電報公司立定合同，福州允東線在川石山通融上岸，華線亦應照合同在香港設局接報。聞大北以華線到港礙丹約，東司雖謂港地宜顧英約，而英商遲延不允，望速囑駐英參贊催其電飭大東遵辦，否則滬閩兩次合同均須撤銷，似失兩公司和好。

（清）吳汝綸編：《李文忠公（鴻章）全集》卷一，〈寄曾侯〉，四二頁。

光緒九年（1883）十一月二十六日。

接篠電。澤特派馬格里往英，向東司總辦本德說明後，摘要由號電奉聞。今格里回法，云：不惟本德允電飭分局遵辦，並請英藩部電屬港官倣照吳淞、上海辦法，不准阻難。惟本德所述兩端：一、由川石山達福州，華線至今未設，東司不得不於該處海面泊一躉船，接收電報；往來福州，用輪船遞送，殊多不便，深盼中國在川石山倣照吳淞、上海辦法，設立華線，直達福州。一、廣東省城至香港，按約第五款載，中國可設一線，華線由粵達九龍，與東司旱線相連，中東兩司則自九龍同用東司線以達香港，此係援照中東兩司由吳淞同用華線至滬之例。兩公司當照第七款，在香港同用一局，設華官。辦法未盡照約也。

（清）吳汝綸編：《李文忠公（鴻章）全集》卷一，〈曾侯由英京來電〉，四四頁。

光緒九年（1883）十一月二十六日。

中東公司合同訂明，中國將線展至川石山設局，東報送局接遞。盛道電稟：東司仍藉港線要求福州旱線，與約不符，應援滬例。閩線係中途，未可援此，似與遵議略同。

（清）吳汝綸編：《李文忠公（鴻章）全集》卷一，〈寄曾侯〉，四四頁。

光緒二十四年（1898）九月壬子。

又諭：電寄譚鍾麟，自廣州至九龍鐵路，續經總理衙門與英使議定，由盛宣懷派員妥為照料，剴切開導，不得藉詞阻格，致啟釁端。

《清實錄》，《德宗實錄》（六），卷四二九，六二八頁。

光緒二十五年（1899）五月庚申。

兩廣總督譚鍾麟等奏：英人佔據九龍城，侵越租界。法人藉廣州灣為名，圖佔吳川、遂溪兩縣地方，勢難理論，請飭總理衙門妥籌辦法，密授機宜。得旨。該衙門迅速酌覈電覆。

《清實錄》，《德宗實錄》（六），卷四四五，八五八頁。

七、英佔九龍城後清政府的設施

頭品頂戴廣東巡撫臣鹿傳霖跪奏為微臣到任後察看地方大概情形，恭摺仰祈聖鑒事：

竊臣蒙恩補授廣東巡撫，業將到任日期，奏報在案。陛辭時，面奉懿旨：以時局艱難，飭將團練、保甲、練兵、開礦諸要政認真籌辦。臣敬聆欽遵。到粵後，與督臣譚鍾麟會晤商搉，並隨時接見僚屬，周諮博訪，謹將粵東現在大概情形，為皇太后皇上敬陳之。

查粵省帶海為疆，民風強悍，從前地方尚稱饒富，近則財源匱乏，物力日艱，洋人侵陵，盜賊充斥，是辦團練以輔兵力，查保甲以絕匪蹤，誠屬切要之圖，實較他省為尤急。疊奉諭旨，嚴切催辦，先經督臣，通飭各屬，實力舉行。現省城已設總局，議立章程，就地籌費，借資民力，並咨商水師提臣何長清，於廣州府屬清查匪鄉之便，兼辦保甲集團練兵，又飭司遴委妥員，分赴各府州縣，確查會辦，業經奏報在案。臣到任後，復嚴札通飭，激以公義，曉以時艱，飭令各州縣選擇公正紳耆，清查戶口，給發門牌。先以保甲清盜源，繼以團練固民志，再按團抽選丁壯若干名，練習槍械技藝。練有成效，即遣令歸農，另選再練，更番替換，久之悉成勁旅，無事則守望相助，有事則緩急可資，期於上答朝廷，下固桑梓。現據各屬陸續稟復遵辦，臣仍不時查察，總期確有成效，不許敷衍塞責，如有虛應故事者，即擇尤參處，以示懲勸。其練兵一事，係督臣專政。查本省練兵，原就水陸各營抽調二成，加餉操練。上年迭奉部文，裁減制兵，經將練兵裁餉歸伍，祇留瓊、廉兩鎮水陸練兵一千八百餘名。制兵餉薄兵少，僅供解犯雜差等用，無可操練，而勇營亦因部議節餉，迭經酌裁。近以廣西土匪不靖，派勇助剿，並於高、廉一帶設防，陸續添募數營，以資調遣，均經督臣奏明有案。現在通省各營防勇，合計僅有一萬八千五百名，而駐守砲臺，巡防緝捕，各勇皆在其中。平時操防，臨事徵調，殊覺不敷分布。臣已欽遵懿旨傳諭，督臣再行嚴飭各營，益加認真訓練，以期一律精強，緩急可恃。

至礦產為天地自然之利，先經遵奉諭旨，出示招商，凡有礦產之區，准其隨時具呈，給諭開採。歷年以來，據各屬陸續稟請試辦者，大都鉛、煤等礦居多，尚未覓得金銀礦產。惟上年經督臣飭司委員，帶同礦師，勘得廉州合浦縣之石頭埠地方，煤礦甚旺，法人亦頗垂涎。本年春間，派委候補直隸州張卿雲前往，會同地方官試辦，調派勇營彈壓，毋許鄉愚阻撓滋事。並酌量撥款，購辦機器，雇募工師，參用西法，採取挖沙開井，業已逐漸見煤，尚未大著成效。現仍飭委員督率礦師，周歷查勘，如勘有美利之礦，再行察酌情形，妥籌辦理，以興地利。

所最可慮者，則法人藉租廣洲灣，不俟勘界，強佔遂溪縣屬之海頭汛，及廣洲灣對海之洲碙砲臺，扼我高、廉、雷、瓊四府海道咽喉，並在該處任意修築，強霸民地，淫虐婦女，焚燬房屋，槍斃村民多命，民心異常忿恨。業將詳細情形另摺會奏，請旨飭照原議，勘定界址，以弭釁端。若任其占據不退，則粵省大局，將不可問矣。至英人索租九龍，則以法人租廣洲灣相因而起。九龍距省甚近，民心亦復不順，現尚未經勘界，暫幸無事，而後患實多。

此外民教相爭之案，每起於細故微嫌。教民往往恃教欺壓平民，教士從中干預，地方官畏事牽就，不能持平辦理，以致民氣不振，而入教之徒益以多。臣嚴飭各州縣，遇有民教交涉案件，但論是非，不論民教，尤應從速勘訊，持平辦理，勿使民怨難平，因之激成重案。

此臣到粵後，察看地方大致之情形也。所有應辦一切事宜，臣惟有會商督臣，和衷籌辦，不敢稍涉因循，以仰副朝廷軫念海疆南服之至意。謹將粵省大概情形恭摺具陳，伏乞皇太后皇上聖鑒，謹奏。

硃批：籌辦各節尚屬切實。該撫向來辦事認真，仍著嚴飭所屬，實力整頓，毋得日久懈生。至廣州灣勘界事宜，已交該衙門迅速辦理矣。

光緒二十四年（1898）十二月十八日

故宮博物院故宮文獻編輯委員會編：《宮中檔光緒朝奏摺》第一二輯，〈廣東巡撫鹿傳麟奏〉，五四五至五四七頁。

光緒二十五年（1899）八月丁丑。

諭軍機大臣等。有人奏，廣東沿海等處砲臺，建築多不如式，守臺弁兵人數太少等。剛毅此次前往廣東，即着就近查勘該處砲臺，是否各據形勝建築如式？每砲臺若干名？是否精壯足數？堪資守禦？該省實缺候補將官中，如有出色人員，堪備折衝之選者，並着留心查訪具奏。將此諭令知之。

尋奏：遵查廣東沿海各砲臺，沙角、大角、威遠、上橫檔、下橫檔、蒲州各砲臺尚據形勢；虎門等處尚宜添置。守臺弁兵，疊次裁減，誠屬不敷分布。已會商督臣設法派撥。總之，有砲臺固足以壯形勢，若欲持此為必勝之具，未敢必其確有把握。得旨。即着譚鍾麟等，體察情形，妥籌佈置，隨時奏明辦理。

《清實錄》，《德宗實錄》（六），卷四四九，九二〇頁。

香港文庫
研究資料叢刊

早期香港史研究資料選輯

研究資料選輯

下冊

馬金科

主編

目

錄

第三編

第一章　英國殖民統治下的香港

按：英國割佔香港後，到二十世紀五十年代香港才發展成為一個商埠。居港華人為香港的繁榮作出了巨大貢獻。同時，它又是外國冒險家的樂園，煙、賭、盜、娼、販賣 "豬仔" 等罪惡活動到處可見。港英當局還通過各種渠道來影響中國，特別是利用匯豐銀行，向清政府提供附有各種條件的貸款，並插手中國的鑄幣、鴉片包賣等事務，極力向中國滲透和擴張。此外，香港也成為十九世紀中國官紳了解世界的一個窗口。

一、割佔初期的香港

英夷平日已畏粵民勇悍若此，知內河守備綦嚴，愈不敢正視粵東，越虎門一步，因變其說，謂 "市久人習，不忍肆害，且存市地以為他日相見計，" 欺粵民之恃夷為食者。但速建香港房舍，拆虎門舊臺石，悉運以出。請官為示，召商民就香港與貿易，至是請已再矣。內商以風浪險，無肯往者，夷請以尖沙嘴、九龍山二地易香港，當事以未奉諭旨卻之，而反勸其入市黃埔。夷以入埔必經虎門，諸臺修於彼不利，遂泊兵船阻我興築，蓋毀石之舉不盡關營建也。以是雖就款，市仍未得流通，貨物仍壅滯如初。

（清）梁廷枏著，邵循正校註：《夷氛聞記》卷三，八〇頁。

道光二十一年（1841）四月，英人之受款於廣東也[①]，在我師則以救一時之危，在敵亦急欲得銀以濟兵餉，故通商章程，彼此皆未暇議及。

洋兵大困於三元里，自知已結粵民之怨，又畏粵民之悍，不敢復入內河貿易。欲洋商赴香港，而香港隔海風浪，洋商無肯往者，遂欲以香港易尖沙嘴及九龍山。將軍、總督以香港尚未奏允，何況兩地？約其仍來黃埔，敵遂不許我修復虎門砲臺，盡拆各砲臺之石，移築香港，且欲我拔去內河沙石樁筏，彼此相持。雖有通商之名，無通商之實。

註：①此處指道光二十一年（1841）廣州知府余保純與義律訂立的《廣州和約》。

（清）魏源著：《魏源集》卷上，〈道光洋艘征撫記〉（下），一八八頁。

英國王家海軍大佐、英國旅華臣民總商務監督、聯合王國女王欽命駐中國全權欽差、監理官、兼全權大臣義律告示：

查香港一島業經欽差大臣琦善蓋印割讓英國君主，其管理辦法，在女王陛下頒下詳細決定之前，應即規定如下：

根據賦於本人之一切職權，本人茲宣佈：一切關於香港全島之所有權、特許權租費、及各種特權，無論係關於土地、港口、財產、私人服務等方面者，完全屬於女王陛下所有。

本人茲再宣佈：在女王陛下頒下詳細決定之前，該島之行政權暫時應歸英國旅華臣民總商務監督掌理。

本人茲再宣佈：在女王陛下頒下詳細決定之前，香港島上之本地居民及前往該島之中國人民，均以中國之法律及習慣管轄，但各種方式之刑訊除外。

本人茲再宣佈：在女王陛下頒下詳細決定之前，凡英國臣民及除香港本地居民或前來該島之中國人民以外之他國人民，在香港犯罪時，均由現設在中國之英國刑事兼海軍司法權審理之。

本人茲再宣佈：在女王陛下頒下詳細決定之前，關於香港之行政權隨時應行頒布之各種規章條例，暫時應由英國旅華總商務監督本人用其印鑑頒發之。

本人茲再宣佈：在女王陛下頒下詳細決定之前，凡住居或前來香港之英國臣民及外國人民，應遵照英國法律之原則及其實施，一體享受充分的安全暨保護。祇要他們能經常遵守本告示中所正式公佈並組職成立的香港政府的職權。此佈。

一千八百四十一年一月二十九日由本人親自簽發並加蓋印章於碇泊在香港灣中的威里士厘號船上。

上帝保佑女王。

查理・義律（簽字）

中國史學會編：《鴉片戰爭》（五），〈英軍在華作戰記・附錄〉，三二六頁。

英國總司令伯麥暨全權大臣（餘銜從略）義律為佈告香港居民一體周知事：

查根據天朝及英國政府兩方高級官員所明白訂定之正式協定，香港一島現在已是英國女王之領土之一部分。一切住居香港之本地居民必須了解他們現在已是英國女王的臣民，因此對於女王及女王的官員必須盡責及服從。

女王茲恩賜香港居民以保護，使免於一切敵人的侵害，並保障他們實行宗教儀式、禮法、社會習慣、享有合法財產及利益的自由。在女王另行頒下決定以前，他們將在英國地方官的監理之下，由各村村長按照中國法律、習慣及慣例來治理，但各種方式之刑訊除外。如任何人等有因欺凌或不法等情事，須對任何英國人或外國人提出訴訟。應即報告最近英國官員，以便依法審理治罪。

茲以英國女王名義規定：凡中國船隻及商人前來香港經商者，均免除向英國政府完納任何種類之稅鈔。

本政府之決定得隨時另以告示公佈之。各村村長應負責使居民尊重並服從政府命令。此佈。

一八四一年二月一日以正式印章公佈。

中國史學會編：《鴉片戰爭》（五），〈英軍在華作戰記・附錄〉，三二八頁。

大英軍師統帥水師總兵官伯麥為照會事：

照得本國公使大臣義（律）、與欽差大臣爵閣部堂琦（善），說定諸事，議將香港等處全島地方，讓給英國主掌，已有文據在案。是該島現已歸屬大英國主治下地方，應請貴官速將該島各處所有貴國官兵撤回，四向洋面，不准兵役稍行阻止，難為往來商漁人民。惟思兩國現議和好，本統帥幸望，果可常遠相安，自必盡心竭力，以保各事善妥，而貴國官如有滋擾阻止，使民不安，係貴國終非求和之明徵，本統帥定必查明嚴辦。本統帥存心誠信，先應明白指示，望免爭端為美。為此照會。（道光二十一年〔1841〕正月初八日）

中國史學會編：《鴉片戰爭》（四），〈英逆與大鵬協照會文〉，二四〇至二四一頁。

大英公使大臣住中華領事義（律）、軍師統帥水師總兵官伯麥示，為曉諭事：

照得本公使大臣奉命為英國善定事宜，現經與欽差大臣爵閣部堂琦（善）議定諸事，將香港等處全島地方，讓給英國寄居主掌，已有文據在案，是爾香港等處居民，現係歸屬大英國主之子民，故自應恭順樂服國主派來之官，其官亦必保護爾等安堵，不致一人致〔受〕害。至爾居民，向來所有田畝房舍產業家私，概必如舊，斷不輕動。凡有禮儀所關，鄉約律例，率准仍舊，亦無絲毫更改之議。且未奉國主另降諭旨之先，擬應大清律例規矩之治，居民除不拷訊研鞫外，其餘稍無所改。凡有長老治理鄉里者，仍聽如舊。惟須稟明英官治理可也。倘有英民及外國人等，至〔致〕害居民，准爾即赴附近官前稟明，定即為爾查辦。至所有各省商船，來往貿易，均准任意買賣，所有稅餉船鈔掛號各等規費，輸納大英國帑。倘嗣後有應示事，即有派來官憲，隨時曉諭，責成鄉里長老，轉轄小民，使其從順。毋違。特示。一千八百四十一年二月初一日（道光二十一年正月初十日）

中國史學會編：《鴉片戰爭》（四），〈英夷在香港出示〉，二四一至二四二頁。

大英欽奉全權公使大臣駐中華領事義（律），為照會事：

照得現有本國人等，在香港築建屋宇，所用木頭材料，買運不必攔截，及僱匠各工，不可禁止往來。倘仍敢禁不准，則本國官憲，雖誠心願免擾難，務必復取橫檔，並將全省貿易，一概緊封也。特此照會，並請貴分府將該情節，轉呈上憲查閱，俾得免後難也。須至照會者。

右照會：

廣州澳門軍民府謝。

一千八百四十一年七月初二日。

道光二十一年五月十四日。

（日）佐佐木正哉編：《鴉片戰爭之研究》（資料篇），〈義律照會〉，一二〇至一二一頁。

刻下該逆佔據香港，出示招商，藐視天朝，侮慢各大憲，釁隙已成，萬難中止。況又復起貪心，迭迭要求，若再如欲，是以人肉而餧餓虎，其害伊於胡底。

（清）朱雲峰：《籌海策略》，徐含棻：〈山祁制軍平夷第一〉，四頁。

道光二十一年（1841）六月乙未。

並據探報，逆夷現在復萌禍芽，猖狂尤甚，膽敢由香港潛開大路，一通香山，一通惠州。揆此情形，是該逆據有六百萬圓之銀，肆行無忌，其為詭詐萬端，已可概見。

《籌辦夷務始末》（道光朝）第二冊，卷三〇，〈顏伯燾又奏探聞英人在香港潛開通往香山惠州大路片〉，一〇九五至一〇九六頁。

道光二十二年五月二十四日（剿捕檔）。

……道光二十二年（1842）五月二十四日奉上諭：有人奏，逆夷擄掠貲財，載回廣東香港裙帶路收貯，現在該處建造樓房寮廠砲臺。其偽官最著者為贊遜，乜哩時、哈等堅，其幕客著名者為馬履遜、匪

倫，處渡船小艇均須獻納陋規，方准出海，否則被其劫貨留船。又新
安士民屢欲燒船殺賊，因該將軍等出有通商告示，不敢舉動。其漢奸
曾給翎頂者，惟盧景尤為首惡，其人包庇漢奸船隻，砲械俱全，替夷
運貨，搶掠鄉村。其餘如聯義堂、忠心堂，均系漢奸自立名目等語。
逆夷佔住香港地方，據為巢穴，逼勒陋規，因該將軍等准其通商，以
致被害士民不能報復。又有漢奸助逆包庇，為之羽翼，如果屬實，
為害匪細。著奕山、祁、梁寶常確切切查明，據實具奏，毋許稍有
隱匿。其助逆之漢奸既有姓名堂名，不難按名查拿，著奕山等嚴密訪
查，按律懲治，不准畏難姑息。將此諭令知之。欽此。遵旨寄信前來。

中國第一歷史檔案館編：《鴉片戰爭檔案史料》（五），〈著靖逆將軍奕山等查奏香港英人為
害居民一事並查拿漢奸事上諭〉，五三〇頁。

道光二十三年（1843）十月辛酉。

奴才伏查香港本為嘆夷託足之所，並非通商之地，惟有夷即有
貨，奴才於五月間前赴該處親加察看，見有內地民人前往零星買賣，
利之所在，人必趨之，與其徒務香港不准開市虛名，致墮其術，莫若
明定各口給照稽查章程，以免偷漏，原所以防微杜漸也。其實內地商
民挾貲營運，與各夷言語不通，氣味各別，全恃信實行棧代為說合，
向不與夷對手交易。且該商民每遇馬頭，一貨有一貨之公所，公舉
善於經紀之人，常年住彼，謂之“坐莊”，專司探聽貨物之滯旺，價
值之高下，往來送信，以定產地發貨及收買客貨之多寡，設貨到而價
已賤，即暫貯公所以待善價。若各夷商遠涉重洋，運貨來粵，不知
內地貨值之滯旺高下，不能如華商之坐莊買賣，其返棹之期又有一
定。……是以求給香港一島，藉以託足，其意不過探聽廣州貨值之滯
旺高下，隨時搬運，效華商坐莊買賣之計也。至香港孤懸海外，並未
設有文武官員，民無所恃，有力之家，斷不肯以有用之資本，前赴該
處開設行棧，輕為嘗試。……是香港似可不致遂為售貨置貨之總匯，
利柄亦不致遽行外移。

《籌辦夷務始末》（道光朝）第五冊，卷七〇，〈耆英奏通商善後案內實在情形摺〉，二七七八頁。

二、港英政府頒布的與華人有關的部分法令、規章

近日港中官憲將前日所定之注冊則例擬為稽行更易，更頒新例，以便閭閻。今將其最要者撮錄於篇：其三，港內九約所稱為戶主者，即係居住全屋之人，否則以業戶為戶主，此係專指華人而論，西人賃屋於華人者，不在此例。至某會、某堂、某公司之類，以代理人為戶主，倘有違犯，定惟戶主是問。其七，凡戶主，或尚未報冊，或已報者，於新例施行之後，限十五日，當來署報明，所例條款如下：一，街名及屋之號數，二，其人姓名、住址，並操何業。三，屋內分租人之姓名及所操何業。如分租於人，其至少租賃一月者，亦須報明。華民政務司有時傳訊，須據實詳稟，或示以格式，須遵照填寫。其八，戶主分租之屋，倘屋客有遷徙，限七日內戶主須即報明。其九，報冊時政務司必給冊紙與戶主收執，英紙英文、華文對列，日後如令繳出，即須呈驗。其十，凡戶主，非常居港地，則須立兩家保券，各以五百圓為率，保其恪遵此例，另立一代理人，書其姓名、住址，倘有所犯，惟代理人是問。代理人即作戶主論。倘戶主不立保券，不立代理人，或代理人身故、離港，未能立別代理人為之料理，則政務司可代收其租業，而所收之項，須遵督憲察奪。其十二，更練頭目一節，督憲可隨時簡立妥人充當。其頭目之職役與差役等，俱歸政務司管轄。其十四，政務司可隨時設立規制，約束更練。其十五，政務司有權斥革更練及更練頭目，有過可科以罰款，而罰項不逾十圓。其十六，某街某約建設柵欄，或堵塞某道，不許往來，督憲可會同議例局議立定例。其十七，凡屋客在所居之屋，有犯私賣酒，或賭博、私娼，該犯所有罰款未輸，宜向戶主追討，或將戶主之物業封禁，戶主亦可將罰項向該犯討回，作錢債論。其十八，倘所犯之人在逃，所定

罰項若干，向戶主追繳，即以彼作犯此例論。其十九，倘戶主不願輸繳罰項，官憲可即將其戶租懲收，須收足罰項及衙費為止。屋客即以收單為據，不必再繳租於別人，若所懲之項逾於所罰之款，則可將其餘交回戶主或典主。其二十，凡戶主，有犯此注冊例禁，官憲出票傳訊，而其票未能交於戶主者，可將票持至彼所註冊之住址交下，又將一票標貼其門。倘戶主仍不到案，官憲可將其案提訊，以戶主為犯案論。其二十一，凡一屋有數戶主，而屋內有干例禁者，惟此數戶主是問。若得一戶主遵例而行，則其餘不必追究。其二十三，自新例頒行後三十日，凡華人貿易於港中者，須至政務司署遵以下所列之款報明注冊：一，店名。二，其店開在某街某約，及門牌號數。三，所有股份人姓名、里居，或在港，或在別處鄉村。四，司事人姓名、住址。凡華人鋪戶，或新行開張，或入新股復聞，須於限期內報明。以上新例，尚未有意，容俟續陳。此就華字日報所譯者，稍稍節刪，錄之於篇，以供公覽。蓋港中殷戶富商置產立業者，必須稔諳於此也。凡例雖經酌定，而有時度勢準情，必須略為更易者，以期盡美盡善。今議例伊始，苟我華人有以其中為或有未便者，不妨聯名上稟於官憲，而為之剴切敷陳，庶幾條議之時，亦得以其所稟，共為參詳，若俟議例局員一經裁定，則鐵案如山，不可移易矣。（選錄香港《循環日報》）

《申報》合訂本，第五冊，〈港中議行新例略載〉，同治甲戌（1874）十一月二十三日，六三二頁。

　　港督堅大人深慮我華人或有抑屈之事，下情難以上達，特於月之十九日命輔政司出示曉諭，凡我華民，有事均赴華民政務司署稟訴，自必由該司轉達督憲也，並刊其示於後：

　　輔政使司柯，為奉憲曉諭事：照得政務司一官，特為安撫華民所設，凡華民有冤屈稟訴，無不聽納代呈督憲也。現督憲堅大人深恐華民中多有錯會，以為有事不能直稟該司，故特出示曉諭，俾眾咸知。茲督憲極欲華民有事，即由政務司轉呈督憲，為民苦衷，各宜週知。

特示。

一千八百七十六年正月初八日，乙亥年十二月十二日示。

《申報》合訂本，第八冊，〈港督關心民瘼〉，光緒乙亥（1875）正月初九日，九四頁。

議事之人，必熟悉其事之情形，而後可以酌其事之損益。此古今不易之定理，亦中外無殊之正軌也。以中人而與外國之事，固有越俎之嫌，以西人而參中國之謀，亦有傷手之慮，其理甚明，不能強而通也。然以西人而處華地，則又有不容不略為變通者，何則？時勢之所宜，指置之所亟，西人未必皆熟悉也。香港議院向無中人參與其謀，今聞港督以狀師伍秩庸雖華人而熟於西例，且能深悉中外交涉之利弊，延之入院，與參末議。港督此舉可謂不分畛域，不存偏私，直足具胡越一家氣度。顧竊以為此舉尤當亟宜推廣也。香港一隅之地，現已屬英，中國之政教號令皆所不及，則即由外國自為主政，不使中人與謀，何不可者？乃港督之意以為，港中居民華民實繁，倘祗事事但行西法，恐有不便於華人者，因特置一華人共相酌度，所以為華人計，實所以為西人計也。

《申報》合訂本，第一六冊，〈推廣議院延置華人說〉，光緒庚辰（1880）正月十九日，二〇九頁。

香港英官近接英京外務大臣寄來新例，其第一款云：凡屬在官人員除自己居住之屋及貼近住屋之園，准其買受外，其餘均不准置買。其第二款云：凡屬在官人員，不准買受股分及作生意，如有已買股分及屋，限於此例頒行後三個月內，赴輔政司衙門報明，倘逾限不報，一經查出，即著辭職。

《申報》合訂本，第四二冊，〈西報譯要〉，光緒十八年（1892）十月初十日，五五五頁。

香港輔政使司駱為曉諭事：現奉督憲札諭將驛務司所出之示開列於下，俾眾週知等因。奉此，合亟出示曉諭。為此特示。

一千八百九十六年正月三十日示香港驛務司。現奉督憲諭,按一千八百八十七年驛務署則例第十款擬定遞寄華人信件章程開列於左:第一款,自西曆本年二月初一日起,凡由唐人信館寄往下開各埠之信件,均要彙齊送到驛務署以便代寄,計開各埠名目:北京、牛莊、天津、煙臺、重慶、宜昌、沙市、漢口、九江、蕪湖、鎮江、上海、蘇州、杭州、寧波、溫州、福州、廈門、汕頭、羊城、海口、北海、龍川、蒙自。第二款,所有信件須用布袋載入綑紮堅牢,外面寫明寄去某埠某信館字樣,每袋不得重過二十五磅。第三款,自港寄往羊城,凡信件每安士(盎司)重,即一兩重,寄費需仙士四枚,每仙士即洋銀一分,寄往別埠每安士重,寄費需仙士十枚。袋重若干,寄費照除。第四款,每布袋外另繫小牌,一塊一便,寫明該埠信館名號住址字樣,亦便黏點士擔,即寄資郵票。凡有信件,照以上章程辦理,遞到該埠,統交中國郵政官局,自能按小牌上所寫字號住址分送各信館,決不致誤。

《申報》合訂本,第五五冊,〈香港郵政新章〉,光緒二十三年(1897)正月十一日,二一九頁。

輔政使司駱為曉諭事:現奉督憲札諭,將下列續增章程開列於左,俾眾周知等因。奉此,合亟出示曉諭。為此特示。一千八百九十七年二月初十日。計開,督憲按一千八百八十七年驛務則例第十款續增華人遞寄信件第三條章程開列於左:凡屬新聞紙包裹件頭及貨物式樣,每重兩安士,一安士即一兩,寄費需仙士二枚,惟不得同載入信袋內,必須另備布袋一個,上懸小牌一塊,標明新聞紙袋字樣,並寫明寄去該埠信館名號住址。

《申報》合訂本,第五五冊,〈續增本港郵政章程〉,光緒二十三年(1897)正月二十一日,二七九頁。

英之昆土蘭省前任相臣麥而士由新金山到香港,有西人往詢拒逐華人之意。答曰：人皆謂華人之出洋者，頗能遵規循矩，惟本大臣就所管屬境觀之，則又不然。蓋華人所在之區，少則易為功，眾則難為理。且我西人所作工藝勝於華人六倍，西人居處衣飾不免奢華，故其費用必巨。若華人，則每事從廉，故其工價便宜，苟不早為之所，則將來華人日積月累，我西人兩肩承一喙，更從何處覓生活耶。

《申報》合訂本，第四五冊，〈西報雜譯〉，光緒十九年（1893）十一月十三日，七四三頁。

三、香港社會與煙、賭、盜問題

同治十一年（1872）間，有粵人十六人被官憲發往香港，蓋此輩皆係伶人也。時通聞館新報曾述及其事，謂若而人者，皆無賴之徒，遣之香港，雖於上海除莠民，而究於英屬之香港，反為逋逃之淵藪矣。因是事聞於英之理藩院，旋即移文於駐京欽使，現在麥領事復致書於工部局，凡嗣後知華官有遣人往香港之舉，務即為備文詳知云。

《申報》合訂本，第四冊，〈華人發往香港〉，同治甲戌（1874）五月十二日，五八三頁。

香港海中一孤島，而最近於粵，近為大英外府，設官戍兵，視為重鎮。其統率之長，以華官之制稱之曰總督，言總督港中一切事宜，而統屬大小各官焉，是則其權亦綦重矣哉。英廷簡畀是任，必以素著名望者，誠重之也。

今總督燕公臬斯位[①]，崇於朝而譽孚於世，國中學士大夫皆仰其言論風采，得一語以為榮。屢任兼圻，所至皆有政聲。其為治也，以愛民為本，其視中外之民，無畸重輕，不區畛域。蒞港十有八月，而治績卓然，民譽翕然，事簡而刑清。乃以政治之暇，挈其眷屬來遊東國，以大藏大輔松方正義為東道主人。蓋松方銜命出使，自法言旋，道經港中，固與燕制軍相識，燕制軍待之有加禮，此足以見東西之交密，而睦鄰修好，即寓於是焉。

燕制軍既至，居大藏別署，一切供給使令，無不周備。東京附近名勝之地，率皆驅車往遊，想其見民物之殷阜，子女之便娟，山川之秀淑，林木之蔥蒨，必有暢然怡然，而惝然若失者。

燕制軍雅度和衷，謙光外著，待人接物，恂恂如也，日之士君子皆以此多之。吾謂此未足以盡燕公也。燕制軍於與國交際之道，能見其大，嘗謂方今俄人雄長於北方，駸駸為歐、亞兩洲之患，中、日兩國，境地毗連，而俄又日窺英之印度，狡焉思逞，未見其止。為今計者，莫如中、日、英三國相親，合力以備俄。嗚呼！非燕公無此識，亦不能為是言也。則聯三國而為一，余將於此行也望之矣，是豈徒泛作東遊而已哉！

註：①燕公：即港督軒尼詩。

（清）王韜：《弢園文錄外編》卷一〇，〈記香港總督燕制軍東遊〉，二九四頁。

本港差務總局報告火警之鐘，新從英國鑄來一口，以代舊者，業已升懸。十八晚太平山東街娼院失慎，該鐘始則亂搖，繼則連叩兩聲，即準報警定章也。按報警分三道：由下環至較場，遇有警則該鐘單叩一聲；由較場至船政官署，遇有警則該鐘連叩兩聲；由船政官署至西營盤，遇有警則連叩三聲。是晚火警在中道，故叩兩聲以報云。按分段報警，庶赴援者不至迷於所往，實為報警善法。惟一聲、兩聲、三聲之款，只可指明遇火之地，而未可藉以報警。蓋鐘聲在所時有，驟聞此者，亦未即覺其為報災，故報災之法，始則亂擊，使人甫聞即知有災，嗣又以聲數而分地段，其法良而意甚美矣。

《申報》合訂本，第三冊，〈香港新鑄火警鐘〉，同治癸酉（1873）八月初九日，三一四頁。

昨閱香港日報，於西曆五月份核查各銀行紙鈔，及現存銀清單，知共出銀紙總計三百一十九萬四千九百五十九圓，其現存銀總計有一百二十九萬圓，若除將現銀盡數抵償，則預出銀紙總計有一百九十萬零四千五百五十九圓。論者謂：銀紙多而現銀少，設一旦眾商民欲將銀紙盡換現銀，豈非有不給之慮乎？而抑知香港之各銀行則無慮此，蓋其於中西各大埠俱設立行面。轉輸接應，彼此均可流通，斷不必虞其匱乏。且香港商客往往愛銀紙而不喜現銀，以為現銀或有成色高下，分兩輕重之殊，而銀紙則一例通用，並取攜較便，易於藏庋也。是故今春英國廷議，謂欲將香港所用之一圓銀紙概行停止，不許通行，而香港士民於聞信之餘，即具公稟於駐港督憲，懇為轉申朝廷，請仍照常通用。則由此而論，民之願用銀紙而不好用現銀，已可略見一斑矣。且夫貿易場中，總無非以信義相交耳。英商在香港與各國交易，計已歷有多年，凡銀洋之進出，無不如期，從未有延挨時日。取信已久，則即預出銀紙事，亦何傷夫！所謂鈔票之不可恃者，人特鑒於中國前明之季世耳，不知明末在多事之秋，國家之餉糈告罄，府庫空虛，迫而出此鈔票，宜乎民不見信而竭蹶時形。若今日英國，則正當富強之時，其於各埠設立銀行，要皆係巨商大賈糾合股份而成，且每屆月終，必將所出之銀紙及所存之現銀逐細查核，須所存之銀與所出之紙合乎定章，不至逾例短少，然後可與市廛交往，則其穩固可恃，又豈得以尋常之紙鈔等量而齊觀哉！是故香港各銀行今五月份清單，雖銀紙多於現銀，而市面仍日見充裕也。且猶有說者，現銀則可流行於各處，而銀紙必域於一隅。今香港為中西雜處之交，生意素稱繁盛，設使盡用現銀，容或轉有所滲漏。惟其相尚於銀紙，則凡一出一入，總不逾香港地方，既於市面無所損，即於國家理財之道亦甚得也。嗚乎，然則英人之良法美意，可勝道哉！

《申報》合訂本，第四冊，〈論香港各銀行紙鈔現銀事〉，同治甲戌（1874）五月十二日，五八三頁。

　　香港海口，前經議築塔燈，以便夜行船進出，茲悉工程已竣。惟以後費用浩繁，須得籌善章，方可為長久之計。現議得進口之船，計裝貨一礅，則徵仙士一板，於本月十一日為始。若省港澳輪船以及日間載貨之華船，則不在此例也。

《申報》合訂本，第六冊，〈香港建造塔燈〉，光緒乙亥（1875）三月十四日，三四九頁。

前錄香港西士創設拯命會一事，茲悉首倡各人，擇定本月十一日在大會堂為敍會之所，妥議會中一切章程，即日興辦。俟得其崖略，再行錄報。

《申報》合訂本，第七冊，〈香港善會聚議日期〉，光緒乙亥（1875）六月十七日，六一頁。

香港向有華人創設公會，學習西國語言文字，並習規矩，伍君秩庸主持其事，已歷數年。茲聞寓居新加坡之華人，亦擬仿香港之式，創設此會，以中國駐紮新加坡之領事官為會首，業已聚會三次，議立該會規條。華人之究心西學亦云至矣。

《申報》合訂本，第二〇冊，〈講求西學〉，光緒八年（1882）四月十八日，七四七頁。

日前香港有人訛傳，謂差役將捕捉童男童女，以為大潭水局祭祀鬼神及建築鐵路工程等語。一時杯蛇市虎，鼎沸聲喧，以致居民惶恐殊甚，西營盤各書塾學童多有不敢回塾者。四月廿三日，西營盤等處無知愚民，互傳此事，千百為群，如出一口。差役恐其捏造謠言，滋生事端，即行驅散，而群情洶洶，愈加鼓噪，有好事者執石以投差役，竟將頭顱擲破。各店恐釀事端，將門閉歇。差役馳報差館，立發多人前往彈壓，各人見眾差馳至，遂即散去。是日有二人在杏花樓茗談，謂港官將要童男童女，每一百零八名，以為大潭水局及建築鐵路之用，言之鑿鑿。適有華差在坐，辯駁良久，謂此乃無稽之言，烏足為信。其一人謂伊目擊廿二日已拘有三名，今早又拘五名，該差復問其同行之人，則謂得諸耳聞者，遂將二人拘之解案。嗣經府太守提訊，以其傳訛惑眾，判令罰銀二十圓，稱不能繳，遂繫獄一月作苦工，並枷號六點鐘；一罰銀十圓，不能繳，繫獄十四日作苦工，枷號三點鐘，以示懲警。按昨得聞人言，事因建築砲臺及大潭水局，其中工程必須小童之力，蓋砲臺之下，其地狹隘，中有小孔，惟小童可入，用泥實之，以期堅穩，故僱小童前往作工。嗣因小童多不願往，而好事之徒，遂因此而捏造謠言云。茲將署安撫華民政務司駱告示錄左：

為曉諭事：照得現有不法匪徒，肆散謠言，謂有將小孩子殘害等事。爾居民人等慎勿聽其愚弄，致墮彼術中。業已嚴飭差役等密為查訪，倘有此等謠傳之輩，立刻拿案從嚴處懲決不稍寬。各宜警省勿忽。特示。

一千八百八十六年五月二十六日示錄月報。

《申報》合訂本，第二八冊，〈以訛傳訛〉，光緒十二年（1886）五月初一日，八七三頁。

香港西字報言，香港今春雨水太少，地方頓形枯竭。該處海水味鹹不可食，全賴山水。兩澤既少，山水亦竭，先時儲水之處，已無涓滴，新造儲水之處，尚未告竣。刻下水價貴至每桶值洋一角，西商大賈尚可為力，貧民苦不可言。現在港官思得一法，將海中鹹水用機器提出，鹹味即變為清水，可以如常服食。故通飭各輪船核算機器之力，可以一日提水若干，足供幾人之食。未識足敷所用否也。

《申報》合訂本，第二八冊，〈香港籌水〉，光緒十二年（1886）五月初二日，八八一頁。

香港有製造人參作場，其工人忽焉滋鬧，請增工資，相約停工，意存挾制，作主無如之何，擬往廣東另僱一班工人，又擬往外洋購辦機器，以代人工。眾工人知之，又揚言如另僱人工，必然驅逐出境；另購機器，必毀之。作主聞此風聲乃開會館，與眾共議，鳴捕拘人。現在捕房正在查訪，聞係三合會中人教唆，不知以後如何了結也。

《申報》合訂本，第二九冊，〈工人挾制〉，光緒十二年（1886）六月十四日，八五頁。

英國理藩院行文香港總督，將九龍所屬深水埔易名"幅全鄉"，刻已由香港司示諭共遵矣。

《申報》合訂本，第四一冊，〈西事譯新〉，光緒十八年（1892）閏六月十一日，六一一頁。

西人慳閣，力健能行，每與人角，莫之與京、故足跡所至，咸耳其名。茲聞慳閣行至香港，擬於上月廿八日下午五點鐘在黃坭涌賽行，以四英里之口 [1] 為度，每行半里即用一力士與之並駕齊驅，以決勝負。已由軍兵中擇定八人以便屆期角逐。港督羅制軍亦將於是日命駕前往作憑軾之觀焉。

註：① 此處空格為原字不清。

《申報》合訂本，第四四冊，〈力士抵港〉，光緒十九年（1893）四月初三日，一二一頁。

香港總督羅君札行商務局各員 [1]，欲在港中舉行賽珍大會，隨由測繪師慳覺擬定節略，寄呈商務局總理以備裁擇。其大致云：賽會一事，於商務極有裨益，如香港欲行此舉，則於一千八百九十四年十一月一號開會，至九十五年三月三十一號停止，必如此寬以時事，始能由西國運齊各物至設會之地。一為灣仔新填之拋毬場，一為鵝頸之曠地，一為大會堂後新填之海岸，此三處均可採擇，尤以附近大會堂為最善，緣此處地當要津，遊客往來極為利便，並可權借大會堂為歌舞演劇之所，有此便易，故他處均不能及也。統計會場所需地段，約以四萬方尺陳設各物，十一萬方尺為遊人憩息及售賣食物之所。所需經費約有數款可資彌補，如投票售賣食物及赴會各物所輸地租，或於售出各物按照價值抽銀若干，如此則與本土商人有益無損，而公費則獲益不少，又可從各遊客中收取看資，約計港中西人八千五百名，殷富華人一萬名，中等人一萬六千名，僱工人八萬名，工作人一十五萬名。其上等者收看資一元，次者半元，又次者二角五分，另有外來遊玩諸人暨廣東省佛山等處商人，爭欲一擴眼界，皆可以挹彼注茲者也。此項經費先由公家指撥，最為簡便，或招集公司股份亦無不可，約二萬五千元，儘可敷用云。能否有成，請拭目俟之。

註：① 羅君：即香港總督羅便臣。

《申報》合訂本，第四四冊，〈香港擬設賽珍會節略〉，光緒十九年（1893）四月二十四日，二七七頁。

美國星加公司為天下各國製造縫衣機器，車之最著名者，所製針機花樣甚多，精妙絕倫，其機每五分鐘可縫二千針，活動無聲，居家用之，甚為合宜。該公司自開創以來，製造出縫機共有一千一百餘萬架，而每年所造共有八十萬架，其銷路之廣，即此可見一斑。現星加公司託八都嘩剌行在香港及中國各口岸發售。聞此機價廉而精美，既可省工，又可獲利，想將來華人購者必多也。

《申報》合訂本，第四五冊，〈縫衣利器〉，光緒十九年（1893）十一月十二日，七三七頁。

香港輔政使馬，為出示曉諭嚴禁私販煙膏事：現奉欽命總督香港等處地方，兼理水陸軍務、水師提督、御賜佩帶三等寶星燕，札開。按在本港，國家徵收承充洋煙餉項，為款甚鉅，經遵戊午年（1858）第二條則例及己卯年（1879）第一條則，立顏珍洧即萬合為洋煙承充人，准有全權。業於本年正月初一日刊在本港轅門報，徧為曉諭。照該則例，除當時承充人及由伊轉領牌照者外，不得在本港水陸等處將各色煙膏煮熟預備，無論全售零沽，抑或招買擺賣。照該則例，又嚴禁煮熟煙膏，除由當時承充人及由伊轉領牌照者買來之外，均不准擅帶入香港水陸等處，亦不得在港保守管理。凡違此例者，定必嚴究重罰。倘若有人仍以私販煙膏為合例者，應由該人立明憑據。蓋犯洋煙則例，厥罪匪輕，可以當堂立斷，或判輸罰，或判監禁，所有緝獲煙膏，盡行入官。現在有人稟稱，匪徒故違本港則例，擅攜煙膏入港，私相買賣等情在案。為此特仰輔政使司先示曉諭，儆覺提撕。倘仍膽敢藐視，故意玩犯洋煙則例，定必從嚴究辦，決不姑寬，毋違等因。奉此。合亟出示曉諭商民人等，各宜稟尊毋違。特示。

《申報》合訂本，第一五冊，〈嚴定犯煙則例示〉，光緒己卯（1879）十一月十四日，七一三至七一四頁。

聞香港地方，有華人家藏鴉片煙，有生有熟，共值洋一千元，並無英官執照，為巡捕所知，即往搜查，捉獲華人兩名，並煙土等物，解歸官署。刻下尚未審結，該華人均經保出，每人署保洋二百五十元。至於審訊之後如何斷結，容再探錄。

《申報》合訂本，第一九冊，〈搜獲私煙〉，光緒辛巳（1881）九月十八日，五二五頁。

西曆二月二十七號係香港賽馬之期，寓滬西商之樂於馳驟者，昨已帶同馬夫附搭廣輪船赴港守候，想屆時竹批、雙耳風、入四蹄、草淺沙平又有一番樂事也。

《申報》合訂本，第二六冊，〈香港賽馬〉，光緒十年（1885）十二月初三日，一〇三頁。

西人每於春秋暇日賽馬，以相娛樂，沙平草軟，磬鞚爭先，雖曰嬉游，亦深合古人農隙講舞之意，故非同陸博、蹴鞠、鬥雞、走狗，漫焉疲精瘁神也。本月二十一、二、三日，為香港賽馬之期，適煖入梅心，春回柳眼，風和日麗，一塵不飛，西人益覺采烈興高，爭先奪幟，而踏青遊青，拾翠佳人，聯袂往觀者，亦復相屬於道。真一年之勝事也。

《申報》合訂本，第二八冊，〈香港賽馬〉，光緒十二年（1886）正月念九日，三二九頁。

西字報云，香港近有華捕五十三人私向各賭館索取陋規，事為抽頭所見，於本月十一日告知總巡捕頭。總巡捕頭謂此風斷不可長，若不澈底究辦，將來何以捕捉賭徒。遂立將各華捕革去，以待秉公訊究云。

《申報》合訂本，第二九冊，〈華捕索賄〉，光緒十二年（1886）七月十八日，二八九頁。

夫香港華捕之所以破獲者，緣華捕等向收賭場陋規，為之護符，已非一日。嗣又向索，而於常例之外，更欲增多。賭徒不服，乃暗以告諸捕頭，捕派西包探及一西捕相與潛伏暗陬，諸華捕不知也。俄而五十三人結隊而來，其勢洶洶，不可嚮邇，西捕與包探暗中記其姓名年貌甚悉，回稟捕頭，按圖而索，五十三人無一漏網，得以悉數捕獲，盡法革究。

《申報》合訂本，第二九冊，〈譯報論巡捕事書後〉，光緒十二年（1886）七月二十四日，
三二五頁。

香港差役收受賭規一案，茲悉巡理府麥君判各犯每人罰銀三十
元，不能完繳，則監禁一月，罰作苦工。判後威狀師對官言曰，可否
代被告赴桌衙上控。太尊俯如所請，並著被告照舊擔保，在外候訊。

《申報》合訂本，第二九冊，〈香港近事〉，光緒十二年（1886）八月十二日，四三一頁。

香港西人定於華正月十一、十二、十三等日，為賽馬之戲，啼鶯
語燕，乍報新年月，馴雲螭各矜，捷足遊觀之樂，蓋可知已。

《申報》合訂本，第三二冊，〈香港賽馬〉，光緒十三年（1887）十二月二十七日，二三二頁。

香港議政局聚會，將賭博之例宣讀，局紳禮利問：此例關涉呂宋
票否[①]？督憲傅制軍云[②]：無論何人代理賣票事務，即有關涉。雖此例
原非包括呂宋票在內，而不能不兼及之也。巡捕官云：凡屬外國賭博
之票，自應另議規矩辦理。督憲云：日前已有明言，各員於議定賭博
新例之時，請將呂宋票包括在內。雖此例原不與呂宋票關涉，惟冀各
員議及，則更合本部堂之意，而此例必須參透，亦最難辦理者也。禮
君又云：日前新架波曾有拿獲呂宋之案，惟外國之票似不能理會。督
憲云：此說實非的論。凡有人擾及自己居民，則不能不禁止也。禮君
又云：不拘定例如何，而呂宋票一款必難禁絕。督憲云：此例既行之
後，試觀如何。議遂畢。

註：① 呂宋票：即當時在中國沿海口岸出現的一種私售彩票。
　　② 傅制軍：香港總督德輔。

《申報》合訂本，第三三冊，〈新頒賭例〉，光緒十四年（1888）十一月二十三日，
一一三九頁。

近來中國各口岸，呂宋彩票盛行，運售日廣，大耗民財，禁其行銷，非但可塞漏卮，亦免外人竊笑。各疆吏意見相同，……各口惟香港及上海為彩票匯聚之所，鴻章面詢駐津領事璧理南，據稱香港英官亦曾飭禁，但華人私售，恐不能免。

（清）吳汝綸編：《李文忠公（鴻章）全集》卷二〇，〈議禁呂宋彩票〉，光緒十七年（1891）七月二十四日，二〇頁。

香港地方，自經西人整頓捕務以來，二十年萑苻不警。不料前月二十八日晚上十二點鐘時，海傍永樂坊第五十二號門牌之昌盛赤金鋪，陡遭盜劫。時鋪中各夥皆已高臥，一人臥於樓頭，睡夢中陡聞大呼火起，急挺身起間，但見盜眾二十餘人裸其上體，頭紮各色花布，露刃而立，見夥即擒住，令其引路下樓。盜黨分投搜括，或入帳房，或入店櫃，計被搜去金葉三兩，英洋一百二十圓，銀表三隻，又蜂擁群至帳房，帳房中物，該鋪因向備不虞，而悉置於鐵櫃中也。逼夥問鑰匙之所在，夥誘不知，盜以鐵鎚奮擊櫃門，不破，乃轉而擊其後，始透一穴。然此櫃共分三層，上層藏金葉、金條、金砂諸重寶，中層貯銀票、銀洋等，下層只藏帳簿，盜所破者，適在下層，見簿後不禁心灰意懶矣。旁有大衣箱一具，盜破箱悉取之，樓上有一皮箱，亦為所搶。又穿後院而至和祥發號，略有所毀，而未失去重物。時金鋪各夥紛紛避匿，被劫之夥，孤掌難鳴，只得任盜之東拖西扯而已。夥中一人膽頗大，登瓦呼警，時已一點鐘矣。鄰右始聞聲息，皆啟門而出，但見滿街戈矛林立，各要隘皆有黨羽阻守，見鄰人出門，盜黨戒之以毋許喧嘩，否則白刃無情，不能相貸。眾鄰不之懼，相率大呼。巡捕聞警而至者二人，一為鎗彈所傷，一為長矛所刺。第五號巡捕房聞號筒亂起，急發捕往查，然未攜火器也。比至永樂坊再回捕房取鎗，忌里捕頭適在，戒各捕切須持重，而各盜已退出金鋪，守望之盜亦起號同退，與巡捕遇於街中，即行互鬥，而五號捕房已發電信於各捕房。總捕房聞信，飭差齊出，猶未知有百餘盜也。故亦未攜火器，比得信回取，又誤時刻。嗣盜黨與捕互放火器，當場斃賊一名，巡捕受傷者又四人，隨追隨鬥，直至海傍，但見海灘泊有長龍船三舶，各爭先下船，繼復跨上連士德公司之送信小火船，登即離岸，並各持手鎗向岸飛發。巡河捕船亦至，喝問何往，盜又發鎗與捕船互擊。岸上巡捕官員催令整備小火船追捕，則盜已駛至對岸，由中國地方分路而散。此時金舖中人驚魂稍定，檢點各物，計劫去衣物銀兩，只值二百餘金，所有洋土及貴重之物皆未遭劫。一桌被火紙燃焚燬幾盡而不成災，是真不幸中之大幸也。聞連士德公司送信船泊於海中，每夜僅派火工一人守視。盜初來時，即上該船劫該火工，使為己用，下船後劫其駛往對岸，故得以乘風破浪而去也。並悉沿途尚有縱火情事，故捕房各洋龍亦紛然齊出，然亦未兆焚如，尤為可慶。二十九日早七點鐘，巡捕官駕船巡緝，毫無蹤跡，並火船亦不知何往。街上除當場轟斃盜匪一名外，另獲兩名，其一因傷臥於道旁，其一則匿於溝渠，界在疑似之間者也。跳梁小醜，可畏如此，是誠世道之憂矣。

《申報》合訂本，第一三冊，〈香港盜劫〉，光緒戊寅（1878）九月初七日，三二一頁。

香港於上月杪盜劫金舖後，而匪徒仍見橫行。初九日晚間，一印度巡捕在西人倍唲宅前巡夜，手執暗燈，而左臂忽為長鎗刺傷。趕即開燈一照，見有數人相離不遠，隨開手鎗，倉猝未獲擊中，而盜亦以鎗回擊，始行遁去。迨吹號鳴眾前來，盜已去遠，徧查止見自來火匣一隻，彈子兩枚，黎明又查見長鎗兩桿，銅帽數個，大約盜亦驚慌，故遺棄之耳。然計此五閱月內，倍唲家已被劫三次。港中巡緝素稱嚴密，今忽盜賊充斥，居此者其能高枕無憂乎？

《申報》合訂本，第一三冊，〈香港多盜〉，光緒戊寅（1878）九月二十一日，三六九頁。

香港西字報言，某日有人投巡捕房報稱，某處有盜船兩艘，停泊在彼。巡捕跟尋至該處，果見有船兩艘，內藏軍械鎗彈等物，隨將盜黨二十人盡行拿獲，解案訊問一次，尚須覆訊。聞該盜等在華犯法，

華官曾經購緝,均逃至港中,欲思擇肥而噬。今既破獲,可免行旅之
害也。又言某日又有人報稱,有盜船一艘泊在口外,欲俟由舊金山回
華諸人之船駛過,以圖搶劫。蓋諸華人自舊金山回華,皆挾有重資,
合僱華船一隻,欲回原籍,不知何以為盜偵知,而懷此毒計。巡捕乃
駕舟送該華船出口,盜船已知風避去,並無所見。捕等直送至中國卡
子處,告知卡員,卡員派兩砲船送諸人回籍,巡捕乃返。由以上兩事
觀之,該處盜風何其熾也。

《申報》合訂本,第二二冊,〈港中多盜〉,光緒八年(1882)十二月初九日,九五頁。

香港西報云,初九日晚上,離香港十餘里之某地,有中國沙船一
艘,被盜擁上,劫去資財約值八百五十圓之譜。事主報知香港水巡
捕,捕役急四出梭巡,至初十晨,盜舟為巡捕所獲,拿住盜匪十五
人,又獲收買贓物之土人四名,於十一日一併解送官署。官憲鞫訊之
下,見案無遁飾,飭將盜匪押候覆訊。收贓之四人,其三人經人保
釋,尚有一人同盜匪拘繫獄中云。

《申報》合訂本,第二六冊,〈巡捕獲盜〉,光緒十年(1885)十一月十九日,一九頁。

香港犯事之案日多一日,監內幾無容足之地。前經設立人員專議
此事,俾得善法,以清案牘。該員迭次聚議,經主席人署理律政司陀
來呈遞章程,與輔政司章中有言,請將偷竊案犯與充出口外復行潛回
本港之犯人,予以鞭笞之刑,並將犯人所食減少,則人多畏懼,而犯
案亦可減少矣。有議員馬繡雲以笞刑未得盡善,欲請將華人之犯罪
者,割其髮辮,較勝於笞。律政司謂割辮之善,未免過重,蓋犯人由
監而出,倘若無辮,則必為眾華人所鄙,難覓糊口之地,將來不得不
故意犯事,冀再入獄,得所容身云。

《申報》合訂本,第二九冊,〈香港近事〉,光緒十二年(1886)八月十二日,四三一頁。

四、匯豐銀行在中國內地的擴張

光緒三年（1876）六月十一日。

茲接胡光墉稟稱，洋商知許厚如不足信，臣處借用洋款如舊，疑慮頓失。因向匯豐銀行借定五百萬兩，彼國電報已先以銀二百五十萬兩裝船，餘俟裝船有期再報。惟洋商狃於同治十三年閩省所借洋款，先收爛番，後還實銀故事，計息雖少，獲利轉饒，固以比照閩省案為請。胡光墉與之再四斟酌，彼借此還，均用實銀，按每月一分二釐五毫起息，由浙海、粵海、江海、江漢四關作票，作七年勻還。每年還兩次，每次以六個月為期。

（清）王彥威輯：《清季外交史料》卷一〇，〈甘督左宗棠奏借定洋款請飭總署分別知照摺〉，二四頁。

光緒十年（1884）六月初七日。

奏借匯豐償款百萬，收及半，刻需甚急。又向香港寶源行湊折先借定五十萬兩，利較輕，湊足奏案之數。

（清）王彥威輯：《清季外交史料》卷四二，〈粵督張之洞致總署報匯豐借款電〉，三〇頁。

光緒十年（1884）六月二十七日。

寶源款前電原在二百萬數內，刻匯豐已提足。惟計防餉及協雲貴、援閩濟臺軍火，用甚鉅，如戰事起，港商不能借。請多借百萬，以備不虞。擬寶、匯豐各半，請代奏。如准，望即速照巴使[①]。

註：①巴使：即英國駐華公使巴夏禮。

（清）王彥威輯：《清季外交史料》卷四四，〈粵督張之洞致總署請借款充軍費電〉，二三頁。

光緒十年（1884）九月初三日。

竊據廣東布政使龔易圖詳稱：粵東自上年八月間，海防喫重，經費不敷。經前督臣張樹聲等奏請，息借香港匯豐銀行商款二百萬兩內，先提用一百萬兩。本年三月間，又因庫儲匱絀，無款騰挪，詳請會奏，並將所備商款留備購買鐵艦，未提之一百萬兩亦向該銀行提取，以應急需。閏五月以後，海防更加緊迫，添募營勇，購辦戰守，各具所用，業逾鉅萬。而奉撥湘軍營餉，西省出關道員方長華月餉，以及協滇桂、援閩援臺添募之軍，軍火之用，計續提匯豐銀行借款，僅餘五十餘萬，勉敷本省防營三個月軍糧之需。設使兵釁一開，則用項更難預計……惟有再向港商借用，以顧目前。此時若不早為定議，誠恐一有戰事，借款即難應手。擬請照前借章程再向匯豐、寶源等行借定銀一百萬兩，訂立合同印票，倘防務漸鬆，此項自不敢輕動，如戰事已開，庶免臨時無措等。……仰懇無恩俯准援案息借商款一百萬兩以應要需，謹合詞恭摺具陳，伏祈聖鑒。

《張文襄公全集》第一冊，卷九，〈息借商款摺〉，二二五頁。

光緒十年（1884）十一月初五日。

澤與匯豐商借債，有扣本不扣本二法。不扣者借千算千，其利每百完九；扣者借九百二十五算千，利每百僅完七。澤查兩法相比，扣本之法較合算。西洋各國借債，咸用扣本法也。惟匯豐所約五事，不知有窒礙否？謹陳之：一、借金不借銀；二、至少須借十年；三、所借太少，示人以貧，則損國望，而股票難售。故至少須借一兆磅，印票作二兆磅，第一兆分兩期，頭期目前交半，次期三個月交半。第二兆則借否聽中國之便；四、須押海關；五、須澤印押。

（清）王彥威輯：《清季外交史料》卷五〇，〈使英曾紀澤致總署奏保李興銳等具有使才並陳匯豐借款情形電〉，一七頁。

光緒十年（1884）十一月初九日。

扣七五者息七釐，第一年加用費一釐，且可少借，無戰事扣數息數均同；不扣者息八釐，第一年加用費一釐，亦不可少。借金之說，謂磅價不一，故借與還均照磅論數，非強我用金也。一兆磅合銀三百五六十萬。匯豐云：合中國各省應借銀數實不止此。

（清）王彥威輯：《清季外交史料》卷五一，〈使英曾紀澤致總署匯豐借款照磅數計算電〉，二頁。

光緒十一年（1885）正月初六日。

前奏准借大東公司五十萬零五千磅，備臺越氣砲用。疊接曾電，東司礙法不願借。前與匯豐議定再借五十萬磅，照粵新借五十萬零五千磅辦法，年息九釐，加閏，十年期，前五年還利，後五年本利並還。各省關還，各海關保，蓋粵關粵藩印。又擬請由粵代川借鮑餉百萬兩，利息期滿作保，與匯豐兩款同，已與倫敦議妥。鮑疑另行電奏，如蒙允准，請署知照巴使，電港立約提銀。法禁英借兵債，匯豐言只借一次，與商妥新借各款共一合同，分注約上。曾電東司，勸我速定。事急，請代奏。

（清）王彥威輯：《清季外交史料》卷五三，〈粵督張之洞致總署匯豐借款已議定並代鮑軍籌餉百萬由何處還請代奏電〉，一二頁。

光緒十一年（1885）正月十二日。

旨：張之洞電稱，大東公司不願借款，另借匯豐銀行百萬兩，濟鮑超軍餉等語，著即借定，仍由各海關還。至鮑超軍月餉如何限定？四川能否借支此款？如何撥用？著戶部速議具奏，候旨遵行。

（清）王彥威輯：《清季外交史料》卷五三，〈旨著張之洞借洋款撥鮑超軍餉電〉，二一頁。

光緒十一年（1885）正月三十日。

閩借款，此月初八日與旗昌訂合同，係匯豐銀行經手代借上海時價規平銀四百萬兩，扣成英鎊一百零一萬六千六百六十六鎊零，在閩交現銀，用息按西曆三百六十五日為一年，行息九釐，分十年還。前三年只還息，後七年每年上半年還息，下半年本利分還，本利均按年遞減，由閩、浙、上海海關勻還。還銀時按銀數合鎊數，照還時上海時價，交閩省南臺旗昌及匯豐銀號轉還倫敦，其銀匯豐不管，每還期按西曆二月十六、八月十六兩期，該行請均先期四十六天交還，以便匯還倫敦。現定二月初交銀，以次起息，俟交足四百萬再定。

（清）王彥威輯：《清季外交史料》卷五四，〈左宗棠楊昌濬致總署商借旗昌、匯豐款項電〉，一五至一六頁。

光緒十一年（1885）二月十五日。

據匯豐洋行稱：接英公使電，必欲借一百萬磅，扣成上海規平銀三百九十三萬四千六百零，非此不能辦。現臺北待餉急，祇好將原約添改。其行息諸款照舊。該行又必俟英公使電命交銀，始行交訖。知照力催。

（清）王彥威輯：《清季外交史料》卷五五，〈督辦福建軍務左宗棠致樞垣向匯豐借款百萬磅電〉，五頁。

光緒十一年（1885）。

張之洞片：再光緒九年間，粵省城外沙面地方，因英商太古洋行所置輪船有踢傷華人落水身死情事，一時民情憤急，驟起釁端，以致住居沙面洋人暨粵稅關員役房屋物件多被焚毀。先據英、法、德、美各國使臣向總理衙門索討釁款，經總理衙門奏派前廣東布政使龔易圖，與廣州各國領事商辦。隨經龔易圖酌量議給銀數，稟商前督臣張樹聲及臣，先後電咨總理衙門覈定，示覆給發。該司以本案招釁之由，係因太古洋行而起，此項賞卹銀兩，即著令該行於來往省港輪船搭客水腳銀兩加抽呈繳，以應支銷。第水腳係屬零星抽繳，而賞卹之項為數頗鉅，本省庫儲又無閒款可以墊支，因與匯豐洋行訂借銀一十四萬三千四百兩，俾得早日發給，將案了結。仍俟輪船水腳銀兩陸續繳到，撥還歸。此項借款適與海防案內第三次匯豐銀一百萬兩之款同時並借，是以該洋行即附入海防借款之內，一併訂立合同。所訂合同業經送部查核在案。惟此事本末，部臣無案可稽，誠恐查閱合同，誤會廣東海防，另有借銀十四萬餘兩之數。謹附片陳明。

光緒十一年（1885）十月初六日奉旨：戶部知道。

（清）王彥威輯：《清季外交史料》卷六一，〈粵督張之洞奏沙面釐款案向匯豐洋行借發片〉，三一至三二頁。

光緒十五年（1889）八月初六日。

竊臣於光緒十三年正月二十四日具奏，粵省購辦機器，試鑄制錢，擬請附鑄銀元一片，於三月二十七日接准戶部咨奉上諭所陳，兼鑄銀元一節，事關創始，尚須詳慎籌畫，未便率爾興辦，著聽候諭旨遵行等因。欽此。經臣欽遵在案。現在制錢甫經開鑄，一切辦理情形業已另摺陳明，所有銀元，遵旨尚未開鑄。茲有香港英商匯豐洋行，因前數年籌借洋款，與中國時有交易，前月遣人至海防善後局面商，聞粵省欲鑄銀元，該行有英國輪墩（倫敦）及美國舊金山所出款銀，每條約重一千兩，成色較中國紋銀稍高，欲求代為附鑄，按月陸續交來，多則十餘萬兩，少亦四五萬兩。鑄成後，願在中國各口一體行用，每鑄銀百元，補工火銀一元，並送來條銀四條，請為試鑄。經海防善後局司道稟商到臣。伏查粵省除藩司地丁部款、運司鹽引正課、海關稅項均用紋銀投納外，其餘運庫雜款，各府廠釐金、捐項、租息、一切雜款及善後局支發各項，率皆通用洋鑄銀錢。至民間所用，則更全係洋錢。此等情形，不獨粵省為然，如臣前摺所稱閩、臺、江、浙、皖、桂等十餘省，大率相同。是外國洋錢之行銷日多一日，即中國紋銀之漏巵日甚一日，此已為中外所共知，無俟微臣之贅述。至匯豐為英國著名之銀行，在中國口岸生意繁多，遠勝他行。其意因中國南方各省多用洋錢，外國所來之銀條，不便散碎使用，欲自在香港開鑄，則購辦機器，置造廠屋，所費不貲；欲在外國鑄就運來，則中國近來通用之洋錢，大半皆係墨西哥國所鑄，條銀所出之地與洋錢所鑄之地，相去太遠，運費甚多，不如粵省與香港相距咫尺，朝發夕至，便於往來，可以節省費用。且以中國所鑄之銀錢行用於中國，理勢既順，獲利自饒，此匯豐洋行情願鑄用中國銀元之實在情形也。前准戶部來咨，本擬請旨允准試辦，惟原咨令將部臣所陳四弊預籌杜絕，慎選賢員，切實經理，終始如一，以期推行盡利。並云目擊時艱，亦思興鑄銀錢，權衡國用，是部臣之意，實以試鑄銀元為可行，且擬准粵省試辦。惟興利必先防弊，自係慎重銀幣之意。臣查部臣原奏，謂中國之銀出洋者多，一旦聚以鑄幣，恐致價貴源涸。查現在粵省試鑄銀元，其銀條取諸匯豐，乃係來自外國，即使匯豐條銀或有短絀，亦可向別家洋行購買，於中國原有紋銀，並無銷耗，且可使外洋紋銀充牣中華，則源涸之弊無矣。部臣又恐鑪匠攙和，小民銷鎔。查攙和之弊，最易辨識，聞聲辨色，皆可不爽，局員詳備，監察眾多，只在經理得宜，章程周密，所謂慎選賢員，即無此弊。至小民私銷一節，查此事銷煅無利，保其必無，既無機廠，亦難私鑄。小民私翦一節，查銀元上鑄明重幾錢幾分，輪廓花紋均極精緻，若稍有虧缺輕小，真偽顯然，較之內地向用各種化寶，松江銀錠，方圓厚薄，參差不齊者，銀店尤易辨別。再查粵省所用洋銀，率皆椎鑿日久，破壞爛板，現在誠不免有翦碎使用之事。今官局擬鑄銀元，並擬照外洋通例，兼鑄每元二開、五開、十開、二十開之小銀元，以便民用，亦鑄明分兩輕重，民間交易，即一錢數分之微，可以小銀元搭用，無須等平，可免紛爭，既可零用，何須私翦，則攙和私翦之弊無矣。部臣又慮鎔化銷折，官帑有虧。臣細加考核，如銀元大小兼鑄，核計成本，足可通融抵補，不致有虧。至匯豐附鑄之銀元，已議定酌補工火，將來贏則多鑄，歉則少鑄，操縱因時，則銷折虧帑之弊無矣。部臣又慮銀色太低，減成取利，用必不暢。臣查中國所用之洋錢，從前各國皆有，近則墨西哥國所鑄盛行。臣飭通曉化學之洋匠，將各種洋錢逐加化驗，大率得銀九錢不相上下，始知從前有謂只七成者，其說不實。至各國所鑄小洋錢通例，皆逐次遞減，成色最少者亦有八成左右。今粵省擬鑄銀元，意取中外流通，其大銀元定用九成，小銀元由八成六遞減至八成為止，色雖稍遜，工費較多，其實成本仍係一律，總期較之外洋所鑄成色相符，或且稍勝，民間自無異說，斷不肯任意減成，以致自相窒礙，則減成不暢之弊無矣。至部臣謂廣東省銀元鑄成後，稅釐雜項均准搭收，各省協款，應查明受協各省向用銀元與否，分別辦理一節。臣查粵省擬議，原係解部各項仍用紋銀，向用洋錢省分，乃以新鑄銀元搭解，與部議正復相同。伏查部臣所慮四弊，臣俱已熟慮周防，並無窒礙。然臣所謂此事之有益者，猶不在此。泰西各國率皆自鑄金銀各幣，自相寶貴，不用別國之錢。中國乃用各國錯雜所鑄之銀錢，甚至黴黑破碎，不可辨識，而民間爭相行用，其於體制實有所關。傳云：惟器與名，不可以假人。今遠人慕化，欲用中國所鑄之銀元，其文曰光緒元寶，如推行漸廣，不特中國各口岸，即越南、暹羅、南洋各島，均可用中國之銀元。各該處華民甚多，其心皆有所維繫，是此事實大有裨於國體。至利析錙銖，抑其末也。惟洋錢每元向重七錢二分，臣前奏因中國之銀中國所用，故擬定為庫平七錢三分。茲據匯豐洋行聲稱，仍擬鑄七錢二分，則與向有洋錢一律，便於交易。竊思既欲中外通行，自宜俯順商情，仍以七錢二分為率。至附鑄之小銀元，亦照此遞為差減，民間向來以此為便，現今省內省外市面觸處皆是，自可行銷無滯。總之，此事臣再三籌度，可發可收，似屬有利無弊。合無仰懇天恩，准照部臣前議，由粵省開鑄試辦，即由戶部行知各省，凡向用洋錢各省關，一律通行，准其與洋錢一體完納華洋釐稅，並各項雜款、一切捐項。其官商軍民或用中國銀元，或用洋鑄銀錢，隨宜通用，聽其自便。粵省所鑄之銀元刻鏤精工，成色有准，較之東洋銀錢過無不及。商民既肯用洋鑄之銀錢，豈有轉不願用中國自鑄銀元之理，且並不禁外國之洋錢，又不強其必用官鑄之銀元，於市面民情兩無紛擾。至向用洋錢各省，藩庫、關庫所收之項，其向用紋銀投納者，倘有用新鑄銀元交納，應准其仍照各該省行用洋錢向章，補繳紋水，於經制之款亦屬毫無窒礙。

謹將廣東錢局試鑄銀元式樣大小五種，分裝兩匣，開單恭呈御覽：計開一號銀元十枚（每枚重庫平七錢三分，現擬改為七錢二分），

二號銀元十枚（每枚重庫平三錢六分五釐，現擬改為三錢六分），三號
銀元十枚（每枚重庫平一錢四分六釐，現擬改為一錢四分四釐），四號
銀元十枚（每枚重庫平七分三釐，現擬改為七分二釐），五號銀元十枚
（每枚重庫平三分六釐五毫，現擬改為三分六釐）。以上大小銀元分兩
係照光緒十三年原奏，每元重七錢三分，依次遞減。今因匯豐洋行商
請附鑄，擬改為每元重七錢二分，二號以次按照遞減，以順商情。

　　硃批：戶部議奏，單併發。欽此。

《張文襄公全集》第一冊，卷二六，〈洋商附鑄銀元請開辦摺〉，四九八頁。

　　光緒二十年（1894）

　　總理各國事務恭親王奕訢等奏，為息借洋款奏明請旨事：查從前
籌辦軍務，借用洋款，戶部按冊可稽，然或由統兵大臣自行定議，或
由各省督撫代為妥商，並非由戶部籌備。其各款息銀，雖有按年、按
月及七釐、八釐之不同，大抵借用洋款，事非得已，非奉特旨不准輕
易借用。茲查沿海防營，需款甚鉅，加以制備軍機等項，費尤不資。
戶部前奏籌餉各條，並借定華款，以及由內帑發交銀兩，目前尚可供
支。惟是兵事遲速，難以豫期，防軍需餉，亟宜寬備。適據總稅務司
赫德面商香港匯豐銀行，願借銀一千萬兩，已酌訂條款，舉其大要者
言之：一、借庫平紋銀一千萬兩，借銀還銀不論鎊價。一、長年七釐
行息，還本若干，息即遞減。一、分期以十年，本息還清，屆時准由
海關稅釐撥抵。臣等正在公同會商具奏，旋據赫德函稱，現銀驟難籌
集，須展用十年，自十一年還利抽本。此二十年內利息仍係七釐，自
較原擬多耗十年之息，而還本之期稍可推展。現在需款孔殷，衹可權
宜辦理，業於十月初七日臣等面奉諭旨允准，應照原議照會英國駐京
使臣，轉為知會匯豐銀行照辦，再由臣等妥議詳細章程，訂立合同，
酌派總理衙門總辦章京、戶部郎中舒文與該洋商畫押，蓋用總理衙門
關防，以資信守。仍電知出使英國大臣龔照瑗妥為辦理。謹奏。

　　光緒二十年（1894）十月十二日奉旨：依議。

（清）王彥威輯：《清季外交史料》卷九九，〈總署奏向匯豐銀行借一千萬兩奏明請旨摺〉，一九頁。

光緒二十一年（1895）

三月二十三日奉旨：張之洞電悉，現在和議甫定，亟應先籌鉅款，……著張之洞將以上各節，再行熟籌電覆。……至借款一節，前經總稅務司借用匯豐銀行三千萬兩，他處借款皆議而不成，現需借用鉅款，仍由匯豐一手經理，已有成議，倘再由他處訂借，恐匯豐借款，因之罷議，關繫甚重。王之春所訂借款，著張之洞電令即作罷論，將來南洋需用款項，由戶部另行籌議，不得再由他商攬借，以免淆亂。

（清）王彥威輯：《清季外交史料》卷一〇九，〈署兩江總督張之洞致軍務處請借英商克隆行款調琅威理來華整頓水師電（附旨）〉，三至四頁。

光緒二十二年（1896）

總理各國事務恭親王奕訢等奏，為訂借英德商款草立合同請旨遵行事：竊光緒二十一年閏五月間，經出使大臣許景澄訂借俄法銀行法銀四萬萬佛郎，約合中國銀一萬萬兩，業經奏明在案。嗣於九月間提付日本第一次償費庫平銀五千萬兩，歸還遼地加費庫平銀三千萬兩，餘存原行之款，為數無多，而應付日本第二次償費期限已迫，自須先期籌畫，以免臨時周折。俄法銀行原定合同聲明，自行借三日起，六個月內暫不續借，他款扣至上年十二月初二日為滿。未經期滿以前，英德兩國使臣即屢向臣等就商由匯豐銀行合借金一千六百萬鎊，合中國銀一萬萬兩，周息五釐，九五折扣，行用雜費五釐五毫，開具合同底稿，聲明十二月十六日以前即須訂妥，過期尚須另議。臣等因其折扣過重，法國使臣亦來議借，初言利仍五釐，折扣必較匯豐大減。乃磋商多次，僅減去費用五毫，與初議不符。適英德使臣迭請接續前議，臣等復與磋磨，該銀行願仍照周年五釐行息，改為九四折扣，一切費用在內，由總稅務司赫德撮合。臣等查此次所定息扣數目，較之匯豐初開合同，息仍五釐，而每銀百兩，多收銀四兩五錢，較之俄法借款，息增一釐，每銀百兩，多收銀八錢七分五毫。先經電示出使大臣查報外洋借款行市，亦與此不相上下，無可再減，斟酌再三，祇可就此定議，當屬赫德偕英德兩館翻譯官及匯豐、德華銀行董事，於正月二十八日至總理衙門，議定草合同二十條，臣等照案飭令總辦章京與該銀行董事畫押。謹錄呈覽，請旨定奪。如蒙俞見，再由臣等飭令該銀行按期交款。至法國商借未定之款，業由總理衙門照例照會法國使臣，並電知出使大臣慶常轉告法國外部，作為罷論。頃正月二十九日法國使臣來言，接外部電稱，慶常與外部辯明，從此作罷等語。是法國借款，毋庸籌及，省卻無限筆舌矣。謹奏。

光緒二十二年（1896）二月初一日奉硃批：依議。

謹將商訂英德兩國借款草擬合同繕單恭呈御覽：

欽命總理各國事務衙門代中國國家向匯豐銀行暨德華銀行代德英銀行總會定立借款草合同章程，開列於後（後凡用德英銀行總會名目，俱書銀行等字樣）。

第一款，中國國家准銀行籌辦中國五釐利借款，數目英金一千六百萬鎊，或照泰西他國金錢合算，計本銀利息，每一鎊按他國金錢若干，招帖內言明。

第二款，此借款售賣股票，或一次一千六百萬鎊，或二次隨銀行等之意，惟第二次不得過六個月之限。

第三款，此借款常年利息按本銀虛數，係五釐，合每年八十萬鎊。此利息按月交付，自何日起算，由銀行等自定。

第四款，此借款定為三十六年清還，其本銀每年付還十六萬六千九百五十一鎊，亦應按月付還。自何日起算，由銀行等自定。三十六年期內，中國不得或加項歸還，或清還，或更章還。

第五款，每月應還之本銀及利息，統計係八萬零五百七十九鎊六西林八本士，由中國國家付還與匯豐銀行暨德華銀行之上海分行等均分各半。此付還之項，按上海銀兩合算，以便該行等預備金錢，按期在泰西交還。每一鎊應合銀兩若干，應與該兩銀行等同日商辦。至此項於何日交付，由銀行等自定，於後所提之正合同內言明。

第六款，此借款全數准銀行等出股票，或英金鎊，或招帖內言之他項金錢為價。此股票係何式樣及何文字，並數目若干，均由銀行等隨時自定。此股票由中國、或駐德國、或駐英國出使大臣加蓋關防，以昭信守。

第七款，此一千六百萬鎊之借款，全應以中國通商各關之稅銀為抵償還。除以前抵稅所借未還之款仍應先為償還外，嗣後若再有抵稅款目，總以此次借款本銀利息儘先償還，此款或全未還清以先，倘有用稅借抵他款，用付本利一切事宜，不得訂明在此次借款之前，亦不得訂明與此次借款平行辦理，並不得令此次借款以關稅逐年抵還之質保，有所窒礙減色。將來若再訂立抵稅借款，務於合同內載明，所有付還本利等事，俱在此次借款之後辦理等語。至此次借款未付還時，中國總理海關事務，應照現今辦理之法辦理。

第八款，此款應由總理衙門會同戶部，按所借金鎊本利之全數，發給關票，均須蓋有總理衙門暨戶部印信，並由總稅務司簽字，以該票聯環作保。此項關票，每項應載明第七款所列儘先償還字樣，於代中國所借款項交付以先，應將此項關票交與德國欽差公署及匯豐分行均分各半，收執為憑。

第九款，通商各關應另備金鎊關票，合借款本利全數。此項關票，由江海關監督並兩江總督印，由上海稅務司簽字。此項關票應至本年三月初三日即西曆四月十五日，交付德華銀行及匯豐銀行之上海分行等各半收存，以便聯環作保。如中國或本銀或利息一次不按照所訂之期付與匯豐及德華之上海分行等，此項關票應可一律抵完中國所有通商各口稅餉。此節應請旨諭飭各該口官員遵照辦理。

第十款，此借款全數自賣股票之期起六箇月內，中國不得另借他款。

第十一款，此項股票息票及付還收還之款，此時及以後均不納中國各稅。

第十二款，總理衙門准銀行等權衡代中國國家按照以上各節借款，此權衡應至本年二月初八日即西曆三月二十一日為期，期內銀行等或可應允或推辭辦理。

第十三款，俟銀行等聲明此借款按以上各節可以辦理，於出招帖之先，即由總理衙門奏明請旨允准，照所擬章程辦理後，應由總理衙門將奏稿並允准之上諭，照會德國駐京欽差大臣及英國駐京欽差署大臣轉為知會銀行等知悉。

第十四款，此借款賣股票交銀收銀等事，並出招帖及立正合同，所有詳細各節，凡此章程內尚未言明者，由銀行等隨時自定，所請上諭，照會英、德兩國駐京大臣等之後，即准銀行等權衡，出此借款招帖，以期迅速。中國國家應飭駐英德兩國出使大臣等，並飭駐倫敦中國海關稅務司，遇有會商等事，同銀行等商董商辦。

第十五款，銀行等如應允辦理此借款後，交付中國，按本銀虛數，每一百合九十四鎊，係統計一千五百四萬鎊。此項存於倫敦，聽中國國家提用。至每一次提若干，何日提用等事，應按照招帖定准。

第十六款，如有在泰西，或關繫大局，或關繫銀行格外之事，於各國股票價銀妨礙甚重，此借款第二次未能按以上各節賣票，則銀行可以辭辦此事，此合同即作為廢紙。

第十七款，此草合同嗣後應速換立正合同，由兩面或於北京、或於倫敦、或於柏林簽字畫押。其正合同章程應請旨允准，此旨由總理衙門照會德國駐京大臣及英國駐京署大臣悉知。

第十八款，此草合同應繕英、華文各三分，以便兩面收存各一分，遇有所可疑不符之處，以英文為准。

第十九款，此合同由兩面於光緒二十二年（1896）正月二十四日訂定，二十八日繕寫，十一日簽字畫押。

第二十款，德英銀行籌辦此借款，應各分一半，彼此不相牽連。

光緒二十二年二月十一日奉硃批：覽。

（清）王彥威輯：《清季外交史料》卷二一〇，〈總署奏訂借英德商款草立合同請旨遵行摺（附草合同）〉，六至一一頁。

五、清政府針對香港殖民政府的設防

道光二十五年（1845）九月戊子。

又諭軍機大臣等：據耆英奏，八月間有夷火輪船四隻，巡船二隻，配有夷兵，駛至尖沙嘴洋面拋泊等語。該國師船往來各口，稽查貿易，雖係照議定章程辦理，惟夷情難料，總須嚴密防範，以備不虞。著耆英飭水師各營，留心偵探，此項火輪船，究係駛往何處，相機嚴防，持以鎮靜，免滋事端。並將訪得實在情形，迅即覆奏。將此諭令知之。

《清實錄》，《宣宗實錄》（七），卷四二二，二九〇頁。

道光二十七年（1847）六月。

又該夷新到兵丁一千餘名，稱來香港換防，而舊駐香港夷兵一千餘名並未撤退。又聞該夷在香港有鑄造砲子火箭及演習砲車等事。雖據探報，係欲前往日本，要挾通商，然是否確實，殊難揣度。並風聞夷商以辦事軟懦，稟請伊國主另換夷酋，帶兵船前來。海上傳言，紛紛不一。

《籌辦夷務始末》（道光朝）第六冊，卷七八，〈耆英等奏英人租地建房等事現經商辦傳聞英船退出省河後又在香港增兵片〉，三〇九五至三〇九六頁。

道光二十七年（1847）八月。

緣探得香港夷兵，舊駐新到共有三千餘名，雖不至遽行滋事，然防範守禦，不容不嚴。

《籌辦夷務始末》（道光朝）第六冊，卷七八，〈耆英奏英人釘砲乃故為陷害之計華洋不協己責成紳士排解裏辦摺〉，三一○三頁。

道光二十九年（1849）正月。兩廣總督徐廣縉奏：

香港嘆夷近來情形，不時差人偵探，十一月半後，有帶信之火輪船駛到香港，言該夷地方頻年貿易缺本，虧折三萬萬有零，支用不給，現須裁減兵餉。並據新聞紙內載：夷兵每名按月須領洋銀八元，今止發六元。旋於二十日後駛到兵船一隻，約載兵七百餘名，臣等竊以該夷現因缺費裁餉，何以忽又添兵？復加探訪，知該夷因在外洋爭佔海口，與嘩嚕國打仗，為其所敗，此船即往彼處救援之兵。

《籌辦夷務始末》（道光朝）第六冊，卷七九，〈徐廣縉奏偵探香港英人情形外示懷柔內存防範摺〉，三一五八頁。

同治六年（1867）十月辛未。

一、粵洋交涉，宜審形勢而遠籌勝算也。臣惟廣東為洋務發端之始，……但昔之廣州，重蠻疊嶂，足固疆圉。今則由香港進至大虎、小虎、大王灣一帶，所有扼險砲臺，全行廢墮。而彼乃踞我之門戶，佔我之形勢，沿海排立師船，到處起造樓閣，自香港直達省城，毫無攔阻，是以咸豐七年（1857），洋人到省，如入無人之境，深可歎息。數年以來，各省督撫臣，非不思竭力綢繆，苦於無從準備。既失之於砲臺無可復得，待造之輪船，未能猝成，以我所復得之地，處彼以必可制勝之途，而貿貿焉與之角逐而爭雄，大非知己知彼，百戰百勝之策矣。臣上年蒞粵，細揣中外交涉情形，察看全省山川形勢，當此平居無事，則相與通貿遷，道款曲，雖耦居無猜可也。一旦彼有所求，我無可禦，而又萬無調停中立之勢，必至坐以待斃，決裂而後已。迨至決裂，而當其任者雖粉身碎骨，已無足責，其如國事何？其如民命何？即如前任督臣勞崇光，頗稱熟悉洋務，臣於辛酉（1861）、壬戌（1862）兩至羊城，見其接濟洋人，亦多將就敷衍，遇有調撥兵通，製造軍械等事，即百端（S037）求。此前任撫臣耆齡之所以駐紮北江，不敢直進省會也。然洋人之所恃者輪船，離海則無能為也。廣東之用者民力，居陸則猶足圖也。查廣東潮、高、廉、雷等郡皆近海，惟肇慶一府，當江西入廣州之要口，與北江相去未遠，帶山控江，延袤數千里，據廣州之上游，當賀梧之津要。宋齊以來，皆別置郡護，專征討之任。陳霸先為西江都護，高要太守是也。從前兩廣總督駐紮肇慶，所以控制，現在管理洋務鹽務，宜在廣州。為今之計，莫如總督駐廣州轄洋務，以示羈縻弗絕之意，移巡撫署於肇慶，修戰陣，練民兵，以張聲勢，而作廣州後路聲援。若洋人於條約之外，再有非情非理之要求，則總督先與辯駁，無所用其膽徇。駁之而從，自是上策，如其不聽，則閉關以謝。彼必不肯甘心，甚至稱戈相向，則巡撫自肇慶統兵而下，勢如建瓴，直截其中，使之腹背不能兼顧，是亦以退為進之法也。迨戰勝而後與之議和，彼必俯首帖服，而廣東可以相安。廣東安而天下大局與之俱安。

《籌辦夷務始末》（同治朝）卷五四，〈廣東巡撫蔣益澧奏〉，五七至五九頁。

新安縣（兵防）（同治初年）。

大鵬協水師副將一員（駐九龍寨城，隸水師提督統轄，本協左營右營）。

左營中軍都司一員（駐大鵬所城）。

守備一員（駐大鵬所城）。

左哨千總一員（分防九龍砲臺汛）。

右哨千總一員（分防沱濘砲臺汛）。

左哨頭司把總一員（分防鹽田汛）。

左哨二司把總一員（分防佛堂門汛）。

左哨三司把總一員（管駕出洋巡船）。

右哨頭司把總一員（駐大鵬所城）。

右哨二司把總一員（分防糧船灣汛）。

左哨外委千總一員（分防九龍海汛）。

右哨外委千總一員（分防老大鵬汛）。

左哨頭司外委把總一員（管駕出洋巡船）。

左哨二司外委把總一員（分防瀝源港汛）。

左哨三司外委把總一員（管駕出洋巡船）。

右哨頭司外委把總一員（駐大鵬新城）。

右哨二司外委把總一員（分防塔門汛）。

左哨額外外委一員（管駕出洋巡船）。

右哨額外外委一員（駐九龍寨城）。

左哨頭司額外外委一員（駐大鵬所城）。

右哨頭司額外外委一員（駐大鵬所城）。

本營額設水師兵丁共七百九十五名（內步兵二百一十一名，守兵五百八十四名，均防縣境）。

本營駐防縣境水師兵丁共七百九十五名。

外委本身名糧七名，額外外委本身名糧四名，存城防兵二百四十四名，九龍寨城防兵一百五十名，鹽汛防兵三十五名，沱灣砲臺汛防兵五十五名，老大鵬汛防兵十五名，糧船灣汛防兵二十五名，九龍砲臺汛兵七十五名，九龍海口汛防兵十五名，佛堂門汛防兵二十五名，瀝源港汛防兵十名，塔門汛防兵十五名，巡洋兵一百二十名。

大鵬協水師右營守備一員（駐東涌所城）。

左哨千總一員（管駕出洋巡船）。

右哨千總一員（分防大嶼山汛）。

左哨頭司把總一員（分防清龍頭汛）。

左哨二司把總一員（分防赤柱汛移駐東涌所城）。

右哨頭司把總一員（分防長洲汛）。

左哨外委千總一員（管駕出洋巡船）。

右哨外委千總一員（分防大嶼山石筍砲臺汛）。

左哨頭司外委把總一員（分防青石潭汛）。

左哨二司外委把總一員（分防東涌口小砲臺汛）。

右哨頭司外委把總一員（分防坪洲子汛）。

右哨二司外委把總一員（駐九龍寨城）。

存城外委員（駐東涌所城）。

存城額外外委一員（駐東涌所城）。

左哨額外外委一員（管駕出洋巡船）。

右哨額外外委一員（駐九龍寨城）。

額外外委一員（分防長洲汛）。

本營額設水師兵丁共六百九十一名（內步兵一百九十五名，守兵四百九十六名，分防縣境及香山縣）。

本營駐防縣境水師兵丁共六百四十一名。外委本身名糧七名，額外外委本身名糧四名，存城防兵一百五十五名，九龍寨城防兵一百名，大嶼山石筍砲臺汛防兵三十名，深水埗汛防兵三十五名，大嶼山汛防兵四十名，青龍頭汛防兵五十名，長洲汛防兵四十五名，青石潭汛防兵十五名，東涌口小砲臺汛防兵三十名，坪洲子汛防兵十五名，蒲臺汛防兵二十名，沙漉灣汛防兵五名，大濠汛防兵五名，急水門汛防兵十名，梅窩汛防兵五名，榕樹灣汛防兵十名，巡洋兵丁六十名。

水師提標左營遊擊一員（駐城內）。

中軍守備一員（駐城內）。

左哨千總一員（駐城內）。

右哨千總一員（分防蓮花逕汛）。

左哨頭司把總一員（分防南頭砲臺汛）。

左哨二司把總一員（分防茅洲墩臺汛）。

右哨頭司把總一員（分防屯門汛）。

右哨二司把總一員（分防深圳墟汛）。

左哨外委千總一員（駐城內）。

右哨外委千總一員（分防屯門汛兼防飛鵝蒲汛）。

左哨頭司外委把總一員（分防鰲灣門汛）。

左哨二司外委把總一員（分防嘴頭角汛）。

右哨頭司外委把總一員（分防城門凹汛）。

右哨二司外委把總一員（分防蔴雀嶺汛）。

左哨頭司額外外委一員（分防石圍塘汛）。

左哨二司額外外委一員（分防佛子凹汛）。

右哨二司額外外委一員（分防苦草峒汛）。

本營額設水師兵丁共九百五十五名（內馬兵十名，步兵二百八十九名，守兵六百五十六名，分防縣境及東莞縣）。

本營駐防縣境水師兵丁共八百四十九名。外委本身名糧六名，額外外委本身名糧三名，存城防兵三百八十七名。蓮花逕汛防兵二十名，飛鵝蒲汛防兵十名，周家村塘防兵五名，栗木岡塘防兵五名，息民亭塘防兵五名，流塘塘防兵五名，南頭砲臺汛防兵三十名，赤灣左砲臺汛防兵二十名，赤灣右砲臺汛防兵二十名，石圍塘汛防兵五名，鰲灣角汛防兵十二名，茅洲墩臺汛防兵二十名，茅洲水汛防兵三名，碧頭墩臺汛防兵十三名，碧頭水汛防兵三名，嘴頭角汛防民十五名，佛子凹汛防兵十名，屯門汛防兵十六名，輞井汛防兵十名，橫洲汛防兵十名，官涌汛防兵五名，焦逕汛防兵五名，大埔頭汛防兵十五名，城門凹汛防兵十五名，深圳墟汛防兵十六名，白石塘防兵五名，龍塘汛防兵五名，麻雀嶺汛防兵十名，苦草峒汛防兵十名，巡洋兵丁一百三十名。

謹案：兵制歷經奉撥奉裁，存額多寡各隨其時，以上皆同治初年額數，至八年各營復奉裁三成，其數較減。

（清）瑞麟、戴肇辰等修：《廣州府志》卷七三，〈經政略〉，三六至四○頁。

六、十九世紀中國官紳眼中的香港

光緒二年（1876）。

十月十八日，由上海搭英國"搭拉萬闊"輪船起程。廿一日，到香港。港督克乃悌遣中軍總兵歐克勒根以乘輿來迎^①（輿皆以白布蒙之，輿夫四人白褂而紅緣）。水師提督賴德、副提督瓦得三亦同時到，拜客去。余與郭公登岸，洋兵列隊接於道旁（兵皆紅衣），鳴砲十五聲，作洋樂。兩騎前導，中軍傍輿，同赴港督署（署在山腰）。沿途樹木陰森。港督率刑司美拉斯、廣州領事羅伯遜暨文武官迎門內（武職皆青而手劍。職之大者，衣嵌金版於兩肩上，長逕尺，廣約二寸，小金片綴其末如組垂。職小則惟右肩有之）。入座。……茶酒畢，主人命總教習司九阿、副教習佛格那導觀學堂。學堂構三層閣，其下初學居之。學既進，則以次而昇於上。所習有華文、有洋文，殆將混而一之也。學規嚴整，客至無偶語嬉笑者。回舟，水師亦鳴砲十五聲相送。

廿二日，克乃悌到輪舟報拜。命其中軍以乘輿迎往，觀於獄。獄亦構三層閣，下者居初犯，中則在獄復犯者，上則女犯及罪應淹禁者，皆白衣。房舍寬敞整潔，各有衾薦，故囚徒不染癘疫。囚各白飯一盂，鹽漬魚數尾。禁至三年者，肉各一臠。司獄驗而放之，故囚徒無瘐死之患。西洋例，罪人夜拘禁，晝輒令赴勞役，造橋修路皆使焉。克乃悌以作苦非被禁者所堪，創為弄鐵丸、運石砧之法，俾活動其筋骨而已。鐵丸重約二十斤，庋諸地，兩手拾而上之，與胸腹平，少傾復置庋間，凡十起落即畢事。砧長約尺，厚廣約各六寸，是日尚未見其演試也。凡演試，皆列隊以序進。放飯而飯畢而歸其器，亦以序，魚貫而前，不稍紊亂。在獄三年者，令織毯。禁錮終身者，運鐵軸，日一萬四千轉，皆司獄督課之。迨罪既得釋，而人不傷，技藝且成，可藉以圖餬口。刑罰焉，而教養寓焉矣。

註：① 克乃悌：香港總督堅尼地。

（清）王錫祺：《小方壺齋地叢鈔》第一一帙，劉錫鴻：《英軺日記》，一六一頁。

光緒二年（1876）十月。

二十一日戊申　晴。寅正抵香港住船。己正，英國總督柯乃的遣中軍歐克勒根投刺來拜，請何時登岸，以備船接。乃訂未初往拜。……

　　未初，歐克勒根至，二星使偕黎蓴齋、鳳夔九與彝及禧在明、馬清臣，駕槳小船，行二三里。隨行，砲臺升十五砲。登岸，紅衣兵列隊作軍樂，舉槍對鼻以迎，皆示敬意也。曾任英國廣東領事官羅伯遜亦迎於岸。問候畢，各乘涼輿登山。行數里，綠肥紅瘦，花木如春。至總督署，柯公年約七十，鬖髮皤然。文武官集者二十餘人。通名姓者，有水師提督來德、副提督柯倫子、按察司時梅臘慈、官學總教習司九爾、助教佛格那五人。

　　坐談片時，酒罷，令司、佛二公引觀學院。樓高三層，生徒五百餘名，內華民四百數十名，西人數十名。學分五堂，華人課華文者三，西人課西文者一，西人課華文者一。每堂百名，一師主之。堂分十列而空其前，每橫長案坐十餘人，以次向後，層累而高。前則師正坐相對；亦有師中坐而左右共分五列者，使耳目所及，不能遁飾。學規整肅，生徒安靜。

　　……

　　（二十二日己酉）未初，英總督偕羅伯遜來拜。談及本地牢獄，乃欣然請往，屬羅伯陪行。申初，歐克勒根來接。二星使率彝與馬清臣駕十槳小舟登岸，乘輿肩行二三里。其牢獄。時正司獄達格樂公出，副司獄陶木森引觀各處。

　　樓高四層，每間鐵柵石牆，極其堅固，氈被木枕，極其潔整，有華人五百一十四名，西人四名，皆著白衫白褲，斜印黑字記號。罪重者住上層，一人一房，局其門。罪輕者住下層。華人睡木榻，五人一房。西人睡鐵牀，三人一房。食則華人各飯一盂，鹹魚四尾，茶一碗。西人各麵包一塊，牛肉一片，加非一碗。罪有大小。繫獄久者，三年、五年、七年不等，肉食稍加。少亦一年，或數月，或數日。每日按時作工，勞其筋骨，活其血脈，以免積鬱生病。罪輕者，每早各梳麻若干斤兩，或編麻氈若干尺寸。早飯後，依序下樓，在院中各移石磴，舉鐵丸。磴長尺餘，厚廣各六寸。丸重二十斤。後入房稍憩，讀書。晚飯後，同入一院，緩步排行半時而後睡。其因故禁錮數日者，房設一鐵軸，令手運之，每日萬四千轉，有表為記。不如數者減其食。女牢，人各一房。外設浴堂，日一就浴。獄設禮拜堂，七日禮拜，囚人環立聽講。有病館以處病者，令醫士掌之。又有收斂病故人犯堂，洗滌精潔，以松香塗地，不獨無穢惡之氣，即人氣亦清淡。

　　法律極嚴，按時出入各處，皆循序而進，路狹亦魚貫而行，絕不紊亂。刑具有鎖、有鐐，以械手足。有繩鞭，無板、棍。其變詐反復敗壞風俗者，則刺其頸作黑圈，驅而逐之，不准逗留香港。當日見女犯三十名，係犯拐帶、偷竊案者。男犯有一名刺圈被逐。又一名，業經被逐。以刀削其圈，塗之以膏，仍來香港。因瘡瘀成斑，復經巡捕查獲，執而囚之。又一名，係搶奪幼女者，受五十繩鞭，皮裂肉爛，膿血盈背。其在院中者，排列成行，站立整齊，舉手加額以為禮。其禁錮在室中者，在外揚聲喝之，皆當門而立，垂手向外，規矩森嚴。

（清）王錫祺：《小方壺齋輿地叢鈔》第一一帙，張德彝：《隨使日記》，一一二頁。

　　光緒二年（1876）十一月。

　　二十七日　午初抵香港，由西貢至此計三千四百七十七里。進口右首為香港，左首為九龍司。海中商船多隻，檣如插箸，一望無際。聚市之處，屋皆三四層，背山面海。鱗之櫛比。至晚燈火齊明，由海濱層疊而上，不下數千萬盞，大觀也。

　　二十八日　乘籃輿游公家花園。地方不甚大，亦尚幽靜娛目。……聞此間華人約十三萬，洋人四千。地方繁盛，遜於上海，景象亦不同。蓋上海為平壞，此則環抱皆山也。粵東海口，在其西南，相距二百六十四里，有輪舶日日往來。天時仍和暖，衣夾衣，持紙箑。早晚稍涼，換棉衣。

（清）王錫祺：《小方壺齋輿地叢鈔》第一二帙，李圭：《東行日記》，一二四至一二五頁。

　　光緒三年（1877）十月。

初三日……新報載香港四事，閱之撫然。一、新理香港波伯亨里西專欲以寬仕民，不施夏楚①，而犯法者益眾，終至盜賊風行，於是乃許按司用刑。自云歷任各處，未嘗用刑，於此頗乖其意趣。一、屬部尚書喀爾拉爾芬言，據各屬地文報，繫囚之多，無若香港者，因何至此，飭一報明其原由。一、外部尚書德爾比咨，據波伯亨里西管理中國寓藉〔籍〕人民西洋裝束：住英國地界，歸英國管束；其歸中國，仍聽中國管束。一、香港對過九龍嘴亦駐有小英官。有在九龍嘴外犯事者，鄉人執送小英官，轉送之香港。按西洋律法，非所屬地，不得科罪，乃縱遣之。至是其國家特詔，犯事在屬地外者，亦一律科罪。凡在（此）四事，皆由中國處理無法，以致一切無可籌商。

註：① 夏楚：意為用刑。

鍾叔河主編：《走向世界叢書》第一輯，郭嵩燾：《倫敦與巴黎日記》，三五八至三五九頁。

同治元年（1862）。

……翌日午後抵香港，山童赭而水汩減，人民椎魯，語言侏，乍至幾不可耐。余居在山腰，多植榕樹，窗外芭蕉數片，嫩綠可愛。既夕，挑燈作家書。隔牆忽有曳胡琴唱歌者，響可遏雲。異方之樂，祗令人悲。

香港本一荒島，山下平地距海祗尋丈。西人擘盡經營，不遺餘力，幾於學精衛之填海，效愚公之移山，尺地寸金，價昂無埒。沿海一帶多開設行鋪，就山曲折之勢分為三環：曰上環、中環、下環。後又增為四環，俗亦呼曰"裙帶路"，皆取其形似也。粵人本以行賈居奇為尚，錐刀之徒，逐利而至，故貿易殊廣。港民取給山泉，清冽可飲。雞豚頗賤，而味遜江浙。魚產鹹水者多腥，生魚多販自廣州，閱時稍久則味變。上、中環市廛稠密，闤闠宏深；行道者趾錯肩摩，甚囂塵上。下環則樹木陰翳，綠蔭繽紛，遠近零星數家，有村落間意。博胡林（薄扶林）一帶，多西人避暑屋，景物幽邃，殊有蕭寂之致。上環以往，漁家蜑戶大半棲宿於此。

中環有保羅書院，上、中交界有英華書院，上環有大書院，皆有子弟肄業，教以西國語言文字，造就人才，以供國家用。英華書院兼有機器活字版排印書籍。

上環高處為太平山，兩旁屋宇參差如鳫翅，碧窗紅檻，畫棟珠簾，皆妓女之所居也。粉白黛綠充牣其中，惜皆六尺膚圓，雪光緻緻；至於弓彎纖小，百中僅一二，容色亦妍媸參半。其有所謂鹹水妹者，多在中環，類皆西人之外妻，或擁厚資列屋而居。佳者圓姿替月，媚眼流波，亦覺別饒風韻。

港中近日風氣一變，亦尚奢華。余初至時，為經紀者多著短後衣，天寒外服亦僅大布。婦女不務妝飾，妓多以布素應客；所謂金翠珠玉借以作點綴者，僅一二而已。嗣後日漸富侈。自創設東華醫院以來，董事於每年春首必行團拜禮，朝珠蟒服，競耀頭銜，冠裳蹌躋，一時稱盛，而往時樸素之風渺矣。熱鬧場中，一席之費，多至數十金，燈火連宵，笙歌徹夜，繁華幾過於珠江。此亦時會使然歟！

（清）王錫祺：《小方壺齋輿地叢鈔》第一一帙，王韜：《漫遊隨錄》，五三六頁。

同治五年（1866）八月。

十七日午正行七百二十四里，西面見越南山島。十八日午正行六百六十里。十九日午正行六百四十五里，連日過七洋洲，風大，舟甚簸。二十日行七百二十里，申刻始至香港。戌初，岸上洋樓燈如繁星，光照山麓，徹夜不息。二十一日晴，巳刻乘九江（船名）輪船赴粵省，未刻過虎門砲臺，山勢重疊，鎖鑰天成。申正抵廣州，計程三百里。二十二日晴，登岸往見制軍瑞澄泉相國（麟），細詢各國情形，兼拜海關鹽督師繼瞻（曾）。是日，段振齋太守（成林）、達小泉大尹（桑阿）來謁，均春明舊雨也。二十四日，瑞相蔣香荃中丞（益澧）、司道各官均來答拜。二十五日至二十八日，均住省繪圖謄寫《乘槎筆記》，方子箴都轉（濬頤）贈所著《二知軒詩鈔》十四卷，並重修鄭仙祠各詩冊。二十九日未刻，英國輪船由江蘇到粵。三十日雇定艙口赴香港。

九月初一日辰刻登舟，已刻開行，申刻到香港。初二日，往拜英國督理香港軍務馬公。初三日，馬公招飲，肩輿繞山行十餘里，峰巒四合，圍如大環，洋樓重疊，倒影清波，天然圖畫。初四日，舟因上貨仍未開，入夜，樓屋明，燈萬點，光照海濱。初五日，連日暗熱，仍著夏衣，酉刻開船。

（清）王錫祺：《小方壺齋輿地叢鈔》第一一帙，斌椿：《乘槎筆記》，五七頁。

同治五年（1866）二月。

十一日辛丑。已初抵香港，住船。見群峰壁聳，河艇雲集。正西一面，洋樓鱗比。彝等乃乘小舟登岸，見道途平闊，商戶整齊。此原係中國海口也，現有英兵持木棒理人走路。其地規矩，不准行人路旁小便，車行甚疾，人須自避，若碰死，在午前者賠銀十兩，並不償命；過午碰死者無事。此外亦有華英銅錢，體小眼圓，上有"香港一仙"四字，並英文一行，譯即此意。復見正面一樓如塔，上懸一鐘，外則表面，按時交鐘。在彼遇大興徐蘭濃先生，暨二、三泰西人。午正回大船。……由上海至香港，共計水程三千里。是日申正開船，出口南行。

（清）王錫祺：《小方壺齋輿地叢鈔》第一一帙，張德彝：《航海述奇》，六〇至六二頁。

昨閱《香港日報》，知港中善士與英官禁賭博，誅拐徒，設義學，創醫院，有善即興，遇弊即除。何香港一隅之地，而善氣鍾聚如此之盛乎！

夏東元編：《鄭觀應集》（上冊），〈救時揭要·求救豬仔論〉，一〇頁。

同治九年（1870）十月。

二十七日己未　晴，平，水綠色。卯正一刻至香港，入口，過九龍峽，山青水碧，船集如蟻。辰正泊船，檢點行李。午初下船，駕三板行半里許登岸，步至大鐘樓前路西英人開設之香港店宿。店廣闊潔淨，樓高四層，一切陳設器皿與泰西同。未初，隨星便乘碧竹肩輿登山，往拜駐扎香港英國總督懷達翡。[①]……繞山行十餘里，峰巒四合，圍如大環，蒼松翠竹，異草奇花，左右欄杆，路途平坦，樓房點綴，清雅可觀。總督年約六旬，言語溫和，坐談片刻而歸。

二十八日庚申　晴，熱。窗外石欄，添設紅白洋花數盆，頻見蜻蜓蝴蝶，上下飛舞。又有黃鸝家雀，左右交鳴。真乃花香鳥語，紅紫芬芳，不亞北京夏初之景也。登樓四望，臺榭參差，傍麓依山，樹林蔭翳，較上洋又別有洞天焉。是日為天主、耶穌兩教禮拜之期，自晨至午，堂內鐘鳴回應，街市車馬往來，疾馳如飛。午後，有葡萄牙國領事官勒樂德、日斯巴尼亞國歐爾牛、法朗西國狄隆來拜，星使皆送至大門拱手而別。……

二十九日辛酉　晴。早，同俞惕盦由店左皇后大道步行里許，至中環市東街，繞至市西街，居廛皆市食品，屋宇整齊。後至市中街北首新廣隆果局，筐筐羅列，諸品俱全。……申初，同慶靄堂至大丹利街、威靈頓街、大興隆街、德吉拉街一遊。路途平靜，市廛繁列，皆係華洋人開列者。……

三十日壬戌，晴。早，在機利文街……對面有呂祖大仙樓，上懸："佛心勝手"一匾，係粵人獻掛者。又各舖門首貼一黃帖云："九龍宋王臺，重修譚公聖仙（山）左廟，喜助工金若干"，以此足見釋道二教當徧行天下也。復步至同文新街與永安街，有賣鮮花者，羅列晚香玉、雞冠花、金菊、玫瑰、紫龍蘇、鳳尾球等。乃買五色菊花與芙蓉各一握回寓，供養瓶中，香透窗外。

註：①懷達翡：香港總督麥當奴。

鍾叔河主編：《走向世界叢書》第一輯，張德彝：《隨使法國記》，三二七至三四〇頁。

香港略論

甫里逸民東遊粵海，荏苒三年，旅居多暇，勤涉書史。以香港僻在一隅，紀述者罕，於是旁諏故老，延訪遺聞，成香港略論一篇，聊以備荒隅掌故云爾。

香港本南徼瀕海一荒島也，道光癸卯五年和議成[①]，以島畀英，而英始得以港為屬地，隸入版圖。香港四周約百餘里，地形三角，群峰攢簇。英人既定居，闢草萊，墾蕪穢，平塋确，就山之麓結居構宇。即其彎環曲折之形，名之曰上環，中環，下環。其境距廣屬之新安、九龍以南約十里。地雖蕞爾，稱名頗繁。曰紅香爐峰，曰裙帶路，其西北曰仰船，曰赤柱，其東曰登籠，曰灣仔，而香港其大名也。山上多澗溪，名泉噴溢，活活聲盈耳，味甘冽異常，香港之名或以此歟？山中產花崗青石最饒，所值多瓜菜，而蔗尤盛。下環有田，略種禾苗。山坡之上，樹木鮮少，以供民樵爨，常被斬伐故也。居民多蛋戶漁人，誅茅構廬，栽種圍地，隨時捕魚為業，魚汛既過，隨而他徙。英人未至之先，為盜窟，山中有鐵鑊二百餘，列木為柵，若城堡。英人至，烈而焚之。其土著不盈二千，博胡林一帶有屋二十餘家，依林傍澗，結構頗雅，相傳自明季避亂至此。蓋自桂藩[②]之竄，耿逆[③]之變，遺民無所歸，遠避鋒鏑，偷息此間，不啻逃於人境之外。此為跡之最古者矣，至於他所紀載，無聞焉。

英人既割此島，倚為外府，創建衙署，設立兵防，其官文有總督，武有總兵，皆有副貳。有臬司，有巡理廳，有輔政司，有政務司，此外有佐理堂，有創例堂，皆所以輔贊總督者也。有量地官度地建屋，修葺道路。有庫務司總理港中稅餉。有船政廳稽司大小船艦出入。臬憲之外，有提刑官、僚佐官，更立陪審之人十有二員，以習法之律正充其事，而民間所舉公正之紳士，亦得與焉，專在持法嚴明，定案鞫獄，期無妄濫。有錢債衙專理商民逋欠事，有虧國餉者亦即在是衙比追，而民間所有罰款亦由是衙以歸庫務。有巡捕廳專管巡丁，港中晝夜有丁役分班邏察，往來如織。有司獄專管獄囚，一歲中犯案千百，狴犴[④]每至充斥。顧訊鞫之時，不先鞭扑，定案後，以罪之輕重為笞之多寡，禁之久暫，有在獄終身不釋者，故刑法鮮死罪。惟海盜在立決例，法所不宥。此外又有官醫及驗屍官，遇民間自戕謀死命案，剖腹審視，以釋疑竇。其設官之繁密如此。

下環兩旁多兵房。山半以石室儲火藥，甚謹固。最高山頂建立一旗，專設員兵，俾司瞭望。兵房外，環列巨砲。逢期演習，分別功賞。餉稛餉頗厚，足以自給。軍中皆許攜婦人。其所調遣之兵，大抵本港之外，雜以印度黑人，皆以壯健才武者應其選。自山麓至巔，每相距數十武輒立木柱，繫以鐵線，聯綴比屬，相互不斷，是曰電氣通標，用遞警信，頃刻可達。其兵防之周詳如此。

港中之屋，層次櫛比，隨山高下，參差如雁戶。華民所居者率多小如蝸舍，密若蜂房。計一椽之賃，月必費十餘金，故一屋中多者常至七八家，少亦二三家，同居異爨。尋丈之地，而一家之男婦老稚，眠食盥浴，咸聚處其中，有若蠶之在繭，蟻之蟄穴，非復人類所居。蓋寸地寸金，其貴莫名，地球中當首推及之矣。泉脈發之山巔，流至博胡林、黃泥涌數處，皆以鐵筒置地中，引之貫注，延接流入各家。華民則每街之旁建聚水石池，以機激之，沛然立至，汲用不窮。於上環建煤氣局，夜間街市燈火，咸以煤氣炷燃，光耀如晝，仰望山巔，燦列若繁星，尤為可觀。港中無田賦，但計地納稅，量屋徵銀，分四季，首月貢之於官，號曰國餉。此外水火悉有輸納，大抵民屋一間，歲必輸以十金，稅亦準是，行鋪倍之。他如榷酤徵煙，其餉尤重。妓館悉詣官領牌，按月輸銀。下至艇子輿夫負販傭豎，無不歲給以牌，月徵其課。所謂取之務盡錙銖，算之幾無遺纖悉。其賦稅之繁旺如此。

傳教者則有監牧總司教事，而有官教、民教之分，官設者由官給廩祿，支於公庫，民設者或出自商民，或出自公會。雖名稱不同，而其宣傳福音則一也。所建禮拜堂四五所。有保羅、英華二書院，又有所謂大書館者，皆教子弟肄業英文，歲不下二三百人。此外，更立義塾數處，專讀華文，延師課童之費皆國庫頒給。英華書院則專印教中書籍，流播遐邇。另設女書塾二三所，亦以英文為主，特興廢不常。此外，崇拜天主者則有羅馬廟，頗極崇閎壯麗，亦於旁室設塾招童，此則迦特力教也，巴社白頭於僻處設禮拜寺，而以柳氏女胃日為禮拜，此則摩西古教也。其教民之勤懇如此。

博胡林地處山腰，林樹叢茂，泉水淙潺，英人構別墅其間，為逭暑消夏之所。此外有環馬場，周約二十餘里，日暮飆車怒馬馳騁往來以為樂。每歲賽馬其間，多在孟春和煦之時，士女便娟，其集如雲，遠近趨觀，爭相贊羨。總督又創葺園囿一所，廣袤百頃，花木崇綺，遊人均得入覽。其遊歷之地咸備又如此。

港中華民之寄居者，雖咸守英人約束，然仍沿華俗不變，不獨衣冠飲食已也。如崇神佛則有廟宇，祀祖先則有祭享，正朔時日，無一不準諸內地。元旦亦行拜賀禮，爆竹喧闐，徹於宵旦。令節佳辰，歡呼慶賞。每歲中元，設有盂蘭勝會，競麗爭奇，萬金輕於一擲。太平山左右，皆曲院中人所居，樓閣參差，笙歌騰沸，粉白黛綠，充牣其中。旁則酒肆連比，以杏花樓為巨擘，異饌嘉餚，咄嗟可辦，偶遇客來，取之如寄。

居是邦者，率以財雄，每脫略禮文，迂噍道德。值江、浙多故，衣冠之避難至粵者，附海舶來，必道香港，遂為孔道。香港不設關市，無譏察徵索之煩，行賈者樂出其境，於是各口通商之地，亦於香港首屈一指。前之所謂棄土者，今成雄鎮，洵乎在人為之哉！

註：①此處時間有誤，應為道光壬寅（1842）年。

②桂藩：即南明桂王朱由榔。

③耿逆：即靖南王耿精忠。

④狴犴：此處意為牢獄。

（清）王韜：《弢園文錄外編》卷一〇，一七七至一八一頁。

光緒二年（1876）十月。

廿一日。至香港，在赤道北二十二度十二分。視上海近九度有奇，而寒燠迥異。皆改着薄棉衣。英國水師總兵藍博爾得來唔，曾至總署一見，所部飛游營兵船當回國，留候予至即行矣。香港總督鏗爾狄遣其中軍阿克那亨以四人輿來迎，偕劉副使、黎參贊及翻譯官乘坐所派十漿小船登岸。礮臺聲礮十五，大列隊伍，作軍樂以迎。廣東領事羅伯遜，舊識也，亦迎於岸次，為敘寒喧。遂乘輿至總督署。文武官集者二十餘人，通名姓者：水師提督賴得、副提督闊倫布，按察司斯美爾斯。詢及學館，適其地大學館總教習斯爵爾得在坐，約陪同一遊。酒罷，遂適學館，並見其副教習法那、鏗而兩君，皆總司學事者也。凡分五堂：課中國《五經》、《四書》及時文三堂，課洋文一堂，洋人子弟課《五經》、《四書》者一堂。每堂百人，一教習主之。課《五經》、《四書》者，中國教習也；課洋文者，西洋教習也。堂分十列而空其前，每列設長案，容坐十許人，以次向後，層累而高，其前則教習正坐相對。亦有教習中坐而左右各分五列者，要使耳目所及無一遁飾。其課《五經》、《四書》皆有期限，而於詩文五日一課，課之小課，猶曰此術藝之小者，五日一及之可也。其規條整齊嚴肅，而所見宏遠，猶得古人陶養人才之遺意。中國師儒之失教，有愧多矣。為之慨然。聞別有一化學館，……所見香港房屋，僅及今三分之一。十數年間，街衢縱橫，樓閣相望，遂成西洋一大都會。居民十三萬餘人，西洋人戶六千。東西礮臺各一。鐵甲兵船二，一曰奧大喜阿斯，一曰飛多爾日曼努爾，意大利君名也，英人尊之，取以名船。……

廿二日。以修船耽延一日。香港總督鏗爾狄及羅伯遜來報見。語及學館規模之盛，嘆曰：“是皆貧人子弟，學習二三年，粗能有得，往往自出謀生，所以能成者少也。”……此間監牢收繫各國人民之有罪者，亦一體視之。問可往一觀乎？欣然曰：“可”。即顧阿克那亨以肩輿來迎，而屬羅伯遜陪行。其監牢設正副監督，至則副監督達摩森導以入。屋凡三層，罪犯重者在一層，下層一人一房，上層三人一房，禁錮者局其門。每屋一區，或自為一行，或相對兩行，皆設鐵柵局鑰之。房設小木榻當中，如人數。衾褥、氈毯、巾帨、盤盂畢具。日疊衾毯榻上，整齊如一，不如式者減其食。其所收繫，有西洋人，有呂宋及印度人，通計三十餘名，中國至五百一十四人。別有罰款二百元至四五元不等。收繫久者五年、七年，少至五日，亦有禁錮終身者。

辦法亦略分三等；有錮閉者，有久羈以織氈毯者，有運石及鐵彈者。運鐵彈者三處：一西洋人、一呂宋人、一中國人，皆以兵法部勒之，或五人為隊，或十人為隊，每日以兩時為度。運石者一處，則所犯較重者也。其禁錮者，房設一鐵軸，令手運之，每日萬四千轉，有表為記，不如數者減其食。人日兩食，飯一盂，小魚四頭。收繫久者，肉食，飯亦精。別有女囚一處，皆人一房。達摩森導令遍遊各監牢及運石及鐵彈處，有至百餘人環立一院中，舉手示之，皆趨就行列，或三列四列，立處截然齊一，舉手加額以為禮。即禁錮室中，啟外牢揚聲喝之，皆起立，當門重手向外，節度整齊可觀。牢外設浴堂一，人日一就浴。中設禮拜堂一，七日禮拜，囚人環立聽講。病館一，以處病者，一醫士掌之。又收斂病故人犯堂一。皆灑濯精潔，以松香塗地，不獨無穢惡之氣，即人氣亦清淡，忘其為錄囚處也。……其刑具有鎖有杻，皆以械足者；有鞭，用繩為之，五十鞭即皮裂矣。其變詐反復亂風俗者，則刺其頸為"〇"，驅而逐之，不准留香港。亦有用刀削其"〇"，以膏塗之，瘡癒而成斑，亦經巡捕查獲，執而囚禁之。所以不可及，在罰當其罪，而法有所必行而已。

（清）王錫祺輯：《小方壺齋輿地叢鈔》第一一帙，郭嵩燾：《使西紀程》，一四六至一四七頁。

光緒四年（1878）五月。

初五日，到香港，寄寓舊居安棧，等候美國金山公司輪船。

初七日，往拜英國駐港總督燕尼士。

初八日，往答拜英國駐港將軍高路奔，及署輔政司布禮士，署按察司士啜頓，署副按察司羅雅閣，華民政務司師蔑，美國駐港領事羅靈，日國駐港領事多沙，祕魯駐港領事多馬士偏，法國駐港領事布魯士。是日在輔政司署見傳話筒。該署距燕尼士避署處約三里，以手搖筒旁銅拐，起號即對筒問話，畢，旋聞筒旁鐘響，以耳向筒，一一回答。詢其何以能然，據言電線能傳字即能傳聲，厥理甚明，而內中制度，未得窺悉也。又言英國已有人作藏話箱，數人分說話，封之，數萬里之遠，百十年之久，揭封側聽，口吻宛然。於立約遺囑諸大端，尤為有用。將來製作盡善，當必傳布中華。

（清）王錫祺輯：《小方壺齋輿地叢鈔》第一二帙，陳蘭彬：《使美記略》，五七頁。

光緒四年（1878）十一月初二日。

舟行……至本日辰正三刻，……安抵香港。……申初，香港總督亨乃西，遣小火輪船來船相迎。到岸列隊聲砲，以八人輿舁余至其署中，談甚久，意極殷勤，邀余挈眷入署小住，婉謝之。許以晝至其署治事，夜仍回船。……

初三日……余與亨公談宴極久，……未正二刻辭出，余偕內人同至博物院，游觀甚久。內人回船，余又偕左子興至唐司獄處一談，徧觀輕重罪犯監禁之處，作工之所。郭筠仙丈所記，無一字不符者。……

初四日……飯後，偕松生、法蘭亭及法國領事畢立雄同遊山峰。峰高一百五十餘丈，乘山輿而登峰巔，有燈樓、電架等物，憑眺良久。山勢層疊甚遠，扼全粵之形勝，較大沽海口尤為雄闊，但無淺水處耳。

鍾叔河主編：《走向世界叢書》第一輯，曾紀澤：《出使英法俄國日記》，一三五至一三六頁。

光緒五年（1879）正月二十三日。

詢問史安香港學館情形，云："所經管學館為大學館，凡課五百餘人。通香港一小島，立小學三十，皆出自國家經費。小學館則以三，四〔此處疑有脫文〕人為率，並教習漢文。大學館則參以洋文，而仍以習漢文藝為主，為所課皆流寓中國民人也。近議開課洋文，以歸劃一，亦尚未能舉行。"詢以學館章程，云："學館已立十餘年，而章程未具，並年報亦無之。國家之意在廣為招延，導使向學。而來學者皆貧民也，稍能通習洋語使令經紀營生，不能督以年分，而徐開通以學問，是以至今未能定立章程。數十年前習洋語者日多，不能盡恃以為利，將日進求其深而後可因而誘進之。遲久必定立章程，庶來學者皆有程式，然後人才可興，學問可成。"

鍾叔河主編：《走向世界叢書》第一輯，郭嵩燾：《倫敦與巴黎日記》，九〇六頁。

光緒五年（1879）二月三十日。

因約伍秩庸、王子潛同至李逸樓處談①。並偕子潛至東華醫院，為瑞南諸人所創建者，一依西法為之。收養病者百餘，延醫士八人，兼籌教習醫學。並至西洋學館及博物院一游。學館總辦史安，同舟至香港，詢知尚未回館。而博物院則兼用粵人劉易之司之，鳥獸蟲魚金石物產之類咸備。所未見者海浮二具，質如菌而形類深缸，容數斗。河豚甲數具，詢之劉易之，曰："鯸。"蓋左思《吳都賦》所謂"鯸鮐"，即河豚也。左為博物院及藏書處，右為戲館，其上樓規模宏闊，尚未能陳設物事。

註：①伍秩庸：即伍廷芳，曾任香港立法局議員。光緒二十二年
　　（1896）任駐美公使。王子潛：不詳。

鍾叔河主編：《走向世界叢書》第一輯，郭嵩燾：《倫敦與巴黎日記》，九六四頁。

光緒五年（1879）五月。

十四日　早到香港。香港街路，修築寬平，雖較上海地方稍小，而繁盛亦正相埒。各洋房皆背山面海，層級而上，氣象似更軒昂。且樓房盡係四五層。地價甚貴，沿海之地，以中國畝計，每年收課銀百餘兩之多；在山則稍減，亦須數十兩。故彈丸一隅之地，每年收課銀八十餘萬兩。沿海大小各船所收之稅，亦在其內。大船每年收稅十八元，中船五元，小船二元。所收之稅，除貼兵船每年十萬餘兩外，其餘盡作香港公用。如官俸、巡役、工食、修路等費，皆有徵信清冊，人人可查，絕無隱匿侵欺，人皆樂輸。且生意興旺，獲利不薄，稅課

雖重，民亦不病其苛。

......

香港之英官，最尊者為總督，統理軍民。次為輔政司，職如總督之長史，輔佐總督，辦理民事。所有一切告示，皆輔政司奉督札而出也。庫務司專收稅課，支發薪俸及一切款項；民間兌易銀錢，亦係此司職掌。工務司專辦工程，如築道路、砌駁岸、造衙署及民間蓋造丈量等事。按察司專管訊斷重大案件。其次為巡理府，專理小案及尋常民間小事。華民政務司，從前事繁，現僅管收小艇稅及街上小攤之稅，並管華民小事而已。總緝捕司，管巡街差役，拘提人證。此外尚有船政廳，專管一切船隻，凡船出口，給發牌照。差役之外，尚有約練，以輔巡緝。

香港地價，近水者每方尺價五六元，近山者二三元。除地、船、屋三項收稅外，尚有票稅。凡買賣交易，每開一票，均須貼一印花（俗名"人頭紙"）。每印花收稅二仙（每十仙值銀一毫）。每票貨價在十元以內者，可免貼印花。十元以外漏匿者，查出罰洋五十六元。

（清）王錫祺輯：《小方壺齋輿地叢鈔》第一一帙，徐建寅：《歐遊雜錄》，一頁。

光緒八年（1882）。

薄游香港，覽西人宮室之瓌麗，道路之整潔，巡捕之嚴密，乃始知西人治國有法度，不得以古舊之夷狄視之。

（清）康有為：《康有為自編年譜》，九至一〇頁。

壯年奔走四方，周歷於金復登萊江淛閩粵沿海諸要區大埠[①]，登澳門、香港之巔，覽其形勢，訶其情偽，詳其戰守進退分合之所由。然復博采之已譯之西書，廣徵諸華人之游歷出使者，參稽互徵，悉其統宗，然後知內也，外也，無外之非內也，一而二，二而一者也。不揣固陋，作為《庸書》內外百篇。略明其指，區區之意，所望於當世。

（清）陳熾撰：《庸書》，〈自述〉。

　　光緒十一年（1885）。

　　又西南行，過大鵬海之南。大鵬海東北岸即大鵬所，其西南岸為大鵬協所駐之九龍汛，四山環繞，中間水深岸峭，為停泊勝地。而西岸又有瀝源港口，門甚狹，口內能容萬艘，水深至八十尺。大鵬海口西曰鳳頭，東即大鵬角，相距約十七八里。其間復有獨牛州中蠹，若於口門擇便地築堅臺，置大砲，修船塢於瀝源港內，以為粵海常駐兵輪之埠，有事之時，西可與虎門相應。又於霞浦灣等處開置商埠，接安鐵路，西達廣州，以運出口貨物，使香港、澳門之商務，盡萃於霞浦，則英、葡等國，廢然思反矣。又西南行，過九柱群小島之南，群島峙列海中，如九柱然，故名。九柱之北有海港，港內島嶼錯雜，其金島、貴島南北相接，中分港為二：東曰石頭港，西曰避風港。石頭口門曰小欽，門廣約三里，避風口門曰大欽門，廣約六里，均便輪船寄泊。二港之北為鮀山，即瀝源港南岸地。九柱之西為南佛堂島（西圖曰東龍島），島北對魚灣南嘴，僅半里許，水甚淺。為佛堂門，南對香港之大龍角，約五里為大東門，由東南入香港水道也。全船至南佛堂之南，轉而西北行，入大東門，過南佛堂之西。又西北入鯉魚門，至英吉利埠北泊焉（英人名此埠曰維克多利亞，蓋以其女主之名名之）。自昨午至此行二百六十海里。

　　香港本廣州新安縣南海中島，舊為紅鑪汛駐地。英吉利埠在島之北偏西，北對九龍汛南之尖沙嘴，為候官林文忠公（則徐）勦夷處，其東即鯉魚門，乃香港之東北嘴與九龍東南之棺檔山相對而為門者也。兩山夾峙，中通水道，僅里許，門以內廣闊數十倍，之西至尖沙嘴而復隘。其西為大嶼山，乃大鵬協右營汛地，廣袤過於香港。其東北角北與大地屯門汛岸相間僅三里許，曰急水門。急水之東為馬鞍

413

島，又東為青衣潭島，兩島間為雞踏門，亦西北通急水。是自香港西北達廣州之水道也。大嶼與香港二島間為南水道，因近香港西南隅有南丫島而名，水道隘處十八里，其中有坪州、校椅州，頗形控制，是自香港西南至老萬山南而水大道之水道也。

香港海道四達，高山環繞，中泓深闊，水波不作。自海禁既弛，西船來廣州貿易者，率於入口之先，出口之後，在此寄泊。……道光二十二年（1842），英吉利請以香港為通商地，當事以彈丸荒島不足惜，朝廷亦欲息兵鳩民，遂與之。故香港至今為英吉利地，埠市南依山麓，隨山勢高低為屋，望之千門萬戶，上下層疊，繁盛殆亞上海。

十七日乙巳，舟停香港。自入粵海以來，天氣漸暖，在閩海猶著重綿，今僅服單羅，仍嫌溽暑。飯後與同人喚小舟，南登英埠。街路整潔，長衢夾巷相望，亦有華式坊肆錯列其間。尋登小埠，望峰巔有竿，所以表風向者。西人測峰，高於海面一千八百二十五英尺，為島最高處，北望尖沙嘴，上有西人之房。嘴之東角，有砌石為堤，如方塘者數區，云英吉利製造輪船之塢也。英人當日所請者僅香港一島，對岸九龍山一帶，尺地皆屬版輿。咸豐十年（1860）春，英人始入租賃九龍，是年九月，與英人續增條約，竟割與之。按九龍與香港間水道，實閩粵往來要路，一有阻梗，為害方甚。公法凡兩國租水為界者，其水道為兩國所共，若一國跨水據兩岸地，則水道屬之一國。香港雖入於英，而水道之利我，與英共之。至九龍亦為英有，則片土之有無不足惜，水道之阻滯為可虞。日暮歸船。

考香港東西二十六里，南北廣處至十六里，容積為方里者二百五十二，其最高峰在島之西偏，以為定點，在赤道北二十二度十六分，京師偏西二度十六分，人民約二十萬，歐羅巴與亞美利加兩洲之人共不過二十分之一。英吉利置長官治之，兼提督兵事。又置刑官，則不隸於長官者也。其通商之貨，出口者為絲為茶，吾華之產也；進口者為象牙為鴉片，印度之產也。光緒十八年商冊出口貨值英金一百又五萬二千三百又二磅（每英金一磅約合庫平銀四兩），進口貨值英金三百二十一萬八千九百四十六磅，兩相較，吾華歲出之貨多於歲入為兩倍過之，商務之凋敝，於此可見。泰西各國講求商務，免出口貨稅惟恐其不輕，加進口貨稅惟恐其不重，所以使土貨暢銷而妨客貨之侵權也。吾華或反術而行，豈收回利權之道哉！自香港西北至番禺城下二百四十里，小輪船通行僅半日程，西南遶大嶼之南，老萬山群島之北，渡零丁洋至澳門一百四十里。香港與澳門實東西踞廣州口門。地入黃道下，陽威特熾炎熱，蒸海氣為雲，嘗棲山岫，一遇涼風，即成暑雨，崇朝之間，晴雨屢見。

（清）王錫祺輯：《小方壺齋輿地叢鈔》第一一帙，鄒代鈞：《西征紀程》，六至七頁。

光緒十三年（1887）八月。

十六日庚午。晴。酉初抵香港。突起數島排港外，入則峰巒合遝，萬頃澂碧。少時昏黑，明燈層層，高逾山脊，如絡角繁星，萬點敆挂。

十七日辛末。晴。辰刻趁小輪舟登岸，持友人李光琴書，至上環街元發行晤蔡松川、余韶笙，託易匯票。蔡、余殷勤留飲，導遊博物院，見諸水族奇禽怪獸中，有一物人首人臂，自腹以下為魚形。歷觀南北兩砲臺，頗得地勢。又見延山闢鐵路，盤旋而上，達於山巔。蔡、余言：港督因其主得是埠，屆五十年，將於月之二十四五日舉勝會以申慶祝。諸華商輸錢興作，街衢聞方擾擾，搆綽楔架傑閣，張電燈，以帛纏柱，流蘇為簾羅珠玉錦繡，召歌舞幻戲，雜以鼓樂，綿宵竟晝，踵事增華，所費約十餘萬金，其奢靡如此。

（清）王錫祺輯：《小方壺齋輿地叢鈔》第二帙，繆祐孫：《俄遊日記》，四至五頁。

光緒十六年（1890）正月。

十四日記……戌正抵香港下椗。在赤道北二十二度十五分，北京偏西二度十七分。由上海開行，越六十點鐘而達此，記程八百七十海里。

香港與九龍山對峙，山勢四面迴抱，極佔形勝。英人以為絕好"哈勃"，涎睨已久。——"哈勃"者，譯言航海避風處也。道光壬寅年為英所據，初祇一荒島耳，周圍僅數十里；英人招徠墾闢，盡力經營，遂成巨埠。洋樓攢倚山嶺如蜂窩，有上環、中環、下環之名。其內大街名維多利亞，尤為貿易總匯，璣貨駢集，闤闠雲連。居民凡十二萬人，船戶三萬人，總計十五萬人。內西洋人僅有三千，其餘皆華民也。又水陸操練兵三千，由英調來。香港為閩、粵逋逃藪，雖與粵垣相距咫尺，而華洋隔絕，中國官不能拿問，必須設一領事官，嚴緝奸宄，保護商民，既合公法，最於中國公事有益。然任使臣屢爭之，不能得也。此事當相機待時而行之。

十五日記……香港有學堂，有監牢，郭筠仙侍郎已記之。又有兵房，有大花園，有博物院，隨員等皆往觀之。香港對面有船塢，似另建一小島上，蓋與九龍相近。余欲往觀而未得暇，望見之焉。

鍾叔和主編：《走向世界叢書》第一輯，薛福成：《出使英法義比四國日記》，七〇至七一頁。

光緒十六年（1890）八月。

二十六日記　英屬香港，洋人不及華民十分之一，然華民亦歸英官治理。英設總管一員，統屬文武，譯者遂以總督或以巡撫稱之。其副為輔政司，代行案牘，職如古之長史。次為庫務司，又次工務司，又次理刑司，次巡理廳，華民政務司，次總緝捕官，又有船務廳。香港地價，每一畝值洋銀三四萬至六七萬圓不等，每畝歲收地租數十圓至百餘圓不等。沿海各船，編列字號，每歲收租十八圓至十二圓不等。此外有房屋稅、票稅，而鴉片稅極重。歲入之款，除津貼兵船外，其餘作本處公用，如官俸、巡役工食、修理街道衙署等費。故稅雖重而人樂輸，商務日旺焉。

鍾叔和主編：《走向世界叢書》第一輯，薛福成：《出使英法義比四國日記》，二二二頁。

查香港一荒島也，英人經營四十年而市廛喧囂，人煙稠密，一榻之地，月租數金，詰其何由？免稅而已。貨在西洋值十金者，香港只值五金，且有不及五金者。蓋西洋各國之內，稅斂繁苛，而香港皆無之。且中國各省出洋之貨，昔年皆聚廣東，而廣東工藝製造極精，出洋之貨尤多。澳門為明代以來洋商貿易之場，是以廣州、澳門皆為洋商聚集之地。自香港設埠，廣東百貨皆聚於斯，洋商遂亦樂居其地。西人之在中國者，近年統計不及七千人，而香港則居十之六焉。

（清）余易齋輯：《航海瑣記》、《樓船日記》，卷下，二九頁。

第二章　香港設領交涉及其背景

按：自十九世紀七十年代起，清政府為防範太平天國餘部人員在香港活動，同時又為緝拿海盜，防止鴉片走私和其他有關問題，擬在香港地區設立領事，但與英政府、港英當局多次交涉，始終未能成功。

一、設立駐港領事的創議與交涉

昨得外國新聞載，英國所刊藍書內，述中國現與英廷商議在香港設立華官領事。議院尚未議定，先行查詢港督云云。大約香港各船駁貨，內地查驗後給發牌照，一面知會各處地方，以便掛號稽查也。

《申報》合訂本，第九冊，〈香港設官〉，光緒丙子（1876）七月二十九日，二六五頁。

光緒七年（1880）八月初八日。

香港燕督昨過津晤談，⋯⋯又謂粵犯已允照交，惟駐粵領事多方阻挌，赴京當再商威公。又謂香港設領事，亦可商辦，似與外部議論稍異。謹以附聞。

（清）吳汝綸編：《李文忠公（鴻章）全集》，卷二〇，〈覆曾劼剛星使〉，一八頁。

辛巳（1881）七月初一日。

一、香港設立領事倘能辦到，誠如堂憲所云，於香港華民實多裨益。現擬趁交犯一案就便發端，商之輅相，至於將來設立之時，盡可由粵中大吏派委節制，呼應較靈。其經費是否於使英項下開支，聽候衙門裁奪。如仍用出使經費，宜在粵中就近劃扣，不必由英轉匯，致多周折也。

一、澳門情形，誠如振帥原函所云，與香港之付為英屬者不同，未便設立領事。但振帥欲令駐港領事兼辦一層[1]，愚意亦尚不謂然。蓋葡人之於澳門，雖儼然據為己有，然於不足於中者，則以租住之名尚存耳。……若忽令駐港領事兼理，彼遂將借香港領事之名，引為澳門領事之據。蓋西洋視兼辦人員與本任毫無區別也。查澳門本有縣丞等官，特以職任較卑，遂同虛設，似不妨仿上海租界之例，設立官職較崇之委員，並令督同縣丞辦理交涉事件，庶幾可圖補救。此層係紀澤懸擬之舉，是否有弊亦不可知。總之，駐港領事兼管澳事，竊以為斷不可行耳。

註：① 振帥：即中法戰爭期間任兩廣總督的張樹聲。

《曾紀澤遺集》卷三，〈倫敦致總署總辦論事三條〉，一八九頁。

光緒十二年（1886）三月二十六日。

兩廣總督張之洞奏為請催香港設立領事，以求兼收安內馭外之事：

竊維香港一島，密連粵省，近年商務日盛，華民寄居益多，交涉案件無時無之，而該處尚未設有中國領事官，辦理每 形不便。光緒八年（1882）九月間准出使英國大臣曾紀澤照會該國外部，請在香港設立領事。隨又准咨轉，據英國藩部查明，現任香港總督差期已滿，明年年初新任總督即可履任，可與詳細具議各等因。先後咨會粵省查照在案。迄今已閱四年，我未催辦，彼即擱置不提。緣港設領，我有利益，彼多牽制，欲允從則不願，欲阻拒則無辭。臣到粵之初，即擬舉辦此事，因海防倥傯，未遑兼及。近日體察情形，該處華民十餘萬，無不延頸舉踵，永戴皇朝，冀睹漢官之威儀，長荷堯天之覆幬。是目前事勢，領事之設，不可再緩，言其利害，約有數端：

一曰通商。查香港自歸英屬，海外諸國之講好於英者，莫不各駐領事於彼，以治其本國之務，中國最為切近，轉無駐紮之官。此外，若英屬之新嘉坡，以及美之舊金山、西班牙之古巴、日本之長崎等處，亦俱設有中國領事，此等外埠，程途不若香港之近，華民不若香港之眾，貿易不若香港之多，關係不若香港之要，彼皆設官，此何獨缺？此為通商計不可緩也。

一曰保民。香港距省僅三百餘里，物力既饒，流寓所萃，俯從洋例，控訴無由，得領事以領之，遇有香港官治理不公之處，關於粵省小事，則商之港督，大事則達於總署，不獨有礙華人之事能向港官申理也。政化所覃，風聲即樹，重溟雖遠，必有恍然於為聖人氓之可樂者。且在港華民生理，事事取資於洋人，似有近墨染泥之慮。然自前年海防有事以來^①，在港商賈、工徒、船戶、傭作，無分貧富愚賢，咸懷敵愾，發於本心，或堅拒法役，或密輸夷情，或憤發公論，或力助軍火，此固由聖朝德澤淪浹之深，而眾志之恪誠，要亦實為難得。至於歷年捐餉捐賑，每有內地義舉，向風思奮，更不勝書。商民等既有父母孔邇之心，朝廷自斷無置之度外之理，若不為之設官拊循，則似與東南洋各埠華民視之有別。是為保民計又不可緩也。

一曰逸犯。內地罪人，以港為逋逃藪，最為粵省吏治地方大患。照約本有逃犯查明交出之文，乃港官每事袒護，或交或否。如楊永祿等致死本族尊長一家三命案內，在港獲十一名，始終不肯解省，其審辦案情略輕者無論矣。又香港情形，他省容未盡悉，去年福建藝新輪船，不先行文知照，逕從香港緝拿巨盜張阿知等，幾至枝節橫生。若設領事，則覺察有權，機要易協，何至吞舟巨憝，勢等驅淵。是為逸犯計又不可緩也。

一曰巡緝。香港水界之內，不予人以緝捕之權，近因私梟鹽匪，出沒洋面，漸至縱橫。一切藥貨硝磺，走漏釐稅。經臣行文廣州英領事，約會港官協力查緝。港官雖允照辦，終恐藉詞枝梧。且洋藥稅釐並繳一事，現既議有端緒，他日終須開辦，洋藥私販，甚多耳目，稽查不妨廣置。若設領事，就近會商港官，兼理巡私緝匪事務，應無轉折扞格之虞。是為巡緝計又不可緩也。

一曰海防。省港既相鄰接，安危彼此共之。港之煤硝米麵，十日不來，則省城困；省之牛豬薪蔬，一日不往，則港民困。港亂則省之商路不通，省亂則港之匪徒四起。當法事方殷之時，省固旦夕防戍，港之籌備亦殊倉皇。海警尋常，何時蔑有，香港有事，我國生肘腋之憂，我若有事，香港亦無安枕之理。設領事則聲息更通，聯絡尤易，固粵之利，亦港之福。是為海防之計又不可緩也。

夫香港片壤，本係中朝寬仁，假與洋人棲息，俾資樵采，若不設領事，則是諸國百貨入華之利益，英國得而專之，華商華民之在彼者，中國轉不得過而問之，英收其利，我承其弊，英資其益，我受其損。諸邦各有地主，獨無揆諸和好公平之理，種種難通。臣愚以為，此事既經曾紀澤商之英國外部，並無卻拒之詞，只作緩延之計，如果力持促辦，彼自有何說之辭？如議成開辦，該領事除照章屬於出使大臣外，應就近兼歸粵省統屬。粵省督臣與駐英使臣商明會委，以便隨事斟酌。至於領事經費一節，擬即由粵省奏明籌撥，相應請旨飭卜總理衙門，照會駐京英使，一面電咨出使英國大臣，催令該國外部藩部，速將香港設立中國領事一節，照約定議，赳期開辦，以篤邦交，實與粵省商務、盜案、釐稅、海防各項交涉事件，大有裨益。謹奏。

光緒十二年（1886）三月二十六日奉旨：該衙門知道。

註：①此處所謂"前年海防有事"係指光緒十年（1884）香港人
　　民的反英、法鬥爭。

（清）王彥威輯：《清季外交史料》卷六六，〈粵督張之洞奏請催香港設領事以期安內馭外摺〉，九至一二頁。

英派員駐喀什噶及商設香港領事書（庚寅，1890 年）

前奉　鈞署大咨，議設南洋各島領事。此事英廷允否，尚未可必。然如檳榔嶼、蘇六甲、柔佛等處，能令允設領事，固於保護華民一事有裨；惟香港一區，逼近粵垣，且華人生聚日繁，閩粵盜犯，均恃此為逋逃藪，諸多掣肘。從前屢次商設領事，彼國堅持不允，福成現擬乘此機會，與之熟商，稍緩即當鈔稿咨呈查核。彼以英人未到之喀城，尚欲駐員，我以華人麕集之香港，而與議駐員，名正言順，若彼或有未便，而因此輟喀城之議，我可不任受怨；若彼因喀城設員，勢不能已，則香港之事，彼亦當就我範圍。然福成尚未以此二事，明與相提並論，萬一彼遵公法，先允我添設領事，鄙意或留喀城派員之舉，另索他項利益更妙。蓋因舊時交涉，喫虧甚多，所須更正者不止一端，則鈞署此時似不可鬆口，稍露能允之意。倘告華使以此事現方函詢敝處，或稱已交福成就近與英外部妥商，似尚渾含無跡。是否如此，即乞回明堂憲裁奪，並乞先將大意電示為盼。肅泐密布，敬請勛安。（八月十二日英字第八號）

（清）薛福成：《出使公牘》卷三，〈書函〉，二三一至二三三頁。

咨總理衙門與英外部商辦添設領事

為咨呈事：竊照光緒十六年（1890）七月初十日，承准貴衙門文開，准北洋大臣咨開，據北洋海軍提督丁汝昌文稱：南洋各島，華人巨萬。惟新嘉坡已設有領事，交涉懋遷，尚稱安謐，其未設領事各島，曰檳榔嶼、曰麻六甲、曰柔佛、曰芙蓉、曰石蘭莪、曰白蠟，該處商民無不受其欺凌剝削，環訴哀求，實不忍視。新嘉坡領事既無兼管各埠明文，亦無遙制各島權勢。擬請新嘉坡改為總領事，其餘隨地設立副領事一員，即以該處公正殷商攝之，統轄於新嘉坡之總領事。至應設副領事幾處，每年經費若干，應由總領事查明撙節稟辦。惟本大臣查英屬各島，華民流寓者極多，而香港一島，附近粵東，尤為中外往來咽喉。凡華洋各商貨物，均先至香港，然後轉運各省，而交涉事務，一曰逃犯，一曰走私，一曰海界，繁難叢雜，每出巨案。粵省遇事，輒派員至港，而聲氣不通，往往緩不及事，所以該處添設領事，實為刻不容緩之圖。查閱案卷，在前任大臣曾任內，迭次照會英外部，請於該處設一領事，迄未就緒。至澳大利亞一島，現有限禁華工一事，亦關緊要，而英國政府於此二處，頗有不欲輕許之意。本大臣以為設立一處，始商議一處，枝枝節節，徒費唇舌，未見大效，因遣英文參贊官馬格理，到外部先述大意，援照公法，作籠統之辭，祇言中國欲設領事於英屬各地，不言設於何地，該外部似尚無峻拒之意。旋即將此意辦文照會。如果外部允辦，將來某處應設，某處緩辦，其操縱之權，似仍在我。本大臣又查泰西各國所設領事一官，徧於地球，所以保護人民，疏通商務。蓋枝葉盛則本根固，聲息捷則國勢張，關繫綦重。即英國在中國領事，既有二十餘員之多，而南洋各島，華民流寓者有數百萬，其為中外門戶，固不待言。中國從前未甚措意，而近年中外往來交涉日繁，風氣大開，若謂徧設領事，即已握長駕遠馭之規，或稱就地可籌鉅費，或冀收彼華民，為我所用，此皆閱歷未深之語，其事亦斷辦不到。然嘗盱衡全局，實有不能不擇要籌措者。即就英屬各島而論，如能添設領事數員，每歲不過多費數萬金，已隱收無形之益，其效當有十倍於所費者。且商民人等，環訴迋求，若置之不顧，頗足以長華民觖望之心，招外人輕侮之議。丁提督所陳，均係實在情形。惟檳榔嶼等六處，勢不能徧設領事，即公正殷商，亦難多得。或酌量添設，而改新嘉坡領事為總領事，以兼轄之，或將各島統歸新嘉坡領事管轄，令總領事以時巡歷諸島，以通民情而保商務，似尚皆切近可行。除札飭新嘉坡領事左秉隆，將各該島情形詳查具覆外，仍俟外部復文到日，再行商辦。相應將照會外部洋文譯漢咨呈貴衙門。謹請查照。須至照會者。

計鈔單一件。

光緒十六年（1890）八月二十五日。

（清）薛福成：《出使公牘》卷一，〈咨文〉，三九至四三頁。

論添設香港領事及英派員駐喀什噶爾書（庚寅，1890 年）

敬啟者：南洋添設領事一節，昨備文照會英外部，已譯稿咨呈冰案。旋准外部文，稱此事英廷現須詳審，稍緩即復。福成惟恐其將香港一區，聲明除開不設，則仍無異買櫝還珠。因囑馬格理以己意微探外部侍郎山特生口氣，明指香港而言。山特生謂只要中國能得一深明洋務之領事，不致侵權越分，亦無礙難之處。察其詞意，似尚易商。惟每事必設法支展，俟迭經催商而始辦，則外部之常例也。至喀城駐員一節，邇來外部尚未提及。竊思此事，係華使在鈞署所請，與南洋所請領事，初不相涉。惟目前彼之鬆口，實因有求於我，若知鈞署於喀城之事，竟不通融，彼或因絕望而變前議，抑或遽爾允許。又恐其已得所欲，轉將我商設領事之議擱起。刻下鈞署似亦宜用支展之法，告以未知喀城情形，以函詢彼處疆吏為辭，一往返之間，即可展緩數月，以觀動靜。將來確知其無甚關礙，再由鈞署另索他項利益相當之事，更為妥洽。總之香港設領事，與喀城駐員二事，本係分開各辦，現似不必相提並論。惟內外消息，卻須靈通。仍乞隨時電示。至鈞署慮及喀城通商一事，似尚非彼族命意所重，如眾議以為不便，或將此層預與說明，以杜後患，亦無不可。即乞回明堂憲裁奪。除將外部照復譯稿咨呈外，肅泐奉布。敬請勛安（九月初十日，英字第九號）。

（清）薛福成：《出使公牘》卷三，〈書函〉，二三九至二四一頁。

與英外部商設香港領事情形片

光緒十六年（1890）十月初十日

再查英屬香港一島，華民流寓者十四五萬，逼近廣東省城，尤為中外往來咽喉，凡華洋各商貨物，均先至香港，然後轉運各省。其交涉事件之繁難者，一曰逃犯，一曰走私，一曰海界。祇以該處並無華員，無以通中外之情，於廣東全省政務，每形捍格，是商設領事，實於大局尤關緊要。前任使臣郭嵩燾有此志而未及辦，曾紀澤任內曾經照會英外部數次，迄無成議。揣其隱情，蓋因全島多寓華民，而洋人不過數千，若准設華官，與廣東大吏聲息相通，在彼不免多懷顧慮，所以靳而未許。臣昨辦文與外部，援照公法，商定通例，而未明提香港。該外部侍郎山特生，果向英文參贊馬格理以香港一處為疑，且云恐華官不習外務，或竟侵權越分，致多窒礙。臣思新嘉坡領事左秉隆，與英官頗能相得，外部亦稱其辦理妥洽。因遣馬格理告以香港若設領事，當以左秉隆調往開辦。察其辭意，似尚易商。惟遇事設法支展，必再四催問而始辦，則外部之常例也。容俟復文到日，如仍不遽允，臣再當相機辯論。理合附片具陳，伏乞聖鑒訓示。謹奏。

（清）薛福成：《出使奏疏》卷上，八四九至八五〇頁。

光緒十六年（1890）十月初十日。

竊查英、法、荷、日四國屬境，其苛待華民不願我設領事者，以荷、日二國為最，而法次之，英又次之。……近與該外部商議，請照各國之例，在英地隨宜派設領事。即彼未肯速允，臣擬堅持初議，至再至三，與之磋磨，先就香港、仰江、新金山等埠酌設一二員，而檳榔嶼等六處，亦當審其地勢人數從長籌畫。由此推之法、荷各屬，亦或較易為力。……

（清）薛福成：《出使奏疏》卷上，〈出使英法義比薛福成通籌南洋各島添設領事保護華民疏〉，二〇至二五頁。

論添設南洋領事書（庚寅，1890）

敬啟者：南洋添設領事一節，頃已准英外部照復應允，尚無難詞。其所稱間有待查地方情形，刻下或難照給文憑，須由英廷察看定奪者，係指新金山一處而言。福成現擬先將調左秉隆前往香港開辦一層，及改新嘉坡為總領事，兼轄檳榔嶼、麻六甲各島之說，備文照會外部，以免緩則彼族另生枝節。查前任郭大臣議設新嘉坡領事時開辦之初，大費筆舌，始獲應允。後曾侯擬設香港領事，辯論再三，迄無成議。此次南洋各島及香港之議，彼遽慨然允諾，固由朝廷威福漸摩所致，亦因喀城駐員一層。彼所注意，或以此示先施之義。聞華使在鈞署開議，未知曾否略索他項利益，示以可允之機，抑或以行查一說，藉稍宕緩以觀動靜，想堂憲必有主裁。此事福成既未與聞，未敢遙參末議。惟念南洋准添領事，則法、日、荷各國屬地，皆可以次仿行，徐商添設，於海外商民，大有裨益。香港准設領事，則於廣東省垣政事，裨補尤多。是此舉在我所收權利，已不為少。其喀城派員，英意重在伺察俄情，聞其所遣之員不必定以領事為名。若我駕馭有方，萬一中俄有釁，我亦可藉英以察俄情，似尚有益無損，待訂議時斟酌可耳。鄙見如此，伏乞回明堂憲酌奪為荷。除將英外部照復原文譯漢咨呈外，肅泐奉布。敬請勛安。（十一月初一日英字第十一號）

（清）薛福成：《出使公牘》卷三，〈書函〉，二四五至二四七頁。

論添設南洋領事經費書（庚寅，1890）

敬再啟者：香港及檳榔嶼各島事宜，福成再四籌思，將來開辦之日，香港歲費，約略與新嘉坡相等，當以七千金左右為譜，似須由廣東督撫院就近在粵海關劃撥，歸出使經費項下扣除，免如新嘉坡之由敝處收撥，以銀易鎊，又以鎊易洋銀，輾轉耗折，更添往返匯費。惟派員則須歸出使大臣，以便外部如有異議，可與理論，仍兼歸粵省與使臣統轄。蓋其所辦交涉之事大半關係地方之事，所以與使臣勢難隔膜，而與粵省尤為切近，義當兩屬，稍殊各口領事情形也。（十一月初一日）

（清）薛福成：《出使公牘》卷三，〈書函〉，二四九至二五一頁。

再論添設香港領事及英派員駐喀什噶爾書

（庚寅，1890）

敬啟者：英廷允設南洋各島領事，及調左秉隆往香港開辦，業經外部照復，陸續鈔稿，咨呈冰案。福成前於英字第九號函中，曾聲明香港設領事，與喀城駐員二事，分開各辦，不必相提並論。誠以向來中外交涉之件，外部往往設法支展，且因到洋日淺，外人之情，實亦未能深信，不敢遽謂確有把握也。乃此次外部始終無一言阻難，且並未支展時日，慨然應允，力顧兩國交誼，實出意計之外。福成前函謂其必因喀城一事，以示先施之義。第念此事由華使在鈞署所請，應由堂憲主裁，非使臣所敢遙參末議，則仍不欲以兩事相提並論之意。乃近日外部侍郎山特生致本署參贊馬格理函，措詞雖極婉轉，而已微示責報之意。竊思福成初接鈞署大咨，於南洋籌設領事一節，頗苦無從著手。及聞華使有喀城駐員之請，乃得乘間而入，先詰以公法，中國在英屬地，皆可添設領事。繼又明指香港一區而言，亦思彼若允我所請，則我收回權利已多，與彼所求，既足相抵，萬一不允所請，則喀城駐員，就此可作罷論。刻下英廷既一一允許，頗有意結歡中國。若以施報恆情而論，似亦祇可俯允所求，向之不欲以二事相提並論者，今則勢不能不以此絜彼。又念向來外人要求利益，大都不盡循理，勉強得之，或僅有施而無報。此次獨致先施之意，亦未始非朝廷近年德禮漸摩之效。若彼以好來而我漠然不應，死彼謂中國之事，仍須待迫脅而成，轉覺乏味。至於就事而論，此舉在中國實亦無損。新疆距內地太遠，中外信息，每患不能靈通。英俄同處一洲，而其互相猜忌之心，時見於日報。中國若許英在喀駐員，固可藉英以察俄情，駐英使臣常與外部往來，必能聞其消息，報知鈞署。若慮其藉此通商，致各國競思援照，則彼之派員，可稍變名目。彼函中所謂經手領事人，即與另商再改，亦無不可。茲將山特生原信，譯稿呈覽，敬乞回明堂憲裁奪是禱。手肅布達，敬請勛安。（十一月二十一日英字第十三號）

（清）薛福成：《出使公牘》卷三，〈書函〉，二五三至二五六頁。

三論添設香港領事及英派員駐喀什噶爾書

（庚寅，1890）

敬再啟者：福成八月十二日致尊處函中，曾云萬一彼遵公法，允我添設領事，則留喀城派員之舉，尚稍可設法，另索他項利益，未知鈞署曾否籌及擬索何項為抵。福成查俄在喀通商，當時曾侯因此路商務初興，貿易未旺，故於俄貨入境關稅一節，暫允免徵。今屆修約之期，聞俄尚未肯完稅。此次英欲駐員，或稍有商務，可與議明循照通例，凡貨入喀境，須照值百抽五章程，一律徵收，亦可使俄人無詞再圖宕緩。日前馬格理見山特生時，曾言及此。今其來函，似已答允，此亦利益之一端，然鄙意尚有大於此者。從前洋人在中國欲設領事，並不請中國准照，隨意遣派，竟若在中國有自主之權者，因而輒敢與地方有司，遇事掣肘，動輒要挾，蠻橫無理，查此事實不合公法。從前李傅相與巴西議約，欲復領事官領准照之例，甚費躊躇，然僅一弱國，尚辦不動。此次趁英國欲在喀城駐員，可與議明，必須待中國給予准照，然後新疆地方官纔認為英國領事。自此次為始，各口領事亦必領給准照，此亦萬國通行之法，諒彼無詞堅拒。英人允許，即可相機推之各國，一律照行，此則裨益更大。將來如遇外國領事官，桀驁不馴，我即可追回准照不認，向時肆行無忌之心，從此當可稍戢。如索此項利益，似較入境徵稅一節，尤有關係。至於通商一節，在彼已為第二層義。竊料該處荒瘠之地，貿易亦驟難見旺，但不借商務為名，則無端設一領事，恐啟俄人之疑，故山特生致馬格里函中，已有商務字樣。竊謂喀城遠在邊徼，果能商務大興，則照章抽稅，於事亦未為無裨，並非損礙之事，似不必過慮也。愚陋之見，是否如此，並乞回明堂憲裁奪為禱。手此再請勛安。（十一月二十一日）

（清）薛福成：《出使公牘》卷三，〈書函〉，二五七至二六○頁。

光緒十七年（1891）正月初二日遞北京

總理衙門：英允設香港領事。新嘉坡總領事轄各島。此次易商。因望喀城設員，先示睦誼。已咨明外部，調左秉隆任香港，黃遵憲任新嘉坡。成現駐巴黎。蕭。

（清）薛福成：《出使公牘》卷一○，〈電報〉，七○五頁。

咨總理衙門酌議添設領事經費及籌辦事宜

為咨呈事：竊照新嘉坡領事改為總領事官，暨香港添設正領事官，業經本大臣具摺奏明，揀員充補。鈔稿咨呈貴衙門在案。本大臣查新嘉坡總領事現轄各島，暨流寓華民，較從前加數倍之多，地廣事繁，深慮鞭長莫及。計丁軍門原文所敘，曰檳榔嶼、曰麻六甲、曰芙蓉、曰白蠟、曰石蘭莪、曰柔佛，應添設領事者已有六處，但規模過鉅，殊恐所費不貲，不能不籌變通之法。現擬令總領事選擇各該處殷實公正之華紳，畀以副領事名目，小事由其經理，大事仍待總領事核辦。該紳既各有本業，但須月給薪水百金，足資津貼。如未得其人，任闕毋濫。倘總領事力可兼顧者，亦即不必偏設。約略計算，添設副領事之地，暫以四處為衡。至總領事銜秩稍崇，雖暫不照總領事之例，支領薪俸，亦應與正領事酌示區別，擬定月支薪俸四百三十兩。惟其所轄華民倍多，事務較繁，原設隨員一人，難敷照料。現擬派英館三等繙譯官那三，隨往襄助。該員向係月支薪俸一百六十金，此項日後須在新嘉坡支領，即應劃撥在新嘉坡經費之內，而英館三等繙譯一員尚須另調。又擬添供事一人，每月薪俸三十六兩。其原額隨員一人，則仍其舊。尚有出赴各島，巡護華民之費，亦須覈實開報。現擬六處，每歲各往巡二次，綜計歲費，不得過六百金，不出則不開支。以上辦法，除新嘉坡領事向支歲費七千餘金，照舊在歲撥英法兩館經費分給外，尚須加費八千金左右，不敷支放。擬請貴衙門於循照年例撥給經費時，添撥此款實為公便。至香港領事雖未開辦，約計歲費，當與往年新嘉坡相上下，以七千金左右為率。除正領事一員，照章月支薪俸外，其隨員一人，及領事署租房一所，應給租費，似可均仍舊貫。但其歲費七千兩，擬請貴衙門咨行兩廣總督部堂、廣東巡撫部院就近在粵海關劃撥，歸出使經費項下扣除，免如新嘉坡之由使館收撥，以銀易鎊，又以鎊易銀洋，輾轉耗折，更添往返匯費。再香港領事，應兼歸兩廣總督部堂、廣東巡撫部院與出使大臣統轄，蓋其所辦交涉之事，大半關係地方之事，所以與使臣勢難隔膜，而與粵省尤為切近，義當兩有所屬，稍殊各口領事情形也。所有一切籌辦事宜，是否如此，擬乞貴衙門迅速核示，以便遵循。相應咨呈貴衙門，謹請察照施行。須至咨呈者。

　　光緒十七年（1891）三月二十五日

（清）薛福成：《出使公牘》卷一，〈咨文〉，五九至六二頁。

四月初二日遞北京（1891）

總理衙門密：華使之說，係外部見喀事難成，自悔失其把握，疑我不顧交情，託云港督謂華民不願，顯示抵制，尚恐翻南洋各島全局。英廷偵俄之謀甚亟，將以全力赴之。再三理論，始允左、黃仍住港、坡，猶謂試辦一年再定，實卜喀事也。昨勸電止華使，告以或暗許設員，明認為遊歷常住人員，或俟俄約修定後再議。尚無復音，准照尚未發，請電示左、黃奉旨日期，以便請發文憑。交犯俟設領事後，另議章程。曾侯前議，實關大局，不僅香港，惜回華中止。應否重理前說，諸候電示。成。薰。

（清）薛福成：《出使公牘》卷一〇，〈電報〉，七〇五至七〇六頁。

四月初九日遞北京（1891）

總理衙門密：承示兩罷作收束。細思喀事發端在先，港議在後，事屬兩起，則港罷喀不罷，權仍在彼。港議成於英示睦誼事，固有領情為相好，卻情轉生隙者。鈞署統籌全局，不欲徇英招嫌，亦不值代俄任怨。使臣在洋，賴鈞署扶持，方能辦事。港議倖成，而鈞署飭罷，則使臣前說為誑外部，從此難以辦事，諒非鈞署所願。外部前文所允，若果作罷，於彼亦無體面。昨執原議，詰其不應將港、喀兩事牽混，微露港事無足重輕之意，理論數日，已電飭華使勿阻港事。此事華使忽生波折，費盡氣力，以辦妥港員為收束。倘彼仍提喀事，可以談笑磋磨，允否權在鈞署。若奉旨後無准照，請惟使臣是問。一年之說，外部言明實係常局，但使年內華民無事，決可接續。此係為港督前議轉圜，昔新嘉坡亦由暫而常，幸釋疑慮。成。佳。

（清）薛福成：《出使公牘》卷一〇，〈電文〉，七〇六至七〇八頁。

四論添設香港領事及英派員駐喀什噶爾書

（辛卯，1891 年）

敬密啟者：前在巴黎接奉吉字二三四號堂憲鈞函，謹悉壹是。三

430

月廿五、本月初一、初六等日，疊奉三次電示。敝處發有三電，布達大意，想均登籤記矣。鈞署來電之意，欲將喀員、港員兩罷，以作收束。自因華使言香港領事，請派稅司，又謂英廷不發准照，致有此議。然與外部現商情形，實已不符。電文簡略，易致誤會，茲特詳陳之。溯查喀事發端，係在去秋七月，其時敝處添設南洋領事一層，尚未咨照外部。迨後外部照復允准，始又明提香港一區，已在十月以後，與喀議絕不相涉。福成秋冬之間，疊次布函，俱謂兩事分開各辦，即與外部言港事，從未一語牽連喀事在內。不過因彼意有所求，隱相抵制，並非顯為互換之局。此次若因喀事而罷港議，不獨喀事能罷與否，尚無把握；而港員之設，原據萬國公例而言。且暹羅、日本，皆已有香港領事，而中國獨無之，英人亦自覺其不情，所以不能不允。今既得而又棄之，轉覺難以措詞。若明言因喀事難在應俄，牽連而罷，則恐更著痕跡。邇來兩國相交，有不妨揭其隱情以告人者，有不宜露其隱情以示人者。即如華使來言喀事，固可明告以難在應俄，藉索應得之利益，兼以示德於彼。若以喀事而至願罷港員，使英人謂我意在親俄，則必以忌俄而啟嫌；謂我意在畏俄，則必以輕我而變計。鈞署慮及俄之見猜，亦宜防及英之生隙，大抵港議之成，由於英廷明示睦誼。客秋華使請喀城設員，鈞署以香港之事折之，實已握其肯綮，俾英人有歉於中，而激其先施之意者，未始不因乎此。然沙侯以宰相而兼外部，位尊望重，左、黃之派港、坡，既有復文允准在先，今我忽欲罷議於後，在我固失其權利，在彼亦失其體面。以後遇有交涉之事，恐難和平商辦，勢當較前棘手，諒鈞署必不願有此。反覆籌思，祇能抱定原議，責其不應將港、喀兩事牽混，致華使在鈞署曉瀆。外部此次辦事，亦尚大方，不欲顯露抵制之形，業已電飭華使勿阻港事。此事因福成馳赴法、義兩國，留住數月，不能兼顧，遂生波折。費盡氣力，與之理論，始仍以辦妥港員為收束，然已舌敝脣焦矣。至於試辦一年之說，福成初亦疑其卜喀事成否？旋聞香港總督不願中國在彼設員，轉謂華民多所疑慮，有函到其藩部。茲外部已商之藩部，函勸港督勿稍梗阻，並云以試辦釋華民之疑，且為港督前議轉圜。又據侍郎克蕾面稱，決不因喀事而圖抵制，但使年內華民不與領事為難，領事不侵英官之權，即係長局。從前新嘉坡開辦之初，亦云試辦，久而相安無事，即以為常。蓋華民之喁喁慕義，不至滋事，實有可豫必者，請紓廑慮。交犯一層，須領事官設定後，察看情形，方可妥議章程，此事自有公法，不必預提。且所關不僅香港一區，不宜於此時添入，多費筆舌。准照一層，英章與美國不同，必須奉有諭旨，始給文憑。外部電告華使，亦如此說。現惟靜待電傳奉旨日期，即可請發准照，飭左、黃前赴新任矣。竊思華使以港、喀兩事相提並論，致多周折，似非盡出外部初意，或因赫德近在咫尺，就與商議，作此狡獪，亦未可知。九龍稅司兼辦一層，既與外部申說，外部亦不謂然。蓋華使既欲用稅司，斷無不與赫德籌商而先自開口者。況赫德意在攬權，彼既聞有此事，恐不免挾私指使，另生枝節，尚祈鈞署隨時留意為禱。刻下喀事既言明與港事不相牽涉，則操縱之權，自在鈞署，儘可從容商辦，談笑應之。福成竊觀近年中外交涉大局，似有轉機，歐洲諸大國，頗思結好中朝，引以為重。中英交固，則俄益重中國；中俄交固，則英亦重中國。英俄雖互為猜忌，且夕亦未必有釁，其視用兵極為鄭重，各報館播弄筆墨，臆測之談，未可盡信。竊謂中國此時，正宜兩利俱存，於投桃報李之中寓鑑空衡平之意，則柔遠綏邊，中外蒙福矣。愚見如此，伏乞回明堂憲裁示為禱。除俟將修約各事另函續陳外，肅泐密佈。敬請勛安。（四月十二日英字第十四號）

（清）薛福成：《出使公牘》卷三，〈書函〉，三一七至三二三頁。

咨總理衙門補錄告英外部擬派領事姓名

　　為咨呈事：竊照增設領事一案，初經本大臣照會外部，准外部覆稱中國欲設領事，願照各友邦一律辦理。但閒有審量地方情形，刻下或有不能照給文憑之處等語。當經鈔稿咨呈貴衙門在案。據外部侍郎言及文意，係指澳大利亞及香港二處而言。復經本大臣再三與外部商辦，始允於香港設立領事。本大臣復具一牘，聲明香港擬派左秉隆，新嘉坡改總領事，兼轄海門，擬派黃遵憲。嗣准外部去冬十一月初七日覆文，有均經領悉之語。本大臣將此憑據，以為事既定局，乃次第籌辦，具奏請旨。查英國於他國領事，必須各國朝廷繕給文憑，將此文憑交與外部，由外部轉奏君主，請頒准敕，較他國辦法，稍覺鄭重。其事既載於《星軺指掌》中。惟他國通行辦法，均於本國派委之後，然後將姓名達知外部。本大臣以香港此舉，為創辦之事，誠慮事有變遷，先將派委之名，告知外部，請其覆准，原係力求穩妥辦法，詎意近日英使華爾身忽生異議。承貴衙門電飭索取憑據，檢閱前案，始知此件覆文，漏未鈔咨。當時既得覆文之後，以謂事臻妥洽，不甚介懷，又值啟程往法之際，到法後又以他事雜擾，誤謂既經鈔呈，竟致遺漏，實難辭疏忽之咎。相應將照會外部文一件，外部覆文一件，補鈔咨呈貴衙門。謹請察核施行。須至咨呈者。

鈔呈與英外部尚書侯爵沙照會一件，又英外部覆文一件。

光緒十七年（1891）四月二十日

（清）薛福成：《出使公牘》卷一，〈咨文〉，六五至六七頁。

光緒十七年（1891）三月戊子。

出使英、法、義、比國大臣薛福成奏：請於香港等處酌設領事，下所司議。尋總理各國事務衙門奏：英國使臣華爾身稱：香港領事祇宜以稅司兼充，語涉含糊，應飭薛福成察探英廷之意，再行商辦。從之。

《清實錄》，《德宗實錄》（四），卷二九五，九二四頁。

光緒十七年（1891）三月二十四日。

出使英法比義等國大臣薛福成奏為瀕海要區添設領事揀員調充事：

竊臣承准總理衙門文開北洋大臣李鴻章咨稱：海軍提督丁汝昌巡歷南洋，目擊華民人數巨萬，生意盛殷，既設領事之處尚稱安謐，其餘頗受欺凌，無不環訴哀求，請設領事，咨令酌度情形，試與英國外部商議，如能辦到，實於華民有裨等因。臣竊謂酌設領事，所費無多，而收效甚遠，曾於去年十月統籌全局在案。

查南洋流寓華民，頗有買田宅長子孫者，而拳拳不忘中土，疊次防務、賑務捐數甚鉅。既據同聲呼籲，不可無以慰商民望澤之誠，示國家保護之意。惟設立領事，條約本無明文，各國知此於我有益，往往靳而不許。即英國前議，亦謂中國只能照約而行，不能援引公法。臣初與外部商議，先破其成見，謂中英方睦，豈容與泰西分別異同？再四磋磨，外部始允照各友邦一律辦理，仍謂審量情形，刻下或有難盡照辦之處。臣亦以經費有常，必須擇要興辦，礙難處處徧設。

查香港一島，為中外咽喉，交涉淵藪。前使臣屢商未就，臣擬於香港設一領事官，其新加坡原設領事，改為總領事，兼轄檳榔嶼、麻六甲、及附近英屬諸小國小島。若慮鞭長莫及，或就地選派殷商充副領事，以資聯絡，由總領事察度，稟臣核辦。

臣既函商總理衙門，復明告外部，外部尚以中國官吏未諳西例為慮，臣告以新加坡領事左秉隆在任十年，彼此往來，素稱和睦。臣署參贊官黃遵憲前充美國舊金山總領事四年，穩練明慎，中外悅服，擬以此二員充補，外部乃無異辭。合無仰懇天恩，俯念員缺緊要，准將駐英二等參贊官先用道黃遵憲調充駐新加坡總領事官，新加坡領事官先用知府左秉隆調充駐香港領事官，於交涉事務、流寓商民必有裨益。謹奏。

光緒十七年（1891）三月二十四日奉硃批：該衙門議奏。

<hr/>

（清）王彥威輯：《清季外交史料》卷八四，〈使英薛福成奏瀕海要區添設領事揀員調充摺〉，一〇至一一頁。

答戶部袁書[①]（辛卯，1891）

爽秋仁兄同年大人閣下：奉二月十三日惠書，猥承藎注，紉佩無涯。香港設領事一事，其用在緝逃犯，防漏稅，嚴海界，於廣東全局大有裨益。鄙人不過窺英之願敦睦誼，迎機而導，不敢以畏葸遲疑，失國家之權利而已，本不足道。英人求在喀城設員，貴署堂上公函，初稱港員既允，喀員亦難終拒，此論固為持平，且西陲逼近強鄰，而喀什噶爾惟俄設領事。領事不遜益驚，往往以條約所無之事迫我疆吏。疆吏不諳洋務，甘飫其欺，英之游員過喀城者，代為不平，輒以俄情密告疆吏，因是，英欲設員，俄頗甚之。尊議得英牽制，亦可戢俄，戎心於籌邊大局，洞若觀火，實獲我心。前者，港員機有可乘，未便逆料，其別有所求，堅拒不受，乃貴署堂上某公，因出使時，商設呂宋領事，三年不成，恐香港驟派領事，致形其短，意稍病之，遂因英使華爾身，以設喀城領事為請，乘機力阻。港事疊接署來電，輒謂喀員空駐，俄必生疑，一則曰：難在應俄，勢須兩罷；再則曰：港、喀相形，利少害多，不佞若善自為謀，不過聲請罷設港員，迎合署意，即可卸後來仔肩，免無從尤悔，豈不甚便。無如大局利害攸關，私衷實不忍漠視。從前中國不明外務，所定條約，多受虧損，如各國領事在中國者，權勢甚張，獨不許中國在歐洲及南洋設置領事，是明明不以萬國公例待中國矣。間嘗與之切實理論，磋磨半年，且暹羅、日本，皆已設香港領事，而中國獨無之。英人亦自覺其不情，所以不能不允者。職是之故，將來即可為援案，布告他國張本，亦可為隱換受虧條約張本。今既得而又棄之，轉覺難以措辭，若明言因喀事難在應俄，而至願罷港員，使英人謂我意在畏俄，則必以輕我而變計。俄之見猜，固為可慮，英之生隙，亦所宜防。港員既罷，則此後更難再議，不佞所以寧違署意，不敢附和雷同者也。凡兩國交涉，遇本國關係利害之事，無論於彼國有無先施，皆可發端，亦無論曾否受彼國之先施，皆可相機迎拒。喀事發端在港事之前，原不因港事而起，港事因喀事而易成，則固有之。然使英果注意喀事，我雖罷設港員，彼亦未必終已，甚且如威妥瑪之故智，有別起波以圖之者矣。況兩國交涉之利，爭得一分即受一分之益。港員之設，不妨先飫其盛情，而喀事之允否，仍宜以我之利害為衡。鄙意喀員足以牽制強俄，乘彼之以喀員為請，又可借為酬情之舉，則港、喀兩利，中國兼而有之，此機胡可失也？俄人生疑一說，尤屬昧於事情，俄果欲發難於中國，無論何事，皆可執以為辭，若猶循照公法條約，則許他國設一領事，與我何涉。此音一播，中國外交之事，俄皆得而制之，是殆以俄之屬國自居也，不則別有見解，不恤國計民生利害者也。執事洞晰中外情勢，膽識兼裕，前讀偉議，皆關至計。此事得失較鉅，正傑人志士發抒讜論之時，職所當為諒，必獻替以挽全局。企盼何極，手泐布達。敬頌台安。福成頓首。

註：①戶部袁：即袁昶，字爽秋，曾任戶部主事與總理各國事務衙門章京、大臣等職。

（清）薛福成：《薛星使海外文編》卷三，一三至一四頁。

中國擬設香港領事官一節，經與英外部妥議，並由外部移文來港擬准。中國駐港領事先行試辦一年，果否可行，仍俟本港政局官紳妥議聲覆。而本港署督憲前日接英京外部大臣發來電音，謂所議業經收回，請查閱。七月七號來文毋庸將日前議設領事各公文取供眾覽云云。電文若此，是領事之設立與否，雖未明言，似已作為罷論。但未曉所謂收回者係英國不能允准，抑中國收回成命也。本港定例十二日聚會，局員維歇請將一千八百六十八年至七十六年所有中國商設駐港領事之公文概行取出，以供眾覽。本港督憲謂此公文所關甚重。係由英京各部衙門所發，如欲取閱，須電詢外部衙門，始能定其可否。維歇再三求請，必欲取出查閱，並謂五月二十一號英外部發來文件但言准設中國領事，其中如何設立之故，尚須查明。如不趁此交出，當眾察核，似不足以昭允協。且日間公眾聚會，正欲詳細酌核，須查悉各文件方易從事也。督憲聆其所言，即遣人查取各文書。及披閱一過，仍不肯遽交眾覽，謂曩者已電詢英京外部，必俟其發電回覆，始能定奪。而港內洋商因准設領事一款，各抒所見，所為辦論數條，定於本月十八日在大會堂公議。其第一節云：本日聚會係因英外部准設領事，在港駐紮，此事大有關繫，就其始未曾商之本港商人，如此准行，殊令眾人皆以為奇，尤令眾人不能滿意。又云：自一千八百七十年以至於今，本港歷任總督及港內紳商皆謂中國派駐領事極為不便。所以此次聚會，無服其卓見。現方聚集公議，必須堅持不准之說，以拒其成。又云：本港既設中國領事，則華人愈無畏心，且能令華人漸有抗敵英人之勢，異日有事，輒向領事官控告港官，該管各事反多掣肘之虞。又云：近日中國民心皆欲力拒外國，若於此時設立中國領事，益長其抗拒英人之心。又云：中國如欲設立領事，永遠駐紮本港，我等固當力為撓阻。即暫准試辦之十二個月內，亦祈商務局留心窺察，庶可顧全外國人之利益。以上五條均屬洋商擬稿，欲於十八日集議，現有罷設消息，諒不再為發出。然如何罷議之處，電音簡略，尚未明言，容俟有聞，再錄。見中外新報。

《申報》合訂本，第三九冊，〈收回前議〉，光緒十七年（1891）六月三十日，二〇七頁。

光緒十七年（1891）七月二十二日。

總理各國事務慶親王奕劻等奏為遵旨議奏事：

竊臣衙門准軍機處鈔交出使大臣薛福成奏瀕海要區添設領事一摺，本年三月二十四日奉硃批：該衙門議奏。欽此。臣等查此案，前於光緒八年（1882）六月間經前出使大臣曾紀澤以照交逃犯一節，照商英外部，於香港設立領事。十二年（1886）三月前兩廣總督張之洞，亦經奏請催設香港領事，謂此舉有通商、保民、交犯、巡緝、防海之益者五。又前出使大臣郭嵩燾暨總稅務司赫德先後籌議香港情形，亦謂若於該處設官，實多裨益。近年以來，均因英外部支展遲延，迄未有成。惟新嘉坡一處，經郭嵩燾於光緒四年（1878）六月商准英外部設立領事，經該國給與准照，作為暫認。薛福成知事為國體民生所繫，曾於上年十二月間就該國屬埠統籌全局專摺縷陳宸覽各在案，茲復據奏稱前因。臣等查南洋各島華民商旅傭工數逾百萬，轉徙之利亦倍於前。前年因晉豫偏災，新嘉坡華商等尤能以銖寸之餘，輸將鉅款。雖屬過都越國，依然心嚮皇仁，慕義急公，不忘中土。近來益增繁盛。其未設領事之區，凌弱逐強，在所不免，呼籲所通，息息均關廑念。今薛福成擬以黃遵憲充新嘉坡總領事，既與英國商定，應如所請辦理。

至香港近接粵垣，華洋交涉，尤非外島可比，若果設立領事，自於交涉之事有益。惟英國使臣華爾身曾來臣衙門，言及香港設立領事，祇宜以稅務司充。臣等以其語涉含糊，與薛福成原奏商准外部以左秉隆調充各節迥異，因即電薛福成，以憑核辦。嗣據覆稱：港、坡之議，英外部實允試辦一年。

查從前新嘉坡亦屬試辦，後為常駐，並據外部面稱：一年之內，香港華民不致與領事為難，領事不侵英民之權，即為長局。又據外部文稱：俟奉到大皇帝諭旨，即發與該二員准照，並已電告駐華使臣，及由藩部函知港督，勿稍梗阻，別生波折等語。臣等公同商酌，以香港新設領事與新嘉坡本有領事，事情稍異，英於香港領事，僅允試辦一年，日後有無異言，尚未可定。且近時洋報傳聞，又有香港領事作罷論之說，虛實無從懸揣，應請旨飭下薛福成察探情形，究竟英廷之意，是否不至反復？或明告以試辦一年之議，中國未能滿意，略作停頓，看其如何答覆，再行商辦。悉由該大臣妥慎籌議，請旨定奪。惟新嘉坡係由正領事改為總領事，非香港新設可比，若因香港試辦一年之說，並新嘉坡固有之權利而亦限一年，似非勝算，亦應由該大臣與英外部妥訂准照為要。港、坡兩島，宜有區也。至經費數目及增派隨員各節，應由臣衙門按照奏定出使章程，酌核辦理。謹奏。

光緒十七年七月二十二日奉硃批：依議。

（清）王彥威輯：《清季外交史料》卷八四，〈總署奏遵議添設香港領事改設新嘉坡總領事摺〉，二八至三〇頁。

光緒十七年（1891）。

八月壬辰朔記：余前與英外部商定，香港設領事，新嘉坡領事改為總領事官，於正月間具摺陳奏。奏旨交總理衙門議奏。會有沮之者，總理衙門遂久擱不復。而外部亦乘機稍有翻異，謂香港領事先給試辦一年准照，如不侵英官之權，不違華民之意，即可換給常年准照。而沮之者因得益以為辭，欲罷此事。余屢發電爭之，相持未決。至是，適因新嘉坡領事左秉隆，以親老多病，告假回籍。左即擬調香港領事者也。余乃為調停之法，電致總理衙門云：擬暫緩港事，請先議准新嘉坡總領事，並發憑，以便請外部給准照，此事關係南洋全局，亦不牽涉他事，且為英待中國與他國一律之據，似應受之。旋接回電云："新嘉坡總領事已奏准，以黃遵憲充補。香港領事暫緩，可告以一年之議未愜，看其答覆如何，再由尊處請旨。"

鍾叔河主編：《走向世界叢書》第一輯，薛福成：《出使英法義比四國日記・出使日記續刻》，四〇九至四一〇頁。

二、太平天國餘部在香港地區的活動

奏為拿獲盤踞香港招夥濟賊逆首，審明正法，恭摺馳奏，仰祈聖鑒事。

竊上年官軍克復江南，逆黨李世賢、汪海洋等擁眾竄擾福建汀、漳各屬，逼伺粵疆。臣等念沿海近邊香港、澳門等處向稱逋逃淵藪，早慮奸商匿匪，私運洋槍、火藥、洋米、洋布接濟汀、漳踞賊，派員嚴密輪查。聞有偽森王侯玉田，交通洋盜，盤踞香港，專辦閩賊接濟，正在設法擒捕，適據記名總兵補用副將陳擇輔稟稱：有東莞人陳鎮傑，曾於咸豐四年（1854）在上海販貨，行至福山江口，被侯逆擄劫入船，旋即隻身逃走，情願充線前赴香港認拿。當經臣等會商英國領事羅伯遜，並照會香港公使瑪沙，密飭署廣州協中軍都司保應熊，偕同陳擇輔帶領右營千總蔡釗、候補千總曹焜等挾線往捕。又值香港商民梁志兆為侯逆夥黨，在洋面劫去貨船，計贓數萬，正與理論。洋官等因會同保應熊等，將該逆捆縛，押解到省。據供：本名侯管勝，年三十七歲，嘉應州人。咸豐二年（1852）投入賊營，隨同攻陷金陵，充偽水師主將，管帶砲船四五萬人，節次抗拒官軍，加封偽森王，號六千歲。上年，官軍克復金陵，潛由上海逃至香港，在上環地方開設金成泰店，假生意為名，私運軍火糧食接濟漳賊，隨時窺探官軍，為漳賊耳目，與素好之清遠人梁振威通信尤勤等供。

臣等伏查侯管勝逆封偽王，情罪本重，金陵克復後逃回香港，復敢借名貿易，聚匪橫行，邀劫商財，資販運火等物，運濟賊中。又為之偵探軍情，密佈黨與，其蓄謀尤險，其構亂尤深。初解到時，發交廣州府研訊，植立不跪，情詞悖逆，跡其狠毒，允為逆黨中之兇渠。臣等於審明後恭請王命，飭署按察使郭祥瑞、督標中軍副將施溥，將該偽森王侯管勝綁赴市曹，凌遲處死，以伸國憲而快人心。

⋯⋯⋯⋯⋯。

至英國領事羅伯遜，事事委曲商議，顧全大局，詢為可嘉。香港公使瑪沙、政務司末士曠，於商辦此案，亦深惡該逆攔海行劫情形，撥兵看守，旋將該逆拿交解省。均屬深明大義，應懇天恩給予嘉獎。

至通逆之梁振威，應飭該弁等設法購線，嚴密查拿，務期弋獲，以靖地方。

所有拿獲盤踞香港解運軍火逆首訊明正法緣由，謹合詞由驛馳奏。伏乞皇太后、皇上聖鑒。謹奏。

（香港藏奸之藪，地方官求之愈急，洋人護之亦愈堅。此次洋人解送侯玉田，為歷來未有之舉，由鄙人稍知夷情竅要，鉤而致之。澄帥遽加以鋪張[1]，反復開陳，終以不悟，卒使洋人往復駁詰，無詞以應之。此後香港捕盜門徑，永以杜塞矣。自記。）

註：① 澄帥：即同治二年（1863）任廣州將軍的瑞麟。

楊堅校補：《郭嵩燾奏稿》，〈拿獲盤踞香港招夥濟賊逆首審明正法疏〉，一八二至一八四頁。

同治四年（1865）四月己卯

英桂等又奏：再查洋人有從廣東香港，販運軍火，至銅山附近地方上岸，接濟髮逆情事。先經辦理廈門稅務鑲紅旗協領廣星訪聞，會商廣門稅司休士，幫辦巴德榮雅國，二名通事，江蘇同知林鍼，派撥關哨巡船，馳往查拏。迨道員曾憲德，同福州稅司美理登抵廈，申明和約，與休士等悉心查辦。旋查英國火輪船名古董，先於二月初十日，在銅山水面之虎頭山澳停泊，經英國兵船這非士眼見可證。又洋關巡哨洋人米勒宅，同哨丁至銅山，該處民人向訴該古董輪船私載火藥洋槍登岸，聲言百姓如敢攔阻，立即開砲轟擊等語。復經英國兵船佛冷媽，見該船在現被賊踞之漳浦地方，搭載洋匪七八名往南而去。三月初二日，該船收泊廈口，當即將其扣留，照會英領事柏威林訊問，該船主因指證確鑿，無可置辯。查英法第四十七條和約章程，如非通商口岸，洋船私往買賣，即將船隻入官等語，該古董輪船違約濟匪，應即照約入官，現將旗幟水手人等，一律更換，配用巡緝。……

《籌辦夷務始末》（同治朝），卷三二，〈福州將軍英桂、閩浙總督左宗棠、福建巡撫徐宗幹奏為洋人有從廣東香港販運軍火至銅山附近地方上岸接濟髮逆情事〉，一二至一三頁。

同治辛未（1871）

濱海如香港、澳門等處，接連外洋，向為逋逃淵藪，兼以金陵克復之後，逆黨李世賢、汪海洋等竄入福建汀、漳各屬，密邇粵疆，不無奸商匪匪，私運洋槍火藥米布接濟。四月間，派員前往香港稽查，有偽森王六千歲侯玉田，即侯管勝，於金陵散後，由上海潛至香港上環地方，開設金成泰店，假生意為名，私運軍火糧食為賊耳目，正在擒捕。有東莞縣人民陳鎮傑，於咸豐四年（1854）在上海販貨，行至福山江口，為侯逆擄劫入船，旋即隻身逃脫，充線認拏。會商英國領事、香港公使，密派記名總兵、補用副將陳擇輔，偕同廣協都司保應熊等捕獲，解省盡法懲治。

（清）陳坤編：《粵東剿匪紀略》卷五，二三頁。

同治二年（1863）十二月，東莞縣屬之板頭村，新安縣屬之岡邊村，時有匪徒造長龍艇行劫。委前潮州府海廷深、水師游擊黃廷彪前往查辦，起獲匪艇十餘隻，及行劫盜犯，並洋匪鄧亞洋、蕭亞合、鄧亞有等三十一名。其在逃餘匪，經各文武設法捕拏，稍為斂戢。

（清）陳坤編：《粵東勦匪紀略》卷四，一三至一四頁。

三、內地反清鬥爭與香港英人私運軍火

光緒十二年（1886）二月。

丁亥，張之洞奏：廣東莠民為害地方者，匪有三類：一曰盜劫，一曰拜會，一曰械鬥。盜以搶擄，會以糾黨，械以焚殺。三者互相出入，統名曰約。會多則為盜，盜強則助鬥，鬥久則招募會盜各匪皆入其中，習俗相沿，孽芽日甚，擾害農商，撓亂法紀。盜以廣州府屬沿海各縣，肇慶、潮州兩府沿江各縣及廣州、瓊州兩府洋面為最多；會以惠府州及毗連香港之九龍司等處為最多，高、廉各屬亦漸蔓延，匪以惠、潮、廣三府為最多，廣、瓊次之。廣、惠、潮鬥徒則以香港、澳門為窟穴，廣、瓊匪徒則以越南為逃藪。……

（清）朱壽朋編：《光緒朝東華錄》（二），二〇七二頁。

光緒十七年（1891）八月二十一日。

總署電，初十滬關拏獲鎮關幫辦稅務英人梅生代會匪購運洋鎗三十五箱，梅生自帶炸藥五磅，由鎮關盤出，押解赴滬。經滬道訊，據供稱鎮江會匪僱英人愛司美在港購軍火，並僱二十洋人代其帶，坐致遠輪船至鎮江，內有頭目英人名泰山，原在商局為大副。又滬道訪得助匪洋人六名，現住上海虹口，泰山亦在內等語。請即密詢商局，該英人何時僱傭？何時離局？曾當某船大副？何人作保？現在總船主能否掩拏？至此項軍火，係商局致遠船裝運，船上買辦豈能絕無聞見？鎗係美製雲者士得，由香港某洋行搭給提單，如何繕寫，港局均有簿據，併望分飭確查電覆云。望速確查詳細電覆。

（清）吳汝綸編：《李文忠公（鴻章）全集》卷一三，〈寄滬局沈道〉，一八頁。

光緒十七年（1891）八月二十四日。

號電密詢商局沈道能虎查覆，據電稱：八月初七，致遠由港開有榮昌號，報裝鐵鑣八件、鋼鐵二十七件，到局取貨單時，言語支晤，因而訪查，知係軍火。港局當時來電，職局即密告滬關裴稅司，說這事你來報甚好，船到慢起貨，先幫關去查，並告裴係八十四號提單。初十早，致遠到滬，經關查獲鎗彈刀斧等三十五箱。此職局先得港局電，於船未到豫告滬關盤查之原委也。又查致遠自港來滬，船主開報洋客二人，即梅生，一名忌理付，不知何國何項人，何往何事，是否與梅生一起，抑即所供假名愛司美。俟致遠回，再詢該船主能知其人否？至泰山者，飭總船主蔚霞遍查名簿，有彼達弢依山的，……即是泰山，係美國人，十六年（1890）八月十三日進局充走福州海琛船二副，因打架十二月二十三日革去。不多幾時，至蔚霞處謀事，訪詢在滬，由蔚霞招呼他午初即來，現充豐裕洋行夾船船大副。適奉密會華洋官捕拏，電諭甫到，屬蔚霞祇說事忙，兩下鐘再來，一面往晤聶道，將兩次電諭交閱，請作速知會領事捕泰山等文稿，並二十二日領事回文，謂本國法律，凡審案，除非有矢誓具結，方能出信票拏人，如今見證人前來作證，亦可抑延請律師代為具控管理，亦屬有益之事等云。現南洋派員來滬查辦，又照會英領事與稅務司等會同商辦，是以梅生亦尚未能作為拏住，職道只好回局。而泰山尚在蔚霞處，屬以他言紿之，乃去。至梅生初十夜赴鎮，是夜商局並無船開，查係搭怡和之福和船。先閱領事回文，尾稱有莫禮遜、阿斯挖得理得、馬格各四人，至領事署，自言貧窮求周濟，前在港為泰山僱來當扞手，又有先拉一人云，疑即滬道所訪助匪洋人六人之名，領事豈無聞見，故意作此曲筆。又聞領事已飭寓店管事留意，不赴署掛號，不能他住，更可想見。竊謂各關幫辦，均由總稅司派充，此事總稅司與鎮滬稅司似有護短迴護之意。其權過重，關道吩應不靈，而西例既須具矢誓結，或見證人到作證，或延律師代控，三種辦法，似宜酌照西例，以稅司為見證。緣與滬道同問，梅生口供即是見證，另延律師代控，即認為原告，否則日久無從著手，不成政體。以後匪徒更放膽私運軍火，只須勾串洋人出頭，雖被盤獲，而仍掣肘，隱患何窮。伏乞采擇。又電稱，港無華官查禁之權，又無貨關稽查之責，明知私運軍火所由來，而無從塞絕，惟有在局言局。已函致港局，嗣後無論何行棧商戶，報裝鋼鐵以及重貨等件，除無包捆零粲外，概令立具保單，寫明箱內或包內並無軍火夾雜，有如等情，願甘重究字樣，方准報裝。似此商辦，如無礙攬載，擬即推行各埠。是切實易行之法，可杜冒裝。至榮昌之串運軍火，冒報鋼鐵，應如何向查究辦，聞港中出賣軍火鋪甚多，並應如何照會，嚴定查拏之處，統候鈞裁，商明總署施行云。

（清）吳汝綸編：《李文忠公（鴻章）全集》卷一三，〈寄譯署〉，一九至二〇頁。

光緒十七年（1891）八月二十五日。

滬局沈道電，頃知梅生已拘到，聞實係赫之堂弟。其餘六人尚未捕云。

（清）吳汝綸編：《李文忠公（鴻章）全集》卷一三，〈寄譯署〉，二〇至二一頁。

光緒十七年（1891）八月二十七日。

滬局沈道電，梅生已禁，未審。聞由外部來電，令其國家律師威金生主控，故即拏禁，不重我之照會。聞香港議局現適議稽查出口貨物章程云。

（清）吳汝綸編：《李文忠公（鴻章）全集》卷一三，〈寄譯署〉，二一頁。

光緒十七年（1891）八月二十七日。

太古之松江船私運洋鎗大小五百餘桿，已查獲入官。據德璀琳面稱，自香港運來，該船主大副等不知何人所購，因罰銀五百兩完案。委員查訪略同，似是洋行私販射利，無從根究。河間、廣平等處法領事前請飭查、並無謠言，更無實事，可請放心。

（清）吳汝綸編：《李文忠公（鴻章）全集》卷一三，〈寄譯署〉，二一頁。

光緒十七年（1891）九月初七日。

前因太古松江船由港私運洋鎗大小五百餘枝，經津關搜獲。該船執事人等諉為不知何人所販，電飭上海聶道照會英領事查問。頃接聶電，松江今晨寅正由營口開赴汕頭，在煙少停，准本月十二抵汕，約停兩日他往。乞電致粵督憲，電飭汕頭地方官與該處英領事商量，立拏船中買辦及水手諸華人訊究。上海太古經手西人已允電致汕頭該行經手西人幫同拏辦云。望轉飭照辦。

（清）吳汝綸編：《李文忠公（鴻章）全集》卷一三，〈寄伯兄粵督〉，二四頁。

光緒十七年（1891）九月十五日。

粵督寒電，據潮守夏獻銘稟，英國廣生輪船自港至汕，自行查出呈繳手鎗二十六支，六口連四支，銅帽四箱，藥彈二千，係蕭紳鳴琴函託怡和行，致該行各船主嚴查，是以呈出呈繳，應免深究等語。查所呈軍火無多，似非接濟匪徒之用，且係自行查出，如各船皆肯嚴查，自無夾帶之事，若仍加懲辦，則以後隱匿尤多。已電復，准其免究，仍令各船主隨時嚴查，勿稍松懈云。

（清）吳汝綸編：《李文忠公（鴻章）全集》卷一三，〈寄譯署〉，二五頁。

光緒十七年（1891）九月三十日。

上海聶道電，二十七正刑司訊梅，自認罪，並呈親供，五月間各處鬧事，欲知底細，佯入會，為辦軍火，用己錢買炸藥，未知定例不准攜帶，亦不解如何用法，並無害人意。香港所作事，恐會中人覺察，將錢交別人代辦。所供並非推卸，今認罪。生意不能做，在監數禮拜，苦不可言，求施恩從輕辦。刑司詢律師有何辯論，答稱梅犯法證供確鑿，請公斷。刑司謂，梅所犯關係不小，不行從輕開脫，汝不能在華作事，咎由自取。判監禁九箇月，限滿准覓兩保人，每保洋二千五，保以後不犯事。有保准釋，無保驅逐回國云。

（清）吳汝綸編：《李文忠公（鴻章）全集》卷一三，〈寄譯署〉，二六至二七頁。

光緒十七年（1891）九月。

初三日記　補記八月二十日總理衙門密電：

今年教案紛起，本疑會匪作祟。昨（初十日），滬關盤獲私運洋槍三十五箱，由香港運至鎮江，係英人梅用（一作梅生）經辦；又經鎮關於梅用行李搜出炸藥五磅。梅為鎮關司稅幫辦，當即解滬。據供英人愛司美在香港代鎮江會匪購辦軍火，內有頭目英人泰山，另有不知姓名洋匪六名，均住虹口。現經本署照會英使，迅飭領事捕拿會訊，並飭赫德電滬、鎮各稅司究查。現教案未結，洋人又串通會匪謀亂，辦理愈形棘手。望詳告英廷，俾知鬧教實緣會匪，而匪黨卻有英人，洋槍運自英屬，請其電屬英使秉公商辦。

鍾叔和主編：《走向世界叢書》第一輯，薛福成：《出使英法義比四國日記·出使日記續刻》，四二五至四二六頁。

光緒十七年（1891）十月。

巴黎報述倫敦接滬信云：英人梅生私運軍火至鎮江接濟會匪一案，現定二年苦工之罪，並罰洋五千元，驅逐出境。其同黨之歐洲人不少，業已暗訪密查矣。據梅生自供情節云，伊所以干涉此事，實因用此軍火者誘之以良法美意也，謂會匪如能成事，所擬章程一、判劃封疆，分裂土地；二、裁撤釐卡，進口貨稅則值百僅抽一釐半；三、裁減茶捐，惟外國之白糖、葡萄酒仍應照徵，煤稅暫免，棉花紗線稅裁減；四、築鐵路，築坦衢，創行馬車，並浚河渠；五、海軍、陸軍、海關、巡捕及徵收錢糧等職，准用西人，並准西人入內地貿易。

鍾叔和主編：《走向世界叢書》第一輯，薛福成：《出使英法義比四國日記·出使日記續刻》，四三九頁。

光緒十七年（1891）十一月。

初十日記　梅生私運軍火一事，英領事以案無原告，不能會審，須令見證作證，始可延請律師。總理衙門商之南洋，案由滬、鎮兩關盤獲，該稅司及洋關委員均可作為見證。八月十四日，聶道與裴稅司訊錄梅生（即梅用，又名翼開）口供。二十六日，赫德又將梅生與裴稅司所談節略，送達總署。大抵謂洋人入會甚多，鎮江各處購藏軍火不少，並牽涉鎮江委員陳興嗣、焦山砲臺兵官易某。並譯六洋人名姓，曰泰森，曰計因，曰馬革里戈，曰莫里森，曰里得，曰敖斯瓦，而滬關譯出勞稅司面交梅生。雜記內又有約福建海關細崽徐春山、鎮江細崽徐春庭起事之語，並未敘及陳、易。……赫德言華使先欲派員往辦，繼謂滬關既經拘訊，即不與聞。而領事接外部電，令其國家律師威金生主控。梅已拿禁，律師謂須押候繕供齊後審訊。

鍾叔和主編：《走向世界叢書》第一輯，薛福成：《出使英法義比四國日記・出使日記續刻》，四六〇至四六一頁。

光緒十七年（1891）十二月。

二十五日記　八月十六日《字林西報》云：致遠輪船由香港到滬，被海關查出軍裝，實係鎮江洋關寫字梅生所運。由香港裝船出口，共有三十五箱，詭稱鋼條，尚未露出破綻。其時《德臣西字報》已有風聞，由香港電達滬關。及"致遠"抵滬，起出快槍百桿、彈萬顆；另有炸藥約二十五磅，在梅生行李中。梅生由滬回鎮，經官拘獲，置之英國"來的茂克"兵船上；又以三輪船押解抵滬，禁之滬關"凌風"小輪船中。

鍾叔和主編：《走向世界叢書》第一輯，薛福成：《出使英法義比四國日記・出使日記續刻》，四八二頁。

咨總理衙門與英外部商禁香港出口軍火

為咨呈事：竊照八月二十一日，接奉貴衙門來電，內開今年教案紛起云云，秉公商辦，並婉告有約各國等因。當即遵照辦理，並飭參贊官馬格理先往告英外部，以近來鬧事私會，每向香港購辦軍火，若不由英禁止軍器出口，斷難遏其來源，恐釀釁端。外部允電港督華使留神，秉公酌辦，已將大概情形電達在案。茲接英外部大臣沙侯照會，內稱香港政府現已禁止鎗砲藥包彈子火藥，及水陸軍器出口，自西十月初一日起，至明年西三月底止。鈔送告示底稿，請轉達中國國家各等因。本大臣當即照復，謝其克敦睦誼，並告以六箇月期滿後，設不幸而再有未妥情形，當再告英廷，請將禁期展久等語。本大臣查英廷此次辦法，尚屬認真，彼意不欲礙本國利源，所以未能永遠禁止，然隨時展期，則屬照例之事。竊料半年之後，各省匪徒，尚難一律靜謐，為中國計，禁止軍火，愈久愈妙，擬請貴衙門於滿期一月以前，察酌情形，電示梗概，以便本大臣照請英廷續禁，似於防制會匪之事，實有裨益。茲譯錄英外部照會，並香港政府告示各一件，照覆一件，咨呈貴衙門，謹請察核。須至咨呈者。

光緒十七年（1891）十二月二十六日

（清）薛福成：《出使公牘》卷一，〈咨文〉，七九至八一頁。

與英外部請禁香港軍火出口展期

為照會事：照得前承香港政府於十月初一日發諭，禁止軍火出香港口，以六箇月為期，至四月初一日止。今聞兩江總督劉報知中朝揚子江一帶各省，經其竭力整頓之後，雖地方安靜，大有起色，惟私會尚未全行斂跡。前因私會之故，致請禁止軍火，今此事仍須嚴禁。本大臣奉總理衙門來電，請英廷諭囑香港政府，俟禁期滿日，仍行發諭展期再禁。本大臣望貴爵部堂詳察，准如所請為感。相應照會貴爵部堂，請煩查照。須至照會者。

光緒十八年（1892）二月十二日。

（清）薛福成：《出使公牘》卷八，〈洋文照會〉，五八一頁。

四、清政府在香港及其附近海面的緝私與緝盜

英屬之香港，與粵垣逼近，蓋計相去之海程，僅四百餘里耳。從前惟岡蠻起伏，蠹立於巨浸之中，從無有攀躋而上者。或漁者偶泊於其地，間或一登頓耳。若今日則重樓復室，氣象一新，貨物雲屯、帆檣輻輳，不特西人為貿易之總匯，即華人之操奇贏術者，亦皆願出於其途。然究其繁旺之所由，則皆以英人不設關卡，不徵釐稅，所以遠近商客，奔走偕來耳。然英雖以為善政，而中國則殊有所未便也，蓋徵稅抽釐，中國於軍興後已徧行境內。今香港獨無此例，則粵省之經紀者，勢必如水歸壑，盡赴香港謀生，而走私漏稅之風，亦必從此而起。是故粵省上憲，近於飭派巡船外，復以砲艇稽查海面，蓋將一以查稅，一以緝盜也。然而稽查之地界，則當援照定例，不得妄踰尺寸。今春聞有鹽大使及武弁三人，因緝私而誤於英所屬界施放槍砲，其人與船即於次日為英之巡差拘獲，送赴英憲。幸為粵省大憲所知，當即移文照會，而船與各人均得釋去。然則奉公者其可冒昧以從事哉？茲聞駐港之英憲，曾將中國近年來緝私情形詳述於英之理藩院，謂計邇來中國緝私船多，所以來往之人皆稱未便，香港廛市亦因此比前清淡。計此五年中，商船抵香港口而因走私被緝獲者，不下三百艘，貨盡充公，人多被執，宜乎盡視為畏途而不敢來也。理藩院大臣接知此事，擬為之究辦，意欲別設善法，以衛商人。顧余以為，中國之巡船，其立法之初，原無弊也，蓋小民不知大義，惟圖自贍其身家，其虛辭捏報，走漏關稅，勢所必至。而國家帑餉所係，亦如惟正之供，何可聽其走失，派員密緝，亦理宜然。特所用司役之人，未免狐假虎威，藉此以飽私橐，是故遇有行船，必多方盤詰，逾格需索，而其實上官未知也。今英國大臣既欲查辦此事，為中國計者，何勿令各員將司役人等嚴行訓飭，俾其各知所警，並與駐港之英憲酌議，請其奏知英國朝延，許於香港地方，設立中國領事官一員，專司華事，豈不於英無所損而於華或有所益乎？英廷臣既愛護華商，諒亦所首肯

也。愚昧之見，願質高明。

《申報》合訂本，第四冊，〈論香港緝私事〉，同治甲戌（1874）五月十一日，五七九頁。

從前英國家不准寄居香港之商人奏請禁止中國巡船一事，英商未免有怨。及港督之意，昨見西字日報，港督特聲明此事，以為實非本督院及總理屬國大臣不肯出力，故將總理屬國大臣楷納文爵員致外務大臣特白爵員之移文刊錄。據移文云，香港英商所陳中國巡海各船一節，今將署港總督移文咨送察閱。查廣東羅領事於一千八百七十四年正月初一日稟稱，與廣省華官商及巡船事，業經華官允准，飭將各巡船統歸海關管轄云云。本大臣詳閱此稟，以為此後巡船可歸官辦，毋致雜樣船艇苛搜。乃現得港督移文，知中國管帶巡船之人，並非朝廷命官，而有責成者大抵包攬收稅之徒，將往來香港之本地商人肆其擾害耳。茲又聞強行勒索，種種不法，不但在中國海面搜查，即英所屬之海洋，亦時涉足。英員與華官商問，並無妥辦之法。本大臣得此消息，心頗不安。查粵省華官，將香港海道，縱令無來歷之各小船四周巡緝，如同圍繞，此實貽害，該商人之含怨，想非無因。所以本大臣務請貴大臣察核施行，妥籌善法，俾中國不至如此苛收，實為幸事。本大臣於本年三月十二日曾移書港督，請將一千八百六十九年英欽差與中國商議在港設中國領事官一事，今再酌核，准該領事將進口各本地船查封，出口稅單，如本地船從香港出口，亦由該領事給單為據。果能照此，中國收稅固較易易，似不必用許多巡船苛徵勒取也。但查港督來信，謂香港各官商意皆不欲設立領事，寧建一海關分局在港，特添設新海關，亦當熟商，而不可造次也。現在本大臣所請於貴大臣者，惟願設法以抒港商之心，毋使該商民以為國家置此事於度外。須知應在保獲者，本國家無不竭心扶助也。又據港督來函云，屢請華官將中國各海口進出貨船照例應納若干，開單送閱，無如華官又未應允，可見商民之含怨，更有因矣。總之，華官之視香港，一如屬地，若可隨意徵取稅銀，所以港督於一千八百七十四年八月念五日籌及此事，謂不如與中國議立條約，其一云關道為朝廷命官，苟非道憲屬下官員，不准他巡船在海洋巡搜查稅。其二云所有各貨稅則及中國海關章程，並釐卡報捐，須逐項開明，俾眾咸悉。其三云宜設一會審衙門，或在香港，或在九龍，遇有充公案件，由各國會審，以便將成讞刊佈。以上三條，如中國果肯遵行，則香港商民實有俾益，較設海關分局更妙也。因按寄到各書陳設屢屢，則巡船之弊寶，想必無可疑惑也。又據香港船政廳稟稱，本年三月念五日，本地船名從龍者，為中國巡船，在英屬洋面攏近，捉去水手二名，解交地方官查辦，則亦未免不合。本大臣應請貴大臣斟酌妥善如何辦法，祈賜覆音，俾港商不至怨咨，而港督與華官交涉，亦不至兩相齟齬也。

《申報》合訂本，第八冊，〈香港擬禁巡船〉，光緒乙亥（1876）十二月二十二日，五七頁。

光緒十一年（1885）十二月二十五日。

閩派師船周弁赴香港密拏海盜張阿知一事，先經知會粵督轉致港英總督，不意文尚未到，周弁遽動手獲盜。嗣接粵電，知水手、盜犯均被扣回留，又咨粵商轉致港英督，請將盜犯交周弁帶回，水手釋放。未據報，復經電致港英督知照，刻聞港督已報公使。專肅布陳。

（清）王彥威輯：《清季外交史料》卷六二，〈閩督楊昌濬致總署派弁緝盜未照會港督致周弁被拘電〉，五七頁。

光緒十一年（1885）十二月二十五日。

周弁赴港獲盜被拘知，已電港，誤將該弁懲處，尚未釋還。英使言，但須貴處電港督，略予好言，請其釋放便可了等語。希照辦，務設法併盜索還。

（清）王彥威輯：《清季外交史料》，卷六二，〈總署致楊昌濬周弁事由閩電港督可望釋放電〉，五八頁。

光緒十一年（1885）十二月二十七日。

竊查粵洋向來多盜，廉、瓊海面以九頭山為巢穴，省城六門內外海面以香港、澳門為逃藪。……至於港、澳之藏垢納汙，習為故事。近在省門，逃犯會匪藉為糾約棲息之所，劫盜於此窩贓，私梟於此屯鹽，連檣巨柯，泊於洋界，不能過問。其間夾帶私硝、私火藥，違禁濟匪私土、私貨，闖越課釐，更為餘事，任意出沒，無所不有。巡船若少則開砲拒敵，輒損船傷兵。官輪本屬無多，水師習氣尤重，海面遼闊，此防彼竄。從前防務倥傯，未能騰出船力……現派廣西催餉委員、思恩府知府劉恩溥，廣東直隸州知州曾紀渠、副將黃金福統帶輪拖各船，並配陸勇，統巡六門內外洋面，所有鹽務稅釐、海關輪拖各船，均聽調遣，以期通力合作，會合水師將弁，遇有海盜鹽梟各匪，一律勤捕，截之華界洋面，待其駛來，即行攻擊。並預行知照香港、澳門洋官，遇有追捕竄至洋界，即行協緝交出。近日已拏獲數起解省，現在匪蹤仍未大戢。復經嚴飭各路設法合力勤捕，務期大創群醜，殲擒渠魁，以靖海疆而安商旅。

旨：覽奏已悉，即著督飭派出員弁，實力勤捕，以靖洋面。仍由該督等隨時妥辦，約束水陸弁勇，勿任別滋事端。欽此。

《張文襄公全集》第一冊，卷一四，〈勤捕洋匪摺〉，一四至一五頁。

光緒十二年（1886）正月初六日。

周弁赴港獲盜一事，已遵鈞示，電港督，略予好言。尋由福領事函知，水手已釋放，並經粵督募律師前往，按洋例索還盜犯。茲復據福領事述港督電，此事全由京辦理，未知何意？

（清）王彥威輯：《清季外交史料》卷六三，〈閩督楊昌濬致總署據福領事述港督電盜案由京辦理電〉，九頁。

光緒十二年（1886）正月十九日。

港盜案，遵諭將張阿知被控搶劫十二起，及舊犯供指各案稟控，均錄送粵督作證。據轉達，連接粵電，事尚未定，閩巡船暫留質證，已續獲張野等語。當查張野案再送粵，其墊給律師等費用，由閩籌還。此起盜犯，罪惡貫盈，必按約索還，於中外商船均有裨益，祈力與公使言之。

（清）王彥威輯：《清季外交史料》卷六三，〈閩督楊昌濬致總署香港盜犯函須按約索還電〉，二五頁。

光緒十二年（1886）二月十五日。

香港獲盜，由閩提事主見證解港，經颺琇府訊明，判定張阿知有罪，候港督批交犯。昨接粵督電，稱港督以供證參差，未能交解，商允押候。又請得上等律師，囑提另案事主見證赴港對質等語。查原、被皆華人，條約並無由港督提質明文。張阿知犯案，雖多證，見在洋散處難提，即再提解質，彼有意為難，未必不再挑剔，徒滋拖累。況洋船觸礁，動以搶劫索賠。今獲盜，又不照約交辦，不解何意。除電商粵督外，乞鈞處力商英使，囑港督交犯，並望電覆。

（清）王彥威輯：《清季外交史料》卷六五，〈閩督楊昌濬致總署香港盜案請商英使囑港督照約文交犯電〉，一二頁。

署理香港總督部堂馬，為申明例約事：照得香港久為藩屬，居此地者即為我大英統治之民，應如何保安之處，諒四方官民素所深知。詎意周泰和管駕藝新砲船，由福建到港，擅自行權拿人。此等作為，不獨蔑視大英國體，抑且故違公法。本署部堂自不能任其躁妄，故即開釋被拏之人，並將此案各節，咨請署理駐京欽差大臣，轉咨大清總理各國事務衙門核辦。旋准回文內開，該員妄為，殊深惋惜，已行令閩浙總督備文來港謝過，並函知各直省督撫，嚴飭所屬，不得往香港拿人等因。隨又准楊制軍電開，業已將周泰和摘去頂戴，並撤銷札委矣，懇請寬其既往各因。理合將此案曉示爾民人等知悉。爾等身居港地，例有自主之權，斷不准任人稍為拘制，而匪類等亦不許潛住港中，希逃顯戮。須念大英與大清和好有年，且條約內載中國人民因犯法逃在香港，或潛住英國船中者，中國官照會英國官嚴拏，查明實係罪犯，交出通商各口等語。本署部堂必念友邦之誼，和約之嚴，雖具來安之懷，實不能為爾等寬一線也。各宜警醒，勿忽特示。大英一千八百八十六年四月廿二日示。

《申報》合訂本，第二八冊，〈英官告示〉，光緒十二年（1886）四月初四日，七一三頁。

光緒十二年（1886）五月初十日。

閩督楊本日來電，興化盜魁張之經藝新輪船帶弁在香港拏獲，港官屢欲釋放，賴香帥力持，將盜押候，並帶律師兩次由閩提原告人證赴港，指質明確。詎竟該盜亦延律師無理狡展。此盜不除，實海上巨患。求中堂轉商總督，力請公使致港官，將盜按約交回云云。英新使甫由津赴京，人尚和平，可否於接晤後商及。

（清）吳汝綸編：《李文忠公（鴻章）全集》卷七，〈寄譯署〉，二四頁。

光緒十二年（1886）五月十一日。

蒸電已轉總署，惟詢伍廷芳。據稱：港例犯人准延律師駁辨，必須原告人證口供的確。如實係盜犯，方可照約交出。請令原告等切實供證相符為要。

（清）吳汝綸編：《李文忠公（鴻章）全集》卷七，〈寄閩督楊石帥〉，二四頁。

張志者，閩人也。素行不軌，至有劫財戕命諸巨端。律以中國刑章，洵多罪大惡極，於情所不能恕，於法所不能寬。張志豈不自知，用是匿跡銷聲，寄香港為安身處。經人告發大憲，委員攜眼線潛往香港兜擒，徒以蒼皇中未曾備文照會港督，港督遂援西例大張曉諭，嚴飭該委員輕妄張志，至今扣留。雖粵督已將該委員撤任，敘明原委，貽港督以公文，而辯難紛紜，未免膠於成見。在港則循港法，固足示官民一體之情，特於中外所同一理，了或不能彼此脗合耳。張志果係良民，為人誣陷，中國官不加昭雪，越境拿人，論情似太偏，論法似失人。即使港督許其弋獲，解往粵垣，張志之冤無自而伸，以理揆之，未可據以為中外所同，乃張志既情真罪確，法無可逃，祇因奉檄者掉以輕心，失於檢點，一似內地之畛域不分，可以取之若寄。後雖通兩國之情，准兩國之法，港督中懷介介，莫釋齟齬，致令禍之魁、罪之首，仍得逍遙事外，且靜以觀鷸蚌之相持。姑無論為法為情，中西可各衷一是，而於鋤奸除暴，去莠安良，中國之所謂理者，將何日而較著彰明哉。然則謂港督之過當歟？非也。一國有一國之情狀，一處有一處之法度，古之人所以入境而問禁，入國而問俗，畸輕畸重，即憑理而亦有難齊。香港久屬於英，則港督之情，本英國之情以為情，港督之法，本英國之法以為法。使稍拘於理，泥亂臣賊子、人人得而誅之之說，朝來香港纂一人，暮來香港纂一人，理非不圓融也，其若保護商民之謂何？或且謂粵督不善處置歟？亦非也。初擒張志之時，輪船統帶官失於知會地方，以致遷彼之怒，准上下各延主狀剖析於大庭廣眾間，而人終不放。迨管帶業已瓜代，文移業已條分，則中西之情可以互證，中西之法可以參觀，奈何審訊數堂，仍未將張志交出，據理而斷，此事之曲直，不待智者知之矣。中國於扛幫捏訟曰訟師，曰訟棍，例禁綦嚴，不論大小官員，管理民間詞訟者，下車伊始，招考代書，給以官戳，其或鈐明來稿，必追究其所自來，輒委諸途遇，不識姓名，大抵皆算命拆字之流。問官非不深知，勿予嚴究，豈一味顢頇哉？亦因既得其情，須絕以法，不若權衡一理，以息事而安民耳。西國則不然，某狀師某狀師榜示通衢，毫無忌諱，聽訟者轉以狀師之口為憑。原其初必以小民涉訟，口不能言，保無曲直難分，是非倒置，不若舉公正人為之居間排解，庶可以概免冤誣。中西之不同如此，而張志乃得恃為長城，逞情玩法，雖日久仍未水落石出，在港督斷無袒護之心，要當以理參情法也。抑販賣私鹽，中國視為匪類，特設巡丁，以嚴梭緝，偶遇梟徒，無殊捕盜，則盜與梟原一例。奈香港素來不禁，張志遂自認販私，以為避重就輕之地。殊不知情難久遁也，法難久寬也，中西之理，究係從同，即僥倖於一時，斷不能倚狀師為護身符，晏然作寓公於香港。以其屢見新聞，久而未決，請中書君述梗概焉。

《申報》合訂本，第二九冊，〈論港督審訊張志案〉，光緒十二年（1886）六月初二日，一三頁。

光緒十三年（1887）七月二十三日。

兩廣總督張之洞奏為粵省緝匪緊要，香港諸多阻礙，擬與英使妥商交解辦法，量開河道口門以資抵制事：

查廣東省由黃浦（埔）出省，有水路兩支：北曰魚珠，南曰沙路。上年辦理海防，用船石椿將南支塞斷，船只出入，統由北支，全力防此，簡要易施。自防務解嚴後，各國使臣、領事屢請開通沙路。迭經臣奏請，敕下總理衙門立案，不予曲從。誠以粵防攸關，不得不守此成局，以冀游沙漸增，用固吾圍也。九年來在粵領事，仍紛紛陳請，各國使臣，亦向總署曉瀆，以洋船不能直達省河，洋商受累為辭，務請開通沙路，以利船商。經總理衙門與臣內外堅持，頻年以來，極費脣舌，不與通融，而彼族仍紛吸不已。上年七月，接總署來咨，深以兩年內之饒舌，不能置之不理為慮，自是深思熟計之意。本年四月，經臣詳細聲覆，並以體察情形，統籌全局。如別有辦法，再當籌議舉辦等情，函達總署在案。誠恐將來難保不藉端要求，將不可不籌一抵制辦法，以為量予變通之計。查河路攔沙共有三處：一在四沙尾，一在長洲後，一在海心岡。三者以長沙之橋為最固，計長二百五十餘丈，純用大洋木築成，開之尤未易易。必不得已，將來擬擇中央水深處，開通口門十五丈，兩旁加椿各兩排，中約石魂，日久沙淤，當可漸臻鞏固。至於有事時填口門，應俟臨時相機料理。其餘四沙尾、海心岡兩處，亦可做此辦法。惟是當日攔截河道，費盡心力，工料不貲，始克辦成，今為利便洋船，許其開通，則彼亦必有利便於我者，相與交換，方昭公允。查年來粵省嚴緝盜匪，所有著名大憝，群以香港為逋逃藪。向來到港提犯，諸多為難，須有事主眼證到堂質訊，情節口供，偶有參差，犯之狀師，即為開脫。每提一犯，須用狀師等費數千金，猶不能必其交解，實為條約所無。近日匪匪愈多，窒礙尤甚。擬請旨敕下總理衙門與英使妥商，議立專條。嗣後交犯，務以兩廣總督臣公文為憑，文到即須交解，無須事主質證，不得藉端刁難。彼如允從，即許以從權，暫將沙路開通，彼得便利英商之益，而我收澄清盜藪之功，似尚可以相敵。曾於河道一節，勉從其請，略加變通，於目前戢盜安民事宜，不無裨益。理合繕摺奏陳。謹奏。

　　光緒十三年七月二十三日奉硃批：該衙門知道。

（清）王彥威輯：《清季外交史料》卷七二，〈粵督張之洞奏香港解匪辦法請與英使妥商並量開河道口門以資抵制摺〉，二六至二七頁。

　　光緒十二年（1886）八月初十日、八月十八日。

　　英使照稱，接港督電，張阿知一名，已允交出。

　　香港來電，盜犯張阿知於十六日交閩委員解赴粵省。合電聞。

（清）王彥威輯：《清季外交史料》卷六八，〈總署致楊昌濬英使照稱港督交出海盜解赴粵電（二件）〉，二五頁。

　　光緒十四年（1888）四月乙酉。

　　總理各國事務衙門奏：各關稅項遞增，擬續加經費，並籌給新設九龍、拱北兩關及緝私巡船各經費。依議行。

《清實錄》，《德宗實錄》（四），卷二五四，四二二頁。

　　光緒十五年（1889）七月二十二日巳刻。

　　香港現議交犯新例，意在革除從前留難陋習，想由大力幹旋所致。外部授意原有以華官印文為憑，詎議例局員刪去，此節緊要，關鍵全在於此，否則仍屬無益。請向外部力爭，此實治粵要著，關係甚大，機會難得。切禱。養。

《張文襄公集》第三冊，卷一三二，〈致輪墩劉欽差〉，三五〇頁。

第三章　香港及其附近海面的
鴉片走私與貿易

按：自清嘉慶時期以來，香港一帶的鴉片走私即成為一大問題。鴉片戰爭後，香港更成為向內地輸入鴉片的主要基地。為防止鴉片走私，控制鴉片稅收，清政府提出了"稅釐併徵"的主張，經過多方討論、交涉，最終簽訂了《香港鴉片貿易協定》。

一、第一次鴉片戰爭前香港及其附近的海面鴉片走私及清政府的禁煙措施

　　煙土之入，始在澳門，繼歸黃埔。今上（道光）初元，森嚴設禁，乃移泊於新安縣屬之零丁洋，其地水路四通，凡福建、天津、江浙之泛外海者，皆必由焉。島民萬餘家皆蛋戶，漁艇販私為業。道光三、四年，來躉船五、六艘，前總督阮元密奏，請暫事羈縻，徐圖禁絕。近則約十七、八船，經歲逗留，接遞新煙。洋船駛進鹿門，轉入蛟門，以所載之土，運黃埔深井（地名），有窟宅為奧援，有快蟹為護送，分售於會城之窯口，其送煙飛艇（一名扒龍），十健兒搖槳如飛，列砲械而行。比年，澳門之押冬夷往來省城，自覓各船交易，窯口之利又分，而天津、閩、浙船，大率在省議價，到躉交土，他大吏之貢船、差船，私攜過嶺者，歲又不知幾許，此販煙之眾也。鴉片煙惟公斑行於粵，各省類白皮，每白土一包合三斤，直洋銀二十一、二圓，去窯口之沾潤、規費之花銷，番夷約得銀十三、四圓，賤時亦每包十三、四圓，番夷約得銀八、九圓。每歲以一百萬包計，番夷實得

銀千三百萬圓不等，自餘價銀尚七八百萬、四五百萬元，大抵水師有費，巡船有費，關役有費，營汛有費，差保有費，以窰口為授受，以煙價為取償，世盡奇貨之居，人競染指之望，此售煙之利也。其害深，其習錮，其來遠，其利溥，其人夥，其勢橫，法令之設，祇同於具文，根底之深，遂蟠於天下。

（清）王錫祺輯：《小方壺齋輿地叢鈔》，第九帙，蕭令裕：〈粵東市舶論〉三。

一千八百年間，中國准鴉片進口，以藥材上稅。及後奉旨禁止，而廣東官府仍准鴉片躉船長灣在黃埔，距省有十二里。至一千八百二十年，鴉片進口太多，道光二年（1822）故令躉船出口，不准灣泊黃埔，由是灣零丁洋及澳門、急水門等處。又議定規銀每箱若干，自總督衙門以及水路文武官員皆有之，惟關口所得最多，或在船上來取，或在省城交收，皆逐月交清，亦有將鴉片准折，每次自一箱以至百五十箱為止，卻無定數，此走私之光景着實可痛。

（清）魏源編撰：《海國圖志》卷八一，〈夷情備采上〉，一四頁。

除印度外，又有回教之都魯機亦產鴉片[①]，每年亦有千餘箱運至中國，多是彌利堅船運之。凡裝載鴉片之船，每船約載三百躉（每千六百八十斤為一躉），俟過七洲洋後，到伶仃洋即有軍器之船在彼灣泊，將鴉片移入軍器船內。至夜，有內地蜈蚣艇來接[②]，載運至省城。此等船常有二三十隻，與官船抗拒，其格拉巴船在伶仃洋守候。鴉片賣完時，揚帆回去，中國始由穿鼻洋跟至老萬山，空放響砲，回稱夷船盡已驅逐遠颺。

註：①都魯機：即土耳其。
　　②蜈蚣艇：即多槳快艇。

（清）魏源編撰：《海國圖志》卷八三，〈夷情備采下〉，五頁。

特爾達說：零丁洋係中國荒地，並無兵房營汛保護，可以任外國人停泊。然憶在一千八百二十八年，娜威（挪威）額達船上水手為人所殺，中國亦將凶手捉獲施刑；又一千八百三十五年，英吉利多羅頓船被劫之事，亦係一件證見。是中國人在相近自己海岸上，施行其政治，以保護他國之旗號，故亦可在彼處地方，行其所立之章程，不得謂在零丁洋面販賣鴉片，係合法之事，只好說販賣鴉片之船隻，比中國水師船佈置更好，格外堅固而已。

（清）魏源編撰：《海國圖志》卷八一，〈夷情備采上〉，一六頁。

自畢波銷行日廣，他國並受其害，而英國遂獨專其利焉。實則蘭崙本不產是物也。畢波者，即罌粟花中卉本也，俗謂之鴉片，以吸煙於火曰鴉片煙。……始至尚少，天朝以為藥材，與他物同徵其稅。後積漸而多，則售於澳門。迨奉禁約，澳夷之索費者奢，遂遷泊零丁洋。躉船逐漸入內地，源源銜尾而至。船甫空而隨實之。伶仃地屆重洋，在老萬山外，或夾雜於米石，或與他貨並載，至必先運諸躉，而後詣守口臺汛，驗無禁物，給引水以入虎門如例，自道光二年始也。

（清）梁廷楠著，駱驛、劉曉校點：《海國四說·蘭崙偶說》卷四，一五一至一五二頁。

鴉片船皆下椗於伶仃洋，其島高尖獨峙，頗有居民。山可禦東北風。若風暴將起，則駛往對面之金星門，否則被風吹出大洋外矣。

（清）魏源編撰：《海國圖志》卷八三，〈夷情備采下〉，四頁。

嘉慶末，每年私鬻至三四千箱。始積澳門，繼移黃埔。道光初嚴禁，復移於零丁洋之躉船。零丁洋者，在老萬山內，水路四達，為中外商船出入所必由，洋艘至，皆先以鴉片寄躉船，而後以貨入口。……始躉船尚不過五艘，其煙至多不過四五千箱，可籌火攻，而總督阮元密奏，請暫事羈縻，徐圖驅逐，於是因循日甚。

（清）魏源：《魏源集》卷上，〈道光洋艘征撫記〉（上），一六九頁。

嘉慶初，奉詔申立嚴禁，裁其稅額。自此，入口之鴉片率暗中偷售，而其價益增。其初泊於澳門，繼乃移之黃埔，……道光元年（1821），因查出葉恆澍夾帶鴉片之案，奉旨重申前禁，凡洋艘至粵，先由行商出具所進黃埔貨船並無鴉片甘結，方准開艙驗貨，其行商容隱，經事後查出者，加等治罪。自此鴉片躉船盡徙之零丁洋，……

二年（1822），復奉廷寄，交大學士兩廣總督阮元密查，奏："請暫事羈縻，徐圖禁絕。"而其時鴉片躉船已改泊急水門、金星門等處，勾結內地奸民，往來傳送，包買則有窯口，說合則有行商，私受土規則有關汛為之奧援，包攬運載則有快蟹艇資其護送。於是躉船之來，每歲驟增至數萬箱，……

（清）夏燮撰，高鴻志點校：《中西紀事》，卷四，五八至五九頁。

嘉慶初，奉詔申立嚴禁，裁其稅額，自此入口之鴉片悉暗中偷售，而其價益增，後查出葉恆澍夾帶鴉片之案，奉旨重申前禁，凡洋艘至粵，先由行商出具所進黃埔貨船，並無鴉片甘結，方准開艙驗貨，其行商容隱，查出者加等治罪，鴉片躉船遂改泊急水門、金星門等處，勾結內地奸民，往來傳送，包買則有窯口，說合則有行商，私受土規則有關汛為之奧援，包攬運載則有蟹艇資其護送，洋商易貨無多，輒載銀出洋回國，內地銀荒日甚。

（清）芍唐居士編：《防海紀略》卷上，一至二頁。

十八年（1838），鴻臚寺卿黃爵滋奏請將鴉片從嚴懲辦，以塞漏厄，……時江蘇巡撫林則徐方內召入都，奉頒給欽差大臣關防，令馳赴粵東，會同兩廣總督鄧廷楨查辦。以是年冬月陛辭，十九年（1839）正月二十五日到省。維時省中嚴拿販煙、吸煙之犯，坐地夷人不敢包匿，於是外來躉船，悉寄碇零丁洋面，共二十二艘。聞者欽差到省，將欲開行，欽使欲窮治其事，爰咨會虎門水師提督及碣石鎮總兵，統帶提鎮各營分路把守。傳令在洋躉船，先將鴉片悉數繳銷，方准開艙。……於是，前泊零丁洋外之躉船二十二艘先後駛至虎門，詳細驗收，核數得實。

（清）夏燮撰，高鴻志點校：《中西紀事》，卷四，六〇至六一頁。

……十年（1830）六月，奏：「虎門海口鎮遠砲臺迤東有沙角山橫檔砲臺，迤南有大角山，為洋船入口要路，而大角山向無砲臺，應請添建。」得旨允行。

時銀價日昂，上聞番舶專載洋錢，收買紋銀；又鴉片流行內地，耗財傷人。命鴻賓等妥議，旋疏陳六條：「一、洋商與外人交易，以貨抵貨，如有尾數，祇准給付番銀，鋪戶居民私賣紋銀與外人者，加等治罪；一、責成巡洋舟師分段查察，洋船初到時，嚴查匪艇運銷鴉片，回帆時嚴查匪艇運送紋銀；一、關口委員書役及守口弁兵，如有賄縱情弊，或失於查察，分別治罪、議處；一、責成洋商、通事、買辦隨時查察，如外商夾帶鴉片，偷買紋銀，立即呈明；一、奸民偷運鴉片售賣，各衙門書差，兵役受賄包庇，與販賣一律治罪；一、鴉片運赴各省，責成沿途各關卡搜查，其冒充巡丁強搶入己者，照例治罪。」如所議行。九月，奏請分大鵬營為左右二營，至前山營本屬陸路，而與香山協界址相連，請改為內河水師。」下部議行。

《清史列傳》（九）卷三六，〈李鴻賓傳〉，二八五九頁。

道光十一年（1831）五月二十四日。

查煙土一項，私相售賣，每年紋銀出洋，不下數百萬，是以內地有用之財，而易外洋害人之物，其流毒無窮，其竭財亦無盡，於國用民生，均有大關係，今欲除其害，則必清其源。查其囤積之處，則為大魚山，出入必經之地，則為虎門、澳門，然非快蟹包攬走漏，則煙土不能私入內地。竊謂禁煙土在驅逐煙薑，除私帶當嚴治快蟹，應責成各州縣，於所屬河面，查禁快蟹船隻，不許私設，快蟹既絕，又必嚴飭巡船，倘或包帶，別經發覺，從重治罪。……至於煙薑，尤宜驅除淨盡，應責總督、關督，嚴禁各夷於貨船之外，不得另設船隻，其或不遵，將該國貨船，一併驅逐出境。

中國史學會編：《鴉片戰爭》（一），〈御史馮贊勳奏嚴禁煙片摺〉，四三四頁。

道光十一年（1831）5 月 25 日（上諭檔）

軍機大臣字寄協辦大學士兩廣總督李、廣東巡撫朱，傳諭海關監督中祥。道光十一年（1831）五月二十五日奉上諭：

有人陳奏鴉片煙積弊，請杜絕來源一摺。據稱：夷舶私帶煙土來粵，竟敢於附近虎門之大魚山洋面，另設夷船囤積，稱為鴉片躉。並有夷目兵船，名曰護貨，同泊一處，勾通土棍，以開設錢店為名，暗中包售煙土，呼為大窰口。如省城之十三行，聯興街多有此店。奸商到店與夷人議價，立券以憑，到躉交貨，謂之寫書。又有包攬走漏之船，名曰快鞋，來往如飛，呼為插翼。其船星夜巡行，所遇關津，遇有巡丁追邏，竟敢施放槍砲，關吏莫敢誰何，又不報官懲辦，是以肆無忌憚。此種快鞋，現有一二百隻之多，凡由躉送貨至窰口者，皆係此等船包攬。……

中國第一歷史檔案館編：《鴉片戰爭檔案史料》第一冊，〈著兩廣總督李鴻賓確查外船囤積私銷鴉片積弊並酌議杜絕辦法事上諭〉，八七頁。

十二年（1832）二月。奏：“鴉片煙來自外洋，必應遏其來路。請嗣後外人來粵，令洋商開導，毋許夾帶煙土。倘經查出，不准開艙賣貨，並令貨船外，不得令帶船隻，以杜私入之源。仍於省河禁止查私快艇，潮、瓊各屬商船毋得攬近零丁洋面，庶免偷販情弊。”上如其請。

《清史列傳》（九）卷三六，〈李鴻賓傳〉，二八六〇頁。

道光十三年（1833）春，有夷船來泊金星門，踵至者五十餘隻，淇澳鄉人白上宮驅之，乃去。十五年（1835），夷船來泊零丁洋。（俱同上）。

英夷久踞濠鏡澳，南環一帶悉奪而居之，販賣鴉片煙土。十六年（1836）夏，颶風壞其船一，煙土漂至瀕海村，英夷因游奕三竈村口岸。有賣菓者，夷人以鎗指之，試中否為笑樂，洞胸斃。有鍾蔡氏者，傭工於夷家，忽自縊。夷以布裹其屍，寘縣丞署，丞白縣遣役瘞之。修築西洋夷之東砲臺，改建英吉利旗號（西洋旗純白，英吉利旗紅藍相間）。開馳道於東望洋山，山多居民墳墓，英夷勒起遷，遷者給洋銀一兩四錢，不從者夷之，棄殘骸於海，民大嗟怨，遂有沈志亮、郭金堂之事。（詳〈沈志亮傳〉、《採訪冊》，參林謙《退思齋雜錄》）

夷船復來泊零丁洋，春至秋冬去，以大府准其避風告，自後遂以為常。時洋船四五十隻，華船艤附通市，珍奇畢具，娼航賭艇，比於珠江。夷目設帳幙於東岸大角山，禮拜會食，砲聲震遠邇，番奴牽犨，持鳥鎗蹂躪場圃。艙口鬼（華人名夷貿易者）攜入教男女，闌人村莊，蛋船有少女，或強宿焉。先是，水師提督李增階遣視金星門，東至旗纛澳一百七十餘丈，汪洋巨浸而水淺，西至唐家村一百四十餘丈而水深，欲以十餘巨艦，載沙石塞之，不果。十三年（1833）前有奸民引夷人，如李法測量，蓋欲於此停泊銷售，偷漏關稅故也。繼又於唐家淇澳，樹表量地，皆繪圖識墨，復於淇澳山，建英吉利國旗，大有營造意。因英夷放債西洋夷，質其夷樓土庫（夷人儲貨曰土庫），鵲巢鳩居，英夷無駐冬之例，則以候帳為名，既盤踞澳門，且欲跨金星而有之，居心殊叵測。秋九月，恭常都紳士控諸大府，督撫張文告，檄築砲臺於門之左右，歲撥舟師守之。董役者苟且粉飾，未幾摧剝，夷人旋得新安之香港地，尤利便，不復至。（《退思齋雜錄》）

（道光）十八年（1838）秋九月，鴻臚寺卿黃爵滋以夷人鴉片煙耗中國，奏准嚴禁。（《採訪冊》）

初，澳門葉恆樹專屯鴉片，道光元年（1820），總督阮元按治之，乃不歸屯戶，自販於零丁洋。其地近蛟門，水路四通，大船六七隻，終歲停泊，謂之躉船。凡洋船載鴉片者，皆貯艙面，一入萬山，以三板艇赴躉船，然後入口。（吳蘭修《弭害文》小註：按躉船始泊零丁洋，每年四五月間入泊急水門，至八九月間仍回零丁洋。該夷探知金星門洋面較穩，始由急水門改泊金星門。）

（清）陳澧等纂：《重修香山縣志》卷二二，〈紀事〉，四二至四三頁。

道光十四年（1834）五月丙戌。

諭軍機大臣等：有人奏，近聞嘆咕唎國大舶，終歲在零丁洋及大嶼山等處停泊，名曰躉船。凡販鴉片煙者，一入老萬山，先以三板艇剝赴躉船，然後入口。省城包買戶謂之窯口，議定價值，同至夷館兌價給單，即僱快艇至躉船，憑單交土。其快艇名快蟹，亦名扒龍，砲械畢具。每艇壯丁百數十人，行駛如飛，兵船追拿不及。各洋呢羽等貨，稅課較重，亦多由躉船私行售買等語。海防例禁綦嚴，豈容夷船逗留，售私漏稅？且鴉片煙流毒內地，疊經降旨嚴行飭禁，自應實力查拿，務使根株淨盡，若如所奏，躉船之盤踞不歸，快蟹之飛行遞送，灌輸內地，愈禁愈多，各項貨物，恃有躉船售私，紋銀之出洋，關稅之偷漏，未必不由於此。著該督等飭屬即將躉船設法驅逐，快蟹嚴密查拿，勿任仍前停泊，致啟售私漏稅等弊。該夷船如或驅此泊彼，巧為避匿，即責成巡哨水師認真巡緝，從嚴懲辦，勿得稍有諱飾。將此諭知盧坤、祁墳，並傳諭中祥知之。

《清實錄》，《宣宗實錄》（四），卷二五二，八二二頁。

道光十五年（1835）九月初十日。

又鴉片煙一節，臣聞從前夷人俱在澳門開裝，有承賣總頭葉四者，頗有勢力，只許夷人兌換貨物，不許售賣銀兩。後葉四以罪辦去，夷人頗以為喜。有嘆咕唎夷人鐵頭老鼠者，遂與洋行伍元和串通，移在大嶼山屯船開裝，自後俱有現銀交易。其轉運之窯口，俱在番禺縣河岸一帶，約共三十餘家，俱係洋行司事，名曰馬磚。並臬司差、廣州府差、南海、番禺縣差，及洋貨舖之在十三行者，通同開設快蟹，即快艇，係督撫藩臬書差所辦，約百餘隻。而南海、番禺及永寧通判之巡舡，亦夥同裝載。由大嶼山載至窰口，其所經砲臺及水師巡舡均有規費，其窰口門面或錢舖，或洋貨舖買煙者，但言明時價，先兌現銀，夜間即將煙送於客所居之處。

中國第一歷史檔案館編：《鴉片戰爭檔案史料》第一冊，〈鴻臚寺卿黃爵滋奏英人勾通吏役行商販煙及水師作弊等情片〉，一九一頁。

道光十六年（1836）四月二十七日（夷務）清本。道光元年（1821），兩廣督臣阮元嚴辦澳門屯戶葉恆樹，夷商無可托足，因自販於零丁洋，其地在蛟門以外，水路四通，有大船七八隻終歲停泊，收貯鴉片，謂之躉船；有省城包買戶，謂之窰口。由窰口兌價銀於夷館，由夷館給票單至躉船取貨。有來往護艇，名曰快蟹，亦曰扒龍，砲械畢具，亡命數十輩，運槳如飛，所過關卡均有重賄，遇兵役巡船向捕，輒敢抗拒，互致殺傷。

中國第一歷史檔案館編：《鴉片戰爭檔案史料》第一冊，〈太常寺少卿許乃濟奏為鴉片煙例禁愈嚴流弊愈大應亟請變通辦理摺〉，二〇一頁。

十六年（1836），英吉利商人以躉船載煙，廷楨禁止不許進口，猶泊外洋，嚴旨驅逐。沿海奸民勾結，禁令猝難斷絕。廷楨與提督關天培整備海防，迭於大嶼山口、急水洋獲蟹艇，載銀鉅萬，盡數充賞，破獲囤煙私販。

《清史稿》（三八）卷三六九，〈鄧廷楨傳〉，一一四九五頁。

道光十七年（1837）六月丁己。

禮科給事中黎攀奏：

臣惟沿海各省口岸，私運紋銀出洋，實屬近來錮弊，而粵東為尤甚，蓋緣該省為夷船聚集之地，其偷漏為較便，其防範亦為較難。……

惟是近年夷情貪詐異常，奸民又復趨利若鶩，情變百出，雖偶有破案，而奸徒敢於走險，終不免有疏脫之時。臣愚以為救弊之道，欲塞其流，當清其源，源之不清，則其流終不可塞。欲清紋銀出洋之源，則必以禁止外夷躉船為第一要著。

緣每年各國貨船到粵，均在黃埔停泊，其地係屬內河，且必經行商出具甘結始能進口，稽查較易。惟嘆吉利國有躉船十餘隻，自道光元年（1821）起，每年四五月，即入急水門，九月後，仍回零丁洋。至道光十三年（1833），該夷探知金星門水面較穩，遂由急水門改泊金星門，由是鴉片之入口，紋銀之出口，皆恃躉船為逋逃淵藪。該處海口與香山縣最近，匪徒快蟹，朝發夕至，兼之各處港汊可以偷越者甚多。臣故謂躉船不去，則紋銀終難禁其出洋者，此也。

《籌辦夷務始末》（道光朝）第一冊，卷一，〈黎攀鏐奏英人躉船不去難禁鴉片入口紋銀出口摺〉，一八至一九頁。

道光十七年（1837）六月戊午。

諭軍機大臣等：前因沿海各口岸紋銀出洋，於國計民生大有關繫，疊經降旨令各省督撫認真查辦矣。本日復據給事中黎攀鏐奏稱：嘆咭唎國有躉船十餘隻，自道光元年起，即入急水門。至十三年，遂由急水門改泊金星門，鴉片之入口，紋銀之出口，恃有躉船為逋逃淵藪。匪徒快蟹，朝發夕至，各處港汊，可以偷越。又窯口奸商，包兌包送，該省洋貨鋪戶，外假販買貨物為名，陰以走私為業，即與窯戶無異等語。外夷船雙，停泊自有定所，何以道光元年以前，未聞私設躉船，近年則任其終歲在洋停泊，以致奸民與之勾通，任意偷漏。著責成該督等嚴飭洋商，傳諭該國坐地夷人，勒令寄泊躉船盡行歸國，無許託故逗留，並確查窯口巢穴所在，悉數按治，毋稍姑息，以塞弊源而挽頹風。原摺著鈔給閱看，將此諭知鄧廷楨、祁土貢，並傳諭文祥知之。

《清實錄》，《宣宗實錄》（五），卷二九八，六二四頁。

道光十七年（1837）九月戊戌。

兩廣總督鄧廷楨、廣東巡撫祁𡎴、粵海關監督文祥奏：

竊臣於七月初三日，承准軍機大臣字寄，道光十七年六月十二日，奉上諭：據給事中黎攀鏐奏稱，嘆咭唎國有躉船十餘隻，自道光元年起，即入急水門，至十三年，遂由急水門改泊金星門。鴉片之入口，紋銀之出口，恃有躉船為逋逃淵藪。又窯口奸商，包兌包送，該省洋貨鋪戶，外假販賣為名，陰以走私為業，即與窯口無異等語。外夷船隻停泊，自有定所，何以道光元年以前未聞私設躉船，近年則任其終歲在洋停泊，以致奸民勾通，任其偷漏？著責成該督等，嚴飭洋商，傳諭該國坐地夷人，勒令寄泊躉船盡行歸國。並確查窯口巢穴所在，悉數按治等因。欽此。仰見聖主釐剔弊源之至意。

臣等伏查鴉片煙土，本為外夷藥材，初與洋貨同載稅冊。迨後嚴申厲禁，販賣買食，定有治罪專條。而夷運未能遏絕，馴至毒流遠邇，耗竭紋銀，實為中國之患。從前英吉利與各國貨船抵粵，皆寄碇於零丁等處洋面，以待“引水”入口，並無躉船之名。嗣有將船囤貯鴉片洋貨，冀圖乘間走私者，人遂以躉船目之。大率嘆咭唎、港腳、咪唎嘪三處之船居多。歷經隨時驅逐，往往去而復來，近年藉詞避風，貨船躉船遂於每年南風將旺之時，駛入金星門內洋停泊，民夷勾結，弊竇愈滋。

臣鄧廷楨於道光十五年臘底到任後，經臣祁告悉情形，會同籌議堵禁。十六年九月中旬，業已全數退出。因恐其仍萌故智，復於上年〔十六年〕冬間，先行傳諭洋商，並於金星門一帶出示嚴禁。本年春間，咨會水師提督臣關天培，派調巡洋舟師及該管香山協縣，在於金星門內實力防範堵截。仍先事密備大船，預為火攻之計，俾其聞風知懼。自嚴禁之後，至今金星門並無片帆駛至。現擬於今冬明春〔十八年〕仍守成規辦理。此臣等實力堵拏，暨金星門夷船絕跡之實在情形也。

……惟紋銀之出，鴉片之入，洋貨之偷越漏稅，其交易多在躉船。窮源溯流，是零丁等處洋面，尤為扼要之所。該管之香山協大鵬營及水師提標左營臺汛，星羅棋布，舟師梭織游巡，誠能實力查拏，縱不能弭躉船之來蹤，亦何難斷匪艇之去路。查虎門逼近沙角，實為出入咽喉，是以特設水師提督在於該處駐劄，統轄全洋，事權既專，責任綦重。臣等現經咨會提臣關天培，探索弊端，破除積習，就近督飭該協營將備，率令汛弁舟師，無分兩夜，加勁巡查禁沮。無論內地何項艇隻，不許攏近躉船，亦不許無故在洋遊奕，一遇走私匪艇，奮勇兜擒，解省嚴究。其窯口巢穴所在，密速掩捕查抄，盡法懲辦。如該協營在事人員等，及各屬文武各員弁，玩不用命，致有縱漏，別經發覺，或被委員拏解，即究明本犯開窯何處，何日出洋，經由何縣營轄境內，立將不行查拏之所管所巡員弁兵役，分別參劾治罪。

《籌辦夷務始末》（道光朝）第一冊，卷一，〈鄧廷楨等奏已諭英領事令躉船回國並籌議禁止窯口走私章程摺〉，二三至二五頁。

道光十七年（1837）九月。諭軍機大臣等：鄧廷楨等奏，論逐躉船，並議拏辦窯口走私章程一摺。據奏：嘆咭唎等國躉船貨船，近年籍詞避風，駛入內洋。現已諭飭洋商，傳諭該國領事，將零丁等處洋面寄泊躉船，概行遣令回國，毋許仍前寄泊逗留。並飭總商等，俟躉船開行回國，即行稟報查考。其快蟹一項業已盡淨，而走私匪船名目尚多，實與窯口奸徒，均屬難容姿肆。已飭道府標鎮協營，嚴督所屬巡邏查緝等語。夷船停泊內洋，勾結偷漏，為粵省之積弊。該督等諭飭以後，該夷領事是否遵奉，現在躉船曾否開行，務須確實查明，令其全數回國，無稍逗留。如敢將就了事，日後經朕訪聞，或被人糾參，朕惟該督等是問。至各項走私船隻，尤須設法嚴拏，期於根株淨絕，亦不得因偶有獲案，遂謂驅除已盡，仍貽弊竇也。將此諭知鄧廷楨、祁墳，並傳諭文祥知之。

《籌辦夷務始末》（道光朝）第一冊，卷一，〈廷寄（答鄧廷楨等摺）〉，二七頁。

道光十八年（1838）閏四月辛巳。鴻臚寺卿黃爵滋奏：……外洋來煙漸多，另有躉船載煙，不進虎門海口，停泊零丁洋中之老萬山、大嶼山等處。粵省奸商勾通巡海兵弁，用扒龍、快蟹等船，運銀出洋，運煙入口。故自道光三年至十一年，歲漏銀一千七八百萬兩，自十一年至十四年，歲漏銀二千餘萬兩，自十四年至今，漸漏至三千萬兩之多。此外福建、江、浙、山東、天津各海口，合之亦數千萬兩。

《籌辦夷務始末》（道光朝）第一冊，卷二，〈黃爵滋奏請嚴塞漏卮以培國本摺〉，三一至三二頁。

道光十八年（1838）六月乙亥。護理湖北巡撫張岳崧奏：……凡夷船之帶鴉片煙者，港腳為多，嘆咭唎則十之二三。其船來粵，過老萬山至零丁洋，每用另船剝載，名曰"鴉片躉"。剝載後，夷船始行入口，以避盤查，並有將凡重稅貨物剝卸偷漏者。至鴉片躉終年停泊，而內地匪徒為之護送者，曰"快蟹船"，亦名"扒龍"，其船中水手，眾至數十人，往來如飛，兼備砲械。又有為躉船接濟米糧牛羊等物俾可久泊者，為內地之漁船。臣愚以為查拏之要，尤在乎此。應請旨嚴敕督撫及海關監督，凡夷船到粵，即催促進口，毋許在外洋停留剝載，以杜偷越，違者不准開艙售貨，亦不准置貨歸國。彼必畏懼。

至鴉片躉每有數船終年泊零丁洋者，嚴查所帶何貨，因何久泊，驅逐開行。倘藉辭風色不順，仍復逗留者，尤當設法查禁。查虎門為水師米艇住〔駐〕泊之所，距零丁洋不遠，米艇本有巡洋之例，請旨敕督撫及水師提督，查看夷躉多寡，每躉船撥米艇二三號，慎選參遊以上大員之公正穩練者，分船管駕。並派同通以上賢員一同巡查，不時抽換。

《籌辦夷務始末》（道光朝）第一冊，卷三，〈張岳崧議奏查禁鴉片章程摺〉，五六至五八頁。

道光十八年（1838）七月辛酉。廣西巡撫梁章鉅奏：聞夷人交易煙土，皆不在內洋而在窯口，即黃爵滋摺中所指之零丁洋及大嶼山、老萬山各地面。緣夷船之來，人地生疏，非有熟悉情形者為之羽翼而引導之，必不肯以數十萬金之物輕易付人，彼開窯口者，即為夷船之羽翼而引導之者也。

《籌辦夷務始末》（道光朝）第一冊，卷四，〈梁章鉅議奏禁煙章程摺〉，九七至九八頁。

道光十八年（1838）八月辛卯。兩廣總督鄧廷楨奏：

……至廣東窯口之設，多在沿海各口岸，而澳門為甚。其內河則省城及高要縣之廣利墟、順德縣之陳村，東莞縣之石龍等處亦有之。臣現會同撫臣怡良，移咨水師提臣關天培、粵海關監督臣豫堃，並檄行各鎮道，嚴飭各守口員弁關役，認真堵截查拏。……所有口外扼要之零丁等洋面，由水師提臣督飭該管之香山協、大鵬營、提標中左兩營各該將領，率令汛弁舟師，無分晝夜，加勁巡查禁阻。無論內地何項艇隻，不許攏近夷船，亦不許無故在洋游奕。

《籌辦夷務始末》（道光朝）第一冊，卷五，〈鄧廷楨議奏嚴禁鴉片章程摺〉，一二〇頁。

道光十八年（1838）十二月癸未。兩廣總督鄧廷楨奏：……查各國貨船抵粵，皆循例報驗入口，開艙起貨交易，其日久寄碇零丁外洋者，即屬營私夷船，外間以躉船目之。蓋零丁與老萬山以外夷洋毗連，是以逐去復來，難期絕跡，嗣且假避風之名，連檔駛入金星門內洋拋泊，恣意為奸。臣於到任後，即經設法驅逐，兩年以來，不敢駛入。然仍寄泊零丁洋，或十餘隻，或二十餘隻，每覘風勢順逆，於零丁附近之九洲、雞頸、潭仔、尖沙嘴等處洋面，徙泊靡常。該管官巡防雖密，而各洋灝瀚無際，顧此失彼，內匪即從而偷販，此鴉片之所由滋蔓也。……查零丁等洋，乃水師提標左營、香山協、大鵬營所轄之地，應請調集水師提標船二隻，香山協師船二隻，大鵬營師船二隻，各隨帶哨船二隻，均配足弁兵砲械。第一月，派水師提標左營遊擊管領，以香山協、大鵬營守備各一員副之。第二月，派香山協副將管領，以水師提標左營、大鵬營守備各一員副之；第三月，派大鵬營參將管領，以香山協、水師提標前〔左〕營守備各一員副之。輪流堵拏，周而復始。仍嚴飭各該將備等，務當實力奉行，設有堵截不力及徇縱情弊，即行縱嚴參處。至水師提督統轄全洋，弭盜緝私，皆其專責，駐劄虎門地方，濱臨海口，與零丁各洋聲息相通。所有守堵事宜，或稽查各官勤惰，或調度時有變通，應即由提臣關天培就近認真督辦，俾歸妥協。……

《籌辦夷務始末》（道光朝）第一冊，卷五，〈鄧廷楨奏籌調師船防堵販運鴉片摺〉，一三三至一三五頁。

道光十八年（1838）十二月十二日，喳頓（即鐵頭老鼠）下澳，附港腳快船回國。零丁洋躉船內，有港腳基船及吐船二隻，於十八日去。己亥（道光十九年，1839），正月二十日，有港腳喊呕及吧頓等船，咪利堅國㗊喱喑及吐咖等船，嗹國都吐船，小呂宋船，共十四隻，起椗開行。廿一日，又有港腳替呕等船，咪利堅國嘛叻等船，共四隻，與前船一同駛去，旋泊大嶼山。稍南丫洲洋面，尚有二十四隻，仍躉零丁洋如故。躉船之設，始惟英吉利有之，嗣後米利堅國、連國、呂宋港師皆有，則利藪爭趨，貨船亦移為躉船也。（退思齋文小注）

外夷僱中國人供役曰沙文，故華夷有事，官府輒先以禁買辦、火食，及撤退沙文為首務。嘉慶十二年（1807），夷兵頭特魯厘帶兵上澳，及嘉慶十九年（1814），英兵頭那列士到澳門時，道光十九年（1839）律勞卑到省時，均即封港，停止貿易，驅逐沙文，打破夷館，提拏通事，必待事定，始開艙發沙文也。（《海國圖志》所輯夷事華言錄要。）

自公司散後，無人管事，洋商有再著大班來粵之請，英國遂派領事一人律勞卑，於道光十四年（1834）至粵管理貿易，欲在澳設立審判衙門一所，並如英國設主里十二人，以助審案。七月二十四日，律勞卑並未經洋商通報，突然闖進省河，總督大怒，遂停貿易，禁火食，預備火攻。于是委船押同律勞卑下澳。律勞卑到澳即氣忿死。道光十六年（1836）英國義律至澳，由廣督奏稱，各國貿易，惟英吉利設有公司，四首商管束曰大班、二班、三班、四班。其船定於七、八月到廣，以貨換貨，至次年二月出口。維時各大班請牌下澳，至七月間請牌上省。自公司散後，事無專責。前督盧曾奏請敕令夷商寄信回國，再遣大班來粵管理貿易。今十六年十一月，接據夷人義律攜一妻一子至澳，約束商人、水手，惟不管貿易。

鴉片私薹船初在澳門，後因住澳之布路亞人索費太多，業此者逐議改他地。於道光二年（1822）設立薹船，安設軍器，拋控伶仃洋。由葛留巴之船，載至伶仃洋，過載薹船，即卸載回帆。商人在省講定價值，即先交銀，寫立發票，付與快蟹船、扒龍船，赴伶仃洋，運入省城。所過地方水師官，均已受賄放過，故近數年多至數倍。（俱同上）

（清）陳澧等纂：《重修香山縣志》卷二二，〈紀事〉，四五至四六頁。

茲於道光十九年（1839）正月二十五日，行抵廣東省城，與督臣鄧廷楨、撫臣怡良等會晤。……其伶仃洋薹船內，有港腳基船及彎吐船二隻，亦於十二月二十八日回去。今年正月二十日，又有港腳喴呧及也嚩等船，米利堅國架厘唔及吐咖等船，嗹國嘟吐船，小呂宋船，共十四隻，起碇開行。二十一日，又有港腳贊臣等船，咪唎堅國嘛麻叻等船共四隻，與前船一同駛去，旋據探報，拋泊丫洲洋面。該處為夷船回國必經之路，現仍嚴行探逐，……分派各哨兵船，在伶仃洋一帶，按月輪流堵截，……

（清）林則徐撰：《林文忠公政書》卷一，〈使粵奏稿·恭報抵粵日期摺〉，一〇七頁。

道光十九年（1839）二月壬午。鄧廷楨又奏：……

查駐洋守堵，以去臘為第一月，經臣檄飭輪派之將備，將堵截情形，及薹船作何動靜，五日稟報一次，以憑覈辦。本年正月，輪值香山協副將惠昌耀管帶備弁舟師赴堵，茲據該副將暨署澳門同知蔣立昂先後稟稱：零丁各洋分泊躉船處所，因堵拏嚴緊，並無民船在彼遊奕窺伺。躉船內有港腳船嗼及嘜吐船各一隻，於上年十二月二十八日午刻，由雞頸洋面一同起碇，向老萬山外夷洋張帆駛去，實已遠颺。其尖沙嘴洋面，查尚泊船十六隻，零丁、九洲、三角、潭仔等洋，共泊船六隻，綜計尚有二十二隻。內港腳吔噸船一隻，亦經整理桅帆，似有開行之意，現在乘機堵逐，不敢鬆勁等情。並准水師提督臣關天培、粵海關監督臣豫堃查明咨會無異。

《籌辦夷務始末》（道光朝）第一冊，卷六，〈鄧廷禎又奏英躉船開行並加勁堵逐摺〉，一五〇至一五一頁。

道光十九年（1839）二月壬午。又諭軍機大臣等：據鄧廷楨奏：外洋鴉片躉船，屢經派員堵截驅逐，內有港腳嗼船及嘜吐船各一隻，於上年十二月起碇駛去，業已遠颺，其尖沙嘴等處洋面，現尚泊船二十二隻，內港腳吔噸船一隻，亦經整理桅帆，似有開行之意等語。此次諭逐夷船，既有可乘之機，著該督務即妥速防維，一力整頓，使現泊各船，銜尾開行，毋任稍有觀望。總期洋面肅清，奸宄絕跡，以副委任。將此諭令知之。

《清實錄》，《宣宗實錄》（五），卷三一九，九九一頁。

二、戰後香港地區鴉片貿易及 "稅釐併徵"

洋藥進口，以香港為總匯之地，屬英國埠下。彼處設有公會，稽查上稅之後，方准運往中國各口。故赫德單內稱，有每年七萬箱之數。然但就六萬箱估計稅則，則其餘皆各口之漏稅也。單內詳其漏稅之口，以粵東為最大，而福州、廈門次之。據稱香港係中國無稅之口，四面有海，離岸不遠。而粵東水路多歧，因此各船不論大小，均可到港，洋藥物小價貴，偷漏難防。其自香港運入粵境，亦非外洋船隻，都係各鄉村渡船、漁船，或販私鹽船，更有官設保私之巡船，不難指明其名者。此等船隻，若有海關船前往查拿，則開槍砲抗拒，不遵查驗。漏稅之多，即以粵海一關論，一年便有五十萬兩，則二萬餘箱矣。

（清）夏燮撰，高鴻志點校：《中西紀事》卷一八，二三五至二三六頁。

同治十年（1871）十二月。

丙子・戶部、總理各國事務衙門奏：同治九年十一月，據總稅務司赫德申稱：以前申香、澳處所設卡抽釐，無難併徵洋藥正稅。經總理各國事務衙門咨部，轉行兩廣總督，查明咨覆，劄到總稅務司。查粵省既未便承辦，祇可獨責其成。同治八年（1869），洋藥到香港者八萬八千箱之多，進口報稅者祇有五萬箱，其三萬箱走私可知。粵督於香港附近設卡，開辦洋藥抽釐，備有輪船緝私，年終計抽收二萬箱有奇，赴大關報稅者，僅一千一百箱。擬在香港之佛頭門、九龍、汲水門、長洲、榕樹腳五處。澳門之拱北灣、關閘、石角、前山四處，設立公所，代關納稅。其九龍與關閘二處，或水面派船，或岸上立卡，其他七處，各派巡船一隻，並火輪船三隻巡緝，已由總稅務司將各關巡查洋稅之輪船，調赴廣東。其巡船已粵海關稅務司備齊，擬委副稅務司布浪專司其事。另由粵海關監督派老成書吏十餘名，並銀號看銀之人，一同前往。若照所擬辦理，每月需經費銀一萬兩。即從所徵稅銀內扣留，年終計可多徵洋藥稅銀四、五十萬兩，申請查照等因。由總理各國事務衙門，咨送戶部覈辦。查廣東洋藥一項，以香、澳為來源，向在新安、香山兩縣所屬之汲水門、拱北灣等處，設廠抽釐。內港各岸，向設稅廠，均經該省辦理在案。該總稅務司前次申請於釐金十六兩外，另徵正稅三十兩。查據兩廣總督覆稱，各處商販，雖自香、澳分路銷售，內港岸口關廠，仍行納稅，並派巡船往來查緝，諒已無從避漏。又稅廠設海口之內，香、澳外洋，從無徵稅，而釐稅數目各別，以少帶多，恐於商情洋務兩無裨益等語。臣等伏查正稅為國課所關，定額即難改易，釐金為權宜之計，隨時可以變通，以商情而論，既販洋藥，即不憚照數交課。納釐與納稅相同，而正稅有定，抽釐無定，則納釐或甚於納稅。以課則而論，額稅短徵，例應賠補，而抽釐短少，部中無賠補之例，納釐似不如納稅。以廣東情形而論，內港本有稅廠，又於新安、香山兩縣所屬等處，設卡抽釐，開辦之初，抽收多寡，難以豫定，勢不能併徵正稅，久之抽收漸多，一切餉項雜支公私經費，未必不取給於此，其中或有不實不盡，而狃於故常，礙難更改，則商販雖願納稅，而該省官吏實便於納釐。臣等當將總稅務司赫德兩次申呈與兩廣總督查覆咨文，互相參閱，如原呈所稱走私之弊，該督文稱雖自香、澳分路銷售，內港仍行納稅，並派輪船查緝，諒已無從避漏。既云分路，即難防其走私，且云諒無避漏，其無把握可知。原呈請在香、澳徵稅，該督但稱外洋地面，向無徵稅。查汲水門、拱北灣等處，係新安、香山兩縣所屬，既經設廠抽釐，又與徵稅何異？原呈請於釐金十六兩外，另徵正稅三十兩，該督但稱礙難以少帶多，諒係據委員稟陳之詞，未經詳察。今以課則與商情計之，則徵稅未嘗不便，以該省近年情形考之，則徵稅亦非強以所難。惟事屬華商，向與洋人無涉，該總稅務司不分畛域，為興利除弊之舉，誠屬可嘉。而以該省應辦事件，轉令該稅務司代任其勞，地方官置身事外，袖手旁觀，未免有忝厥職。臣公同商酌，擬請飭下兩廣總督、粵海關監督，按照原申各節，自行商辦，毋庸由該稅務司辦理。所有洋藥一項，即在香、澳各釐卡所徵釐金十六兩外，自行加收正稅銀兩。其新安、香山兩縣之汲水門、拱北灣等處，原有釐廠，應再於佛頭門等處，擇地分設公所，何處宜岸上立卡，何處宜分派巡船，自行妥為佈置，認真查緝，以免偷漏。其月需經費，按原擬一萬兩之數，自行覈定，即在所徵正稅內扣留，但期正稅有裨，不妨量為加增，以免掣肘。其正稅即按三十兩之數徵收，仍於年終將徵收總數報部存查。至已納稅之商販，應如何給予照票，以憑稽覈，並一切未盡事宜，統由該督等酌定章程，奏明辦理。總之，事雖創舉，期於必行，體制攸關，利權所屬，該督等務當斟酌盡善，以期中外咸宜，庶於興利除弊之中，寓達變通權之意。倘復任令委員因循諉卸，不知重輕，即由臣等從嚴參處。

諭軍機大臣等：戶部、總理各國事務衙門奏，廣東徵收洋藥正稅，請飭自行覈實辦理一摺。據稱接據赫德申稱：香、澳並徵洋藥正稅，粵省既不承辦，該省洋藥稅走私甚多，擬在附近香、澳等處，設立公所，代關納稅，已將巡查洋稅之輪船，調赴廣東，委副稅務司專司其事，每月需經費銀一萬兩，年終計可多徵洋藥稅銀四、五十萬兩等語。廣東洋藥稅偷漏甚多，該省雖派有輪船查緝，甚不足恃。若謂徵收不便商情，何以赫德獨能辦理？使瑞麟等果能興利除弊，則稅務自日有起色，何至洋人越俎代謀？據該稅務司所稱，每年多徵之數，可至四、五十萬，是已確有把握，惟華商納稅，係該省應辦事件，地方官吏豈可置身事外？著瑞麟、崇禮按照赫德原申各節，及戶部等衙門此次所奏，即於收釐處所，帶收正稅，由該督等自行商辦，總在巡緝認真，嚴防偷漏，毋得任令委員蒙混，以除從前積弊。月需經費銀兩，准由該督等自行覈定。正稅按三十兩之數徵收，仍於年終將總數報部。惟利源所在，洋人每生覬覦，現如自行商辦，必實無走私偷漏情弊，方為覈實辦公，不致為洋人所竊笑。該督等務即詳定章程，斟酌妥辦，不得稍事顧頇，亦不准稍涉推諉。原摺著鈔給閱看。

《籌辦夷務始末》（同治朝）卷七九，〈戶部、總理各國事務衙門奏〉，五〇至五四頁。

香港來信云，英公司輪船於初七日十一點鐘在港開行來滬，載有鴉片煙土八百三十箱平。

《申報》合訂本，第一冊，〈天津香港新報〉，同治壬申（1872）四月初九日，四五頁。

西字日報稱，澳門香港相河道，有走私船數艘，共裝煙土一百箱，為緝捕者偵知，急放砲船多隻，前去截堵。兩軍對壘，火砲轟天，私船實屬勁敵。經十一點鐘久，我軍不能取勝，遂被乘機駛逸云。

《申報》合訂本，第三冊，〈廣東私土船拒捕脫逃〉，同治癸酉（1873）九月十六日，四三七頁。

三、鴉片的偷漏稅問題與中英關於"洋藥加釐"問題的初步磋商

光緒五年（1879）五月初六日。

威云[1]：中國洋關之稅，年中約收若干？答云：約收一千二三百萬兩。威云：洋藥稅若干？答云：約二百餘萬兩。威云：洋藥釐金，年中約收多少？答云：總在三百萬兩左右。威乃檢閱赫德稅司稅冊，指云：洋藥到香港，每年約九萬四千餘擔，除分運外洋新舊金山等處約計一萬擔外，應該進口八萬四千餘擔。今查各口收稅只六萬九千餘擔，豈非有一萬五千餘擔偷漏？應設法保住偷漏為是。

註：[1] 威：即英國駐華公使威妥瑪。

（清）吳汝綸編：《李文忠公（鴻章）全集·譯署函稿》卷九，〈與英國威使晤談節略〉，三頁。

光緒五年（1879）五月初六日。

威云：香港最易偷漏，我有好法，保不偷漏。須由總稅務司派人在香港設立公所，專收洋藥稅款，其汲水門、虎門等巡船全行歸併酌裁，自可堵住走私。

（清）吳汝綸編：《李文忠公（鴻章）全集·譯署函稿》卷九，〈與英國威公使晤談節略〉，五頁。

光緒五年（1879）五月初六日。

當又問：香港可設領事否？[1] 威云：如用赫德等類之洋人當領事則可，若用華官則不出兩月必至生事。

註：[1] 此係李鴻章問語。

（清）吳汝綸編：《李文忠公（鴻章）全集·譯署函稿》卷九，〈與英國威公使晤談節略〉，五頁。

光緒五年（1879）五月十八日。

喀那岡伯爵[1]曰：我欲請問總理印度事務大臣，所有一千八百七十六年九月間在煙臺議定之約，迄今曾否照准？約內所言洋藥進口之事……以及派員會議香港洋面巡船之事，均未知究竟若何辦理？……第三件即香港洋面巡船之事，大有礙於商人，約內載稱派員會議，期於香港商人有益，而於中國課餉無損，如此則彼此必欲設法商辦。請問，至今曾否派員議及此事？……沙利斯伯里侯爵[2]曰：……若派員會商香港洋面巡船一節，業經港督報稱，已無擾累商船之事，則無須派員商辦矣。

註：① 喀那岡伯爵：生平不詳。
　　② 沙利斯伯里侯爵：時為英國外交大臣。

（清）吳汝綸編：《李文忠公（鴻章）全集・譯署函稿》卷九，〈譯英國議院論煙臺條款洋藥等事節略〉，七至九頁。

光緒七年（1881）五月初三日。

擬加洋藥稅釐節略，較前示更為詳明。各口釐捐如何加法，盡可由我自主，不必謀之外人。但華洋商人交手後，捐愈重則偷漏愈多，所以必須中外會議允協，或由香港派員臺收分撥，或由各口新關總收，滲漏較少。威使覷定此旨，故作刁難，實為狡猾，非真糊塗也。鴻章回津後，適有英外部專人赴威使處探詢中國歲銷洋藥確數，欲就商添包稅釐之法。來謁時業將尊意索加數目告知，彼謂回英與印度部商。及昨瓊州鎮彭玉過謁，據稱由香港來，亦聞英官與華商議設公司，包加各省稅釐，未卜果有成局否？此事非英人畫諾，實力幫助，恐終無濟耳。

（清）吳汝綸編：《李文忠公（鴻章）全集・朋僚函稿》卷二〇，〈覆左相〉，七頁。

光緒七年（1881）六月二十四日。

左相與威使議加洋藥稅釐，不協。乃奏請各省關自行辦理，每箱連新關稅額通加一百五十兩。廷旨嚴旨各疆吏，事在必行。左公以加稅釐示罰禁，欲洋藥漸來漸少，意固甚善。惟各口未加釐之先，香港每年偷漏已二萬餘箱之多，將來各口驟加，則香港及各處偷漏繞越，弊必更甚，誠恐得不償失，而鴉片來華仍不能減。適有粵商議於香港創設公司，包運包銷，包完各省稅釐，政府亦有以為然者。兄昨於議覆左相加稅釐疏內，附片及之，聊備一說，鈔呈臺覽。此事關係重大，必須印度與香港英官允行方可試辦。威使陰庇印度餉源，英商主意一味狡猾，無可商議。敝處擬派馬道建忠前往香港、印度各埠，密察商情，就便齎函，徑晤各該處總督，討論一切。大意以中英兩面大局，在我須免偷漏稅餉，在彼須保印度入款，如何妥籌漸減漸少之法，若有成議，再看華商能否集貲設立公司，英員能否照允，欲先洞悉底細，乃有辦法。此係鄙人私見，並未商明譯署，第恐馬道至香港、印度後，彼或電報外部，倘向執事詢及，乞將微意轉為幸。

（清）吳汝綸編：《李文忠公（鴻章）全集・朋僚函稿》卷二〇，〈致曾劼剛星使〉，一三至一四頁。

光緒七年（1881）七月初二日。

或謂洋藥自外國來，先到香港屯積，果能就香港統收稅釐，尤為扼要。不知香港已歸英轄，中國豈能在彼處設局徵？臣坤一前在廣督任內[①]，與英領事屢議及此，係指華赴港所賣之洋藥，尚不能行，況洋藥未經賣與華商，何能於未進口時，責令洋商先措多貲，代完釐項？即有商人與洋人議定，包買、包賣、包解釐稅，亦恐別生枝節。且須官與聞其事，亦於政體有妨。

註：①坤一：即當時的兩江總督劉坤一。

中國科學院歷史研究所第三所編：《劉坤一遺集》第二冊，卷一八，〈議覆洋藥加微釐稅辦法摺〉，六四二頁。

光緒七年（1881）七月初二日。

　　再。查近年洋藥運到香港，每年約十萬箱，大土每箱重一百二十斤，小土每箱重一百斤，大土少而小土多，各關應得進口稅銀約三百萬兩有奇，而檢查總稅務司所報稅數清冊，各關每年共收洋藥正稅二百數十萬兩，覈計香港來數，尚有二、三萬箱未完進口正稅，自係私運沿海各口。臣坤一前在廣督任內，曾兼粵海關監督，知華商由香港私買洋藥運入內地，則有常關另設之六廠稽徵，為款頗鉅。因減稅敵私，尚不及新關徵收之數，且必在香港周圍，節節安設巡輪各船，以防繞越，所費殊屬不貲；香港洋人亦不免有口舌。釐金一項，屢次議加，然以廣東海汊紛歧，人情狡悍，竟至無甚起色。臣等統計各關所收洋藥稅銀，與來香港之數尚不相遠，至以各省釐金覈對進口之稅，則迥不相符。實以洋藥進口報關，必由各稅務司稽查，是以無從漏稅，而粵海常關六廠，亦足彌縫其闕。

中國科學院歷史研究所第三所編：《劉坤一遺集》第二冊，卷一八，〈議覆洋藥加釐辦法摺〉，六四三至六四四頁。

　　……蓋香港一島，四面大海，來華洋藥總匯於此，然後分銷內地，轉運各口。其地久為英屬，無從過問。葡萄牙洋人窟穴澳門，尤以庇匿走私為事，隔絕一隅，亦非聲教所能及，此兩地者，封圻之閒，自成異域。大洋之內，水界區分，無稅釐之徵，無稽查之事，洋商列肆而市，華船蟻附而趨，沿海數千里，四通八達，防不勝防，其以洋船運洋藥到廣州、汕頭、瓊州、北海各關報完洋稅者，較運到香港總數，僅逾十分之一耳。此廣東關口情形不同而設局驗報之難相因而見者也。自古理財正辭，禁民為非曰義。今日欲除洋藥之害，不得不劑之以罰，故多取之而不為虐。惟近年廣東於洋藥稅釐外，已有加抽海防經費之款，又有加抽膏釐之款，總計捐項，視各省為最重。以總稅務司開報各關歷年貿易總冊稽之，如廣州進口洋藥，向銷九百餘箱至一千餘箱者，現僅銷六百餘箱矣。汕頭進口向銷九千餘箱至一萬餘箱者，現僅銷八千餘箱矣。瓊州、北海兩口銷數本少，盈絀之數，俱屬甚微。即商人承辦海防經費、膏釐兩項亦不免時形竭蹶。捐愈重而漏愈多，此其明驗也。況他省之漏，皆漏於海口之內，廣東之漏，並漏於海口之外。挾貲牟利，與一切亡命凶悍之徒，既以香港、澳門為逋逃藪，水則風帆急櫂，出沒各港，陸則踰山越嶺，懷挾潛行；人持洋槍，船載大砲，緝私兵役，本難羅列徧布，幸而相遇，私販少則鳥獸四散，兵役少則恃眾逞凶，傷人斃命，往往而有。就使嚴刑峻法，多設巡邏，而若輩有利可圖，性命非所顧慮，恐地方益以多事。若欲窮其源委，必須堵於香港。港外水界，平時緝匪捕逃，尺寸未逾，尚煩詰難，今再持之過急，將啟中外之嫌，交涉事宜益形棘手。此廣東洋藥偷漏情形不同而杜漏之難相因而見者也。

臣等於艱難之中，籌遵辦之法。查廣東洋藥一項，內地釐金從前歸貨釐帶抽，嗣以收數甚少，經前督臣瑞麟於同治七年（1868）在香港、澳門附近新安、香山兩縣屬之九龍寨、汲水門等處，設廠專抽，辦有成效，粵中稱為新香六廠。同治十年（1871），因戶部、總理各國事務衙門奏，廣東徵收洋藥正稅，請飭自行辦理。復依原建釐金六廠，添設稅廠，照例徵收正稅。於是華商運入內地之洋藥，不至盡歸繞漏。今議加徵內地釐金，亦祇能就原設之新香六廠，查照加收，仍照向章，逐件點驗粘貼印花。惟六廠所抽，皆華商由香港轉運之貨，其地距廣州關口皆在數百里外，斗入海洋，島嶼荒涼，並無行棧。左宗棠原奏所擬，留存躉船起存行棧，稅務司查報箱數，填發聯票各節，均與此處情形不合，其勢似難倣辦。至廣州、汕頭、瓊州、北海四口洋船，由香港轉運洋藥到口，即行搬入洋行，並無寄存棧房躉船之事。各口本皆設有洋藥釐廠，向由華商赴洋行分購洋藥，運銷內地，即收內地釐項，亦無洋商運銷各口之事，自應按照原奏，參酌變通，統歸向設釐廠，查照加收，毋庸另設總局。凡進口洋藥，查照從前江海關章程，先行封存躉船棧房，俟售與華商後，由洋商報關完納洋稅，華商赴釐廠照完釐金，逐件粘貼印花，方准驗放。其華商運銷內地，仍以貼有印花為據。蓋華商分銷大宗甚少，聯單一項，總給則不便分運，逐件填給則過涉紛繁，且恐重運影射之弊，百出不窮，不如照舊查驗印花較為易簡。

……廣東抽收內地洋藥稅釐有五：一曰正稅，每百斤抽銀三十兩。由臣崇光督飭委員在新香六廠查收，歸入常稅，分別造報。一曰釐金，每百斤抽銀十六兩。一曰帖餉，每百斤原奏抽銀十六兩，旋因收數寥寥，有名無實，歷行開辦。汕頭、新香各處因地制宜，每百斤減抽七兩或四五兩不等。至光緒二年（1876）經前督臣劉坤一飭局議定，均以每百斤抽釐金十六兩，帖餉七兩，各廠畫一徵收。

……茲擬稅釐兩項，每箱共加至一百五十兩，除各關進口稅仍由洋商完納，新香六廠華商正稅仍由臣崇光督徵外，其內地釐金每箱應合銀一百二十兩。……

此次洋藥加釐，為數甚鉅，百計偷漏，自在意中。就廣東而論，雖無杜絕之方，不得不嚴查緝之法。查陸路以廣州府屬各港口為要，水路以新安、香山一帶洋面為要，現已派委記名總兵鄧安邦僱募勇丁，於陸路各要隘嚴密巡緝，並飭派瓊州鎮總兵彭玉督帶海關緝私輪船及新香六廠拖扒各船認真梭巡，仍通飭各州縣水陸各營一體嚴緝，出力者優加獎拔，怠忽者立予撤懲。如有賄縱情弊，並即從嚴參辦。如輪船不敷，再當酌量添設，由所收加釐項下核實支銷。此稽查走漏之辦法也。……廣東居中國洋藥總匯之地，而無總口以扼其要，香港既獨據其利，澳門亦相倚為奸，左宗棠所議加增釐捐，事關全局，必須各省一律舉行，始免因輕重而生趨避。一俟奉旨後，南北各省同時開辦，廣東自當勉贊其成。第現籌辦法亦祇能竭力經營，盡其在我。香、澳之叢淵日廓，徒切隱憂，稅釐之盈絀靡常，殊無把握。所有臣等遵議加增洋藥土煙稅捐實在情形，謹合詞恭摺覆陳，伏乞皇太后、皇上聖鑒訓示。謹奏。

《張靖達奏議》卷五，〈議覆粵東加徵洋藥稅釐摺〉，二六一至二七一頁。

光緒七年（1881）七月十六日。

查洋藥係由印度先到香港，然後分運進中國各口。香港為英國屬地，中外奸商即於該處私相授受。檢閱總稅務司開呈各關華洋貿易總冊，同治十二年（1873）至光緒四年（1878）所到香港洋藥，每年八萬四千餘箱至九萬六千餘箱，運銷各口有稅者則止六萬五千餘箱至七萬一千餘箱。光緒五年（1879）所到香港洋藥十萬七千餘箱，運銷各口有稅者則止八萬二千餘箱，實計每年香港私銷洋藥二萬數千箱，除分運新嘉坡，舊金山各埠外，餘皆不經新關，不收釐稅，而由沿海各項民船漁艇零星潛運內地，且多不入有關卡之正口。……洋藥偷漏之源實在香港，惟難於該處稽徵，不得不就各省自立章程，以為截留之助。

（清）吳汝綸編：《李文忠公（鴻章）全集·奏稿》，卷四一，〈遵議鴉片釐稅事宜摺〉，一七頁。

現接京都友人來函，得悉李相伯以朝廷欲加各省洋煙釐稅，深慮釐稅既重，則偷漏愈多，思設善法以杜其弊。適有顯官入都，道出津門，先後為香港富商代呈節略，擬在香港設立公司，包抽包繳。李相伯詳閱之下，深諱其議，即據實轉奏，施朝廷察奪施行云。茲將奏稿錄登以供眾覽：

李鴻章片：再。近有粵商等擬在香港設立洋藥公司。據粵商先後託代呈節略，大致謂該商等擬集銀二千萬圓，以作公司資本，先與印度妥訂章程合同，每年限定運走香港洋藥若干箱，每箱價值若干，統歸公司承買繳價，再由該公司發售中國各口，不准印度洋藥經運他處，售與他人。如於定數外尚可多銷，再由公司寄信印度添運。該公司於賣出後，每箱統繳中國稅釐銀一百餘兩。四月間適有英官沙苗奉派前來中國，查考各口每年售銷洋藥數目，該商等與之相見，議論創設公司之事，沙苗允為留意，謂中國與印度肯照承辦，再行函知各等語。該商等遂囑入都人轉言於臣，其素悉洋情，深明大局者，亦將此議函達前來。臣維印度洋藥之來中國，必須先到香港，而私銷即在該處為多，按總稅務司開呈總冊，每年私銷者約有二萬數千箱，以現議每箱稅釐一百五十兩計之，每年偷漏銀已三百數十萬兩，將來南北各口驟加捐數，難保各省奸商不逕赴香港私運。至沿海無關卡之處，洒賣私銷，則成本愈輕，獲利愈厚。所謂為淵驅魚，為叢驅雀，患生於所備之外，即法令有時而窮。誠能於香港設立公司，專歸公正殷富華商經辦，仍聽官主持一切，務使全綱在握，不使偷漏，不但歲餉頓增數百萬，而各口岸內地之局卡，及各路之巡船，均可裁撤，節省糜費，尤屬不少。聞各商多係殷富，久在粵省、香港一帶貿易，熟悉華洋商情。其他富民聞有此舉，亦願出資附股。蓋買賣洋藥，統歸公司，咸知有利無害，是以集本不難。其應交釐稅則，明立保結，嚴定章程，特派大員前往監收，按照各省釐關稅收數，分別批解。其有盈餘，提撥部庫，亦尚無慮虧缺。惟香港為英國屬地，有該國總督駐紮，必須該商等先與該總督及印度總督熟商，俾英廷君臣，均無扞格。如能允其照辦，給予憑約，勿任洋商爭奪阻撓，偷運私售，此議乃可有成。事既關乎大局，權亦自我獨操，英員沙苗前曾過津謁晤，旋即回國，未知該國及印度部之意見究竟若何？臣於代呈節略人回粵，囑其傳諭該商等自行與英官設法疏通，俟有定議切實稟知，再咨商總理衙門暨兩廣總督臣核酌妥辦。茲因議加各省洋藥稅釐，誠恐偷漏愈多，終至有名無實，不得不就該官紳之論，聊備一說。其成否尚未敢豫定，除先咨總理衙門主持商辦外，合將大概情形附片瀝陳，伏乞聖鑒訓示。謹奏。（選錄香港《循環日報》）

《申報》合訂本，第一九冊，〈擬設香港公司奏摺〉，光緒辛巳（1881）八月二十日，四一四頁。

光緒七年（1881）八月丁亥。

諭軍機大臣等：左宗棠奏，遵旨覆陳增收洋藥土煙稅釐一摺，著總理各國事務衙門，會同李鴻章妥議具奏。尋總理各國事務衙門奏，洋藥稅釐，香港偷漏過鉅，俟英使威妥瑪北來後，與之逐細會議，奏明請旨。報聞。

《清實錄》，《德宗實錄》（二），卷一三五，九四七頁。

四、中英關於“洋藥加釐”的進一步磋商及爭議

光緒七年（1881）八月初八日。

洋藥加稅釐一節、迄無定議。馬建忠往晤香港、印度兩督，據其電信，印督謂中國統買洋藥，大意可行，官辦尤妙，樂從無阻。惟價數宜定，及一年遞減或五年通減箱數，並三十、五十年限各節，事關交涉，宜公使商酌，此地難定等語。該道即日回津。官辦殊多窒礙，商辦亦難有把握。威使意在各海關稅釐並收，聞可加至每箱九十兩。香港燕督昨過津晤談，祗要威使及印督如何定議，渠必協力幫助。

（清）吳汝綸編：《李文忠公（鴻章）全集·朋僚函稿》卷二〇，〈覆曾劼剛星使〉，一八頁。

昨本報登有廣幫商人擬立包稅之法，在於香港設立公司，與英國、印度商定，凡自印度販來煙土，一律由香港公司收買，完稅於國家。而內地販土者，均在香港赴局買運，分撥各口銷售，從此不須捐稅，而內地各處之巡船驗卡，均可裁撤節省。且每年應銷洋土若干，亦有大概數目。先與英國、印度訂明每年販入若干，如有多銷，再行照會添販。凡印度等地有私販之奸商，則英官與印員實司稽察，中國海口如有販土之船私自運入，而內地奸商買之，則由公局之巡船，在於各海面、海口巡查。事既歸一，款成大宗，若果能行，是國家坐收鉅稅於該商人，而一切煩瑣之務，均可省豁，豈不甚善？故此章程業已議擬允協，挽人呈遞於李伯相，經奉附奏矣。片中極言其立法之善，謂已飭該商等與英官酌議，俟有端倪，再行稟請定奪。然則此法之行否，固未可知，而既經入告，則憲以為可行可知矣。夫洋土捐稅，弊端百出，查私緝漏，亦見其煩，今於加稅之時，而有此一舉，但責成於該公局，而諸事皆可歸於簡易。且如左相原摺所稱，每箱稅

捐統收共銀一百五十兩，而辦理之時，必須多所防範，一切費用若開除淨盡，正不知實餘若干。今如所擬，則約定收稅銀一百二十餘兩，而以二十餘兩充局中海面、海口巡船諸用，以百金之整數歸公，兩相比較，豈不實在？且官辦加稅，仍就商販而抽之，聽其分投售賣，其弊自必百出。今如所擬，則集資本二千萬元，統買於洋商之手，既入香港，即無私土，而稅項又不零畸，是商出其本，而官收其利，其有益於國，殊非淺鮮矣。雖然，此事若行，竊以為於設立洋關之本意自相矛盾也。蓋洋關之設，因有通商口岸而然，口岸既非一處，故洋關亦分設各省。既經開關，豈不欲抽稅之多，而洋藥實其大宗也。今提洋藥於各洋貨之外，則稅務定須減色，雖收之於香港，與收之於各洋關，同是濟國家之用。而且照此辦法，歲繳之數，實有浮於關權。於關則減色，於國則有裨，自可置之不顧，然而煙土亦洋貨之一端，洋人通商為本，其貨自外洋販來，流入內地，暢行通銷，是其主意。今洋藥之來，止於香港一處可銷，而別埠不能歸其自運，然則一切洋貨，亦何嘗不可概在香港設公局，以包買包稅也乎？推行此法，各處之洋關不幾皆可閉置而為。聞洋人初意，請五口通商，請十三口通商，又請添開溫州、宜昌、海南諸埠者，又果何為也？夫洋土偷漏，正所不免，巡局、巡船諸多疏露，甚有因巡查太嚴而弊竇轉多，至於巡船中載私土者。若改官辦為商辦，非不能弊絕風清，而實則其頭緒太紛，其事權不一，有莫之為而為之者，試思資本二千萬圓，收買洋土，隨時轉運，諒亦足以周注洋商，喜於貨不停滯，船到即銷，甚願賣於香港。而天生五材，良莠不齊，近來中外人情日相稔熟，西國風俗，漸起奸刁。內地之人，苟欲勾通洋商，囑令販土，而運往他埠，或於中土私相授受。其在印度出口時，英官印員則以為至香港也，其不能稽察也，宜也。中途既將煙土偷出，雖謂印、港兩處，出入口時可以稅照為憑，該局不難查驗，而或者人心鬼惑，於煙土偷出之後，假報失事，又將奈何？至於該局派船在各口查察私土之說，則中外商船出入者多洋貨名目，不獨煙土。該局將於各海口盡設分局，悉有巡船，而逐船攔驗否乎？事歸商辦，巡非奉官，苟商船不服，轉滋事端，而謂其巡之可以太嚴耶？不獨此也，洋土價有漲落，今洋商販土，不入他口，價之貴賤，無由而知。該局以鉅本收買壟斷罔利，正不妨私自漲跌，此尤弊端之最大者，能保在局之人公正存心乎？竊謂利在爭趨情之常，洋貨之來，煙土為最，通商之處，廣人為多，此蓋乘間而發之機，而所以言能動聽者，正以有資本二千萬元而已。

《申報》合訂本，第一九冊，〈書廣商請在香港包買洋土包繳稅捐事〉，光緒辛巳（1881）八月二十四日，四二九頁。

光緒七年（1881）十月初八。

洋藥加徵釐稅一事，前經會奏，俟威使抵津籌商。昨奉九月二十五日公函，鈔示候選道何廷勳等條呈，屬即會商核辦等因。查何廷勳似即敝處前奏所稱何獻墀者。香港燕督遇津密商，謂此等人皆不可靠，馬道建忠往印度晤其總督及戶部，亦不以華商公司為然，則其條陳是否可行，似可無庸置議。適威使於十月初六日自滬來津，初七日下午過晤，談及華商公司，慮有流弊，英國實難憑信。……該使欲索會議諭旨給閱，以為轉致伊國張本。鴻章擬於數日內再與逐細籌商，似不妨將八月二十八日所奉諭旨節錄送閱，以示大信而便商辦。仍俟議有端倪，再行詳布。看來每箱百一十兩之說，恐做不到，然必與竭力磋磨，至此議果定，香港查數或可為力。總之，此事非與英人和衷熟商，別無禁絕偷漏之法。

（清）吳汝綸編：《李文忠公（鴻章）全集‧譯署函稿》卷一二，〈論洋藥加徵稅釐〉，二二頁。

光緒七年（1881）十月初七。

威云：……惟近來議辦洋藥，約有六端：一、《煙臺條約》議在新關輸納稅釐，其應抽稅釐若干，由各省勘察情形酌辦。二、左中堂擬請每箱稅釐通加一百五十兩。三、貴中堂擬由新關並抽稅釐百二十兩。四、英員沙苗擬由印度政府統收各色鴉片寄躉香港，由中英派員收存，轉售各口，以杜走私。五、本大臣擬加正稅之半，每箱四十五兩，其各口內地釐稅，仍照常抽徵。六、香港華商擬立洋藥公司，包攬稅項。六者之中，不識中堂主何辦法？答云：承辦洋藥公司，恐無把握。威大人居華年久，必願住我中國。請問究以何者為得計？威云：愚意辦理洋藥，必使兩國稅項有加，且可永絕爭端，方為盡善。六條中，華商公司一層，香港燕督謂其不甚可靠，印度政府亦難相信，本大臣亦慮其不妥。但若沙苗之議未可厚非，左相所定之數太多，……惟有在各口新關釐稅並加，通免內地釐金與專加正稅釐金，仍舊二層，似可商辦。

（清）吳汝綸編：《李文忠公（鴻章）全集・譯署函稿》卷一二，〈與英國威使問答節錄〉，二三頁。

光緒七年（1881）十月初八日。

威云：……但我國政府所疑慮者，他日若許貴國在香港併收洋藥稅釐，而內地官員或借落地稅等各色，再行徵收，貴國將有何法以取信？答云：兩國交涉，以條約為憑，若洋藥定議，自必立有專條載明，行知各直省內地官員，毋得再借他稅名目重徵，違者參辦語。……威云：中國欲在香港設局併徵洋藥稅釐，若有以英國進口大宗貨如洋布等項照此辦法為請者，尊意以為何如？答云：洋布與洋藥辦法不同，洋布各國皆有運來，不獨英國。洋藥專出印度，或可在香港統收稅釐，若一切進口貨皆欲在香港徵稅，則各口關卡，幾成虛設，且他國進別口之貨，又將何以處之？總之，本大臣與威大人專商洋藥一事，徒憑口說，終無成議，容即擬定數條，送威大人閱看，如有商改之處，不妨註明。

（清）吳汝綸編：《李文忠公（鴻章）全集・譯署函稿》卷一二，〈往拜英國威使問答節略〉，三二至三三頁。

光緒七年（1881）十月十八日。

昨德稅司^①又密與匯豐銀行商議，呈到該銀行洋文來函，願攬此項生意。亦面交威使，……該使謂：匯豐甚屬可靠，祇要印度、香港兩處，中國有妥員照管，交接責任，並不為難。稅釐之數，即可由中國自定，未知鈞意以為何如？

註：①德稅司：即天津海關稅司德璀琳。

（清）吳汝綸編：《李文忠公（鴻章）全集‧譯署函稿》卷一二，〈議加洋藥稅釐〉，二五頁。

光緒七年（1881）十月十七日。

威云：昨晚往訪德稅司，與之暢談洋藥一事，業將所陳官商合辦之法，摘錄大意如左：中國先與印度商明每箱定價，於加爾古答及孟買各立收買洋藥局，將印度出口鴉片一齊收買，俟收足鴉片箱數，由局員簽押票據，交付銀號代償印度價值，再於香港設立總局。其銀行代付煙價，俟鴉片到港變賣後撥還。其煙土未經到港，無須預給銀款，祇以煙土為押，以取信於銀號。煙土變賣之後，由港局一面償還墊價，一面完納釐稅。如此辦法，祇須得一可靠之銀號承認。至於加爾古畣並孟賣兩處之局，可設領事，專管收煙押票，責任不鉅。收買洋藥箱數，按期刊登新報，共聞共見，弊無從生。以上皆德稅司議論也。此法甚好，可請英國國家酌辦，合之昨晚開者，已有五項辦法。惟印度所設中國領事，必須中國真正官員，不宜以商人充當。……至在印度，中國如用洋員，似以英人為宜，其在香港總局，則無論何國之人，華官均可派其幫辦。……答云：……此法雖差，祇可姑備一說。

（清）吳汝綸編：《李文忠公（鴻章）全集‧譯署函稿》卷一二，〈與英國威使問答節略〉，三八頁。

一、洋藥運進中國口岸，每箱除徵正稅三十兩外，擬加徵銀八十兩，稅釐併徵，應合銀一百一十兩，以歸劃一。所有各省子口及內地關卡向來應徵之稅釐，概行蠲免。如查有重徵實據，即將該管官分別參辦。

一、印度運洋藥來華，以香港為總匯之區。現議由中國政府選派大員帶同稅務司前往香港設局稽查洋藥出入口實數，並由英國政府轉行印度及香港官憲，隨時將印度起運洋藥各箱數，互相知照，以便稽查，一面由中國大員與香港英官會同核議，或就地併收稅項，或查明香港運赴各口及內地洋藥箱數，行知各該關口官吏，照數稽徵，仍由中國大員察酌情形，隨宜定章妥辦。印度、香港官憲必幫同盡力設法，使無偷漏。

一、現議洋藥稅釐併徵，通免各口及內地釐捐，作為試辦章程，俟奉到兩國諭旨，即准定期開辦。所有光緒二年（1876）七月煙臺會訂條款第三端內洋藥一條應作罷論。

（清）吳汝綸編：《李文忠公（鴻章）全集・譯署函稿》卷一二，〈會議洋藥稅釐併徵專條交馬道建忠送交威使〉，三九至四〇頁。

昨日下午奉到本月二十一日來函，望轉告德璀琳，鴉片煙往來之款，如係公平交易，我銀行不特可做，亦甚願意。現今鴉片煙洋商精於計算，恐中國國家未必能駕而上之。然我等若不能使國家交易勝於現今，商人必能與之一樣，至兌匯之價與利銀多寡，其適中之數甚易定奪。倘此事可成，我甚願銀行為國家經理此事，以與眾觀。其中詳細條目，現今且不論及。我銀行與國家往來，能比他行公道。

（清）吳汝綸編：《李文忠公（鴻章）全集・譯署函稿》卷一二，〈譯匯豐銀行闊密郎函稿〉，四一頁。

光緒八年（1882）二月初五日。

問：香港有一何姓，願承攬公司，汝識之乎？沙云：去春來華，曾與見過，彼即竊取予意，上諸總署，而港督燕梟司與畢德滿等亦正經營此事。大抵何姓之流亞，甚不可靠。……問：曾見威使與外部文書否？沙云：其中大旨，已廉得之。威使所陳二議，一係中國在香港設立總棧，我知英國斷難允行，縱或允准，而印度鴉片運至中國，道經檳榔嶼、新嘉坡、西貢、亞哇等處，不難分灑飛越香港，潛運中國各口，則香港總棧之設，徒有杜絕偷漏之虛名耳！

（清）吳汝綸編：《李文忠公（鴻章）全集·譯署函稿》卷一三，〈英商沙苗謁見問答節略〉，六至七頁。

光緒九年（1883）八月十四日。

脫使[①]昨午三點鐘登舟，七點鐘啟行。香港總督鮑恩偕香港議院紳士，即怡和在港之總辦臣贊，前晚坐高陞號輪船赴津，聞為近港急水門鴉片釐廠有礙商務，進京一行。

註：①脫使：生平不詳。

（清）吳汝綸編：《李文忠公（鴻章）全集·電稿》卷一，〈滬電局來電〉，三六頁。

光緒十一年（1885）四月三十日。

曾電[①]議定洋藥新章十條，大致似已周密。英樞臣將退，乘其交卸前畫押，恐難再改。香港設局為關鍵，八條既允，其稽查章程，應派員與港督續議。由港至各口紛發單照，自少偷漏，現戶部奏令各口徵釐八十六兩，恐無實效。蓋偷漏繞越，必多設卡添役費重，自不如與英速定專條為扼要。乞酌。

註：①曾電：即當時駐英公使曾紀澤來電。

（清）吳汝綸編：《李文忠公（鴻章）全集·電稿》卷六，〈寄譯署〉，八頁。

光緒十一年（1885）九月十五日。

竊查煙臺所訂加收進口洋藥稅釐條約，擬由中國商同印度政府訂立條款，一律照辦，方有把握。至進口洋藥抽收稅釐，中國可以自主，南洋各島及香港等處，向用洋藥，自有納稅成規，無須更改。此項章程僅就中國進口洋藥而言，諒與印度政府商立條款，並無有礙於彼之處，當可允從。此次改章，應以印度為之樞紐，緣中國既與該政府訂立條款，宜相助為理，飭令彼國輪船公司指定某某輪船，准載洋藥來華，餘俱不得私裝毫釐。並應向該公司訂明，所有指定准裝洋藥各船，每次來華，於提貨單上注明共裝洋藥若干，載至何處交納，不得私於他埠起卸，亦應立據為證，以昭信守。又中國宜派委員在洋藥進口各該處設局稽查，並立官棧一所，凡洋藥到埠，先行卸入，俟該商納清稅釐，發還出售，中國雖不能預聞其事，然在三個月內，須令該船報知，果否在何處交卸，以免由彼處私運來華之弊。……香港一埠，歷年每月實銷洋藥若干，亦應查明，如吸者日多，須稍加箱數，似可允行。其限內洋藥（即每月實銷之數）運抵該處，應交中國委員所設官棧存儲，俟該商售出時發還領取。其有本埠民船分運洋藥至各口者，即令在香港官棧，照納稅釐。香港為華洋扼要之區，應請中國遴派妥實洋員並公正華員在彼稽查，設立官棧一所，凡有洋藥到埠，皆令卸入棧內，除本處實銷者無須抽收稅釐外，其餘共洋藥若干箱，無論其轉運至中國某埠，須於進該口後，飭該商將由棧售出洋藥若干箱，應納稅釐，在彼如數繳清，並由香港華員發給憑單，將所報箱數運至指定之處，飭令該商至所指之處官棧內，持單領取。如該處不能售出，轉運別口，當由華員仍換給憑單，赴彼領取，以杜影射之弊。香港一埠，無論何項貨物進出該口，概不抽收稅釐。且為英之屬地，而與中界毗連，所有洋藥一項，奸商最易偷漏。雖粵海派有巡船，在海面稽查，仍未能十分嚴密，且時有與香港官商齟齬之事，兼之通商各埠進口洋藥正稅，均經海關確收。至應納釐金，每有與洋人轇轕，致起爭辯之處，難保不無弊混。若照以上各條辦法，可免前項各弊。……

（清）吳汝綸編：《李文忠公（鴻章）全集・譯署函稿》卷一八，〈譯怡和商人克錫格擬訂進口洋藥稅釐章程〉，一○至一一頁。

光緒十一年（1885）十月二十日。

又中英洋藥新約，因德人牽掣，一時不能開辦。此事究由印度主政，若印督肯實力幫助，原可與各國無涉。英商克錫格前求盛道轉陳，願向印度攬載，香港分棧分運各口，照章包完稅釐，似是探原之論。鴻章在京，瀕行曾函達冰案。克錫格旋來津，面遞章程，所擬辦法，頗有條理，亦尚周密，將來如能辦到，可免各口偷漏之弊，不失中國自主之權。因與麻葛纍[①]議及，屬其轉商印督，倘以為然，或再派員前往妥議，麻許代達。俟有允覆確音，再縄請鈞署核辦。

註：①麻葛纍：即英印總督派往中國談判洋藥事務之委員。

（清）吳汝綸編：《李文忠公（鴻章）全集・譯署函稿》卷一八，〈論緬甸及洋藥事〉，六頁。

光緒十一年（1885）十月十九日。

十九日早晨十點鐘，印度總督委員麻葛纍同英領事璧利南來見，……問：我還有一事相詢，曾侯與貴國議立洋藥加稅條約[①]，他國忽來把持，洋藥既係印度出產，此事似可與印度總督說明，即行開辦。答云：英國議訂此約，滿擬照辦，今他國既來把持，英國亦無如何。問：據巴蘭德云：英國本來不願洋藥加稅，復不便面辭，故議約時，已將詳細情形告知德國外部，故約成便來作梗。答云：德國欲將各項釐金一概議定。問：應各辦各事，不可攪作一堆。答云：此事當與各國妥商，印度隨年減進款百萬餘鎊，亦所願辦。問：曾侯信云，照新約辦法，印度每年祗虧數十萬鎊。答云：無論虧折多少，英國印度均願照辦。問：好人要做到底，印度總督如祗准怡和各公司包運洋藥，德商亦無如何。答云：我在印度戶部多年，洋藥徵稅，知之頗詳。洋藥一經拍賣，無論何國何船，均可裝運，如祗准一二公司船承裝，印度勢必另設巡兵，搜查偷漏，諸多不便。問：如中國派員赴印度會商查辦何如？答云：辦理此事，不但費大，實恐與印度向定章程不符。問：怡和商人克錫格在此遞過條陳，並云已函達英國署使，並印度政府，印度亦以為可行。答云：克錫格請辦此事，無非為利，未必能為中國大局。問：克錫格係一商人，為利而動，勢所不免，然彼既允包定每箱一百兩之稅釐，亦未始於中國大局無補，我可將克錫格

494

條陳鈔給汝看。答云：克錫格條陳之外，中堂有何主意？問：克錫格
條陳祇係大略，如擬照辦，尚應派人赴印度細商。

註：①曾侯：即曾紀澤。

（清）吳汝綸編：《李文忠公（鴻章）全集・譯署函稿》卷一八，〈與印度委員麻葛罍問答
節略〉，七至一〇頁。

五、中英關於《香港鴉片貿易協定》的談判

光緒十二年（1886）正月初四日。

洋藥事，擬照約請派一道員赴港，一面屬英使派領事同往商辦。

（清）王彥威輯：《清季外交史料》卷六三，〈總署致曾紀澤洋藥事擬與英使各派員赴港商
辦電〉，四頁。

光緒十二年（1886）正月初五日。

赴港之員，責任極重，想署已慎擇其人。欲港事速辦，宜請英使
將約已批准，中國一面照行之語，先電英廷為妥。

（清）王彥威輯：《清季外交史料》卷六三，〈使英曾紀澤致總署赴港議洋藥稅之員須慎擇
電〉，五頁。

光緒十二年（1886）正月初六日。

英約批准①，已告歐②，使轉達。洋藥事，彼此派員在港會議。署
即請旨，歐使亦即電詢本國。歐云：請貴大臣先告外部，以免歧誤。

註：①英約：即光緒十二年（1886）九月十一日，中英雙方在香
　　港簽定的《香港鴉片貿易協定》。
　　②歐：即英國駐華公使歐格納。

（清）王彥威輯：《清季外交史料》卷六三，〈使英曾紀澤致總署英約批准已轉達洋藥事在
港會議電〉，九頁。

光緒十二年（1886）正月十七日。

洋藥事，奉旨派邵友濂赴港商辦。赫德云：辦法須先與外部商定，較易就緒。赫擬在港設躉船各條，前已函達。又續擬印度裝運一條：凡印度出口洋藥，祇准英船及允從新章之他國船裝運，不從新章者不准裝運。其中途英國各口岸，如檳榔嶼、新嘉坡、香港等處，一律辦理。赫已將前後各條函知潘侍郎，聞英廷正在商議，希閣下即向外部商明，添立洋藥善後新章，庶可杜絕偷漏之弊。否則恐港督梗議，仍與事無益。

（清）王彥威輯：《清季外交史料》卷六三，〈總署致曾紀澤商辦洋藥善後專章電〉，一九頁。

光緒十二年（1886）正月二十五日。

奕劻等片：再洋藥新章，前往香港會商一事，江蘇蘇松太道邵友濂，業已至京，遵旨來臣衙門商議一切，並與總稅務司赫德迭次會晤，逐加請求，以期周妥。惟開辦新章，既須慎之於始，尤在與香港英官訂立妥善章程，方能杜絕偷漏，涓滴歸公。查總稅務司赫德辦理稅務二十餘年，諸事妥協，所有防弊章程，深為熟悉。臣等公同商酌，擬添派赫德同往香港會商，既可聯絡中外之情，亦可取切實之效。如蒙俞允，由臣衙門札飭該總稅務司遵照同往。……

光緒十二年（1886）正月二十五日奉旨：依議。

（清）王彥威輯：《清季外交史料》卷六三，〈總署奏派赫德赴港會商洋藥新章片〉，二八頁。

中國擬在香港設立洋藥局一事，前報已紀梗概，茲聞駐紮英法大臣曾襲侯，奉旨查明由印度入中國之洋藥，每年約十萬箱有奇，每箱重百斤，例可收一千二百餘萬兩等情，由電陳奏，而總署與戶部綜計中國各關稅所收洋藥稅銀，每年不過銀二百萬兩有奇，足見偷露中飽，為數不少，是以總署會商戶部，奏請將印度運入內地洋藥，於香港口另設一局，派員專收此項稅課，每箱收稅銀五十六兩，發給執照，任其運往何處，皆不重徵。如此辦法，則漏卮自此而塞，利源自此而開，於中國大有裨益。近悉蘇松太道邵觀察未能遽赴香港，與英官會商，則此事又須從長計議矣。

《申報》合訂本，第二八冊，〈電奏述略〉，光緒十二年（1886）二月十八日，四四三頁。

光緒十二年（1886）二月二十七日。

芬[①]於二十五日到英，劼侯[②]云：洋藥條約，英外部屢來催，現已派員往香港議。查藥事，即是開辦，不能不交，應換否，請示遵。

註：①芬：即清廷使英公使劉瑞芬。
　　②劼侯：即曾紀澤，光緒三年（1877）襲侯爵。

（清）王彥威輯：《清季外交史料》卷六六，〈使英劉瑞芬致總署報到英日期並英催洋藥條約電〉，一二頁。

前紀駐紮英法欽使曾襲侯電奏，請在廣東香港設立專徵洋藥稅課總局，當經奉旨諭令上海道邵小村觀察馳往詳察。嗣聞總署據上海道覆稱，察明香港情形，請在該處設立總局，派候補道員為總辦，另派殷實商董襄理其事，已經准行，不日將在香港創設衙署，由總署會同戶部會辦云。

《申報》合訂本，第二八冊，〈設局近聞〉，光緒十二年（1886）三月二十二日，六四一頁。

光緒十二年（1886）五月十三日。

旨前派邵友濂前往香港商辦洋藥稅釐。著曾國荃飭令即日由海道來京，赴總理衙門商議一切。

（清）王彥威輯：《清季外交史料》卷六七，〈旨著邵友濂來京與總署商洋藥辦法電〉，四頁。

邵小村觀察已抵香港，此經列報。茲閱香港西字報，知邵觀抵港之後，暫居某大客寓內，尚未議及土稅一節。聞須前赴廣東省垣，並悉香港洋藥局商人共二十四家，聯名稟諸署港督，略言洋藥因加稅之故，走私愈多，在未加稅以前，雖有偷露，尚屬不多。若再在香港收稅，則將來走漏之弊，行將日盛。且香港係英屬地，從無外人相干，洋藥為生意大宗，其餘各種戀遷，均由此而出，如聽中國在此設局收稅，則商等勢必他徙。商等一徙，別項生意亦將與之俱徙，恐於港中大有窒礙云云。未識港督如何酌奪，然觀此稟詞，已可見該商之有所不願矣。

《申報》合訂本，第二八冊，〈港報譯登〉，光緒十二年（1886）五月二十八日，一〇四五頁。

香港商人稟陳港督，力阻在港地抽收洋藥稅釐。其大略前已由西報譯登，茲閱港華字日報，有該商等二十四家聯名所稟條陳十二款，照錄如左，以供眾覽：

第一款謂遵照煙臺中英和約及去年續約，中英兩國准發欽差商議在港抽收洋煙釐稅等情。當此初議之際，商等仍在港專做此行生意，不得不及早將實在情形為督憲陳之。此事十分緊要，不獨為商等起見，且為港中大局起見。第二款云商等早知中國欲在香港設局抽收煙稅，惟英廷謂其與公法不合，業已決斷不允在英屬土開辦。乃近日《申報》等報屢錄其事，即近日港中華商亦有傳說，謂此次大欽差來港，定必如此辦理。第三款謂准中官在港設局，抽收煙稅，中官亦允肯將香港一帶緝私船撤銷。第四款中官倡議此舉，其立意不過欲止截洋煙走漏，運入中國而已。第五款、走漏煙稅，確有其事，然我督憲亦記得前一千八百八十二年，委員查照入口煙土而計，運入中國內地而不抽稅者，為數無幾。況商等經營此行生理，為日已久，素知煙土轉入華商手上，其情形與委員查覆無異。第六款，商等為督憲陳明，凡入口稅釐加重，則走私者必多，觀於印度一國可知。夫印度政令森嚴，官員老成練達，卡廠林立，尚且難以緝絕走私，請大人觀本年五月五號《太晤士日報》下議院所議洋藥一事便明。第七款，中國大員故意加重，大題謂香港洋藥走私，運入內地者，其意易明，大人亦知。詎知其在自主之國之屬地設局抽稅，實與君主之利權有礙。今日如此辦法，於港地大為騷擾，其貽害於生意者，實為商等夢想所不能到。第八款，本港向來無稅關滋擾，因此水陸生意興旺有加無己，今日中國在港設局抽收煙稅，所以商等一聞傳說，甚為驚駭，如此是迫商等無容足之地，商等無可奈何，祇得將洋藥生意改業，或遷往澳門、西貢等埠。忖洋藥與印度所產之花紗相與並行，洋藥既往別埠，則香港花紗生意亦隨之以去，印度出產，俱以商等為總匯也。第九款，一千八百八十五年，計印度洋藥來港，由商等發售，將銀解回，共成銀七十五兆勞卑有奇，但入口洋藥，非全由港而出，其中許多載往別埠，並計花紗一宗，去年入港者一十五萬包，值銀約一千零五十萬圓，可知此兩項生意之大。第十款，如果准其如此辦理，則別國有屬地在此處左近者，無難邀請我等前往貿易。第十一款，據議准中朝在港設局，則中朝將在港緝私船撤銷，然兩項比較，緝私船之擾害者小而設局之擾害者大。第十二款，如商等將洋藥花紗生意遷往他國別埠，起回貨本，則本港商務恐不免從此而大壞矣。因此聯名稟請抗止此議，免累商務，則商等感德靡既矣。

按港商所稟，如此事未開議，先為阻滯，辦交涉者，所以獨難也。然邵觀察經猷素裕，措施得宜，必能上益朝廷而下安商賈，何必洋商等過為之慮哉！

《申報》合訂本，第二九冊，〈土商稟詞〉，光緒十二年（1886）六月初三日，一九頁。

光緒十二年（1886）六月初八日。

港議相助稽查，係為港商煙土公司起見，可期實心照辦。澳門情形不同，如鈞處答應議約，應派員駐澳稽查，不作為領事，以示非外國屬地。

（清）王彥威輯：《清季外交史料》卷六七，〈滬道邵友濂自港致總署澳洋藥稅請派員會查電〉，二〇頁。

光緒十二年（1886）六月初八日。

躉船辦法不允，可置勿論。香港現在所擬辦法：

一、凡有香港進口洋藥均應報明。

二、所有起岸、或挪動、或裝船之洋藥，皆應請准單。

三、所有自香港運住他處之洋藥，應於中國海關報明。

四、凡有進口或出口之洋藥，至少須一萬箱以上，且應報明字號及號數。

五、如查出洋藥，其斤數在整箱以下零包、零件者，若無洋藥商人之牌照，並中國完稅執照，將其貨入官。此項牌照應先請發。

六、中國船隻應在白天出香港口，並將帶軍器走私之黨，應行撤去。

七、中國在九龍司地方設立稅關。

八、中國與澳門商定一樣章程，與香港一律。

據稅司查核，以上章程與所擬躉船條陳一樣嚴密，香港所擬辦法，若論能得益處，與躉船辦法相同，為中國省事，使香港代勞，並保護國課，使關稅釐金同時能收。香港既願意與此各節，我們中國應甘受其益，而不失商定妥當辦法之機會，擬請照辦。至澳門能否商定一樣辦法，須先設法試之。惟欲使澳門照辦，是極難處。請與總署講明，香港所擬辦法，最為妥善，且已足額。惟澳門不肯照辦，則香港亦不肯應允。……

（清）王彥威輯：《清季外交史料》卷六七，〈直督李鴻章致總署據德報擬訂洋藥稅辦法電〉，二一至二二頁。

光緒十二年（1886）六月初九日。

邵道友濂初八來電，港議相助稽查，係為港商煙土公司生意起見，可期實心照辦。澳門情形不同，如鈞處答應議約，應派員駐澳會同稽查，不作為領事，以示非外國屬地云云。

（清）吳汝綸編：《李文忠公（鴻章）全集·電稿》卷七，〈寄譯署〉，二六頁。

光緒十二年（1886）六月初十日。

所有印度及躉船、及香港、並中國四樣辦法，第一必須英國允，第二必須香港允，第三必須澳門允，第四即中國巡查辦法，須時候長久，方能妥為酌定。且須先費多款，以助持久之法，赫本不願意，請徜門酌辦。澳門一事，惟香港所擬辦法，不得不與澳門商定。赫語港官：中國能禁，澳門有礙於香港貿易。港官回答：願中國勸澳門而不逼勒等語。此事必須允立條約，而條約內最不可少者，必有永租字樣，不然則勸亦無益云云。

（清）王彥威輯：《清季外交史料》卷六七，〈直督李鴻章致總署赫德言洋藥稅事須先立約電〉，二三頁。

《中外新報》云，中英煙臺所立和約，惟鴉片煙一款尚未議妥。曾襲候奉使英京，值港督以中國緝私巡船常在港而滋擾，欲行設法。中國因發在港地抽收之議，是以蘇松太兵備道邵小村觀察奉委至港辦理，而港督亦委副按察羅君士利會議。自去月廿八日，中國則邵觀察，英國則羅副臬及英領事忌里南在港臬署書樓會議。至今經議數次，未曾發出，局外人不得而知也。夫邵觀察為能幹大員，老成練達，副臬與領事諒能虛衷共訂，克底於成也。

《申報》合訂本，第二九冊，〈會議煙稅〉，光緒十二年（1886）六月十四日，八五頁。

光緒十二年（1886）六月十七日。

邵友濂十五電稱：奉電諭傳知港官，擬將所議彼此畫押。彼云須澳允後，呈報英廷。俟十月間港局議例之期議定，請旨准行，方可開辦。僅將章程刷印出示，不肯交友濂等攜歸。是目前港事無庸再商。赫擬二十赴澳籌探，惟併徵與港事似一實二。港章即行，於閩、粵緝私有益，各口無甚關係。應否先行開辦，伏候鈞裁云云。鴻查港議，尚未甚定，各口開辦，不妨稍遲。邵道既將章程議妥，留港無益，可否請旨飭還。

六月十七日奉旨：李鴻章電奏已悉。港議既未甚定，各口暫緩開辦。並電知邵友濂先回本任。

（清）王彥威輯：《清季外交史料》卷六七，〈直隸總督李鴻章致總署邵友濂報辦理洋藥稅情形電〉，二七至二八頁。

光緒十二年（1886）六月十九日。

總署十八酉電，奉旨：李鴻章電奏已悉，港議既未甚定，各口著暫緩開辦，並電知邵友濂先回本任。欽此。除電江督、蘇撫外，希即欽遵辦理。赫赴澳籌探後，是否能辦，想須赴滬會商，望隨時電。

（清）吳汝綸編：《李文忠公（鴻章）全集‧電稿》卷七，〈寄香港交江海關邵道〉，三八至三九頁。

邵小村觀、總稅務司赫德與羅廉訪及英領事會商在本港抽收洋藥稅餉一節，擬欲請英員包收，按季先繳餉銀。惟英人不允，務必按貨抽收，方允舉行。又擬欲設立中、英二員，在港設局抽收，惟未悉果能妥議否？至在港所抽者惟稅，而釐金則仍在省垣抽收也。

《申報》合訂本，第二九冊，〈會議約章〉，光緒十二年（1886）六月二十一日，一二九頁。

邵小村觀察之奉命赴香港也，專為抽收洋藥稅一事，此事由中、英兩國反覆訂議，亦既數年於茲，迨今年而始有邵觀察赴港，與英員共議之舉。意者所議必已垂成，今之所訂者，不過章程條例而已。然自觀察到港以後，尚在未經開議，即已有西商之業此者二十四家聯名公稟於港督，其中所陳十二款，大要總以為眾商諸多不便，請港督切勿允許中國在港抽收。余取其稟詞而詳玩之，早逆料此事之未必有成矣。蓋英國最重商務，較之泰西各國為尤甚，商人以為便則事必有成，商人以為不便則事必無濟。吾不知先時中國與英人商議開辦此事之時，英人曾與各商人計議與否，乃至彼此在港開議，輒為商人所阻，且此二十四家商人，非皆籍隸英國者也。不過鴉片出自印度，英國實主其政，各國商人以此為業，則其貿遷之利益，生計之盈絀，皆與英國有相關之勢，其言既以為有所不便，則英國亦以為不便矣。夫其十二款中，其他尚不足以動英國之心，惟就中言及香港商務專恃洋藥為大宗，其餘各業，皆從此生出。若大宗生意一有欠缺，他業必將接踵其後。又言洋藥交易，非定欲在香港一隅，若商情有所不便，勢必遷於他處，一經遷出，他業亦必相與俱遷，而從此港中貿易必然大減，港中市面從此日見蕭條，夫是以此舉必不樂於允許。以是數語相要挾，則英員雖有秉公之意，敦睦之情，其有不為之動搖者乎？試觀滬上緝拿私土之舉，在中國不過自杜其走私之弊，而地為租界，諸多不便，因而再三設法，與各國領事官相商，德國首領事亦既允所請而簽字，散給腰牌，准其協同緝私矣，而有時捉獲私土，交日捕房，則捕房或且將私土給還，送之公堂，公堂或不能將走私人照例懲辦。諸事之所以掣華官之肘者，屢有所聞。即此可知洋藥之害，英人實不欲為中國除也。夫英國數年以來，嘗聞有人創興禁煙之會，以為以洋藥入中國而害其人民，最為不仁之舉，會中人長篇累牘，著為議論，謂當除此大害，勿終貽中國無窮之禍。其言非不娓娓可聽，而見於事實者則初未之有也。前此議加煙稅，亦頗費心力，幸而英國許可，則不但中國目前可增若干稅餉，甚冀將來華人有憚於煙價之貴而漸思戒絕，則亦可以漸除其毒。而乃於緝私一事多方掣肘，則是有加稅之名，無增稅之實，在洋藥各商則以加稅故而驟增其價，中國吸煙之人則亦以加稅故而增其煙價，而於國家稅餉毫無所益。是豈英國與我中國敦睦之道所宜出此者哉？香港初議在彼設關收捐，眾商以為港地為英屬，不應使中國在彼抽捐，甚且以危詞聳聽，謂香港可以聽中國抽捐，則將來印度亦可聽中國抽捐。商人之為此言，但欲以動港督之聽，固無怪言之過激，然所謂而迄於未成，則是港督亦既聽之矣。且不但港督聽之而已，即英國外務衙門亦皆聽商人之所言矣。夫英國近來與中國相交，稱為輯睦，而猶若此，則此外之邦交，又烏足恃哉？說者以為，據萬國公法，無論何國，不得以害人之物與人相交

易，故前者美國之約，洋藥一物，特為提出，列為專條，不得往來販運，是即恪遵公法之事，若中國亦援公法以與英國相詰，英國必無可措詞。不知公法者，亦非可深恃之具也，無論英國洋藥之入中國者歷有年所，一時必難使之絕跡，即使回伸其說，而英國卒不之聽，其將奈何？昔與西友談及公法，西友曰：公法必當與兵力相輔而行，如本國兵力足以服人，則雖不按公法，隨意橫行，亦無不可。若本國兵力衰微，而但持公法以求伸其志，斷無能伸之勢。蓋勢力世界固不可以理法爭也，由此言觀之，則公法安足深恃？吾於港議之不成，不怪英國之重商情而輕邦交，獨怪英人特創禁煙之會，其所言者，無非假仁假義，於真實除害之道，全無理會，是則為大可恥也。非然者，在港收捐，或有不便，不能即從，而在港設立稽查局，稽察洋藥進口之實數，此則何害於洋人，而亦未能允議，此何故哉？或曰此事所關重大，或者一時未能成議，而將來可望重伸前說，彼此允洽，亦未可知，請以俟之異日。余曰唯唯。

《申報》合訂本，第二九冊，〈論港議未成〉，光緒十二年（1886）六月二十三日，一四一頁。

光緒十二年（1886）六月二十八日。

頃赫回港，據稱澳督似有允設躉船之意。港督交卸在即，擬回國請示。赫擬派金登幹隨往聽信，乞秘之。

（清）王彥威輯：《清季外交史料》卷六八，〈臬司邵友濂致李鴻章洋藥稅事港督擬請回國請示電〉，四六頁。

光緒十二年（1886）六月二十八日發。

函悉，藥稅既加，必致熬膏販運，質尤輕漏尤易。原議未及，似須膏土並辦，膏重，減土之半，擬膏以六十斤為一箱，稅照土數。能補入此條否？再四次會。議赫云：一百十兩外別無稅釐。查曾劼侯原議云：拆包後仍可有稅捐。今云：別無恐太板，拆包後可抽釐一節，須聲明否？請酌。赫已自澳回否？至九龍、澳門領照，然則中華藥稅統歸粵海關矣，不慮偏重否？沁。

《張文襄公全集》第三冊，卷一二六，〈致香港邵道台〉，二四一頁。

親愛的金登干：

我於（1886 年），（光緒十二年）5 月 19 日離開北京，……6 月 19 日始抵達香港。洋藥委員會已開過四五次會議，但迄今尚未解決任何問題。我的論點一開始就被港方委員勞士臬司所推翻。他表示香港並不需要什麼洋藥委員會，對於洋藥徵稅也沒有意見。如果我們的需要與香港的利益沒有衝突的話，香港願意考慮可以在多大程度上迎合我們的意見，以作為一種向中國表示友好的行動。因此，我本來打算以取消對香港的“封鎖”作為討價還價的本錢，現在反倒被人看作是來求乞的叫化子了。我的躉船計劃已被據說是“英國來的訓令”當頭駁回。我們現在正考慮香港方面的一項方案，這個方案主要是為了香港洋藥包商，也就是官方的包攬洋藥公司的利益，但是如果實施，對我們也可能真正有利。……

忠實於你的赫德

《中國海關密檔》（1874—1907）卷四，〈赫德、金登干函電匯編〉，三七一頁。

六、《香港鴉片貿易協定》簽訂後清政府的收稅及裁撤港澳地區釐卡問題

光緒十二年（1886）十二月二十二日。

洋藥併徵，現定各省釐局，截至新正初八為止，初九起一律歸洋關開辦，除公膺外，先電達。其香港附近六廠，因稅司趕辦不及，暫由各該委員照新定一百一十兩分別徵收稅釐。三月初九日起，統由海關併徵。

（清）王彥威輯：《清季外交史料》卷六九，〈總署致各省督撫通告洋藥開辦日期電〉，三六頁。

光緒十三年（1887）二月。總理各國事務衙門奏：葡萄牙人久住澳門，屢經議約未成，現擬於洋藥稅釐併徵案內，設法籌辦。又奏：香港、澳門兩處，現創設粵海分關，香港關在九龍灣，即名曰九龍關，澳門關設在拱北灣，即名拱北關，仍歸粵海關監督並轄。應由臣衙門派定稅務司前往駐紮。允之。

《清實錄》，《德宗實錄》（四），卷二三九，二二六頁。

光緒十三年（1887）二月初六日。

附近香港五廠，本抽藥釐，近因奸商繞越內地釐卡，每由汲水門、馬留洲等處分運，釐收日短。去年六月，姑在該五廠試辦補抽，數尚旺通，年約可抽百貨釐十數萬金。藉此數廠補內地之絀，若裁撤則內私多，關係太鉅。該處係華界，非洋界，與條約無礙，與洋藥稅釐亦無涉。且該處與香、澳均隔海，僅相近耳，非即香、澳也。洋人影射干預，意圖以此朦混，不可不防，懇駁斥之。

（清）王彥威輯：《清季外交史料》卷七〇，〈粵督張之洞致總署附近香港五廠請勿裁撤電〉，一三頁。

光緒十三年（1887）二月初九日。

稅釐併繳，已遵旨通行開辦。此事籌議數月，赫一力承擔。果能杜絕私漏，歲增至七、八萬，海軍衙門專待增款應用。緝私一節，以附近香港設稅司巡船為第一要著。英、葡互相推諉，半年饒舌，葡堅執以撤卡為請，餘皆就我範圍。現與赫德定議，所有香港各廠巡緝抽收事宜，統交稅司代辦，葡已允行。來電所云補抽貨釐十數萬，即由該稅司經收，不至無著。總之，中國不允撤卡，葡、英即不允緝私，漏卮既不能除，巨款終成畫餅。此時事在必行，勢不能顧惜一隅，搖動全局。赫已派定稅司，本月二十前後到粵面謁，請領稅則章程。屆時即希發給，勿存疑慮。詳細情形，專函另達。

（清）王彥威輯：《清季外交史料》卷七〇，〈總署致張之洞香港各廠巡緝抽收事宜交稅司代辦葡已允行電〉，一五頁。

光緒十三年（1887）二月二十一日。

赫德聲稱：香港稅司派馬根，由本處照會英使，澳門稅司派法來格，請由貴處知照總督。

（清）王彥威輯：《清季外交史料》卷七〇，〈總署致張之洞赫德申稱派定港澳稅司電〉，一七頁。

光緒十三年（1887）二月二十三日。

奕劻等片：

再香港、澳門兩處，現既創設粵海分關，應定新關之名。查附近香港，設關在九龍灣，擬即名為九龍關，附近澳門，設關於對面山，在澳門之南拱北灣，擬即名曰拱北關。仍歸粵海關監督兼轄。現據總稅務司申請，定期於三月初九日，開辦該關稅釐併徵事宜。應由臣衙門剳飭，趕緊派定稅務司前往駐紮，以期辦理妥速。謹奏。

光緒十三年（1887）二月二十三日奉硃批：依議。

（清）王彥威輯：《清季外交史料》卷七〇，〈總署奏港澳分關定名為九龍關拱北關片〉，二二頁。

光緒十三年（1887）三月二日—三月三日。

昨日新稅司馬根、法來格到粵，來議附近香港六廠代徵百貨稅釐。據云擬在香港對岸之深水埔設關，六廠俱用原屋，吏役亦不更改，收銀存匯豐，再分撥索釐則稅則。又問收私鹽之釐繳何署等語，至如何辦法章程，未具備文申陳。洞、澂、潤等公同籌議，此事流弊頗多，現議又與鈞署原電不符，不敢不縷陳。

查洋藥稅釐併徵，久經奉旨。粵省自正月已遵辦。至百貨常稅釐金，與洋藥截然兩事，何以必欲撤我釐卡，干預稅釐內政，明係攘奪中國利權。上年八月初十、本年二月初五，洞兩次電署，力言洋人影射干預，不可不防，力請駁斥。本月鈞署佳電云：中國不允撤卡，英、葡即不允緝私。上年八月勘電云：葡人欲撤澳外釐卡，方允我在澳設稅務司等語。果使香、澳可以設關要挾，猶為有說。今馬根云：香港不允中國設關，故只能設於深水埔，法來格話尤含糊。竊思署允撤卡，原因欲在香港抽收，今深水埔乃九龍司巡檢屬地，設關仍在華界，與原議不符。查洋藥併徵，英廷已允，自可抽收，香、澳洋官既不允設關，彼固無法干預我在我界收稅釐、緝私販，即不撤卡，彼亦何從挾制？

至代收流弊，巡船專歸稅司，中國巡緝兵輪不能抵港，捕匪緝梟，將皆束手，門戶直為兩國所扼。一也。洋人與民船素多扞格，且禮拜停關，申正封關，香、澳民船，向係晝夜來往，稽留齟齬，恐滋事端。二也。稅司住香港，徵銀存匯豐，皆在英界，設有阻撓，渡海提銀，必多阻礙，與英人相處，尤多牽制。三也。西國合謀，又欲免內地釐金，此舉逐漸推廣，必思將各省各口百貨，一概併徵。熟察各關稅司，洋人已成堅拒不移之勢，不肯參用華人，則外海內地稅釐財源統歸洋員，實不能無過慮。四也。鈞署佳電云，貨釐十數萬，稅司經收，不致無著。洞等何憚不為？惟外國心計甚深，後患甚鉅，初意欲我撤卡，或為便於香、澳商務，今則並非撤釐，不過撤收釐稅之華官耳！若自損利權，驟改舊制，設事成害見，返悔無從。粵省疆臣、監督首開此端，難當重咎，事關華洋界限，不僅稅釐一端，且大局利害，亦不僅廣東一省。現已具摺詳奏，伏思代收一事，遲早不爭數旬，可否暫緩改章，俟奉到後，仰懇聖裁詳察，交部會議，如確無窒礙，再當請旨遵行。至私鹽歸稅司抽釐，窒礙尤甚。另電詳陳，請代奏。（三月初二日）

又電悉。赫德擬令稅釐幫緝私鹽，加重抽釐一節，飭司詳議。事多窒礙，界限不清。查官鹽例有引地，按引徵課，私鹽向以香港為藪，四出充斥。洋官因以為例，專庇私梟。若抽其釐，便成官鹽，各處可銷，官引被佔，正課無出，商必不從。且洋人不得干預鹽法，約

有明文，請告赫停此議。（三月初二日）

三十日馬根等到關，據稱辦理洋藥，並百貨釐稅併徵等語。洋藥釐稅併徵，既已開辦在即，應移交接辦。查百貨稅釐一節，釐務為地方官經理，稅務為本關經理，均係抽之華人華船，與洋關抽收貨船不同。若百貨釐金，百貨稅卡歸洋人經理，窒礙之至。稅務司雖為我用，終以彼族為疑。且渡船來往，無論早夜，隨到隨驗，洋人則遇申刻不查，須俟明日午刻。若汲水門等處，浪急水湧，萬難停頓，商民不便，且附近港、澳各廠，所遇華船，雖經領有稅單者，路過該處，查驗放行，俱不重徵。其未領稅單，就近代大關補徵。此後如統交洋人，釐稅併徵，是粵海大關之咽喉，全歸洋人掌握，其弊不可勝言，似應緩辦。

三月初三日奉旨：張之洞等朔、東、先等電均悉。香港六廠，歲收為數無幾。該委員等賣放侵漁，利歸私橐。葡國以商民不便為詞，初議堅請撤卡，總理衙門慮與貨釐有礙，飭赫德與葡國再三辯論，統歸稅司代收，該國始允照香港幫助緝私章程，一體遵辦。其助緝辦法，凡由印度到港之洋藥，何船何人，若干數目，由港官逐日知照稅司。及出口時，凡移存何棧，轉附何船，運售何口，又一一知照稅司，會同稽察。稅司全數瞭然，線索在手，設關密邇，消息常通，港澳內外，更無殊別。此事往返辯駁，經年之久，始克定議，並非改變前說。該督等於此中曲折，並不知悉，何得謂與原議不符？海軍創始，籌餉萬難，有此辦法，冀可歲增巨款。縱令六廠區區十餘萬之數全行蠲棄，無所顧惜。況經稅司代收此款，並不致無著，是此舉非但與各省稅釐無涉，並與廣東稅利無損。所不便者，不過廠員利藪一空，未免浮言胥動耳！該督等於朝廷全局通籌之意，毫無體察，輒挾持偏見，故作危詞，竟似六廠員弁一撤，從此天下利權悉入洋人之手，殊不思稅司由我而設，稅自我而收，現在海關歲入增至一千五百餘萬，業已明效可覩。即使併徵之議，此後辦理設有窒礙，儘可隨時變通，復歸舊制，豈外海內地稅釐財源統歸彼族耶？事關籌餉大計，

509

特旨允行。又與外洋交涉，斷不能朝令夕改，該督等接奉此旨，當凜遵辦理。所有該六廠補抽稅釐章程，即日交付兩稅司，毋准再有延誤，致干重咎。其抽收時刻一節，業經總理衙門傳詢赫德，渠允遵籌辦法，禮拜不停關，隨到隨驗。至私緝私鹽一節，前議加倍抽收重罰以困之，正為杜私起見，來電謂官引被佔，亦屬隔膜之說。惟現據赫德聲稱，新置巡船太少，不敷兼緝之用，請仍歸運船巡緝等語。所有助緝私鹽之議，著暫作罷論。

（清）王彥威輯：《清季外交史料》卷七〇，〈張之洞吳大澂周德潤致總署港澳撤卡重課私鹽及稅釐併徵各節均有窒礙請代奏電（三件附旨）〉，二五至二六頁。

　　光緒十三年（1887）三月初五日。
　　已飭六廠補抽委員依期交該兩稅司接辦，釐則亦飭發交。

（清）王彥威輯：《清季外交史料》卷七〇，〈粵督張之洞致總署六廠已交稅司接辦電〉，二六頁。

　　總稅務司赫德屬駐英稅務司金登干，送來光緒十八年（1892）海關貿易總冊。余受而閱之，條分件繫，經緯分明。是年徵稅之數，凡進口正稅銀四百五十九萬餘兩，出口正稅八百二十五萬餘兩，復進口半稅銀八十二萬餘兩，洋藥稅銀二百二十八萬餘兩，船鈔銀三十八萬餘兩；內地半稅銀四十七萬餘兩，洋藥釐金銀五百六十六萬餘兩，以上七項都二千二百六十八萬餘兩，比較十七年（1891）絀十六萬九千餘兩，比較十六年贏六十九萬三千餘兩。……九龍關徵銀四十七萬餘兩，……拱北關徵銀三十八萬餘兩，……瓊海關徵銀九萬八千餘兩，……近年，滬粵等關收稅所以益旺者，以洋藥釐金歸併之故。

（清）薛福成撰：《薛星使海外文編》下，卷三〈海關徵稅敘略〉，一〇頁。

七、清廷及張之洞等對新、香六廠併入九龍、拱北二關的態度

光緒十三年（1887）三月十三日發。

洋藥併徵一事，聞洋商不允不開箱之說。港例尚須更改，擬改之法，似不及不開箱簡要。再，凡土一斤，成膏八兩，質輕箬小，最易匿漏，開辦之後，不漏私土必漏私膏。香港向有膏商，每年繳餉十八萬於港官，現在膏價貴於內地，走漏故少，將來藥土釐稅併徵，內地膏價必貴於港。港商包攬圖利，由港煮膏潛運各處，必致港官之膏餉日增，內地之藥徵日絀。似應與總稅司妥議，此次定例應如何稽察，膏商倘有弊端如何重罰，乘此改章未定時籌辦。候鈞裁。元。

《張文襄公全集》第三冊，卷一二九，〈致總署〉，二九三頁。

光緒十三年（1887）三月十六日。

所謂藥膏，本署正飭赫議。現即照八折核計，每膏百斤收稅三十七兩五錢，釐一百兩，進口時一併完納，給予執照，到內地不再繳，未成膏以前曾否繳課，皆置不論。至出口之膏，稍從緩定，赫議另牘馳遞。洋商不允開箱，赫云亦有所聞，俟港官議如何再酌。

（清）王彥威輯：《清季外交史料》卷七〇，〈總署致張之洞藥膏照八折核計電〉，二八頁。

光緒十三年（1887）四月二十五日。

竊謂餉項固屬難籌，隱患不可不杜，用人固貴專一，流弊亦不可不妨。謹將豫防此後窒礙各節，暨稅司到粵以後情形，並前電未及詳奏之處，敬為聖主一一陳之：一曰踰險。查六廠曰汲水門，曰九龍司，向設有九龍司巡檢，大鵬協副將；曰長洲，曰佛頭洲。此四廠，水陸均屬新安縣轄。在省城外東路虎門之外，近接香港。曰馬留洲，曰前山寨，設有前山同知，此兩廠，水陸均屬香山縣轄。在省城外西路橫門、磨刀兩門之間，近接澳門。是以歷屆奏報稱為新、香六廠。汲水門為香港入省海道必由之路，九龍為香港赴省城暨惠州

511

陸行必由之路，佛頭洲為香港赴潮州、汕頭海道必由之路，長洲為香港赴澳門海道必由之路，前山為澳門入香山陸行必由之路，馬留洲為澳門赴高、廉、雷、瓊四府海道必由之路。廣東省垣，東為香港所阻，西為澳門所扼，事事牽制，已有喉骨胸刺之憂。自同治七年（1868）以後，釐務局、粵海關先後開辦藥釐、藥稅、百貨稅，在該處分設六廠，計海關、釐局共十二廠，上年補抽貨釐，以九龍附於汲水門，故亦稱五廠。各該廠委員、勇役、輪拖各船，分段巡緝，人數不少。自洋界過此，隱若關隘。各廠聲勢聯絡，與洋界消息易通，哨探亦便於徵確之中，實兼有巡防之益。今英、葡藉洋藥併徵一端，乘機要挾，始欲撤卡，繼欲代徵常稅釐金，後併欲代徵私鹽釐金，於是，數百里海面巡船巡勇，胥授權於洋人，將來必有事事掣肘之憂，藩籬盡撤之患。此形勢之窒礙一也。一曰混界。九龍與香港對岸汲水門、長洲、佛頭洲，皆各自為島，環繞香港，近香港耳，非香港也。馬留洲、拱北灣均在澳門西，隔海亦各自為島。前山在澳門西，陸路相連，中隔關閘，近澳門耳，非澳門也。洋人妄稱香港六廠，已隱伏蒙混佔地之根。本年二月初五日，臣之洞電達總署在案，乃三月十一日接新稅司馬根來函，封寄赫德單銜告示一紙，內稱澳門附地添設新關一處，名拱北關，香澳（港）附地添設新關一處，名九龍關等語，實堪駭異。《傳》有云：惟器與名不可以假人。今乃以分明我疆，指為外邦附地，既敢懸諸告示，從此登諸案牘，英、葡兩國，得步進步，居之不疑。粵省政令，不能出海口一步，後患豈可勝言。近年住澳葡人，於三巴門外，踰界徵租，臣之洞屢與勘查辯駁，正在設法禁制其耽耽之意，確有明徵。在赫德或由委曲求成，圖加薪俸所致，然臣等不敢謂英、葡必無希圖佔地之心。此界務之窒礙二也。一曰侵權。楚材晉用，從古有之。洋關開設之初，中國未悉外國商情，不能不暫用洋人。然洋員但司查艙驗貨，其法令文告仍由南北洋大臣監督，關道主之稅司，間有曉諭，不過諭知洋商洋船而已。其徵銀仍存關庫，故有利而無弊。今馬根、法來格來粵，並未持有總署公文，總稅司申文，竟由赫德單銜出示，諭飭華商、華民、華船，並不知會海關，是海關兼轄之說，不過徒存其名。遇有民船華商罰禁懲辦，概由稅司逕行主持發落，地方大吏，並不與聞，州縣更無論矣。西例最重者權利，今以洋員全奪地方官之權，撓我內政，以後粵省虎門以外，縱橫數百里，耳目所習，將不復知有華官法度，非特利權有損，並於事權有妨。《易》曰：履霜堅冰。至言漸之。不可不慎也。此事權之窒礙三也。一曰擾民。現又接總署來函，據赫德申呈：香、澳兩處新設分關，華船有從通商口岸前往者，有從不通商口岸前往者，有從不通商口岸未設粵海分關前往者，可分三等抽收，按通商稅則，完納正半各稅，發給船牌等語。所謂通商口岸者，有洋關處所也。不通商口岸者，有常關無洋關處所也。不通商而又無粵海分關者，內河行釐、坐釐及各府雜稅設關、設卡之地也。赫德因洋藥併徵，而闌及貨釐關稅，今更因新、香六廠之一隅，侵及沿海內河之常稅、雜稅、行坐各釐，且欲將各屬民船、民貨悉改用洋稅章程，盡籠粵省內外大小之利權，併而歸之香、澳之地稅司之手，齊之以洋關之法。疑民改制，全省紛擾，得隴望蜀，長此安窮？此民情之窒礙四也。一曰有礙海防。昨准粵海關監督增潤咨稱：接赫德照會內稱，新設海江防私巡緝稅務司之缺，查有粵海關右副稅務司葛雷森，堪以充補等語。該稅司當即將來管帶新設巡輪之員。查該稅司專為緝私而設，只可稱管帶緝私輪船，何以攛入海江防字樣？若謂防私即係緝私，文義亦屬牽強，顯係蒙混影射，欲以稅務司而兼海防、江防之事。查光緒初年，赫德曾有自請充總海防司之說，經故協辦大學士沈桂芬駁斥而止。以前證後，顯然可疑。今合六廠水陸船勇，均由洋弁管帶，並有外洋新造巡輪十一艘，江海皆可任意來往。一旦有警，或與英國稍有違言，所帶之兵船，所踞之關卡，向無華官在事，豈能驟令全行交出？棘手殊多。此海防之窒礙五也。一曰虛誑不實。英人原議，香港設關，洋商不報稅不得開箱，故我如其請以予之。今港官不允洋界設關之舉，港商不允不開箱之條，近雖聞有出具保單議罰之說，恐走漏亦所不免。至香港向有煙膏公司，每年繳餉十八萬元於港官，併徵既重，不漏私土，必漏私膏。查每土一斤熬膏八兩，是藥膏之稅釐，較藥土加倍。今總稅司議每膏百斤，收稅三十七兩五錢，釐一百兩，是未成膏者，藥土百斤，稅釐一百一十兩，既成膏者，藥膏五十斤，實係藥土百斤，只完稅釐六十八兩有奇。港之膏商包攬圖利，必爭熬膏分運。港官之膏餉日增，中國之藥徵日絀，每年八百萬之數，誠恐難期。彼願已償，而我利未見。此食言之窒礙六也。一曰要挾無已。准總理衙門咨稱：澳門歸葡國管轄，訂立新約，已經奏准咨行。此事關繫甚鉅，立約必須詳審，另摺具陳。查中國各省，租界甚多，雖暫無收回之舉，而種種管轄辦案權利章程，租界與屬地判然各別。果使藥徵有效，而英人市德，援澳門以為詞，各國效尤，援英、葡以為例，拒之則不允助緝，許之則枝節日多，舐糠及米，何所底止？此滋蔓之窒礙七也。為今之計，似宜熟籌盡利防弊之法，約有數端：一、請先行試辦一年。伏讀此次電旨，本有此後辦理，設有窒礙，盡可隨時變通，復歸舊制之明文，仰見聖慮周詳，默寓時措咸宜之妙。惟事關交涉，必以豫定為宜。擬請飭總署與英、葡約明，作為試辦，如一年後尚無成效，或別有窒礙，即當仍復舊章。一、請添設華官。各廠除稅司外，仍由粵省每廠各派委員一人，稅司報總署，委員報督撫監督，互相維繫。即如洋關，雖用稅司，仍歸監督關道造報督撫，按結奏聞，並無掣肘之事。今釐金係地方官所收，常稅係監督專管，督撫兼轄，自應有地方委員在事，一以存餼羊之意，一以備習練之資，他日設須改章，亦易接手。一、請由總署明文行知總稅司、新稅司，此六廠係代抽內地釐稅，所辦理皆係民船華商之事，此六廠照舊歸督撫兼轄，或總督兼轄。查各海關無不歸所在督撫兼轄者，此係各洋關通例，況代收民船貨稅貨釐，尤有不同。以後該關遇有曉諭商民之事，仍照向章，由總督監督出示，稅司不得徑自單銜出示。一、體制文移，宜照各海關通例，令該稅司用銜名印文，申報總督，照會監督。總督、監督應行知照該稅司之事，照章分別知照會，以符向章，不得僅用信函。收數由督撫、監督照舊分別奏咨，以備稽核而便維繫。一、九龍司、拱北灣兩處，以後總稅司、新稅司文牘宜稱為粵地，不得混稱香港附地，速將從前告示錯誤更正。一、議明徵銀不宜交香港匯豐銀行，不得於九龍地方令匯豐擅設分號。查各該廠設有巡船巡勇，向來不致疏虞，每月所收，儘可遵照總署、戶部所定分撥之數，分別解交海關釐局，存儲無多，自無庸存放香港。各海關稅司，向無自設銀庫之事，此六廠自應照辦，以符通例。一、巡船管帶管駕各弁，宜仍用中國員弁，由粵省派委，聽稅司調遣考察，如有不力及舞弊者，准該稅司申報總督，立時撤參更換。一、管巡船之員弁，只宜稱管帶緝私船稅務司，將海江防三字刪改，以昭核實。一、九龍稅司現住香港，並不住九龍，至拱北稅司，亦不住拱北灣，在澳門賃屋居住。所有該關廠卡，乃中國辦公之所，官吏體統所繫，商民眾目昭彰，其屋舍仍用中國公所舊式，不得改易前觀，建造洋樓。緣該廠距洋界太近，易涉嫌疑，亟應預為之防，以定民志。一、議定以後他處稅釐，不得援例推廣。總之，洋藥併徵，與常稅釐金本是截然兩事，英國既允開辦，即由海關原設之稅務司併徵，似亦未嘗不可。該兩國果肯助緝，則隨時函知、電知省城原設之新關稅務司，儘可稽察不漏，或以九龍、拱北專設稅司，便於聯絡，則洋藥自歸稅司，稅釐自歸委員，並無干涉，並無妨礙。何以稅司必欲代我抽收民船、貨船貨釐？其中自別有用心所在，已屬顯而易見。且廠員未必人人皆不肖，大吏未必任任皆縱容，固間有舞弊之事，亦常有發覺參黜之時，極而言之，止此六廠，縱有數千金雀鼠侵蝕之微，似亦不敵數百里門庭隱患之鉅。此事在總署反覆酌定，無非為有裨國計，極費籌維。然立法不厭精詳，庶期盡臻美善。竊窺赫德之為人，大約類乎儀、秦一流，才幹甚敏，心計甚深，為中國效力有年，非無勞績可觀，而其意實欲兼攬各國之權，互有挾持以自重。此舉增稅則似乎利華，得地則似乎利葡，移界據險，布散徒黨於海面，盡存稅銀於匯豐，市德樹援於澳門，其策仍歸於利英，而其實則歸於自利。朝廷駕馭群材，自必已灼見隱奧，似宜量加限制，庶得其力而不受其欺。伏思廣東為中華海疆第一道門戶，粵防弛則沿海皆為兵衝，粵力盡則南洋更無可恃。此事關重要，臣等屢與司道以下各官籌議，無不同切隱憂。諭旨自不敢不遵，而有關地方利害，此舉未盡事宜，自亦不能不計。臣等雖至愚極陋，亦知共體時艱，斷不致為粵省地方官與稅司爭權，況無損粵餉，更何必為粵省司局與稅司爭利，特以中外大防所繫，苟有管蠡之見，不敢不上達聖聰，誠恐他日流弊漸著，悔不可追，則臣等罪戾滋重。伏懇聖明，俯加權度，敕下總理衙門、戶部詳核妥議，請旨遵行。大局幸甚，粵省幸甚！臣等荷聖上高天厚地之恩，受一方疆土人民之寄，但願所言之不驗，不願朝廷之有悔，不勝惶悚屏營待命之至。

硃批：該衙門議奏，片圖併發。欽此。

《張文襄公全集》第一冊，卷二〇，〈稅司代收新、香六廠貨釐宜防流弊摺〉，四一〇至四一五頁。

光緒十三年（1887）四月二十五日。

再，汲水門等處六廠補抽貨釐，現已歸併稅司徵收。前接總署來電云：收得之款，照舊，分撥。又據稅司馬根面稱：所收釐金，暫存匯豐，聽候提用各等語，查釐金本無定額，此項補抽貨釐，開辦未及一年，計自上年六月底七月初，各廠先後開辦，至本年二月底止，此八箇月內，共收銀約十萬兩。初辦數月，類多周折觀望，冬臘後收數逐漸增多，所謂每年可收十數萬之說，原係就現收數目按月約計而言，至此後商情既孚，規模既定，必更日有增益，事理昭然，歲收或能增至二十萬以外，亦未可知。但以後之旺淡，終難臆料，若定額徵若干，則長收固不能作為贏餘，短收亦難責稅司賠繳。似宜令該稅司儘收儘解，所收釐金，按月解交釐務局充用，分別造冊具報總理衙門暨兩廣總督、粵海關監督衙查核。可否請旨飭下總理衙門飭知總稅務司轉飭照辦。至該六廠開辦之由，因粵省近年富商貿易，群遷港、澳，大宗貨物皆由輪船，近海港汊，民船復多繞越，以至內地釐金日形虧絀，是以設法開辦新、香海口補抽，原欲以海口之所長，補內河之所短，而猶虞不足，此乃通省正釐盈虛相抵，並非閒款可以存儲。相應籲懇天恩，飭部毋庸指款提撥，庶無窒礙。再，該六廠所收，另有棉花、棉紗、豆子、火柴、火水油五項，係抵補省城坐賈釐金。又有帶抽商捐、巡緝經費、貨物數種，向由各該廠就近代收。現在廠員既撤，只可一併交稅司暫行代為試辦。所收棉紗等五項，係應歸入省城坐賈之款，所收巡緝經費，更係另案商捐，奏明專款待支之項，發交釐則章程內已經聲敘明晰，皆不在每年十萬正釐之內，合併聲明。至於收數，稅司有冊可稽，臣等當飭司局併入粵省原有補抽貨釐，照案分晰造報，以備稽核。

《張文襄公全集》第一冊，卷二○，〈六廠貨釐宜儘徵儘解並請免指撥片〉，四一五至四一六頁。

光緒十三年（1887）。

六廠常稅交稅司總辦，已與英、葡定議，得旨允行，不容再有異議。赫德聲稱，照伊辦法，歲可得五十萬，較來函歲收四十五、六萬之數有贏無絀。嗣後稅司所收百貨常稅仍解關署，所有傳辦事件、洋債、近款及一切用項，均敷開銷。該監督應將稅則廠務，即日交稅司接辦。（閏四月初九日）

六廠華船稅自本月十一歸開辦，希貴處先期示諭商人商船知悉，免致歧誤，並飭稅司遵照勿遲。（五月初三日）

（清）王彥威輯：《清季外交史料》卷七一，〈總署致粵海關監督增潤六廠常稅交稅司接辦電〉，八頁。

光緒十三年（1887）五月二十日。

赫德攬辦洋藥併徵，自認每年可多收二百萬，動以此為挾制，先索得澳門，繼又攬收粵省六廠常稅釐金，繼又攬收粵海關所管全省各關各口華船常稅。總署一加駁詰，輒云不令一手經理，則併徵多收二百萬之數不能辦到。要挾無厭，何所底止。昨英領事公然面詢釐金是否全歸稅司，赫之蓄謀已著，必盡奪江海各省利權而後已，其患豈可勝言。竊思二百萬之數，並非甚多，而新造輪船十一號，添用洋人各經費歲需約二十萬。總署定章，洋關總數若過一千五百萬，赫德須加薪俸七十萬。歷年總數率千四百萬，故赫以多攬為功，除兩項九十萬外，實止多得一百一二十萬。因此受挾制，滋隱憂，似乎不值。且半年來收數甚微，若直、東、滬、浙、閩、臺、廣、皖、江、鄂、川十一省，概然承認洋藥稅釐一項仍歸本省自收，辦法各從其便，除舊日報部原數外，總多解一百二十萬赴海軍應用。十一省分攤，按舊日洋藥稅釐收數多寡為等差，粵省情願多認。若以為數少，即攤一百五十萬亦可。倘藥徵不足，自行裁節他項用款以補之，既不失併徵之利，亦不致侵奪內地稅釐之權，似於海軍及各省均有裨益，而無紛擾私憂。愚慮妄擬此策，如津滬能辦，再詢商他省，熟籌轉圜之策，即使不轉，姑存此說，以備將來。是否可行，望酌示。

（清）吳汝綸編：《李文忠公（鴻章）全集·電稿》卷八，〈粵督張來電並致南洋〉，二五至二六頁。

光緒十三年（1887）五月二十二日。

赫以收數多歆動，樞譯遂篤信之。六廠稅釐，奉旨全歸彼收，已難挽救。粵他處稅釐仍望設法力持。各省江海口常稅雖有獻議歸赫者，勢必不行，應俟併徵一年後確核收數究多若干，再商辦法。攤認之說，北三口向無虛匿，無力另籌包補。

（清）吳汝綸編：《李文忠公（鴻章）全集·電稿》卷八，〈寄粵督撫張吳〉，二六頁。

光緒十三年（1887）七月。

總理各國事務慶親王奕劻等奏為遵旨會議具奏事：

光緒十三年（1887）閏四月二十四日軍機處鈔交兩廣總督張之洞、廣東巡撫吳大澂奏新香六廠補抽稅釐移交稅司接辦豫防流弊請籌妥善章程一摺，二十三日奉硃批：該衙門議奏，片圖併發。欽此。查原奏內稱代抽稅釐一節，隱患不可不杜，流弊不可不防，此後窒礙各節，曰踰險，曰混界，曰侵權，曰擾民，曰有礙海防，曰虛誑不實，曰要挾無已。為今之計，宜熟籌盡利防弊之法，約有數端，懇敕下總理衙門、戶部詳核妥議等語。臣等公同詳閱，竊以餉需所出，利弊原易於相因，政令既頒，朝暮亦難於屢改。洋藥併徵辦法，籌議逾十年之久，節節推求，知非在香、澳附近地方設關，不能扼緝私之要，非將六廠貨釐華稅併交新設二關經理，不能括緝私之全。上年請派邵友濂與總務司赫德前赴香港會議，並沿途體訪一切情形，併徵之議始定。旋因開辦在即，香、澳既已新設稅司，所有該處原設六廠每年抽收華商百貨釐金，應統由稅司經理，以省糜費而一事權，於本年二月具片附陳在案。後因貨釐、貨稅，地在一隅，辦宜一律，而又稔聞吏胥之積習，商販之圖私，影射頗多，稽查非易。並據赫德聲稱：若飭稅司經理，收數必有起色。是以通盤籌計，不若將經過該廠華船應完之稅釐兩次，均責成該關稅司代收，仍令將所收各款儘數分解總督、監督，以供該省向來待用之需，冀可有增無減。一面飭赫德擬議章程，一面與粵省函電詢商各節，隨時上達宸聽，仰蒙俞允。此代收稅釐一事臣等審度再三初非敢輕率辦理之原委也。今該督等所舉窒礙及籌辦諸條，思患預防，語長心重。該督等身任地方，誠有當言之責。然遠慮不可稍疏，而成見亦不容預設。臣等謹就原奏所陳，悉心商酌，逐條覆議。其熟籌辦法諸條，大致以試辦限期一年、各廠添設華官、巡船管帶、管駕仍用中國員弁為最要。查華船貨稅並交稅司帶收，初議本令試辦一年，再行定章。而赫德以為事關創辦，一切難以遽定，堅請三年為期，三年中某年減少無效，即仍歸監督經理等語。臣等竊思，初辦之年，商情不無觀望，防弊或未周密，必待歷時稍久，乃能確有規模。況赫德既稱：三年內某年無效，即可改圖，本非一成不變之局。若限以試辦一年，為期較促，應於二、三年間，隨時察度情形，以為操縱，無庸先與議定。添設華官一節，赫德之意，以為非虛糜薪費，即恐多所掣肘。但查廣東之潮海、瓊海、北海三關，洋務歸稅司經理，常稅總督、監督會委之員經理。九龍、拱北兩關雖係新設，而常稅、洋稅併收，酌派委員一人，未始不可與稅司相助為理，且可責成該委員將收項隨時分別報解。應令該省總督會商監督，酌委賢員前往妥實辦理，除應得薪水外，不得有絲毫需索。巡船管帶、管駕，該督謂宜用中國員弁，由粵省委派，歸總稅務司，申報總督隨時撤參更挨。據赫德稟稱：廣東巡船，向聞有走私保私等弊，恐新章開辦之初，員弁設不得力，撤參更換，貽誤已多，莫若由伊派委，可責專成。臣查此項新設巡輪，北自牛莊，南至瓊州，東自台灣，西至宜昌，均與各該口監督稅司會同防緝，關繫匪輕，應令總稅司選擇妥確可靠之管帶管駕，不拘華人洋人，均報明該口監督、會銜委派，知照各關，庶稅司無攬權之嫌，而亦不得以任用非人藉口。他如聲明代收內地稅釐，所辦係民船華商之事，此六廠地方照舊歸督撫兼轄。又新設兩關，遇有曉諭商民事件，稅司不得單銜出示。又體制文移，照各海關通例，申報總督，照會監督，以及九龍、拱北直稱粵地，不得稱香、澳附地。又新設海口防私巡緝稅務司，令刪去江海防字樣，稱為管帶緝私船稅務司等節，或循守舊章，或改定名目，與現在辦法無礙，應飭稅司遵照。至謂徵銀不宜交香港銀行，稅司住屋必用中國舊房，或他處稅釐不得援例推廣，則尚未知新、香新設之關，左近並無官設銀號。款雖隨收隨解，非有暫存之所，何處安放？稅司所居屬洋或華，或任聽其便，各關向不查閱。他處稅釐援照與否，其權在我，稅司何得妄干？此皆不免為過慮之詞，非盡平情之論也。其所指隱患各端，除藥膏稅釐應較藥土加重一節。現查土藥價值，各省不同，已飭赫德另議妥章，務使土之與膏成本相當，不致倚重倚輕，以杜商民趨避。俟有定議，即通行各關照辦外，餘如踰險、混界、侵權、擾民各節，大率防微杜漸，用意甚深，而揆之情勢，不甚切合，應請毋庸置議。另片請令稅司將六廠代收之項，盡數盡解，按月解交。臣等早已剳飭遵行。至謂此項並非閒款可以存儲，懇請飭部毋庸提撥所收棉紗等五項，係應歸入省。坐賈之款、巡緝經費更係另案商捐，奏明專款待支之項等語。戶部查該省六廠補抽貨釐，及另收之棉紗等五項釐金，從前並未報部有案，無憑查核。今據聲稱，六廠貨釐，自上年六、七月間先後開辦，八箇月內，收銀約十萬兩，此後歲收或能增至二十萬兩以外。所收棉紗等五項，係抵補省城坐價釐金，自應由該督撫知照稅務司，照舊抽收，均應另存候撥。其未交稅務司代辦之前，究竟抽收若干，應令補行造報，再由戶部核定。至巡緝經費一項，上年六月間據兩廣總督等奏，勸令各行量力捐助巡緝經費。省城設立公所，派員督同紳董籌辦等因，並未指明六廠抽收之款。茲稱該廠代抽商捐貨物數種，究係何項貨物？每年可收銀兩若干？亦應詳細查明，專案報部，以憑稽核。總之，臣等身際時難，心殷國計，覘度支之告匱，期涓滴之歸公，不得已而籌洋藥併徵，不得已而計及於代收六廠釐稅，無非冀除一分中飽，即增一滴餉源，勞怨固所弗辭，意見亦何敢偏袒。追溯同治初年，創設洋關之始，聞亦浮議紛騰，謂授權外人，弊多利少。迨後稅數逐漸加增，乃無異議。今併徵所入，與夫六廠代收釐稅，究竟統數能增幾何，原亦未能逆料，惟既疊經籌議，上秉聖裁，自無中止之理。設或試辦期內不拘何時覺有弊端，果形窒礙，即當恪遵前奉諭旨，立圖通變之方，不蹈因循之習，亦不得徒以復歸舊制為言，致蹈從前積弊。再，此摺係總署主稿，會同戶部辦理。謹奏。

光緒十三年（1887）七月初十日奉硃批：依議。

（清）王彥威輯：《清季外交史料》卷七二，〈總署奏議覆張之洞新香、六廠補抽稅釐豫防流弊摺〉，一八至二二頁。

奕劻等片：

再，香、澳六廠之設，本為該省港路紛歧，商船易於繞越，是以就此設廠補收。其已完釐之貨，過廠自可驗單放行，不再重徵，以紓商力。近聞新稅司接辦後，遇有由香、澳購運回貨進口之船，省城釐局豫發護照，俾到廠亦得免徵。此項護照，係先行給領，並未預交釐金，難保過廠以後，商人不沿途卸賣，到局以多報少，甚或以有為無，殊難防範。嗣後應令已完釐者，於憑單內註明收清銀數及販貨數，驗單放行，勿庸補收，即將憑單留存廠中，按期彙送，藉資稽核。若僅持預給之護照，並未註明收清應完銀數，則經過各該廠時，仍令按則徵收，與無護照之貨一體辦理，免致偷漏。除剳飭總稅司外，應請飭下該督等轉行釐局遵照，以杜弊混。謹奏。

光緒十三年（1887）七月初十日奉硃批：依議。

（清）王彥威輯：《清季外交史料》卷七二，〈總署奏六廠收稅應於憑單註明銀數免致偷漏片〉，二二至二三頁。

1887 年（光緒十三年）

親愛的金登干：

……香港法令所規定的合作，和法令規定以外的合作對我們都很有用。……

我從香港回來以後，工作很緊張，因為必須爭取時間，因為我已保證自 2 月 1 日起在通商口岸按照專約開徵洋藥稅釐，從 4 月 1 日起香港和澳門也要實施。……我已經把原來在兩廣總督和粵海關監督手裡管理的港、澳工作移到我自己手裡。馬根現在是在香港附近的稅務司，管一個總關和五個分卡。……這是海關的一次不小的擴大，看上去總稅務司早晚要管理通商口岸以外的事情。……

忠實於你的赫德

《中國海關密檔》（1874—1907）卷四，〈赫德、金登干函電匯編〉，五一八至五一九頁。

1887 年（光緒十三年）

2 月 8 日：赫德爵士回電說："總理衙門對於第一基礎尚滿意，但擬請重新考慮關卡問題。香港方面已表示，香港四周的關卡如由我管理，往來香港和往來澳門的民船待遇一致，就可以不加反對。總理衙門不擬停閉香港四周關卡，因如澳門關卡也不能停閉。但是所有關卡都將完全在我的直接隸屬之下，民船貿易也可不再受留難和不便。因此請撤回停閉關卡要求。"

《中國海關密檔》（1874—1907）卷四，〈赫德、金登干函電匯編〉，五七九頁。

1890 年 7 月（光緒十六年）

親愛的金登干：

"……自從 1885 年公使館的插曲發生以來，我們贏得了在漢城、濟物浦、釜山、元山——香港，澳門，蒙自，龍州——以及目前在重慶等地設置海關，我們還負責辦理鴉片釐金的稅務，商定了香港和澳門的協議，連同簽訂了葡萄牙，哲孟雄和重慶等條約……"

忠實於你的赫德

《中國海關密檔》（1874—1907）卷五，〈赫德、金登干函電匯編〉，二三三頁。

八、張之洞等對總稅務司接收新、香六釐廠後收稅情況的看法

光緒十三年（1887）七月十七日。

粵省上年開辦巡緝經費，奏准歸商人自抽自繳，有未經議妥者，暫由各釐廠代抽，另款報解，專款支用，原與釐金兩不相涉。本年海口六廠貨釐歸稅司代收，曾將此情奏明在案。茲有火油巡費一項，已據商人奏請承辦包繳，無庸再由釐廠代抽。拱北稅司法來格已遵停抽，唯九龍稅司馬根未照辦，據稱奉總稅司文等語。查巡費一項，本非釐廠應收之款，由商人承辦，係奏定章程，收支皆另為一事，請轉飭赫稅司迅電馬根，即日停抽，免致辦法兩歧，重滋商累。

（清）王彥威緝：《清季外交史料》卷七二，〈粵督張之洞致總署九龍稅司收火油捐請飭停電〉，二五頁。

光緒十三年（1887）七月十八日。

貴處前奏棉花、棉紗、豆子、火柴、火水油五項，並繳稅司帶收。現在戶部覆准，另存候撥。今議將火油一項改交商繳，應由貴督奏咨，以便飭遵。

（清）王彥威輯：《清季外交史料》卷七二，〈總署致張之洞火油捐由商繳捐請奏咨飭遵電〉，二六頁。

光緒十三年（1887）九月十四日。

九龍、拱北兩關，業令監督派員。惟薪水、局費及一切委員稅司會同辦事章程，祈飭總稅司赫德妥議速辦。此舉須為將來規復舊章之地，委員必宜諸事與聞，已劃切戒飭，斷不至掣稅司之肘。至薪水一節，稅司薪費甚重，若中國官員遇薄，相形之下，於體制有礙，此並非為委員計較薪水，望裁酌。

（清）王彥威輯：《清季外交史料》卷七三，〈粵督張之洞致總署請訂九龍拱北兩關辦事章程電〉，二三頁。

光緒十三年（1887）六月十六日。

昨據赫德鈔呈監督示諭，有與新章不符數端。查章程內稱，凡通商口岸，香、澳貿易華船，須赴稅司處領牌驗貨，與稅司經理他項船隻，一律辦理等語。是粵、潮、瓊、廉四關，凡往來香、澳者，應照向來海關辦法，稅司驗貨發單，監督銀號收稅。所收之銀，稅司並不經手。凡不往來香、澳之船，統歸監督委員經理。宥電言之甚詳。俟香、澳回船，應在六廠完納正稅，亦見前電。更不得有預報單名目，致起商人沿途弊混，均即查照出示更正。至請領船牌，稅司並無絲毫使費，且往來香、澳者，始請領此項船牌，正可分別是否赴香港貿易，應否歸稅司經理，該電亦已詳言。已飭赫德照發，以清界限。至原領地方牌照，仍飭照舊辦理。查廣、潮、瓊、廉，均有地方官所發船照，或分裝貨之若干，或分初領續領，照費則有七十三元至四十六元、一百兩至三十兩不等。翰電所云：粵省向無此例，船戶必然抗阻，似非確論。又據赫函稱：六廠稅則，六月初六始行交到，潮海常關稅則，至今未到。應即日將稅則交稅司接收開辦，切勿再延。

（清）王彥威輯：《清季外交史料》卷七二，〈總署致張之洞據赫德言六廠稅則與新章不符電〉，三頁。

光緒十三年（1887）六月十六日。

六廠稅務出示後，應由監督與稅司妥商交割，惟關稅司鈔送赫德章程二十五條，有必不可行者三：華船土貨，皆照洋稅司徵收，洋稅重常稅輕，一也。不通商口岸之土貨，在本口已經完稅，今遇六廠，又令照洋稅例完子口半稅，無故加徵，二也。通省民船，皆令領船牌，納船鈔，無牌之船，盡行拿辦。粵省向無此例，船戶必然抗阻，三也。改洋稅，加半稅，增船鈔，似此重費累民，必致紛擾生事，即使不致滋事，然商民力不能支，在朝廷亦必不忍。此項稅務，應交何處辦理，朝廷自有權衡，惟該總稅司以六廠牽混各口，又復蒙混加徵，實屬節外生枝。洞等職在地方，不敢不據實上陳，請代奏。

（清）王彥威輯：《清季外交史料》卷七二，〈粵督張之洞致總署六廠徵稅重費累民請代奏電〉，三至四頁。

光緒十三年（1887）六月十八日。

翰電已進呈，當傳赫德至署，將來電三條逐加詢問。據稱華洋稅則，互有重輕，但六廠徵收，向無定數，故照洋數辦理，以歸劃一。今飭即電兩稅司，此數日內仍照舊常稅數目徵收，俟海關交到之稅則寄京，再由本署與赫德酌核，作為定章。至不通商口岸已完稅者，船到香、澳，並不加徵，但必須將本口地方官完過稅釐若干之憑據，呈驗留下、即免徵放行，無憑據者，應照常稅則納稅，以杜漏私，即不照章程內納子口半稅。至領船牌一節，專指通商口岸赴香、澳之船而言，並非通省民船。此項船數不多，可以約計。今飭領船牌，以便本口分別應否歸稅司辦理，又以便香、澳稅司分別此船照是否由通商口岸而來。緣粵省民船，不往來香、澳者甚多，稅司無庸過問。其領牌者，並無絲毫使費，不致累商。船鈔之稅，現在並不收納，將來查明再定，已令赫德電稅司遵辦。

（清）王彥威輯：《清季外交史料》卷七二，〈總署致張之洞據赫德言六廠徵稅並不致累商電〉，四頁。

光緒十三年（1887）六月二十日。

屢次鈞電，只言六廠常稅交稅司，當已出示交辦。今閱赫德章程稅函，意將粵大關、潮海、瓊海、北海四關及各口盡行網羅，侵佔各關口，只管查艙貨，發准單，無稅可收，未免牽動通省全局。粵係海邦，全省商稅，皆以出入海口為大宗。洋貨無論，即所有民船土貨，省西省北之貨，自廣州出口者，東至惠潮，西至高廉雷瓊，皆必經六廠。惠潮與高廉雷瓊，東西往來，暨此六府赴廣州省城，又遇城而西而北，亦必經六廠，實為粵省商賈咽喉，此外零星涓滴而已。今赫章無論出入往來何口，皆告六廠完稅，給單放行，則各關皆同虛設。甚至非口岸之土貨，已完稅者亦加抽半稅，盡驅民船，改由商岸，絕流而漁。至改洋稅，加子稅，增船鈔，無牌之船，即行拿辦，累商擾民，必生鉅患，已另電奏陳。伏思朝廷令稅司兼辦常稅，自係籌餉要政，不得已之舉，竊有管見，敢以奉陳。查粵海關積習，用人雜濫，胥吏中飽，若責成督撫，會同監督，實力稽收，釐定章程，盡改向來總辦名目弊端，添派委員經收，剔除中飽，痛裁糜費，每年全省必可徵至八十萬以外，應解正餉貢品、本關洋款，係辦各件及一切經費，核實開報，所餘尚多，候旨撥用，無須改則加徵稅項，自能增益。六廠雖歸稅司，應令其仍照舊章抽收，不得牽動各口，除所收若干撥補內省收數外，總期湊足八十萬之數。赫德專以洋藥例徵有礙為詞，牽混要挾，日增月益，將來何所底止？此乃通省民船常稅與洋藥無涉，與香港無涉，且與六廠常稅舊章亦無涉。洞等為靖商民裕稅課起見，是否可採，伏候鈞裁。

（清）王彥威輯：《清季外交史料》卷七二，〈粵督張之洞致總署新稅恐牽動全局電〉，四至五頁。

光緒十三年（1887）六月二十六日。

篠、洽兩電均悉。向來各海關收稅章程，稅司驗貨後應徵稅銀，均由該商自赴監督銀號處交納。現在赫章第三條一律辦理之語，即係照海關向章。凡粵、潮、瓊、北四關所收常稅銀兩，仍交監督銀號收納，稅司並不經手。其四關進口常稅，凡不由香、澳而來者，亦係監督委員照舊收銀，稅司更不過問。至不通商口岸之船，凡在本口完過稅銀者，但持有完稅憑據，過廠即驗單放行。惟憑據內必須將完銀數目、貨色、名目寫明，其無此寫明銀數、貨數之憑據者，須在六廠照常稅補納，是此辦法與當初設廠補抽之意適符。除由香、澳載貨之回船，六廠照常稅數目收一正稅，此外四關進口出口之船，均照舊歸各關收稅，是四關大宗常稅仍令歸監督稽徵。來電謂四關各口盡行侵佔，無稅可收。此層誤會，關係非小。蓋此番改章，專為裕餉起見，本署絕無偏倚。又因粵關用款太繁，曲為保護，凡新稅司所收，統交監督應用。果能中外同心，一無掣肘，監督嚴稽四口常稅，新司嚴杜六廠偷漏，將來儘收儘解，一年統算、恐尚不止來電七、八十萬之數。倘意見紛歧，處處稽留撓阻，非徒香、澳新章難期實效，而無稅可收一語，既已倡之自上，自此四關司事，藉口侵吞，恐監督自收大宗之正稅，亦全歸中飽，此目前必至之患，不可不預防者也。又廣州出虎門口，東往惠潮、西往瓊廉貿易者，任便放洋，皆可不過香、澳，惟赴香、澳貿易載貨，仍必經六廠一隅之地，不得指為全省咽喉。其篠電擬自辦，洽電擬會辦，均係以六廠仍歸稅司，而自行整理四關之稅務，與現行辦法全無妨礙。但督撫會辦，事關改章，似尚未可輕議。再六廠常收稅則，監督望電云於十一日交訖，而法來格十九來電云尚未接到，不知何故？希即轉巡撫、監督。

（清）王彥威輯：《清季外交史料》卷七二，〈總署致張之洞六廠稅務無礙粵省現在辦法電〉，一四至一五頁。

第四章　咸、同、光年間香港的
買賣華工貿易

按：鴉片戰爭後，外國侵略者大肆進行拐買華工的罪惡活動，並稱華工為"豬仔"。香港成為輸出華工的重要基地。清政府雖名令禁止，與港英當局及英政府多次交涉，均無甚效果。十九世紀七十年代後，美國又掀起排斥華工浪潮，香港人民展開了反抗排華鬥爭。

一、咸、同年間香港地區的買賣華工貿易與清政府的態度

咸豐十年（1860）閏三月三日

河南道御史楊榮緒奏：

臣聞粵東省城，自夷人竄入以來，居民已不聊生。近年更有一種匪徒，拐擄良民販與夷人，男女被擄者以數萬計。夷人於省城之西關、番禺縣屬之黃埔，香山縣屬之澳門，及虎門外之香港等處，設廠招買，名為招中國人傭工，實不知作何驅使？每次買出外洋，皆滿載而去。匪徒始猶暗用術誘，近則明用強搶，省城附近一帶村落，行人為之裹足，民情恟懼異常。聞該地方官不特不（為）禁止，且出示聽人自賣，於是匪徒益肆行無忌，公然糾眾，日以擄人轉販為事。此等惡風，若不嚴行懲辦，日甚一日，良民受害固不堪言，而夷人多得內地民人為用，其患尤不可問，且恐將來不獨粵省為然，亟應早防其漸。夷人招買人口，全在匪徒從中轉販，地方官嚴禁內匪，其理甚正，夷人亦不至有詞。敬請敕下該省督撫，速將略賣良民之匪後〔徒〕盡法懲治，庶民害可以永除，而邊禁從此嚴肅矣。

《籌辦夷務始末》（咸豐朝）卷五〇，〈楊榮緒奏粵省匪徒拐賣出洋請敕懲治摺〉，一八六四至一八六五頁。

廷寄咸豐十年（1860）閏三月三日

諭軍機大臣等：有人奏：粵東省城，近有匪徒拐擄良民販與夷人，男女被擄者以數萬計。夷人於省城之西關、番禺縣屬之黃埔、香山縣屬之澳門、及虎門外之香港等處，設廠招買，每次買出外洋，皆滿載而去。該匪徒始猶暗用術誘，近則明用強搶，省城附近一帶村落，行人為之裹足。地方官不特不為禁止，且出示聽人自賣各等語。

匪徒擄人轉販外夷，例禁綦嚴，該夷人招買人口，若無內地匪徒貪利，從中轉販，豈能滿載出洋。地方官果能嚴禁，亦不至如此肆行無忌，且以地方官懲辦本地匪徒，與該夷毫無干涉，夷人亦無從饒舌，何以不行禁止，反為出示聽其自賣？著耆齡查明，即行嚴禁，從重懲辦，以期匪徒斂跡，內地良民不至為該夷所掠。並查明出示聽賣之地方官，從嚴參辦，勿稍徇隱，原摺著鈔給閱看。

《籌辦夷務始末》（咸豐朝）卷五〇，〈廷寄（據上摺，著耆齡查明懲辦）〉，一八六五頁。

咸豐十年（1860）五月十二日。

茲據稟覆：夷人在粵東，利誘內地匪徒，拐騙人口出洋，名為"買豬仔"，由來已久。自咸豐七年（1857）夷人入城，此風更盛。然是時尚未設館，係用計誘，捉至躉船，一有成數，即便揚帆而去，約計先後被拐者不下萬口。迨九年（1859）三月間，經前撫臣柏貴，及南海、番禺二縣出示嚴禁。督臣勞崇光到任，亦經示禁，並拿獲拐匪正法。是年十月間，嘆咭唎，咈囒哂、呂宋三國夷人，於省城太平門外之迪隆里設館三所，名曰招工公所。……其香港之下環、捫斷龍兩處，嘆、咈夷亦設有招工館；澳門之紅窗門、三巴門、人頭井、水尾坑四處招工館，係西洋及呂宋各夷所設；黃埔之長洲地方，則仍係躉船，並未設館。統計香港、澳門、黃埔，約共招去五百餘口。本年二月，該夷以天氣炎熱，內地民人出洋易於生病，暫行停止，俟秋涼再招。

《籌辦夷務始末》（咸豐朝）卷五二，〈耆齡奏查覆匪徒拐民販賣現已嚴禁片〉，一九六四至一九六五頁。

同治五年（1866）十月庚戌。

惟粵東近日誘拐人口出洋之案，層見疊出，甚至夥眾設計，誘及婦女幼孩，一落外國火船，即帶至香港、澳門等處，轉販諸島，遠涉數萬里之外，莫可追尋。在洋人並不知誘騙情節，視作情甘出口，而奸宄以漁利為得計，遂至相率效尤，或詿以甘言，或公然威偪，無奇不有。

《籌辦夷務始末》（同治朝）卷四五，〈兩廣總督瑞麟廣東巡撫蔣益灃奏〉，五五頁。

同治五年（1866）十月二十五日。

查內地奸徒，累賣人口出洋，愚民被其誘脅，骨肉離散，其事較之拐誘子女為加慘，其情較之人口出境為倍重。是以嚴定罪名，按其首從擬以斬絞立決，並察其有無借洋人為護符情事，分別先後正法，定例本極周詳。惟粵東近日拐賣人口出洋之案，層見疊出，甚至夥眾設計誘及婦女、幼孩，一落外國火船，即帶至香港、澳門等處，轉販諸島，遠涉數萬里之外，莫可追尋。在洋人並不知誘騙情節，視作情甘出口，而奸宄以漁利為得計，遂至相率效尤，或詿以甘言，或公然威逼，無奇不有。

陳翰笙主編：《華工出國史料匯編》第一輯，第一冊，〈兩廣總督瑞麟等奏首從拐犯即時正法摺（總署清檔）〉，五四頁。

同治八年（1869）八月十五日。

查各省洋船出入通商口岸，均皆直抵海關，故海關得以稽查，而粵海關則設在省垣，洋船拋泊則在香港、澳門，距省河四百餘里，鞭長莫及，海關無從稽查，而自省河至香、港，其間海口林立，如衝要海口，尚有員弁稽察，而偏僻小口，向無汛卡，隨時可以出入。其拐騙之徒，以澳門、香港歸蓄，澳門拐賣人口最多、最久，香港次之。以身擁厚資者，為豬仔頭人，托庇洋人，坐地收買。先係華人專營此業，近來洋人亦間為之。另有拐騙之徒竄入內地，見窮困無聊庸懦可欺者，即誆以澳門、香港某某洋行托人招工，如願同往，先給定洋數元。鄉愚無知，受誆同行，初不言招往外國也，是以中途破案發覺者甚少。及誆至澳門、香港，則閉置堅房，與洋人議價售賣，每名不過五六十元。而洋人販至外國，每人可賣洋五六百元不等。

⋯⋯⋯⋯

而粵東拿獲拐騙之徒，審明正法者甚是不少，乃因香港皆為洋人所據，華官不得過問，雖奉招工章程，絕無照章招工之事，而拐騙之徒寄跡香港，恣其所為，法令所不得及，緝捕所不能到，以故販人漁利，此風未能盡絕。今年正月間，管駕恬波輪船之陽江領左營都司梁禹甸，巡至闡波洋面，聞海船有人喊救，拿獲豬仔頭人二十四人，解省審辦，被拐者共二百餘人，就地遣散，其餘隨時獲辦，不一而足。

陳翰笙主編：《華工出國史料匯編》第一輯，第一冊，〈兩廣總督瑞麟為詳陳粵省招工情形致總署函（總署清檔）〉，五七至五八頁。

同治八年（1869）八月二十五日。

八月十五日接頌來函，⋯⋯前因貴處造送交涉己未（1859）結冊內，有由香港領事送到拐匪各案，冊內並未聲敘如何辦法，本處當即函咨閣下轉飭承審各員，將各案迅速按章辦理。今准來函，並未將前此案件有無實據，如何懲辦覆知，實深懸切。梁都司拿獲豬仔頭人二十四名，既審明被拐者有二百餘人之多，該豬仔頭人自應按章懲處。今來函亦未敘及，諒該拐匪等自難幸逃法網，仍望一併查明覆知，以慰懸念。

由大關至香港，既係海口林立，為拐匪出沒處所，該管洋面各員，愈不能因港汊紛歧，諉其巡緝之責，⋯⋯嗣後閣下即可飭巡洋各員弁仿照辦理。但獲匪後，應即解省審辦，不得自行專主，以期核實，而免無辜受累。此覆。

陳翰笙主編：《華工出國史料匯編》第一輯，第一冊，〈總署為粵省拿獲之拐匪如何懲處等事致兩廣總督函〉（總署清檔），六十一頁。

同治八年（1869）十月初六日。

謹將粵東省審辦就地正法拐犯自同治五年（1866）十月二十五日欽奉上諭之日起，計至八年（1869）六月底止，先後據各屬文武員弁拿獲誘拐人口出洋匪犯五十六名，開列決過各犯，犯事案由罪名列冊呈咨查核施行。

計開

…………

三水縣稟獲拐犯二名：

龍亞娣、劉金牛，均於同治六年（1867）二月初一日，在英德縣屬聽從未獲之黃亞廣起意，誘拐林得潰、范伴住二人，帶往香港賣與洋人，初四日船到三水縣即被拿獲，連被拐之人起獲。一次。

以上二犯，均應照誘拐人口出洋為從例問擬絞決，已據該縣審擬錄供解省，由府司覆訊，解院勘明，批飭廣州府，於同治六年（1867）四月十三日就地正法。

…………

三水縣稟獲拐犯二名：

劉亞淦，於同治六年（1867）十一月初五日，起意在英德縣屬誘拐羅亞年圖賣出洋得銀花用，十一日船至三水縣即被拿獲。一次。又先於是年六月二十日起意在英德縣屬誘拐李亞春，帶赴香港賣與洋人，得贓一次。

黃亞發，於同治六年（1867）十一月初五日起意在英德縣屬誘拐曾亞玉，帶赴香港欲圖售賣出洋得銀花用，十一日船至三水縣屬即被拿獲。

以上二犯，均應照誘拐人口出洋為首例問擬斬決，已據該縣審擬錄供解省，由府司覆訊，解院勘明，批飭廣州府，於同治七年（1868）二月初六日就地正法。

廣州府稟報准英國羅領事解送拐犯二名：

劉揚、吳五，該犯等均於同治六年（1867）十二月十六日，聽從未獲之林子才起意，誘拐徐京等十一人圖賣出洋，帶至香港正欲售賣，即被拿獲，連被拐之徐京等一併起獲。一次。

以上二犯，均應照誘拐人口出洋為從例問擬絞決，已據該府審擬，由司覆審，解院勘明，批飭廣州府，於同治七年（1868）四月初五日就地正法。

…………

三水縣稟獲拐犯二名：

鄺開張、駱鞍汰，該犯等於同治七年（1868）十一月十五日，聽從未獲之沙雄起意，在韶關城外誘拐胡早邦、朱汝恩二人，搭船起程帶往香港賣與洋人，船到三水縣屬被獲，尚未售賣得臟。一次。

該犯等應照誘拐人口出洋為從例問擬絞決，已據該縣訊明錄供稟解，由府司覆訊，解院審明，批飭廣州府，於同治八年（1869）二月十八日就地正法。

陳翰笙主編：《華工出國史料匯編》第一輯，第一冊，〈兩廣總督瑞麟已斬絞決拐匪五十六名咨總署文（總署清檔）〉，六一至七二頁。

西二月十六號，英國紳士阜剌在下議院申論在中國招人出洋備工生理一款，謂香港鄰境，恆有佈設機縠，以招工為名，而拐騙華人往外洋者，華俗名之曰賣豬仔者，蓋言其有去無還，且有既入其笠，又從而招之之意也。華人中其機者，如身投陷阱，苦惱無邊，其招工人，待華民殘忍刻酷之處，不忍言狀，實與昔者亞非利加一境之招工無少別。……該紳遂引司蘭路意見，力斥招工之弊，謂在錢查島、庇魯埠、喬罷島三處，皆屬販人為奴生意。又責英國在香港准華人開設賭館，以致賭敗者無計謀生，每易墮其機轂。前者港中臬憲及紳商力拒賭弊，而英國朝廷何以竟准此殊令，我索解無從也。凡尊崇耶穌教之國，無不禁賭，日本亦禁賭，中國督憲若實心為國為民者，亦無不禁賭，今竟在港設賭，甚為可異。我知理藩院尚書金白利伯爵及理藩院侍郎符治臣，必非立意准賭，請立出法禁止，並請本國總理各國事務衙門，力請葡萄（芽）〔牙〕國朝廷將招工事款撤銷禁止，不得在澳門販人為奴。……旋有紳士囂士恭謝英皇初闢議院時，論及設法禁止南洋諸島販人為奴及出法禁止南海諸島彼此殺戮之意，遂謂一千八百六十三年，人皆以為販奴一事，可從此滅絕矣，但以今情形觀之，如在亞非利加東境之非治島、庇魯埠、喬罷島、中國澳門諸處，此風依然未泯。顧時至今日，乃禁此事第一好機會也。雖我國與美國議事有不合之處，然美國必力匡襄我國，以成美舉，俾在地球中禁止販人為奴一事。但責善之道，必先正己，然後正人。我若要與別國合力禁止販奴，必先賭〔禁〕止香港賭館，因賭館與販奴生意有相因而及者。初朝廷准設明賭時，意謂有益於香港，今反有害焉，抑何不類？至此一千八百七十年八月，署理香港巡撫熱在議政局，各局員皆謂下年正月一號，該賭館即要撤銷。該撫遂申詳理藩院，謂承充賭博人和興，每月輸納賭博餉項銀一萬三千三百四十員，請准議政局所請，將此款刪除。未幾撫憲熱接到理藩院電報，謂總督麥現不在任，不能擅將此項刪毀。若舊牌經滿期，須速換投新牌承充。俟該督回任，再行設法禁止。或謂以拍賣之法出投賭博牌照，則每月可比舊承充人約多四、五千員。其後何錫竟捐至一萬五千員以上承充。迄乎一千八百七十年三月，華人聯名稟請禁賭，竟至九百四十七名之眾，力溯賭館之設，有礙貿易。我望朝廷當此新任總督抵港，著其設法永遠禁止，並將前者所收賭餉六十八萬，派諸因賭致窮者，我並請力助阜剌之議。……亞打理紳士云，華民出洋僱工者，亦不可以一律論也。如由香港往西印度者，則並無刻薄華民之舉，且大有裨於華人，亦大有補我國屬土也。茲據欽差亞倪覺所立章程，過於嚴峻，故華民往印度者幾絕無焉。豈知華民之往印度者，實與往別處相去雲泥也。其往印度者，或傭期已滿復立約者有之，或傭期已畢而入籍該境者有之，或工滿獲貲而旋歸者有之，或歸籍而復往者有之。覘此數端，亦可見該境之不薄待夫華民矣。所望再將該約更改，免諸掣肘，庶中西均受其益。據貴紳所言，諸弊誠為薄待華民，但此非章程之過，惟不能盡守此章程之過也。香港所設賭館極可惱恨，惟亦未的見有賭敗貨身者，故不得謂賭館與販奴生理相連而及也，不知果能設法禁止。……紳士亞倪便致謝阜剌將販奴事款於議院商榷，云今販奴一事，風湧而起，其弊更甚於向者販黑人為奴也。我聞香港有一官員，前因兼涉販奴事款，已休致不用，今復立之，伊盡力推廣販及賭館事款。我欲知其然否也。……理藩院侍郎胡治臣曰，本部院意謂只論販奴一節，不期沾連香港賭館在內，故未有預備核察該款。至於華民出洋傭工，若有可以設法善行相待者，無論係屬何法，我朝廷莫不依之。香港請禁賭館一節，前據理藩院所申之電報，無怪貴紳等驚駭不安。惟香港督憲准行開設明場賭館之故，前已詳明，因若不准明賭，其間弊竇亦屬蜂也。該督經奏明，將所收賭餉略行撥助差費，自准設明賭之後，案件比前較少。該港臬憲亦惡賭也，然於一千八百七十年三月亦曾云，自設明賭，案件實少於前。據本部院觀，賭場實有礙風化然，但不得遽行禁，恐致有礙居民。……

《申報》合訂本，第一冊，〈下議院公議販華民為奴事款〉，同治壬申（1872）四月初八日、初九日，四〇至四二、四六頁。

豬仔一事，近來拐騙之法愈出愈奇，據西字日報云，香港有一帆船駛往外洋，船中有西人十餘名，貫作販賣豬仔生意。因近日此禁甚嚴，無從下手，因出一詭計，於船正行時，偽為擱淺也者，該處鄉民見其船不能行，遂糾集多人登舟代為撐篙，迨船身活動，該洋人竟爾掛帆西去，所有登舟之鄉民，盡行載之而去。茫茫大海，呼救無人，鄉民罹此無妄之災，亦始念所不及者矣。然而該洋人居心之險如此，不亦可畏乎哉！

《申報》合訂本，第二冊，〈巧計拐販豬仔〉，同治癸酉（1873）四月十九日，四至五頁。

同治十二年（1873）六月二十六日。

秘魯責問扣留華工一案，窺其詞意，微形餒沮，所稱須遵日本禁令方准立約，恐辦不到。西國議章無非大同小異，秘魯未必獨佔一格，日本果能翻新，似中國亦可比照。惟將來若准立約，必與就此機會嚴定招工章程，以除民害。蓋英、法、美、德向少招工之事，從前定章似尚未盡嚴密，現惟秘魯、葡萄牙等國販運豬仔，流毒滋深，無約則無從追究，有約則或明設防閑，未審卓裁以為如何？美、英為介紹，其實該國皆深毒秘魯等凌虐華工。香港粵紳曾籲請英國支援，聞已允之。

（清）吳汝綸編：《李文忠公（鴻章）全集·朋僚函稿》卷一五，〈覆沈經笙宮保以可與秘魯立約函〉，一〇頁。

二、光緒年間香港的買賣華工貿易及清政府與香港紳民的態度

光緒元年（1875）七月二十四日。

現在秘魯國已與中國換有條約，聞其新議，於香港月有輪船來往，其船隻既裝載貨物，亦搭客人。一經搭客，現在雖無招工之名，而日後恐不免有招工之患也。乘此時尚未見有其事出，即預設領事官員在彼，則隨時有華民到彼，即隨時有保護之人，較之將來事患已成，始設法挽回拯濟者，自覺省力多多矣。

陳翰笙主編：《華工出國史料匯編》第一輯，第三冊，〈總稅務司赫德為在香港應設領事以防招工之患致總署遞單（總署清檔）〉，一〇七七頁。

乃近閱香港各日報，知荷蘭人忽於西營盤地方，復啟招工之館，大張曉諭，極意搜羅。按其章程，凡有願赴傭工者，准其到館報名，

給以飯食，聽之出入，並不拘攔。一俟船將開行，然後點齊出洋，且不必彼此立約。到該埠後，或一年，或數年。如欲回鄉，悉由自便。此皆近日招工之略也。是以無知之名，喜其弊重言甘，樂於趨就。然而港中紳士，俱不以為然，以為荷蘭之招工，特欲令赴亞齊耳！荷蘭與亞齊交戰多年[①]，亞齊勢雖窮蹙，然矢志不為城下之盟，沿海之地，現即半為荷有。顧皆酷熱炎氛，居大不易，華人駐彼，則疾病死亡可立而待。以中國無辜之赤子，而投界炎荒，有心人其何堪此？且香港於近年來得以盜賊遠跡，野無枵吠者，以其無窩藏之所耳，若今之招工館，不論何人，但已報名，即准其流連信宿，難保姦宄不潛隱其中，則是此館直為逋逃藪也。

註：① 亞齊：確切地不詳，估計為南太平洋島國。

《申報》合訂本，第七冊，〈香港復設招工館〉，光緒乙亥（1875）十月初二日，四一七頁。

二十一日，港中華人紳董李玉衡、陳瑞南、陳芨南、林景雲、馮謙山、余堯敏、柯敏齋、郭秀川、凌可垣、林成之、劉在東、葉竹溪、李月池、許質生、謝啟東、吳竹修、陳藹廷、羅蔭階、鄭綺雲、李月卿、方瑞峰、莫仕揚，共二十二人謁見港督。代眾宣事者，為陳君瑞南，代為傳譯英語者，為陳君藹廷。"蓋因荷蘭國招華民往亞全島之事，請督憲鈞示。查得西營盤各招工館，彰明大書'傭工館'字樣，各華人以為奉港中官憲所設。十九日有華人工人百餘名到東華醫院問，招往亞全是否係官憲主意，並到埠情形如何？董等未得其詳，故特為謁見，欲知其底蘊所在。"憲云："荷蘭曾來詢及此事，但經答之云，按例不能立合同招工出洋，悉由其自願前往，毋相強也。即如往舊金山者，乃出本人所願，則亦聽其自便。"董云："荷蘭與亞全土人爭戰息否？"憲云："未也。"董云："華人居處本港，托於宇下。其往來港中者，未經設有領事。敢問英官何以待華人？"憲云："與英人無異視也。"董云："亞全一埠，戰務未息，而荷國人由本境招工前赴是地，求英官阻其勿往。如或不能阻之，亦當設領事於彼境，藉資保護。"官云："華人在港，即當保護之。如往別埠，爾華官應宜設領事，保護華民。"又云："爾華人應宜自行體察情形，若果不善，自當不往，何爾華人愚蠢者如此之多耶？"董云："此等鄉愚窮民，素不識外國情形，彼至港中招工館內，食其食，居其室，或用其資，既無親戚之可依，又無資斧之在橐，難於返里，為勢所逼，恐不能不從也。董等前與麥督憲、堅督憲及大人，因澳門及本港招工事，不知幾費籌謀，幾歷寒暑，始得澳門杜禁招工之舉，我中國人實為頌聲載道。今閩、粵內地以及澳門，尚未經設館招工，而香港先開其端，倘秘魯、夏灣拿、古巴等販人出洋之埠，亦倣照荷國招人往亞齊之例，在澳設館，其將若之何？"官云："此事我已行文諭政務司及船政廳嚴加查察，因港例只有不准人立合同出洋。某自願及不立合同者，未有例禁，我意甚不願其往，汝等亦宜設法解明，藉以開道其愚蒙。"董云："求委人與董等前往彼館稽查。"官云："明日我即令人偕汝眾去可也。"董云："聞邇來販人出洋之埠，每一工人可值四百餘元，揣瘦量肥，無異豕畜。如招得二千人，則有八十萬金之多。昧良弋利者，何憚而不為？"或謂荷國之例，必得憑票乃能出境，並工人到埠，或賓主不合，或不願在彼處，彼鄉愚必將流蕩無依。若不發給盤費，其何能返國！……今秘魯埠六大會館有信來港云："不日間有數輪船到中國各埠地而招工，伏望大人留心稽察，並懇設法荷國招人往亞全之事。"事畢，各紳董告辭而退。二十一日清晨，各紳等親往西營盤，查得招工館九間，其中所招者約已有八、九百人，均係貧苦鄉愚。各董因是略將底蘊為各工人言。

《申報》合訂本，第七冊，〈紀港紳謁見督憲事〉，光緒乙亥（1875）十月二日，四一七頁。

　　光緒四年（1878）四月二十二日到。

　　為伸陳事：本月二十一日接香港總督文開，准貴領事官十七日來文，並將兩廣總督於本月十四日所出告示，錄送前來。本大臣均已閱悉。查示內所云，現在各國均無請照定章招工之事，乃竟有匪徒借稱外國招工，騙人出洋，曾飭各屬嚴拿解辦等語。查香港界內，凡有匪徒意圖私舉前項招工情事，本港律例森嚴，一經發覺，定必從嚴懲辦。所有本月十一日發出本港轅報，內載本大臣與本國藩部侯爵賈，因秘魯招工，來往公文，諒貴署領事官必已閱悉矣。理合文復查照，請轉致兩廣總督知照等因，本署領事官准此。用特將轅報所載公文翻譯，伸送貴部堂查照。為此伸陳，順候臺祉。須至伸陳者。

鈔附來往公文一紙

照鈔侯爵賈與香港總督和往來文件。

一、光緒三年（1877）五月二十五日，賈侯致和督字寄，准貴前署督二月二十六日來文，以秘魯國與美國同孚立約，擬招華民入秘等因。本爵業已行知貴前督，除往英國所屬，概不准於香港招工，並以我大英以柔治天下，嗣後如查某國看待華工，似有不周者，仍不准該國於香港招工在案，應令貴督隨時嚴束各招工之事。及現在秘國開辦，不無釀禍之苗，溯查該國昔日情形，今當遏其開招之舉。

一、光緒三年（1877）八月初七日，和督致賈侯文，正在奉貴爵閣五月二十五日字寄間，有人稟請准在香港招工赴秘以及南洋各國。當經本大臣批飭，以招工至秘之事，本大臣未便相助。

陳翰笙主編：《華工出國史料匯編》第一輯，第三冊，〈照錄英國韓署領事伸陳〉，一一一三至一一一四頁。

光緒四年（1878）七月二十三日。

一、查比國秘魯西雅輪船於光緒三年（1876）十月二十日抵香港，其意欲在香港作為往來秘魯之道。其船於甫到香港之時，船名匿米西，係英國船隻，亦係英國人管駕。而其船由英國倫敦起身未赴香港之先，本是英國公司寄信之船，迨經由公司售出，該行將船艙修理改造，特為載客而設，其所修造之式樣，即與從前招工船隻無異。該船於光緒三年（1877）十一月十一日，先改用比國旗號，隨將船名更用秘魯西雅字樣，其是否售與比國人，或曾否到過比國，並無確據可證。此次因香港英國總憲未准其搭載華客出洋，因即回秘魯而去。

統觀此事始終情形，內有二端顯然漏於外者：

（一）該船旗號，何以不由外國放洋時更改，而在香港改換，度其意以為改用比國旗號，在英國口內所得之優待較多於英國之船隻，而免英國兵船盤查，且到中國口岸後，可免英領事官管轄。緣其招工所往之國，內有英國不願允行者也。

（一）香港總憲遵照英國藩政衙門飭諭，禁止該船搭載華人運赴秘魯，其辦理甚嚴，一則係禁比船載華人，一則係阻美行之貿易，……

陳翰笙主編：《華工出國史料匯編》第一輯，第三冊，〈總稅司裴式楷為秘魯西雅船案情繕備問答節略（總署清檔）〉，一一四〇頁。

光緒四年（1878）七月二十四日：

查華民曾由英國香港上船，前往美國，該華民皆係自備船資，與平常客人及外國人一律無異。若美國用計引誘華民，英國決不准前往，且香港地方，英國已經出示，如在該處招致華工，或用船運載，一概不准。同孚行第一次輪船到香港時，欲由該處運載華工到秘，遂假道於英國，經英國地方官查看每船預備裝運華工一千零五十名，此外並無別客以及貨物等項，遂未應允，並不准在該處停船。現今香港英國官員於平常往來船隻客商，毫不阻禁，而獨不准同孚行者，誠知其心懷叵測，欲販賣豬仔。該處英國官員業將此事咨明該國，現下已奉明文，嚴行禁止，……

陳翰笙主編：《華工出國史料匯編》第一輯，第三冊，〈直隸總督李鴻章為美領自擬秘魯招工私議等致總署函附畢副領事擬秘魯案略〉，一一五七至一一五八頁。

光緒四年（1878）五月十九日。

照得光緒四年（1878）三月初六日，准兵部咨文內開，有本國喀爾敦船隻運載華工出洋等因前來。近聞該船業於本年春間，由香港出洋，據熟悉運載華工情形之人聲稱：該船於運載定額外，招得無數華工，於夜間上船。查該船船主收到放行單後，必知其中情由，諒必甘心願載。該員等遇有本國船隻運載華工，當其欲出口時，立派妥員帶領兵丁數十名前往該船看守。俟該船領到本國領事執照，及人數清單後，詳細稽查，如委係無額外運載，再將該船放行。

陳翰笙主編：《華工出國史料匯編》第一輯，第三冊，〈美國水師提督札行各兵船，查禁美商船載運華工出洋〉，一一六八頁。

光緒十年（1884）九月十八日。

為照復事：

本年九月初一日，接准來文，以華人由香港赴檀香山一事，囑為轉致香港總督幫同禁阻等因。本大臣閱悉之餘，查華人前赴檀香山，向來香港官員立有防弊要端五條：一，招工之弊仍行嚴禁。二，華工自行情願前往者聽，惟誘拐之弊時為嚴防。三，華人前往傭工者，若有男無女，未免久曠有悔，總以陰陽適均為宜，故勉工人攜眷。四，載往他處華工有路經檀香山者，亦當設法禁其登岸。五，凡不欲令華工來就之各國，均一律禁其載往，云云。

本年春初，曾經檀香山政府移請香港總督，嗣後禁止華工前往，當由香港總督按照前敘之第五條，將華工載往檀香山之事，立即禁阻有案。是來文所請幫同禁阻之件，業已先期預合。

至來文所稱香港輪船私行載往一節，查香港載送華工，皆由該處官員躬親查驗，並照特立章程嚴行遵辦，不得目以為私。是所謂私行載往之語，實出無因，亦可無庸置議。合即備文照復查照可也。須至照會者。

陳翰笙主編：《華工出國史料匯編》第一輯，第四冊，〈英使巴（夏禮）為華人由香港赴檀香山向來立有防弊五條致總署照會文（外務部檔）〉，一五一八頁。

光緒十年（1884）。

西印度群島中，英、法兩國皆有屬地。其間農事，雖有印度工人前往充當其役，然各處產糖之區，一時仍與秘魯、古巴同病：種植之人。故於咸豐九年（1859）間，英國遂有派人前至中國招工之意。於是英、法兩國駐粵大臣，當北省軍務未竣之先，已與中國地方官預商此事。迨咸豐十年（1860），兩國議定續增條約之時，議及招工一事，始有明論：……中國雖稱地廣人稠，其中人民最多，而最好出洋者，要不過閩、廣二省而已，故英國即在廣東之廣州、香港，福建之廈門三處開設公所招工，前往西印度，益與地方官員定章妥辦。……

是時，英人欲使中國貧民皆知出洋作工大有利益，遂盡力設法將章程大意敘於招帖，蓋以華官印信，遍帖各處；並派人前往四處講解招工各條章程。於是華民之前往西印度者，一時已不乏人。……

法人見英人開辦招工之後，亦按條約仿行其事，開設招工館一所，緊接英國公館之壁，招僱工人載往馬丁尼地方，以工農事。然方行未久，即有法國招工之名，而無法國招工之實，有背和約內華工出洋法國當不時保護之義，蓋古巴之向在澳門採買工人者潛入其中，以逞其計也。於是人心疑惑，不知為法國招工，抑為古巴招工矣。劫掠之風方息於澳門，而拐騙之事又於廣東、香港各處層見疊出矣。……自道光二十七年（1847）起至同治五年（1866）止，所有華工前往古巴一島者，其數如下：

　　……

自香港往：船五隻，工人一千六百六十五，途亡四百二十，到埠一千二百四十五。

陳翰笙主編：《華工出國史料匯編》第一輯，第一冊，〈華工出洋論〉，二六三至二六五頁。

光緒十三年（1887）五月十三日：

出洋悉由自主，並不於起程時立作工合同，本公司不用承攬招工之人，而第由代辦經理華報宣布：

凡年力強壯能任畚揭之華工，給予辛資，工作永保。

凡如以上所指之華人，願赴巴那馬從事河工，無須破費川資。

守候開始，暫寓香港。

其所住之屋門常開，出入隨便，該工人等一致巴那馬，房舍飯食俱有供給，如或患病，小心醫治，授以藥餌，不取分文。

自抵巴那馬日起計算，作工滿三年後，本公司不取川資，即送回華。設預期遣還，其權永由本公司主之。

以上之事，本公司言明可給一切緊要保押。

按，出洋律例，凡出洋華人應於離港前，由所派之官在彼查察，須其人實係身能自主，遵章啟行，並知此事原委，而醫官又保其無病者。

陳翰笙主編：《華工出國史料匯編》第一輯，第三冊，〈自香港招華民至巴那馬所擬節略（總署清檔）〉，一二九一頁。

光緒十三年（1887）七月十六日。

現英外部送來照會，係巴拿馬開河公司赴英藩部稟請，准令華工由香港出口，運往巴拿馬，附送勒色伯司節略一紙。其照會內聲明，英廷並不欲行其所定之意，亦不能擔保出口華民在巴拿馬如何看待情形，是外部於此事不肯擔保，其不欲辦工之意，已可概見。不過因藩部咨會代為轉咨，借以塞責而已。

查招工出洋，前經鈞署於同治五年（1866）與英、法兩國駐京公使議定章程二十二款，嗣英、法兩國未能照辦，請廢此章，英、法公使已於同治八年（1869）照復有案。今核開河公司節略內云，出洋悉由自主，並不於起程時立作工合同。又云，守候開船，暫寓香港。查香港非中國通商口岸，中國亦無駐紮委員，無從稽查照料，應不准華民由彼承工，及在香港裝載船隻出洋。又，招工出洋，與華人自願出洋不同，華民自願出洋，照章應先赴關道處報名掛號，請領蓋印護照，始准出口。若招工出洋，應在通商口岸先立合同，載照指定何國承工，年限多寡，限滿回國，及水腳路費各等利益。今云起程時不立作工合同，亦與章程不符，比已照覆外部矣。

勒色伯司，系前開蘇彝士河法商之子，現於中亞墨利加巴那馬地方，經辦開河工程，因該處荒遠，作工人少，未能刻期竣事，欲招僱華民前往作工。又，以怡和在香港經商，欲其在彼僱船裝運華工。

前月下旬，該洋商勒伯色司同怡和商人克錫克來謁，談及此事，第告以招工之事，本非中國所樂聞，而香港亦非中國通商口岸，華工又不先立合同，皆與中國章程不合，難以照辦；況招工出洋，此事關係甚重，能允與否，必須稟請總理衙門核示辦理。該洋商唯唯而退。

現外部送來照會，然總以此事允否，悉聽中國主裁，即不允准，亦不相強。除備具公牘，照譯節略，並錄往來照會各稿，咨呈鈞署核示外，用敢縷敘各情，即乞回明堂憲鑒察。

陳翰笙主編：《華工出國史料匯編》第一輯，第三冊，〈使英劉瑞芬為巴拿馬開河公司擬在香港招工致總署函（總署清檔）〉，一二八九至一二九〇頁。

光緒十三年（1887）七月二十六日。

招工出洋關係甚重，查閱照會英外部文內所言各節，極為周詳，與本衙門意見相合。總之，華民承工聽民便，如該公司以後能擬定章程，妥訂合同，於華民有益無損，原不必拒絕太甚，惟華民或不願應僱出洋，則斷不能強之使從。此事由貴大臣酌度情形，答覆英外部可也。

陳翰笙主編：《華工出國史料匯編》第一輯，第一冊，〈總署為巴那馬開河公司若妥訂保工章程我不必拒絕太甚致劉瑞芬咨文（總署清檔）〉，一二九三頁。

光緒十三年（1887）十二月十二日。

光緒八年（1882），法人籲石曾浚蘇彝士河者，騁其餘智，廣集資本，擬通巴拿馬峽島，導大西洋與太平洋水道聯接，利商船而樹奇跡。其時廣東客民赴役者二千人，不逾年而瘴歿幾盡。前年又赴香港招誘華工五千，已有成議，臣據金山領事官稟報，當咨會粵東禁阻。張之洞懸賞千金，遂將為首販鬻匪犯周三桂拿獲，此患遂息。

陳翰笙主編：《華工出國史料匯編》第一輯，第三冊，〈張蔭桓為陳巴拿馬華工情形奏片（硃批奏摺）〉，一二九四至一二九五頁。

　　巴西國地土饒沃、樹塾各項極為蕃盛，五金等礦亦極豐旺，倘留心整頓，則振興正有未艾。向來意大利、葡萄牙、大呂宋①及法國南境之人旅居甚眾，英、意兩國亦有人前往當工，然其水土雖佳，與歐洲人不甚相合。曩時嘗有土著黑人幫助意人作工，及約滿，陸續星散，或與歐洲人同往城外貿易，種植家因欲由亞西亞洲招工前往。一千八百九十年，國家出有禁例，不准亞細亞及亞非利加洲人擅入本土，必須攜有特照，方許托足其地。至九十二年（1892），巴西國王親降諭旨，始准中國、日本人入口，並設代理人或領事官。在中國、日本口岸招工前去，又派給西員邊拿必士到香港探察情形，講求招工善法。移植公司亦託西人劉申及加利土在香港僑寓代理招工事物。其所招人數約以五十萬為率，務與中國官會商一切，然須守候數月，聽候總理衙門咨覆，始能定奪。因前者秘魯國招工一役，違背成約，虐待華人，故不得不以慎重出之也。刻下所招者，須有殷實保人，勿與奴僕等視，勿令各工人或有後悔，方無遺憾。事果有成，意必在香港廣為招致，即由香港附航而去。其載運工人之船亦必向英商租賃，香港官憲雖處於局外，然亦不可不留心查察，恐其或蹈秘魯故轍。查香港原有定例，禁止華人出口，如果港官執法辦理，則中國與巴西商立條約更有定見。現聞香港總督羅制軍，已委華民政務局駱君稟商英國外部大臣，如此事可望有成，再往巴西國詳細訪查，庶將來易於措辦云。此皆西字報所言，特譯其略如右。

註：①大呂宋：即西班牙。

《申報》合訂本，第四四冊，〈招工述略〉，光緒十九年（1893）五月初八日，三六九頁。

　　光緒十九年（1893）十月二十一日。

　　查同治十三年（1874）間，英國所屬之香港招工定例，凡華工由香港招往英國屬地者,始准先立合同,其由香港招往別國者,概不准先立合同。誠以往英屬則仍由英官經理,凡在香港所立合同內,優待華工之處,抵埠自必照辦。若往別國,既抵該埠,即由該國官府經理。其香港所立合同,照辦與否,非英官所得過問,是該合同不啻具文,並恐奸匪執以誘騙。

陳翰笙主編:《華工出國史料匯編》第一輯,第三冊,〈粵督為巴西私在澳門招工查禁情形事致總署咨文〉,一二二三頁。

香港先是有華船由海豐載"豬仔"至澳門,悉驅所載"豬仔"入祿記招工館。所有盤費,領回千餘元,已入船主橐中。艄公見之,甚屬垂涎,必圖得之而後快,因潛語二賊,俟至長洲左右即行劫奪,並將船主殺死,推入水中。

夏東元編:《鄭觀應集》上冊,〈救時揭要‧救豬仔巧報〉,一四頁。

粵東澳門、香港、汕頭等處,向有拐販華人出洋之事,名其館曰招工,稱其人為豬仔。豬仔一名載至西洋,身價五、六十圓,稅銀一圓,澳門議事番官收費二圓。其黨與洋人勾溝,散走四方,投人所好,或炫以資財,或誘以游博,一吞其餌即入牢籠,被拘出洋,不能自主。或於濱海通衢歧路,突出不意,指為負欠,逼迫登舟。官既置若罔聞,民亦何由申訴?初則省城外黃埔等處皆已蔓延,嗣被大員訪懲,甫能封閉,而澳、港外埠之根株猶未絕也。蓋美、阿兩洲及南洋各島日汲汲然開礦、墾荒,土著寥寥不能集事,故不得不招工,但工資過低,人誰樂往?於是招之不來,出之以誘;誘之不能,出之以掠。

計每年被掠賣者累萬盈千,其中途病亡者自經者不知凡幾!……英人華利言:西曆一千八百九十一年即光緒十七年,華人被拐經新加坡分往各埠者多至十六萬餘人。其中有少壯者,有中年者,俱由中國口岸引誘出洋。……

夏東元編:《鄭觀應集》上冊,〈盛世危言‧販奴〉,四一三至四一四頁。

夫販人為奴本干例禁，今則名為招工，實與販奴無異，原西律所不容。……

似宜查照公法與各國訂明章程，如果地需工若干，必先報知中國公使、領事，查核所需人數，轉報總理衙門，行知地方官，照章招致。中國派員駐香港，澳門及各要口。華工出洋先由船主開單具報，請華官登舟查驗蓋印，申報本省大吏，知照出使大臣，俟船到彼國之時，船主呈請華官照單覆驗，然後發與工主具領僱佣，毋許虐待欺凌。……

夏東元編：《鄭觀應集》上冊，〈盛世危言·販奴〉，四一四至四一五頁。

十三日記　光緒十六年（1890），由香港出洋華工四萬七千名，往南洋者為最多；由外埠過香港回華者九萬九千人。香港土產雖少，而地當津要，實為商貨總匯之區。港界連穗垣之東南海濱，其地面丁方十英里，居民約四十萬；每年出入口貨物，約值銀四千一百萬磅；總督每年養廉三萬二千圓。

鍾叔河主編：《走向世界叢書》第一輯，薛福成：《出使英法義比四國日記·出使日記續刻》，光緒十七年（1891）九月，四二八頁。

中國地礦人稠，謀生不易，自海禁大開，華人之出洋謀食者所在多有。即就新嘉坡一埠言之，本年由廈門、汕頭、香港、瓊州前往者，五六月份共約一萬一千三百四十四人，七月份共約九千六百九十四人。分而計之，則由廈門往者四千九百六十九人，由汕頭往者一千三百六十五人，由香港往者二千九百六十一人，由瓊州往者三百九十九人。攘攘熙熙，備極一時之盛矣。

《申報》合訂本，第五三冊，〈出洋人數〉，光緒二十二年（1896）七月十九日，七六五頁。

三、英美排斥華工浪潮

光緒十一年（1885）十二月十六日。[①]

……為今之計，欲免華工後禍，似非先杜來源不可，欲杜來源，似非中國自禁不可。謹冒昧陳說。

一曰先正自禁之名。……

一曰實籌施禁之法。華民受害情形，業於金山、香港等處，痛切布告，勸令未歸者速回，已歸者勿往。但恐誡諭之文，若輩未必盡知，即知未必盡聽，若由官府示禁，亦恐視為具文。惟有擬請貴衙門，商託英國駐京公使，轉請英廷飭令香港總督，無論何國輪颿船隻，凡有由港開往美國各埠者，一概不許搭載華工，庶有實在把握，仍將此議，知請美使照行。

一曰分別應禁不應禁之人。此次所擬禁者，只係華工一種，其餘條約應准往來自便人等，一切不禁。然載客船隻，何由辦其是否華工，香港英官亦何由定其是否華工，是不可無分別之據也。查美國舉行新章，初擬中國自發華商來美執照後，因華工冒領者眾，於是議令美國駐港領事將中國所發執照，歸其稽核，以定准駁。我國又因有礙體製，遂將執照停止不發。去年其國又議准令駐港領事自發華商執照，此舉卻是意在便商，乃今秋戶部又以不合而除之，蓋章程已經數變矣。

藻如現擬兩法，商諸外部，一則請美國仍准駐港領事自發華商執照，一則凡有華人欲來美國貿易者，擬令京山各埠華商，開具其人姓名年貌，稟由金山總領事繕發印照，寄給本人，攜交港中美領事復驗，以憑登舟，蓋因在港商人，皆與在美華商通氣也。目下須交議院公議，乃能定所適從，既擬禁華工續來，必先籌及華商來美憑據。擬請貴衙門行文美使時，並催其轉達美廷速定華商領照之法，庶與華工有所分別，可以在港驗明登舟耳。

註：①下文為清廷出使美國公使鄭藻如於光緒十一年（1885）

十二月二十六日函呈總理衙門之議略。

陳翰笙主編:《華工出國史料匯編》第一輯,第四冊,〈自禁華工來美議略〉,一四〇四至一四〇六頁。

光緒十二年(1886)正月十九日發。

據香港華商電稟:接金山中華會館電,美國西人攻擊華人,焚毀財物五十餘萬,人亦死傷不少,華人實不能安生,求稟知粵督並知照愛育堂等語。愛育堂係粵省紳商公所,必動眾情,恐生事端。頃英、美各領事來函亦甚恐懼,現已飛諭愛育堂及香港東華醫院,告以朝廷已極力理論保護,勿得紛傳,並即託其電本國禁約弭患,一面籌備彈壓。竊思息事惟有探源,懇敕總署速電鄭使,商美總統竭力保護懲禁,免中國洋人不安。……

《張文襄公全集》第二冊,卷七五,〈電奏‧致總署〉,二六七頁。

光緒十二年(1886)正月二十八日發。

此事朝廷既已設法保護,本部堂又迭次極力催辦,粵省不可再加紛傳,以致訛言生事,無益有損。若仇釁大作,華工必全被美地匪徒驅逐殘害,事關大局。昨日西關又有人帖報,情形頗不安靜,該紳董查明是否香港遣人來帖,務須阻止。

《張文襄公全集》第三冊,卷一二六,〈電往‧致香港東華醫院〉,二三二頁。

光緒十四年(1888)四月初六日。

今本大臣又聞得該屬地官員非特禁止華民登岸,且欲令阿富汗船主將華民載回香港,此事顯違中英兩國約章,想英廷聞之,亦必以該澳屬官員之待華民為太苛也。……抑更有不可解者,華民本由香港上船,香港係英國所管之埠,輪船駛赴何處,香港官員必知其詳,若英國屬地有阻止華民登岸之事,香港官員應即先行告知,阻其上船。今何以阿富汗船於西三月二十五日由香港總督寶星維廉狄浮明諭華民上船出口，乃於西四月二十七日澳屬之維多利亞及細埠士威爾斯兩處總督，竟擅自作主，不准華民登岸。同為英國屬地，一則諭令華民上船，一則阻止華民登岸，一事辦理兩歧，華民何以堪此，本大臣現既訪聞屬實，惟有請貴爵部堂轉請貴國國家，迅即發諭，將屬地官員阻止華民登岸一事，速行改除，并免以後再有此不公之事。

陳翰笙主編：《華工出國史料匯編》第一輯，第四冊，〈照會英外部文（總署清檔）〉，一五二四至一五二五頁。

光緒十四年（1888）五月二十六日。

又查紐埠士威爾斯及維多利亞之例，港中船上外國水手內若有華人充當水手，除奉船主派差上岸辦事外，不能偕外國水手登岸，違者罰英金十鎊。此種苛例之例，亦為全球各地所無。

陳翰笙主編：《華工出國史料匯編》第一輯，第四冊，〈使英劉瑞芬以澳大利亞禁華人登岸並改每五百噸許載一名致英外務部照會〉，一五二二頁。

光緒十四年（1888）六月初七日。

……尤可駭者，昨有新客自香港搭輪抵埠，共來三隻，船號晚苗著十五名，他婦建六十七名，吉打頓一十四名，尚未下船，即有兇暴之徒環列碼頭，有如赴鬥之狀。商等見此情形，稟請英官彈壓，保護新客登岸，而英官以為眾怒難犯，立擬厲禁，自後不許華人到境，將三船新客一併送香港。

本衙門查華人由香港搭輪船前赴各埠，續約第五款載明毫無禁阻，並保全華工字樣，若如該商所稟，官員專意苛待華民，勒收身稅，且於華民搭船抵埠，不令登岸，載回香港，實於中英兩國條約相違；且華民本由香港上船，香港係英國所管之埠，港官理宜相告，何以港官不阻其往，而該埠轉阻其來，同為英國屬地，辦理未免兩歧，似此不公之舉，於華商、華工虧損甚多。相應照會貴大臣，即行轉請貴國國家，迅將屬地官員苛待華民一事，速飭改除，以昭公允而全睦誼，盼切施行。

陳翰笙主編：《華工出國史料匯編》第一輯，第四冊，〈總署為澳大利亞苛虐華人致英公使照會（總署清檔）〉，一五二六至一五二七頁。

光緒十四年（1888）六月十二日。

竊臣等據粵省及香港業金山生理各行店職員陳選良等聯名稟稱：竊商等在粵垣香港開設金山生理行店有年，與美國舊金山埠華商行店，一脈相通，互相維繫，該處華民往來無阻，生理方能茂盛，反是則否。上年洛士丙冷之案未結，商賈裹足，市面寂寥，迨至賠款既償，商業始漸興復。詎近日接寓居舊金山商民函電，謂中美現訂約款，禁止華工赴美，以二十年為限，未往者概不准去，已回者不能復往，業經議院核定，使臣畫押，瀝懇稟達等語。

……查條約雖經使臣畫押，尚有一年期限，允否出自朝廷。此時未經互換，惟有吁懇俯察下情，咨達總署，堅拒其請，則商等合粵垣、香港、舊金山各行店數千家生理，數十萬生靈，叨沐天恩，曷其有極，等情前來。

陳翰笙主編：《華工出國史料匯編》第一輯，第四冊，〈粵督張之洞奏寓美華商請立新約以維生計摺（硃批奏摺）〉，一三七七至一三七八頁。

光緒十四年（1888）十月二十四日。

香港粵商電稟，中美新約，幸蒙力爭，尚未畫押，全粵戴德。惟美廷現因中朝不允畫押，擅敢背前後中美條約，克期自立荷例，盡禁華人工商進境。近日連期輪船到美，俱被截阻，迫將華人載回香港。刻香港粵垣業金山生理商人，憂惢困急，慘苦無狀。如任彼禁阻，粵人謀生之路斷絕。今吁訴無門，急電稟請，速轉電美廷，責其不候兩國朝廷商妥，遽信強禁，違公法而背和約。並哀懇始終設法維持，請朝廷決計不與畫押，不准其強行，拯救大局，粵商數十萬人感德無量。香港粵商華安公司等叩稟云。鴻。敬。（此件未遞）

陳翰笙主編：《華工出國史料匯編》第一輯，第四冊，〈北洋大臣李鴻章為美立苛例禁阻華人赴美致總署電（電報檔）〉，一三八二至一三八三頁。

光緒十四年（1888）十二月初八日。

緣香港、澳門販鬻人口之風，根株未絕，每有無賴洋人糾合華人，在香港設立行店，包攬出洋。其包至美國者，每人一百七十元，除大艙水腳五十元外，餘皆經攬者之利。每年至少以五千人計之，歲得五十餘萬金，與金山華人會黨串通分潤。歲留公積銀一成，以備一切費用，七八年於茲，積成巨款。金山華商之狃於目前者，謂攬載多而生理暢，咸於結納。其稍存遠慮之華商，縱不仰其鼻息，亦莫敢頡頏，狂焰日侈。所包華人抵岸後，有工與否？燔殺驅逐與否？愁急自盡與否？皆不計也。今春新約甫定，所有香港赴金山輪船大艙位，均經包攬人預定，自三月至七月以為壟斷之私，若不經其攬載，不易覓一艙位。此數月間來美者五千餘人，提審候訊，轕轇之甚。年來出洋華工，歲無慮千萬，實只兩項人，非至愚則至黠。聞出洋可以獲利，遂百計典質，湊足百七十金，交香港包攬人，領取一照，授以口供，即便前行。從未睹條約禁章，方謂往來任便，故新約一立，幾疑臣擅為勵禁，以自絕華民生計，怨毒遂興。而香港包攬出洋之人，坐失重利，尤不憚百計阻止。

陳翰笙主編：《華工出國史料匯編》第一輯，第四冊，〈使美張陰桓奏美約中緩善後無期請飭籌補救摺〉，一四〇〇至一四〇一頁。

為禁例虐商，港市立困，請設法維持，俾安生業事。竊以地利由人而□，人情以公而協，與國重往來之道，互市無畛域之分，此所為中外一體爾。我毋虞鄰境，無妨四方來集者也。香港地原荒島，開埠後，遞至咸豐元年即西曆一千八百五十一年，仍屬居戶寥寂，生意冷淡。自開舊金山、檀香山與新金山三埠，華人往彼謀生者，年多一年，而香港即為通衢之路，貿易日隆。□航咸集 [①]，鋪價地價大為增漲，然則金山與香港交相維繫，生意之贏絀，因之華人不往新舊金山，縱彼處英美商務不形竭蹶，而香港景市未有不蕭條者矣。洋貨以香港銷□為最旺，由出洋人眾習見慣用，一往一來購運不貲。若論南洋各處，如往新加坡、西貢、小呂宋等埠者，多由廈門、汕頭等口岸附輸，其勢不專屬香港，故關繫港地盛衰之局，南洋州府萬不敵新舊金山與檀香山。計金山庄生理設立港中者，共有百餘家，每年附英美各船載貨前往者，載腳銀不下百五十萬元，由各埠附港渡帶貨到港腳約計銀五十萬元，納本港印捐局十一擔，驛務局十一擔，費數萬元利源，固甚大也。今年春間，美國與駐美華公使訂立約稿，禁止華人前往英屬新金山，大憲立即仿設苛例禁絕華人前往，不知禁例獨施於華人，是違公法，悖約章。瞬交窒，壞商局，萬不可行，是以中國朝廷不允畫押。乃美廷因中朝不肯畫押，遂即強行新例，連期附輪船到美之華客不許登岸，是威力縱可制彼旅人，而公論總難逃於天下。顧今日中外通商大局，以香港一埠為樞□，中外交涉，民情既大不協，商務亦以香港大憲為諳悉。倘謂萬國公法可廢，各國盟約可寒，是美人可禁華人登岸者，華人亦可禁美人進境也。各國輾轉效尤，民情既大不協，商務亦因以大虧。且香港與金山一脈相通，華人不能寄身金山，即不能樂居香港，故金山之禁華人，惟香港先櫻具害，不轉瞬而商業頹淡，行店閉歇，房局虛閒，洋藥、稅餉、印捐、驛務進款必稀。英國船隻與往來內地各埠華船必少，船鈔一項且大減色。遑論其他？皆可預知而逆料者。而本港商民之苦，自有不可勝言者。伏念憲臺操保護華商之權，仁政久已，旁敷時事，固先熟計，用敢將下□切實稟陳，請即轉呈督憲，奏請英廷照會美國，速將擬行之新例棄置，當敦守一千八百六十八年與一千八百八十年《中美條約》，任華人依舊往來舊金山及新金山埠，並即諭令英屬奧大里亞各省大憲，守公法，遵條約，毋得倣行苛例，則香港商局自可保全，港中數十餘萬民，多沾往來金山工商之利，及業金山生理之益，實惠豈淺鮮哉！轉移之機，惟憲臺暨港大憲實厚賴焉，而感德誠無既極矣。為此具稟，切赴華民政務總憲大人案前，督憲大人恩准施行。

戊子年十二月日

華安公司等稟

註：① □為原稿上的不清文字。

《申報》合訂本，第三四冊，〈錄華安公司呈遞香港華民政務司稿〉，光緒十四年（1888）
十二月二十三日，一一八頁。

第五章　中法、中日戰爭期間的香港

按：光緒十年（1884）中法戰爭爆發，港英當局雖宣佈保持中立，實際上卻多方幫助法國侵略中國。香港市民採取多種形式進行抗法鬥爭。光緒二十年（1894）中日戰爭爆發後，港英當局又支持日本侵略者，香港人民又展開多種形式的抗日鬥爭，充分説明了香港市民與內地同胞共存亡的愛國精神。

一、中法戰爭期間清政府加強廣東海防

光緒九年（1883）三月初八日。

奉上諭，總理各國事務衙門奏：越南事宜現有變局，亟應密籌防務一摺。廣東原駐廉瓊水師，著曾國荃、裕寬飭令吳全美移近越洋，認真巡哨，不可稍涉疏懈。此次籌備各節非從前事機尚緩可比，該督撫等務當悉心經畫，實力整頓，總之釁端不可自我而開，要必壯我聲威，用資鎮懾等因。欽此。……臣等熟揣近日法越情形，粵東舟師出洋駐巡，於海防未必有裨，而於他族轉虞啟釁，實有不能不熟籌審處者，謹將實在情形為我皇太后、皇上一詳陳之。查法人用兵越南，注意專在富良一江，富良江之北為越南諒山、高平等省，延袤千數百里，在在與粵西毗連，若溯富良江而西則可由保勝直通滇省，中國保小扞邊之策，首重粵西，次則滇南。現在粵西防軍分駐越之北圻各省，廣西藩司徐延旭業已出關，自必妥為佈置，滇軍之駐越境者尚在富良江之上游，中隔劉永福保勝一軍，未與法國兵鋒相接。至於粵東陸路與越接壤者止有欽州一隅，彼此皆係邊界，偏陬無關全局，水路之廉、瓊洋面雖與越洋一水相通，其實巨浸渺茫，聲勢不相聯絡。目

下越南各港口法人均駐有兵船，近據探報中國招商局代越運糧之船，亦為法人所阻，並奪其糧米五萬餘石，粵東舟師若竟駛近越洋巡哨港口之外，風濤洶湧，駐泊綦難，倘或避風駛入港汊，與法船遙遙相對，則逼處之餘，恐未能相安於無事，萬一粵之兵船駛入港口，法人出而阻攔，彼時剛既啟爭，柔則示弱，尤覺進退不易。倘若於廉、瓊洋面駐紮操防，則與越南相距太遙，仍不足以壯聲威而資鎮懾。昨據越南陪臣阮馥來稟，法人有借助俄國師船之舉，並聞該國續有兵舶東來，不日可抵香港。夫以法攻越屢勝之後，又復濟師揣厥隱情，顯示戒心於我，其鋒未可遽攖。粵東舟師遠出外洋，後無應援，設若法人謂我援助越南，因而與我為敵，以在越境之戰艦扼我軍之前，以泊香港之師船截我軍之後，腹背受敵，危殆堪虞。……臣吳全美一軍祇此數船，遠不如外洋之利器，似宜仍駐虎門，逐日操練，不明作橫海揚戈之舉，但隱示勒兵觀釁之形，庶聲實之間，使人莫測，縱未能折衝制勝，總不致別肇他虞，較之跨海懸軍，似覺稍有把握。

《曾忠襄公奏議》卷二一，〈粵東舟師未便出洋疏〉，三頁。

光緒九年（1883）四月初九日。

奏為粵省添造輪船支用經費專案恭摺仰祈聖鑒事：竊照廣東內河、外海水路紛歧，捕務緊要，經前督撫臣陸續購造大小輪船，分配員弁管帶巡防，業經先後奏明，並咨部核覆在案。茲據廣東善後兼辦海防總局會同全省營務處司道詳稱：粵省自派撥大小輪船在於各處分駐，巡防盜匪，頗為斂戢。惟內河之肇慶河面，上通廣西，下達省河，綿亙六百餘里，支港最多，雖經設有小號巡船二十餘艘查緝，仍難周密。又大鵬協管轄之九龍一帶洋面，界連香港，為華洋交錯之區，其間支河分港，水淺路歧，大號輪船不能行走。以上兩處均須添派淺水輪船捕盜緝私，庶期得力。惟從前購造大小各輪船，均經分撥各處，擇要巡緝，礙難抽調，當經詳准飭行軍火局購買物料，於光緒八年（1882）正月內造竣輪船一號，取名肇安，撥交肇慶協派撥弁勇在於肇慶一帶河面巡緝。又由機器局購買物料，於八年（1882）六月內造竣輪船一號，取名南圖，撥交大鵬協派撥弁勇在於九龍一帶洋兵巡緝。該輪船兩號均與從前製造之靖安、橫海、宣威、揚武、翔雲小輪船五號，長寬丈尺相等。內肇安輪船支過工料價值銀七千八百四十六兩一錢五分，南圖輪船支過工料價值銀九千四百一十五兩三錢八分，飭據委員驗收，俱係工堅料實，駕駛靈捷。

《曾忠襄公奏議》卷二一，〈添造輪船支用報銷疏〉，一頁。

昨於徐方伯[1]函中知，貴軍已駐北甯，一切蓋籌碩畫，動協機宜，良深忻慰。法越久持不下，近聞法人在香港、澳門一帶招集客民千餘人，並製中華越南號衣多件，意在混入軍中或臨敵時以眩我軍耳目，又另製布袋數百件，更不知作何詭計。我軍逼近前敵，均祈密飭各營嚴加查察，以杜狡謀為荷。滇軍唐方伯想已面晤矣，劉團屢獲勝仗，此次法兵大集，當更奮發有為，惟兵力太單，不能大舉進取，以恢復已失之地為可念耳。若肯放手辦理，因糧於敵為妙。邇來情形若何，尚乞隨時飛函密示為盼。鈔件祈查閱。

註：①徐方伯：即光緒九年（1883）任清軍駐北甯前敵指揮的徐延旭。

《曾忠襄公書札》卷一七，〈致趙慶池〉，一八頁。

（光緒十年，1884）二月，督同總兵婁雲慶等疊勘營地於虎門外沙角、大角二處，安設砲臺，以婁雲慶五營進紮沙角，以提督王永章、劉樹元二營分紮大角，與提督方耀防守上、下橫檔及威遠砲臺之軍，勢成犄角。又飭副將劉迪文管帶紅單船二十隻，配齊砲位，為靖海水師營，分泊沙角、大角，水陸相依，以固省城門戶。

《清史列傳》（一五）卷五八，〈彭玉麟傳〉，四五四〇頁。

玉麟尋與總督張之洞等巡閱各海口，察其險要兵單之處，復添募勇營填紥，以為各砲臺遊擊策應之用。又以虎門以西有崖門、橫門、虎跳、磨刀等門，其水雖淺，而小輪船可直達佛山鎮，以拊省城之背。與張之洞商之方耀，僱募艇船二十，分守陳頭、五斗口一帶河面，以顧省垣後路。又調集小輪船十、紅單船十，駐泊橫檔左右，以為沙角、虎門各砲臺應援。又派小輪船十、紅單船四駐泊黃埔一帶，以為常洲、沙路、魚珠各砲臺應援。

《清史列傳》（一五）卷五八，〈彭玉麟傳〉，四五四二頁。

光緒十一年（1884）

竊惟粵東防務，當去年秋冬之間，中路首衝，自虎門以內，至黃埔魚珠、沙路、南石頭等處，水陸戰守之具，已有規模。惟逸西蕉門、橫門、磨刀門、虎跳門、厓門五口，外廣而內歧，交午旁通，皆可互達，巨艦可入口百里或數十里，中小輪則可由五門而薄省垣，由磨刀門入西江而薄肇慶。敵若犯境，必以巨艦綴我中路，而以餘船旁突五門，窺我堂奧，雖於西路近外之盤古廟、梅角村、菱角洲、右口汛、博刀沙、大律口、圭沙等處，近內之陳頭、五斗口、蔗圍口、銀河口、東窖口等處，築壩遣簰，酌量攔塞，分築土臺，屯軍安砲，特是臺粗砲小，力量殊薄，若無水師，萬一敵船闖入省河，將坐視其縱橫城下。復經分駐紅單船水勇，以助各臺，調集各路巡緝扒船，以資策應。然而紅單重滯，非風不行，板屋高大，招砲引火，扒船頭方底平，行駛甚遲，船腰有艙，阻塞槳路，皆非戰具，徒以別無可用之船，不得不姑就固有者佈置應急。至臘正之交，警報日亟，皆謂將襲五門以窺粵省。臣之洞、臣文蔚屢與將弁詢究省河如何防禦，率多遊移無詞，此時欲製淺水輪船，而倉卒難成，已購外洋雷艇而阻絕難至，不得已而思其次，惟有用舢板砲船之一法。蓋省河非鐵艦所能到，舢板砲船以多制寡，以小制大，以散制整，未為非計。查法人慣用水雷傷我兵輪，惟有舢板可以防彼攻襲。本年正月十五、十七等日，浙江鎮海口內，南洋兵輪三艘將法船雷艇擊敗，即得舢相之力，是此船可以御敵，確有明徵。去冬已先令署南海縣知縣同知危德連試造數號，驗之可用，但覺其笨，因與臣玉麟籌商定議，即委危德連暨提督王光耀、前記名總兵柏正才，購料設廠，創造舢板砲船一百號，募勇配砲，以百號分為三營，統名為廣安水軍，營制餉章俱照長江水師規制，間有不便，稍加變通，照章併造長龍四號，為統領營官營務處乘用，一切工匠由臣玉麟向長江水師船廠調集，併令熟習樸實之營兵親兵監造，選派湘軍習於水師之將弁為統領營哨官，其募配水勇之法，定為湘勇三分之二，粵勇三分之一，非導以湘勇不解駕駛，非參以粵勇無從練習，他年運用漸熟，便可多配粵軍。緣紅丹扒船，起居皆便，長江砲船，上面無屋，均用布帳，粵勇敢戰而不耐苦，故向不喜用此式之船。前撫臣蔣益豐，曾於粵省造舢板多隻，可以供巡緝，行用靈捷，有案可據。此船製造甚速，早經造製多隻，六月內一律竣工，即可成軍操演，為粵省內河水師張其風氣。大抵粵防為五門計，為省河計，以多造淺水輪船，多購魚雷艇，多布水雷為上策，此數百里間，縱橫港汊，彌望沮洳，無地可以建堅臺，無路可以通軍行，目前勉造土臺，類多孤露隔絕，蓋其地勢，斷非砲臺所能徧防，陸營所能肆應，無陸隊則砲臺為孤注，無臺船護守則攔河樁壩、簰船、水雷皆為棄物。方今巨艦水師未成，淺水輪船未備，惟有砲船水軍之舉，尚可剋期觀成，此外更無防守內河之法。要之，以槳船禦兵輪似乎不敵，然而裡河支港，迅駛環攻，護我之水雷，擊彼之雷艇，雖無摧破巨艦之大力，確有便捷如意之實用。粵省劫盜最多，水路尤甚，舊設之扒船，器械朽鈍，練兵饑疲，積習亦深，將來防務大定，即以此項舢板砲船，分撥附近省河，各認地段，分汛巡緝，漸減無用舊船，勝之遠矣。其造船工料，編營新餉，配用砲械，應俟成軍後，核實奏報。目前即將所募紅單水勇，先行裁撤，移其船租、餉項，以充此軍之用。

《皇朝道咸同光奏議》卷四九，彭玉麟：〈創設廣安水軍疏〉，二三九〇至二三九一頁。

光緒十一年（1885）正月初四日。

照得近日屢接探報，法人確有窺粵之意。昨據駐港探報，大蛇山後有法船來往，香港山後亦有二艘，旋即駛去。而鯉魚門外復停泊法兵輪三隻，近日忽又駛往他處。是敵蹤飄忽，近在藩籬，誠慮聲東擊西，伺我不備。且難保不句買奸匪，溷入城市，各營乘機煽擾，省防經晝年餘，各軍星羅棋布，尚屬嚴密，惟大敵當前，非尋常防守可比。所有虎門中路以及五門各口，內河各港，省垣城關內外，亟應通飭各統領並內地沿海地方文武，激勵將士，聯絡民團，齊心併力嚴為之備。虎門內外以至黃埔左右各砲臺，所有原設砲位亟須整理，晝夜瞭望，量準攻擊，高樓旗桿宜急撤去。臺外泥簍沙包宜速堆設，砲彈火藥拉引等物務宜預備足用，一切閒人不准闌入砲臺、藥房左近窺探，攔河工程有未堅實者速為修補，營壘分駐有未週密者亟為填紮，水雷安放有未妥貼者趕為佈置，其引門有無受潮，其電線有無傷損，均須一一驗過。現設之魚雷艇、蚊子船，副將吳迪文所帶之紅單船，各宜屯泊便利處所，與臺砲夾擊敵船。其分守沙路、魚珠遊擊黃廷耀之紅單船，分守登洲、陳頭、五斗口副將利輝之紅單船以及各項扒船，或分泊港汊而作疑兵，或搶護攔河而助臺勇，應責成統率內河各船之黃鎮廷彪相機調度。陸路各軍，貴得地勢，宜分段埋伏，多設地營或奇兵，橫襲後路，包抄敵兵。在船則精選槍手，伏隄而狙擊。敵兵登岸則安設地雷，依險而密佈。省垣重地，尤為緊要，凡稽查奸細，防護藥局，彈壓土匪，應責成中廣協綏靖營嚴為巡緝守備。羅祺一營仍勤巡沙面一帶，靖海營紅單船仍扼守新會、崖門一帶以資犄角。軍火、軍裝、水雷各件，責成各該局迅速併工，趕製速購，勿令臨時短缺。至團練輔兵力之不足，⋯⋯均責成各該營縣，會督紳董，刻期整備，以待調遣，一聞警信，立即馳往要隘，奮勇攻剿。到防之日，給發口糧，各懷同仇敵愾之心，同矢待旦枕戈之意，是為至要。

《張文襄公全集》第三冊，卷九一，〈照札各營通飭嚴防〉，五五八頁。

二、中法戰爭期間港英當局所謂的"中立"

英國聞法人有攻舟山之說，擬力為保護，以全商局而踐盟約，此已列報，但語焉不詳。茲閱香港《循環報》，有譯登港中商務局致港督書及局紳贊臣致英外務大臣函，意始豁然，亟錄之以供眾覽。據云香港商務局前日關門聚會，商議時局，共推局紳贊臣為主席，請代修書呈遞港督包制軍，蓋以法人倡言，欲攻奪中國口岸，以為議和索賠地步。若果兵戎驟起，則必先據舟山，以絕南北之路，而商務大有妨礙，故欲保商務，不得不先保舟山也。其略謂前者勞打電報館發來之電音，有謂法國巴黎士都城各日報，皆以中法和議斷難有成，法國宜速發水師戰艦攻奪舟山，屯兵駐守，以成扼吭拊背之勢，而收迎刃破竹之功。蓋舟山為南北通津，苟得其地，則進戰退守，而中國殊失所恃。法國此時正不宜觀望遲疑，而不早為決計也。在法人之謀，固屬籌畫周密，然舟山關係商務甚重，我英人則殊切隱憂也。商局人員，今欲求制憲少為留意，以維持大局。查一千八百四十六年四月某日中朝所派欽差與英國公使全權大臣贊爹威士議立和約，以永敦輯睦，其第三款有云：中國大皇帝於英國撤退駐舟山之兵後，即以舟山為緊要重地，嗣後若有各國請以此地開作口岸，亦概不准，茲特載在約內，俾得永昭信守。其第四款云：嗣後若有別國侵伐舟山，英國必力為保護，務使此地永歸中國管轄。此乃兩國交誼，情理應爾，用昭盟好之意，即費軍需為款甚鉅，亦不向中國取償。觀此兩款，則舟山一隅，甚有關於英國商務，可想而知。蓋英國貿易，以中土為最大，而舟山則在洋（揚）子江口，船艘往來，在所必經，豈容他族實偪處此，故能保護舟山，俾免他人侵佔，固屬本港之利，亦即英國之利也。倘舟山為別國所據，則不獨有損於本港利權，即凡與本港貿易商人，亦將受其大害。為今之計，英國宜力為擔當，肩此重任，添撥兵艦，調遣水師，馳來中國海面，厚集其勢，以防不測。夫前人識見，自必洞悉利害，然後載在約章，所立和約，而必以保護舟山為要，斷不肯使人侵犯，可知舟山有失，我英國將來必有連累也。眾人故求制憲代致書回國，稟告外務大臣忌蘭威路，俾知我等見此危急情形，敬懇英廷堅守一千八百四十六年之和約，速發兵來，以防意外，庶不致利權有失也。贊臣又自以己意修書回國，呈遞外務大臣忌蘭威路，謂茲呈上之書，乃商務局員詢謀簽同，未代□英廷者，經已稟知港督包制軍矣。謹按一千八百四十六年大臣爹威士與中國所立之和約，屢以保護舟山為言，蓋以舟山安危，關係英人利益甚大也。計自英兵駐守舟山，未及數月，即行撤去，以歸中國管轄，以後遂有金陵和約之議。今局員懇求轉致英廷，設法以護保之，誠慮或稍不測，則事勢將有不堪設想也。夫泰西諸國，來商中土，想必知有此約，即與中國失睦，亦必不進攻舟山，以致構怨於英國，誠以盟府之言可覆視也。奈何法人欲逞志於越南，既與中國齟齬，又欲英國廢所立之和約，而聽舟山任其攻奪乎？此誠無理之甚矣。然利害所關，英國究不能置諸度外，以致貽悔於後也。謹佈區區，惟大臣實圖利之。按：商務局此議，頗有裨於時事，亟詳譯之。

《申報》合訂本，第二四冊，〈譯錄香港商務局致港督書〉，光緒十年（1884）二月初四日，三一一頁。

光緒十年（1884）二月。

竊職道於二月二十早奉到二月十九日憲臺[①]札開："案照前請出使德國李大臣，代購新製克鹿伯砲七尊，又代購德國兵部轉售克鹿伯砲十八尊，連砲架、軌路、砲子及各隨件，均已發運來華，當經飭據東善後總局派委准補陽江縣丞薛瑤光等前赴香港驗收提運回省。昨據薛縣丞等稟稱，港官因惠州會匪茲事，禁止軍械出口，又經照會英國韓署領事官轉致英國香港總督大臣轉飭驗放，並派軍裝局施道，機器局溫道赴港催運在案。查惠洲會匪滋事，本部堂照會英國領事轉致香港總督查禁匪徒購軍火接濟，承香港總督禁止六個月不准軍械出口，係專指匪徒私行購者言之，所有由官購辦及採運軍械有印文可憑者自無禁止之理。查候選鄭道官應通達交通事宜，於香港尤為熟悉，應即添派赴港會同施道、溫道速將前項砲位各件趕緊起運回省，以免稽延。合行札飭。札到該道即便遵照，速赴香港，會同起運毋違。此札。"等因奉此，職道遵即赴港會同施道、溫道，已見港督，准即驗收，昨已提運回省矣。

註：①憲臺：指兩廣總督張樹聲。

《鄭觀應集》下冊，〈盛世危言後編五·稟覆粵督張振帥札委赴港提回購砲事〉，四四〇至四四一頁。

昨奉督憲面授機宜，到香港租船載汕頭方軍五營赴廉州，以厚邊圉，而資接濟。今又稟督憲再租一船，托港商出名，裝載客貨往來香港、瓊州、廉州，利便信息靈通、裝載通械，不畏法船阻滯也。

《鄭觀應集》下冊，〈盛世危言後編六·致雷瓊道王爵棠觀察論開懇兼承辦銅綠礦山書〉，五〇〇頁。

光緒十年（1884）七月初八日發。

香港探員報，英暗助法軍火，連日夜間在對海火藥局運出軍火，用小船裝至港心，不知所往。丟環地方火藥房數年不動，前數夜運出許多。閩會辦張電亦同，大違公法。請鈞署婉與英巴使言之，勸勿助法，但可露閩語，勿洩港語。至要。或令駐英曾欽使籌阻之。尤要。庚。

《張文襄公全集》第三冊，卷一二二，〈致總署〉，一五〇頁。

光緒十年（1884）八月初一日發。

香港現在法船六，二鐵四木，四泊港內，二巡港外，攔我官船，護彼商船。別有雷艇三，不在此數，其一鐵甲修未竣，其一兵輪自越來，號稱載兵千，其一接滬領事李梅者，聞日內遣一二兵船來虎門探虛實。英電令香港晝夜趕修砲臺，顯防法犯粵，致港被擾。法在港製兵衣六千，聞備所僱越人華人之用，麟、洞親見其一衣。英種種助法，在港修理、採辦，昨法南洋、蘇芝兩商船，恐華兵截奪，已換英旂，此兩船兼運法火食者，我與港亦小有通融，不敢力詰，詰之必不能禁，徒自困。澳門接濟意中久（事），照會覆云：守局外。難信。玉麟、樹聲、之洞、文蔚同肅。朔。

《張文襄公全集》第二冊，卷一二二，〈致總署〉，一五〇頁。

光緒十年（1884）八月初九日丑刻發。

魚齊兩電悉，魚雷無艇無用，祈問崔琳有何權宜用法，他船可改造否？雷頭望設法運粵，或代租一船運來，租期聽便。丹人有長技者即代訂。法造船廿五，僱兵六千，早有聞，查不確。法年來常在港造小輪，皆赴越，前日在港買兩小輪赴閩。聞有粵民受僱，登舟翦髮，故罕往。或云：在越雇客匪教民尚未齊。西報：法增兵三艘，將到華，共二千數百名。西人密告，內一船載掘煤機器，注意雞籠，得煤久駐，再圖分擾。港船七日內陸續皆赴閩，其傷鐵甲未修竣亦行港，線斷，八日甫修好，非法阻，滬商求解，港商推諉。佳。

《張文襄公全集》第三冊，卷一二二，〈致天津李中堂〉，一五二頁。

中國所恃者，人心而已矣。自法人無端侵越以來，凡談及越事者，罔不怒髮衝冠，憤然作色。……及諒山敗盟，基隆入寇，馬江肆毒，而人心之憤憤愈甚，幾與法人不共戴天，蓋人心之固結有如是也。試觀法船之被損而往香港修治者，其鐵甲船拉加利桑尼亞爾受傷最甚，至港中船廠欲行修整，而華人之在廠為工者，相約偕逃，不肯為施斧鑿，此固法人所無可如何者也。該廠本應守局外中立之例，今之聽法人修船，必係上蒙港督，牟利營私，故華工之逃，該廠所不能止，法人乃止得命水手自行修理。又有法國水雷船入廠欲修，而華人謀欲焚而燬之，法人知之，嚴為防備，不敢俟船修竟，遂與公司船一齊駛出，以避其鋒。又有法人在港購煤，令小工挑運上船，而小工皆譁然散去，不肯為之挑運。茲數事者，亦可知中國之人心矣。吾正怪港督大張曉諭，頒示局外之例，登諸新聞紙，以俾格守成例，不致或失。而法船之赴港修治者，時有所聞，煤斤亦得在港購買，一似港督之示，英商皆視若弁髦也者。此何以故？既而知西人之遵從官長，恪守示諭，固不若華人，不能以責華人者責西人也。西人但知有利可圖則圖之，法人之來港興修，工資必不嫌其貴，物料必不嫌其昂，此固大宗生意，平常不易遇者，來則承而辦之，何顧港督之示諭煌煌乎？故吾謂欲絕法人之接濟，所最難者此也。然而有不甚難者，所用非盡西人，不得不兼用華人，假使凡為西人僱傭之華人，皆以香港華工之心為心，彼法人又將何所施其技，即彼西商之貪小利而不顧大局者，亦不免諸多掣肘而有所不敢逞矣。

《申報》合訂本，第二五冊，〈論華人義憤〉，光緒十年（1884）八月初十日，五二一頁。

　　香港總督包制軍近有示諭[①]，禁以煤糧軍裝等物出售於中法兩國，蓋恪遵公法而守局外之例也。本館聞之，亟錄入報，而綴以數語，謂香港既守局外之例，而法船經由新加坡者，仍自添購煤糧，此又何故？顧新加坡尚在西貢之西，即不以煤糧售諸法船，而法船尚可在西貢添備也。若由西貢而東，則香港也、澳門也、日本也、呂宋也，皆係屬外諸國之屬地，而法船之東來者，安知不於此數處購辦軍資，因而思此事亦中國亟宜所籌及者也。夫中法相爭，軍資斷不可少，中國以主待客，以逸待勞，即使度支匱乏，然究係用兵於本國。以本國之資糧，濟本國之軍用，初無慮其不足。若法國則與中國相去數萬里，遠隔重洋，輪行四、五十日，倘中途無添購之處，則其勢必窮，若全賴由本國裝運而來，或僅賴西貢一處之接濟，亦不免有不給之憂，即此一事，足以坐斃法人，而無俟乎師武臣力已。今之明示以守局外之例者，但香港一處耳，中國此時亟當以宣戰之意佈告各國，即以英國之例為例，俾各國各埠咸為遵守，則中國本無事乎將伯之呼，法船將不免有告□之日。即或預備充足，而所食者無非鹹物，兵必致疾。倘預儲於西貢，而後由西貢運至中國，則不但終苦不便，而且船需分裝，費用更巨，勢必不支，此策之最上者也。

註：①包制軍：即香港總督寶雲。

《申報》合訂本，第二六冊，〈書港督禁售軍資示後〉，光緒十年（1884）十二月十三日，一六一頁。

有德國輪船名阿靈比耶，由越南至香港，裝有華人一百三十九名。該華人係在船為法兵船所拘，見該德船，乃驅之登輪載赴香港。港中人咸大以為不然，蓋此華人本非香港人，且身無資斧，而乃使之來港，殊多不便也。

《申報》合訂本，第二六冊，〈華人至港〉，光緒十一年（1885）正月十二日，二八五頁。

本月初四日，自怡和洋行格另澳記輪船由外洋駛至香港，裝有洋鎗所用之彈藥四百墩，洋鎗一百箱，擬欲運至上海，交與華官。該處英員以中法示戰後，香港分居局外，因將軍火搬移上岸，令將他貨裝赴上海云。

《申報》合訂本，第二六冊，〈西報述香港事〉，光緒十一年（1885）正月十五日，三〇三頁。

香港西字報云，日前法國都桂得祿音兵輪開赴香港，購取煤斤，駁船將煤駁至後，法人欲挑取大塊之煤，其餘零星小塊，一概退還。駁船上人以既已購定，不能變言，遂與鬥鬥，駁船上有多人因此受傷。查香港總督曾援公法出示，謂中法既已交戰，香港須守局外之例，兩國如欲購煤，祇准限定在路需用若干，照數購買，不能任意多裝。此次法人蓋欲格外挑剔，逞強無道，以至有此一場惡鬥云。

《申報》合訂本，第二六冊，〈購煤鬥鬥〉，光緒十一年（1885）正月十五日，三〇三頁。

前得探報云，法人在香港、澳門地方招募客籍數百人，前往越南助戰等語。昨閱五月二十九日香港《循環日報》，內載法人前所募之客籍人共六百餘人，經撥百人前赴南定，現又在海防定造綢衣二千襲，短袖對襟，一如中國人夏令裏衣，所呼為雞翼衫，款式蓋備，給與所募客兵，俾得混入內地，以作奸細等語。如果此言確實，亟應嚴密稽查防範，以杜狡詐，除將《循環日報》摘錄寄呈電鑒外，合即飛函奉佈。信到即祈分飭各部，認真嚴查，毋許混入，致墮狡計。並乞就近密致趙道暨唐主事等處，俾得周知，一律嚴防，是為至要。

《曾忠襄公書札》卷一七，〈致黃卉亭〉，一九頁。

會議新章

10 月 16 日

香港官紳於廿一日（10 月 9 日）上午十一點鐘，齊集例局，會商時事，籌度章程。是日署港督馬制軍賁臨之時，官紳接見，序次就坐。言及港中近事，各有建白。偉論雄談，互舒卓見。談次，馬制軍當眾言曰："今日之會，因時制宜，與尋集議有所區別也。茲者日前港地滋鬧一事，雖經官軍彈壓，安靜如常；然此等風氣固不可長。在國家辦理，自有法度。惟宰斯土者，職任攸關，亦須杜漸防微，指其亂階，俾無知小民不致誤罹法網，庶盡守土安民之義，以期共享昇平。倘仍有滋釁情事，再蹈前轍，萬不獲已而按律從事，邇時鋒鏑之下，鎗砲無情，其中性命物業誠有不忍言者耳，此豈本署部堂及諸君所願哉？故亟欲正其本而清其源，務使港地商民安居樂業，免予法紀為幸也。如前日之事，倉猝鼓噪，深荷沙將軍臨事鎮靜，立發部兵彈壓，故能彌患於無形。而總巡捕官玷君飭差守禦，洵屬從容不迫，辦理得宜。更蒙在局諸紳，和衷奮勉，相與有成。得以地方肅清，安於無事者，是皆沙君暨諸公之力也。惟現查得港中近有不法之徒，糾眾結盟，聯群聚黨，名為三合會者，其中黨羽，實繁有徒。此等遊民，深為地方之害，若不妥籌辦理，貽累無窮。嗣後查悉若輩蹤跡，准即拘逐出境，其例已由律政司定議，不日自可舉行。惟本日會聚，事出急迫，須隨議隨行，不能以常例所拘，遷延時日，貽誤事機也。至於此次滋鬧原委，本署部堂當由電報咨達駐紮中都巴公使，備陳始末。推原其肇釁之由，未始不因粵垣華官日前所出之告示所致。然昨接巴公使電復有云："是早發來電音，備悉一切，當即移文照會中國總理衙門以憑酌覈耳。其移會之文擬由驛傳來港呈閱。至香江滋鬧之件，祈將端倪情節詳細移咨"云云。至本日聚會所議之例即以明便辦理者：

一、所議之例，依照舉行，准至西曆來年四月一日為率。屆期再行酌奪。

一、所議之例，係嚴禁香港華民存貯軍裝兵器。指明無論刀鎗劍斧及凡傷人器械，一律在禁。惟商舶漁船曾由船政官領牌，凡係保護之軍裝，不入此例。

一、凡屬華民，無論鋪戶人家，均不准存貯或攜帶以上所列各軍器。除非督憲准其存攜，方可貯帶。其中隨時撤銷，均由憲奪。

一、定例之後，凡屬華民有存貯軍裝及攜帶者，或任疑似，或經確見，均准巡差搜拘解案，毋須官票而行。

一、凡華民鋪戶船航，有存貯軍裝者，本港督憲可以隨時發票查緝。其奉票搜檢之差遇有恃頑抗拒者，准其從嚴拘捕，所存軍裝，一律充公。

一、凡軍裝，華人不應有而有者，自定例後，須遵照報明。如有隱匿，一經發覺，督憲或用價承受，或准給還，或勒令附載出口，均由憲裁。

一、此例定議之後，其有增改刪除及禁止販賣或私運進口者，均由督憲覈奪，軍裝充公。

一、此次軍裝例禁，自經定議，通港地方，遵照奉行。倘有加增刪改及撤銷各節，悉由本港督憲隨時覈奪。

一、議清理會匪，綏靖地方，而安良民之例。倘查有該會黨人，由本港督憲嚴密飭差隨時拘押，設法逐出本境，以免滋蔓。如奉押之人欲摒擋一切然後起行，則仍須稟請督憲酌奪。至所有驅逐該會中人數姓名，均由總巡捕官開列註冊，標貼通衢週知。

一、此次定例之後，凡有華文告示，或公啟訴詞，及無名揭帖之類，概不准擅自張貼於當途，違者以犯禁論。有欲標帖者，必須先呈華民政務司署，其准否悉由憲奪。至本港官憲示諭不准扯毀塗污，違者按律究懲。

一、定例之後，如有扯毀及塗污憲示等情，許當值巡差拘案究辦。其例罰鍰之數則以五百圓為限，監禁則以三月為率。所有輕重究釋，均由港官提訊時分別辦理。

以上所定之例，十有一款。係因時事從權變通，既經酌核，當即舉行。毋須照常再三參訂，致滋貽誤。想諸君諒亦有同情也。是時官紳詢謀簽同，共衷一是，咸皆唯唯聽命，欣忭而散焉。

中國社會科學院近代史所編：《近代史資料》1957 年第 6 期，方漢奇輯：〈1884 年香港人民的反帝鬥爭〉，第二十七至二十九頁。

光緒十年（1884）十一月初九日。

香港電稱：英官出示，嗣後法兵船皆不准在該處修船，裝運煤糧。

（清）王彥威輯：《清季外交史料》卷五一，〈直督李鴻章啟總署英不准法船在香港修船裝糧電〉，二頁。

光緒十年（1884）十二月十七日。

龐云：瓦謂香港允華購械，不允法修船為不公。葛欲兩允。[1] 曾云：瓦忘德法之戰，法購英械乎？[2] 龐云：今未宣戰，異於昔，法僅封口，查船於臺灣，未封他口。曾云：可永保其不封他口乎？封口則雖允華購械，與不允同。龐云：葛意他事仍照例，但允法修船，及購牛羊。曾笑云：牛羊不能允購，中朝禁牛羊出口，港將自窘，何能助人？龐大為失色，良久乃曰：中朝誠有此權，亦不應辦此事。曾云：英宜照例，不宜改例。必欲有改，宜商中朝。龐諾。澤意兩允不便，故爭。應否再爭，乞示。

註：① 龐：即英國外務部侍郎（副大臣）龐師福德（又寫作龐師弗
　　德）；瓦：即法國外務部大臣瓦定敦；葛：即英國外務部大

臣葛爾斐爾（又寫作格蘭福等）。

②曾：即曾紀澤。

（清）王彥威輯：《清季外交史料》卷五二，〈使英曾紀澤致總署與英廷議香港對中法購械修船等事電〉，一四至一五頁。

光緒十一年（1885）正月初六日。

上年八月朔，會彭倪電奏[①]：香港接濟，我與香港有通融，不敢力詰，詰之，必不能禁，禁之徒自困等語。十一月望接曾電，責港守局外例，洞亦以不可自困電覆阻止，乃曾不聽，逕向英外部議妥，港遂出示禁軍火。今法告各國，搜漏華軍械，如此則海防無從措手矣。港明不濟法，其實法已租賃英、德數商船代運，且至今法兵船仍向港行，但不准多，並不曾禁。即彼真禁，自西貢運付，或日本採買，稍遲數日，於彼何損？洞購外洋鎗彈甚多，為粵省及分濟各軍之用，若不能來，大局不堪設想。宣越及各軍日來急盼苦求，無非軍火缺乏。中法戰事，若有洋款可借，則洋軍火可置，雖持一年亦無慮，臺、越各省口岸，俱可維持。若無外洋軍火，實難制勝，鎗無彈皆棄物矣。曾意雖善，但見其一不見其二，未免自生荊棘。伏望飭總署及北洋速籌一策，責成曾紀澤、許景澄、李鳳苞，設法言法未宣戰，斷不准搜至軍械，抑或不必深問，我尚較便，此乃中外戰事第一關鍵。乞酌裁速行。

註：①彭：即當時在廣東會辦防務的兵部尚書彭玉麟。

（清）王彥威輯：《清季外交史料》卷五三，〈粵督張之洞致樞垣請飭籌策勿令香港搜華軍械電〉，一四至一五頁。

光緒十一年（1885）正月十二日。

前港濟法，亦不禁我，今守局外。滬行辦軍火，至新嘉坡，英令上岸，值四十餘萬，無法運華。且法知照各國禁運糧械，派船搜查，法未宣戰，不應禁軍火，糧非運軍營，公法所不禁，請與英廷言之。

（清）王彥威輯：《清季外交史料》卷五三，〈總署致曾紀澤法禁運糧械請告英廷令弛禁電〉，二〇頁。

三、中法戰爭時期香港人民的反法鬥爭

法船拉加利桑尼亞爾至香港修理，華工人不願為工，均各走散等情，已列昨報。茲悉該船現用船上水手自行修理。此船本派護送法公司輪船至東洋，現以修理未竣，法國又由夏龍灣派阿得浪脫鐵甲船來港護送，已於七月二十五日行駛到港矣。

《申報》合訂本，第二五冊，〈法船到港〉，光緒十年（1884）八月初三日，四八一頁。

八月初一日下午四點鐘香港來電，言法人在港定造小輪船廿五號，軍衣六千套，訂八月十五日交齊，想粵戰難免云云。按港督早將局外定例刊列新聞紙，謂不得為相爭之國經造船隻。今中法早已宣戰，而法人仍在港定造輪船軍衣，定例之謂何？請得問之港督。

《申報》合訂本，第二五冊，〈違例造船〉，光緒十年（1884）八月初三日，四八一頁。

光緒十年（1884）八月四日。

數日前，香港華民密約熯法船，英官禁沮乃止。前法船上岸，買牛羊，民艇不載，鐵甲傷，底工不修。近法商船到，民艇不起貨，英官執而罰之。眾艇怒，挑夫助之，艇夫避匿停工，中外貨皆停搬運。港官還所罰，仍不允。英以兵脅，斃華人一，英兵傷十一，益鬨。揚言將焚港中法行。今晨春米工亦假，刻尚未結。英不能制其眾，疑粵官主使，示禁接濟。受僱充匠當兵誠有之，然只貼粵境，港地不能貼華示。貧苦細民，一日不傭則困，此民心忠義，非官力，若日內不了，港官必唆巴夏禮瀆擾。望折駁勿聽，即以民忿義豈願受役敵國為詞，情理正大，彼必不能奪。謹先上聞，請代奏。之洞。肅。（八月十七日到）

中國史學會編：《中法戰爭》（五）〈兩廣總督張之洞電〉，三七至三八頁。

　　本館昨日接到香港下午五點鐘五十分發來電報，云該處小工皆不願作工，相率滋擾，巡捕不能彈壓，經英兵出面驅散。現在西邊各街已派捕多名，嚴密看守，當時西人受傷者三人，華人受傷者甚多，地方官現將滋鬧之人查辦矣。惟如何起釁，電音簡略，未知其詳。俟接續信再登。

《申報》合訂本，第二五冊，〈香港要電〉，光緒十年（1884）八月十六日，五五五頁。

　　光緒十年（1884）八月二十一日。

　　香港艇夫拒法事，相持數日，西街罷市，各行傭作以次和之，英官兵脅不從，揚言焚港，九龍司會匪欲為助，英人頗恐。洞密電港商勸導，適可即止。醫院華人調處，英官還所罰錢，放所拘人，所斃華民卹二百元，聽華民不裝法貨乃已。十八日事定。十六日法船二由雞籠來港採辦伙食，華商不交易，十七日即赴西貢採辦。十八日又自雞籠來法船一，廿日亦往西貢。此事乃民義憤，英極力抑民助法，畏眾曲從，恨粵官甚，指為主使。昨照會詰問，以港事粵官力不能及答之。

中國史學會編：《中法戰爭》（五），〈兩廣總督張之洞電〉，三八頁。

　　前報香港有小工等滋事，此由電音照錄，語焉未詳。茲據西字報稱：先是，盤艇上人不願與法人盤駁物件，均開往九龍一帶停泊。越數日，船戶以無生意糊口為難，遂有數隻折回香港，以翼攬載。忽有人告以危詞，船戶聞而生懼，仍揚帆而去，而岸上各扛夫以為船戶不得與西人作生意，彼東洋車夫與轎夫亦宜事關一律。是時人多口雜，正相評論，忽一東洋車載西人行來，扛夫便執車夫而痛擊之。又有一轎界西人經過，扛夫復以治車夫者治之。後見路過西人，不論誰何，均遭毆辱。數西人乃逃入皇后大道上之酒館內，扛夫又擊毀其門窗，越集越多，聲如鼎沸。西捕前來彈壓，竟被辱毆。俄而捕房中之大班捕馳到，竭力拿人，計先拿到十六人，交巡理府審訊後，又在別處拿到數十人，亦交巡理府。直鬧至傍晚始止。是夜巡捕分段在街巡查，恐再滋事也。旋經西官察訊，判將六人管押一年，又有年輕者判押半年，均罰令作苦工，其餘押候再訊科罪。中西人是日之因毆而傷者各有數人，惟內有一華人腦漿迸裂，當夜由捕舁至醫院，以傷重無救而死。至十六日晨，鬧事人復至一某鋪，聲稱爾鋪中貨物私自接濟法人，意慾逞強，幸鋪門尚未開齊，趕即關閉，而滋事人尚以碎石亂擊，經巡捕馳到，始各散去。

《申報》合訂本，第二五冊，〈港事詳述〉，光緒十年（1884）八月二十二日，五八七頁。

香港西字報云，港中滋鬧一節，刻下九龍地方亦有蠢動之意，華官知照英巡捕，謂刻已預備多兵防剿匪黨，如有闌入英界，亦請相助辦理。巡捕答以華官，但自防境內，如有闌入英界，自當嚴密防範，以是亂黨之志不得逞云。

《申報》合訂本，第二五冊，〈港亂餘聞〉，光緒十年（1884）八月二十七日，六一七頁。

忠憤可嘉

茲聞香港裕興洋貨店，常有法人到店採買長短洋槍軍火等件，雖系零星自用之物，店伴無不揮之使去，是其具一胸忠憤之氣，微物且不可售與敵人。彼漢奸之甘為接濟者，對此能無汗顏愧死。

中國社會科學院近代史研究所編：《近代史資料》1957 年第 6 期，方漢奇輯：〈1884 年香港人民的反帝鬥爭〉，二一頁。

杯弓蛇影

9 月 23 日

近因中法失和，兵戈從事，莫不情殷敵愾，志切勤王。茲者香港對面紅磡船澳（在九龍半島）之中，內多華人工作，邇聞法事孔亟，倍形憤激。適有法國華路加砲船赴澳修葺，而華人遂集議歇業，悉數停工，共衷於一，無敢或違。此日前之事也。聞日間復有法國水雷砲船一艘赴澳修理，其華人之在澳掌工者，咸欲得而甘心，微有圖謀焚燬之意。旋為法人所覺，雖未知真偽，仍恐罹於不測，即於去月廿九日（1884 年 9 月 18 日）特發電報來港。當道既有所聞，立調小火船二舶，附載巡差多名，守禦通宵，黎明始散。是亦先事防備之意焉。

中國社會科學院近代史研究所編：《近代史資料》1957 年第 6 期，方漢奇輯：〈1884 年香港人民的反帝鬥爭〉，二二頁。

深知大義

9 月 24 日

自中法開仗以來，凡我中國士民莫不志切同仇，心懷敵愾。即下而至負擔之夫，工役之輩，亦皆深知大意，不肯為敵人之用。茲聞法人在港購煤，屢以重價招工，而挑夫無一往者。於此見我國民心之愛戴君上，誠千古未有也。法人不畏我鎗砲之精銳，獨不畏我民心之固結哉。

中國社會科學院近代史研究所編：《近代史資料》1957 年第 6 期，方漢奇輯：〈1884 年香港人民的反帝鬥爭〉，二二頁。

民心激憤

9 月 24 日

法國水雷砲艇，前在福州轟傷，經駛到港，入紅磡船澳修整。華人以敵船，不肯代為修葺，蓋亦激於忠憤者也。二十九日（1884 年 9 月 18 日）聞有工役謀將水雷艇攻燬，有法兵聞此消息，即通知水師提督，提督遂請本港差役為之防護。是日有小輪船兩艘載有差隊，即往船澳駐守，而工役之謀乃不得成焉，甚可惜也。水雷砲艇及法公司之和路加火船，經於初一日（1884 年 9 月 19 日）出澳矣。當和路加入澳時華人工役只將其船底洗刷即行罷工，後其舵工自行油漆云。亦可（見）民心激憤之甚，斷不肯資敵人之用也。彼漢奸者何獨自外生成若有此哉。

中國社會科學院近代史研究所編：《近代史資料》1957 年第 6 期，方漢奇輯：〈1884 年香港人民的反帝鬥爭〉，二二至二三頁。

香港近事

10 月 11 日

十五日（10 月 3 日），香港華人滋事一端，昨經略錄傳單（指該報印發的號外）以供眾覽。茲得其詳細，用登報中，再述始末。十五日，香港有等華人滋事、大為鼓噪。自開港以來實罕見之事也。聞其起事之由，先是於十五朝，有舢板貨艇由油蔴地回港，欲復行載運。惟未及到海旁，而先有多人聚於岸上，且言若船艇回港，將必再行攻之。以此之故，已回港之艇，即復赴油蔴地。而未回之艇，仍泊於對海。至八點鐘時候，港中挑夫因盤艇停止，遂欲轎夫與車夫亦一律停罷，不得為西人執役。

……是日，西營盤一帶鋪宇皆閉門扃戶，儼如變歲。及至下年，忽有匿名揭帖粘貼街中，謂將於夜間分三處放火等語。……晚間有差役甚多，在街巡邏，並有兵一百名，在東華醫院屯駐，以防不測。……十五六兩日，街道車聲幾絕，較諸往日轆轆磷磷之聲，大相懸殊也。十六朝，造米工役亦聯行停止，未幾，聞屠夫亦慾罷市。……

中國社會科學院近代史研究所編：《近代史資料》1957 年第 6 期，方漢奇輯：〈1884 年香港人民的反帝鬥爭〉，二三至二五頁。

人心安靜

10 月 12 日

香港自十五朝人心鼓噪，至十七日（1884 年 10 月 5 日）漸近安謐，十八日已安堵如常。貨艇挑夫皆開工照常挑運。惟尚有兵一百在海旁巡行，以安民心。及至漢口輪船由省（廣州）抵港，名兵復在埔頭列隊，以防生事，而資彈壓焉。聞各船艘堅意不與法人盤運貨物，挑夫亦不肯為法人役使，可見我華人憎嫉法人之深，而愛戴君父之切也。我國有此民心，法雖兇暴，其奈之何哉。

中國社會科學院近代史研究所編：《近代史資料》1957 年第 6 期，方漢奇輯：〈1884 年香港人民的反帝鬥爭〉，二五頁。

敵愾同仇

10 月 13 日

中法自開仗之後，華人心存敵愾，無論商賈役夫，亦義切同仇。近聞法人在港購煤甚急，徧覓港中存煤，多屬華人之貨，法人雖出重價，而華人亦不肯售與敵人。即彼別有所購，亦乏工役搬運，蓋挑夫盤艇均已聯行，誓不為法役。查有華商某向交法國郵船煤斤者，現亦退約。有到門而問者，無不麾之使去。此可見我華人一心為國，眾志成城，各具折衝禦侮之才，大有滅此朝食之勢。人心如此，法尚不知難而退，豈欲自尋敗亡而後已耶。

中國社會科學院近代史研究所編：《近代史資料》1957 年第 6 期，方漢奇輯：〈1884 年香港人民的反帝鬥爭〉，二六頁。

不供法役

11 月 10 日

去月間，法國輪船公司之沙基連火船至港。因盤艇挑夫人等各懷敵愾，不肯供其役使。故該船貨物未能起運上岸，只得將貨移過丹拏大士火船，隨即布告各商前赴丹拏大士起貨。查該船載有鴉片煙土數百箱，付沙宣洋行收入者，亦不能起運上岸。而沙宣行以挑夫難僱，亦無可如何。直至十三日（10 月 1 日），嚮鐵行公司借得起貨船一艘，始能將貨起運。不料法國輪船公司司事督率起貨，竟欲乘機將該公司之貨一併起運，於是潛押數包落艇。及抵埠頭，急將其貨昇入貨倉。時有挑夫在旁見之，心懷憤恨，遂屬聲謂艇中之華人曰："此乃法國貨物，切勿與起也。”一時觀者如堵，于是各皆罷工。致累沙宣洋行之煙土亦不能起。時有巡差在旁，亦無如何。人問何為置之不理，答曰：“吾無權逼人起貨也，倘嘈吵打鬥，則禁遏之而已。”

中國社會科學院近代史研究所編：《近代史資料》1957 年第 6 期，方漢奇輯：〈1884 年香港人民的反帝鬥爭〉，二九至三〇頁。

四、中日甲午戰爭與香港

香港為粵海咽喉，而上海又為通商要口。茲聞日本海部衙門擬在此兩處各設煤炭局一所，俾日本船隻往來此兩處者，所用煤炭，皆可取之於局內，不復仰給於他人。其備豫不虞，有如此者。

《申報》合訂本，第二八冊，〈儲煤待用〉，光緒十二年（1886）正月二十二日，二八七頁。

光緒二十年（1894）九日初四日。

倫敦電：英國公爵會同兵部尚書，擬增派陸兵前赴香港。

（清）王彥威輯：《清季外交史料》卷九七，〈直督李鴻章致總署倫敦電英國擬增兵赴香港電〉，一〇頁。

光緒二十年（1894）十一月十二日。

蒸電悉，捉阻軍火船事，敝處已派一輪往，但恐趕不及，似以廣東就近攔截為便。查粵尚有元亨、利貞、戊己、金玉四輪，請速電粵省，請筱帥派兵輪數號[1]，令洋弁馬駟帶往，在香港外查拏為便，必可得力。祈速復。真。

註：[1] 筱帥：即時任兩廣總督的李瀚章。

《張文襄公全集》第三冊，卷一四〇，〈致天津李中堂〉，四八四頁。

光緒二十年（1894）十一月初十日。

黃遵憲佳電，英船阿必倫滿載軍火，本日往港赴倭，請查辦。云北洋兵船不能遠去，尊處能派一二船往港外捉阻。鴻。蒸。

《張文襄公全集》第三冊，卷一四〇，〈李中堂來電〉，四八四頁。

光緒二十年（1894）十一月十三日。

家兄電覆，上月廿，外德商信義行專人來粵云：有英國某船滿載倭購軍火，由港經過，請設法攔截。當派洋弁馬馳率領廣庚、鎮濤等兵輪往港外設法密挐，許以重賞。據馬馳稟稱，英船裝載不止一次，皆有數隻英兵船護送，粵兵船太小，非其敵，即使遇見，亦難挐回，且恐激成事端，不敢承命等語。彼時疑其推諉，密派妥弁乘小輪在港口左近守候，復兩日，果見該英輪由港外經過，並不進口，在某島邊略停數刻即行，確有數大兵船護送。此次事同一律，粵中如元亨、利貞等船更不濟事，香師派船恐亦無用云。鴻。元。

《張文襄公全集》第三冊，卷一四〇，〈李中堂來電〉，四八四頁。

光緒二十年（1894）十一月十六日。

鹽電悉，忠軍若由內地行太遲，若全輪裝勇，究恐不便，宜自憑祥陸路赴北海，乘輪至香港，分批搭洋商輪至滬為妥，如有略小商輪分兩三起，沿內海行至江陰亦好，若不能至江陰，到滬再搭輪。速詢明洋行，電覆義軍、保軍、忠軍，均令先至江陰屯劄，相機調撥策應，可電李鎮林副將知，並轉蘇督辦。銑。

《張文襄公全集》第三冊，卷一四〇，〈致廣州王道秉恩〉，四八八頁。

香港西字報云：八月十五日香港中國租界結彩懸燈，慶賀佳節，往年所懸之燈有日本式樣者，今年以日人稱兵犯順，志切同仇，遂不懸日本燈，一律用中國燈。食毛踐土，固宜公憤同伸也。

《申報》合訂本，第四八冊，〈義憤同伸〉，光緒二十年（1894）八月二十六日，一五五頁。

附：道光二十二年（1842）至光緒二十八年（1902）有關香港問題

的中英條約摘要

江寧條約

一八四二年八月二十九日，道光二十二年七月二十四日，南京

……

一、因大英商船遠路涉洋，往往有損壞須修補者，自應給予沿海一處，以便修船及存守所用物料。今大皇帝准將香港一島給予大英國君主暨嗣後世襲主位者常遠據守主掌，任便立法治理。

王鐵崖編：《中外舊約章彙編》第一冊，三一頁。

五口通商附粘善後條款

……

一八四三年十月八日，道光二十三年八月十五日，虎門。

一、倘有不法華民，因犯法逃在香港，或潛往英國官船、貨船避匿者，一經英官查出，即應交與華官按法處治；倘華官或探聞在先，或查出形跡可疑，而英官尚未查出，則華官當為照會英官，以便訪查嚴拿，若已經罪人供認，或查有證據知其人實係犯罪逃匿者，英官必即交出，斷無異言。其英國水手、兵丁或別項英人，不論本國、屬國，黑、白之類，無論何故，倘有逃至中國地方藏匿者，華官亦必嚴行捉拿監禁，交給近地英官收辦，均不可庇護隱匿以乖和好。

……

一、嗣後凡華民等欲帶貨往香港銷售者，先在廣州、福州、廈門、寧波、上海華官衙門請牌來往，於運貨進口之日完稅。但華民既經置貨，必須用華船運載帶回，其華船亦在香港請牌照出口，與在廣州、福州、廈門、寧波、上海各港口給牌赴香港者無異。凡商船商人領有此等牌照者，每來往一次，必須將原牌照呈繳華官，以便查銷，免滋影射之弊。其餘各省及粵、閩、江、浙四省內，如乍浦等處，均非互市之處，不准華商擅請牌照往來香港。仍責成九龍巡檢會同英官，隨時稽查通報。

一、香港必須特派英官一員，凡過華船赴彼售貨、置貨者，將牌照嚴行稽查。倘有商船、商人並未帶有牌照，或雖有牌照而非廣州、福州、廈門、寧波、上海所給者，即視為偷漏亂行之船，不許其在香港通商貿易，並將情由具報華官，以便備案。如此辦理不惟洋盜無可混跡，即走私偷漏各弊，亦可杜絕矣。

一、香港本非五處碼頭可比，並未設有華官，如有華商在彼拖欠各國商人債項，由英官就近清理。倘欠債之華商逃出香港，實在潛回原籍，確有家資產業者，英國管事官將情由備文報知華官，勒限嚴追；但中華客商出海貿易，必有行保，若英商不查明白，被其假託誆騙，華官無從過問。至英商有在五港口欠各華商賬目而逃赴香港者，華官若以清單及各憑據通報英官，英官必須查照上文第五條辦理，以歸劃一[①]。

一、前條載明，凡係華民帶貨往香港銷售，或由香港帶貨至各港口者，必由各關發給牌照等語。今議定，各港口海關按月以所發給之牌照若干張，船隻係何字號，商人係何姓名，貨物係何品類、若干數目，或由香港運至各港口，或由各港口運至香港，每月逐一具報粵海關，粵海關轉為通知香港管理之英官，以便查明稽核。該英官亦應將來往各商之船號、商名、貨物數目，每月照式具報粵海關，而粵海關即便通行各海關，查明稽核。如此互相查察，庶可杜絕假用牌單，影射偷漏等弊，而事亦不致兩歧。

一、英國之各小船，如二枝桅或一支桅、三板、劃艇等名目，向不輸鈔。今議定，各船由香港赴省，由省赴澳，除僅只搭客，附帶書信、行李，仍照舊例免其納鈔外，倘載有貨物，無論出、入口及已未滿載，即使有一擔之貨，其船即應按噸輸納船鈔，以昭覈實。惟此等小船，非大洋船可比，且不時往來，進口每月數次不等，亦與大洋船之進口，後即停泊黃埔者不同，若與大洋船一律納鈔，未免偏枯。嗣後此等小船，最小者以七十五噸為率，最大者以一百五十噸為率，每進口一次，按噸納鈔一錢，其不及七十五噸者，仍照七十五噸計算，倘已逾一百五十噸者，即作大洋船論，仍按新例，每噸輸鈔五錢。至福州等口，並無此等小船往來，應無庸議。

今將各小船定例開列於後：

一、凡此等英國二枝桅、一枝桅、劃艇等小船，必須領英官牌照，用漢英字樣言明大小何等樣船隻，能載若干噸，以便稽察。

一、此等小船每到虎門，即必停止通報，與大洋船無異。倘內載有稅貨物，均應在黃埔關口通報，到省城時，即將牌照繳存管事官收執，以便代請粵海關，准令起貨。若未經海關允准，擅自卸貨，即按照新定貿易章程之第三段貨船進口報關一款辦理。

一、容俟進口貨既起清，出口貨又全下船，其進口、出口稅與船鈔亦已納完，駐省管事官即給還牌照，准其開行。……

註：① 英文本無下述各句："香港本非五處碼頭可比，並未設有華官"，"但中華客商出海貿易，必有行保，若英商不查明白，被其假託詭騙，華官無從過問"，"英官必須查照上文第五條辦理，以歸劃一"。

王鐵崖編：《中外舊約章彙編》第一冊，三七至三九頁。

天津條約

一八五八年六月二十六日，咸豐八年五月十六日，天津。

第二十一款　一、中國民人因犯法逃在香港，或潛往英國船中者，中國官照會英國官訪查嚴拏，查明實係罪犯交出。通商各口倘有中國犯罪民人潛匿英國船中房屋，一經中國官員照會領事官，即行交出，不得隱匿袒庇。

第二十三款　一、中國商民或到香港生理拖欠債務者，由香港英官辦理；惟債主逃往中國地方，由領事官通知中國官，務須設法嚴拿，果係有力能償還者，務須盡數追繳，秉公辦理。

王鐵崖編：《中外舊約章彙編》第一冊，九九頁。

通商章程善後條約：海關稅則 ①

一八五八年十一月八日，咸豐八年十月初三日，上海。

第五款一、向來洋藥、銅錢、米穀、荳石、硝磺、白鉛等物，例皆不准通商，現定稍寬其禁，聽商准行納稅貿易。

洋藥准其進口，議定每百觔納稅銀叁拾兩，惟該商只准在口銷賣，一經離口即屬中國貨物，只准華商運入內地，外國商人不得護送。即《天津條約》第九條所載英民持照前往內地通商，並二十八條所載內地關稅之例，與洋藥無涉，其如何徵稅，聽憑中國辦理，嗣後遇修改稅則，仍不能按照別定貨稅。

註：①因此條與以後香港的鴉片貿易有關，故錄下。

王鐵崖編：《中外舊約章彙編》第一冊，一一六頁。

續增條約
一八六〇年十月二十四日，咸豐十年九月十一日，北京。

第六款一、前據本年二月二十八日大清兩廣總督勞崇光，將粵東九龍司地方一區，交與大英駐紮粵省暫充英法總局正使、功賜三等寶星巴夏禮代國立批永租在案。茲大清大皇帝定即將該地界，付與大英大君主並歷後嗣，並歸英屬香港界內，以期該港埠面管轄所及庶保無事。其批作為廢紙外，其有華民自稱業戶，應由彼此兩國各派委員會勘查明，果為該戶本業，嗣後倘遇勢必令遷別地，大英國無不公當賠補。

王鐵崖編：《中外舊約章彙編》第一冊，一四五頁。

新定條約
一八六九年十月二十三日，同治八年九月十九日，北京。

第五款一、英國允香港運來之貨，若實係中國出產，則與洋貨有別。該貨入內地時，須照各項土貨之例，逢關納稅，遇卡抽釐。中國允英商土貨前往香港，按照往通商各口之例，一體發給出口正稅之憑據，俾於復進口時，照例完納復進口稅。

王鐵崖編：《中外舊約章彙編》第一冊，三〇九頁。

輪船往來港澳章程 [1]

一八七四年，同治十三年，廣州。

一、凡通商各國輪船，由香港、澳門永遠往來省城貿易者，須將船牌呈繳該國領事官存署內，領事官照會粵海關發給輪船香、澳執照一紙，自發日起，以六個月為期。凡有此照者，則可照後開章程，起下貨物，完納稅餉。

一、凡香、澳輪船往省自香港開行者，至汲水門左右海關設立巡卡地方，澳門開行者，至九洲左右海關設立巡卡地方，均須等候扦子手、巡丁上船。

一、凡香、澳輪船之管艙人，務須會同扦子手用收貨簿預謄艙口單，如商客有貨物來報，管艙收貨簿內應隨時報明登記。

一、凡香、澳輪船所載貨物已寫明艙口單，該扦子手即查驗各搭客行李；所有行李內應稅物件，該客須自行開展，聽候當面報明扦子手查驗。如無應稅物件，已驗給放行戳者，俟該船抵省，即可隨時起岸。

一、凡搭客先報行李內有隨帶應稅物件，該扦子手驗明即出驗單，俟船抵埠，該客上關交稅後放行，可隨時起岸。

一、凡香、澳輪船所載搭客行李，如扦子手於所起行李內查有違禁、漏稅物件，該客如不願自行開查，即由扦子手將該物件扣留送關。該客如逾一日之限，不到開驗，即由關上開驗。倘查有違禁應稅之物，即將扣留之件全行入官。

一、凡香、澳輪船所有搭客行李，於查驗後，該扦子手復將該船全行搜查，倘查有貨物藏匿，本關將該貨物入官。

一、凡香、澳輪船所載貨物已列艙口單，於輪船抵省城、黃浦，可將貨物搬入撥艇。該撥艇不得牽延妄駛，即將原貨直運本關碼頭查驗。倘該艇有違成章，將艇貨一並入官。

一、凡香、澳輪船所載貨物，於撥艇運來本關查驗時，該商務將其貨號記、觔兩、件數、丈尺、價值逐一註明，具報查驗，完納稅餉放行。

以上香、澳輪船進口章程

一、凡香、澳輪船所有貨物出口，將該貨運至本關碼頭，具報號記、觔兩、件數、丈尺、價值等項，註明查驗，本關發給若干稅銀之單並准單，該客一面完納稅餉下船。該撥艇不得牽延妄駛，將該貨直運赴船。倘該艇有違成章，將貨艇一並入官。

一、凡香、澳輪船所載貨物，必待出口稅餉完清，方准開行。

一、凡香、澳輪船出口時，倘有貨物稅餉尚未清完，如該輪船公司自行出具保單，或該船主代具保單，註明將稅銀在本關次日辦公之日內完清，本關查核定奪，方准開行。

一、凡香、澳輪船所載出口搭客行李內有應稅物件，務須開具報單，來本關聽候驗貨完稅。

一、凡香、澳輪船出口，於開行後，該船管艙人會同扞子手繕清艙口單，與進口時一律辦法。倘在輪船查出有貨物並無准單，或在客人行李查有藏匿應稅及違禁貨物，將貨物、行李，概行入官。

一、凡香、澳輪船出口時，該扞子手將貨物、行李查驗，復將該船全行搜查，倘有藏匿應稅貨物，查拏入官。

一、凡香、澳輪船往香港者，行至汲水門上下，往澳門者，行至九洲上下，均須等候扞子手、巡丁下船。

一、凡香、澳輪船如有本船工人、水手走私偷漏，或在工人、水手管用之處查有藏匿貨物，該扞子手即述知船主，該船主將其人送交領事官扣留，會商辦理。

一、凡香、澳輪船附搭華、洋商民，如敢違章走私偷漏，該扞子手即述知船主，該船主將其人送交領事官，會商辦理。

一、凡香、澳輪船，只准在省城、黃浦二處地方起下貨物，不得沿途任便起卸。

一、凡香、澳輪船，倘違以上各章程，船主並船均應按照條約船主議罰。倘重犯或再犯，會同領事官即將該船所領香、澳准照追繳註銷。

一、凡以上各章均係按照天津條約第四十六款所定。

以上香、澳輪船出口章程

註：①本章程係粵海關監督與稅務司商定，經英國領事同意，並經總理衙門核准。訂立日期未查明。

王鐵崖編：《中外舊約章彙編》第一冊，三四四至三四六頁。

煙臺條約

一八七六年九月十三日，光緒二年七月二十六日，煙臺。

第三端　通商事務

……

一、香港洋面，粵海關向設巡船，稽查收稅事宜。屢有香港官憲聲稱，此項巡船有擾累華民商船情事。現在議定，即由英國選派領事官一員，由中國選派平等官一員，由香港選派英官一員，會同查明核議，定章遵辦，總期於中國課餉有益，於香港地方事宜無損。

王鐵崖編：《中外舊約章彙編》第一冊，三五〇頁。

上海至香港電報辦法合同 ①

一八八三年三月三十一日，光緒九年二月二十三日，上海。

一、英國大東公司遵照同治九年（1870）原議，安設上海海口至香港海線一條，沉於海底，其線端不得牽引上岸，以分華洋海旱電線界限。

二、英國大東公司若照同治九年原議，應將其海線之線端置於躉船，離口停泊。現在中國電線局允請上海一處，准大東公司海線做至洋子角為止，由水線頭與中國旱線頭相接（洋子角在大赤山對面海邊）。

三、中國電線局允由上海至洋子角裏設旱線一條，與大東公司海線相接。

四、英國大東公司允許海線衹能由洋子角一處直達香港。……。

五、中國電報局可將電線自廣東通至香港地方，與大東公司旱線相接，應照大東公司電線至上海地方與中國電線相接之例一律辦法。

七、上海中國電報局現租旗昌石頭洋房一所，除一半中國自用外，分出一半作上海至洋子角旱線，洋子角至香港海線機器報房。……門前懸掛中國洋子角旱線電報局、大東電報公司招牌。如中國在香港設立電報局，亦必照大東公司在上海之例一律辦法。

九、中國電報局由上海至洋子角設立旱線，必做雙線，接該處水線電報之用。

十、以上所訂各條，議於立合同之日起，以二十年為限。

……

註：①1883 年（光緒九年）4 月 1 日，中英又在《續訂上海香港電報章程》中訂立在吳淞口接大東公司海線，不必再用洋子角。

王鐵崖編：《中外舊約章彙編》第一冊，四一六至四一七頁。

九龍香港陸路接線合同

一八八三年五月七日，光緒九年四月初一日，廣州。

一、中國電報局旱線兩條，展至英地九龍交界處，與大東公司兩旱線相接。該兩線與兩水線相接，以便與香港通電。

三、中國電報局租用大東九龍旱線、香港水線，每字給報費英洋一分，公報不付報費。其報費帳目，每月清結。

五、中國電報局在香港與大東公司共一所房屋，開設報房，其租全歸大東公司收取。

六、大東公司之水旱線，由香港至九龍華界，總須靈便通電，如有損壞之處，即行趕緊修理，其費用均由大東公司給發。

七、中國電報局與大東公司所有一切交涉事宜及爭論各事，均遵萬國通例商議辦理。

八、此合同以一千八百八十三年五月七號為始，以二十年期滿。

王鐵崖編：《中外舊約章彙編》第一冊，四二六至四二七頁。

中英煙臺續約十款

一八八五年七月十八日，光緒十一年六月七日，倫敦

第二款

二、煙臺條約第三端、第三節所擬洋藥辦法，今議改為洋藥運入中國者，應由海關驗明封存。海關準設具有保結之棧房，或封存具有保結之躉船內。必俟按照每百觔箱，向海關完納正稅三十兩，並納釐金不過八十兩之後，方許搬出。

第七款

七、專條所載洋藥章程，議定照行四年。四年以後，兩國如有欲廢棄章程者，無論何時，皆可先期十二箇月聲明，一經通知，屆期即為廢紙。惟議定倘查所發運貨憑單註，於海口運送洋藥，前往內地行銷處所之時，仍不免其輸納一切稅捐等項，則無論何時，英國即有廢棄專條之權。倘續增專條既經廢棄，則洋藥辦法，仍應照現在所行之《天津條約》所附章程辦理。

第九款

九、《煙臺條約》第三端，第七節所載，派員查禁香港至中國偷漏之事，即作速派員。

憑單：該條約中規定憑單為：載運洋貨憑單為給發憑單事。照得單內所開蓋用記號、碼號之洋藥，遵照每百箱應納正稅、釐金章程，業經納銀共　兩。按照憑單背面附刊　上諭批準一千八百八十五年七月十八日，在倫所定一千八百七十六年九月十三日《煙臺條約》之續增專條。凡照此憑單載運之洋藥，無論在於何處，祇察貨包，未開海關印封，記號、碼號均未擦損、私改，則一切稅捐等項，均免輸納。

記號　碼號　第　何處進口

發單日期　　　　　海關稅務司簽名

北洋洋務局纂輯：《約章成案匯覽》甲篇，卷二，〈中英煙臺續約十款〉，一、二、四頁。

香港鴉片貿易協定

一八八六年九月十一日，光緒十二年八月十四日，香港。

香港陪席推事羅素爾，中國委員總稅務司赫德、邵道台，英國天津領事卜列南，按照一八七六年九月十五日在煙臺簽訂之中英條約第三端第七節，一八八五年七月十八日在倫敦簽訂之中英條約續增專條第九款，議定協定基礎之節錄：羅素爾允定，香港政府應向立法會議提出條例，規定香港殖民地生鴉片貿易，以下述各點為條件，並規定：

一、禁止一箱以下鴉片進口。

二、除鴉片包商外，不准占有生鴉片，亦不得存儲或控制一箱以下之鴉片。

三、鴉片運至香港，應即報知港長，非經港長准許並通知鴉片包商，不得轉運或存棧，或由此棧搬至彼棧，或再出口。

茲商定提交條例時之條件如下：

一、中國與澳門商議，採取同樣措施。

二、香港政府如認為有損稅收或香港正常貿易，有權廢止該條例。

三、中國九龍方面之適宜地方，應在稅務司下設官一名，發賣中國鴉片稅單，不論何人，並不論其所需鴉片數量若干，概行照發。

四、具有稅單之鴉片，每百觔不超過一百一十兩者，無論何項稅釐概不重徵，一切均照煙臺續增專條辦理[1]，與通商口岸釐稅併徵之鴉片無異，並准商人任便將洋藥分為大小包裹封固前往。

五、華船往來香港者，其貨物應納稅釐，不得較往來澳門之數加多，其自中國赴香港或由香港赴中國之華船，不得於應完之出口、進口各稅釐外另有徵收。

六、稅務局官員負責管理九龍局，倘有往來香港之華船稟報被附近關卡或巡船掃擾等事，應查明定斷；香港督憲亦可隨時派員隨同審辦，倘彼此意見不合，可請京憲會定。

註：①《煙臺條約續增專條》規定：每百斤箱鴉片向海關完正稅
　　三十兩，並納釐金不過八十兩者，即可通行。

王鐵崖編：《中外舊約章彙編》第一冊，四八七至四八八頁。

展拓香港界址專條

一八九八年六月九日，光緒二十四年四月二十一日，北京。

溯查多年以來，素悉香港一處非展拓界址不足以資保衛。今中英兩國政府議定大略，按照黏附地圖展擴英界，作為新租之地。其所訂詳細界線，應俟兩國派員勘明後，再行畫定，以九十九年為限期。又議定：所有現在九龍城內駐紮之中國官員，仍可在城內各司其事，惟不得與保衛香港之武備有所妨礙。其餘新租之地，專歸英國管轄。至九龍向通新安陸路，中國官民照常行走。又議定：仍留附近九龍城原舊碼頭一區，以便中國兵商各船、渡艇任便往來停泊，且便城內官民任便行走。將來中國建造鐵路至九龍英國管轄之界，臨時商辦。又議定：有所展界內，不可將居民迫令遷移，產業入官，若因修建衙署，築造砲臺等官工需用地段，皆應從公給價。自開辦後遇有兩國交犯之事，仍照中英原約香港章程辦理。查按照黏附地圖所租與英國之地，內有大鵬灣、深圳灣水面，惟議定，該兩灣中國兵船無論在局內、局外，仍可享用。

王鐵崖編：《中外舊約章彙編》第一冊，七六九頁。

香港英新租界合同

一八九九年三月十九日，光緒二十五年二月初八日，香港。

北界始於大鵬灣英國東經線一百一十四度三十分潮漲能到處，由陸地沿岸，直至所立木椿接近沙頭角（即土名桐蕪圩）之西，再入內地不遠，至一窄道，左界潮水平線，右界田地，東立一木椿，此道全歸英界，任兩國人民往來。由此道至桐蕪圩斜角處，又立一木樁，直至目下涸乾之寬河，以河底之中線為界，河左岸上地方歸中國界，河右岸上地方歸英界。沿河底之線，直至逕口村大道，又立一木樁於該河與大道接壤處，此道全歸英界，任兩國人民往來。此道上至一崎嶇山徑，橫跨該河，復重跨該河，折返該河，水面不拘歸英、歸華，兩國人民均可享用。此道經過山峽，約較海平線高五百英尺，為沙頭角、深圳村分界之線。此處復立一木樁，此道由山峽起，即為英界之界線，歸英國管轄，仍准兩國人民往來。此道下至山峽右邊，道左有一水路，達至逕肚村，在山峽之麓，此道跨一水線，較前略大，水由梧桐山流出，約距百碼復跨該水路，右經逕肚村，抵深圳河，約距逕肚村一英里之四分一，及至此處，此道歸入英界，仍准兩國人民往來。由梧桐山流出水路之水，兩國農人均可享用，復立木樁於此道盡處作為界線。沿深圳河北岸，下至深圳灣界線之南，河地均歸英界，其東西南三面界線，均如專約所載，大嶼山島全歸界內，大鵬、深圳兩灣之水，亦歸租界之內。

王鐵崖編：《中外舊約章彙編》第一冊，八六四頁。

九廣鐵路草合同

一八九九年三月二十八日，光緒二十五年二月十七日，北京。

大清督辦鐵路總公司大臣盛，奉大清總理各國事務衙門咨准，與英商怡和洋行，代自己，並代匯豐銀行，共代中英有限公司，商訂條款列下：

第一款　今議定造辦鐵路，由廣東省之廣州府城至英租地九龍，即與光緒二十四年閏三月二十三日，即西曆一千八百九十八年五月十三號簽定之滬寧鐵路章約章程一樣。

第三款　彼此允准，嗣後議訂妥善互有利益行車章程，即係此路車輛，與督辦鐵路總公司盛大臣與美國合興公司或其代理人議造粵漢鐵路車輛互相聯接，以及客貨轉車價目等事。

第四款　此合同簽定之後，怡和洋行當從速代中英有限公司派工程司測勘第一款中所指之路，督辦盛大臣一面知會地方官員，保護該公司派出之勘路工程司等人。

王鐵崖編：《中外舊約章彙編》第一冊，八六五頁。

香港英新租界水面照會

一九〇一年五月三十一日，光緒二十七年四月十四日，廣州。

英國領事致兩廣總督照會

為照會事：新租界水面英國之權至何處一事，現准香港總督來文內開：“本港政府並不以為英權可至流入海灣之河港與流入租界深圳河之河港，但可至各海灣水盡見岸之處與深圳全河至北岸之處。至於流入各海灣及流入租界深圳河之各河港，本港政府甚願於各該河港口，由此岸盡見岸之處，至對岸水盡見岸之處劃一界線，為英國權所至之止境”等因。本總領事查香港總督文內有深圳全河至北岸一語，自是指租界內之深圳河至陸界相接之處為止，相應照會貴部堂查照，量貴部堂亦以為妥協也。為此照會，須至照會者。

附：兩廣總督陶模咨總理衙門文

（上略）茲於光緒二十七年四月十四日接廣州口英國司總領事官照稱：“新租界水面英國之權至何處一事，現准香港總督來文內開：‘本港政府並不以為英權可至流入海灣之河港，與流入租界深圳河之河港，但可至各海灣潮漲能到之處與深圳全河至北岸潮漲能到之處耳。至於流入各海灣流入租界河之河港，本港政府甚願於各該河港口，由此岸潮漲能到之處至對岸潮漲能到之處劃一界線，為英國權所至之止境’等因。本總領事查香港總督文內有深圳全河至北岸一語，自是指租界內之深圳河至陸界相接之處為止。相應照會查照，量貴部堂亦以為妥協”等由來。查新租界水面，英國所租者係大鵬、深圳兩灣及深圳河，其與各該海灣暨深圳毗連之內港，自仍歸中國管轄。香港總督謂英權不能至流入海灣之河港與流入租界內深圳河之河港，尚屬公允。惟謂各海灣潮漲能到之處，與深圳全河至北岸潮漲能到之處為英權所可至，語頗廣泛，易滋誤會。嗣後新租界各海灣與華岸毗連者，應以沿灣水盡見岸處為界，其劃歸租界內之深圳河，則仍照王道所訂和約[①]，以北岸為界。所有與大鵬、深圳兩灣及租界內之深圳河毗連各河港，俱以口門左右兩岸相對直線為界。似此詳晰聲明，則彼此官差人等自可了然，亦免將來別生枝節。除照復轉致外，相應咨呈。（下略）

註：①王道：即參與展拓香港界址劃界的候補道王存善。

王鐵崖編：《中外舊約章彙編》第一冊，九九四頁。

　　中英續議通商行船條約十六款

　　一九〇二年九月五日，光緒二十八年八月四日　倫敦

　　第三款　　中國允許凡民船載貨，由香港往來廣東省內各通商口岸，所納之稅連釐金合算，不得少於海關徵收輪船所載相同貨物之稅數。

北洋洋務局纂輯：《約章成案匯覽》甲篇，卷二，〈中英續增通商行船條約〉，二頁。

第四編

第一章　物產、習俗、古蹟、名勝與傳說

按：新安縣包括香港地區，物產資源豐富，人民勤勞，重禮儀，並保持中華民族
傳統文化習俗。香港地處南海之濱，山水奇麗，歷史上流行着不少美麗的傳說。
從明清人的部分詩詞中也可概見他們對祖國壯麗山河的讚嘆。

一、物產、習俗

新安民重農而後商賈。一年兩收，房屋舊多土牆，今尚黝砌以磚
石。婚姻必以檳榔、蔞葉、茶果之屬，曰過禮。嫁娶重門第，極貧不
與賤者為婚。賓客往來多以白酒為禮。婦女通問，每以蔴茶相餽。俗
尚巫，凡有病必使嫗持衣燎火而招於門，或延道家逐鬼，角聲至宵達
旦，諺云：禾黃鬼出。凡元宵張燈作樂，先年生男者，必以是晚慶
燈，七月十四及冬至，有事祠祀，必以宰鴨為敬。

（清）戴肇辰、史澄等纂：《廣州府志》卷一五，〈輿地略七〉，二八頁。

方產
稻類
早粘　黃粘　班粘　鹹敏　紅頭粘　鼠牙粘　黃糯　白糯　早糯
旱糯　高州糯　鳥嘴糯　紅糯　黑糯　莆菱　菱穀。
麥類
大麥　小麥　蕎麥　三角麥。
菽類
紅豆　綠豆　黑豆　三收豆　白眉豆　扁豆　地豆　黃豆。

蔬類

芥菜　薑　葱　韮　莧　蒜　匏　瓠　竹筍　蕨　芋　茄　薯
菌　芥藍　白菜　油菜　茼蒿　蘿葡菜　莙蓬菜　波菜　苦蕒　圓蕒
圓荽　蕹菜　扶蘿菜　大葉菜　藤菜　生菜　苦瓜　金瓜　瓊芝菜
王瓜　節瓜　雪菜　冬瓜　菱筍　木耳　石髮　紫菜　油苔　蓴菜。

果類

桃　李奈　杏　栗　棗　梨　柿　柑　桔　橙　柚　橘　欖　蓮
椎　荔枝　圓眼　青梅　楊梅　楊桃　石榴　甘蔗　葡萄　黃皮
犀瓜　紅梅　金桔。

茶類

山茶（出大帽山）　大葉茶　甜茶　茶荳。

藥類

使君子　益母草　山茱萸　馬鞭草　金銀花　香附子　草蔴子
何首烏　五加皮　草決明　牽牛子　地骨皮　車前子　山梔子　無患
子　皆治藤　苦里根　水花紅　山豆根　僊道種　天門冬　天南星
獨腳鳥　木鱉子　桑白皮　擘酢葉　蒼耳　紫蘇　荊芥　藿香　白芨
蚺蛇膽　杜仲　薄荷　大黃　山藥　巴豆　穿山甲　黃精　宿砂
當歸　皂莢　茴香　石決明　芰藕　黃薑　牛漆　乾葛　鹿茸　薏苡
牡蠣　熊膽。

竹類

勒竹　黃竹　紫竹　甜竹　單竹　大頭竹　油竹　泥竹　毷竹
筋竹　赤竹　烏眼竹　苦竹　綠竹　白眼竹　雞距竹　綿竹　鶴膝竹
鳳尾竹　吊絲竹　篙竹　龍葱竹。

木類

桂　松　柏　杉　槐　椎　橡　相思木　桄榔　木棉　刺桐　獺
木　水椰　刀柸木　水沙　藤籃　山棗　杪木　櫟木　鴨腳木　樟木
何木　南木　檀木　椿。

花類

蘭　菊　雞冠花　指甲花　瑞香花　鳳尾花　夜落金　九里香　玉秀毬　狗花　木錦　七嬋妹　海棠花　杜鵑花　千葉榴　剪春羅　桂花　佛桑　含笑　紫薇　薔薇花　白蟬花　芙蓉　月桂　金鳳　素馨　茉莉　夜合　葵花　蓮花　紅杏　碧桃　玉簪　山茶　玫瑰。

草類

莞　艾　蘗　　蘋　藻　藍　若　茅　蘆葦　稗　莠　荇萊　水葵　澤蘭　江離　薜茘　鳳尾草　冬葉　棘蓼　鹹草　野葛　羊角。

毛類

虎　豹　熊　豺　鹿　麋　猴　猿　山馬　獺　山豬　狐狸。

羽類

鷹　鶴　鸛　鵨　鶯　燕　鶻　鳧　鷗　鴉　翡　雁　雀　鵪鶉　鷺鶿　鷓鴣　白頭公　鴛鴦　畫眉　伯勞　鸚鴿　班鳩　鷦鷯　鶡雞　鬱雞　吉弔　竹雞　麻雀　杜鵑　鵪鶉　禾鵲　山鷲　紅裙　山鷓。

鱗類

鯉　鰱　鱅　鯿　鯰　鯇　鯾　鰍　　鱸　班魚　金魚　鋃魚　塘虱　鮎魚　鱔魚　鮑鯛魚　沙魚　沉龍　虎魚　馬鮫　馬鰿　牛魚　雞谷　海豬　鸚歌　燕斗　馬母　鰭追　腰帶　刁甲　魚　沙鱒　海牛　鯆魚　鯖魚　鮢魚　紅魚　鱒魚　黃雀　白春　石班　印魚　方魚　飛魚　黃皮頭　鋸魚　鰻魚　墨魚　橫擲　緧魚　河豚　鰃魚　章魚　鱲魚　金鼓　海蜇　沙貼　鰛魚。

介類

鼂　鱉　龜　蚌　蟹　鱟　蠔　蜆　玳瑁　龍蝦　銀蝦　海膽　蠔鏡　沙白　瓦屋　蜃灰螺　香螺　紅螺　沙螺　丫螺　馬夾柱　刁蛸螺　九孔螺　指甲螺　石頭螺　青口螺　鸚武螺　田螺　絲螺。

蠃類

天蠶　青蜓　螽斯　螳螂　蟋蟀　蝴蝶　　蜂　螟蛉　蜘蛛　蜈蚣　蟾蜍　蝙蝠　守宮蟬　水蛀　蜥蜴　蚺蛇　蠔蛇　蛤　螢　蛙

鱔　金鱗蛇。

雜產

鹽　靛　胡麻　竹麻　苧麻　青麻　羅湖篩　土蘇木　黃麻　綿
花　紫花。

（清）靳文謨纂：《新安縣志》卷三三，〈地理志〉，二一頁至二四頁。

按廣州志云：粵南老香諸山，並香林、香洲、咸產異香。自有東
莞人種植，而香山、香林皆廢。莞種香之地，金釵腦、金桔嶺為第
一，雞翅嶺、石花園、百花洞者次之，是蓋為莞香盛行於天下而言
耳。德慶有香山、高明新興有老香山，朱崖香洲，蓋即瓊南之黎山，
並產名香，豈東莞所能獨擅也。

（清）郝玉麟等纂：《廣東通志》卷五二，〈物產〉，三八頁。

女兒香出東莞縣馬蹄岡、金桔嶺、梅林、百花洞諸鄉，離城四十
里。土人採香歸家，女兒揀選，拾其精者而藏之，故有女兒之名。栽
種於清明未雨之前，收成於二三十年之後，必祖孫父子相繼為業，略
無近功。又擇地土所宜，故他鄉罕樹焉。香樹葉似樹蘭而叢密覆蔭，
行人折枝代傘，謂之香陰。實可榨油，燃燈最亮，蠅蟻百蟲不敢近，
悮觸之，斷翼脫足而死。性大熱，悮入飲食亦令人吐。皮堪作紙，堅
厚過於桑料，名曰純皮紙。香之身出地上者名曰白木香，能僻穢去潮
濕。香必種十餘年之久，然後伐其正身之白木，就其正身之近地鑿孔
開香門。香經伐之後則枝葉旁抽而婆娑益茂。經開香門之後，則香氣
隨雨露所漬，趨結於根頭之下矣。初年於香門穴中鑿採一片，覆以純
黃潔土，次年則可得二三片。年愈久，則根頭寬洞成窩，出香愈多而
味愈永，名曰牙香，以其形狀如馬之牙也，俗人亦呼為香頭牙。香中
去其連頭蓋底枯槁白木，而存留其純粹者曰選香，謂經揀選過也。選
中又選其生結、穿胸、黑格、黃熟、馬尾浸者為最上，即女兒香矣。
其次，水熟白紋、藕衣紋者，燒時雖香，微帶酸氣如沉速，不足貴

599

也。何謂生結香？香頭根下遇有隙穴，受日月霜露漸漬日久，結成胎塊而香身不枯，受土生氣與之相接名曰生結。生結之香曝之烈日，其室滿室。既有生結必有穿胸之形跡，必有黑格之發露，蓋穿胸黑格乃生結之徵驗也。何謂黃熟？香樹不知其幾經數百年本末皆枯朽，揉之如泥，中存一塊，土氣養之，黃如金色，其氣味靜穆異常，亦名熟結。至於馬尾浸，則香之植朱砂黃土中，歷年久而自成者，一線光黑如漆浸於香上，體質堅凝，肌理密實，乃香之津液積結而成，其氣味與生結等而更悠揚，此所以為貴也。

《文淵閣四庫全書》，〈史部〉三五〇，地理類，第五九二本，（清）吳綺撰：《嶺南風物記》，八三七至八三八頁。

香樹出自東莞縣四十里茶園村，村中人皆業香，故漫谷盡植之樹。稍老，乃於春夏之交鑿而竅之，經雨露漸漬凝成黑色，然後取焉，存其本七八寸，俟經歲，則又取焉，於是削為馬矛、釘頭等。香枝幹中有蟲蛀者，剔成小顆若橄欖，然是謂橄香，極貴不易得。甲香、篯香次之，則年久堅黑者也。又有白木香、一日片香，焚之香霧瀲翁，皆可愛。其他村雖有之，然終不如茶園云。又有楓香、奇南香、槐香、藤香、多可為帶；又有觀音、降真二種，但可供神而已。若雞舌、流黃、安息、木香、沉香、檀香、乳香，則出番舶。

《（康熙）新修廣州府志》卷一〇，〈物產〉。

（新安）香樹邑內多植之。東路出於瀝源、沙螺灣等處為佳，西路出於燕村、李松萌等處為佳。葉似黃楊，凌寒不落，子如連翹而黑，落地則生，手摘則否。香氣積久而愈盛，正幹為白木香，出土尺許為香頭，必經十餘載始鑿，如馬牙形，俗呼為牙香。凡種香家，婦女潛取佳者藏之，名女兒香，歲時供神，以此為敬。

（清）舒懋官、王崇熙等纂：《新安縣志》上卷，一一三頁。

莞香

　　莞香，以金釵腦所產為良。地甚狹，僅十餘畝。其香種至十年已絕佳，雖白木與生結同。他所產者在昔以馬蹄岡，今則以金桔嶺為第一。次則近南仙村、雞翅嶺、白石嶺、梅林、百花洞、牛眠、石鄉諸處，至劣者烏泥坑。然金桔嶺歲出精香僅數斤，某家有精香多寡，人皆知之。馬蹄岡久已無香，其香皆新種無堅老者。凡香先辨其所出之地。香在地而不在種，非其地則香種變。其土如雞子黃者，其香鬆而多。水熟沙黑而多土者，其香堅而多生結，能耐霜雪。又以泥紅名朱砂管者，或紅如さ粉者，礦礭而多陽者為良土。莞人多種香，祖父之所遺，世享其利。地一畝可種三百餘株，為香田之農，甚勝於藝黍稷也。然可種之地僅百餘里，他處弗茂且弗香。凡種香，先擇山土，開至數尺，其土黃砂石相雜，堅實而瘠，乃可種。其壤純黃純黑無砂，致雨水不滲，潮汐潤及其香，紋或如飴糖，甜而不清，或多黑絲縷，味辣而濁，皆惡土也，不宜種。香木如樹蘭而叢密，行人每折枝代傘，謂之香陰。其葉似黃楊，凌寒不落，種五六年即結子。子如連翹而黑，落地即生，經人手摘則否。夏月子熟種之，苗長尺許，乃拔而蒔。蒔宜疏，使根見日，疏則香頭大，見日則陽氣多。歲一犁土，使土鬆，草蔓不生，至四五歲，乃斬其正幹鬻之，是為白木香。香在根而不在幹，幹純木而色白，故曰白木香，非香故曰白木，而不離香，故曰白木香，此其別也。正幹已斬，留其支使益旁抽，又二三歲，乃於正幹之餘，出土尺許，名曰香頭者鑿之，初鑿一二片，曰開香門，亦曰開香口。貧者八九歲則開香門，富者十餘歲乃開香口。然大率歲中兩鑿，春以三月，秋以九月。鑿一片如馬牙形，即以黃土兼砂壅之，明歲復鑿亦如之，自少而多，今歲一片，明歲即得二三片矣。然貧者鑿於三月，復鑿於九月耳。富者必俟十閱月乃再鑿，蓋以十月香胎氣足，香乃大良也。既鑿已，其為雨露所漬而精液下結者，則其根美，其雨露不能漬，水不能腐者，其精液滲成一縷，外黃內黑，是名黃紋黑滲，以此為上。蓋香以歲久愈佳，木氣盡，香氣乃純，純則堅老如石，擲地有聲。昏黑中可以手擇，其或鬃紋交紐，穿胸而透底者，或不必透底而面滲一黑線者，或黑圈斑駁如鷓鴣斑者，或作馬尾滲者，或純黃者、鐵殼者，皆為生香。生曰生結，亦曰血格，曰黑格，熟曰黃熟，亦曰水熟。黃熟者，香木過盛，而精液散漫，未及凝成黑線者。又土壅不深，而為雨水所淋者，是為黃熟。生結者，香頭之下，間有隙穴，為日月之光所射，霜露之華所漬，日久結成胎塊，其質不朽，而與土生氣相接者，是為生結。以多脂膏潤澤，洽於表裡，又名血格。曝之日中，其香滿室，不必焚爇，而已氤氳有餘矣。

凡鑿香貴以其時，秋冬鑿則良，霜雪所侵，精華內斂，木質盡化，瘠而不肥，故尤香。春鑿則多水氣而溼。夏鑿多火氣而燥。然香既鑿，夜必霧露之，晝必曝之，使其木氣盡去。惡者為佳者所薰染，則又一一皆香，不可以溼霉沾之，使色味損壞。若香氣日久不發，濯以溫湯，磨以木賊，其香復發。然當南風爇之，或有水氣，不如當北風時，天氣乾爽，爇之乃大香。香之生結者，爇之煙輕而紫，一縷盤旋，久而不散。味清甜，妙於沉水，黃熟則反是。然黃熟亦有美者，其樹經數十百年，本末皆朽，揉之如爛泥，中存一塊，土氣養之色如金，其氣靜穆，亦名熟結。至馬尾滲，則香之在朱砂黃土中者，歲久天成一線，光黑如漆，浸潤香上，質堅凝而肌理密，乃香之津液所漬，氣味與生結相等而更悠揚，此所以為貴也。

凡種香家，其婦女輒於香之稜角，潛割少許藏之，名女兒香。是多黑潤、脂凝、鐵格、角沉之類，好事者爭以重價購之，而尤以香根為良。香根亦多種，蓋香木善變，有種至二三十年，其根已絕美，色若黑牛角者。有種至百餘年，其根鬆脆，絕無可採者。則以其地不同而香種亦變也。故凡鑿香師，見香木葉小而黃，則知其下根必異。蓋其精華下墜，水不能自根而上，故葉小而萎黃也。香師知其然，每竊掘之，私藏沙土之中。故主人須督視惟謹。然今種香家皆能鑿香，香師亦無所施其詐矣。凡香，此半鑿，彼半旋長，香皮不損，則香之肉復生，培以砂土，其香頭漸大。至於百年之久，香頭中空，可坐數人，其香成窩穴形，在於中空之旁者，是曰巖香。無水土之氣，雨澤之滋則尤美，或曰：香之老者以巉巖似英石，鑿痕久化，紋紐而節乖錯，破之參差不順，開者為良，其形殊，其氣亦異。故辛者為鐵面之族，恬者為蛤窩之宗。靜者為菱尖，濃者為虎皮，透者為鷓鴣斑，咸有山澤雲霞之氣，無閨閣旖旎之味，故可重云。自離亂以來，人民鮮少種香者，十戶存一。老香樹亦斬刈盡矣。今皆新植，不過十年、二十年之久，求香根與生結也難甚。

莞香度嶺而北，雖至劣亦有馥芬，以霜雪之氣沾焉故也。當莞香盛時，歲售踰數萬金。蘇松一帶，每歲中秋夕，以黃熟徹旦焚燒，號為薰月。莞香之積閶門者，一夕而盡。故莞人多以香起家。其為香箱者數十家，藉以為業。其有不經製造者，亦曰生香。以上香雜次香中蒸炙成紋，以應賈人之急，亦曰熟香。其以瓦罌燒熱，投劣香於中，厚蓋之，使火氣逼而精液盈，面點點成斑綜紋，以為此生格也，熟結也，斯則偽香。而吳下亦多售之，故香估易以致饒。

德慶有香山，高明、新興有老香山。南越志：盆允縣利山多香林，名香多出其中。又朱崖有香洲，洲中出諸異香，往往無名，而並未言及東莞。蓋自有東莞所植之香，而諸州縣之香山皆廢矣。昔之香生於天者已盡，幸而東莞以人力補之，實之，所存反無名焉。然老香二山至今未嘗無香，而地苦幽深，每為虎狼所扼，蓋山谷之珍，固不欲盡出於人世也。東莞香田，蓋以人力為香。香生於人者，任人取之，自享其力，鬼神則不得而主之也。然東莞出香之地多磽确，種香之人多樸野不生文采，豈香之能奪其靈氣耶？香擇其地而生，香無美惡，以其地而為美惡。購香者問其所生何地，則其香之美惡可知矣。地之磽确者，不生他物而獨生香。有香而地無餘壤，人無徒手。種香之人一，而鬻香之人十，爇香之人且千百，香之為用亦溥哉。

（清）屈大均撰：《廣東新語》卷二六，〈莞香〉，六七四至六七八頁。

603

蘭香

莞香之精者不可變，其粗者可變，變之以蘭。以蘭變之，其香遂為蘭香，蓋蘭以香為質，香以蘭為神。蘭之神無所寄，寄於香；寄於香，而蘭之神於是乎長留矣。然諸蘭之神不可留，惟樹蘭可留。樹蘭大者數圍，其葉大者葉三，名三葉，小者葉五、葉七，名五葉、七葉。五葉、七葉者，花香而味幽細，夏月盛開。以莞香之粗者，茗以濯之，雜置樹蘭於其中，包以蜜香之紙，曝以烈日，蘭焦，復易如此四五度，乃封貯之，蒸則蘭氣清芬，宛如黃粒初熟，露華尚凝，如遊於金粟之林矣。然香薰曬於夏，不可即蒸，蒸必在冬春之間，陽氣既純，味乃悇永。其蘭乾者亦勿棄，留在香中使相養，蘭氣善還，雖隔歲，猶可研末以作香線也。

（清）屈大均撰：《廣東新語》卷二六，〈蘭香〉，六七九頁。

黃熟出東莞，他處則皆無。其最佳者為香根，堅如沉速，槎枒屈曲，可為盃斝，為硯山，為禽獸形，供玩。盃以銀鑲，山以紫檀為座，頗稱雅品。其香有透棕橋樑，有大片如手掌，俱以棕紋深透，堅實為佳。其平常者至賤，以樹闌蒸之，香頗蘊籍。有以香櫞皮奄之，味勝闌香。其皮可漬為紙，又可績以為布。

（清）馬俊良編：《龍威秘書》七集，五冊，吳震方撰：〈嶺南雜記〉，七一頁。

紫菜產銅鼓海石上，土人候潮落時，即掉小艇往採之。蓋恐其質纖薄，潮至則浮去，隨波蕩漾，採不盈掬矣。

（清）王錫祺輯：《小方壺齋輿地叢鈔》十一，第九帙，〈赤溪雜誌〉（八）。

葵扇出東莞，其販於江浙者，特其麤者耳。其精者，有彩畫人物，極工緻，又有柄，中鏤空，內刻人物，自能運動，其直兼金，大者長三四尺，可為腰扇障日，其葵亦有花。

（清）馬俊良編：《龍威秘書》七集，五冊，吳震方撰：〈嶺南雜記〉，五二頁。

吹田了

東莞麻涌諸鄉，以七月十四日為田了節，兒童爭吹蘆管以慶，謂之吹田了，以是時早稻始穫也。

（清）李調元輯：《南越筆記》卷一，四頁。

香溪

有人自東莞石龍得一小水，瀠迴於斷峽深林之間，三日而至羅浮，舍舟八里，則沖虛觀在焉。從來遊羅浮者，而東莞，而增城，而博羅，皆由陸路以入，未有蕩槳溯流，競可達朱明之洞者也。然此水無名，以山中眅香屑者，時時駕筏往來，因名之曰香溪，以為入羅浮山奇道。

（清）范端昂輯：《粵中見聞》卷一一，〈地部八〉，九二頁。

紫石英

火之精華所成者，以紫石英為最。紫石英出東莞爆山，大如指頭，小者如石榴子，色純紫，光明鮮艷，廣人多以飾佩帶器物，亦堪服食。此石填補下焦，而走腎臟，為婦人煖子宮，壯胎娠，治半產，誠為要藥，有諺云：增城雲母粉，東莞紫石英，仙人所服餌，往往得長生。

（清）范端昂輯：《粵中見聞》卷九，〈地部六〉，七五頁。

燈草蓆出東莞，軟厚而溫，價亦不賤。染作五色如罽，充四方餽贈。

（清）馬俊良編：《龍威秘書》七集，五冊，吳震方撰：〈嶺南雜記〉，六二頁。

……東莞、新安有蠔田，與龍穴洲相近。以石燒紅散投之，蠔生其上，取石得蠔。仍燒紅石投海中，歲凡兩投兩取。蠔本寒物，得火氣其味益甘，謂之種蠔。又以生於水者為天蠔，生於火者為人蠔。人蠔成田，各有疆界，尺寸不踰，踰則爭。蠔本無田，田在海水中。以生蠔之所謂之田，猶以生白蜆之所謂之塘。塘亦在海水中，無實地也，故曰南海有浮沉之田。浮田者，蘿藤是也；沉田者，種蠔種白蜆之所也。其地婦女皆能打蠔。有打蠔歌，予嘗效為之。有曰：一歲蠔田兩種蠔，蠔田片片在波濤。蠔生每每因陽火，相疊成山十丈高。又曰：冬月真珠蠔更多，漁姑爭唱打蠔歌。紛紛龍穴洲邊去，半濕雲鬟在白波。打蠔之具，以木製成如上字，上掛一筐，婦女以一足踏橫木，一足踏泥，手扶直木，稍推即動，行沙坦上，其勢輕疾。既至蠔田，取壕鑿開，得肉置筐中，潮長乃返。橫木長僅尺許，直木高數尺，亦古泥行蹈橇之遺也。

（清）屈大均撰：《廣東新語》卷二〇，〈蠔〉，五七六至五七七頁。

沙田

廣州邊海諸縣，皆有沙田。順德、新會、香山尤多。農以二月下旬，偕出沙田上結墩。墩各有牆柵二重以為固。其田高者牛犁，低者以人秧蒔，至五月而畢，名曰田了，始相率還家。其傭自二月至五月謂之一春。每一人一春，主者以穀償其值。七八月時耕者復往沙田塞水，或塞滨箔，臘其魚、蝦、鱓、蛤、螺、蜑之屬以歸，蓋有不可勝食者矣。其田皆一熟，或種秋分，或白露，或霜降，必兼種之。使自八月至十月，月月有收。其以八九月熟者曰小禾，秋分、白露、霜降等種是也。以十月熟者曰大禾，赤粘是也。沙田鹹鹵之地，多種赤粘，粒大而色紅黑，味不大美，亦名大粘，皆交趾種也。其黃粘、花粘，惟內地膏腴者多種。禾既穫，或貯墩中，或即舟載以返。盛平時，海無寇患，耕者不須結墩，皆以大船載人牛，合數農家居之。喪亂後，大船為官府所奪，乃始結墩以居。自癸巳遷海以來[①]，沙田半荒，主者賤其值以與佃人。佃人耕至三年，田熟矣，又復荒之，而別佃他田以耕。蓋以田荒至三年，其草大長，佃人刈草以售，每一日之功，可充十日之食，又有魚、蝦、鱔、蛤、螺、蟶之屬，生育其中，潮長輒塞篊箔取之，其利甚饒。草之未盡刈者，則燔以糞田，田得火氣益長苗，而田荒之至三年，又復肥沃。故佃人每耕之三年，必荒之三年，不肯為田主長耕，如數納穀，此有沙田者之苦也。沙田既多荒棄，於是賠貼虛糧，為累未已，而陰以其田賤賃於沙頭。有司捕問，則里長以沙頭告。沙頭乃上限狀於有司，請先輸糧而後穫。沙頭者何，總佃也。蓋從田主攬出沙田，而分賃與諸佃者也。其以沙田為奇貨，五分攬出，則取十分於諸佃，不俟力耕，而已收其利數倍矣，此非海濱巨猾不能勝任。當盛平時，邊海人以沙田而富，故買沙田者爭取沙裙，以沙裙易生浮沙，有以百畝而生至數百畝者。今則以沙田為累，半委之於莫可如何者矣。

　　粵之田，其瀕海者，或數年或數十年，輒有浮生。勢豪家名為承餉，而影占他人已熟之田為己物者，往往而有，是謂占沙。秋稼將登，則統率打手，駕大船，列刃張旗以往，多所傷殺，是謂搶割。斯二者。大為民害。順德、香山為甚。巖野先生[2]，嘗請著為令，凡浮生沙潭，悉以入官。官募民耕種，以其租為賑饑餉軍之需，如有能清察報聞者，與墾田同功。此則既絕爭端，又資國用，誠為長利之策。或曰：古時五嶺以南皆大海，故地曰南海。其後漸為洲島，民亦蕃焉。東莞、順德、香山又為南海之南，洲島日凝，與氣俱積，流塊所淤，往往沙潭漸高，植蘆積土，數千百畝膏腴，可跂而待。而農民又輒於田邊築壩，以致對岸之田崩沒，而流其泥沙至壩，以為浮生，以故爭訟日甚。有司者每不能平，使能於沙田已報稅者，按籍給之。無籍者，即沒於官，召民承買，而取其價以供公，斯則絕訟之術也。

註：① 癸巳：即順治十年（1653）。此時間可能有誤。

　　② 巖野先生：即因抗清而被殺之陳邦彥。

（清）屈大均撰：《廣東新語》卷二，〈沙田〉，五一至五三頁。

嬴，種最多，以香嬴為上，產潮州。大者如盤盂，有殼雌雄異聲，可應軍中之用。次則珠嬴，出東莞大步海。南漢常置三千人採之，名其地曰：媚川都，人曰珠嬴戶。

（清）屈大均撰：《廣東新語》卷二〇，〈嬴〉，五八一頁。

蝦字始見於賈誼弔屈賦，曰：夫豈從蝦與蛭蟥。蝦莫多於粵水，種類甚繁。小者以白蝦，大者以蝦為美。蝦產鹹水中，大者長五六寸，出水則死。漁人以絲粘網，其深四尺有五寸，長六尺者，仄立海中，絲柔而輕，蟫蝦至則鬚尾穿胃，弗能脫也。兩兩乾之以對蝦，以充上饌。……其次曰黃蝦、白蝦、沙蝦，最小者銀蝦，狀如繡鍼。以紵布為網，網大丈有二尺，以二胃𫚖繫之，口向上流，取蝦卵與禾蟲，亦復如是。銀蝦稍大者出新安銅鼓角海，名銅鼓蝦，以鹽藏之味亦美。

（清）屈大均撰：《廣東新語》卷二〇，〈蝦〉，五九三頁。

黃嶺山在縣南，唐十道志嶺南名山之一。秀山在縣西南海中。靖康鹽場在縣西南六十里。王存云：東莞有靖康、大寧、東莞三鹽場；海南、黃田、歸德三鹽柵。東莞場即晉初司鹽都尉治，今在新安縣。東南三鹽柵並在新安縣境，圖經鹽運使所轄，有白石、大洲等十三場，皆置大使。

銀場在縣及清遠二縣界。王存云：東莞有桂角、香山崖二銀場，清遠有大富銀場。

（清）洪亮吉撰：《洪北江全集》卷四一，〈乾隆府廳州縣圖志〉，三至四頁。

明洪武二年（1369）設廣東、海北二提舉司廣東鹽課。提舉司領十二場。在縣境者，舊有四場：曰東莞，曰歸德，曰黃田，曰官富。迨元，改官富為巡司，其鹽課冊籍附入黃田場。明嘉靖二十一年（1542），又裁革黃田場，附入東莞場，縣止東莞，歸德二場，隸於廣東鹽課提舉司。

（清）舒懋官、王崇熙等纂：《新安縣志》上卷，二七四頁。

東莞編戶，原有軍民灶蛋四籍，則分隸靖康場。灶籍之民，所居房屋，則為灶地，種禾之田，種樹之山，則為灶田。灶山其間，潮來斥鹵之地，稍可把煎者，則為鹽田，其徵糧總名曰：灶稅、木場稅。田八百五十頃有奇，內鹽田止六頃五十畝，徵銀七百餘兩，與苗田一體輸納，雜項公務丁差，俱十年一輪。又鹽田每畝辦鹽二斤八兩，謂之稅鹽。稅鹽之外，又有丁鹽，計三人共納一引，課銀四錢六分五厘，十年又一當場役。至於苗田地磽土瘠，兼種薯芋充食，往往輸納不前。鹽田近海，其民買薪為煤，織竹為鍋，辛苦煎煮，僅足糊口，非商賈販賣之處，故向無藩占。康熙二十二年（1683），部文將粵省藩占鹽田清還百姓[1]，每畝加增稅銀三分。東莞苗田、鹽田一概加餉。夫苗田故非鹽田，鹽田亦未經藩占，而概受加徵之害，所謂一田兩賦，一身兩役矣，亟宜豁免者也。

註：[1]藩：即平南王尚可喜。

（清）馬俊良編：《龍威秘書》七集，五冊，吳震方撰：〈嶺南雜記〉，四七頁。

乾隆二十一年（1756）九月丙寅。吏部議覆，兩廣總督楊應琚等奏稱：粵鹽行銷六省，需鹽甚多，向設大使十三員專司發斛收配、催課、緝私等事。其間有場地遼闊，地塢繁多，大使一員難以兼顧者，則又分冊督收，委員管理。請將歸善縣之淡水場，分出大洲、壩白、二冊；海豐縣之石橋場，分出小靖一冊，俱改為鹽場實缺，各設大使一員，照例以五年報滿，頒給鈐記。陽江縣之雙恩場，香山縣之香山場，新安縣之歸靖場，俱改為委缺，所有原鈐記送部查銷。其裁缺大使三員，應徵丁課，按照所轄丁田，覈計分徵。其雙恩等三場，原設丁課，仍歸陽江等縣場徵收。均應如所請，從之。

《清實錄》，《高宗實錄》（七），卷五二〇，五五八頁。

榷稅之使，自萬曆二十六年千戶趙承勛奏請，始命李鳳於廣州或徵市舶，或徵店稅，或專領稅務，或兼領開採。姦民納賄於中官，輒給指揮千戶劄，用為爪牙，水陸行數十里即樹旗建廠。視商賈儒者，肆為攘奪，沒其全資，負載行李亦被搜索。又立士商民目，窮鄉僻塢米鹽雞豕皆令輸稅。所至數激民變，帝率庇不問。諸所進稅，或稱遺稅，或稱節省銀，或稱罰贖，或稱額引；贏餘又假買辦孝順之名，金珠、寶玩、貂皮，名馬雜然進奉，帝以為能。甚至稅監劉成，因災荒請暫寬商稅，中旨仍徵課四萬，其嗜利如此。三十三年始詔罷採礦，以稅務歸有司，而稅使不撤。李道詭稱有司，固卻乞如舊便，帝遽從之。

（清）周廣、鄭業煌等輯：《廣東考古輯要》卷二二，〈榷稅〉，七頁。

粵東濱海之地，水澤多而田地少，貧民以船為家，以漁為生，名曰蛋戶漁民，乃人中之最窮苦者也。舊例轄於河泊所官，無所之處，則州縣官兼之。

（清）李士禎撰：《撫粵政略》卷七，一二頁。

粵東濱海之區，耕三漁七，幅圖遼闊，民食不敷，歲仰廣西桂、柳、梧、潯諸府之接濟。設遇粵西年荒，諸郡閉糴，則粵東米價翔貴，小民粒食維艱。

（清）王錫祺輯：《小方壺齋輿地叢鈔》一八，第九帙，蕭令裕著：〈粵東市舶論〉。

風俗

自永嘉之際①，中州人士避地嶺表，茲邑禮義之漸所由來矣。其樸拙成風，巧飾不習，雖未盡出於正，不可謂非忠厚之遺也。

士勵學術而謹仕進，其彈冠膺職者，代有賢聲焉。

民多重農桑而後商賈。農人種田，一年兩收，器用取渾堅，不事淫巧。

610

房屋多土牆，但蔽風雨，今尚黝堊，砌以磚石。

嫁娶重門地（第），至貧不與賤者為婚。

邑中舊族祠有祭田，歲或一祭、二祭，有贍學以給子孫之為諸生者，有卷資以給童試者，有路費以贈公車者。歲饑，則散錢穀以周貧乏，惟子孫犯規及為公役者，不得入祠，猶為近古。

婚姻必以檳榔、蕈葉、茶果之屬，曰過禮，不親迎，昏夕即廟見。

嫁女不以粧奩相誇耀，猶尚糖梅，親友造新婚家索飲，曰打糖梅，其家速客曰梅酌。俗尚巫信鬼，凡有病，或使嫗持衣燎火而招於門，或延道家逐鬼，角聲嗚嗚然，至宵達旦，諺云：禾黃鬼出，鬼猶求食，其氣燄以取之也。

稱壽必自六十一始，重一不重十，即魏叔子大易貞元之義也。

立春前期一日，有司以土牛芒神迎於南山下，次早鞭春，民間以是日有事於祖祠。

元宵張燈作樂，凡先年生男者，以是晚慶燈。正月望後四日，俗謂天穿日，土人作餺飥，以針線縫其上，禱於天，謂之補天穿。七月十四日及冬至日祀祖，必以宰鴨為敬。重陽掃墓與清明同。餘節大略與荊楚歲時無異。

邑地濱海民多以業漁為生，其務農者，亦能勤力作，惟地連東歸二邑，流土雜居，或田遠不得耕，輒為佃所據，至有賤售其業者，抑強扶弱恃在，有司謹記之，以備觀覽焉。

註：①永嘉：即南宋端宗時。

（清）舒懋官、王崇熙等纂：《新安縣志》上卷，八〇至八一頁。

蛋戶者，以舟楫為宅，捕魚為業，或編蓬瀨水而居，謂之水欄，見水色則知有龍，又曰龍戶。齊民則目為蛋家。晉時廣州南岸周旋六十餘里不賓服者五萬餘戶，皆蠻蛋雜居。自唐以來，計丁輸課於官。洪武初編戶立里長，屬河泊所，歲收漁課，然同姓婚配，無冠履禮貌，愚蠢不諳文字，不自記年歲，此其異也。東莞、增城、新會、香山，以至惠潮尤多。……至雷瓊則少。廣中近年亦漸知書，或登陸附籍，與良民同編，亦有取科第者矣。……番禺沙灣、東莞布衝、新會金星門至奇獨澳，每蛋船一大九小為一甲，官軍至即九小併為一艘。……

（清）顧炎武著：《天下郡國利病書》四十三（原第十九冊），〈廣東下〉，一〇七至一〇八頁。

臣聞械鬥之風，莫甚於福建漳泉、臺灣、廣東之潮州、嘉應及廣州府屬之東莞、新安，固有民情刁悍，亦地方官有以致之。民間詞訟數年不結，愚民無所告訴，激而相殺，納賄於官，晏然無事。由是輕視官長，以致抗官拒捕，而官亦無可如何。

（清）陳澧撰：《東塾集》卷五，八頁。

七月初七夕為七娘會，乞巧①，沐浴天孫聖水②。以素馨茉莉結高尾艇，翠羽為篷，游泛沉香之浦，以象星槎十四。祭先祠，屬為盂蘭會。相餉龍眼、檳榔，曰結圓。潮州則曰結星。二十五為安期上昇日，往蒲澗採蒲，濯水。

註：①乞巧：乞求織女之巧於織造。
　　②天孫：即指織女星。

《中華全國風俗志》第二冊，上篇，卷八，〈廣東〉，二四頁。

港中華民之寄居者，雖咸守英人約束，然仍沿華俗不變，不獨衣冠飲食已也。如崇神佛則有廟宇，祀祖先則有祭享。正朔時日，無一不準諸內地。元旦亦行拜賀禮，爆竹喧闐，徹於宵旦。令節佳辰，歡呼慶賞。每歲中元，設有盂蘭盛會，競麗爭奇，萬金輕於一擲。

（清）王韜著：《弢園文錄外編》卷六，〈香港略論〉，一八〇頁。

新安縣學校
寶安書院（知縣丁棠建）

梯雲社學

登雲社學

青雲社學

固戌社學

梧山社學

接青社學

（清）李侍堯、沈廷芳等纂：《廣州府志》卷一六，〈學校〉，五一頁。

新安縣坊表

騰蛟　　　在學宮。

起鳳　　　在學宮。

嶺南重鎮　在，為參將方伯建。

青雲接武　在黃客埠村，為舉人利仁立。

進士　　　在西鄉，為進士鄭士忠立。

文林　　　在橫塘村，為舉人羅肇魁立。

解元　　　在，為明浙江樂清知縣吳國光建。

會魁　　　在，為會魁兵部主事陳果建。

（清）李侍堯、沈廷芳等纂：《廣州府志》卷四，〈坊表〉，三七頁。

二、古蹟、名勝與傳說

新安縣古蹟

東官郡城　在縣治南二百里東莞場《漢書地理志》注有鹽官，疑即駐此。晉咸和間為郡，隋開皇間改縣，唐至德二年（757），徙置到涌，即今縣治，故址今為東莞守禦千戶所，即新安縣城。

王母粧臺　在大鵬王母洞村前，有大石，高數丈，俗傳王母梳粧於此。

媚川都　在城南大步海南。漢時採珠於此，後遂相沿，重為民害，邑人張惟寅上書罷之。

屯門鎮　（舊志）大寶元年春[①]，於寶安縣置屯門鎮，即此。

南漢石魚　在海光寺，今廢。

景炎行宮　在梅蔚山。宋景炎二年（1277），帝舟抵此，作行宮駐蹕焉。

官富駐蹕：（宋〈行朝錄〉）丁丑年四月[②]，帝舟次新安營，宮殿故址今猶存。

望煙臺　在鳳凰岩下，傳文丞相姪文應麟子孫，家於嶺下，為何左丞部將。值歲荒，建此樓登眺，凡家無爨煙者賑之。至今，猶稱煙樓下。

杯渡石柱在杯渡山麓，瀕海有二石柱，隔四十步，高五丈。今半折（郡志）昔鯨入海觸折。

杯渡石像　在半山石岩內涘三尺，闊二丈，中有石臺，像設其上，約高五尺六寸，又有懸鐘，兩樹交枝懸之。

石壁畫龍　在佛堂門，有龍形刻於石側。

化佛塔遺址　在邑之一都庵前，村後有大石，側書化佛塔三字。

長鎮石室　在長鎮村山巔上，有石艇、石塔，傍有仙人足跡，有大石香爐，前有石澗仙泉，秋冬不竭。上有神像，祈禱輒應。萬曆丙辰（四十四年，1616），建長豐庵。崇禎癸酉（六年，1633），知縣烏文明重修。上為文昌閣，佛閣有八景：曰石洞禪宮，曰雲梯天閣，曰石榻風雲，曰松臺月照，曰仙人遺跡，曰先朝遺剎，曰普渡先航，曰菖蒲石澗，皆絕勝云。

儇姬石　在六都下梅林村崖頂，群峰壁立。鄉人祈雨，見上有雲蓋，即應，俗呼三妹石。

鐘鼓石　在縣署後左右二石，左圓崒如鐘，右仰坦如鼓，扣之各有聲。

纜聲　在蚊州海，傳有船纜在此。至今，天將雨，纜先有聲，屢驗不爽。

　　僊橋遺石　在三都橋頭村，側有大長石數塊，屹立河邊，潮極長不沒，若私扛一塊，腹即痛，置即愈。舊傳一人驅群石，或問何往？答曰：在此造橋。後見一孕婦，驅之不動，橋未成。

　　大觀臺　在廠前天妃廟後，層巒聳峙，俯瞰滄溟，為一邑，巨觀。今圮。

　　縣城八景：曰杯渡僊踪，曰赤灣勝概，曰梧嶺天池，曰參天喬木，曰盧山桃李，曰龍穴樓臺，曰鰲洋甘瀑，曰玉勒溫泉。

註：①：大寶元年：即南漢大寶元年（958）。

　　②：丁丑年：即宋南景炎二年（1277）。

（清）李侍堯、沈廷芳等纂：《廣州府志》卷九，〈古蹟〉，四六至五〇頁。

　　宋行宮（新安）縣有二：一在梅蔚山、一在官富場。

　　望煙臺　在鳳凰巖下。相傳文丞相姪應鱗之子孫，家於嶺下，為何左丞部將[①]。值歲荒，建臺登眺，凡家無爨煙者，賑之。

　　大觀臺　在天妃廟後，層巒聳峙，俯瞰滄溟，為一邑巨觀。今圮。

註：①何左丞：即何真，元末官至廣州左丞，降明，封東莞伯。

（清）周廣、鄭業煌等輯：《廣東考古輯要》卷一三，〈第宅〉，一〇頁。

　　海光寺（新安）縣南門外，相傳南漢時有鐵佛在海中，夜有光，因建祀之。

（清）周廣、鄭業煌等輯：《廣東考古輯要》卷一四，〈寺觀〉，四頁。

　　宋駙馬都尉鄧自明墓（新安）在石井山。相傳趙玉女因靖康之亂，壩遷潮海，邑人鄧銑獲之，配其子自明，生男四人，曰杞、曰梓。後杞、梓以其母手書上光宗，賜祭田千頃。今田尚存，子孫繁盛。

　　金夫人墓　在官富山。相傳慈元后女溺死，鑄金身以葬。

　　明雙烈墓　縣西石鼓墩。明嘉靖十一年（1532）有游梁二姓，皆以拒賊死，葬此。

（清）周廣、鄭業煌等輯：《廣東考古輯要》卷一五，〈陸墓〉，三頁。

……明萬曆中，知府郭師古於東南沙洲建海印閣。丁酉歲[1] 王光祿學曾倡議，與郭勳卿棐、楊戶部瑞雲力請當途，於東四十里琵琶洲建九級浮屠以障之，屹峙海中，名曰海鰲。

註：[1]丁酉歲：即萬曆二十五年（1597）。

（清）仇池石輯：《羊城古鈔》卷首，二三頁。

混滘洲在郡城東南四十里江中，有洲突起，高十餘丈，上有三阜，形似琵琶。明萬曆戊戌（二十六年，1598）光祿卿郭棐、寺丞王學曾、主事楊瑞雲，請於院司，即洲上建九級浮屠，屹立海中以壯形勢，名曰海鰲。塔北建北帝宮以鎮之，旁有海鰲寺。[1]

註：[1]這一段史料較該書〈卷首〉文具體，因而錄之。

（清）仇池石輯：《羊城古鈔》卷首，〈輿圖〉，二八頁。

南海神廟　在城東南扶胥之口，黃木之灣，廟中有波羅樹，又臨波羅江，故世稱曰波羅廟，祀南海神。按道書，南海神，姓祝，名赤夫人；姓翳，名鬱寥。韓愈以為祝融，南海之帝是也。隋開皇中創建。至今廟內祭碑林立，韓昌黎碑在東廊。宋循州刺史陳諫重書神。自唐開元時祭典始盛，冊尊為廣利王。宋康定中加號洪聖王。皇佑二年（1050）以儂寇遁賴神功，加號昭順。紹興七年（1137）加號威顯。元至元二年（1265）加號廣利靈孚。明洪武三年（1370），始封南海之神。國朝屢遣官致祭，重修，封南海昭明龍王之神。每歲二月上壬日致祭[1]。

註：[1]二月上壬日：即二月初二日。

（清）仇池石輯：《羊城古鈔》卷三，〈祠壇〉，三至四頁。

海鰲寺　在東南滘滘洲巽位上。明萬曆中郭勳卿棐，王光祿學曾倡議建九級浮屠，以培通省氣脈，葺寺三座於前，中為知府戴燿生祠，見置香燈田八十三畝零。

（清）仇池石輯：《羊城古鈔》卷三，〈祠壇〉，四一頁。

屯門鎮　縣（新安）南，東即杯渡山。唐立屯門鎮營以防海寇。宋亦設營壘於此。

（清）周廣、鄭業煌等輯：《廣東考古輯要》卷七，〈關隘〉，一頁。

新安縣

文岡山，在城東北五里，一名尖岡，高四十丈，周圍二百丈，陽臺之支山也。（《廣東輿圖》）

南山，在城南七里，高七十丈，周五里，秀拱如屏。海濱上有雙石塔、觀音寺。有石似仙人足，鄉人多祈雨於此。（《新安新志》）

董公山，在城東十里，亦陽臺之支山也。高八十丈，周一里，上有龍潭。（《廣東輿圖》）

杯渡山，在城南二十里，高峻插天，一名聖山（《府志》）。二百丈，周三十里，有二石柱，高五丈，相距四十步（《廣東輿圖》）。世傳有杯渡禪師渡海來居（《輿地紀勝》）。〈東莞舊志〉山在縣南二百八十里，即屯門山也。枕居大海，遠望黃木灣，正相對。唐韓愈詩：乘潮簸扶胥，近岸指一髮，屯門雖云高，上映波浪沒即此。南漢大寶十二年（968）封為瑞應山，今有瑞應巖、虎跑泉（《大清一統志》），又名羊坑山。（《新安新志》）

靈渡山，高二百丈，周圍十五里，勢絕高峻，與杯渡對峙海濱（《廣東輿圖》）。舊有杯渡井，亦禪師卓錫處（《府志》），在縣南三十里，與杯渡山對峙。（《新安新志》）

陽臺山，在縣東北三十里，橫亙五十里，山頂平衍，形若幾案。有龍潭，下有烏石巖，其南支有董公嶺，去縣十里。（《大清一統志》）

大髻婆山，在城北三十里，近陽臺山，形似大髻，因名。（《新安新志》）

掛角山，在縣南三十里，兩峰突起如角，曰大掛、小掛，一名牛潭山（《大清一統志》），高百八十丈，周三十里。（《廣東輿圖》）

謹案掛角山一名桂角在縣東南四十里。山多老桂，兩峰對峙，其形如角，故名。牛潭，一名鰲潭，有雲即雨，上有仙女梳粧石。宋鄧符築力行書院，講學其下，今遺址尚存。

黃木山，在城東三十里，高百丈，周二里，一名筆架山，像其形也。三峰秀矗，如海外之山，可望不可即，左有蟾蜍，石鄉人於此禱祀。（《大清一統志》）

大鐘山，在縣西北四十里，其南為鳳凰巖，巨石嵯峨，廣數丈，洞徹若堂室。相傳昔有鳳凰棲其內，高七十丈，周十里，與鳳凰巖連亙一帶。（《廣東輿圖》）

黃金洞，在縣西三都，多黃石，其北為藥勒村，有湯泉。（《大清一統志》）

柑坑山，在縣東北四十里，高百丈，延亙四十里，多產赤竹，猺人居之，與太平嶂夾水並行，項背相望。（《廣東輿圖》）

參里山，在城西北四十里，坐南拱北，方廣五里，在寶安縣東北（《南越志》）。寶安縣東有參里縣人黃舒者，以孝聞於越，華戎慕之如曾子，改其里曰參里也。（《寰宇記》）

九逕山，在縣南四十里，下臨屯門澳。明海道汪鋐，帥士人殲佛郎機於此。（《新安新志》）

真背嶺，在縣東四十餘里，一名大頭嶺。康熙三年（1664）遷界故址猶存。

大帽山，在城東五十里，形如大帽。由梧桐山迤邐南旋西折，高二百丈，上有石塔，多產茶。（俱同上）

茅山，在城西北五十里，高七十丈，延袤三里，有大茅、小茅，兩峰峭秀。（《廣東輿圖》）

龍躍嶺，在縣東南五十里，又十里，有雙魚嶺，二山相對臨水（《大清一統志》），高百餘丈，周十餘里。（《新安新志》）

書眉山，在縣東北五十里，樟坑逕側，多畫眉鳥。

三牙牌山，在縣西南海中，去縣一百二十里。

紅水山，在城南五十里，周十餘里，昔傳土人於此遇賊，殲焉，坑水盡赤，故名。上有龍船石二，各長二丈許，一仰一覆，叩之，聲如洪鐘，其坑水流十餘里，田獲灌溉。

七星岡山，在城南五十里，如七星羅列，故名。其山有石如獅。中有天后元君禾穀夫人廟，祈雨甚靈驗。（俱同上）

梧桐山，在縣東六十里，有大小二山綿亙六十里，多梧桐異草，頂有天池，深不可測。山腰有鹽田逕，大石結砌，亙十餘里，名曰亭子步。下有赤水洞，其北有白面石巖，深廣如廈，外有甘泉。（《大清一統志》）

海沙尖山，在梧桐岡，第三支高一百丈，周二里一峰插天峭麗如筆。（《廣東輿圖》）

太平障山，在城東北六十里，高百二十丈，山形遠望如障，為東莞交界。

石龍山，在城西北六十里，高七十丈，周圍二里，巨石崚岣，狀如獅踞虬蟠。（俱同上）

黎峒逕，在縣東六十里，通鹽田、大鵬等處。（《新安新志》）

官富山，在縣東南七十里，又東十里有馬鞍山脈，皆出自大帽，屏蔽東洋（《大清一統志》）。在佛堂門內，急水門之東鎮西向東，周圍五十里（《廣東輿圖》）。山之東有官富場（〈行朝錄〉），景炎二年（1277）四月，帝舟次於官富場是也。（《方輿紀要》）

虎頭山，在官富九龍寨之北，亦名獺子頭，怪石嵯峨，壁立插天，其下凹路險峻難行。乾隆壬子（五十八年，1792），土人捐貲砌石，較前稍為平坦。（《新安新志》）

謹案：虎頭山，舊志在東莞縣誤。

盧山，在縣東北，一名百花林。其山絕險，上有潭。潭旁僅通線路，山內有田可耕，常為寇盜所據。昔於山前置寨，今廢（《大清一統志》）。裴淵〈廣州記〉云：東莞有廬山，其側有楊梅仙桃，只得於山中飽食，不得取下，如取下，則輒迷路。（《寰宇記》）

謹案：慮山即盧山，亦作廬山，益慮、盧、廬三字聲音相近，可通假也（《府志》）。山在城北八十餘里，新安新志在縣北八十里，郭志作城東六十里誤。

羊凹山，在縣東北九十里，接東莞縣界，有仙歌巖，口甚小而腹空洞，可容數百人。（《大清一統志》）

九頓山，在縣東南一百里，從山麓而上，連頓九阜，至頂則平曠。自縣至大鵬所必由之路，相近有葵涌，山多生水葵。大鵬路，嘉慶十二年（1807）邑人李濬光、紹光捐石砌平，路十餘里，山溪架橋置亭，為行人憩息之所，邑令李維榆有記。（《新安新志》）

梅蔚山，在城西南一百里，前護縣治，後障東洋，叢生林木，孤懸海中（《廣東輿圖》）。在縣南百里大海中（〈行朝錄〉），景炎二年正月南狩幸此，今有石殿舊址。（《方輿紀要》）

大奚山，（〈南海志〉）在東莞縣海中，有三十六嶼，居民以魚鹽為生（《輿地紀勝》）。一曰磡州（《南海蹟記》），為急水、佛堂門之障，山周圍二百里。（《廣東輿圖》）

謹案：舊志大奚山多鹽田，宋以為李文簡食採，今仍之。此事無可考，或者大奚山中有文簡自置鹽田，其後子孫因以為業耳。宋紹興時，設屯兵，及慶元二年（1196），島民作亂，事詳前事略。

鳳凰山，在大奚山障內，有神茶一株，能消食退暑，不可多得。土人於清明日採之，名鳳凰茶。（《新安新志》）

老萬山，在大奚山西南，周圍過於大奚（《廣東輿圖》），山在南洋海中，海面屬香山。其西砲臺，係大鵬營撥防，林大森密，昔為賊巢。（《新安新志》）

大小磨刀山，壁立海中周圍一百丈，近大奚山。（《廣東輿圖》）

南亭竹沒山，在萬山南，周數十里內有盧亭，相傳為盧循之後，能入水捕魚鮮食，以棕葉竹籜為衣。（《新安新志》）

獅子嶺，在六都龍塘村側，里許有一石，屹立崢嶸，雲掛則雨。康熙年間，移縣分界在此，煙墩故址猶存，又名煙墩嶺。（同上）

大鵬山，在縣東南，山脈自羅浮來，狀如鵬舉，一名七娘山。其前又有老大鵬山在海中。又東有陶娘山，去縣一百三十里，接歸善縣界，抱拱如城，內容艨艟數十艘，今疊石塞之（《大清一統志》）。在縣東一百六十里，舊志一百二十里，今計程改正，一名七娘山，相傳有仙女七人遊此。（《新安新志》）

逕心凹，在大鵬凹道險隘，嘉慶間，監生歐陽銓捐石砌十餘里，邑令汪鼎金有利及行人匾額，題贈龍岐山，在大鵬海邊。（俱同上）

零丁山，在赤灣前海中，距城二百里，高一百丈，周圍五里，四面環海，下為零丁洋。（《廣東輿圖》）

仰船洲，山在城東南洋海中，形如仰船。（《新安新志》）

鴉洲山，在大步海中，其形如鴉。

龍鼓山，在縣南洋海中。

赤柱山，在縣南洋海中，延袤數十里，諸山環拱，為外海藩籬，有兵防守。

沱濘山，在東南洋海中，去縣二百四十里。

蒲苔山，在縣南洋海中。

白鶴山，在九龍寨西北，上有遊仙巖，巖下三小石如品字，上盛一巨石，高約六七丈，廣約三丈餘，壁立難升。石頂有棋枰，棋子至今猶存，石北刻遊仙巖三字，第年遠，字稍模糊。昔常有白鶴一雙，棲止石上，故名。

梅林逕，在梅林村後，上有石板，有大人蹟，長二尺餘，寬八九寸許，宛如人腳掌痕。

<hr>

（清）阮元等纂：《廣東通志》卷一〇〇，〈山川略一〉，一九一五至一九一八頁。

石甬山，在縣城東四十里，水中石如湧出其上，多香木。又東二十里曰葵涌山，其下葵涌之水出焉，是多水葵。

《（康熙）新修廣州府志》卷八，〈山川〉。

新安又有杯渡山，相傳宋元嘉中有禪師，以杯渡海故名。南漢時，封為瑞應山。山有瑞應巖、虎跑井，勢絕高峻，其下臨大海，與靈渡山相峙焉。

（清）范端昂輯：《粵中見聞》卷七，〈地部〉四，三七頁。

東莞城西南五十里海月巖，近大涌村，巖側有石井，深六七尺，窺之，輒見風帆來往，詩云：井底風帆人盡見，非關倒縣海中來。寶安八景海月風帆即此。

（清）范端昂輯：《粵中見聞》卷八，〈地部〉五，五四頁。

客有登新安杯渡山者，見一縷煙從海出，漸次繚繞上天，化作稠雲，傾之海中復有千萬煙縷上出，天乃大雨。蓋雨者雲之所為，而雲從山中出者多晴，從海中出者多雨。……廣州治背山面海，地勢開陽，風雲之所蒸變，日月之所摩盪，往往有雄霸之氣。城北五里馬鞍崗，秦時常有紫雲黃氣之異，占者以為天子氣。始皇遣人衣繡衣，鑿破是岡，其後卒有尉佗稱制之事，故粵謠云：一片紫雲南海起，秦皇頻鑿馬鞍山。

（清）屈大均撰：《廣東新語》下，〈雲〉，一八頁。

官富山，在新急水門東，佛堂門西，宋景炎中御舟駐其下，建有行宮。其前為大奚山，民雜居之，專事魚鹽。宋慶元間作亂，提舉徐公安國討滅之，遂墟其地。今萬姓者統其眾，因呼為老萬山。其前有山曰梅蔚。宋景炎帝亦常駐此，殿址存焉。又赤灣之前，為零丁山，山下為零丁洋，內洋曰小零丁，外洋曰大零丁。小零丁洋有二石，一烏、一白，對峙中流，高可百餘仞，舊稱行朝雙闕，今漁人稱雙筋云。

（清）范端昂輯：《粵中見聞》卷七，〈地部〉四，第三七頁。

官富山，在新安急水門東，佛堂門西。宋景炎中，御舟駐其下，建有行宮，其前為大奚山，林木蔽天，人跡罕至，多宋臣義士所葬。又其前有山曰梅蔚，亦有行宮，其西為大虎頭門，張太尉奉帝保秀山即此。秀山之東，有山在赤灣之前，為零丁山，其內洋曰小零丁洋，外洋曰大零丁洋。文丞相詩所云：零丁洋裡嘆零丁是也。小零仃洋有二石，一烏一白，對峙中流，高可百餘仞，當時以為行朝雙闕。今漁人稱曰雙筋，其海門則曰雙筋門，此則亡國遺跡也[1]。

註：①此處指宋亡。

（清）屈大均撰：《廣東新語》下，〈官富山〉，一〇五頁。

澳化一山浮海中，曰青洲，與揚子之金焦相似[1]，草木蓊翳，有亭榭廊宇，土人指為鬼子園囿，云鬼子之居如蜂房蟻垤，可容二三萬人。此地向為市舶交易之所。自有明來，彝人叨為己有，生聚日繁，而中原估客反僦屋而居焉。

註：①金焦：即江蘇鎮江的金山、焦山。

（清）郝玉麟等總裁：《廣東通志》卷六二，〈藝文〉，五四頁。

海中淡泉凡六，其在新安七都大洋中者，曰鰲泉。在五都蚊洲者，曰蚊洲泉。在陽江西北六十里，三丫港西水旁者，曰三丫泉。在澄邁東海港中者，曰那陀泉。在文昌七洲洋山大海中者，曰淡泉。在陵水東大洋雙女嶼者，曰淡水井，皆不以海而鹹者也。

（清）屈大均撰：《廣東新語》下，〈海中淡泉〉，一五一頁。

茭塘之地瀕海，凡朝虛夕市，販夫、販婦各以其所捕海鮮連筐，而至疍家之所有，則以錢易之；蛋人之所有，則以米易。予家近市亭，頗得厭飫，嘗為漁者歌云：船公上檣望魚，船姥下水牽網，滿籃白飯，黃花換酒，洲邊相餉。又云：鱔多烏耳，蟹盡黃膏，香粳換取下爾春醪。

（清）鄧淳撰：《嶺南叢述》卷四，二頁。

……大廟峽，一曰香爐，當虞夫人廟，右有一峰狀若香爐故名。其前有二小峰，曰：獅子眠、羊橫當。灣環之間，舟人畏之，歌曰：朝見眠羊，估客燒香；暮見獅子，稍公化紙。自此至清溪濛裡二驛，一路多虎，又歌曰：清溪濛裡，早眠晏起。而中宿峽，往時嘗有潮至，經宿乃返。予則歌曰：潮上飛來，一宿即迴；飛來潮上，二禺皆響。峽中又有望夫臺。予歌曰：望夫臺，儂今化為石，郎且不須迴。望夫臺一名望夫山，又歌曰：望夫山，儂雖化為石，猶自待郎還。

（清）鄧淳撰：《嶺南叢述》卷五，二〇頁。

新安吳素江於土中掘得謝文節公琴一張[1]，長三尺四寸，額廣四寸，蛇腹斷紋，琴背署曰："虢鐘"，銘曰："東山之桐，西山之梓，合而為一，垂千萬古"，分隸二十字，下有疊山款識。吳君遍徵題詠，題者不下數百人。原唱四首，余酷愛其第三首云："南渡官家事事非，抱琴人已變麻衣。催來江上潮無信，彈響冬青葉亂飛。青鳥罷歌皋羽泣[2]，黃冠相送水雲歸。只應一例滄溟外，同調西山賦采薇。"音節清逸，和者皆無及也。

註：[1] 謝文節公：即謝翱（1249—1295），南宋詩人，福建福安人，曾參加文天祥領導的抗元鬥爭。宋亡後，不仕元。
　　[2] 皋羽：謝翱字皋羽。

（清）梁晉竹：《兩般秋雨盦隨筆》上，三一頁。

鄧駙馬

宋高宗建炎三年（1129）十二月，金兀朮陷臨安，帝航海。四年（1130）正月，陷明州，襲帝於海。帝逃亡，後宮失散，至老萬山舟覆。高宗有妹飄溺，為漁翁援救，得活，泊於新安海涘，瀕海鄧姓，亦望族也。有少年見女，因求女翁說合而謀聘焉，不知其帝裔也。琴瑟諧合已年餘矣。旋聞高宗復辟，駐蹕臨安。女因陳說來歷，親筆書疏，遣夫詣宮門進表。高宗見表，果妹親筆，亟遣官往新安迎迓，相見悲痛，進封長公主，授鄧駙馬都尉，賜金帛回新安居住云。新安門人吳光簡與鄧世戚，言之甚詳。又云鄧有祖墳在邑南山天妃廟東三十里，初葬時有堪輿言，貴人應兌而起，葬後應出一駙馬。後又有一堪輿見之，謂貴人露腳，雖出駙馬，不由朝廷選聘者，其言皆驗，術亦神矣。

（清）劉世馨輯：《粵屑》卷一，一一至一二頁。

宋端宗崩於碙洲時，曾淵子充山陵使，奉帝還殯於沙衝馬南寶家。佯為梓宮出葬，其實永福陵在崖山也。今新會壽星堂山中，有陵跡五處，以遺民隱諱，故得免於會稽之禍。予常訪其跡。吊之曰：一路松林接海天，荒陵不見見寒煙。年年寒食無尋處，空向春山拜杜鵑。

（清）屈大均撰：《廣東新語》下，〈永福陵〉，四九六頁。

余到南海，閱《粵嶠志》：景炎二年（1277）端宗航海[1]，有香山人馬南寶獻粟助餉，拜工部侍郎。帝幸沙浦[2]，與丞相陳宜中、少傅張世傑即主其家。居數日，廣州陷。南寶募鄉兵千人扈送至香山島。元兵追至碙州[3]，陳宜中走占城求救。帝崩。衛王昺立，走崖山，以曾子淵充山陵使，奉梓宮，殯於南寶家。宋亡，南寶泣不食。作詩曰："目擊崖門天地改，寸心不與夜潮消。" 又曰："眾星耿耿滄波底，恨不同歸一少微。" 後卒殉節。其詩其事，正史不傳，故志之。

註：①端宗：即宋端宗趙昰。
　　②沙浦：估計為香港島上之地。
　　③碙州：有人認為是大嶼山，但未有定論。

（清）袁枚著：《隨園詩話》上，卷一五，五一二頁。

東莞合蘭海，其水漩洄而黝黑，三江之所匯，有龍窟焉。嘗有積氣如黛，或如白霧，鼓舞吹噓，倏忽萬化。其為城闕、樓臺、塔廟諸狀，人物車騎，錯出於層峰疊巘之間，尤極壯麗，舟行其中弗見也。自外望之，變幻斯見，即之輒遠，離之復近，雖大雨不能滅，人以為蛟蜃之氣所為云。自氣或大或小，晴則大，陰則小，五色光芒不定。或如旌旗戈甲，則兆其地有兵革；如倉稟，則兆其地豐登。居人每候之以知災祥。歲正月初三四五日必一見，不見，則以為怪。或謂此為海氣，春晴始見，非也，此蜃氣也。……蜃氣與海市不同。海市多見於靖康場。當晦夜，海光忽生，水面盡赤，有無數燈火往來，螺女鮫人之屬，喧喧笑語，聞賣珠、鬻錦、數錢、量米麥聲，至曉方止，則海市也。……蓋南海蜃氣，有氣而無聲，海市有聲而無氣，以此為別。而靖康海市，又與青州不同。靖康海市見於夜，青州見於晝。

(清) 屈大均撰：《廣東新語》下，〈蜃氣〉，五四七至五四八頁。

雪庵道人

客從新安來，攜字一卷，云：係一巨室家藏物，遇亂散軼。重價購歸，展閱，乃草書《前出師表》，字大二寸許，筆力遒健，縱橫變化，殆入神品，後題至元辛巳（1281）夏四月廿有三日，雪庵道人書於崇教院。按題乃元世祖十八年（1281），《輟耕錄》載，李雪庵與趙子昂同時[1]，凡禁扁皆其所書，想即其人也。

註：①李雪庵、趙子昂：均為元代書法家。

(清) 吳震方編：《說鈴》第三函，董含：〈蒪鄉贅筆下〉，五頁。

三、明清時人有關香港詩詞

（明）祁順：大奚山
滄海波濤壯，奚山島嶼多。
空中排玉筍，鏡面照青螺。

洞古雲封路，年深鳥占窩。

昔人屯戌後，遺蹟半煙蘿。

（清）阮元、陳昌濟等纂：《廣東通志》卷一〇〇，〈山川略一〉，一九一七頁。

（明）何宏：扶胥送別

扶桑夜赤天雞鳴，劍光射天河漢傾。

虎門流火亂星俗，整柱蕩空雙眼明。

何人忽起煙霞想，獨汛一葉東南往。

衝金裂玉魚龍愁，飛上羅浮豁仙賞。

羅浮酒熟春如海，應是人間歲華改。

葛洪洲畔倘相逢，為問蟠桃幾千載。

（清）屈大均撰：《廣東文選》卷三〇，九頁。

（明）鄭文炳：杯渡山

聞說禪宗此舊遊，一杯飛渡渺滄洲。

山前卓錫泉猶在，巖上懸枝鐘尚留。

石柱杞橿個古勝，蕙蘭莎草四時幽。

登臨欲覓燒丹訣，翹首層巒紫氣浮。

（明）王士龍：赤灣

海上群山挖海門，古祠鐘鼓自晨昏。

諸彝貢籠南溟闊，萬國與（輿）圖北極尊。

日照瓊珠明島外，風生麟角起雲根。

勝遊此地心愈壯，漫倚青萍看斗文。

（明）龍河：鰲洋賦景

海上何年勇巨鰲，千秋遺蹟枕寒濤。

石泉時排明河落，雪乳晴飛白日高。

風急沙汀驚鶴夢，煙明春岸映魚舠。

鵬搏鯤變多奇幻，對景何當賦興豪。

（明）鄧孕元：官富懷古

蟻岸維舟日已晡，故官風色亂靡蕪。

百年天地留殘運，半壁江山入戰圖。

鳥起古臺驚夢短，龍吟滄海覺愁孤。

豪華終古俱陳蹟，剩有忠良說丈夫。

（清）靳文謨纂：《新安縣志》，〈藝文志〉之一二，四八至五一頁。

（清）方信儒：琵琶洲

在郡東三十里，以形似名，俗傳洲在水中，與水升降，蓋海舶所集之地也。

髣髴琵琶海上洲，年年常與水沉浮。

客船昨夜西風起，應有江頭商婦愁。

《嶺南叢書》前編，（清）方信儒撰：《南海百咏》，二三頁。

（清）李可成：杯渡仙蹤

海上禪宗渡遠山，擲將葦荻泛杯間。

泉依入定聲俱寂，雲繞參微影亦間。

卓錫巖（緣）何人杳杳，縣鐘樹稍□班班。

盛臨若解西來意，何事深居學閉關。

（清）靳文謨纂：《新安縣志》，〈藝文志〉之三二，五二頁。

（清）朱孝臧：清平樂（夜發香港）

舷鐙漸滅，沙動荒荒月。極目天低無去鶻，何處中原一髮？江湖息影初程，舵樓一笛風生。不信狂濤東駛，蛟龍偶語分明。

龍榆生編撰：《近三百年名家詞選》，一七六頁。

（清）朱孝臧：夜飛鵲（香港秋眺，懷公度）

滄波放愁地，游棹輕迴，風葉亂點行懷。驚秋客枕，酒醒後，登臨倦眼重開。蠻煙蕩無霽，颮天香花木，海氣樓臺。冰夷漫舞，喚癡龍，直視蓬萊。多少紅桑如拱，籌筆問何年，真割珠崖？[1]不信秋江睡穩，掣鯨身手，終古徘徊。大旗落日，照千山，劫墨成灰。又西風鶴唳，驚笳夜引，百折濤來。

註：[1]珠崖：此處指膠州灣。

龍榆生編撰：《近三百年名家詞選》，一七六頁。

（清）林昌彝：渡海

樓檻排山鬼島開[1]，白頭今詣粵王臺[2]。

射鷹詩話平夷志[3]，載汝輪船渡海來。

註：[1]鬼島：指被英國侵略者佔領的香港。
　　[2]粵王臺：一名越王臺，在廣州市北越秀山上，相傳為西漢時越王趙佗治事處。
　　[3]射鷹詩話：即林昌彝的《射鷹樓詩話》。

（清）林昌彝：《射鷹樓詩話》，北京大學中文系編：《近代詩選》，一四〇頁。

（清）梁佩蘭：粵曲

琵琶洲頭洲水清，琵琶洲尾洲水平。

一聲款乃一聲槳，共唱魚歌對月明。

《中華全國風俗志》第二冊，上篇，卷八，〈廣東〉，二六頁。

（清）洪仁玕：《回港舟中詩》[1]

船帆如箭鬥狂濤，風力相隨志更豪。

海作疆場波列陣，浪翻星月影麾旄[2]。

雄鷗島嶼飛千里，怒戰貔貅走六鰲[3]。

四日凱旋欣奏績，軍聲十萬尚嘈嘈。

註：[1]此詩為洪仁玕由上海赴天京不果，折回香港時作。
　　[2]麾旄：即揮舞旌旗。
　　[3]六鰲：古神話說：渤海東有五山，常隨潮上下，天帝命禹疆

使巨鼇（與鰲同）十五頭，分三批輪流舉首負載，後龍伯大
人一釣而連六鰲，岱輿、圓嶠二山沉於大海。見《列子·湯
問》。以此比喻有大志。

北京大學中文系編：《近代詩選》，二二六頁。

（清）黃遵憲：香港感懷十首（作於 1864—1873 年期間）（摘七首）

（1）

彈指樓臺現，飛來何處峰。

為誰刈藜藋，遍地出芙蓉。

方丈三神地，諸侯百里封。

居然成重鎮，高壘矗狼烽。

（2）

豈被珠崖棄，其如城下盟。

帆檣通萬國，壁壘逼三城[①]。

虎穴人雄據，鴻溝界未明。

傳聞哀痛詔[②]，猶灑淚縱橫。

註：①三城：即廣州。

　　②哀痛詔：指道光帝的遺詔。

（3）

酋長虬髯客，豪商碧眼胡。

金輪銘武后[①]，寶塔禮耶穌。

火樹銀花耀，氈衣繡縷鋪。

五丁開鑿後[②]，欲界亦仙都。

註：①因英佔香港後曾用"域多利"為名，即女皇維多利亞，故以
　　"武后"比喻。

　　②五丁：古代神話中的五個大力士。

（4）

盜喜逋逃藪，兵誇曳落河。

官尊大呼藥，客聚眾娑羅。

王面鑲金寶，蠻腰跨革靴。

斑闌衣服異，關吏莫誰何。

（5）

沸地笙歌海，排山酒肉林。

連環屯萬室①，尺土過千金。

民氣多羶行，夷言學鳥音。

黃標千萬積②，翻訝屋沈沈。

註：①連環：指香港地勢如環，有上、中、下三環。

　　②黃標：指財富多。

（6）

便積金如斗，能從聚窟消。

蠻雲迷寶髻，脂夜蕩花妖。

龍女爭盤鏡，鮫人鬥織綃。

珠簾香十里，難遣可憐宵。

（7）

遣使初求地，高皇全盛時①。

六洲誰鑄錯，一慟失燕脂。

鑿空蠻叢闢，噓雲蜃氣奇。

山頭風獵獵②，猶自誤黃旗。

註：①高皇：即清高宗乾隆。

　　②獵獵：風吹動旗子的響聲。

（清）黃遵憲著，錢仲聯箋註：《人境盧詩草箋註》，二二至二六頁。

黃遵憲：到香港①

水是堯時日夏時，衣冠又是漢官儀。

登樓四望真吾土，不見黃龍上大旗。

註：① 此詩作於 1885 年解美舊金山總領事任回國時。

（清）黃遵憲著，錢仲聯箋註：《人境盧詩草箋註》，一四三頁。

（清）劉光第：香港舟夜感賦①

水碧山青畫不如，樓臺盡是島人居。

淒淒三十年前月，曾照華民採夜魚。

註：① 估計此詩作於十九世紀七十年代左右。

（清）劉光第著：《介白堂詩集》下，一二頁。

（清）丘逢甲：香港書感二首①

海色不可極，西風吹髮絲。

中朝正全盛，此地已居夷。

異服魚龍雜，高巢燕雀危。

平生陸沉感，獨自發哀噫。

玫瑰紛流劫，芙蓉此煽妖。

效靈無海若，得志有天驕。

奇麗開荒島，憑陵欺小朝。

秋風散涼意，熱血苦難消。

註：① 此二首詩為光緒丙申（1896）寫。

（清）丘逢甲著：《嶺雲海日樓詩鈔》卷二，三六頁。

（清）鄭觀應：香港晚眺

萬國帆檣供白眼，一天星斗鑑丹心。

何當得遂籌邊策，巨刃摩天破積陰。

夏東元編：《鄭觀應集》卷下，一三五五頁。

第二章　一八四〇年前外國船隻在
澳門、香港一帶沿海活動

按：明初，廣東沿海即為外國商船來華重要地區。明在廣州設市舶司，除與外國正常貿易外，南頭一地還經常為外國船隻所侵擾。清初，實行海禁，至康熙二十四年（1685）始開海禁。雍正時期，因來船日益增多，便明令限制外國船隻數目。嘉慶初年，英國兵船已侵入澳門沿海。嘉慶後，清廷對澳門、香港一帶海防日益重視。

一、明朝時澳門、香港一帶的外國來船

通政唐順之云：國初（明）浙、福、廣三省設三市舶司，在浙江省專為日本入貢，帶有貨物許其交易。在廣東者則西洋番船之輳，許其交易而抽分之。若福建既不通貢又不通舶，而國初設立市舶之意漫不可考矣。……今海賊據嵧嶼南嶼諸島，公然番舶之利，而中土之民交通接濟，殺之而不能止，則利權之在也。宜備查國初設立市舶之意，毋洩利孔使奸人得乘其便。

《文淵閣四庫全書》，〈史部〉三四二，〈地理類〉，第五八四本，（明）胡宗憲撰：《籌海圖編》卷一二，〈經略二〉，三九七頁。

兵部尚書鄭曉云：洪武初設市舶於太倉名黃渡。市舶司尋以近京師罷，改設於福建、浙江、廣東。七年（1374）九月又罷，未幾，復設。蓋東夷有馬市，西夷有茶市，江南海夷有市舶，所以通華夷之情，遷有無之貨，收徵稅之利，戍守之費，又以禁海賈而抑奸商也。

633

《文淵閣四庫全書》，〈史部〉三四二，〈地理類〉，第五八四本，（明）胡宗憲撰：《籌海圖編》卷一二，〈經略二〉，四〇〇頁。

　　本朝正德十四年（1519），佛郎機大酋弒其國主，遣必加丹末等三十人入貢請封。有火者亞三，本華人也，從役彼國久，至南京，性頗黠慧。時武宗南巡，江彬用事，導亞三謁上，喜而留之，隨至北京，入四夷館，不行跪禮，且詐稱滿剌加國使臣，朝見欲位諸夷上。主事梁焯執問杖之。其舶往廣州澳口，布政使吳廷舉聞於朝，尋檢無《會典》舊例，不行。遂退舶東筦南頭，蓋屋樹柵，恃火銃以自固。每發銃聲如雷。潛出買十餘歲小兒食之，每一兒予金錢百。舶夷初至，行使金錢，後方覺之。廣之惡少掠小兒競趨之，所食無算。居二三年，兒被掠益眾。

　　又滿剌加王訴佛郎機奪國仇殺，於是御史丘道隆、何鰲言其悖逆稱雄，逐其國王，掠食小兒，殘暴慘虐，遺禍廣人，漸不可長，宜即驅逐出境，所造垣屋盡行拆毀，重加究治，工匠及買賣人等坐以私通外夷之罪。詔悉從之。誅其首惡火者亞三等。

　　初佛郎機番船用挾板，長十丈，闊三尺，兩旁架櫓四十餘枝，周圍置銃三十四個。船底尖，兩面平，不畏風浪，人立之處用板捍蔽，不畏矢石。每船二百人撐駕，櫓多人眾，雖無風可以疾走，各銃舉發，彈落如雨，所向無敵，號蜈蚣船。其銃管用銅鐵造，大者一千餘斤，中者五百餘斤，小者一百五十斤。每銃一管，用提銃四把，大小量銃管，以鐵為之。銃彈內用鐵，外用鉛，大者八斤。其火藥製法與中國異，其銃一舉放遠，可去百餘丈，木石犯之皆碎。有東筦縣白沙巡檢何儒前因委抽分曾到佛郎機船，見有中國人楊三、戴明等年久住在彼國，備知造船鑄銃及製火藥之法。鋐令何儒密遣人到彼，以賣酒米為由，潛與揚三等通話，諭令向化，重加賞賚，彼遂樂從，約定其夜何儒密駕小船接引到岸，研審是實，遂令如式製造。鋐舉兵驅逐，亦用此銃取捷，奪獲伊銃大小二十餘管。嘉靖二年（1523），鋐後為家宰，奏稱：「佛郎機兇狠無狀，惟恃此銃與此船耳，銃之猛烈，自古兵器未有出其右者，用之禦虜守城，最為便利，請頒其式於各邊，製造禦虜。」上從之，至今邊上頗賴其用。

（明）嚴從簡著：《殊域周咨錄》卷九，〈佛郎機·附〉，三二〇頁。

明弘治六年（1493），番彝入寇，東莞所千戶袁光捕剿於岑子澳，死之。

正德十一年（1516），番彝佛朗機入寇，佔踞屯門海澳，海道鉉尅之。

（清）靳文謨纂：《新安縣志》卷一〇，〈防省志〉，五頁。

（明）隆慶四年（1570），倭寇流劫鄉村，百戶吳綸率鄉兵戰死，後總兵郭討滅之。

隆慶五年（1571），倭寇攻大鵬所，舍人康壽柏禦之。時所城被圍四十餘日，賊具雲梯泊城，柏呼眾堅守，有登陴者手刃之，即碎其梯，圍乃解。

（清）靳文謨纂：《新安縣志》卷一〇，〈防省志〉，五頁。

……仍詔佛郎機人不得進貢，並禁各國海商亦不許通市。由是番船皆不至，競趨福建漳州，兩廣公私匱乏。

嘉靖中，巡撫都御史林富上疏曰：「臣惟巡撫之職，莫先於為民興利而除害。……今以除害為民，並一切之利禁絕之，使軍國無所資，且失遠人之心，則廣東之廢市舶是也。謹按皇明《祖訓》，安南、真臘、暹羅、占城、蘇門答剌、西洋爪哇、彭亨、百花、三佛齊、浡泥諸國，俱許朝貢，惟內帶行商，多設譎詐，則暫卻之，其後亦復通。又《大明會典》內安南、滿剌加諸國來朝貢者，使回，俱令於廣東布政司管待。所以送迎往來者，實欲懋遷有無，柔遠人而宣威德也。正德間，因佛郎機夷人至廣，獷悍不道，奉聞於朝，行令驅逐出境，自是安南、滿剌加諸番舶有司盡行阻絕，皆往福建漳州府海面地方，私自行商，於是利歸於閩，而廣之市井皆蕭然也。夫佛郎機素不通中國，驅而絕之宜也。《祖訓》、《會典》所載諸國素恭順，與中國通者，朝貢貿易盡阻絕之，則是因噎而廢食也。況市舶官吏公設於廣東者反不如漳州，私通之無禁，則國家成憲果安在哉！……舊規至廣番舶除貢物外，抽解私貨俱有則例，足供御用，此其利之大者一也。番貨抽分，解京之外，悉充軍餉，今兩廣用兵連年，庫藏日耗，藉此足以充義而備不虞，此其利之大者二也。廣西一省全仰給於廣東，今小有徵發，即措辦不前，雖折俸椒木，久已缺乏，科擾於民，計所不免。查得舊番船通時公私饒給，在庫番貨旬月可得銀兩數萬，此其為利之大者三也。貨物舊例有司擇其良者，如價給直，其次資民買賣，故小民持一錢之貨，即得握菽，展轉貿易，可以自肥。廣東舊稱富庶，良以此耳，此其為利之大者四也。助國給軍，既有賴焉，而在官在民，又無不給，是因民之所利而利之者也，非所謂開利孔而為民罪梯也。議者若虞外夷闌境為害，則臣又思之暹羅、真臘、爪哇等國，皆洪武初入貢方物，臣服至今。浡泥諸國，皆永樂中來朝，沒齒感德者。而占城則成化間被纂繼絕蒙恩者焉。南方蠻夷大抵寬柔乃其常性，百餘年來未有敢為盜寇者。見今番舶之在漳閩，亦未聞其小有警動，則是不敢肆侮為害，亦章章明矣。況久阻忽通，又足以得其歡心乎！請敕廣東、福建海道憲臣及備倭都指揮，於廣州洋澳要害諸處及東莞縣南頭等地督率官軍，嚴加巡察。凡番舶之來，私自行商者盡皆逐去。其有朝貢表文出於《祖訓》、《會典》所載眾國，密調得真，許往廣州洋澳駐歇。其《祖訓》、《會典》之所不載，如佛郎機者即驅出境，敢有抗拒，不服督發，官軍擒捕。而凡所謂喇哈番賊必誅，權要之私通與小民之誘子女下海者必重禁，稍有疏虞，官軍必罪。……奏下，從其言。於是番舶復至廣州，今市舶革去中官，舶至澳，遣各府佐縣正之有廉幹者往抽分貨物，提舉司官吏亦無所預。

（明）嚴從簡著：《殊域周咨錄》，卷九，〈佛郎機·附〉，三二二頁。

天啟三年（1623），紅毛彝蘭入大船二隻[1]，帆檣蔽空，由佛堂門入泊庵下。知縣陶學修親率鄉兵，持兵器，往窈西等處防守，乃去。（《新安縣志》）

註：[1]此處係指英船。

（清）盧坤等輯：《廣東海防彙覽》下函，卷四〇，〈事紀二〉，二二頁。

二、第一次鴉片戰爭前澳門、香港一帶外國來船

康熙二十一年（1682）七月……一照得澳門貿易一案，當經部司踏勘形勢，議將西洋國貨物在邊界旱路處所貿易，其本國商民，亦由旱路至界交易等語，奉旨依議。旱路准其貿易，其水路貿易，俟滅海賊之日，着該督撫題請，欽遵在案。今訪有不法奸徒，乘駕大船，潛往十字門海洋，與彝人私相交易，有由虎門、東莞而偷運入省者，有由上頭、秋風口、朗頭，以抵新會等處，而偷運回柵下佛山者，既悖旨而走洋，復私通而漏稅。查刑部現行事例，凡拿獲出海貿易者，將貨物家產，一半入官，一半給與拿獲之人；又開奸商自逆賊接壤處所，[1]販賣違禁等項，本犯即行處斬，妻子家口入官，所獲貨物，盡行賞給拿獲之人。

註：[1]逆賊：指平南王尚可喜。

（清）李士禎撰：《撫粵政略》卷六，五頁。

（康熙）二十四年（1685）開南洋禁，蕃舶來粵，牙行主之，所謂十三行也。皆起樓榭，為夷人居，停所貨，守舶中，貨盡，限日出境。惟澳夷無來去期，自與香山縣牙行互市，設立旗員防禦，一駐大關，一駐澳門，每年請將軍衙門，選員彈壓（《阮通志》）。祝志云：旗員之設，乾隆五十一年總督孫士毅所奏，向例云云，不詳始自何

年。考康熙二十四年設粵海關監督，則旗員之設，當在此時也）。向海禁甚嚴，互市止許肩挑，後許小船運載澳關，係布政司委三司首領，及一千總轄之。少收其稅甚有利，故競鑽營，今通洋設立海關，則利歸公上矣。（《嶺南雜記》）

康熙五十六年（1717）禁商舶出貿南洋。明年，復以澳夷及紅毛諸國，非華商可比，聽其自往呂宋噶囉吧，但不得夾帶華人，違者治罪。同上覆准澳門夷船，往南洋貿易，及內地商船，往安南貿易，准其行走（《大清會典》）。碣石總兵陳昂言：夷船入廣貿易，宜起其砲火，另設關束以嚴防範，凡夷船入口，起砲封柁局之一舍，故關例也。

（清）陳澧等纂：《重修香山縣志》卷二二，〈紀事〉二四頁。

國朝康熙二十五年（1686），建設海關。先建署新城靖海門內，五十九年（1720），改葺於新城五仙門。雍正二年（1724），關務歸併巡撫兼理更委員兼管，又添副監督一員，所以譏不軌，佐正供者深矣。然廣郡徵稅有二，番舶出入海口與百貨之往來爭市者，則粵海關徵之。至廣佛二埠稅課，及各屬津渡諸雜稅，則廣州府徵之，言關津者，當並舉以志云。

關口

澳門總口（在香山澳門徵收正稅規銀）。

大馬頭口

娘媽閣口

南灣口

關閘口

（以上四口俱在香山澳門稽察船隻出入）。

（清）李侍堯、沈廷芳等纂：《廣州府志》卷八，〈關津〉，一至二頁。

康熙五十七年（1718）五月辛未。兵部議覆。廣東、廣西總督楊琳疏言：柔佛等國番人唎哈等五十三名，噶囉吧番人吧甘等三名，乘船被風飄至新安等縣擊碎。隨令各地方官給與口糧養贍撫恤。但查南洋柔佛等國，俱係應禁地方，無內地商船到彼。閩粵二省，又無彼國船隻前來。原船已遭風擊碎。是喇哈等永無還鄉之日。請給內地船一隻，令難番附合駕歸。嗣後如有飄至內地難番，驗其原船可修，即與修整發遣，如已破壞難修，又無便船可附者，酌量給發。應如所請。從之。

《清實錄》（六），《聖祖實錄》（三），卷二七九，七三三頁。

國朝雍正三年（1725），定澳門夷船額數，從總督孔毓珣之請也。孔疏謂：蕃人居廣東澳門種數繁，若無以防范，必致內誘奸滑，外引蕃夷，漸滋多事。澳門夷船舊存一十八隻，又買外國船七隻，請將現在船隻編列學號，刊刻印烙，各給驗票一張，將船戶舵工水手及商販夷人頭目姓名，逐一填記票內，出口之時，沿海營汛驗明申報，如有夾帶違禁貨物，併載中國人出洋者，查出將該管理頭目商夷船戶等，俱照通賊例治罪。若地方官不實力查察者，亦照諱盜例治之。乾隆十五年（1750），海防同知張汝霖，復籌善後十二事上之。其所以致於未亂者深矣。

（清）李侍堯、沈廷芳等纂：《廣州府志》卷七，〈海防〉，一九頁。

（雍正）三年（1725），從總督孔毓珣之請，定夷船額數。（孔毓珣酌陳澳門等事，疏略：西洋人附居澳門歷有年所，聖朝嘉其嚮風慕義之誠，包容覆育，俾得安居樂業。但種類日繁，惟資出洋貿易，若無防範，恐逐利無厭，內誘奸猾，外誘蕃夷，漸滋多事。查澳門夷船，舊一十八隻，從外國買回七隻，共二十五隻。請令地方官，編列字號，刊刻印烙，各給票驗一張，將船戶、舵工、水手及商販、夷人、該管頭目姓名填註票內，出口時，沿海營汛驗明，掛號申報，督撫存案。如有夾帶違禁貨物，並將中國人偷載出洋者，一經查出，照通賊之例治罪。地方官不實力盤查，殉情疏縱，事發之日，照諱盜例，題參革職。此夷船二十五隻，題定之後，如有實在朽壞不堪修補者，地方官查驗明白，出具印甘各結，申報督撫准其補造，仍用原編字號。倘有偷造，將頭目、工匠亦照通賊例治罪。地方官失察，亦照諱盜例革職。其西洋人頭目，遇有事故，由該國發來更換者，聽其更換。其無故前來之西洋人，概不許容留居住。每年於夷船出口、入口之時，守口各官照票驗明人數、姓名通報。倘有將無故前來之人，夾帶入口及容留居住者，將守口各官，並該管之地方文武各官，照失察例議處，舵工、水手及頭目人等，俱照窩盜例治罪。）夷船二十五號名目：第一號，映叮嘩離。第二號，咹哆呢咕嚕嘛。第三號，嘅喊呎嘟嚧。第四號，嗦哋哩咕哆呢。第五號，呢啊咕哂嘩。第六號，咖咕咧哋。第七號，戎務名喢。第八號，呢咕嘮啡鳴味。第九號，喏啞彼噁留。第十號，明旺㖞嗄。第十一號，嗶嗼嚧山嗼哋咕嚕嘛。第十二號，唎咹嗼嗼嗠嚧嗎。第十三號，萬威咧味哂嘩。第十四號，嘻嗬嘶嘡。第十五號，萬威唎呱路。第十六號，委星的黎威嚕。第十七號，嗦些變諾咖喇花嚧。第十八號，咈喨嘰嘮呢嘮。第十九號，類嘶屾呫。第二十號，山嗼咹哆呢。第二十一號，皮囉哂呀哩。第二十二號，喏望蒙叮惹。第二十三號，嘩貓殊。第二十四號，萬威微先哋囉洎。第二十五號，咈浪哂咕叮喇家嗼。（按：道光庚寅〔十年，1830〕夷人火輪船始至廣東。厥後，諸船俱廢，自和議成，後來者，既無定額，亦不復編號矣。）

（清）陳澧等纂：《重修香山縣志》卷二二，〈紀事〉，二五頁。

（雍正）八年（1730）禁西洋海舶，毋得販黃金出洋。凡澳門夷船，係本省發往外洋者，照本省洋船例科稅。其外洋抵澳之西洋船，仍照外洋本條科稅（則例）。

（清）陳澧等纂：《重修香山縣志》卷二二，〈紀事〉，二六頁。

（雍正）九年（1731），呂宋駕兵船泊十字門。總督策楞問布政使託庸，託言：英夷國小而強，呂宋國①大而弱，客歲為所敗，恐見笑於諸夷，又不敢直至英吉利國挑戰，故揚兵於此，虛張聲勢耳。第令印知縣往罵之便去。策遣印光任往呂宋，即日去。（《袁子才集》按八年英夷敗呂宋師，俘五百人，揚兵虎門，策令印往勒紅夷獻俘。）

註：①呂宋：此處指荷蘭或西班牙。

（清）陳澧等纂：《重修香山縣志》卷二二，〈紀事〉，二六頁。

雍正八年（1730）夏六月，英吉利兵船闖入雞頸洋。

時偵報雞頸有英人三舶，詭言將往日本貿易。不數日，又有三舶至澳門，同知印光任聞於憲，調集巡海舟師，分佈防範。越八月初九日皆升帆若遠揚狀，俄而佛朗西來告亟。光任偕統香山協副將林嵩，令各營哨船一字橫截海面，且遣澳門夷目宣諭威德。會薄暮，西南風作，佛朗西三船疾駛入口，英人計沮，乃逡巡罷去。（《澳門記略》）

（清）瑞麟、戴肇辰等修：《廣州府志》卷八一，〈前事略〉，二頁。

雍正八年（1730），夏六月，英吉利兵船闖入獅小洋。

先是，英人英吉利者，頻年與呂宋搆畔外洋，八年六月，呂宋兵敗，英人將歸獻俘，被颶飄二戈船入獅子洋。英人素剽賊，明時累入粵求市，恃其巨砲，發之可洞裂石城，震數十里，即世所傳紅夷砲者。時遠邇驚詫，大府遣東莞縣印光任奉檄往勘，至則英人以饑乏乞濟，其酋安心意殊狡黠，光任反覆開陳大義，安心悟，釋呂宋俘，由澳門伺便還國，凡二百九十有九人，然後為之給廩餼茸帆櫓，嚴周防，至九月風便乃去。（《澳門紀略》）

（清）瑞麟、戴肇辰等修：《廣州府志》卷八一，〈前事略〉，一至二頁。

雍正九年（1731）三月，呂宋駕三舶，泊十字門外，時題授海防同知印光任奉牒，相度建署形勢，至澳，訊即去年所釋紅夷俘也。其酋西土古以賚書，謝恩為言，而意實伺紅毛圖雪恥。光任留澳密白大府，許達其書，旋奉檄往諭呂酋，以詞之嚴正也，為之心折，四月八日揚帆歸。光任以諸蕃恃巨舶大砲，然舟大難轉，遇沙即膠，觸礁立破，內地熟識海道之人，貪利出口接引，以致蕃舶出入，漫無譏察，乖控制之宜。具議上請（一洋船到日，海防衙門撥給引水之人，引入虎門灣，泊黃埔，一經投行，即著行主通事報明，至貨齊回船時，亦令將某日開行預報，聽候盤驗。出口如有違禁夾帶，查明詳究。一洋船進口，必得內地民人帶引水道，最為緊要。請責縣丞，將能充引水之人，詳加甄別，如果殷實良民，取具保甲，親鄰結狀，縣丞加結，申送查驗無異，給發腰牌執照准充，仍列冊通報，查考至期、出口等候。限每船給引水二名，一上船引入，一星馳稟報縣丞，申報海防衙門，據文通報，並移行虎門，及南海番禺，一體稽查防範。其有私出接引者，照私度關津律，從重治罪。一澳內民夷雜處，致有奸民潛入其教，並違犯禁令之人，竄匿潛藏，宜設法查禁，聽海防衙門出示曉諭。凡貿易民人，悉在澳夷牆外空地，搭篷市賣，毋許私入澳內，並不許攜帶妻室入澳，責令縣丞編入保甲，細加查察。其從前潛入夷教民人，並竄匿在澳者，勒限一年，准其首報回籍。一澳門夷目遇有恩懇上憲之事，每自繕稟浼熟識商民，赴轅投遞，殊為褻越。請飭該夷目，凡有呈稟，應由澳門縣丞申報，海防衙門據詞通稟，如有應具詳者，具詳請示用昭體統。一夷人採買鐵釘木石各料，在澳修船，令該夷目，將船身丈尺數目、船匠姓名，開列呈報，海防衙門即傳喚該匠，估計實需鐵斤數目，取具甘結，然後給與印照，並報關部衙門給發照票。在省買運回澳經由沿途地方，汛弁驗照放行，仍知照在澳縣丞查明，如有餘剩，繳官存貯。倘該船所用無幾，故為多報買運，希圖夾帶等弊，即嚴提夷目船匠人等訊究。一夷人寄寓澳門，凡成造船隻房屋必資內地匠作，恐有不肖奸徒貪利，教誘為非，請令在澳各色匠作，交縣丞親查，造冊編甲約束，取具連環，保結備案，如有違犯，甲鄰連坐。遞年歲底，列冊通繳查核，如有事故新添，即於冊內聲明。一前山寨設立海防衙門，派撥弁兵彈壓蕃商，稽查奸匪，所有海防機宜，均應與各協營一體聯絡，相度緩急，會同辦理。老萬山、澳門、虎門、黃埔一帶營汛，遇有關涉海疆民夷事宜，商、漁船隻出口、入口，一面申報本營上司，一面並報海防衙門，其香山、虎門各協營，統巡會哨月日，亦應一體查報）。

（清）陳澧等纂：《重修香山縣志》卷二二，〈紀事〉，二七頁。

明年（雍正十年 1732）六月偵報雞頸有紅夷三舶詭言：將往日本貿易。不數日，又三舶至。光任聞大府，調集舟師，分佈防範。八月九日皆升帆若遠揚狀，俄而，弗郎西來告亟。光任[1]與統巡香山協副將林嵩，令各營哨船橫截海面，且遣澳門夷目宣諭威德。會日暮，西南風作，弗郎西三舶疾駛入口，紅夷計沮，乃逡巡罷去。弗郎西即佛郎機，呂宋其屬夷也，世與紅毛䶊，稱戈海上者三年，而卒以無虞者，總督策楞之略為多。（《澳門紀略》）

十年（1732）分巡廣韶連道薛薀巡視澳門。（同上）[2]

註：[1] 光任：即當時香山知縣印光任。
　　[2] 此段記載與瑞麟等修《廣州府志》時間不同，現錄出，以備考證。

（清）陳澧等纂：《重修香山縣志》卷二二，〈紀事〉，二八頁。

臣謹按廣州府屬有澳門，孤懸海中。明史謂之濠鏡。澳自明嘉靖中移番舶互市於濠鏡，後許其築室於澳，歲納地租。佛郎機人始居之。明季有意大里亞人居澳，自從來者日眾，遂專為大西洋人所居。我朝加惠遠人，仍准其依棲澳地。乾隆八年（1743），設軍民同知駐前山寨，專理澳夷事務。於是撫綏有道稽覈有方，俾外域夷人均得涵濡聖化誠柔遠之盛軌也。

《清朝文獻通考》（二），卷二八七，〈輿地考〉一九，七三七一頁。

……自乾隆年間，恩開洋禁，該逆來廣貿易，遂更富強，每矜出入稅餉，幾及百萬，尚不得地安居。而西洋人貨少稅微，反據澳門，心常不平，多方窺伺，其垂涎於大嶼、香港諸島，已非一日，既無禁煙、繳煙之事，而其心固未能忘也。

……英逆不比西洋，其人黠而心陰，每以侵佔地方，徵收稅餉為務。如孟喇加、新地坡、新加步等處，皆荷蘭所據有，現俱為英夷所奪。故其航海而來，於廣東沿海地方，思得一以為負固，今若聽其佔據，築砲臺，造房屋，招商舶，蓄漢奸，羽翼既成，必然犯順，而海關正稅，抗拒不供矣。漸則蠶食無厭，而各國商船恃強徵餉矣。然米利堅等國，力足與敵，必不遵服，皆思索地以自固，此時而皆與之，將各守其地，各建砲臺，廣東為四面受敵之國，為害尚忍言哉！

（清）朱雲峰評：《籌海策略》，余含英撰：〈上祁制軍平夷策〉一，一二頁。

國朝（清）設關之初，番舶入市者僅二十餘柁，至則勞以牛酒，令牙行主之，沿明之習，命曰十三行。舶長曰大班，次曰二班，得居停十三行，餘悉守舶，仍明代懷遠驛口建屋居番人制也。乾隆初年，洋行有二十家，而會城有海南行。至二十五年（1760），洋商立公行，專辦夷船貨稅，謂之外洋行，別設本港行，專管暹羅貢使及貿易、納餉之事，又改海南行為福潮行，輸報本省潮州及福建民人諸貨稅，是為外洋行與本港福潮分辦之始。

沈雲龍主編：《近代中國史料叢刊續輯》第一九輯，（清）梁廷楠等纂：《粵海關志》卷二五，〈行商〉，一七九七至一七九八頁。

……查一切洋船來澳，經由大關者，下貨物抽稅；經由澳門者，貨落夷船無稅，起貨時上稅，從無兩次徵稅之例。惟上澳、下澳，經過總巡口、兩砲臺、佛山口、紫泥口、澳門口，有擔規銀兩，係屬正項，仍應輸納，亦祇應將置買內地貨物，按擔輸納。

許地山編：《達衷集》卷下，一六五頁。

（嘉慶四年 1799）督憲諭：外洋行商潘知祥等知悉，現據東莞縣范文安稟稱："卑職於十五日在省，聞得嘆咭利國兵船挽近虎門砲臺，卑職即於是日叩辭，星赴虎門查看情形。於十六日二更舟抵虎門寨。十七日辰刻，會同署廣東左翼鎮標、中營遊擊黃觀祐前赴三門砲臺，查看嘆咭利國兵船二隻，停泊於三門砲臺之對面海中，相距砲臺約五六里之遙，在南山、橫檔砲臺之外，亦僅八九里之遠近。查該國夷船來粵貿易，原有兵船護送，但向係在老萬山外洋面停泊，……該國管理兵船嗎嘲地具稟，請買糧食，並求引水民帶引兵船尋好地方寄泊等由。當經准其採買，令該兵船乃照向來在潭仔洋面灣泊。

許地山編：《達衷集》卷下，一七五至一七七頁。

（嘉慶）七年（1802）春英吉利來兵船六，泊雞頸洋，淹留數月，有窺澳門意。兩廣總督吉慶，飭洋商宣諭回國，以是年六月去。去之日，特遣其夷陳謝，謂法蘭西侵澳門故，輒舉兵來護，他訛言請勿輕信，意將以掩其跡也。會西洋人索德超等，居京師者，言於工部侍郎管西洋堂大臣蘇楞額。上聞，馳詢吉慶，以英吉利開帆日奏，事遂寢。越數年，而有度路利之事。（《海國圖志》）

（清）陳澧等纂：《重修香山縣志》卷二二，〈紀事〉，三三頁。

嘉慶七年（1802），嘆咭利國有兵船數隻停泊雞頸洋面，逗留數月，經總督吉慶驅逐始去。

嘉慶十三年（1808）九月，嘆咭利國兵頭嘟路喱託言佛蘭哂滋事，藉保護西洋人為名，帶兵七百名進入澳門，佔據東望洋、娘媽閣、伽思蘭三處砲臺。奉聖諭，吳熊光等奏嘆咭利國夷兵擅入澳門一事，……現在先後到船九隻，皆帶有砲械火藥等物，竟敢灣泊香山縣屬雞頸洋面，並有夷兵三百名公然登岸，住居澳門三巴寺、龍嵩廟，分守東西砲臺，實屬桀驁可惡。該督等現將該國夷船停止開鎗，派員剴切曉諭，俟夷兵退出澳門，方准起貨。並稱該夷人若再延捱，即封禁進澳水路，絕其糧食。……如尚未退出，吳熊光即著遴派曉事文武大員，前往澳門，嚴加詰責，以天朝禁令綦嚴，不容稍有越犯。

沈雲龍主編：《近代中國史料叢刊續編》第一九輯，（清）梁廷楠等纂：《粵海關志》卷二六，一八六四至一八六六頁。

　　（嘉慶十三年，1808）八月初二日，英吉利夷人入澳門，欲據之。（俱同上）英吉利、荷蘭屬國，（《皇清職貢圖》）一國懸三島，於齊因、黃祁、荷蘭、佛蘭西四國之間，（《海國見聞錄》）地無田，人不耕，惟貿易及劫掠。貿易以粵東為大，尤重中國茶，數日無茶，即瞽。向凡貨船到粵洋行，定其值售畢，易貨歸，司事者曰大班，隨船來去。乾隆三十年（1765）間洋商負其值，始有在澳壓冬者，賃居澳屋，不惜重費，初僅一二人，後接踵而至，遂有二班、三班，以及十班之號，並有攜家來不肯歸國者。習見澳夷出洋之船，歲僅輸船稅二萬，貨物聽彼國抽分，遂覬覦欲為壟斷，計久未得。間會佛郎西與英吉利搆兵，遣人告西洋王母，與英吉利通，英吉利聞之，先遣兵脅西洋王，隨遷美加利洲大班拉弗，偵知其事，致書伊國嗌咖喇之總管，遣兵頭度路利來澳。（彭昭麟：《嶺南草澳門記事詩》〈序〉）巡船三曰：家賣，曰拉，曰簡敦。家賣船番稍七百，拉船番稍二百，簡敦船番稍一百，他鎗砲、劍刀、火彈稱是。故事英吉利護貨兵船，例泊十字門外，其年貨船未至，即紿言護貨，度路利揚言：英吉利與西洋世好，慮佛蘭西入澳滋擾，因以兵力來助。其實英夷敗於安南，覆其七艘，故以餘艘抵粵。駐粵大班喇佛，乃唆令佔澳門為補牢計，澳夷不敢校也（《海國圖志》）。於八月二日，擁入澳門，其理事官喋嚟哆報縣。知縣彭昭麟請大府封艙，撤買辦，禁在澳服役，人從之。十九日，前潮州府知府陳鎮，撫標遊擊祁世和至澳。九月中，香山協副將許廷桂，領兵駐前山寨為聲援，昭麟及都司余時高，駐北山嶺為掎角，度路利懼，乞陳鎮轉以情達大府，詞未恭順，昭麟札西洋理事官，轉諭度路利速退，否則火其舶，而治其人。度路利益懼，遂以船上黑夷換夷兵與大班拉弗，乘夜至黃埔，赴省，請開艙，不允所請。總督吳熊光奏：奉論旨，用兵驅逐，昭麟益厲澳禁，嚴巡緝。二班叭喱等，乃求西洋國使嗜喀嚧，轉乞昭麟，昭麟限以七日回國，並令嗜喀嚧與練總葉恆樹，曉度路利以利害，乃俯首服罪，隨回澳門歸國，十一月七日也。（彭昭麟：《嶺南草澳門記事詩〈序〉》）未幾，總督百齡、巡撫韓崶，先後臨閱澳門，以自咖喭嚹砲臺，至西望洋砲臺迤南，沿海石塴易於爬越，英吉利夷兵，由此潛登，令澳夷加築石女牆，以資防堵。派把總領兵專守關閘，派外委領兵，協防望廈，又設前山專營，移平鎮營遊擊駐防，以香山協副將，頻年海捕，常調左營都司回營經理，不能專力前山故也。（《祝志》）

（嘉慶）十四年（1809）總督百齡、巡撫韓崶奏，立前山專營制。澳夷又奉旨，澳內西洋人不准再行添屋，民人眷口亦不准再有增加，引水船戶給照、銷照，俱責成澳門同知辦理。（《阮通志》）

（清）陳澧等纂：《重修香山縣志》卷二二，〈紀事〉，三六至三七頁。

嘉慶十三年（1808）七月，英吉利來巡船三：曰家賈，曰拉，曰簡頓……故事英吉利護貨兵船，例泊十字門外，其年貨船未至，即紿言護貨，既而兵頭度路利，揚言法蘭西侵據西洋，國主遷於亞美利加洲，英吉利與西洋世好，慮佛蘭西入澳滋擾，因以兵力來助。其實英夷敗於安南，覆其七艘，故以餘艘抵粵，駐粵大班喇佛，乃唆令佔澳門為補牢計，澳夷不敢校也。……兩廣總督吳熊光，飭洋商諭大班，俾兵船旦夕回帆，度路利不聽，議登岸入澳定居，澳夷理事官委黎多服從，詭云：國主有書，許令安置。……澳民驚怖，紛紛逃匿。熊光與監督常顯，會諭洋商，協大班赴澳慰遣，堅不肯行。十六日，乃下令封艙，禁貿易，斷買辦，移駐澳左翼碙石二鎮，師船五十，紅單船三十六，自虎門晉省防護。方遷延集議間，而英吉利復續來兵船八，每船番梢六、七百，泊雞頸、九洲洋、虎頭門者，在東莞縣為中路，海洋進口要隘也，左翼鎮駐兵於此，建砲臺焉。

中國史學會編：《鴉片戰爭》第一冊，蕭令裕撰：〈英吉利記〉，二六至二七頁。

稟。為稟覆事，現奉諭仰哆剋速傳諭嘆咭利國大班，立將三桅得船，押令駛在澳外雞頸、零丁等洋面灣泊，毋得藉護送為名，駛入澳內，致干查究。……哆查前有嘆咭利國兵船灣泊在澳外，曾經着其開行，未便逗留在此，斯時亦漸駛至零丁洋面。不想未久，復又灣回澳外，又往香城附近，並在川鼻灣等處洋面往來，業經稟明在案。但該兵船因有內地圖利民人接應辦事，其亦圖便在彼，致常灣泊，所以哆亦不能拘轄。又前開該國有諭：着令兵船查探遍處海港，但哆以其因於貿易船隻往來，祇宜在於東便洋面路徑，不應駛至澳外附近。若以因於護送該國大班上省下澳，但本澳夷官不惜費金，設有大小巡船，皆為防守澳海，併以便於護送各國大班夷商上落之舉。若其有所請求，而本澳統兵夷官無不允其所請，更不用其兵船由此穿插。奈該國兵船意在川鼻灣、澳外等處洋面，屢屢灣泊，哆實難以測其緣故，亦無別策可着遠離不復在此。惟望內地列憲可有處置之方，或以禁止與其買辦人等，或着行商傳諭大班頗為約束。且該國大班現在省行駐剳，儘可傳其押令船隻遵照行止，灣泊所在。

許地山編：《達衷集》卷下，一八三至一八四頁。

嘉慶十三年（1808）十一月，聖諭：昨據吳熊光等奏，嘆咭唎夷兵全數退出澳門一摺。此次該國夷人，自七月來至澳門，住守數月有餘，夷情叵測，必有所為而來，何以又無故而去？且所稱見聖諭嚴明，兵威壯盛，業已不敢抗違之語，所見係何諭旨？所派係屬何兵？並未一一聲敘，況夷稟尚未呈遞，吳熊光輒稱夷船風信一過，即不能開行。如果切實懇求即准其開艙，俾夷情不致遲留等語，竟欲以開艙見好於夷人，豈非示之以弱乎？外洋來至內地貿易，輸納稅課，原因其恪守藩服，用示懷柔，並非利其財貨，若沾沾以徵權為重，無怪該夷人肆意居奇，意存輕視也。

沈雲龍主編：《近代中國史料叢刊續編》第一九輯，（清）梁廷楠等纂：《粵海關志》卷二六，一八七五至一八七六頁。

　　嘉慶十三年（1808）秋七月，英吉利兵船駛進內洋。

　　英吉利兵頭都路釐，率千人駕戰艦經達香山澳，挾逐西洋人，奪濠鏡居之，聲言粵中大吏許其分佔西洋船額。總督吳熊光遣知廣州府事福明往諭都路釐，與明爭禮各不相下，當領番兵百人詭服持械至廣州城下，迫見總督，總督拒不納，仍令明等與會於十三行。都路釐桀驁不屈，總督益堅壁自固，水陸戒嚴，砲石之聲晨夕不絕者曰閱月。乃令嚴禁內地，不許運出薪米，絕其日食。都路釐令兩舸薄魚珠，主客相持，官軍四集，人心惶恐，後得諭旨，自度無所得利，乃稍退出，旋復搜括在港諸番，責賠兵餉，始遠去。（《蠡勺編》）

　　英吉利來巡船三，曰家賓，曰拉，曰簡敦。故事英吉利護貨兵船泊十字門外，其年貨船未至，即紿言護貨，既而兵頭度路利（即都路釐之轉音）揚言：佛蘭西侵據西洋，國主遷於亞美利加洲，英吉利與西洋世好，慮佛蘭西入澳滋擾，因以兵力來助。其實英人敗於安南，覆其七艘，故以餘艘抵粵。駐粵大班喇佛乃唆令佔澳門為補牢計，澳夷不嚴較也。然英人懼中國不從，亦未敢顯言據澳。兩廣總督吳熊光飭洋商，言前大班俾兵船旦夕回帆，度路利不聽，乃下令封艙，禁貿易，斷買辦，移駐澳左翼碙石二鎮。師船五十，紅單船三十六，自虎門晉省防護，方遷延集議間，而英吉利復續來兵船八，遂駛三兵船入虎門，進泊黃埔。越三日，總督飛章入告，旋奉抗延勤辦之諭旨，各路官兵雲集距澳門八里之關閘，二十里之前山寨，復留重兵防守，英人大恐，慮其貿易之停也，始議遷賄澳夷，約以番銀六十萬圓犒軍。澳夷輸款，英吉利之兵總悅，大班乃見狀歸誠，請給買辦，復開艙以入埔。入澳英兵陸續回國，熊光許之。上以熊光辦理遲緩，又未親蒞澳門耀兵威，雖開艙在英兵既退之後，而許其開艙則在英兵未退之先，嚴旨切責，下部議奪職。（《海國圖志》）

（清）瑞麟、戴肇辰等修：《廣州府志》卷八一，〈前事略〉，一四至一六頁。

嘉慶十四年（1809）兩廣總督百齡、監督常顯議

一外夷兵船應停泊外洋以肅邊防也。查外夷來廣貿易，先將貨船停泊零丁洋等處外洋，報明引進黃埔河面，以便查驗開艙，從不許護貨之兵船駛入內港。近年以來，漸不恪守舊章，應請嗣後各國貨船，到時無論所帶護貨兵船大小，概不許擅入十字門及虎門各海口，如敢違例擅進，經守口員弁報明，即行驅逐，一面停止貿易。

沈雲龍主編：《近代中國史料叢刊續編》第一九輯，（清）梁廷楠等纂：《粵海關志》卷二十八，二〇二四頁。

嘉慶十五年（1810）十月，廣東布政使曾燠會議詳駁嘆咭唎國大班嗌咑咂議

一歷來護送貨船來粵之兵船，在川鼻、交椅、零丁、雞頸等洋面灣泊，因乘風時便難常在一處，請照常給買辦一節。府議，以巡船護送貨船，往來粵省，向有一定灣泊地方，業於嘉慶十年（1805）三月，經總督那彥成具奏在案，自應照舊章辦理。但護送貨來即當護送貨往，若貨船已經回國，巡船即不得逗留外洋，改啟他國夷商口實。嗣後嘆咭唎巡船，准令照舊送貨船往來，貨船未經回國以前，准其給與買辦。若貨船已經回國，巡船即不得逗留外洋。

沈雲龍主編：《近代中國史料叢刊續編》第一九輯，（清）梁廷楠等纂：《粵海關志》卷二七，二〇五六頁。

……夷舶入港，必由十字門折而西經南環，又折而西至娘媽角，又折而東乃入澳。由澳稍西為青州，其地多樹木，有臺榭園囿，夷之別業也。由青州稍北為沙尾洲，又稍北為磨刀角、秋風角，可抵香城，而水稍淺。凡商民船須乘潮出入，夷船不能進，此亦香山中外之界也。……凡番舶入廣，望老萬山為會歸，西洋夷舶由老萬山而西，

至香山十字門入口。諸番國夷船，自老萬山以東，由東莞縣虎門入口，泊於省城之黃埔。

沈雲龍主編：《近代中國史料叢刊》第七四輯，張甄陶撰：《澳門圖說》，一九頁。

嘉慶十九年（1814）十一月，聖諭：朕聞本年八九月間，有嘆咭唎護貨兵船違例闖入虎門，又有咭唎夷人呵嚪唻前於該國入貢時，曾隨入京師，年幼狡黠，回國時，將沿途山川形勢，俱一一繪成圖冊。到粵后，不回本國，留住澳門已二十年，通曉漢語。定例，澳門所住夷人不准進省。呵嚪唻在粵既久，夷人來粵者，大率聽其教誘，日久恐致滋生事端，著蔣攸銛等查明呵嚪唻有無教唆勾通款蹟，如查有實據，或遷徙安置，奏明妥辦。

沈雲龍主編：《近代中國史料叢刊續編》第一九輯，（清）梁廷枏等纂：《粵海關志》卷二十六，一八八七至一八八八頁。

道光三年（1823）十月，諭內閣。阮元等奏：暹羅遣接使臣船隻在洋遭風一摺。本年七月內，暹羅國遣來接載使臣回國正副船隻，行抵廣東新安縣屬洋面遇風，將正貢船飄撞擊碎，漂失公文貨物，並沉溺舵水客民多名。現據該督等，逐一查訊，著將水梢黃棟等，安頓驛館，妥為撫卹，其籍隸本省難民，即行飭令各回原籍。

《清實錄》，《宣宗實錄》（一），卷六〇，一〇四八頁。

道光四年（1824）九月，諭軍機大臣等。據阮元等奏：小西洋啞啉國，嗶嚧嗘嚧夷船一隻，載有胡椒、檳榔等貨，來至零丁洋面寄碇。該國從前並未來過，詢係夷商各自合夥，並非該國主遣令貿易，暫令停泊候旨等語。該夷遠涉重洋，此次姑照嘉慶年間成案，暫准貿易，以示體恤。該督等即飭令洋商傳諭該夷商等，此次暫准易貨回國，係天朝特恩，不得援以為例。嗣後斷不准再來通市，將此諭知阮元等。並傳諭七十四知之。

《清實錄》，《宣宗實錄》，卷七十三，一七〇頁。

　　道光十二年（1832）七月初二日，上諭：據納爾經額奏：六月十八日，有嘆咭唎夷船復駛至山東洋面，並刊刻通商事略說二紙，大意以粵省買賣不公，希冀另圖貿易為言。

　　……其駛至閩浙山東咖嘎咪、甲唎等船，詢據該洋商及夷商大班等，均稱不知有此船名，且稱該大班在粵遠離本國數萬里，是否該夷船因江浙山東等省洋面，貨價值比粵加昂，圖獲重利？

　　其年十月二十五日，上諭：據國祥等奏：佐領徐世斌等稟報，十月初二日，在城隍島遙見西南海面有嘆咭唎夷船一隻，行駛甚速，當即駕駛戰船，跟蹤追逐等語。嘆咭唎夷船，前由福建、浙江、江蘇、山東等省外洋游奕，又駛至朝鮮國，被該國王驅逐，不與貿易。今復由朝鮮國駛至盛京。該夷行蹤詭譎，隨處逗留，殊為可惡。現據國祥等責成佐領、管帶、弁兵尾追該夷，押令出境。

沈雲龍主編：《近代中國史料叢刊續編》第一九輯，（清）梁廷枏等纂：《粵海關志》卷二十七，一九二三至一九二七頁。

　　（道光十四年）上諭：嘆咭唎國夷人素性兇狡，與中華不通文移，惟化外蠢愚，未諳禁例，自應先行開導，令該商等傳論飭遵。茲該夷目既執拗頑梗，不遵法度，自當照例封艙，稍示懲儆，俾知畏懼。如該夷目及早改悔，照常恭順，懇求貿易，即准奏請開艙，……倘該夷人自恃船堅砲利，陰蓄詭謀，不聽約束……則驅逐出省，不能不示以兵威。其省城內外，及澳門一帶大嶼山砲臺等處，須密派弁兵，加意巡邏，不動聲色，鎮靜防範……。

沈雲龍主編：《近代中國史料叢刊續編》第一九輯，（清）梁廷枏等纂：《粵海關志》卷二十七，一九三五頁。

　　道光十四年（1834）秋八月，英吉利兵船駛進內河。

舊制，番舶至口，先報總督監督委官驗無禁物然後給牌照入，至黃埔起銃砲開艙互市。道光十四年夏，英吉利兵官律勞卑來主舶。同行有兵船二寄碇外洋，其貨舶不赴澳請牌照即入口，英商處省館，輒效中國文字，投書督府，總督盧坤擲還之，下令封貨舶，不與通市。八月五日，二兵船忽乘南風潮漲，駛入內洋，越過虎門鎮遠、沙角、橫檔、大虎各砲臺，直抵黃埔。守臺官兵不能禦，乃然空砲以懼之，而英船竟發巨砲實鉛丸，損我砲臺，人心震怒。於是上流用大船十餘，每船載大石十萬觔，積沉水底，繫以鋀鹿大纜，復結筏水面以阻之，集柴薪草束，大小船數百，集舟師數十，兩岸設營柵，集士卒數千，其戰艦仿懸簾結，濕絮褥以禦，火器檣楫如林，戈矛森列，英人大懼，請退出，不許。律勞卑請給小船下澳，不許。番商數千人合詞乞命，乃許之。律勞卑既出，慮歸國以生釁伏法，遂仰藥死。

（清）瑞麟、戴肇辰等修：《廣州府志》卷八一，〈前事略〉，三〇至三一頁。

　　道光十六年（1836）十二月，拏獲蟹艇出洋紋銀二萬兩於大嶼山口，又獲二萬八千餘兩於急水洋，奉旨將所獲之銀全數充賞。……

　　十九年（1839）正月，廷楨奏請於虎門海口創造木排鐵練，添置砲臺砲位，並籌議經費。二月，奏："粵洋向分中東西三路，中路自老萬山以南，如伶仃等洋，皆各國來粵貿易之所；若西路之高、廉、雷、瓊；東路之潮州、南澳，皆外艦例不應到之區。今因中路堵截，南澳長山尾洋先後有外艦八隻駛來拋泊，經巡洋鎮將調集師船圍偪，始行遁去。"

《清史列傳》卷三八，〈鄧廷楨傳〉（一〇），二九七三、二九七四頁。

　　道光十七年（1837）六月，禮科給事中黎攀鏐奏：

　　……緣每年各國貨船到粵，均在黃埔停泊，其地係屬內河，且必經行商出具甘結，始能進口，稽查較易。惟嘆咕唎國有躉船十餘隻，自道光元年（1821）起，每年四五月即入急水門，九月後仍回零丁洋。

至道光十三年（1833），該夷探知金星門水面較穩，遂由急水門改泊金星門。由是鴉片之入口，紋銀之出口，皆恃有該躉船為遁逃淵藪。該處海口與香山縣最近，匪徒快蟹，朝發夕至，兼之各處港汊，可以偷越者甚多。臣故謂足船不去，則紋銀終難禁其出洋者此也。

中國第一歷史檔案館編：《鴉片戰爭檔案史料》第一冊，〈禮科給事中黎攀鏐奏請禁止躉船窮治窯口以截紋銀出洋去路摺〉，二二八頁。

　　竊照粵省海洋向分中東西三路。中路自老萬山以內，如九洲、伶仃等洋，皆各國夷商來粵貿易，准其行船之路，寄椗聚泊，歲以為常。若西路之高、廉、雷、瓊，東路之潮州、南澳，皆夷船例不應到之區，⋯⋯

（清）林則徐撰：《林文忠公政書》卷三，〈使粵奏稿‧奏參因循不振之鎮將分別勒休降補摺〉，一二五頁。

　　覽察各國洋船向來灣泊均有一定處所，澳門離省三百餘里，係西洋夷人常川居住，向止準西洋夷船二十五隻更替貿易，其餘各國夷船例應收泊黃埔，欲收泊黃埔，必須先進虎門。虎門離省一百六十里，山岸陰沙，自然天險，其護貨兵船，祇准在虎門外之潭仔、零丁等洋面灣泊，而黃埔、虎門、潭仔、零丁等處，層層砲臺，常川均有兵船巡防。

沈雲龍主編：《近代中國史料叢刊續編》第一九輯，（清）梁廷楠等纂：《粵海關志》，一七〇〇至一七〇一頁。

　　中國海島約分三段：一、廣東海島，其最大者，在省之西南。其省之極東，即有南澳。若論泊船適中之地，莫好過尖沙嘴。二、福建海島，大者曰臺灣，甚是富厚，有淡水、雞籠二港口，其對面澎湖，地甚瘠瘦，然為臺灣必要之區。次即海壇，不及二島之大，然人民居彼甚多。三、浙江之海島，舟山甚小，然形勢甚好，以之作貿易，必更興旺於別處。因係中國中央地方，如寧波、杭州、上海、蘇州等處，往來必由之路，故亦緊要。我等若得如此一處地方，在彼立定，再得一處，如新奇坡海岸，可招集臨近地方到來貿易，又必其地所產足敷居民之用，且為貿易來往必經之港口，則所獲利益不小[①]。

註：①此段史料為魏源譯自當時的外國書刊。

（清）魏源編撰：《海國圖志》卷八一，〈夷情備採上〉，一頁。

緣廣東中路通商，向以船進虎門乃為入口。番舶初到之時，先於虎門外寄椗，如擔桿山、銅鼓洋、大嶼山、伶仃洋、尖沙嘴、仰船洲、琵琶洲、上下磨刀、沙灣、石筍、九洲、沙瀝、潭仔、雞頸等洋，皆向准夷船寄泊之所。此等洋面雖皆在老萬山之內，而老萬山並無口門，無從稽察。是以定例夷船，必僱引水小船，報明引入虎門口內，停泊黃埔，始得開艙驗貨，按則納稅，投行互市。其在虎門以外，寄泊中路各洋者，皆未入口之船也，而私售鴉片之弊，正在於此。蓋由中路而東而西，則歷潮州、南澳以達閩浙北洋，凡寧波、上海、山東、天津、奉天之商船皆所通行。由中路而西，則本省之高、廉、雷、瓊船隻往來，亦絡繹不絕。

（清）林則徐撰：《林文忠公政書》，卷五，〈使粵奏稿‧附奏新辦夷人治罪專條內請酌易字樣片〉，一三七頁。

三、道光二年（1822）英水兵在伶仃洋毆斃華民一案

道光二年（1822）三月壬子，諭軍機大臣等。阮元奏：英吉利國護貨兵船，停泊外洋伶仃山，夷人赴山吸水，與民人鬥毆，互有傷斃。飭諭該國大班，及該國兵官，交出兇夷，彼此互相推諉，當將貨船封艙，禁止貿易。該夷兵狃於該國被傷後致死無須抵償之例，延不交兇，旋即畏罪潛逃。該大班寄信本國，奏知國主，照例究辦。現仍著落交兇，並諭飭辦理等語。天朝定例：凡鬥毆致死人命，無論先後

動手，均應擬抵。該夷兵在內地犯事，應遵內地法律辦理，至該國兵船，係為保護貨船之用，該大班承管買賣事務，其兵船傷斃民人，豈得藉詞延諉？今兵船既已揚帆駛逸，兇夷自必隨往，著照所議，准令各船開艙下貨，仍飭該大班，告知該國王，查出兇夷，附搭貨船，押解來粵，按名交出，聽候究辦。至該國護貨兵船，向祇許在外洋停泊，買物取水，應由買辦承管。……如貨船必須保護，亦應嚴諭領兵官，恪遵內地法度，彈壓船內夷兵，一切俱由大班管束經理，均著照所議妥辦。該督仍當隨時稽察，嚴密防範，勿致別生事端，將此諭令知之。

《清實錄》，《宣宗實錄》（一），卷三一，五四八至五四九頁。

道光二年（1822）七月丙戌，諭軍機大臣等。本日都察院奏：廣東新安縣民人黃奕通，呈控洋商故縱夷匪，兩命莫償一案，已明降諭旨，交阮元審辦矣。此案前據該督奏稱，上年十一月，英吉利國護貨兵船停泊外洋伶仃山，夷人赴山汲水，與民人鬥毆，互有傷斃，因兇夷駛逸，飭令該國王按名查出附船解粵，聽候究辦。……（兇夷）挾村人斥逐之嫌，即於次日統兵百餘人，持械擄掠，又用大砲轟擊黃奕明、池大河身死，合村房屋都被打毀，搶奪衣物計贓一萬餘兩，……。該督前奏摺內，均未將此等情節，詳細聲敘，是否該民人架詞捏控，抑竟係該縣有意消弭，與該商等朦混稟詳，著該督即行確查，據實明白覆奏，將此諭令知之。

《清實錄》，《宣宗實錄》卷三八，六八〇頁。

道光二年（1822）九月己丑，兩廣總督阮元奏。遵查新安縣民黃奕明、池大河，被英吉利國夷人致傷身死一案，英吉利國夷兵赴島汲水，將黃奕明等田薯取食，黃奕明等向奪，致相爭毆，夷人被傷跑回。越日，夷人復趕往黃奕明等住處，砍碎門扇，彼此互鬥，夷人施放鳥槍，黃奕明與其女婿池大河均被傷身死。其受傷夷人於跑回時，

656

因見黃奕明等多人追逐近船，曾於上船後點放一砲嚇唬，並未傷人，亦未毀擊村屋，至黃奕通所控，擄搶計贓一萬餘兩一節，查黃亦通兄弟等，種薯為食，安有萬餘金之物被夷人擄掠？且案經提省審訊，均未供及被搶情由，即黃奕通呈控詞內，並無毀打合村房屋，及擄搶衣物萬餘兩之語，揣其現在具呈之意，難保非為圖詐洋商起見，俟黃奕通遞到，質訊明確，再行定擬具奏。再此案兇夷，臣於本年正月，飭令英夷大班，告知該國王查出，附搭貨船解粵，應需來年秋間，方有信息，合併陳明。得旨：俟黃奕通解到時，詳細研訊，務得確情，按律定擬具奏。

《清實錄》，《宣宗實錄》卷四一，七三七至七三八頁。

　　兩廣總督臣阮元跪奏：為英吉利國護貨巡船，傷斃內地民人，畏罪潛逃，現在飭令該國大班，交出兇夷究辦，恭摺奏聞事。案據澳門同知顧遠承稟稱：英吉利國兵船，停泊外洋伶仃山，道光元年（1821）十一月二十一日，兵船內夷人上岸取水，並帶羊隻赴山牧放，民人地內種有番薯，被夷人摘食，羊隻亦踐食薯苗，又誤將民人酒罈踢翻，民人追奪索賠，互爭鬥毆，被夷人傷斃民人。並據洋商呈遞該國兵官禮知遜稟稱：派三板艇往山取水，村人下來打傷英國人十四名各等語。臣查督署舊卷，向無與該國兵官通行文檄之案，隨飭洋商，傳諭該國寓粵之大班等，著交兇夷，並委員前往，會同新安縣查驗傷斃民夷，分別究辦。旋據洋商等稟稱，該大班咸臣等，以伊係管理賣買事務，兵船與民人相毆，伊不能經管，並據該兵官亦稱，此係官事，洋商大班，係貿易之人不能經管等情，彼此諉延，兇夷既未交出，即受傷夷人，亦不送官請驗。謹據新安縣知縣溫恭驗明，民人黃亦明、池大河兩名，因傷身死，並黃劉氏、黃以錦、黃以昌四人，均被毆傷，先後詳報前來。臣查該國兵船，係為保護貨船之用，即是因賣買事務而來，該大班何得將賣買兵船，分為兩事，況歷來夷人與民人交涉之事，俱係諭飭洋商，傳諭該大班辦理。該大班既在粵省承管該國事務，該國兵船傷斃民人，豈能藉詞推諉？向例該國夷人，如敢抗違天朝禁令，即將貨船封艙，禁止貿易。臣即查照舊章，飭令洋商傳諭該大班，將該國在粵貨船，一律封艙，毋許上下貨物，內有已經滿載之亞地西等三船，准給紅牌，令其乘風開行回國，其餘十船，須候交出兇夷後，方准開艙下貨。

道光二年（1822）三月初七日，奉硃批：〝另有旨，片留覽，欽此〞。

中國史學會編：《鴉片戰爭》第一冊，〈道光朝外洋通商案・阮元奏：英吉利巡船傷斃內地民人潛逃究辦摺〉，五四至五五頁。

第三章 明清時期廣東沿海與 香港、澳門一帶的海盜活動

按：十六世紀中期，葡萄牙佔澳門後，新安、香山等沿海地區海盜活動加劇，常以三路進行騷擾。明清時的廣東三路海防與此有聯繫。後隨着沿海貿易發展，粵東沿海有張保仔等巨盜的劫掠活動。

一、明初至嘉靖時期粵東海洋（包括香港地區）倭寇、海盜的活動

日本，從洪武中數為邊患，沿海備。嘉靖初，自宋素卿之亂，始絕貢矣。嘉靖三十二年（1553）挾忿忽入畿甸，所過劫焚。……萬曆二十年（1592）復大舉侵入，吞併海外六十六島。

（明）顧天撰：《兵垣四編》，殷都輯：〈日本考略〉，一頁。

嘉靖時，海寇大作，毒東南者十餘年。其始因倭舶至閩浙互市，諸大姓及商賈多負其直，倭糧匱為盜。諸大姓脅將吏補逐之，兵且出又泄師期，令去約他至償其直。他日至，負如初，倭大怨恨，而內地奸民，復煽為亂，遂焚掠州縣。巡撫朱紈至，首嚴通番禁，犯者置重典，又憤閩浙勢家多庇賊，上疏言過激，中朝士大夫與為難，爭掣其肘，劾紈至死。中外莫敢言海禁事，於是徐海、汪直內訌，而倭亂成矣。

（清）王錫祺輯：《小方壺齋輿地叢鈔》第九帙，十八，蕭令裕著：《粵東市舶論》（二）。

《廣東海倭論》曰：海寇有三路，設巡海備倭官軍以守之。春末夏

初風迅之時，督發兵船出海防禦，中路至東莞縣南頭城，出佛堂門、十字門、冷水角諸海澳。東路惠潮一帶，自柘林澳出海，則東至倭奴國，故尤為瀕海要害。西路高、雷、廉海面，惟廉州境接近安南，為重地焉。……弘治以前無通蕃者，故亦無海寇之擾。正德初始漸有之。

（明）嚴從簡著：《殊域周咨錄》卷三，〈東夷〉（日本國），一○一頁。

又濱海諸邑為盜賊淵藪者，如增城、東莞之茶窖、十字窖，番禺之三曹、波羅海，南海之仰船岡、茅窖，順德之黃頭涌，香山、新會之白水、分水等處，往往歲集凶徒，以小艇出沒。珠禁弛，則糾黨盜珠，珠禁嚴，則誘倭行劫，此又當詰奸禁究，以消其萌矣。

（清）顧祖禹輯著：《讀史方輿紀要》第五冊，卷一○○，四一六○頁。

赤澳一洋，自甲子門南至淺澳、田尾、遮浪、汕尾、鮜門港，大星、平海雖屬惠州，而山川人性與潮無異，故於居中碣石立大鎮，下至大鵬、佛堂門、將軍澳、紅香爐、急水門，由虎門而入粵省。外自小星、筆管、沱濘、福建頭、大嶼山、伶仃山、旗纛嶼、九洲洋，而至老萬，島嶼不可勝數，處處可以樵汲，在在可以灣泊。粵之賊艘，不但艚艍海舶此處可以伺劫，而內河槳船、櫓船、漁舟，皆可出海群聚剽掠，粵海之藏垢納污者，莫此為甚。

（清）俞昌會輯：《防海輯要》卷一一，〈海疆總論〉，二一頁。

大中祥符間，史館張復上言：乞纂朝貢諸國錄付史官，蓋自古記之矣。粵有香山濠鏡澳，向為諸夷貿易之所，來則寮，去則卸，無虞也。嘉靖間，海道利其餉，自浪白外洋，議移入內。歷年來漸成雄窟，列廛市販，不下十餘國，夷人出沒無常，莫可究詰。閩粵無籍，又竄入其中，纍然為人一大贅疣也。

（明）蔡汝賢撰：《東夷圖說》，〈序〉。

照得二十載前 ①，本鎮叨任都司，見廣之東莞縣有烏尾船二百餘隻，新會縣有橫江船一百餘隻。其船各係富家主造，其駕船之人名曰後生，各係主者厚養壯夫，每船各四、五十人。南至瓊州載白藤、檳榔、椰等貨，東至潮洲載鹽，皆得十倍之利。各船隸名於官，每年輪十隻，東守柘材，又十隻西守龍門。如海上有賊竊發，勢大，則共調船百隻上下；勢小，則共調船五十隻上下。隨其所往，無不搏滅，而廣東之海向無大警者此也。不意十五年前，浙直倭燉，總督軍門胡議調廣船一百隻 ②，皆選其巨者前去剿倭，經三四載不得畢事，各船因皆損壞於彼而一隻不返，廣東船勢從此弱矣。繼以數年之前，叛兵等賊將在海烏尾、橫江到處追焚，所餘遂無幾也。自此而海上之事益多。

註：① 按此呈為俞大猷於隆慶二年（1568）上廣東總督的公文。
　　② 總督軍門胡：即胡宗憲。

（明）俞大猷著，李杜編：《正氣堂餘集》卷四，〈洗海近事卷之上〉，一五頁。

夫濠鏡距香山邑治不百里，香山距會城百五十里耳。有陸路總經塘基灣徑達澳中，其三面俱環以海。在廣州以澳為肘腋近地，在夷人佛郎機以番舶易達，故百計求澳而居之。查夷人市易原在浪白外洋，後當事許其移入濠鏡失一。原止搭茅暫住，後容其築廬而處失二。既已室廬完固，復容其增繕週垣，加以銃臺，隱然敵國失三。每年括餉金二萬於夷貨，往歲丈抽之際，有執其抗丈之端，求多台侮鬨然與夷人相爭失四。乃閩廣亡命之徒，因之為利，乘以肆奸，有見夷人之糧米牲菜等物盡仰於廣州，則不特官澳運濟，而私澳之販米於夷者更多焉。有見廣州之刀環硝磺銃彈等物盡中於夷用，則不特私買往販，而投入為夷人製造者更多焉。有拐掠城市之男婦人口賣夷以取貨，每歲不知其數。而藏身於澳夷之市，畫策於夷人之幕者更多焉。夷人忘我與市之恩，多方於抗衡自固之術。我設官澳以濟彼饔飧，彼設小艇於澳門海口，護我私濟之船以入澳，不容官兵盤詰若此。我設提調司以稍示臨馭，彼從夷醜於提調衙門，明為玩弄之態以自恣，其不服職官約束若此。番夷無雜居中國之理，彼且蓄聚倭奴，若而人黑番，若而人亡命，若而人以逼處此土，夷人負固懷奸之罪不可掩也。抽餉有每年難虧之額，彼乃能役我兵船數隻，兵數百名護貨如許，以入澳夷人善匿虧餉之罪不可掩也。……彼自滋中國之疑，中國自宜解之使徙，故宜體悉其情，隨申以內夏外夷之義，先免抽餉一二年，以抵其營繕垣室等費，諭令即先遣回倭奴、黑番，盡散所納亡命，亦不得潛匿老萬山中，仍立一限，令夷人盡攜妻子離澳，其互市之處，許照泊浪白外洋得貿易如初。澳夷一清並議除老萬山之藏伏者。

（清）伍敦元輯：《嶺南叢書》，（明）郭尚賓：《郭給諫疏稿》，卷一，一三至一四頁。

二、嘉靖時期至清初林道乾、曾一本、李芝奇等的活動

澄海林道乾，嘉靖中為盜，降，既而以兄子茂入彭亨國為都夷，使召道乾。道乾詣軍門，明白辭去封，還前所給一十七剳竟行。廣督殷正茂檄暹羅、安南共討之。暹羅乃使使握坤哪喇請曰：道乾更名林語梁，在臣海澳中，欲會大泥國入寇，今已統兵向頭關矣。正茂與福督劉堯誨遣香山吳章、佛郎機沉馬囉嗺及船主囉嗎吺呶呫同擊道乾[1]，道乾乃奔佛丑海嶼去。同時，諸良寶、林鳳、李茂隨道乾入寇，皆滅盡，獨道乾莫知所終。

註：①此處一段話行文有錯漏之處，似指派香山衛所負責人約同澳
　　　門荷蘭人同擊林道乾。

（清）吳榮光輯：《勝朝遺事》卷八，毛奇齡撰：〈後鑒錄〉，五五頁。

先是吳賊平者，由嘉靖庚申（四十年，1560）倡亂海上，曾賊一本，吳把目也。平死一本乘之，合黨集妖，戕人奪泊，海上莫敢誰何。漳潮堧海歲苦毒蠱，浸淫至於高、雷、廉、瓊之間。丁卯（隆慶元年，1567）冬，我師討之，敗績，虜參將繆印，守備李茂材死焉。由是毒焰益熾。越戊辰（1568）六月，遂直犯於廣州，殺略無算，城

門閉者七日。……俞公得益展四體以從事^①，而致有茲六月三捷云：玄鍾之戰，柘林之戰，蓮澳之戰，樓船橫海，旌旗蔽空，絕波濤，犯渤澥，進如鋒矢，迅如雷霆，解如風雨，變化如鬼神。一捷於丙子（萬曆四年，1576）賊之亡者十之二三，再捷於甲申（十二年，1584），賊之亡者五六，三捷於庚寅（十八年，1590）賊之亡者八九，而後罪人斯得焉。積氛於是蕩滌，會朝為之清明。人但見其元勳偉績若是易易然者，抑豈知其訏謨石畫有非朝夕之積也哉。

註：①俞公：即俞大猷。

（明）俞大猷著，李杜編：《正氣堂餘集》卷四，〈洗海近事・序〉，三頁。

今見海上之賊有三夥：一夥曾一本，其勢猖獗。一夥林道乾，向日勢微，近日方張。一夥大家井，此易與也。易與者且置之，猖獗與方張當討。惟均必欲並討之，兵力有所未及，莫如撫一而剿一。

（明）俞大猷著，李杜編：《正氣堂餘集》卷四，〈洗海近事・卷之上〉，一頁。

……邇來劇寇曾一本橫行海上，東廣（廣東）雖新設六水寨，向未設有戰船。近日事急方議打造，並搜擄民間次號船隻追捕。其兵悉皆臨時僱募脆弱之夫，望見賊舟不戰先潰，海豐、東場、雷港三次大敗可鑒也。今春，總督兩廣張公，檄愚至東廣協理建議造船募兵于閩，南下剿賊。賊平之日，分發新設六寨防守。

（明）俞大猷著，李杜編：《正氣堂餘集》卷四，〈洗海近事・卷之下〉，二八頁。

嘉靖十八年（1539），金子老、李光顯始作難，勾西番，掠福、浙。二十二年（1543），許棟乃與合踪，通日本，據雙嶼港，歲為浙直患，棟固王直故主也。二十七年（1548），光頭（顯）、棟俱就擒，子老先已遁去。王直乃復據舊巢，稱雄海上。於是，併陳思盼等，大引倭眾分寇浙福，破我昌國而貪心益熾，東南無歲不苦兵矣。則有鄧文俊、林碧川、沈南山者，起而寇浙直；蕭顯者起而寇太倉，陷上海；

鄭宗興、何亞八、徐銓、方武者起而寇閩廣。旋於三十二年（1553）間次第就戮。……又有洪澤珍者為患於漳泉興福；嚴山老者為患於月港；許西池者為患於廣東，皆通番巨寇也。三十八年（1559），澤珍為我參將黎鵬所破，山老遁去，西池尋亦溺海死。是歲，王直以總督胡宗憲誘致，乃得旨伏誅，而海氛頓息。嗣是又有蕭雪峰、張璉合屯大埔，攻和平大金謝老巢南澳，入安溪，掠漳泉，旋亦殄滅。此大盜十四踪之最著者。至隆慶間，零倭時從賊首曾一本，寇碣石等衛，以致敗將周雲翔等叛與合，已乃勦定，然亦不能越粵而他為患也。

（明）馮應京編纂：《皇明經世實用編》（二），卷八，五七二頁。

市通則寇轉而為商，市禁則商轉而為寇。……禁寇寇勢盛於嘉靖二十年（1541）後。是時，居有定處，隱泊宮前澳、南紀澳、雙嶼澳而已。又人有定夥名酋不上六七，許棟、李光頭就擒，張月湖、蔡未山、口思盼為王直所殺。王萬山、陳太公、曹老，又皆不聞矣。又況入有定時，登岸擄人，人致其巢，責令以貲贖，乃盤據內地，隨在成居。而惡少繼發，徐明山者，三十二年前之禪詮約步，邀於浙之西東而莫之識也。當夫壬子前[①]，盜形已具，沿海有司為禁益嚴，內外商物不得潛為出入內地。人素與交識者，因負其貲而不償，夫然後壬子之變作矣[②]。

註：①壬子：嘉靖三十一年（1552）倭寇大舉入侵，攻掠江浙
　　　等地。
　　②變：此處為明版本簡體字。

（明）王鳴鶴輯：《登壇必究》卷三，〈奏疏〉，二二頁。

陸棻通洋宜防倭患議曰：前代倭患在嘉靖間不僅被於湖邑，即以湖邑論倭，屯清溪不遇沈氏兩宅，非有樓櫓之設，墉塹之防，可以堅守而力拒。即如邑志所記，虛張倭勢，不過千人，而召集官兵，則有七萬三千之眾，是以七十三人擒一人而不足，有是理哉？況文老相傳

真倭直一十八人耳。徐海以新安無賴，通洋貿易，貨本蕩然，遂與其黨汪直、葉麻輩，誘人倡亂，驅煽沿海貧民，聚而為寇。……至於汎師水哨，皆同兒戲，調至客兵、土兵不諳川原形勢……縱賊流毒於數郡、數十縣之間，釀成東南一大害也。……彼徐海者，始不過一通洋貿易之人，非素有不軌之志，樂與島倭為伍，逞其邪謀，入寇內地，祇因貪利而進喪其所有，窮困無歸，乃激而為盜耳。

（清）俞昌會輯：《防海輯要》卷一二，三五至三七頁。

廣東巡按吳尚默揭帖〔崇禎三年（1630）六月三十日到併覆十三日完〕

巡按廣東監察御史，為閩寇流突堵截，屢有斬獲攻擊，忽遭殞將，謹據實查參，以肅法紀，以圖掃蕩事。照得閩寇李芝奇等，自去冬叛撫而來，聚黨萬餘，聯犯我粵東。初入潮陽，職等嚴檄道將督率防禦，相機堵殺無論，不敢窺我畔岸，抑且時多斬獲。即如巨寇楊策，閩浙數年所懸購，不幾得之寇，已縶而斃之。圍土繼漸，飄突平海，勢益披猖。我兵以捍禦兼擊刺，時邀其擄掠水陸擒斬者前後共一千有奇，業經督臣具疏題報訖。因李芝奇等先遁外洋，復聯綜突入廣州之南頭。時督臣聞警，即單舸移鎮省城，整搠兵船，亟圖剿滅，賊遂逡巡去。三四月間，又流突陽江之海朗、雙魚等處，該帶管嶺西兵巡道右參議閔謹與肇慶海防同知王之賢，佈置防禦，往來調度，力保諸城。隨據該道呈報：三月十五、四月初四等日，海朗等寨官兵擒獲賊徒四十五名、賊船八隻。四月二十二日，又據該道呈准，陽電參將王應文及把總陳，方鎮雙魚所，單報賊船二百餘隻，使至雙魚，團住寨門，賊勢猖獗，兵力單弱，燒去兵船八隻，民船一隻，擄去兵船一隻，及營房盡被燒燬，該所城池幸保無虞等因，轉報前來。時各賊又流突於高州之電白、蓬頭等處。四月二十五日又據分守嶺西道右參議張茂頤呈稱：四月十五日准陽電參將王應文單報：本月十三日，據蓮頭寨分總宣時奎報：十二日賊船二百餘隻突犯南門、博賀二

665

港內攻打，兵見賊勢重大，兵船稀少，不能拒敵，各即浮水登岸投生，戰船一十五隻多被燒燬等因，到道為照。參將王應文，往來海上，未嘗不思自效，不幸賊眾我寡，前援雙魚勢既莫支，奔歸蓮頭，賊已入港，雖于水寨無功，而兩處城守尚保無虞。今賊雖退，電白即倖瓦全，限門勢又剝膚，並係該參所轄，合令該寨並海防同知廖斅加謹提防等因，詳報到，職俱經批行，相機防禦。維時，職巡歷惠潮，相隔遙遠，督臣聞報各賊猖獗，兵船被燬，參將王應文庸懦誤事，力不能支，即委總兵坐營官何嗣仁馳往代理防守，又委南頭參將陳拱，原任守備白如璋，統領兵民船隻出海攻剿。閏四月二十八日，職巡潮事竣，回至產溪驛，據海道按察使張秉文差人齎文馳報，內稱：海寇披猖，蒙軍門移鎮綢繆，兵將船餉，委參將陳拱統兵船百餘隻，委守備白如璋統民船百餘隻，合力征勦，兵民踴躍。又蒙鼓舞澳夷，借用夷銃以作衝鋒。仍蒙委職於陽江陸路堵截，委總兵何汝賓相機策應。職與總鎮，奉軍門誓師之後，隨往新安，力論二將，務在慎重諄諄告戒。閏四月初六日，陳拱面云：電白賊勢緊急，時日甚吉，即欲出師。本道因夷銃未備，力止緩行。本官稱：路經香山，便道取行，本道隨委中軍官陳應傑，馳往香山催銃，又手劄拱，必俟夷銃始行。本道隨起行，繇陸行至蜆江驛，接拱手札云：十一晚已到廣海，夷銃尚未見到，風色甚利，意欲速進。本道又差官持書力阻，並差催夷銃速發起程，於十四日至恩平，突接坐營何嗣仁塘報：本日丑時，大兵已到蓮頭港，水陸相隔，無從探問，即兼程馳至蓮塘驛。十五日三更，又接何嗣仁塘報云：十四日早，大兵圍繞賊船，頗有擊傷。賊舉大銃衝突，遂占上風，我船閣淺，被賊燒燬數十隻。復於次日黎明，接分守嶺西道張參議手札云：本道與電白呂知縣登城，望見大兵在港外，分左右二翼，俟賊出港，一齊包擊，方心服調度得當，不意賊用大砲衝擊，其聲如雷，二翼勢遂披靡。賊據上風，我兵噴筒火器，反被逆風煙罩，致左翼船趨入蓮頭港閣淺，右翼船趨入赤水港閣淺，致被放火燒燬。傳聞陳拱所坐二號船在內。本道聞報，即馳往陽江，差官遏止。通判祝守禧，運糧轉回，外夫師行，貴出萬全，軍門與職等，叮嚀至再，何本官自恃驍勇，視賊太輕，況賊所恃長技，在大銃火攻，倘拱必待夷銃同行，事必有濟，何致決裂至此，且不從港外活泊，以便進止，反以閣淺致敗，謹具實報等因。除批行該道，確查損失官兵船隻數目未（來）報。該職於五月初八日回省後，纔據驛舖遞到。潮漳副總兵陳廷對報單內稱：本職會率撫備鄭芝龍，統領兵船，於閏四月二十日至廣省河下，二十一日見軍門，二十二日蒙頒賞，二十三日奉令，二十四日開駕進剿等因。至五月十六日，又據陳廷對、鄭芝龍報稱：奉令討賊，閏四月二十九日至大壚港口，遇賊船百餘隻，昏夜未便進攻，五月初一日進至放雞，出與賊交戰數十合，賊眾死傷莫計。初三日，催發合再擊賊，走過浪白口，去大金約四十餘里。初四日，賊移東上，職等跟追賊。是晚，風雨大作，賊船星散。初六日，兵船收入南澳，即回中左，料理火攻戰具，相度緩急，速鼓征剿，以靖海氛等情。又准總兵何汝賓手本內稱：本月十五日亥時，據塘報何成稟稱：探得海賊於十三日俱向東使去，已過老萬山等因，移報到。職又經催行海道，嚴查陳拱等損失官兵船隻數目，未據確報。該職會同總督兩廣軍務兼巡撫廣東地方兵部右侍郎兼都察院右僉都御史王，看得閩寇航海，而耽耽我粵也，數月於茲矣。沿海一帶，謹偵探，脩斥堠，嚴備禦，絕接濟，自冬入春，賊無敢泊片帆于渚，窺左足於涯，而生俘死馘，且時以捷聞。至三四月間突犯雙魚寨，而燒燬官民船十隻矣。又突犯蓮頭等處，而燒燬戰船一十五隻矣。誰司制轄，披靡至此，則陽電參將王應文之汛地也。平時疏愒，綢繆無術，臨時縮朒，捍禦莫支，雖兩寨城守無虞，而失事伊始，召寇所繇，應文安所置喙，所應革任回衛者也。

中央研究院歷史語言研究所編：《明清史料》（六）己編，六二二至六二三頁。

崇禎三年（1630），艚賊李魁奇入寇，參將陳琪死之。艚寇百餘隻闌入，琪督寨兵，禦於佛堂門外，擒七賊，馘之。賊忿，直至南頭海，珙以兵少，不能禦，入城。賊因登岸，設雲梯攻城，守陴者，燒大銃，斃賊首，折其梯，賊乃解去。南頭地方，盡被焚劫。巡撫乃發金八百給官兵，及民之被殺者。時賊勢愈熾，移泊電白、蓮頭港。巡撫令珙統烏艚及寨船百余艘出剿。珙忌共事者分功，督大船，自為前鋒，一鼓而敗，珙因死焉。《新安縣志》

（清）盧坤等輯：《廣東海防彙覽》下函，卷四〇，〈事紀二〉，二三頁。

崇禎六年（1663）二月，海寇劉香寇新安，閩撫將鄭芝龍敗之。香乘風突入，直泊虎頭門，殺死守統臺兵，遂抵省河下，芝龍帥師出剿，戰于赤崗，破之。賊乃遁去。

（清）盧坤等輯：《廣東海防彙覽》下函，卷四〇，〈事紀二〉，二三頁。

五月，劉香復寇新安。五月二十日，賊二百餘艘，泊南頭。時總鎮鄧某，督兵禦之，生擒數賊，賊遂揚帆，劫新會之江門。七月初三日復入南頭。會颶風大作，兵乘風擊之，賊敗而去。

（清）盧坤等輯：《廣東海防彙覽》下函，卷四〇〈事紀二〉，二四頁。

崇禎八年（1635），劉香復入寇新安。閩撫將鄭芝龍平之。劉香挾康承祖、珙雲蒸二道官在船要撫。春三月，入泊城下，持道檄，索取城中鐵、炭、米、肉，知縣烏文明與士民堅守不應。每夜，燃炬傳籌，相持月餘。香乃縱火城外，知縣因誓師，出城救火，守備余子高，以斗酒犒師，我師奮擊，乃少卻。五月，會鄭芝龍兵於田尾，剿滅之。

（清）盧坤等輯：《廣東海防彙覽》下函，卷四〇〈事紀二〉，二五頁。

劉香老，鄭芝龍部賊也。芝龍泉州皂隸子[①]，少貌美，為海賊顏振泉掠去，嬖之，辟其婦與芝龍同眠起。既而振泉病，將禪芝龍為賊，後慮眾不服，集眾禱於神，植劍米盅遞拜之，劍動者推為長，次芝龍。芝龍預藏磁袖間，甫拱手，劍隨芝龍手躍出，遂長眾，稱雄海上。嘗以己泉人不寇泉，使香老寇之。既而悔禍，與其弟芝虎同降於總督熊文燦[2]，其部鍾斌與香老遁去。鍾斌寇浙，為浙撫張延登剿散，而香老則南入廣澳，匿牛田、馬耳諸洋，常犯小埕，犯長樂，犯廣之海豐。芝龍以戴罪出戰，每不利。崇禎七年（1634），文燦仍欲以招芝龍者招香老，香老詐許之，文燦不省，遽遣巡道洪雲蒸、守道康承祖、參將夏木、張一傑入海招撫，香老大笑，留雲蒸等不令回，如是者一年。上聞狀嘆曰：其有招海而反蹈海者？敕文燦戴罪責效，而合廣東、福建兵會剿香老於田尾遠洋，香老連戰大敗。時芝龍以遊擊為前鋒，香老乃脅所留巡道洪雲蒸出船上芝龍兵，雲蒸出船大呼曰：我兵備副使洪雲蒸也，將軍第來前，賊窮矣，急擊勿失。賊乃殺雲蒸，釋承祖二將，而且自焚其舟，死火中。

註：①彭孫貽撰：《靖海志》中記：鄭芝龍為泉州庫吏子。
　　②《靖海志》中記：泉州知府蔡善繼招撫鄭芝龍。

（清）吳榮光輯：《勝朝遺事》卷八，毛奇齡撰：《後鑒錄》，一一〇至一一一頁。

蛋戶在雷廉間，盜珠為生，其酋長不一，有蘇觀陛、周才雄為二酋。其先皆安南夷，嘗款石城塞，願為臣僕，因得充蛋戶，阻烏兔多浪為險，招致大賈侵禁池盜珠。禁池兵衛故甚設，蛋自度不敵，乃陰集四方亡命出劫。前此酋長羅漢卿阻中路港，諸偷襲殺之，於是他酋曾國賓以三十艘入海康。萬曆改元（1573）犯北海，明年（1574）犯上村，至四年（1576）犯合浦冠頭嶺，五年（1577）犯永安，還入太廉角。既而悔禍，肉袒，請歸命。其七年，侜為珠商所迫，鼓棹而入於海，因犯南板村，殺周英，擒林一，嶺西兵備使招之降，復降。是年，觀陛、才雄，亦以十八艘入合浦，犯乾體村，斬蛋民林三，焚殺男婦六人。其後又犯安南永安州，官軍逐之急，仍遁還烏兔。烏兔北枕高山[1]，南濱大海，可為窟穴。乃採大木十圍以上者，建屋居，令部曲相保，為塹壘，聯木柵，開東西二大門而封之，獨啟南一門，面海通出入。誠門者勿輕啟，凡啟，必張旂志，鳴金鼓箛吹，閉亦如之。夜用邏卒數十人，銜枚擊刁斗道上，至日出乃已。已乃椎牛饗諸賊，治舳艫三十艘出海。九年（1581）犯斷州。當是時，斷州去永安所近，有百戶張禕備白沙哨，千戶田治備濱海哨，皆援旂（旗）擐甲出戰。禕攻其東，治攻其西。治長於擊劍，橫行諸蛋中。諸蛋中當之輒創。顧倔強，寧赴水死勿受創，以故，劍所及祇斬九級，生獲林細武等八人，而餘死於水。自是之後，蛋人自以為勿及也。無何，蛋中亦募善擊劍者，出指治，治久易蛋，不為意，蛋倉卒圍治，治及兵士王致祥皆身受創死。

註：①烏兔：估計在老萬山地區。

（清）毛奇齡撰：《西河全集》卷一五，〈蠻司合誌一五〉，一一至一四頁。

梁本豪者亦廣海蛋酋也。先是海賊曾一本稱雄海上，豪與馬國政、陳世元誘一本入城，一本死，豪竄於海曲，賊黨漸集，乃有梁本明、馬水高、石志和、布尚韜諸酋，合千餘人，往來波（博）羅、香山、三水東西海，日夜習水戰，所製艑艒，或八櫓、或十櫓，不用榜人，諸蛋自操，濯乘風，盪波濤中，倏若閃電，一旦有緩急，輒走入水，水不能為災，俗號人獺。其族，女子勇倍於男。男少時，膂力反過於壯者。以視海上官軍一可當百，官軍逮捕，即百不得一。第捕急，則山中編氓為保姦者，往往藏諸偷於家深閉之。官軍在門，門中無老少男女皆出視，堅稱此門中無盜，不稍間口。前此，海賊誘倭奴入寇，頗得利。本豪既東結倭奴，乃復往西番交歡林道乾，約寇會城。總制陳瑞、御史羅應鶴，與布政李江、按察趙可懷等計議，謂本豪曾殺千戶濮漢、典史林煌鹵，執通判駱秉韶等，情罪重大，且復與倭奴林酋相依為奸，此不可宥，請復廣州標兵治戰艦進討。初，漁人楊玉，在長沙港見倭操舟，人不滿八十，既而漸眾，則皆海上人無賴往附之故。海上俗慣造烏槽、橫江船，因緣為利，頃以徵稅苛報罷。海上人無以為資，皆闌入倭舟。總制乃移總兵黃應甲，令先逐倭舟，

670

倭舟沉溺不敢前。時諸蜑方劫略（掠）沙頭鄧氏，執其男婦，索贖金。指揮徐瑞陽往老萬備倭[1]，把總張容正往虎門，參將楊為棟、白翰紀備外海，游擊沈茂、指揮王權備內海，分守周之屏、同知朱一相營居中。皆令乘白繒大艘，不足則借漁艇，分道並出鏖戰，沉賊船八十餘，生擒本豪等一千二百餘人，俘獲三百餘人，斬首二百六十餘級，職撫者無算。凡倭番土人之在蜑者皆殲之，然後奏捷告廟，論功賞如例。

註：①老萬：即老萬山。

（清）毛奇齡撰：《西河全集》卷一五，〈蠻司合誌一五〉，一一至一四頁。

按大鵬營汛地前被大盜羅欽輋、李成盤踞以為巢穴，劫東莞、新安、歸善各縣地方，民不聊生。順治十三年（1656）署印知縣傅爾植具請平、靖二藩[1]，督撫二院追剿平定，緣此地為最險僻。

註：①二藩：即平南王尚可喜、靖南王耿繼茂。

（清）靳文謨纂：《新安縣志》卷四，〈職官志〉，二頁。

康熙十一年（1672），臺灣巨逆李奇等率寇船流劫濠涌[1]。知縣李可成、游擊蔡昶剿之，賊遁歷源等山，李可成督師殲焉。（《新安縣志》）

註：①李奇：即李芝奇。

（清）盧坤等輯：《廣東海防彙覽》下函，卷四一，〈事紀三〉，八頁。

三、嘉慶時期粵海盜張保仔、烏石二、郭婆帶等的活動及清政府的追緝

國家自康熙二十二年（1683）克臺灣，平鄭氏。二十四年（1685）大開海禁，閩、粵、浙、吳航天萬里，鯨鯢不波。及嘉慶初年而有艇盜之擾。艇盜者，始於安南阮光平父子竊國後，師老財匱，乃招瀕海

亡命，資以兵船，誘以官爵，令劫內洋商舶以濟兵餉。夏至秋歸，蹤跡飄忽，大為患粵地。繼而內地土盜鳳尾幫、水澳幫亦附之，遂深入閩浙。土盜倚夷艇為聲勢，而夷艇恃土盜為鄉導，三省洋面各數千里，我北則彼南，我南則彼北。我當艇則土盜肆其劫，我當土盜則艇為之援。且夷艇高大多砲，即遇亦未必能勝。土盜狡又有內應，每暫遁而旋聚。而是時，川陝教匪方熾，朝廷方注意西征，未遑遠籌島嶼以故，賊氛益惡。嘉慶元年（1796），福州將軍魁倫、兩廣總督吉慶先後奏言：獲烏艚船海盜陳天保等，有安南總兵及寶玉侯敕印。敕安南國王阮光纘查奏，尚謂國王不知也。四年（1799）安南農耐舊阮王與新阮交兵，禽送海賊莫扶觀等，皆內地奸民受安南偽封東海王及總兵，朝廷始知安南藪奸誨盜之罪。五年（1800）六月，夷艇三十餘，水澳、鳳尾各六七十艘，皆萃於浙，偪台州，將登岸，巡撫阮元、提督蒼保奏：以定海鎮總兵李長庚，總統三鎮水師，賊泊龍王堂松門山下，颶風雷雨大作，賊船撞破覆溺殆盡，僅餘一二艇漂出外海，其泅岸及附敗舟者，皆為水陸官兵所俘獲，安南偽侯倫貴利等，四總兵磔之，以敕印擲還其國。安南烏艚船百餘號，總兵十二人，分前中後三支，每支四總兵，倫貴利等其後支也。會安南旋為農耐王阮福映所滅，新受封，守朝廷約束，盡逐國內奸匪，由是，艇賊無所巢穴，其在閩者皆為漳盜蔡牽所并。牽同安人，奸猾，善捭闔，能使其眾。既得夷艇、夷砲，凡水澳、鳳尾餘黨皆附之，復大猖獗。凡商船出洋者，勒稅番銀四百圓，四船倍之乃免劫，且結陸地會匪，陰濟船械、硝磺、米糧，而官修戰艦笨窳不能放洋，轉僱商船為剿捕之用。是時，廣東總督長麟，仿商船之式，捐修米艇數十，剿賊有效。於是浙江巡撫阮元，率官商捐金十餘萬，付李長庚赴閩造大艦三十，名曰霆船，鑄大砲四百餘配之。廣東巡撫孫玉庭亦奏言：從古但聞海防，不聞海戰，粵洋三千餘里，賊縱飄忽，兵分勢單，終年在洋奔逐，迄無成效，不如專力防守海口，嚴禁岸奸，為以逸待勞之計。其官運鹽船及貿易商船，皆配兵船巡護，是海防亦非置舟師於不用。詔行之。

浙江提督邱良功、福建提督王得祿合剿蔡牽於定海之漁山，俱乘上風，賊懼，東南遁，轉戰至綠水深洋，偪賊船火攻之。夜半，風浪并怒，不得登賊船，隨浪餞出。明日仍據上風截之，各舟師環攻賊，且戰且逃。傍午，逾綠水洋，見黑水，良功懼賊暮遁外洋，大呼以己舟駢於賊舟，東閩舟駢於浙舟，東賊篷與浙篷結，浙篷毀，賊以掟札浙船決死戰，矛貫良功腓，浙船毀，桇脫出。閩船復駢於賊船，賊夥黨舟，皆為諸鎮所隔，不能援救。牽船僅餘三十，賊船丸罄，以番銀作砲子。王得祿亦受傷，揮兵火其尾樓，復以座船撞斷其柁。牽知無救，乃首尾舉砲，自裂其船，沉於海。……於是閩浙二洋巨盜皆滅。……惟粵洋之艇賊獨存。初安南夷艇敗竄，其餘黨留粵者共五幫，曰林阿發，曰總兵保，曰郭學顯，曰烏石，曰鄭乙。嘉慶十年（1805）有會匪李崇玉與艇賊通，官捕急，逸於海舶。兩廣總督那彥成誘禽之，始給五品頂戴。又招降洋匪三千餘，請賞頂戴銀兩。上以那彥成不剿先撫，濫給官職，且皆懸賞購募，非窮蹙求生，至有為民不如為盜之謠，恐貽後患，召還，以吳熊光代之。十一年（1806），吳熊光奏言：高州府之吳川，雷州府之遂溪，為通洋盜藪，宜塞港以清其源，并禁商民代駕暹羅貨船及冒買暹羅米船，以防代銷盜贓之弊。並於進口夷船，收買其壓艙鹹沙，以杜煎硝之弊。從之。十四年（1809）百齡代吳熊光督粵，禁岸奸接濟益嚴，盡改粵糧水運為陸運，其南澳廳及瓊州隔海者，以兵護送，其硝磺各廠，亦改商歸官。賊外洋無可劫，乃冒死撥小船入掠內河，官兵先後捕斬。是秋，總兵許廷桂，擊殲盜首總兵保，圍其數十船，適鄭乙幫之。張保仔三百餘艘，蜂擁而至，據上風，眾寡不敵，許廷桂敗死。張保仔雖入掠香山之大黃埔。百齡調兵內外夾攻，斷其走路，賊旋突圍遁。……時粵賊郭學顯、鄭乙妻二大幫，至是，郭賊決計出降，與鄭乙幫力鬥，奪鄭船及己眾五千餘，大小船九十餘，入平海投獻。時鄭乙死已久，其妻代領其眾，屢蹙於官兵，遂於十五年（1810）二月詣省城乞降，而令其夥張保仔率眾萬有六千，船二百七十餘艘，砲千餘，赴香山海口，百齡親往受之。赦令隨軍自贖，乃檄各鎮會剿烏石幫於澹州洋，盡俘其眾，又降東海幫林阿發等三千四百餘，粵賊平。……是年，蔡牽餘黨千有三百，亦降於福建。

（清）魏源撰：《聖武記》卷八，〈嘉慶東南靖海記〉，二四至三一頁。

竊查粵東山陬海澨蜑猺雜處，為從古盜賊充斥之地。自我朝定鼎，痛加剿戮，山海巨盜，以次平安。百數十年來，休養生息，民物滋豐，諸蕃來朝，貨貝雲集，魚鹽蜃哈之利，甲於天下，洵海上之樂土也。逮乾隆五十四、五年（1789—1790）後，盜賊復起。禍緣安南夷王黎氏衰微，阮光平父子篡立，兵革不息，國內空虛，招致亡命，崇其官爵，資以兵船，使其劫掠我商漁，以充兵餉，名曰採辦，實為粵東海寇之始。其時，太平日久，水師懈弛，各將官緝捕不力，商漁失業，從賊者，地方官亦不能杜漸防微，而接濟、銷贓諸弊，無地不然。……今之烏石二、總兵保、東海八、阿婆帶諸賊，皆安南巨盜。

（清）盧坤等輯：《廣東海防彙覽》上函，卷一二〈方略一〉，二七至二八頁。

嘉慶戊辰、己巳間（1808、1809）海氛甚熾，初由洋海劫掠，繼而延入內河，硇州圍島竟為盜藪，蜂屯蟻聚，各立旗號。其最著者海康烏二、郭婆帶，總兵寶蟾蜍養，東海泊附之。而鄭一之妻石氏，其黨張保兩幫，尤為傑驁，雖烏石二等亦畏之。商船出口，估值給單做據，方可來往，名曰打單，令其黨分駐會城巨鎮，以便商人掛號，官軍竟莫敢攖。及百公總制兩粵[①]，相度機宜，令米艹諸艘，皆由陸運，漁船禁絕出海，使不能接濟，至是賊始困乏。歲庚午（1810）賊首鄭石氏、張保、郭婆帶（後改名學顯）等，先後率眾投誠，公許之。分置其兩黨，或歸本籍，或隸兩湖及浙江，其餘諸賊剿撫兼施。而烏石二、東海泊尤掃擾於高瓊間，公令張保殺賊自效。保擊死東海泊於海，生擒烏石二於海康麻黃口，殺之，梟其黨百二十人，由此諸郡悉安，皆公力也。

註：①百公：即嘉慶時兩廣總督百齡。

（清）黃芝撰：《粵小記》卷三，三一頁。

　　嘉慶十二年（1807）七月，總兵李（林）國良追擊烏石二於丫洲洋，遇害，及其都司林道材，把總洪日陞。林國良，福建人，崖門總兵。戊辰（1808）七月，海盜屯舟九龍口，伺劫，國良往擊之，戰甫合，而紅旗幫船百號，周環相向。國良督將士拋擲火器，自辰至未，戰益力，適黑旗幫船會哨至，勢遂不支。國良素善跳盪，知事不可為，手利刃，躍身過賊舟，連殺十數人，遂遇害。（檔冊）

　　洪日陞，字朝玉，澄海人，澄海營把總。戊辰，隨虎門總兵林國良追劇賊張保仔於新安，至鴉洲洋，砲盡力窮，援兵不至，眾頗有退心。日陞大呼殺賊，麾舟師前，逼賊，手斃三人，終以眾寡不敵，從林國良死焉。

（清）盧坤等輯：《廣東海防彙覽》下函，卷四二〈事紀四〉，一頁。

　　嘉慶十四年（1809）五月，洋匪張保仔等聯艅百餘，在香山縣洋面寄椗。（廣東提督）孫全謀以官船四十四號，連戰克之。諭曰：官兵以少勝多，實屬不遺餘力，孫全謀奮勇可嘉！前已施恩補放提督，倍當感激朕恩，益加奮勉。十一月，總督百齡圍攻張逆於大黃埔，檄令會剿，全謀遷延失期，賊遁。上以其失機玩寇，命革職拏問。十二月，洋匪郭婆帶投誠，並擒保仔夥黨以獻。上宥全謀，命立功自贖。

《清史列傳》（七）卷二七，〈孫全謀傳〉，二〇六七至二〇六八頁。

　　嘉慶十四年（1809）五月癸未，諭軍機大臣等。百齡密奏粵東廢弛各情形一摺。粵海著名盜首如張保仔等，幫船甚多，其在船夥黨不下萬餘人，東竄西奔，毫無攔阻，其所以有恃無恐者，總緣接濟根源不能斷絕，百齡所見深得要領。前經屢降諭旨，飭令地方官認真堵緝，將一切米糧火藥器械篷纜等物，杜絕透漏，使盜匪在洋飄泊無以為生，自無不束手就斃之理。無如各督撫均不過視為具文，毫無整頓，看來「怠玩因循」此四字竟成通病，似此日復一日，深慮釀成大患。此如醫家治病，當其受病之初，不能認真醫治，則患證愈深，漸至不可救藥，迨至痼疾已成，輒稱難治，又何如及其易治之時，早為救療乎？百齡既已稔知此斃，將各口岸奸徒濟盜緣由查明原委，並將各衙門積玩積習，深究根源，惟當實力清釐，講求措置，以期地方日見起色，將此諭令知之。

《清實錄》，《仁宗實錄》（三），卷二一二，八四九頁。

嘉慶十四年（1809）七月戊辰，諭軍機大臣等。百齡等奏，官兵追剿匪船，擊斃著名盜首總兵寶，旋因賊眾兵少，猝致失利一摺。此次護總兵許廷桂帶領師船，在磨刀洋面，見盜首總兵寶匪船數十隻駛至，奮勉攻擊，雖將賊船擊沈三隻，賊匪漂沒多名，並將該盜首用砲轟斃。旋因盜首張保仔匪船三百餘隻蜂擁前來，幫同抵拒，賊多兵少，被盜船占踞上風，乘勢下壓，以致許廷桂身受多傷，被戕落海，其餘將弁委員等，被戕落海多人，官兵大為損失。將領兵丁能如此奮不顧身，殺敵致果，覽奏之下，為之墮淚。皆由數年以來，吳熊光在總督任內，懈玩廢馳，不飭武備，以致盜氛日熾。今見百齡到彼，諸事認真，大加整頓，營伍中人人畏憚，勇往者既加倍奮勉，懦弱者亦不敢退避，而又未免輕視賊匪，眾寡不敵，致有此失。綠營剿賊，是其專責，原不應任其遷延畏葸，玩寇養癰，然亦須量力而進，不可冒昧，若再有疏忽，則士氣餒而賊勢更張，辦理轉為棘手。此時賊匪幫船蟻聚，兵力單弱，必須養威蓄銳。百齡且無庸催令攻剿，惟當先在各處口岸嚴其備禦，杜其接濟，將防堵要策力為講求，使賊船不能駛入內洋，乘間撲岸，食米火藥，日漸支絀。俟我兵簡練精銳，船隻備辦齊全，然後可一舉殲擒，俾無遺類，該督等不可不凜遵辦理。至護總兵參將許廷桂、賈勇剿賊，自辰至未，力戰四時之久，致遭戕害，殊堪憫惻，著加恩即照總兵陣亡例給與卹典。其因救護許廷桂受傷落

676

海之署遊擊林孫、千總毛國斌，均因撈救得生，可為幸慰。林孫著加恩以遊擊即用，毛國斌著加恩以守備即用，並著先換頂帶，均賞戴花翎。其陣亡署守備陳大德、署千總葉榮高、外委葉連魁、陳見陽、萬國年、何新興，被戕落海之都司嚴高，未入流施鳴皋，均著施恩加等賜卹。此外查無下落之署千總盧大陞等十六員，同許廷桂之第三子許成福，即著趕緊查尋，如查無蹤跡，應即與陳亡漂沒之官弁兵丁等一體優卹。此時師船漂沒被燒者多至二十五隻，存船較少，勦賊實不敷用，著即照百齡等另摺，添造米艇一百隻，加鑄大小鐵砲千餘位，配足兵丁軍火，豫備攻勦。目前緩不濟急，亦照所請，先在紅單船內，擇其高大完固者，僱用四十餘號，並僱覓拖風大船五十餘號，合成一百號，酌配砲械軍火，調選官兵，與原船舵水人等分別管駕，交孫全謀督率應用。其籌備巡防之策，更為緊要，所有挑僱各項船隻，以及籌備僱價口糧，配撥壯勇砲械，分派各員管帶防守，並於沿海村莊團集兵勇，編查保甲等事，亦均照所請行。再此時粵省兵船較少，所有黃飛鵬一路舟師，著百齡即調回本省協勦，先顧本境。其朱渥幫匪，已有旨令阿林保速派該省舟師馳往剿捕矣。將此由四百里諭令知之。

《清實錄》，《仁宗實錄》（三），卷二一五，八九〇頁。

嘉慶十四年（1809）八月壬辰，諭軍機大臣等。百齡等奏，盜船連幫竄入中路海口，派撥兵船堵剿，業經追出外洋一摺。從前賊船在外洋游奕，皆恃有打單接濟之資，足以度日謀生，是以罕入內河。自百齡到彼，諸事整飭，嚴斷接濟，該匪等口食無藉，其鋌而走險，分撥小船，向內河各村莊希圖劫掠，勢所必至，現經百齡等飛調陸路官兵，添僱壯勇，馳往攻捕，殲擒賊匪二百九十餘名，陸續竄出濱臨外洋之潭洲一帶聚泊，民情均已寧謐，至百齡等以未能先事豫防，致賊匪竄擾內河自請議處一節，此可不必。該省武備廢弛已久，今百齡等認真整頓，且已將盜船轟出外洋，尚非辦理不善，惟求治未免過急耳。為今之計，總須先固藩籬，將防堵要策，力為講求，嚴密佈置，使賊匪不敢窺伺，趕緊添造米艇，豫備砲械軍火，俟諸事齊備，養威蓄銳，再行調派官兵，駛放出洋，自不難一鼓殲除，俾無遺類，倘不量力，冒昧輕進，賊船多而師船少，未免心生顧忌，設有疏虞，賊勢更覺鴟張，辦理倍形棘手。至中路附近省垣，尤為緊要，如各隘口水陸兵船有可徹者，著百齡等酌量抽撥，嚴防中路，無令賊匪竄近。此次百齡等添僱壯勇數百名，隨同官兵堵勦，為一時權宜之計則可，究非長策。莫若於近海各處村莊，勸諭鄉民各衛身家，自行團練，賊來既可抵禦，賊去仍安本業，較之招募，實無流弊，但必需官為經理，始不致漫無統率。著百齡等遴選明幹之員，督率妥辦，切勿藉端滋擾為要。其漢軍水師三百名，此時既無所用，自應徹回歸伍。現在盜首張保仔等，由潭州分向蕉門等處外洋逃逸。百齡等飛調黃飛鵬舟師，及所僱拖風船隻，交孫全謀督同勦辦，務須斟酌前進，計出萬全，以期擒獲巨憝，毋得過於輕率。將此諭令知之。

《清實錄》，《仁宗實錄》（三），卷二一七，九一〇頁。

嘉慶十四年（1809）十一月乙亥，諭軍機大臣等。百齡奏：官兵殲擒匪夥二千四百餘名，匪幫窮蹙遠遁一摺，已將在事出力文武各員，均照所請分別加恩矣。此次張保仔匪船，在香山縣屬大黃埔圍劫之時經百齡派撥兵船在東西兩港口堵住，運石堵塞。一面豫備火攻。並另派兵一千名占住山梁放砲下壓，斷其汲水之路，賊匪四路斷絕，欲出不能，此真極好機會。如果水師官兵人人效命，何難一鼓殲除，立剪巨憝，永靖海疆。乃因水師怯懦無能，紛紛躲匿，以致賊匪乘間逃脫，功墮垂成，實為可恨。孫全謀係統領大員，經朕棄瑕錄用，乃平日訓練不力，臨時號令不行，一味觀望遷延，不肯帶兵進勦，付以塞港之石舟而不用，授以焚賊之火艇而又不用，失機玩寇，其罪甚重，此非僅予降革，及革去頂帶，可以蔽辜。孫全謀著革職拏問，交該督派員解京，交刑部治罪。護左翼總兵順德協副將王國寶與海口營參將何英各帶米艇一見賊船即行駛退，外委吳協山棄船逃避，把總林剛私帶兵船藏躲，均屬瞻玩。該四員均著革職拏問，交該督審訊定擬具奏，應正法者即請旨正法，不可姑息。其在沙灣勒賊隨同駛避之把總謝陞、李榮高、周得勝、張吳祥，外委施英、楊羅芳、洪耀忠、王進朝、李逢春、邵天喜、劉文韜十一人，及在赤瀝角退縮不前之千總劉壯、陳有光，外委趙可、曾步青、陳耀祥、黃君雄、胡明陞、黃朝福、李夒龍均照所請斥革棍責枷號示懲。從九品盧楚元、趙應壬派管巡船，屢次退縮，惟究係文員，著革職仍留粵緝捕，以觀後效。至廣東水師廢馳，亦非始於目前。錢夢虎在粵四年，養癰貽患，此時豈可令其脫然事外，該提督現已託疾回浙，著交該撫蔣攸銛傳旨將伊革職，派員押解來京，交刑部治罪。仍著百齡一面將錢夢虎在粵時如何廢馳實蹟，速行確查，由驛奏聞，以便交刑部按款詰訊。

《清實錄》，《仁宗實錄》（三），卷二二二，九八〇至九八一頁。

嘉慶十四年（1809），（百齡）擢兩廣總督。粵洋久不靖，巨寇張保挾眾數萬，勢甚張。百齡至，撤沿海商船，改鹽運由陸，禁銷贓、接濟水米諸弊。籌餉練水師，懲貪去懦，水師提督孫全謀失機，劾逮治罪。每一檄下，耳目震新。巡哨周嚴，遇盜輒擊之沉海，群魁奪氣，始有投誠意。張保妻鄭尤黠悍，遣朱爾賡額、溫承志往諭以利害，遂勸保降，要制府親臨乃聽命。百齡曰："粵人苦盜久矣！不坦懷待之，海氛何由息？"遂單舸出虎門，從者十數人，保率艦數百，轟砲如雷，環船跪迓，立撫其眾，許奏乞貸死。旬日解散二萬餘人，繳砲船四百餘號，復令誘烏石二至雷州斬之，釋其餘黨，粵洋肅清。帝愈嘉異之，復太子少保，賜雙眼花翎，予輕車都尉世職。

《清史稿》（三七）卷三四三，一一一三四頁。

嘉慶十五年（1810）正月庚午，兩廣總督百齡奏：洋匪郭婆帶率夥投誠。在事出力人員，按察使陳若霖等升敘有差。

《清實錄》，《仁宗實錄》（四），卷二二四，六頁。

嘉慶十五年（1810）二月己亥，諭軍機大臣等，百齡、韓崶奏：各路洋匪悔罪投誠，分別辦理。又海洋巨寇張保仔稟懇投誠各摺。盜匪張保仔兩次具稟開呈大小船二百七十餘號，大小砲一千餘門，頭目夥眾共一萬四千餘人，懇乞投首。此事尚未可信。如果該匪真心來投，自應將船隻器械全數呈繳，何必呈懇留匪船至數十號之多？若因隨同官兵出洋剿捕，贖罪立功，投首後豈無師船派撥，又安用該匪豫為籌計？自係該匪以近日各口岸嚴禁接濟，無以為生，勢窮力絀，假意投誠，冀作緩兵之術。該匪等素性狡猾，反側靡常，倘情形稍涉可疑，仍當乘勢攻剿，以期淨絕根株，切勿輕信疏防，致蹈賊人鬼蜮伎倆。所謂受降如受敵，不可不慎之又慎。既使該匪真心畏罪，率眾來投，亦須分別安插。使之散而不聚，聲勢無由聯絡。再飭各地方官密加鈐束，庶不致有疏虞，若祇圖一時苟且將就，不顧將來流獎滋多，非萬全之策也。所有此次奏明歸籍之各股投誠賊匪，亦須一律妥為經理，不可稍有疏忽。

《清實錄》，《仁宗實錄》（四），卷二二五，二六至二七頁。

嘉慶十五年（1810）三月乙卯朔，諭軍機大臣等。百齡等奏：洋盜張保仔、鄭保養率眾投誠，先經來船面見，經百齡諭將船隻砲械全數呈繳，並將眷屬人等先行上岸居住，方允代奏。該匪等猶豫不肯，適有嘆咭唎貨船出口，開砲揚帆，該匪愈覺驚懼，將幫船移赴外洋遊奕等語。張保仔一犯，在洋肆劫多年，最為兇悍。其向線民等懇乞內投一節，看來本不出於至誠。今該匪雖到船面見百齡自陳悚懼，而船隻砲械不肯全行繳出，家屬人等，又不肯遣令上岸居住，轉欲藉出洋搜捕為名，請將幫船給與七八十號，嗣見嘆咭唎貨船開砲出口，旋即畏懼警逃，可見其性本游移，殊為狡詐不實。設百齡如其所請，則該匪乞降之後，仍可帶船出洋，仍前伺劫海洋遼闊，稽察難周，是伊一股匪船，竟是奉官屯聚，更可縱其所為，為害滋甚。百齡識其詐謀，不允所請，並一面飭令水陸官兵嚴加防堵，所辦甚是。此等劇賊，斷無招徠之理，百齡等惟當策勵官兵，如張保仔一股仍在洋劫掠，必當相機勦辦。其前此乞降之言置之不論，至其夥盜內，如實有呈繳砲械，同家屬登岸誠心乞降者，則仍可允准。如此次摺內所敘溫添壽、鍾阿有等二百五十餘名，原不妨貰其一命，分別遣散，但總不可將勦捕防禦事宜，稍為鬆勁，以期辦理淨盡，海洋寧謐，此為至要。至節次投誠盜匪，已將及萬人，亦應妥為安插，隨時留心防範，不可稍涉大意。將此諭令知之。

《清實錄》，《仁宗實錄》（四），卷二二七，四二頁。

嘉慶十五年（1810）三月丁丑，諭軍機大臣等。百齡等奏：粵洋巨盜張保仔、香山二等，畏罪乞降，先令鄭一嫂即鄭石氏來省，繼將各家口送省一併安置。現據稟報，幫船二百七八十號，夥黨一萬五六千人，全赴香山縣之芙蓉沙海口，聽候收驗投誠，並百齡親往查辦緣由一摺。洋盜本係內地民人，不過因餬口缺乏，無計謀生，遂相率下洋，往來掠食，伊等愚蠢無知，但知趁此營生，亦不知干犯王法，歲月既久，愈聚愈多，甚至不服擒拏，冒死抗拒。自百齡到粵以後，遵旨斷其接濟水米火藥，無從出洋，而又團聚鄉勇，整飭兵威，認真防範，該匪等遂不能上岸掠食，現在越南又不能銷贓，生計窘迫，半年以來，各股盜匪皆紛紛棄械投誠。而現在張保仔等大股賊匪，亦率其夥黨前來乞降。在伊等來降之意，仍不過為謀食起見，並非真知大義，自悔前愆。但現在既將船隻砲械悉數呈繳，聽候點驗，並將其家口人等先行送省登岸，看其情節尚無虛偽，若必拒而不許，轉致生反側之心，亦非寧謐海洋之道，且人數既眾，亦不忍概予騈誅。但其頭目夥黨有二萬餘人之多，安置實屬不易，既不應按口給糧，又無給產養贍之理。伊等為求食而來，若無從得食，勢必仍去而為匪。況前此節次投首之眾，已有數千，而此後投誠之人，尚恐不止於此，必須妥為籌畫，俱令口食有資，不再滋事。設遇有滋事者，官能擒拏辦理，不致棘手，方為萬全無弊。現在百齡等稱設法安插，無稍疏虞，伊等究竟如何設法之處，即悉心經理，據實奏聞。至摺內稱張保仔等請留船二三十號下洋緝捕一節，伊等投誠之後，情願隨同官兵出洋自效，未為不可，但須散而不聚，將伊等分派各船，交與妥幹將領留心鈐束，使其人少勢孤，不相聯絡，方為妥協。若竟准其自帶多船，別為一隊，不但將來立功之後，礙難驟加顯職，且恐伊等因無人管束，又復恣行不法，劫掠商民，並藉稱奉官派往，則查辦尤難。此節亦關緊要，百齡等務當佈置周妥，使之遵奉約束，幫助官兵，如果認真出力，不妨量加獎勵，若為賊所害，即可毋庸置議，將此諭令知之。

《清實錄》，《仁宗實錄》（四），卷二二七，五二至五三頁。

嘉慶十五年（1810）四月辛丑，諭軍機大臣等。百齡等奏：盜首張保率眾投誠一摺。張保懇乞內投，出於真情，現據該督等准其投首，祇可如此辦理。惟張保請賞留船隻隨同舟師緝捕一節，此斷不可行。該降匪等果欲立功報效，應俟首繳船械後，將伊等另配兵船，派赴前敵，既資其力，又可藉以鈐制，如有傷亡，加以卹賞，其奮勇當先，殲擒多盜者，予以官職，用示鼓勵，方為正辦。若聽伊等管帶原船自成一隊，不特洋面遼闊，難以約束，即使伊等實心報效，屢有擒斬，是專賴降匪之力，用之緝捕，官兵竟成虛設，豈不為其輕視？倘再生反側，官兵亦不肯出力，尚復成何政體？且人數眾多，安能保其悔罪之心盡皆如一？設日久衣食無資，又復出而為匪，此實必有之事，必然之理，總須妥為安插，使其各圖生計，安分守法，不致再生事端為要。將此諭令知之。

《清實錄》，《仁宗實錄》（四），卷二二八，六一至六二頁。

郭學顯，乳名郭婆帶，粵洋巨盜也。雖剽掠為生，而性頗好學，舟中書籍鱗次，無一不備。船頭牓二句云："道不行，乘桴浮於海。""人不患，束帶立於朝。"在洋驛騷多年，官兵莫敢捕治。柏（百）菊溪制軍蒞任，議主招降，郭率眾投誠，予以官爵，辭不受，於羊城賣

（買）屋課其諸子，以布衣終，殆盜中之有道者歟？

（清）梁晉竹撰：《兩般秋雨盦隨筆》卷一，三三頁。

百菊溪齡張姓內務府人，壬辰（乾隆三十七年 1772）進士，授編修，嘗領署事。阿文成公見曰：公輔器也，異日功名當不在老夫下。後官階蹭蹬，任科道二十餘年。今上親政，擢山東按察使，不數載至封疆。公性聰察，遇事敏幹，識人才。……再任粵東，百姓匐匍庾嶺以迓。時海盜充斥，連檣百艦出沒波濤間，人莫敢攖。公任溫、朱二公入盜艦中[①]，說匪首張保降，保觀望未果。朱覘知其妻鄭一嫂頗勇健，保素畏之，乃設法說之。鄭氏慨然曰：同輩中幾見有白首賊也，遂謂保曰：向來海上諸雄所以能肆掠者，因督臣懦弱，今百公健吏，反前所為，必欲盡殄黨類以報天子，若不及早稽首軍門，其兵朝暮下，妾不欲同君虀粉也，請斷褵袂，各行其志。保懼，降公，復督將帥攻烏石二匪，砲發二匪，艇皆傾糜，海水為赤，粵東洋匪盡殲，實海上第一功事。

註：① 溫、朱二公：即朱白泉、溫承志。

（清）昭槤撰：《嘯亭續錄》卷一，一八頁。

四、《廣州府志》中有關張保仔等史料

（清）嘉慶九年（1804）。郭婆帶、鄔石二、鄭一等流到海洋，掠新安屏山、固戍、榕樹角、灣下等處。（新安志）

粵東海寇，時起時滅，由來久矣。乾隆中，安南阮光平作亂，國主阮王死，其子福映年尚少，有大臣正衛蓋者（正衛、官名、其名曰蓋），挾之出奔暹邏，光平既得安南，又攻東京（安南二王，阮王治順化，龍賴等處，黎王治東京），國王黎維祺走廣西，光平乞內屬，許之。五十五年（1790）入覲，國已定矣。嘉慶六年（1801），福印既長，借暹邏兵復國，弁有東京，改號越南（彼國年號嘉隆）。光平之子

與其臣麥有金遁出海，海賊鄭七、吳知青等附之，封鄭七為大司馬。鄭七有船二百，助光平之子返國。十二月，福映與戰屢敗，鄭七據安南港，虐其民，民怒，潛約福映夾擊之，鄭七大敗，中砲死。從弟鄭一領其眾劫掠海上，水師總兵官黃標屢敗之。標沒後，海賊紅黃青藍黑白諸旗蜂起。吳知青（號東海伯）黃旗，李宗朝附之。麥有金（號烏石二）藍旗，其兄麥有貴、弟有吉附之，以海康附生黃鶴為謀士。郭婆帶黑旗，馮用發、張日高、郭就嘉附之。梁寶（號總兵寶）白旗，李尚青（號蝦蟆養）青旗。鄭一紅旗，又有閩賊蔡牽為之聲援，海寇愈熾。惟張保出後，復有蕭稔蘭（號香山二）、梁皮保、蕭步鰲皆屬焉，向張保又屬於鄭一妻石氏。張保者新會江門漁人子，年十五隨父捕魚，遇鄭一為所擄，鄭一嬖之。未幾，使為頭目。鄭一溺死，石氏領甚眾，賊謂之鄭一嫂。石氏與保通，使領一隊，保事石氏甚謹，每事稟命而行。保日事劫掠，其黨漸眾，鄉民貪利者接濟酒米貨財，計其值而倍之，有強取者立殺，以故米糧火藥皆不匱。（《靖海氛記》）

（清）戴肇辰、史澄等纂《廣州府志》卷八一，〈前事略七〉，一一至一二頁。

（清）嘉慶十三年（1808）秋七月。二十一日，賊船數十在海面肆劫，右翼鎮林國良率師船與賊力戰，死之。（採訪冊）

七月，虎門鎮林國良率師出海剿捕，張保諜知官軍至，預伏戰艦於別港，先以數舟迎之，佯敗。國良覘其舟少，以二十五艘追之，及孫洲洋，賊舟遽合，繞國良舟三匝，自辰至未，國良不能出，致死奮戰。保立陣前，國良發巨砲擊保，其彈子及保身向瀉，眾驚以為神。未幾，賊逼國良舟，保先鋒梁皮保先飛過船，眾蜂擁而過，國梁率軍士苦戰竟日，殺賊無算。日將晡，賊發砲擊碎我舟，軍士落水死者不計其數，被賊搶去十五舟，保欲降國良，國良切齒狂罵，賊以刃刺之，遂死，時年七十。（《靖海氛記》）

（清）戴肇辰、史澄等纂：《廣州府志》卷八一，〈前事略七〉，一六頁。

（清）嘉慶十四年（1809）。二月，海寇復圍香山磨刀砲臺（香山志）。提督孫全謀擊海賊於萬山，破之，再戰，敗於廣州灣（採訪冊）。

提督孫全謀率米艇百餘號出海剿捕，偵知賊聚於萬山，乃分船合圍而進，賊恃眾不備，我軍士薄之，大呼奮擊殊死戰，又以火藥擲燒之，斬賊無算，生擒二百餘人。時紅旗方聚於廣州灣，全謀欲以驟勝之兵，掩其不備。鄭一嫂先令張保率十餘舟迎拒，而潛令梁皮保抄出吾後，我軍方分兵鏖戰，忽蕭稽蘭、蕭步鰲率數十舟從左右夾攻，陣勢遂亂，鄭一嫂復以大隊衝入，官軍遂不支，失去十四舟。（靖海氛記）

（清）戴肇辰、史澄等纂：《廣州府志》卷八一，〈前事略七〉，一六頁至一七頁。

（清）嘉慶十四年（1809）。五月初八日，海賊突入甘竹灘，過九江沙口轉劫傑洲。十一日出海，道經新會長沙，亦焚劫舖戶，擄去男婦百餘人。（靖海氛記）

張保率商船數百闖入內河，至九江之東南，方越旦卯刻，先劫對河之鶴山傑洲等地方，巳刻回劫九江之沙口，用火焚之，屢焚不焰。俄有廣西穀艑自上流來者，鄉人止之，不信，駛至沙口為賊得。賊飽食，氣益張，窺窬桑園圍必欲滿載而去，然賊放砲，居人即以圍護身，無所損，從圍內爇砲打賊船，屢發屢中，相持藪日，賊遂起碇去，至順德入甘竹鄉，劫墟場，停泊二日，轉新會香山而去。（南海志）

（清）戴肇辰、史澄等纂：《廣州府志》卷八一，〈前事略七〉，一七頁。

（清）嘉慶十四年（1809）。六月，左翼鎮總兵許廷桂，剿海賊於桅夾門遇害。（《採訪冊》）

廷桂三提師出洋也，駐師桅夾門，適數日大雨連綿，未遑解碇。初九晨，張保以二百艘猝至，直衝廷桂舟，時錨碇未拔，猝遇賊不能脫，將士皆失色。廷桂大呼曰：爾等皆有父母妻子，宜奮勇擊賊，我荷朝廷厚恩，脫有不測，惟以一死報國耳。軍士皆感激，奮力死鬥。

廷桂擊其一頭領，總兵寶斃，賊稍卻，俄而賊先鋒梁皮保躍過舟，官兵披靡，廷桂見勢不敵，遂自刎，官兵落水死者無數，失二十五舟。（《靖海氛記》）

時舟師六十艘，皆最精銳者與戰，風不利，賊乘勢轟擊，追抵芙蓉沙河，小舟大擁不進，且多依岸，兵無鬥志，棄船走。許廷桂被殺，逃兵至石岐奪食。是日，賊連劫第一角寮後等村，村民擊退之，仍屯大浦村前，聲劫石岐。十二夜乘潮至濠湧，鄉人禦之，砲斃賊十餘人，稍退，屯茶園山下，鄉人復移砲斃數人，而鄉人無一傷者。翌日，知縣彭昭麟檄官兵及置船，與鄉人水陸夾攻，自辰至申，賊披靡去。（《香山志》）

（清）戴肇辰、史澄等纂：《廣州府志》卷八一，〈前事略七〉，一七至一八頁。

（清）嘉慶十四年（1809）年。總督百齡令沿海州縣團練為守禦計（龍廷槐《敬學軒文集》）。

張保輩賊船數百艘，皆恃內地奸民為接濟，嘉慶十四年，總督百齡至粵，改臨船為陸運，驟封海港，商舶不通，賊眾撲岸覓食，香山、東莞、新會諸縣濱海村落，多遭焚劫，而番禺，順德尤甚。（《廣東海防彙覽》）

時巡撫百齡自兩江總督調兩廣，廣人皆曰百青天來矣。父老日擁轅門叩頭泣愬。制軍令軍民獻策，有以封港之說進者，曰自黃標歿後，官軍少有得利者，近者林國良戰歿於馬洲，孫全謀失利於澳口，二林走竄於娘鞋，廷桂喪衂於桅夾，銳氣頓喪，兵有畏心，乃欲用以剿滅之，誠未見其有當也。為今之計，惟斷賊糧食，杜絕接濟，禁船出海，監轉陸運，俾無所掠，令其自斃。制軍用其策，數月，賊果大困，於是謀入內河，分三路而入。鄭一嫂掠新會等處，郭婆帶掠番禺、順德等處，張保往東莞等處。（《靖海氛記》）

（清）戴肇辰、史澄等纂：《廣州府志》卷八一，〈前事略七〉，一八至一九頁。

（清）嘉慶十四年（1809）。六月三十日，海賊張保泊舟順德城外之板沙尾，以守禦嚴，乃退。（《採訪冊》）

張保既戰許廷桂，即乘勝把香山南北二港，復犯新會之外海，均不得入，遂至小攬登岸焚掠，互有殺傷，退窺容奇，桂州以備嚴未泊，於月之三十夜直泊順德城外之板沙尾海面。時城中副將王國寶、都司陳國寶，左右營守備皆奉調在外，人心惶遽。紳士龍廷槐等捐銀新築碧鑑海砲臺，時有官僱繒船在板沙尾堵禦者，令其撥之船在砲臺停泊以壯聲援，賊船望見守備之嚴，數日即駛去。（《順德志》）

（清）戴肇辰、史澄等纂：《廣州府志》卷八一，〈前事略七〉，一九頁。

（清）嘉慶十四年（1807）。七月初四日，海賊張保焚劫馬洲、平洲、三山等處，旋退攻沙灣，不能入，復乘潮上，焚疊石墩，入扶閭，進攻黃連鄉，鄉民砲擊賊船，傷其夥黨數人，賊遂解，退屯橫門海口。（《順德志》）

二十七日，海賊張保擾新塘，邑令柏春，主簿沈志仁，遊擊唐文才，率兵丁民壯禦之，是夜，寇遁去。（《增城志》）

（清）戴肇辰、史澄等纂：《廣州府志》卷八二，〈前事略七〉，二〇、二一頁。

（清）嘉慶十四年（1809）。八月，賊張保焚劫大門墟，龍園、大江、小坑、獺山、茶坑諸村，鄉勇葉宜盛，陳敬裕九人死之。（《新寧志》）

初五日，海賊張保劫番禺新造鄉，不克。（《採訪冊》）

張保船二十餘艘泊沙路，田沙新造鄉，人望見之，遷婦女資財於南尾社十八鄉。初六日，賊登岸分二隊，一由墟口入墟，一由湧尾社入村，其入墟者方破閘，閘口為醬園鋪，民從瓦上推醬缸擊之，勢猛地滑，賊多死。未幾，十八鄉人至，賊不敢進，又有入杉排後街劫當鋪者，鄉人羅瑞堯、鄔蛟善技，擊斃賊十餘人，十八鄉來授，賊乃退。其入村者至涌口社，亦為鄉人敗走。鄉勇黎執追至社外，賊回擊

之死焉。是役陣亡者一人而已，鄉人復追賊，殺百餘人，賊焚海岸竹排而去。（《番禺縣志》）

八月二十日，張保率舟三百劫沙亭，擄男女四百餘人。（《靖海氛記》）

（清）戴肇辰、史澄等纂：《廣州府志》卷八一，〈前事略七〉，二一、二二頁。

（清）嘉慶十四年（1809）。八月二十二日，海賊張保劫順德陳村，不克。（《採訪冊》）

先是，賊攻橫岸，林頭、乾滘諸村俱不能破，至是舟泊陳村，鄉人預知賊至，齊出堵禦。賊發砲傷鄉人，鄉人亦發砲應之，砲架高，不能傷賊。賊率五百人邅進，鄉人戰敗，退入舊墟。賊為濠所阻，不得越，遂焚馬基頭廬舍二十餘門。翌日，賊大隊復至，鄉人戰不支，適鄰堡赤花率鄉勇千餘人助戰，賊乃遁去。計斃賊數十人，鄉勇死者八人。（《靖海氛記》）

二十五日，海賊張保攻瀾石，紳士霍永清等死之，焚民居四百餘。（《南海志》）

張保與婆帶分道焚，婆帶往焚三雄、奇劫、黃涌、茶涌等處，保進劫北海到佛滘，獲穀數萬石，二十五日入西滘，至是，率舟直上瀾石。海口先有米艇五隻，為本鄉防護，官軍見賊至盡逃，保驟奪之，遂進擊村前。監生霍永清獨仗鐵桿，率數十人拒戰，殲殺甚眾。明日，或導之從村後掩入而聯艘以攻村前，永清腹背受敵，再中砲撲，賊到其首棄之去。同死者果亞近、陳亞昌、郭亞二、張廣明、鄧昭明。事聞，大吏遣僚屬弔臨，鄉民特立廟，春秋致祭焉。

（清）戴肇辰、史澄等纂：《廣州府志》卷八一，〈前事略七〉，二〇至二二頁。

（清）嘉慶十四年（1809）。八月二十七日，官軍邀賊於金岡，無功而還。（《採訪冊》）

遊擊林孫，率兵船四十巡河邀截至金岡（在沙灣海），日已暮，駐

兵紫泥。張保退返沙亭。是夜賊舟續至，孫懼不敵，疾趨碧江，賊欲躡之，不及，遂屯沙亭。（《靖海氛記》）

謹案：番禺茭塘司有沙亭鄉，無劫掠事，據碧江、紫泥相近是沙灣司地，而此地實無沙亭，恐誤。

二十九日，海賊張保焚劫乾滘，火毀房屋數十間，擄男女千餘人。（《採訪冊》）

賊以小舟入裡河，鄉人發砲傷賊二人，賊怒，以大舟環繞村前，分數路而進，鏖戰於林頭渡口，拳師周維登奮前傷賊十餘人，賊圍之數重，其女聞變，急揮刀衝入，賊攢刃刺之，父女遂同日遇害。鄉人既敗走，斷橋以拒賊後路，賊發鳥鎗擊之，泅水渡濠，登陸相殺，死傷無算，沿途劫掠衣物財帛不計其數，並擄男女一千一百四十人。

（清）戴肇辰、史澄等纂：《廣州府志》卷八一，〈前事略七〉，二二至二三頁。

（清）嘉慶十四年（1809）。九月，海賊張保復焚劫大門壚，鄉勇李保、鄭亞鬥、麥亞晚、陳上贊、黃阿香六人死之。（《新寧志》）

十三日，官軍邀賊於沙灣，我軍戰失利。（《採訪冊》）

提督孫全謀，率戰艦八十往沙灣邀截，賊知之，十四夜招集各船赴沙灣，自初更發砲互擊，至明日己時乃罷，官軍失四舟，守備梁滔自度不能脫，回吾不可受賊刃，遂燒火藥櫃自焚死，官兵亦多死焉。

海賊張保焚劫香山大黃圃鄉，武舉何定鰲率鄉民力戰死之。（《採訪冊》）

張保率船三百餘艘攻大黃圃東南，知縣彭昭麟撥繒船十四護西北。癸未，賊以紅旗由鵝頭山踰光峰嶺而下，以黑旗由西北沙田進，鄉人擊之，賊多死傷，忽風轉潮上，繒船不能抵，賊奪船破柵，時淇澳司張永津，奉檄守禦，僅以身免。鄉人既首尾受敵，退隘堅守，沿海壚場焚劫殆盡，武舉何定鰲等四十八人遇害。（《香山志》）

（清）戴肇辰、史澄等纂：《廣州府志》卷八一，〈前事略七〉，二二頁。

（清）嘉慶十四年（1809）。十月初三日，內河群賊盡退出港口。（《採訪冊》）

石氏之令賊入內河也，自乘大艦浮於海而據守港口，防官軍掩襲。時有夷船三艘歸其國，遇之。賊擊獲一船，殺夷人數十。其二船逃回。遇香山知縣彭恕率所募眾船百艘，夷人與約同擊賊，又自僱夷船六艘，視石氏舟少，往圍之。石氏偃旗息鼓，使長龍船入內河呼張保出港合戰。十月初三日，內河賊船盡退，夷船與保戰大敗，眾船盡逃，夷人憤甚，稟香山縣，願以夷船出戰。彭昭麟久其請，遂點閱西洋夷舶六隻，配以夷兵，供其糧食出洋剿捕。（《靖海氛記》）

提督孫全謀圍海賊張保於大嶼山，保乘風遁出外洋（《採訪冊》）。

海賊張保避風於大嶼山、赤瀝角。赤瀝角惟東西通海，可截而殲也。香山知縣彭昭麟偵知之，令漁戶陳敬裕等以繒船截其東口，檄番舶三助之。時，賊別隊方攻劫他處，聞急回救，彭昭麟復馳請提督孫全謀，移師截其西口，賊數百艘盡困港中。未幾，東南風作，彭昭麟請沈二巨艦阻賊西遁之路，孫全謀堅不從。又請以火攻，從之。然火船小而少，賊拒以木，不得近。彭昭麟以事多掣肘，慮其終變，馳請總督百齡視師。是夜，賊冒死乘風西出，孫全謀麾師船長列一字避之，賊遁去，蕃舶繒船追之不及。翌朝，百齡至則無濟矣。（《香山志》）

（清）戴肇辰、史澄等纂：《廣州府志》卷八一，〈前事略七〉，二三至二四頁。

（清）嘉慶十四年（1809）。十一月，官軍剿賊於南澳敗績。（《採訪冊》）

賊破圍後，孫全謀仍勉節將弁追剿，十一月初五日，偵知賊在南澳，即率米船前往搜捕，賊將船一字排列，及官軍到，乃揮船從旁環搶，將以圍我官軍也。官軍亦分船八十號抄出其後以綴之，我軍殊死戰，燬賊船三隻，賊乃遁，我軍不復追，以其遠去也。賊忽反船來攻，我軍防備不及，賊擲火燬我船二隻，又奪去船三隻。（《靖海

（清）戴肇辰、史澄等纂：《廣州府志》卷八一，〈前事略七〉，二四頁。

（清）嘉慶十四年（1809）。十二月，郭婆帶降。（《採訪冊》）

張保之困於赤瀝角也，郭婆帶在瀾洲，保遣人求援，婆帶不往救，保大怒，及突圍而出，與婆帶相攻，保敗，婆帶具呈詞於官乞降，總督百齡許之。婆帶改名學顯，總督以敗張保功，奏授把總職。（《靖海氛記》）

二十七日，海賊張保劫雞洲，盧呈瑞率鄉民力戰卻之。（《採訪冊》）

時副將盧呈瑞適帶兵在雞洲堵御，二十八日賊眾登岸，呈瑞令鳥鎗居前，躬自押陣，以鄉勇綴陣後助聲勢，砲斃其頭目數人。翌日，謀再戰，賊黨畏怯，張保大犒夥黨，逼令登岸。我軍復以連環鎗抵禦，傷斃無算。呈瑞周視形勢，令於海旁築土壔以避砲，又村前有水閘，悉用石堵塞，賊望見知不能破。越歲二月二日，遂退屯潭洲。是役也，鄉勇陸進高，蘇強盛，李長義以禦賊死，凡三人。（《採訪冊》）

（清）戴肇辰、史澄等纂：《廣州府志》卷八一，〈前事略七〉，二四至二五頁。

（清）嘉慶十五年（1810）。二月十四日，張保等劫掠新會三達，東頭等處，時鄉勇梅岡蘇玩學、碩叟李德聯、東頭李基昌、謝永貼俱被賊傷斃，小岡村鄉勇救援，傷賊數十人，賊勢始阻。（《新會志》）

海賊張保流劫新寧蘇度、旺北、桑園諸村，鄉勇甄參籤、甄棠蒼、吳隆壯，吳裔羅死之。（《新寧志》）

海賊張保降。（《採訪冊》）

石氏見郭婆帶降而得官，乃揚言曰，紅旗亦願降，紫泥司巡檢章予之，命周飛熊往問之。周飛熊者業醫於澳門，知賊情，既見張保使蟻舟虎門外沙角以聽命，保許之，予之報總督。總督命予之往探虛實。石氏設酒食相待，予之留賊船一宿，歸言賊誠心歸命。制軍再令偕彭恕往議投降事宜。張保請留船數十，殺賊自贖。予之復命總督，曰：彼懼我誘降以執之也，吾當親往諭之。使周飛熊先告之，乃駕一舟偕彭恕章。予之直至賊所，賊列船樹旗鳴砲以迎，左右皆失色，總督夷然自若。張保與石氏、鄭邦昌、梁皮保、蕭步鰲等，駕長龍出，制軍命之見，保等匍匐登舟乞命，總督限之日條列船艦器械，盡數交割，保等唯唯向退。時番舶揚帆入虎門，賊大驚，謂官軍陰令夷船襲己，遂遁，已而知其誤。石氏欲到省為質，訴誤遁之故，然後舉眾降，予之、飛熊以招降不成，懼獲譴，亦往勸之。石氏偕予之到省見制軍，總督乃至香山芙蓉沙受降，令願留者分隸諸將，出海捕盜，不願留者散歸。未幾，餘賊盡平，海氛遂靖。（《靖海氛記》）

（清）戴肇辰、史澄等纂：《廣州府志》卷八一，〈前事略七〉，二五至二六頁。

五、《重修香山縣志》中有關張保仔等史料[①]

（嘉慶）十年（1805）海寇始攔入內地。初海寇張保、鄭石氏、郭婆帶、烏石二、東海八等，皆嘯聚外洋，商船往來皆有號稅，未敢直窺村落也。至是黨類漸盛，邑東，則龍穴蕉門、大沙尾；西則疊石、海南，則三門、竹洲平山、磨刀等處，皆其停泊之所。內地奸民接濟既便，地方官欲籌勦辦，又以動多阻礙為辭，是以養癰豢虎，勢愈梟張。六月丙寅夜，焚劫港口，八月壬寅夜，郭婆帶率船三百餘，由獨子洋入攻大黃圃，鄉人力戰禦之。明日，棄大船三遁，復掠港口，知縣彭昭麟，令紳士立砲臺水柵。

（嘉慶）十一（1806）年十一月，海寇復至港口，官兵及繒船擊退之。

十二年（1807）夏，海寇攻虎山、瀝涌等鄉，鄉人禦之，互殺傷，不遭掠。四月，知縣彭昭麟，令邑城紳士，募繒船防禦，禁穀米出口接濟。六月丁丑夜，賊船百餘，圍磨刀砲臺，守臺把總，遣兵告急。時右營守備李海熊，領左翼鎮師船十六艘到縣，彭昭麟令守芙蓉沙口，即乘夜與署都司余時高，領兵由小道馳往，五更抵磨刀，發砲擊之，神灣聞號令，亦對岸夾擊，碎船二，稍卻，李海熊復自芙蓉沙上流直逼，賊遂竄，多落水死者。（彭昭麟嶺南草詩註）

註：①摘引《重修香山縣志》有關史料可與前《廣州府志》史料對比參閱。

（清）陳澧等纂：《重修香山縣志》卷二二，〈紀事〉，三四頁。

（嘉慶）十三年（1808）知縣彭昭麟奉檄，督舟師在老萬山一帶堵截閩逆蔡牽。初蔡牽遁越南，至是潛回。

七月庚午，海寇二十餘艘復至港口，官兵繒船擊退。

八月丁未，海寇攻小隱港，鄉人禦之，殪其二賊乃退。

（清）陳澧等纂：《重修香山縣志》卷二二，〈紀事〉，三三頁。

嘉慶十四年二月乙卯，海寇復圍磨刀砲臺，都司余時高，撥兵防下閘砲臺，恐震縣城也。庚申，賊偽為漁船，潛入內地，嗣後賊氛日甚。總督百齡初蒞任，即馳檄封海港，禁商舶往來，賊無所得食，冒死衝突，常三四百艘分掠村莊，橫檔村禦賊，死者譚靄珍、鄧煥章等六十六人（詳壇廟）。時官兵未集，防禦尚疏，賊遂敢深入矣。（祝志）

六月辛卯夜，左翼鎮總兵許廷桂，遇賊於枙夾門，時舟師六十艘，皆最精銳者，與戰，風不利，賊乘勢轟擊，追抵芙蓉沙河，小舟大艑不進，且多倚岸，兵無鬥志，棄船走，許廷桂被殺。逃兵至石岐，奪食。是日賊連劫第一角寮後等村，村民擊退之，仍屯大涌村前，聲言劫石岐。十二夜，乘潮至濠涌，鄉人禦之，砲斃賊十餘人，稍退，屯茶園山下，鄉人復移砲斃數人，而鄉人無一傷者。翌日，知縣彭昭麟檄官兵及罟船，與鄉人水陸夾攻，自辰至申，賊披靡去。越三日，有諜賊，試水於甲洲，（在濠涌村前）獲之，詢其情，云：欲再舉窺縣城也。由是益戒嚴，築永固砲臺，樹水柵於濠涌，賊亦不復至。

甲寅夜，郭婆帶率船百餘艘，圍小欖泊第九嘴。戊午，鄉人戰，卻之，鄉民蕭世泰等七人遇害，賊亦多死者。

七月壬申，海寇劫蕉門。蕉門瀕大海，地僻民少，初環植笏竹，以雜石繚短垣，賊弗敢入，後漸伐竹毀垣，至是，賊乘虛搗之。黃角人分二路馳救，賊遁。越二日，獲一艘於東涌，則接濟者，其人鳧水逃，殲諸海。知縣彭昭麟旋請建砲臺於蕉門，號曰得勝門。

九月乙亥，張保率船三百餘艘，攻大黃圃東南，知縣彭昭麟撥繪船十四護西北。癸未，賊以紅旗，由鵝頭山踰尖峰嶺而下，以黑旗由西北河田進，鄉人擊之，賊多死傷，忽風轉潮上，繪船不能抵，賊奪船破柵，時淇澳司張永津，奉檄守禦，僅以身免。鄉人既首尾受敵，退隘堅守，沿海壚場焚劫殆盡，武舉何定鼇等四十八人遇害。

十一月，賊張保避風於大嶼山赤瀝角。赤瀝角惟東西通海，可截而殲也，知縣彭昭麟偵知之，令漁戶陳敬裕等，以繪船截其東口，檄蕃舶三助之。時，賊別隊方攻劫他處，聞急回救，彭昭麟復馳請提督孫全謀，移師截其西口，賊數百艘盡困港中。未幾，東南風作，彭昭麟請沈二巨艦，阻賊西遁之路，孫全謀堅不從。又請以火攻，從之。彭昭麟貽書邑紳士，猶以為節制既定，賊可一舉盡也，邑人皆額手相慶，然火船小而少，賊拒以木不得近。彭昭麟以事多掣肘，慮其終變，馳請總督百齡視師。是夜，賊冒死乘風西出，孫全謀麾師船，長列一字避之，賊遁去，蕃舶繪船追之不及。翼朝，百齡至，則無濟矣。聞者謂，孫全謀前縱寇於廣州灣，而傾黃標，後失機於赤瀝角，而違彭昭麟，粵東之禍，孫全謀釀之。旋下於獄，黜其官，自是，始有招撫之議。

邑人職員林應元、黃萃業，新會監生陳文，與漁戶陳敬裕、周朝尚、盧高發、黃意恆、陳遇珍、鄭高秀等，請總督百齡給大船三十，領壯勇三千為前鋒，百齡許之。初陳敬裕等，以繪船七十，分三隊捕盜外洋，林應元等，畫方略，籌資斧，知縣彭昭麟獎之。自嘉慶十年（1805）以來，所向有功陣亡者，惟黃康、鍾義悌、吳榮、陳元明、鄭玉財、布開滿、布開發、周朝彩、黎賴明、黃帶、郭元有、李茂貴十九人，而殺獲無算，較舟師尤得力。十三年（1808）大府給陳敬裕、盧高發二人頂戴。是年，許廷桂失利，寇益橫肆，知縣彭昭麟給口糧，令分赴險隘堵禦，及赤瀝角無功，益憤激，願效命，故有是請。百齡給周朝尚、黃意恆、陳遇珍、鄭高秀四人頂戴。

張保寇潭洲，鄉人梁源開，與南村楊瓊昭，上村孔槐熾，率眾同心擊賊，鄉免於難。潭洲千總潘鴻昭上其事，總督那彥成，牓源開門曰義洽枌榆。（《採訪冊》）

十二月賊郭學顯（即郭婆帶）歸正，授把總銜。（《祝志》）

十五年（1810），二月辛卯，海寇攻長沙埔，村人奮擊之，殺賊十餘人，賊知不能入，焚沿海民居六十二戶而去。鄭宏德、鄭四、蕭應朝、蕭任高、曾天富、鄧啟日、蕭作輝、林世善、梁勝廣九人遇害。四月，賊張保、鄭石氏、蕭雞爛（後改名聞俊授官）等歸正，總督百齡親蒞香山撫之。是時，張保等久居洋面，人眾艱食，鹵潮蝕船，不能修葺，因有歸順志，地方大吏以兵力不能制，亦遣官諭之，而未信也。湖南人周飛熊者，流寓澳門，與保有舊，請於制府，奉檄往說保等，意決，約會舟邑城南大涌村前，面制府為信，許之。百齡至香山，駐節豐山書院，司道官及委員至大涌，勒兵其北，賊數百艘泊其南。張保及鄭石氏，乘輕舟，豎招安旗，抵石岐，入見百齡。是夕，百齡傳令官軍戒嚴，越日，撫議定，眾頭目冠帶，見司道官於舟中。百齡令籍其船及砲沒官，賊黨給憑費歸里，或安插耕作，所掠婦女戚屬領回。張保授千總銜。鄭石氏故鄭一妻，保其義子也，令室之。餘多授官者，即檄張保，領兵捕餘寇，保誘擒麥有金（即烏石二）於儋州，以功擢守備。百齡令知縣彭昭麟，築臺大涌海旁，額以大德，曰生記其事於上。（《百齡撫賊記》：嘉慶十四年奉命總制兩粵，籌辦海匪。時東西二千餘里洋面，盜氛熾甚，東路以郭學顯、張保為最；西路以麥有金兄弟為最。勦辦之計，自東而西。先時，增戰艦，禁米穀，嚴備禦，督勦張保於大嶼山，郭學顯乘張保之困也，擊敗之，以功乞降，保益疑懼，而未敢自決。十五年四月，百齡勒兵海上，宣諭聖主威德，保伏地叩首慟哭輸誠，願效死命，遂於香山芙蓉沙海口受其降。由是進勦西路賊匪，張保奮勇躍舟，生擒麥有金於儋州洋面，以次殲滅群盜。是役也，皇上如天之仁，網開一面，自麥有金等一百二十人駢誅外，郭學顯先授把總，張保以千總銜擢陞守備，戴花翎，其餘脅從群匪，無家者萬人，悉予安置，海天蕩蕩，氛祲全消。我聖人神武不殺，覆載生成之德，實與萬古無極矣。百齡叩膺連帥，親稟睿謀，敬書額於香山之受降臺，以示萬世。）未幾，張保擢順德營都司，百姓怨之，保不自安，百齡乃改調別營，後官至澎湖協。

（清）陳澧等纂：《重修香山縣志》卷二二，〈紀事〉，三七至四〇頁。

六、明清時期粵東沿海的保甲制

　　廣東濱海諸邑，當禁船隻。若增城、東莞則茶窖、十字窖；番禺則三漕、波羅；南海則仰船岡、茅窖；順德則黃涌頭；香山、新會則白水、分水紅等處，皆盜賊淵藪也，每藏集凶徒肆行搶掠。珠禁弛，則駕大船以盜珠，珠禁嚴，則駕小艇以行劫，交通捕快，接濟番舶，蠹害最甚。為今之計，莫若通行各縣，令沿海居民，各於其鄉編立船甲長副，不拘人數，惟視船之多寡，依十家牌法，循序應當。如船二十隻，總統於船甲長內，以十隻分統於甲副，仍於船尾外，大書某縣，船某甲下某人，十字翻刻，墨填為記。其甲長副各置簿一扇，備載鄉中船數，并某樣船隻，某項生理，一一直書，每歲具呈於縣，以憑考。如遇劫賊，則被害者能識其船，速投首於甲首副，鳴鑼追究，裨近遠皆知。無字號者，即係為非（匪），許人人俱得挐送。舊時沿海居民，明知賊盜，懼其反攻而不救，今後坐視者罪以通同。則船有統紀，而行劫之徒忌畏，況操舟之時，可以按簿呼召，給價差用，而不致賣放之弊乎。

（明）王在晉撰：《海防纂要》卷一，六頁。

明（崇禎時）知縣周希耀條議：

建臺堡以固海疆。照得新安邑濱東南，枕山帶海，會省之門戶係焉。往往山海二寇出沒西北，民甚苦之。今有營兵棊佈星密，雉堞高崇，所恃無恐，然欲得以先聲制敵者，惟銃臺耳。尋會南頭寨，議於西門臨海之地，建臺一座，俟告成日，請發大銃安備堵禦。再於陸路北界蓮花逕築一營堡，俱不費官帑，不科民錢，撥兵輪防，俾鹿豕望壘潛形，鯨鯢聞風息浪，此亦未雨綢繆之一議也。

驅外奸以杜內患。看得新之流患在海，而海之隱憂在彝。彝居澳地，立有商市，可無虞矣。然有窟穴於澳中，往來海上暗通接濟者，則異域奸棍也。異棍多竄身於澳艇以作奸，飄泊半海等山，託名種煙燒炭，交結土宄，投入厚資，收買違禁貨物，運售彝地，援有良家子女，賣與彝人。哨兵以澳艇不加察明。澳艇以無阻得恣藏奸，殊可憾也。今請明示申嚴憲禁，不許遠人私乘澳艇住泊山海，責令哨兵盤詰，遇獲驅逐回澳，如有私帶人口及禁物等項，即行拿解，治以通彝之罪。使異棍知有所禁而不蹈入土宄，懼有所備而不闌出，是亦祛奸杜患，安內攘外之一議。

編蛋甲以塞盜源。看得海洋聚劫，多出蛋家，故欲為海上清盜藪，必先於蛋家窮盜源。何也？蛋艇雜出，鼓淖大洋，朝東夕西，棲泊無定，或十餘艇，或八九艇，聯立一，同罟捕魚。彼船帶米以濟此蛋，各蛋得魚，歸之料船，兩相貿易，誠善也。但料船素行鮮良，忽伺海面商漁，隨伴船少，輒糾諸蛋，乘間行劫，則是捕魚而反捕貨矣。當事者，未嘗不三令五申也。然弭盜之方，總不外於總甲。今議十船為一甲，立一甲長，三甲為一保，立一保長。無論地僻船稀，零星獨釣，有無罟朋，大小料船俱要附搭成甲，編成一保，互相報名，自相覺察，按一犯九坐之條，並繩以朋罟同縠之罪。甲保一嚴，奸船難閃，則盜藪不期清而自清，盜源不期塞而自塞。

嚴保甲以安地方。照得保甲之法，疊奉憲牘，不啻三令五申，而地方猶然崔苻未靖，樗蒲成風，豈盡保甲行之不嚴哉！新民強半航海營生，朝東夕西，出入靡定。蓋保甲行之於鄉鎮多，行之於零星之處難，行之於陸地易，行之於海洋之區難。於是釀為盜藪，任其非為，視保甲徒虛文耳。今卑縣設誠力行，親履察編，每十家為一甲，十甲為一保，零星居民就近附甲。至於海濱有船地方，亦以十船為一甲，三十船立一保。若本地船少，不妨湊搭成甲，其保甲長俱擇有力量者充之。有警互相救援，有犯互相覺察，各類一冊，報縣存案。每月朔望，各保甲長具有無失事結狀，水陸一體，投文稽核。倘有竊盜及賭博不法等項，事發必究，連坐如先，期出首者定行獎賞，俾保甲各知激勸，地方其少寧乎。

（清）靳文謨纂：《新安縣志》卷二，〈藝文志〉，三至八頁。

乾隆五十五年（1790）七月，大學士公阿桂等會議，總督福康安等奏。略言：該督既稱廣州等八府屬海島貧民，聚處有年，儼同村落，戶口多寡不同，良莠亦復各異，若概行驅逐，未免失業無依，自應如該督撫所奏，將散處外洋，離汛較遠之校椅灣等三十二處，搭蓋寮房一百五十八間，共一百六十二戶。離汛較遠，難以稽查，應飭令州縣，會同營員，查明現有寮屋，概行拆毀，並詢明各戶本籍、住址，妥為撫恤安插，毋使失所。其附近砲臺、塘汛之海南柵等八十三處，共一萬六千七百三十一戶，久成村市，並設有澳長稽查，向無窩匪、盜竊之事，若概行燬逐，未免貧民失所，反為滋事。亦應如該督等所奏，上體聖慈，免其拆毀，照內地民人之例，就地編排保甲，申敘條款，出示曉諭，務須妥協辦理。

（清）盧坤等輯：《廣東海防彙覽》下函，卷三三，〈方略〉二二，二至三頁。

海洋聚劫，多出蛋家，故欲為海上清盜藪，必先於蛋家窮盜源，何也？蛋艇雜出，鼓淖大洋，朝東夕西，棲泊無定，或十餘艇，或八九艇，聯合一，同罟捕魚，稱為罟朋。每朋，則有料船一隻，隨之醃魚，彼船帶米，以濟此蛋，各蛋得魚，歸之料船，兩相資易，事誠善也。但料船素行鮮良，忽伺海面商漁，隨伴船少，輒糾諸蛋，乘間行劫，則是捕魚而反捕貨矣。當事者，未嘗不三令五申也。然弭盜之方，總不外於總甲。今議十船為一甲，立一甲長，三甲為一保，立一保長。無論地僻船稀，零星獨釣，有無罟朋，大小料船俱要附搭成甲，編成一保，互結報名，自相覺察，按一犯九坐之條，並繩以朋罟同之罪。甲保一嚴，奸船難閃，則盜藪不期清而自清，盜源不期塞而自塞。（明崇禎間知縣周希曜議，新安縣志）

……今卑縣設冊力行，親履察編，每十家為一甲，十甲為一保，零星居民就近附甲。至於海濱有船地方，亦以十船為一甲，三十船立一保。若本地船少，不妨湊派成甲。其保甲長，俱擇有力量者充之，有警互相救援，有犯互相覺察，各彙一冊報縣存案。每月朔望，各保甲長具有無失事結狀，一體投文稽核[①]……。（同上）

註：①此段為盧坤等引自《新安縣志》，雖與《新安縣志》基本相同，但個別字句有區別，今錄出以備參照。

（清）盧坤等輯：《廣東海防彙覽》下函，卷三三，〈方略〉二二，八至九頁。

第四章　自然災害

按：香港地處南海，颶風與雷雨等在春夏季較為頻繁，有時會造成災害。特別是光緒二十年（1894）太平山一帶發生大瘟疫，居民死亡慘重。

一、地方志中記載的道光以前新安縣（包括香港地區）的自然災害

（清）順治四年（1647年）六月，新安虔龍山有白氣如羊，化為蚊從西去，又鴉鳴十日夜（《新安志》）。

順治十七年（1660）十一月初八日，雷電連作，雨七日夜乃止。

順治十八年（1661）夏，新安縣紅花嶺有白氣，遠望如白羊成群（《新安志》）。

康熙四年（1665）二月初二日，日側有白氣數圈，逾時乃散（《新安志》）。

康熙八年（1669）新安潮溢（《新安志》）。

康熙八年（1669）秋七月一日，有三龍，二白一黑，自新安西邊海飛至城南而去，民房椽瓦捲去甚多（《新安志》）。

康熙十年（1671）二月十一日，新安縣颶風大作，民房吹毀甚多，牛群俱吹落海（《新安志》）。

康熙十一年（1672）夏，新安紅花嶺白氣復見如前（《新安志》）。

康熙十六年（1677）夏五月，新安虔龍山有白氣如前（《新安志》）。

康熙十九年（1680）新安多虎，傷人甚眾，年餘乃止（《新安志》）。

康熙二十五年（1686）夏四月，新安大水（《新安志》）。

時淫雨連日，傾注縣城高處山麓，向汎濫洶湧，渠不能淺，亟開

西南二門放水，執猶未減，民居盡頹塌，人民冒雨四散投生，上下洶洶，不得已乃決城垛二處消水，水勢始平，人心稍定。城西西鄉村，衝決民房百餘間，皆漂流入海。西北路燕村，貝水頭，黃松岡等處，涌決土寨民房不可勝計，居民皆開屋，上縛木為筏桴，浮水而渡，往往溺死，牛畜淹沒甚多。城北新圍村土寨，水環丈餘，居民皆以木筏渡水而走。北路竹村一帶，衝決亦如之。

秋八月十五日，新安雨雹如彈大，秋旱，稻無收（《新安志》）。

康熙四十七年（1708）新安大饑（《新安志》）。

（清）戴肇辰、史澄等纂：《廣州府志》）卷八十，〈前事略六〉，九、十九、二十四、二十六、二十七、三十、三十四、三十七、四十、四十一、四十三頁。

（清）乾隆二十二年（1757）春正月十五日夜，霜厚尺許，是年米貴（《新安志》）。

乾隆二十五年（1760）秋八月初九日，新安颶風（《新安志》）。

乾隆二十六年（1761）秋八月初十日，新安縣颶風（《新安志》）。

乾隆三十三年（1768）夏五月初七至十三，連日大雨如注（《新安志》）。

乾隆三十五年（1770）七月，新安地震（《新安志》）。

乾隆三十七年（1772），是年，新安狼虎成群，傷人甚多（《新安志》）。

乾隆四十二年（1777）新安大旱，米貴，人多餓死（《新安志》）。

乾隆五十三年（1788）新安雨雹（《新安志》）。

乾隆五十六年（1791）秋，颶風屢作（《新安志》）。

嘉慶十年（1805）二月，有黑氣在前，紅氣在後，起於新安城西南海上，至城東北面去，暴風飛捲路上行人，有忽高丈餘，昏迷不知人事，面如火燎者（《新安志》）。

嘉慶十二年（1807）春二月，新安雨雹（《新安志》）。

嘉慶十七年（1812）十二月，新安東路蝗食稻（《新安志》）。

嘉慶十九年（1814）秋八月，新安雨雹，冬十月大雨（《新安志》）。

（清）戴肇辰、史澄等纂：《廣州府志》卷八一，〈前事略七〉，四、六、七、一三、二七頁。

二、《申報》登載的同治、光緒時期的風雨災害

……港中現遭一大劫，為向來所未嘗經歷之禍也。本館於記錄之下，不免悽然為之感動焉。蓋自十二夜至十三晨，香港及附近之處，經發颶颸，其猛惡之力，傷害之慘，目不忍見，耳不忍聞。即老駛海洋之舵工，慣居海島之蛋戶，均詫為從未遇見者云。是晚六點鐘時，封（風）姨已怒號，樹杪聲勢洶湧，至八點鐘時，已知為暴風矣。從此漸猛漸厲，及九點鐘時，則已知為旋風矣。於是風肆其力，噫氣鼓蕩之聲，有如排槍齊放，又如萬砲並轟。蛟龍舞於天，虎豹嘯於野，萬眾叫呼，海水沸湧，彷彿昆陽雷雨，屋瓦盡飛。港內灣泊之船，無一不遭損者，計罹禍斃命之人，則殆不下二千生靈。屆風息時，望見本邑有如被大敵攻陷，以大砲轟洗光景。城邑四面，惟見無頂之屋露矗於空，無壁之房，支柱於外，有僅剩庭柱數枝者，有僅剩壞壁半堵者。風緊之時，港中船隻皆互相擊，多有漂至灘岸者。即蒼莽蔥鬱之大樹，亦多橫臥路側，所懸電線，咸颸成數百段，飄散如遊絲焉。引煤氣之鐵管，亦皆吹落。而海中浮屍被惡浪漂激於岸者，亦俱縱橫狼籍，屍骸枕藉。山頂所樹旗桿，斜倚側立，恍若樹表置望，以為遠進口之人悉知本港遭劫之警云。風肆暴時，潮水漲大異常，海灘已高至四尺，是以其害人更烈。所可惡者，有匪徒趁勢種火，以圖貽害，幸而火焰一起，即為風伯猛力吹熄，有如燈燭之被滅然者，尚不至禍上加禍焉。以上云云，不過摹寫其萬一，蓋非言詞所能盡其害之慘也。現在已閱三日，而貿易之事仍然斷絕，一港之內，皆慘淡無色，相對悽然，惟聞鍾鑿噹噹聲，板築登登聲，並兒女啼哭聲，瓦礫歷落聲而已，山對面船塢左右萬昌公司之華美堅大火船名亞拉土加，今高擱於岸上云。

《申報》合訂本，第五冊，〈述香港遭風慘變〉，同治甲戌（1874）八月二十日，三一五頁。

十二晚，本港風災甚巨，為百數十年來所未有。海船攏岸，陸地成洋，大木斯拔，邦人大恐。先是，連日屢有風兆，而未成大警，風雨針亦有警報。至是日傍晚，頗有風雨縱橫之勢，然稍作即止，仍未遽成災罷。迄九點鐘後，風聲漸覺怒號，長空中如鼉鳴鯨吼，震憾異常，居人一無寧宇。直至十三朝四點鐘後，勢始漸息，然猶時作怒濤鳴也。先以海上言之，夾板船名理時由停泊所吹擱岸旁，已形毀壞。德忌利士公司大船名理安那，定十三日啟行往小呂宋，停泊於本公司埠頭，為風勢所凌，全溺於水，內有搭客四十七人，獲救者三十六人。亞路卑火船亦沉溺，內有搭客三百名，斃命者九十五人。其餘大艘小舶，損壞者尚難髮數。海旁石磡，其石有如雀入大水者，風驅浪逐之力，其勢固可想乎哉！以各埠頭，鐵行公司埠頭，科古公司埠頭，金山火船埠頭，省港澳輪船公司埠頭，馬頭公司埠頭，無不遭損壞。惟省港澳輪船公司埠頭則將中截吹去，首尾截則雖弊而仍存，馬頭公司之埠頭則面損而壁壘不壞。海面之洗身房則如泥龍如海，無跡可尋矣。以陸上言之，則海旁永樂坊、文咸街、乍畏街一帶皆成澤國，指顧汪洋，風迫水暴，猝難預備，貨物為水所壞者更僕難數。海水淹浸最深之處，則及人胸臆，折梬大木隨水入人鋪戶，所有鋪屋傾塌者，颳簷發瓦者，損窗敗壁者，不能盡知，亦不能盡數。中環街市已成海市，鹵水掩脛。凌晨候行人入市者，行鹵水中，觸足皆魚鱔，蓋街衢已成河流，魚暇漫無統計也。太平山娼院，如鳳仙樓、會仙樓、醉樂樓及荷李活道一百四十五號、一百四十七號、一百四十九號之屋宇，皆已傾塌，或半傾，或全塌，生葬活埋者，不無其人。有龜形如畫之樂戶名活閻羅者，於是夜飽食粉仔，見風勢甚暴，因言鳳仙樓酒廳高廠一有傾塌，定必災及鄰家，及十二點鐘後，風勢極暴，如排山倒海，令人震悚，活閻羅已指揮眷口人等走避別屋，詎知人緩風急，家口未獲盡避，活閻羅亦以戀戀財物故，遂至活閻羅亦變成死鬼，吁可畏哉。太平山尚有房屋六間傾陷，舊同意堂兩間屋塌，掩沒者殆七八人。太平山街市街塌屋九間，美香樓酒廳亦經傾卸，飛瓦走簷，勢縈震駭。是夜艷遊者瓊筵坐花，羽觴醉雨，及見飛簾作勢，咄咄逼人，欲留則恐生埋，欲去恐難活脫，迫生一法，以氈包蓋身首，出走時街旁脫窗落瓦之聲不絕於耳，而竟不顧而走，此真急何能擇，鋌而走險矣。都城皇行宮亦為風伯見逼，兩廊傾卸，土偶不完，各殿閻羅有傾塌者，此視活閻羅何如？是夜箕伯震威，海水直走西皇后大道，西營盤鋪屋傾塌者二十餘間，如昆陽之戰，屋瓦皆飛者約百餘間。第三街薙髮店已在傾塌之內，當紀錄新報時尚紛紛掘屍。灣仔及油麻地跌屋飛瓦，頹簷壞壁，詳記不勝。士丹頓及必列治街殆無屋不遭損壞，士丹頓街有身故者，未及殯葬，竟遭屋塌。苦哉！真將以華屋作山邱矣。通港街道，皆有磚瓦木石脫落，且有至填塞街衢者，則其蹂躪可想。港中街道極少濃陰夾道者，以種植樹木為艱也。此次風災，於樹木極多損拔，文武廟前，榕樹盡廢從前培植之功，其餘各境樹木，因風拔露者，不勝紀數。清華書室中人士，初見風雨間作，勢頗蓬勃，乃大張金鼓，為賞兩雅樂，不圖風雨勢大，屋面涼棚隨風飄毀，瓦面花盤，踏空漫走，作樂人止樂卻走，惟恐不迭焉。街上電線及煤氣燈筒多遭斷壞。更苦海傍某號，於風雨交飛時竟然失火，報警後水龍旋出救護，其時街中之水幾於全行淹沒。水龍有總差救火為水淹其衣履，行動濡滯，總差奮忿，始能動履，水火風諸災，畢集一時，真屬僅見。貪鄙輩有隨在搶掠各物者，巡差見之，繫髮而執以解案者，實繁有徒。以上損塌鋪屋，亦只就所知者言之，至傷斃人命多少，刻下仍難核實，似此之災，寔為前所未有矣。（選錄香港《中外新聞》）

《申報》合訂本，第五冊，〈香港颶風〉，同治甲戌（1874）八月二十日，三一五至三一六頁。

前日馮（風）夷肆怒，箕伯揚威，海中濤立波奔，傾山倒嶽，真如鼉鳴鯨吼，鰲轉龍翻，言之令人心悸，聞之令人舌咋。德忌利士碼頭所沉火船兩艘，其一為亞勞卑，其一為連拿，兩船中人，問諸不濱而作波臣者，約計百人。連拿火船載客四十六人，死者十人，船主勇於拯人，奮不顧身，遂以身殉，為可哀矣。翌晨其屍浮於海濱，乃取之起，蓋已飄入橫街矣。其時海水驟漲，中環海傍一帶，水皆至於及肩，甚者至於滅頂。各家貨物飄失無算。亞勞卑火船方自小呂宋來，其抵港時適在十二日晚間也，乃不失事於海中，而反淹沉於港內，此其中莫非有數存焉。船有搭客九十人，另有船主舵工，抵港已晚，不及遽行登岸，船主因命丁鐵錨，熄爐火，或謂熄火一端，是船主失著處，否則或能駛往他處。要之，此為百人性命所繫，冥冥之中，自有主者，豈人力之所能為乎？凡言風力之猛者，則曰拔木壞屋，今港中盧舍，多半傾毀，有居於摩魯街者，勢高而危，圮頹無算，自校場一帶以至下環道旁，樹木率皆折倒，幾於青蒼藉地，路為之阻。電線街燈，多已損壞，恐一時費於修理也。大自鳴鐘行至子正，其針忽停，玻璃燈火悉為風所毀滅。港中量地官所居之室，屋瓦盡行撤去，一時雨急風狂，全樓簸撼，幾有性命虞。船政官居於山巔，屋亦被毀。戲院三所，盡皆損壞，院中所建媒氣燈已斷，故暫行停止演劇。太平山左右之屋，拉雜傾圮，一時兒啼女哭之聲，喧如鼎沸，巡丁前往救護，幼童得生者數人。此役也，所死人數，莫可稽查，蓋不難稽之於岸上，而實難稽之於水中也。十三日午正，經驗屍官閱驗者，有屍四十具，悉行安葬。至於海中沉陷之船略可言焉，躉船偏沙津面尼所有上蓋盡被撤去，計沉沒者火船二艘，英二枝半桅奄摩尊飄至西營盤海濱，其地為舵工舟子所居處，船中人無一存者。美國士官拿思拔飄至灣仔，近於米治埔頭，船中司事人及廚子均死，船主幸獲生全。英船緬丹奴在花旗公司埔頭處沉沒，船主則駕赤鯉以遊水晶宮矣，死者數人，餘並得生。英國兩枝半桅船密地劣打亞施零亦沉，而船政官處猶未聞其來報也。其餘帆船，曰亞地巴倫，曰摩利，曰華道皆沉。青洲有美國船非利士船底向天而人則不知其所往。飄至淺處之船則有英船非廉摩，近港中洗身池處，又有英船利思宴魯沙，擱於西刺堪水手館處，船底洞成一穴。美船科近失其舵，花旗公司亞剌士加火船近石排灣處撞損，花旗利士咽住船飄至德忌利士碼頭，斷其桅，英船沙津宴度魯擱淺於青洲，小火船布魯卑勞亦擱於淺。又有折桅者五艘，一為英船摩寧禮，美船婆葡萄色，英船亞敵，美船剌義厘，英船古厘。有不知蹤跡者二艘，一為秘魯船，一為日耳曼船，其名卑里蘇滑。此外雲龍火船亦有所傷，保□火船自省回港，夜半避風不行，而為風撤去船頭片幅，於時搭客七百人盡入艙中，得邀無恙。刮遮士列打船、德忌利士船曾駛回鯉魚門口停泊，有布加剌火船入口，云見港外有船尾桅已折，帆盡飄去。漢陽火船至晚始到，以船小而固，獨慶平安。有華隆洋貨鋪司事麥曉江之子云，於十二日附夜火船來，迄今不見其蹤跡，或云保安當船壞時，一浪驟來，十餘人悉捲入海中，恐亦羅此一厄也。風災之翌日，紛紛者皆修理屋宇船舶事，洋行停止貿易，衙署停止審鞫，巡理府所報案牘十三事，皆係撈取失水之物。渣甸貨倉近於海濱，海水漲時入焉，糖局亦被淹濕，不可計數。

《申報》合訂本，第五冊，〈續述香港風災〉，同治甲戌（1874）八月二十六日，三三六頁。

香港外有小島曰蘭度海島，其峻處去海幾高三十尺，近有土人於此島內見上積西人屍首三四十具，衣服尚未毀壞，似是新罹其害者。因疑前發旋風時，在海洋中必有外國商船遇害，至其屍之聚在島內，大都為風潮衝擊故也。顧以如此高山而屍能堆集於上，則風之猛厲可知矣。現在香港西人擬即飭人前去趕緊埋葬云。又傳前值發風之日，曾有人告總差曰：相近香港之海灘，見有兩船已壞，務即設法援拯，而總差以為此非分內事，當留兵捕等以備他用。於是船內之人盡數淹斃。茲聞此事已為港中官憲所知，故俱議將總差革除云。

《申報》合訂本，第五冊，〈香港遺聞〉，同治甲戌（1874）九月初五日，三六三頁。

港中於去臘歲除前二日，已聞雷聲，自元旦以來，天色殊少霽朗，間有日光，亦倏現倏隱，時復細雨霑衣，輕煙籠樹。初六日天才曉，大風忽發，塵沙飛揚，旋即雨點紛紛，雷聲隱隱。未幾而電光一製，霹靂起於半空，春眠不覺曉者，好夢亦為之驚醒也。

《申報》合訂本，第一六冊，〈香港氣候〉，光緒庚辰（六年，1880）正月十七日，二〇一頁。

香港大雷，前已登報。茲閱香港西字報，知此次不但震雷迅電，而且（伴）之以大雨，房屋坍塌者不少，街道亦遭損壞，陰溝炸裂，洋臺塌垣坍倒甚多，是亦非常之災也。

《申報》合訂本，第三三冊，〈雷雨為災〉，光緒十四年（1888）五月二十四日，一五頁。

香港自前月杪起，大雨兩晝夜，勢若傾盆。港地房屋在山上，盤旋曲折而下，雨大水驟，急湍卜注，大有高屋建瓴之勢。店鋪居屋入水，或二三尺四五尺不等，貨物器具皆遭糜爛，人民之漂溺者，其數不少，陰溝大半漲裂，自來水、自來火總管亦皆裂開。約計所傷在一二百萬左右。街上所需修理之費，核計已需二三十萬元，是亦可謂非常之災矣。

《申報》合訂本，第三四冊，〈香港雨災〉，光緒十五年（1889）五月初九日，八八九頁。

香港霪雨為災已錄前報。四月三十晚口夕[①]，大雨傾盆，簷溜如注。至初一午分，雨始少晴，當時山水下，勢如奔馬，皇夕大鐘樓前，水高四五尺，街道崩陷，沙泥堆積，如岡，如陵。東華醫院圍牆衝圮，水遍醫院，病人皆遷樓上。其餘通衢狹里流水不及，多遭淹浸。石塘嘴水坑泛溢，浸及數屋內，有一老、一幼夢入黑甜，奔走不及，為水溺斃。太平山第一街，有新屋一所，竣工未久，初一早其上蓋忽然下墜，內有四人為瓦礫所壓，口口救出，所傷輕重各殊，均經往皇家醫院調理。是日午刻容和里第三四號屋，傾圮壓傷一人，幸未甚重。餘外，各處屋宇損傷屈指難數。據說此次所壞街衢皇口業須銀約十五萬至二十萬圓，方可修復。自三十晚十二點二十綿尼至初一上午十點十五綿尼，計共得雨水十三英寸零二分，自三十早七點至初一早七點共得雨二十四寸，初一晚雨雖略晴，惟狂風頗烈，天色亦未十分開□。是晚街上煤氣燈因有微壞，多不能燃□，路上黑暗，行人不便，以上見循環報。

註：①□：是原稿中的不清字。

《申報》合訂本，第三四冊，〈風雨續紀〉，光緒十五年（1889）五月十四日，九二三頁。

香港大水已見前報。茲有人自該處回，述及大雨發水情形，捕房查出遭害溺死者實有一百餘人，最慘者坑廁中計有三十餘名。因香港向無路坑，人地生疏，往往找尋不見，有官設大糞窖，如日本之浴堂，然亦係樓房，凡欲入其門，便溺死者。

《申報》合訂本，第三四冊，〈畢命污地〉，光緒十五年（1889）六月初一日，一〇二五頁。

月之十三日，香港一帶猝發大風，屋倒牆坍，大木斯拔，船隻約壞百艘。內有一英國兵船，亦因風損壞，人口共傷若干，刻下尚未查悉，其受災之重以九龍為最，香港次之。

《申報》合訂本，第三九冊，〈風災述略〉，光緒十七年（1891）六月二十日，一四五頁。

香港猝發大風，前已譯諸西報。茲又見中外新聞云：連日以來，天色陰逆，風雨交作，自十二刻午以後，天文官迭報風警。十三日早，高懸黑鼓言：本港東邊風勢狂甚，最烈者為離港三百里之地。是日大雨時，行風雨表以漸而降。港內渡船皆於下午駛往燈籠洲穩泊以避，各輪船亦戒備一切。德忌利士公司之南漢輪船泊於該公司埔頭，即駛往對海寄椗。傍晚六點鐘，大文官出示言風勢距港二百里，由港東南角迤西而來，北方風勢略遜，入夜風雨表降至二十九度三十二分，西北風愈勁，夜半一點鐘，天文臺鳴砲告警。水陸均即預備，自此風威信厲，至兩點半鐘，又鳴砲兩天。五點鐘，箕伯果從西來風雨表頻降不已。六點鐘時，降至二十九度零六分，是時颱颶披昌，海面大受其患。約半時許，狂威漸散，風雨表亦以漸而升，而各居人均覺有奔騰澎湃之聲，無不驚回好夢矣。事後查悉被患最酷者為油蔴地。海面有英國兵船一艘，由灣泊處所被風打斷錨練，直吹至九龍水師廠之前，船首撞於海壩洞，穿一孔，船上砲位多有移動，船身亦逐漸沉沒，內有水手頭人一名，水手九名均獲逃生。惟一水手攀緣繩索，意欲跳躍登岸，詎料失足落水，頭觸壩石，斷其頸骨而死。經撈迴屍身，並遣別船水手撈取船上喪失各物，該船近岸沉沒，亦即設法挽救。倘獲□時晴霽，仍可冀其浮出也。次早遙望油蔴地及尖沙嘴一帶海面，飄篷斷板浮泛江中，有滿目凄涼之象。聞是役共沉沒舟船五十餘艘，九龍貨倉之躉船亦被波臣攝入水晶宮裡，猶幸風威將及之際，各巡差多備救生船艇，故人命罕遭其虐。惟聞油蔴地海面溺斃兩人，尖沙嘴差館左近溺斃一人，油蔴地四處頃刻間頓成澤國。該處差館及各街道均有損壞，海壩被浪淘刷約決卸五百尺。油蔴地之火船埔頭歷年甚多，本欲從新更換，至此則封家姨代為拆毀，省卻多少人工矣。港內風勢略□然，亦沉去小火船二艘，灣泊西營盤之小艇亦沉去五六艘。蔥蘢佳木多被吹折，水嬉會之浴房同受騷擾，並將其橋樑移至別處山頂，各屋宇幸無傷礙，而所搭篷廠大半撤去。據天文官報稱風勢已入中國內地、離港二三十里，是亦一場小劫也。

《申報》合訂本，第三九冊，〈風警續聞〉，光緒十七年（1891）六月三十日，二〇七頁。

　　本月初三日香港遭風，前已譯登大略，茲閱中外新報云：初三日早，天色清朗，皎日懸空，正午仍甚和煖不類隆冬氣象。午後朔風忽起，攤書靜坐須御重棍，至四點鐘，則微風密雲，寒威凜烈。夜間八點鐘，西南風愈覺遒勁，少頃，箕伯行旌轉從東北，其勢愈厲，惟時海上小舟均打點下錨，恐被大風吹去。印度皇后火輪船適泊港內，遙向油蔴地連放火箭二次，因此時見有渡船沉溺，代求施救也。後又傳說附近船州有船擱淺，未審熟足，當風浪掀翻之際，各貨艇小舟如板片之浮泛水中，播颺不定。有船艇數艘觸海壩而壞，水面救生差役見危赴救，屢瀕於險。一差在必打埔頭救生，幾至被溺，未幾用修綆下垂，始能援拯數人登岸。來往九龍等處之輪船渡船俱駛往別處穩泊以避。至鐘鳴十一下，忽又聞火鐘告警，聞聲者皆以風火互相肆虐，必將滋蔓不堪。后查悉中環文咸街前火油駁艇猝然失慎、猶幸祝融之駕，固在水而不在陸也。駁艇離埔頭約二十尺，總差勿的臣一聞警鐘，立即帶隊往救，雖不能返風滅火，而艇中人等賴各差奮力搶救，無不獲慶生全。少頃又聞招商局之當順及架利滑治行之卑索奴火輪船均漂近岸旁，幾於擱淺，迨事定後，兩輪船仍未生，火駛回原處，惟以巨纜，兩相維緊，庶免隨波逐流。有火輪船數艘擬於是晚展輪出口，亦淹留不敢遽去。至魚更既盡，風威未嘗少息。次晨向海隅一望，但見孤篷斷槳蝟集江中間，是役約毀壞船三百艘，有某渡船在波心覆沒，溺斃多人。有帆船名亞倫泊近仰船州海面，為風浪所掃，滿入水泉，繼而擱淺油蔴地海面，溺斃幼孩一口，其餘舟船人物之損傷，有未經查確者，其數不知凡幾。是亦非常之災也。

《申報》合訂本，第三九冊，〈嚴冬風警〉，光緒十七年（1891）十一月十三日，一〇〇一頁。

香港風勢前已詳登電報，並譯詳細情形，茲悉是日東莞、增城、惠州等處渡船由省滿載貨客回鄉，駛至中途，適遇颶風勢甚洶湧，至夜定更後，益復波翻浪湧，各船戶咸有戒心，不敢揚帆，急即拋錨穩泊，至翌晨，風勢稍息，然後啟行。同日往來香港之泰安輪船由省來港，駛至汲水門附近海面，舟師瞥見有兩人抱片板浮沉水面，隨潮飄蕩，正危險間，幸有水手放三板拯救，上船時已氣息奄奄，後用薑湯灌之，始得復活。按此兩人係香港海旁人云。

《申報》合訂本，第三九冊，〈風警談餘〉，光緒十七年（1891）十一月十八日，一〇三一頁。

香港西字報云：五月十二日之晚七下鐘時，港中忽黑雲幕懸，急雨狂飛，電閃雷轟，令人駭怖，山頭沙土多被洪流衝下，堵塞陰溝。計一十三點鐘之中得雨四寸有半，幸人民尚未傷損，惟一巡捕房之牆壁屋面皆已傾禿，至附近九龍地方則屋宇多所損壞。

《申報》合訂本，第五三冊，〈雷雨為災〉，光緒二十二年（1896）五月二十一日，三九七頁。

六月十九日，香港突起狂風，先是已接得小呂宋電傳消息，及天文官報，是以東北居人早已嚴為戒備，午前海面大小各船皆駛向別處穩避，如九龍海灣及荔枝角等處，連檣結纜，霧沛雲屯，至四點鐘，風勢更暴，時有輪船二艘，雖未移泊亦已整備一切，各小輪船則退避一空。五點鐘，巨浪滔天，自西營盤至堅列地道，海水衝激上岸，有如飛瀑。入夜九點鐘，各街電氣、煤氣燈皆被吹滅，昏黑異常。捕頭派捕巡行海畔，一有遇難之人即為施救，無如街道昏闇，咫尺不辨，加以凄風苦雨立足不牢，夜半又轉東風，其行之疾，每點鐘約歷一百零八西里，各處支搭篷寮木屋盡被掃去。次早七點鐘，風勢略緩，雨亦息，眾心始定。是日上午天文官復報稱日昨所遭風警，四點一分鐘先已布告，五點三刻□，又升號砲二門，十點鐘，風由東方疾駛而來，其行甚速云云，同時高懸黑鼓，十一點二十分鐘，又報稱颶風入澳門，由天文臺來港之電線已被吹斷等語。有新帆船名梧州府者，欲俟梧州開埠時駛往貿易，當十九日風勢緊急之際，駛近岸旁，祇一中華水手及船主未士機在船，適為巡捕所見，即以繩索拋上，令兩人緊握，俾得牽之登岸，未士機令水手先登，彼願在後，不意把繩不定，失手而溺，其屍身杳無著落，良可哀也。現在此船尚泊岸旁，桅杆多已摧折，自海旁東至西營盤，各埠頭摧殘不少，聞共值洋銀五千圓，觀洛街某貨棧□面被風撤去，頂樓從而傾塌，幸未傷人，惟損壞貨物，約值銀三千圓。文咸道及羅弁臣道花園道所植之樹多被拔起，各屋騎樓有傾頹者，油蔴地廣協隆廠新製輪船一艘亦在海面遭風破敗。

《申報》合訂本，第五三冊，〈香港風災〉，光緒二十二年（1896）七月初三日，六六一頁。

三、同治、光緒時期，香港發生的地震與火災

按香港電報，知該埠於五月初十日地震。共兩次，初次勢微，人

皆不覺，二次勢甚猛，凡房內各物盡皆搖動，但幸無毀損之患耳。

《申報》合訂本，第四冊，〈香港地震〉，同治甲戌（1874）五月十二日，五八三頁。

當地震之時，有匠人數名，在廟門口，將登幾懸掛西式之玻璃燭臺，乃陡覺目眩神迷，立腳不穩，遂撲地，伏於門限，而燭臺已碎如虀粉矣。更有二三人殊驚駭，特強起趨入廟中，伏臥神像之側，而大聲喊救。未幾，有眾人顏色惶遽，擁入廟內，皆祈神拯救，不使風水神大肆其虐。因將嬰兒置諸祭壇之上，而叩禱於神前。眾人內又謂此震也，特地龍於地下為擾耳。港內曾有華屋兩間，震倒後其屋中人皆為所壓，幸即救起，不至受重傷也。

《申報》合訂本，第五冊，〈香港地震續述〉，同治甲戌（1874）五月十九日，五頁。

港澳一帶，近年颶風疊起，水陸皆災，慘烈之情，震動遠近。然禍興於人事者，可以思患預防，而災成於天時者，難以識微知著。氣運之變，無可挽回於後，而亦不能杜漸於先也。近旅居香港之西士，特創一會，名曰拯命，廣招同志，捐資樂助，以贊其成為豫備風水之災，以待臨時拯濟。聞將設船舶於海面，至其餘如何防患之處，尚未訂定章程。其經理會中事務者二人，職員湯隆基紳士儘厓是也。此會一立，苟樂善者解囊伣助，則集資既夥，立法必周，是亦旅處港中與往來海面者之所同為倚賴者矣。

《申報》合訂本，第七冊，〈香港創立拯命會〉，光緒乙亥（1875）六月十四日，五三頁。

十月念九晚將及十點鐘時，香港地震，其勢由東而西，愈一分時再震。幸無大害也。

《申報》合訂本，第二一冊，〈香港地震〉，光緒八年（1882）十一月十二日，一〇三九頁。

茲閱香港中外新聞云，初二夜亥刻向盡，十點鐘三刻約過三分時，中環興隆街歐洲人以活非沙雜貨號，不戒於火。該號係三層樓，所儲成箱火油甚多，一經失慎，火油立即怒燃。夥伴各顧性命，手足無措。該街右邊房屋一概延燬，迫逼出街外，又延焚左邊房屋數間。時火路直透街內，又由左邊鋪戶透出街外，皇后大道亦即延燒。甫燬右邊數戶，火勢即斜飛對街，延燒某號酒樓，順風而下，直至鹿角酒店始止。其由皇后大道、興隆街口燒出迤右之火，蓬蓬激越，跨燒同文街、永安街、機利文舊街。此四街，即與興隆街次第排次，均焚去大半。其飛越延燒對街酒樓之迤左者，既焚至鹿角酒店。其由某酒酒樓取道者，迤右直燒。復分火延燒入士丹利街，並分入威靈頓街。蓋以南北向論，威靈頓街在士丹利街之後也。其由士丹利街延燒者，則燒至高基里。士丹利街此段，幾於盡付祝融。火至此，又由石級斜路而上，延燒某洋房。本及此之前，英國醫院已有欲燃之勢，少頃，該院通連兩處皆次第延焚，雖有院前之羅郎也印字館為斷截火路之地，亦已無補於事矣。是夜火鐘告驚，公家及各行水龍次第赴援，無如火勢太迫，起火之頭緒又多，而延燒之洋貨店等又均有火油洋酒等物及生茶油等，均屬增益火勢之物。此至士丹頓街上半段，又即斜燃而上，延燒麟櫟士街及直街橫巷，鋪屋甚多。其焚英國醫院之火，復覆越而下，延燒至大馬路。計自亥刻火起，至初三日未刻，仍未盡熄。火災之暴烈，實為數十年來所未有。惟見紅雲焰焰，黑霧沉沉，近火樓臺在煙霧中，火光已從樓窗冒出，此非火自內生，乃近火處窗扇被炙木熱而生火也。結志街某宅，將近街騎樓窗拆去，復將水喉激放濺灑以為止火之地，遂免遭此劫。火甫起時，救火官員、吏役等均急赴援，奈火機、水龍喉多炸裂，水勢不能遠引。港督、將軍、水師督帶官皆率兵彈壓，而公家救火人等則焚火藥以轟塌毗連之屋，保險公司則以巨攬拉坦之，各為救火記，無如火勢太猛，仍行飛。迨火將及英國醫院，院中先將養病人遷往舊醫院以避，見火又將及差務總館，與監房逼近，當道遂檄調官兵，將獄中各犯提出，押往兵房暫行羈繫，火又將及羅馬教堂，以力救得免，而哥時及希士兩公司已付焚。如中西各各人之附近火場者，無不紛紛遷避，又倉卒無地寄頓者，則散置曠地，用人看守，巡差盡力彈壓，幸無搶火之害。未刻向盡火始止，然餘煙未盡，各水車仍舊駐防焉。查香港水龍，素稱得力，故自同治七年整頓後，火患雖不能概絕，然鮮有延燒若此次之廣者，不料龍喉迸裂，不能遠射，致成大災。然興隆等街，其近海一面鋪戶之得以保全者，亦未始非賴其力，而終不能裨補於大勢者，則矢慎之故雖由人事之疏，而亦若有定數存於其間也。又此次火警，不惟近火處大頭分竄，即港外之九龍、黃泥涌、赤柱、灣仔亦復同時相應，雖皆不至大災，然亦可雲推波助瀾矣。是次迴祿所焚鋪屋約有二百餘間，內有押店六間。是晨巡理府停止訊案，蓋非特救火之匆忙，且火亦與府署相逼也。午刻，港督燕制軍親詣東華醫院[①]、謂此次火災，受害華民當復不少，如有無地棲身，無處餬口者，願為設法安置。紳士梁君鶴巢答以於此可見公之仁心及人，幸即出示曉諭，俾知德意所在，然幸中環為香港菁華薈萃之處，尚少貧乏之家耳。

註：① 燕制軍：即港督軒尼詩。

《申報》合訂本，第一四冊，〈香港火災詳述〉，光緒戊寅（1878）十二月十一日，九至一○頁。

香港中環，地面鋪戶雲連，商賈霧集，乃合港菁華薈萃之地也。前者，港督堅公曾有火災之慮[①]。此次之變，雖曰天意，然議皆謂有種火之人。至初六日，各日報館查得被焚房屋共有三百八十一間，以英尺計，約地十畝半。所焚貨物，以華商及印度人為多，屈指不下九十萬元，咸陽一炬，可憐焦土。有心人俯仰今昔，不免感慨繫之矣。

保險各行於被災後付出賠款，除不保火險外，香港火燭保險公司約十五萬元，中華保險公司約八萬元，安泰公司約二萬餘元，鳳凰公司及李華布公司約六萬餘元，打蘭士亞蘭的公司約五萬元，厭卑里亞公司約三萬元，蘭加沙公司約一萬七千元，羅亞路公司約一萬元，賠款之巨如此，無怪電信一至股分單即行跌價也。事既初定，一面查究火頭，初七日逮以活非沙於巡理府，當堂鞫問，據證人供稱，以活非沙住居興隆街第三號門牌，因在蘭加沙公司保五千元大險，欲圖欺騙云云。蓋緣以活非沙於是日往該公司索取賠項，官差已奉有傳單，故就而擒之也。然該犯並無確供，遂飭押候覆訊。初八日又提質訊，據總差聲稱：初三晚失火之前，由差樓偕友往某公司，適晤以活非沙，互相問訊，以酒飲餘，既而忽聞火警，因謂以活非沙，得非汝屋中失慎乎？答以必無是事，遂各出門也。又遽巡街總差奧利向聲稱，初二晚聞華人傳呼失火，即奔至鐵行前，聞闌人云，係興隆街失慎，即至該街，見以活非沙之第三層、第二層樓均有火燄冒出，而下層則有鐵鎖扃焉。攻破其門，勢已猛甚，聞火油氣撲鼻不可耐。又據總差連斯稱：嘗見該犯之待役在質肆典押衣物云，係東人所命。又據保險公司稱：該犯前來保險時，曾往查看，見其不值五千元之數，據稱店當草創，嗣當不止此數，因姑信之。今已遭回祿，若無別故，願照數賠償。又據以活非沙店對鄰供稱：失火之前，見該店出貨兩箱及一大包云。府中得供後，因又命押候再訊，其情節究竟若何了，俟接續信再述。又聞於救火忙迫之時，曾瞥見有人將水龍喉管割破，遂至不可救藥者。審若是，則種火之疑，誠非無故矣。

註：① 堅公：即港督堅尼地。

香港來信云：本月初二晚上八點鍾時，香港禧鼇街忽遭火警，由西而東，復折而西，南北兩頭辦同時延及，適其時東風正熾，是以火勢益狂，計洋貨店客館等大舖四十餘家盡付一炬。各水龍竭力澆灌，火不稍衰，直至十點鐘時，始漸告熄。當火盛時，中西各人無不慄慄危懼。緣九年前港中曾遭大火，房屋盡成瓦礫，災後竟無處棲身。此次恐蹈前轍，是以譁噪警惶也。至巡捕之救火者，共分兩隊，將軍亦督率兵勇飛步到來襄助灌澆，各出死力。有一老者，被火燒壞，昇至醫院，隨即云殂。一巡捕正在撲救時，不隄防樓房倒下，當即斃命。查起火之由，因炸裂火油燈以致蔓延各處云。

《申報》合訂本，第三一冊，〈香港大火〉，光緒十三年（1887）十月初九日，九三九頁。

五月二十七日，天未明時，香港皇后大道之西，藥店忽然失火。慎□不龍馳至，火已由下上熾焚燬板井，延及鄰家，居人逃避不遑，焚死一老人、一婦人、一小孩。是役也，共燬鋪戶三家，其房產俱由德商保險云。

《申報》合訂本，第三三冊，〈香港火災〉，光緒十四年（1888）六月初四日，八一頁。

初六日下午六點鐘，皇后大道之西文咸中，約第一百四十五號門牌三層樓上"利源興紙店"失火，當經水龍灌救，祇焚去樓面，樓下雖遭蹂躪，幸未同付一炬。當火勢炎炎時，有法國兵船上水手多名經過，即緣梯猱□而上救火，不意屋頂坍塌，各人紛紛逃避，事後均稱少水手兩人，想必葬身火窟，赶將瓦礫爬開，並不見有屍骨，隨稟知法領事，信致兵船，詎兩水手早已言旋，安然無恙云。

《申報》合訂本，第三四冊，〈香港火警〉，光緒十五年（1889）四月十五日，七三五頁。

本月初八日清晨六點鐘時，香港上環文咸街一百二十二號門牌之三層樓上傾瀉火油燈致速祝融之駕，樓上滿貯沙藤，一經焚及，有如拉朽摧枯，少頃殃及一百二十四號、一百二十六號，時值狂忽起，風火互相助虐，轉瞬延至東來街十二號、十四號、愈覺飛揚跋扈，銳不可當。數店屯積草席沙藤甚眾，濃煙滾滾，無異火牛，迨救火人齊集灌救，急欲梯升屋面，苦無容足之區。約一時許，始引水噴熄，而各店戶已頓成灰燼，惟一百二十六號焚火未及半。是役也，所燬財物，約值洋銀二萬元，起火之店在巴來土洋行保火險三千五百元，其餘亦皆保險尚可索償也。

《申報》合訂本，第四四冊，〈香江火警〉，光緒十九年（1893）六月十四日，六一一頁。

新正初一日午後一點三十分時，香港皇后大道有人施放爆竹，千霄直上，墜入一花爆作中，霎時間花筒月爆，百子高升，九龍飛蝶，金蛇萬道，四處交轟，響若山崩，脆如玉碎。捕房急鳴鐘告警。各水龍紛紛駛救，得以轉危為安。少焉有人奔告捕房，謂失火之家尚有多人未見，捕頭心知有變，急率探捕往查，則前既瓦礫塞途，後更煙燄迷目，乃從旁鑿垣而入，見有三人以厚絮被裹其身，方開自來水喉澆射。啟被視之，其氣將絕未絕，遂舁至醫院懇醫生救治，良久漸蘇。詢之，言有十四人同罹斯劫，復往刨掘，則男婦十三、小孩一皆已面目黧黑變成焦炭一團矣，慘哉！

《申報》合訂本，第四六冊，〈香港火災〉，光緒二十年（1894）正月初十日，二五五頁。

正月初一日下午，香港火警傷人前已譯登大略。茲悉是日一點半鐘西營盤皇后大道五十七號華人紙料店失慎，起火之由因街上燃放爆竹，火星射入鋪內，霎時火起。屆太守聞報即同副巡捕官柯士保率同救火人等前往，各水龍亦陸續馳至，未及三刻鐘已救熄。太守遂返署，救火人亦均折回。斯時並不疑有他事，即比鄰各店亦未延燒。未久忽有人報中環差館云：火警時有數人不見，總差聞報立率人在灰燼中挖掘。至屋後，有三人用濕氈包裹，以水喉頻灌，得以不死，急舁往皇家醫院療治，再向瓦礫堆中搜尋，見有大人屍骸十三具，小女屍骸一具被火焚斃，舁往義莊。英差威遮路因幫同搜尋，為穢氣所薰，亦舁往醫院。說者謂火起時，濃煙遮蔽樓口，人不能出，故葬身火坑，若走出騎樓蘭干，便可得生，惜不知趨避也。是店在義利洋行保險二千五百元。又尖沙嘴燒去小屋二間，值銀一百二十元。初二日天未明時約三點鐘，士丹利街大藥房貨棧，又有街上串爆射入，幸對戶華婦見之，喊同支更人發電，報知鐘樓及差館同藥房中人救滅。五點鐘時，荷李活道一百六十五號門牌某店又火起，幸即救熄，是亦一小劫也。

《申報》合訂本，第四六冊，〈香港火警詳述〉，光緒二十年（1894）正月十五日，二八七頁。

中外新報云：九月二十一日兩點半鐘時，上環永樂街一百三十號門牌茂德油棧，忽遭火劫，警鐘既鳴，緝捕官梅姓即率同救火會中人首先馳至。各水龍即御接而出，時已燎原勢成，直至全棧被焚，始能撲滅。查此棧，由永樂街通至文咸街，滿貯生油，故火勢異常猛烈，幸會在全安公司保火險洋銀一萬圓，諒可照章賠補也。

《申報》合訂本，第五四冊，〈香港火警〉，光緒二十二年（1896）十月初二日，四一九頁。

香港中外新報云：本月初九夜約兩點鐘後，上環街市口三百五十一號良棧臘味店第二層忽稅吳回之駕①，警鐘一鳴，各洋龍御接赴救，無奈火勢甚烈，一剎那間已成燎原之勢，直至天將黎明，始行撲滅，良棧及鄰近之晉德海味店同付一炬，和興酒店亦略被殃及。聞良棧曾在華人燕梳公司保火險洋銀三千五百圓，晉德曾在香港燕梳公司保火險洋銀一萬圓，又在亞拿士公司保火險洋銀一萬一千圓，至緣何失火，刻尚未悉其詳也。

註：①此處原文如此。

《申報》合訂本，第五五冊，〈香江火警〉，光緒二十三年（1897）三月十七日，六一九頁。

香港循環日報云：十月二十九日晚十一點四十五分鐘時，金聲亂響，震驚遠邇，開窗眺口，則見迤西山邊煙燄勃勃，直衝霄漢，各水龍即電掣星馳向西而去，未幾訪知西營盤第三街六十四號門牌樓下失慎致兆焚如，樓上居人逃避不及，以致生葬火坑者男子二名、婦人九口、孩童四口，其由窗口跳出者，僅得二人，聞此屋全係貧民所居，猝遭此厄，誠可慘也。

《申報》合訂本，第五七冊，〈香港火災〉，光緒二十三年（1897）十一月初九日，五七三頁。

香港《循環日報》云：十月二十一日上午十一點鐘後，對海水雷署中水師煤棧忽口煙燄蓬勃，其機器師見之連發德律風請救，水陸兵差等人各帶救火器馳往救援，閱數點鐘之久，火勢始熄，然詰朝尚餘煙裊裊也。

《申報》合訂本，第六〇冊，〈香江火警〉，光緒二十四年（1898）十一月初一日，七三三頁。

四、1894 年香港太平山一帶發生的大瘟疫

香港華人近得一病，時時身上發腫，不一日即斃。其病起於粵省及北海，近始蔓延而至，每日病者約三十人，死至十七八人。說者謂天時亢旱，以致二豎為災，若得屏翳惠臨，此疾庶幾可免乎，說見西字報。

《申報》合訂本，第四七冊，〈香港多疾〉，光緒二十年（1894）四月十一日，一〇一頁。

昨日香港發來電信云，此間疫症益多死亡枕藉，天時亢旱，物燥風乾，港督登告示於官報云：本港為有疫之處，所有受病之華人須立時移至醫病船中，目下每日死者多至三十人左右。華曆四月初八日，由上海開往外洋之法公司輪船既抵港，不願承接港中貨物客人，上海各國領事官聞之，集議於葡萄牙總領事署，擬照會江海關道，請札飭河泊司，凡船之來自香港者，如有病人須於船上高揭黃旗，暫泊浦江口外。初六日，香港西字報則云：粵省時疫日甚一日，官吏出示禁屠以全物命，旋又出示禁止捕魚；民間昕夕昇神像出遊，焚檀香放爆竹以辟疫氣。某日有人乘轎至某處，未到而已斃轎中。日來棺木已售賣一空，死者幾不能殮。某姓家男婦八口，一日之內，死至七人，祗存一女孩，不能出備棺衾，致屍骸縱橫屋內，突一偷兒乘機掩入，向女孩索取銀錢。女孩令代籌七人身後事，許以事後將室中所有悉數畀之，賊允之。既由市返，則女孩亦已倒斃室中，賊乃放膽搜括所有，不料未及出門，即染疫斃命。刻香港華人深恐疫鬼為祟，稟請官長准賽會以禳云。

《申報》合訂本，第四七冊，〈西人言疫〉，光緒二十年（1894）四月十三日，一一六頁。

前日香港來電云：昨晚已得大雨，大約疫癘可以稍蘇矣。又云：某日有法公司輪船來自外洋，抵港後不願載貨物客人，恐有疫氣傳至申江以貽隱患也。

《申報》合訂本，第四七冊，〈香港得雨〉，光緒二十年（1894）四月十四日，一二三頁。

昨日香港來電云：目下疫症未已，前日死者多至四十餘人，英官集貲另設一醫院，將病人送入，由華人自行調治，蓋以順民情云。

《申報》合訂本，第四七冊，〈電傳疫信〉，光緒二十年（1894）四月十九日，一五七頁。

香港疫氣流行，上海各領事議即照會江海關道札飭河泊司，所有香港來滬之船，恐帶有疫氣，不令入口，此已譯列報章，不准登岸，岸上人亦不准上船，俟有照會然後可來往自如云。此次德國公司輪船在吳淞口外轉裝日本來貨，即逕赴新加坡，不復繞道香港。香港西字報云：布斯法立司輪船開往西貢，既至，地方官不准進口，令在口外停泊十天。

《申報》合訂本，第四七冊，〈防疫雜言〉，光緒二十年（1894）四月十九日，一五七頁。

昨日香港來電云：日來又有四十八人新染時疫，死者四十七人，其中有舊染者，有新染者，刻下旅居香港之華人多往他處避之，每日遷徙者紛紛不絕。

《申報》，合訂本，第四七冊，〈香港疫信〉，光緒二十年（1894）四月二十日，一六四頁。

前日六下鐘時，香港來電云：今日新染疫症者，計一十八人，連前昨染病者共死二十三人。至十八日所傳之電尚有微誤，其實病者二十八人，死者二十七人。

《申報》合訂本，第四七冊，〈港電報病〉，光緒二十年（1894）四月二十一日，一七一頁。

昨日香港來電云：目下疫尚未已，本日新得病者十八人，死者十九人，人心皇皇未定，如疫症不退，恐不免滋生事端也。並聞新加坡英官出示：凡香港前往之輪須先在口外停泊至離港九天，方許進口，小呂宋則出示須到埠十五天，方准進口。

《申報》合訂本，第四七冊，〈辟疫新章〉，光緒二十年（1894）四月二十二日，一七七頁。

香港患疫情形前已列報。茲接續信云：十六日上午十點鐘，香港紳商在東華醫院集議港地病人調理之事，時適降雨，華人至者，院內上下立滿，有在院外持傘立雨中觀望者。巡捕官梅及國家醫生亦蒞院會議，以劉君渭川為主席，對眾宣言：現官場已允發出西灣舊玻璃廠為華人居療之所，作東華醫院分局，並由華醫生療治，又欲呈稟官場求准人情，俾病疫者回省及求免入屋查搜。巡捕官言：即早接省城官憲電信謂禁止病人回省。主席劉渭川再言：可求愛育善堂向省憲求情。旋有東街居住婦人多口到院，求免入屋內查搜，眾勸慰之而去。眾紳商旋再商議片刻，依照聯名呈稟之事舉行，各人遂散。十七日，婦女附省港輪船者比清明男子回家掃墓尤為擠擁，太平山妓婦亦有打包以行者。東莞人就近遷居九龍，深水埔住屋為滿。東華醫院將呈督憲之稟，分書十五張，遣人於十七日分遞各環及西營盤、灣仔各鋪店閱看，合意則蓋給圖章，各鋪店讀竟，即欣然自蓋圖章，闔港之民情大可見矣！十七日下午，督憲在府第傳見潔淨局官紳，署輔政使司駱、庫務司言、巡捕官梅及佛蘭詩士國家醫生何啟、劉渭川等。巡捕官梅言：往日搜屋，華人並無言語，日來情形陡異，因請加增差役四百名，助其搜屋，督憲允准。本日即張貼告示曉諭待人之厚。督憲或本日親臨東華醫院，或傳值理等至其府第，諭以恐瘟疫傳染，故嚴加查搜，無非厚待華人至意不必懷疑。所設東華醫院分局設得律風通往東華醫院，俾消息易於通傳，設英差看守閘門以資彈壓官場，遣西醫生邊利每日到東華醫院分局巡視二次。十八日查得數人非患疫症，著令回家調理。羅制軍於十七日出示曉諭港中居民，大略言：恐疫症傳染，設法杜絕，以衛民生，故患疫者特歸一所，斃命者迅速掩埋，並將房屋水洗藥薰，不許撓阻潔淨各總差入屋巡查，並遷徙病人或死者及灑掃房舍薰除穢氣等事。十八日下午，有華商多名赴制軍私第求見，署輔政使司駱君為通事其求見之意，求潔淨局人員免入屋查搜，又求准病人回本土，又求現在醫船之人搬往分局。羅制軍俟眾人言畢，諭以初意本任人去留，並無阻止，現時亦未有遏制之權，至入屋搜檢不能間斷，即將醫船病人搬往東華分局亦礙難聽從。少頃，制軍又諭："各華人行為殊屬不好，此次因何阻止各差入屋查搜，獨不思官場所出之例，寬為眾人身體起見，前者所求各事，經已批准，任從往東華醫院求自己醫生料理，即欲回中國，亦並未有阻攔，汝等亦各宜幫助官場，免至疫症傳染，切勿多端阻止，"諭畢，眾俱唯唯而退。

《申報》合訂本，第四七冊，〈港疫續述〉，光緒二十年（1894）四月二十四日，一九三頁。

香港電報云：疫症雖稍殺於前，然每日新染此症及日前染患至此告斃者尚有二十餘人，目下約有四萬人避至他處。

《申報》合訂本，第四七冊，〈港電譯登〉，光緒二十年（1894）四月二十七日，二一三頁。

昨日香港來電報云：目下疫氣更甚，每日因病而死者多至四十餘人，英官防患未然，凡房屋之不便於人者，下令毀去，查察房屋之兵有四人亦患此症。

《申報》合訂本，第四七冊，〈港疫更甚〉，光緒二十年（1894）四月二十九日，二二七頁。

近日旅港華人因潔淨人員及差役查搜屋宇，將病者舁至醫船、醫所用西法調理，嘖有煩言，蓋一則恐以西藥治華病，臟腑各有不同；一則恐一旦病亡，首邱莫正，死者含冤，生者抱恨，故與情為之不甘也。東華醫院桑梓情深，特於十六日上午邀集紳董商議其事，是日富商股戶赴院參議者七十餘人，旅居華人之欲逃聽風聲者亦有四百餘人，而巡捕官梅君及國家醫生亦到院與聞，遂由醫院總理劉君渭川為主席，即起而言曰："現有人欲求准將病人用小輪船載回粵垣，未悉事可行否？"梅君答曰："本聽奉到札諭內開准粵垣華官來文，凡有官疫之人，不准在粵垣登岸，似此恐屬難行。"劉君即將是言用華語譯告於眾，在堂之人皆拂然不悅，甚為鼓噪。劉君即竭力勸諭，且謂當親赴港督衙門稟求此事，並繕就稟詞，由港中各大行戶聯名寄呈粵憲，求准病人登岸，眾僉以此議為合。梅君言曰："近日傳說紛紛，謂有非患疫之人及毫無病狀者，亦被誤縶送醫船、醫所，然此乃悠悠之言，不實不盡，倘謂予不信，可帶同至該兩處將病人觀看，自知送至兩處者皆屬患疫之人，而非跡涉疑似妄為縶送也。但凡患疫之人，若不另闢地方以居之，則不能禁止傳染。二百年前，英國曾有此症，當時死者無數，此其明效大驗也。"梅君顧謂劉君曰："請傳語華人，凡所居屋宇，人數不可過於稠密，則疫癘自然少矣。"言至此，忽有太平山東街居民手持呈詞入院，訴稱查搜屋宇人員突如其來，致驚嚇小孩，實為不便，懇官於此事留意。方酌議間，又有人報稱猝有多人簇擁至文咸街，在劉渭川所開東生和行滋鬧，謂劉君身為潔淨局人員，不設善法以衛梓里，故向其攻擊，劉君聞報，即回行察看，遂停止會議，而東華醫院紳董復稟准港督，自後，如有患疫之人，遷往玻璃局由華醫調理，不復舁赴醫船、醫所以順輿情。

《申報》合訂本，第四七冊，〈香港疫信〉，光緒二十年（1894）四月二十九日，二二七頁。

　　昨日得香港來電云：疫症益形猖獗，刻下病者五十九人，死者五十四人，正未知天心何時始厭也。

《申報》合訂本，第四七冊，〈港疫難弭〉，光緒二十年（1894）四月三十日，二三五頁。

　　十七日有潔淨人員到某屋查搜，窺其戶，闃其無人，及視之，則陳有五屍，驗視皆染疫而已。中有四屍，情形尤慘，遂將各屍舁而葬之。十七日上午，域多利監房有獄卒陡抱微恙，報請馬醫生診視，嗣醫生以其有患疫，遂著其赴醫院調理。又有某葡人，亦患時疫，經人查出，於十七日前往醫船醫治。旅港華人因近日查搜屋宇過於煩數，多有挈眷回籍者，計十六日附輪舶渡船以離港者，約有千人，十七日去者尤眾，十八早輪舶往省附搭者幾無容足之區。港中官紳於十七日在港督衙門會議防疫事務，由羅制軍主席，而駐防本港將軍署輔政司、庫務司、皇家醫生、巡捕官及華紳何啟、佛蘭詩士、狀師、占士、醫生、西紳祈祿，華紳劉渭川等皆赴議。首議潔淨局以人員不敷辦公，稟請加選人以辦理潔淨地方及薰洗屋宇等事。羅制軍即言曰：此等事務增派人員，襄理固在所必需，增員多寡，則俟十八日然後定奪。旋詳議東華醫院紳董請停止查搜屋宇，羅制軍詢問劉紳曰："醫院紳董此次之稟，其意何居？"劉君未及詳答，羅制軍即言曰："稽查屋宇所以防疫症傳染，東華醫院應協力襄辦，何遽反為稟請停止此等要事，礙難允如所請。"既而議於十八日刊發告示，詳言防範疫症，勸諭旅居華人與皇家相助為理。巡捕官梅曰：昨當督率弁役往查屋宇，各人皆歡欣迎接，並無阻拒情形，各員紳即將諸事會議既畢而散。

《申報》合訂本，第四七冊，〈港疫續紀〉，光緒二十年（1894）四月三十日，二三五頁。

聞有姓何字□西者，在香港生理，其子在鄉會，染是症，幾撲於地，其家人當即扶起以冷水從頭至足澆之，遍體搓挪，隨澆隨搓，搓至紅色，覺熱漸退而核漸消，頃刻痊愈。嗣有館師之姪亦染是症，如法治之，亦即痊愈，此必有至理存焉，姑錄之以備一格。

《申報》合訂本，第四七冊，〈港疫續紀〉，光緒二十年（1894）四月三十日，二三五頁。

昨日香港來電云：上禮拜六即華歷（曆）四月二十九日，新患疫症者有四十八人，染疫而死者七十六人，在港醫生不敷診治，是以請上海工部局延聘醫生六人附船前往，分派醫船、醫院，俾病者得以藥到病除云。

《申報》合訂本，第四十七冊，〈電請醫生〉，光緒二十年（1894）五月初二日，二四七頁。

四月二十一日午前一時內，港中新患時疫，赴堅彌地醫所者二人，赴玻璃局醫院者二十一人，同時死者二十一人，計玻璃局十九名，醫所二名。是日玻璃局存病者四十一人，醫所十七人，醫船十四人，共七十二人。至二十二日午前一時內，新患疫癘者共二十一人，祇一人赴堅彌地醫所，餘則赴玻璃局醫院，同時死者，玻璃局十七人，國家醫院一人，醫所醫船各一人，共死二十人。現在玻璃局存病者四十四人，醫所十七人，醫船十三人，共存病者七十四人。

《申報》合訂本，第四七冊，〈香港疫耗〉，光緒二十年（1894）五月初二日，二四七頁。

查搜屋宇之事，前者華民頗滋鼓噪，目下民心漸服，即巡捕官到查各人亦無甚抗阻。巡捕官復俯順輿情，將搜屋兵差分為六隊，由東華醫院派出醫生六名隨同查屋，遇有病人，由醫生查驗，果屬時症，然後舁往醫院。

《申報》合訂本，第四七冊，〈香港疫耗〉，光緒二十年（1894）五月初二日，二四七頁。

前數日差弁麥伊華赴吉祥街某屋查搜，見一女子患疫，欲舁往醫院，而親屬不允，差弁再三勸講，始無異言，遂舁至堅彌地醫所調理，幸已痊愈歸家。惟是處頗多患疫之人，迨差弁復往查搜，女及親屬咸向稱謝。

《申報》合訂本，第四七冊，〈香港疫耗〉，光緒二十年（1894）五月初二日，二四七頁。

軍功廠有華人因病身亡，有疑為染疫者。先是其人居太平山，曾因患病請假數日，至二十一日始回廠作工，僅越數點鐘即死，故廠中西員即將各華工住所用藥水灑之以防傳染。

《申報》合訂本，第四七冊，〈香港疫耗〉，光緒二十年（1894）五月初二日，二四七頁。

昨日香港來電報云：目下疫氣流行，散至各處，四月三十日病者八十一人，死者七十二人。本月初一日，病者七十四人，死者九十二人。自初至今，共死八百七十七人。日前查察病人之某武弁一員、兵三名亦為癘氣所染。茲兵已醫痊，而武弁竟溘然逝矣。醫生查得病之始毫無形跡，歷七日或十日，始一發而不可救藥。凡無病之人不可與病人過近，如相離六七尺即能傳染，現下各鄉之人不許客人入境，亦防患未然之道也。

《申報》合訂本，第四七冊，〈疫更難弭〉，光緒二十年（1894）五月初三日，二五五頁。

香港新聞云：近日九龍中國界亦有染疫者二十一人，佛頭洲六人。間有在港中得病回至其處者。港中營兵現有患病者二人，似亦為疫癘所中，然尚未審虛實。四月二十六日，有一童倒斃於寶雲道山下，驗其身上並無染疫，確據然已舁往理葬疫屍之地，亟為安葬矣。潔淨局員前經指定撒橋環某地為掩埋染疫屍棺之用。現經工務署特為圈出用物攔護。東華醫院董理人前在沙灣覓得義地一區，經工局割分一百穴，至二十六日，舁往埋葬之屍棺已有三十具，悉由工務署西人度加地督工掩埋。恐其草率從事，挖掘不深，致有穢氣洩出也。每日埋葬限於午前十點鐘及午後三點鐘，用小輪船或渡船載往，餘時俱不准安葬。……是日新染疫症之人仍以太平山及西營盤各街為最多。

《申報》合訂本，第四七冊，〈疫信照登〉，光緒二十年（1894）五月初三日，二五五頁。

昨日香港來電報云：疫症日甚一日，本月初二日病者八十二人，死者九十三人，醫船、醫院中留醫者計共二百零五人。目下人心惶恐，咸有惴惴之情，正不知若何了局也。

《申報》合訂本，第四七冊，〈香港疫報〉，光緒二十年（1894）五月初四日，二六三頁。

昨日香港來電報云：初三日病者八十六人，死者八十三人，在醫院、醫船留治者二百三十五人。自疫之初起，迄今共死一千零十三人，嗚呼！何天心猶未厭禍耶，引領天南之悵悵！

《申報》合訂本，第四七冊，〈疫仍未已〉，光緒二十年（1894）五月初五日，二七一頁。

昨日香港來電報云：刻下新得病者六十九人，死者一百零七人，留住醫院、醫船中者二百三十一人。英官查得染毒之房屋有三百五十所，議定一律毀去，並添建一醫院以療病人。山巔西人納涼之處，所用華僕，悉皆散去，因有人捏造謠言謂病由鐵路而起，恐與西人為難，致遭波累也。醫生察得太平山最為藏垢納污之區，所建屋宇須毀去其半。

《申報》合訂本，第四七冊，〈港電報疫〉，光緒二十年（1894）五月初六日，二七七頁。

聞時疫已傳至九龍城佛頭洲兩處，據言某日九龍城有疫症二十一起，中有由香港逃避其間者，卒亦不免，可見有數存焉，非可倖免也。

《申報》合訂本，第四七冊，〈西報言疫〉，光緒二十年（1894）五月初八日，二九三頁。

昨日香港來電云：刻下疫症依然如舊，略不稍瘥，昨病者八十一人，死者七十六人，留在醫院、醫船者二百五十二人，收拾屋宇及殮屍之工人日給洋銀一元尚不樂於從事。玻璃局中留治之人，目下漸信西法。國家醫院中遂時以西藥餵之。西人得病者共有二人，一為兵弁，昕夕查察有病之家，以致染疫而死於醫船中，一為某輪船司機人，英廷聞之，傳電香港英官，令派監內犯人代工人力作。英官出令，凡有病人匿而不報者，須重辦，以儆其餘。有一出店人犯此官判，令罰洋銀七十五元，如不能繳，則監禁三月。來電又云：粵人之懼染斯症，由香港言旋者，得有十萬人，蓋已去其一半矣。目下港中能工作者，約祗四千人，致各局廠皆停辦公事，英官告諸華人之有體面者，令將未病之人送至粵省，省中華官聞有此信，遂派某兵船往裝。噫胡天之不弔粵民，竟如至此耶。

《申報》合訂本，第四七冊，〈香港疫電〉，光緒二十年（1894）五月初九日，二九九頁。

香港昨日來電云：疫氣依然如舊，院中留治者計二百八十一人，愈者祗一人，辦理辟疫事宜之英兵中有三人亦染疫症，所有毒氣留存之屋宇，皆由官收管，其有可整頓者為之整頓，否則一律拆除。太平

山及他處華人屋宇，須概行拆除改造，俾免疫氣掩留。目下華人之避
至他埠者已有十萬，每日尚有三、四千人舍而之他，以致港中工作乏
人，各局廠相率閉戶云。

《申報》合訂本，第四七冊，〈港電報疫〉，光緒二十年（1894）五月初十日，三〇七頁。

潔淨局官紳於初四日下午聚議。清疫之法局員佛蘭詩士云："日前
議將太平山有疫之屋三百五十間一概封閉，着令現居之人盡行遷徙，局
員忌律及醫生占士更欲將屋宇盡付一炬，言之甚力。惟鄙意則以為當此
之時，可以無庸燒燬，祗將街道堵塞，勿任行人來往自可清除疫氣，因
焚屋一事甚非易辦，尤恐隱寓危機也。"各員均以佛君之說為是。

《申報》合訂本，第四七冊，〈港報紀疫〉，光緒二十年（1894）五月初十日，三〇七頁。

昨日香港來電報云：刻下□病者六十九人，死者八十六人，廣東
河南地方因此肇事。有亂民執某西婦而毆之，粵海關辦公之各西人，
俱避居沙面租界中，蓋防波累也。又聞前者香港電請滬上醫生，適滬
上辦理防疫事宜，不遑他顧，因又商請水師提督遴派各兵船上醫官赴
港。至目下留住醫院、醫船中者計共二百九十一人，有英兵九名亦染
此症，經船上醫生施治，將次告痊。避往他埠之華人依舊□聯蟻附初
十日起，有由華官接回粵省者。

《申報》合訂本，第四七冊，〈港電報疫〉，光緒二十年（1894）五月十一日，三一五頁。

昨日香港來電云：刻下染疫者五十五人，死者八十二人，留在醫
院、醫船者二百九十人，華人之避至他處者依然絡繹如梭，以致市中
輟業。有病人四十五名乘中國帆船以兵艦帶至廣東，所有污穢之區，
易生疫氣者，一律用物堵阻，不許人行。廣東省垣，時有人黏匿名
帖，略謂如港官欲毀太平山房屋，則沙面租界當縱火焚燒云。

《申報》合訂本，第四七冊，〈港電報疫〉，光緒二十年（1894）五月十二日，三二一頁。

昨日香港來電報云：新染疫者四十四人，死者八十四人，目今工作乏人，市皆閉戶。有一華船由廣州載避疫人一百五十名至石龍，中途翻覆，悉數斃於海中。港中太平山現已圍住，擬將屋宇改造，並展闊街道，俾住戶稍稀地方得以安謐。目下醫院中人數未能核計，因多人已返廣州矣。惟計至昨日為止，港中共斃一千七百十三人。

《申報》合訂本，第四七冊，〈港電報疫〉，光緒二十年（1894）五月十三日，三二九頁。

香港英官接粵憲來文，准將東華醫院分局患病諸人，載回省垣醫理，業已紀諸報章。茲英官擬有條款，令醫院紳董遵照辦理。一：凡欲將病人載去省垣調理，必須問明本人自願前往方可；二：凡病者須要醫生允准，方可前往；三：凡病者必須報差知悉方能往省；四：凡船隻將病者載往省垣，必須將病者坐臥之處遮蓋，蓋妥當並預備食物及藥料等件，以便病者需用。

《申報》合訂本，第四七冊，〈條款照登〉，光緒二十年（1894）五月十八日，三六九頁。

香港來信云：華人在九龍荔枝角建一醫院，舁病人入內治之，以致或生或死，西人不得而知。然日來疫氣則已漸減云。又得香港電報云：刻下港中染病十一人，死者十七人，有一西人亦染疫症。至昨報所紀，日本前往察驗病情之青山、北里二醫博士確曾染疫，日內已漸有生機矣。

《申報》合訂本，第四七冊，〈香港疫信〉，光緒二十年（1894）六月初二日，四七一頁。

香港時疫流行，條經三月，英官撥出查辦疫疾之費，為數不資，計自初患疫症以迄於今，由查疫委員開銷者約十萬元。每日各街灑掃屋宇之兵共三百名，每名日給半元，祇此一款，已開銷二萬二千五百，此外添用巡差及顧請小工，每日供給咖啡等費不一而足。又聞太平山疊出疫症之房屋，將來定議燒燬，須由國家補給各業主洋銀約六七十萬元，合而計之，前後需費將及百萬，且令染病之家顛連困苦，無病者亦多遷徙徬徨，是誠非常之浩劫也。

《申報》合訂本，第四七冊，〈一場浩劫〉，光緒二十年（1894）六月二十四日，六二三頁。

光緒二十年（1894）五月二十四日記：寅正抵香港口外停泊。以香港有疫氣，不進內港，亦不許人登船。酉正開輪。

鍾叔河主編：《走向世界叢書》第一輯，薛福成：《出使英法義比四國日記‧出使日記續刻》，九六一頁。

五、香港紳商對內地的賑濟

光緒三年（1877）十一月。李鴻章奏：……查有廣東潮州府，地近海濱，紳商向多好義急公，因函商福建巡撫丁日昌就近諄囑該處官紳廣為集腋。……其香港、新嘉坡、安南、暹羅等處，潮人貿易尤多，查有候選知府柯振捷、候選同知高廷楷深明大義，勇族為善，於各該處情形尤為熟悉，可以商派妥實員紳前往勸助，以期多多益善。

（清）朱壽朋編：《光緒朝東華錄》第一冊，五○八頁。

字林西報聞云：旅港之華商，為山東飢荒，茲已共捐得銀二萬元。其一萬已由匯豐銀行交上海招商局矣，餘一萬想隨後當即寄下。書捐之得如是踴躍者，以由駐港之英督向華商李君德昌諄摰力勸，李君即告之梁君鶴巢，爰即向各商勸勉，頃刻間，開敦興戲園之羅君揚凱，助洋千元。又有隱名兩善士，各捐千元，集腋成裘，居然得此巨款矣。當其由匯豐匯交時，行主人恐火船遞信較遲，特發電報至上海匯豐銀行，囑其將萬元迅交招商局收下，或將原銀較寄山東，或代購米運往，悉聽其便云。駐港之西人亦聚得四千元。惟西官與廣督道及此事，廣督答以宦橐蕭然，無可為力，於是屬下各員皆異口同聲。故粵省寄港之賑銀甚屬無幾。但富商大賈樂善者，亦多知粵垣勸捐不力，儘有到香港交銀者，真難得者也。

《申報》合訂本，第一〇冊，〈香港郵傳〉，光緒丁丑（1877）二月二十九日，三二五頁。

　　廣東商人之寄居香港者，聞廣東霖雨為災，故立即籌備賑銀一萬三千兩，內有數人各出千洋者，亦可謂樂於為善矣。

《申報》合訂本，第一〇冊，〈香港賑荒〉，光緒丁丑（1877）四月二十四日，五〇九頁。

　　光緒四年（1878）四月乙酉。諭軍機大臣等。丁日昌奏：勸辦潮州並香港各埠捐務，集有成數，及捐款分解晉豫。南洋捐戶，一律給獎，英國總督捐賑，應否致謝各摺片。丁日昌督飭道員張銑等，勸捐賑銀。紳民人等，急公好義，踴躍樂輸，潮州一府，已捐者業有二十餘萬之多。其香港及南洋各埠，經紳董梁雲漢等，實力勸辦，起解三萬餘兩。……將香港及南洋各埠捐款，專解河南，均匯至天津，由李鴻章轉購米糧，分別起運，即著照所請行。所有潮州及香港等處捐生，業由丁日昌查照新章，先行給予實收，以示招來。……香港駐埠之英國總督燕軒尼士約翰，捐賑銀五千圓，亦屬好義。已諭令總理各國事務衙門知悉。應否酬答，並著該督等酌度具奏，將此各諭令知之。

《清實錄》，《德宗實錄》（二），卷七一，九九至一〇〇頁。

　　光緒四年（1878）六月。李鴻章奏：前福建巡撫丁日昌，春間請假在籍。臣因晉、豫奇災，賑款無措，稔知該前撫臣素以救民為心，又熟悉南中紳商，呼應最靈，函請力疾就地勸捐助濟。該前撫臣按信後義形於色，召集潮州，香港一帶紳董，竭誠勸募，驟獲巨款。各董事捐戶先索札諭實收為憑。該前撫臣雖養疴閒居，自以受恩深重，時勢艱難，不得不權宜緩急，奏明刊刻關防，印發實收，俾昭大信。昨接該前撫臣揭陽函稱：前後經手籌勸捐數，除臺灣林維源等五十二萬元外，潮州約三十萬元，南洋、香港、新嘉坡、小呂宋、暹羅、越南各埠十六萬元，臺灣約七八萬元，合計已逾百萬，現仍廣為勸助。

（清）朱壽朋編：《光緒朝東華錄》第一冊，五九九頁。

光緒四年（1878）四月六日。

上諭：丁日昌奏勸辦潮州並香港名埠捐務，集有成效，及香港總督捐賑，應否致謝各摺片。據稱潮州一府，已捐者已有二十餘萬之多，新嘉坡、小呂宋等處華商，捐定者已有三萬餘圓，所辦甚屬認真，其勸捐出力紳董及各埠管事頭目，並準於事竣後，由丁日昌知照李鴻章，覈明請旨。至巫來由王捐銀千圓以為華商之倡，該國王向無與中國交涉事件，應如何辦理之處，着李鴻章與丁日昌斟酌妥辦。香港駐埠之英國總督燕軒尼士約翰，捐賑錢五千圓，亦屬好義，已諭令總理衙門知悉，應否酬答該督等，察度具奏。

（清）王彥威輯：《清季外交史料》卷一三，〈諭丁日昌據奏稱香港總督及巫來由王捐賑應否致謝一摺著查覆具奏〉，一九至二〇頁。

本埠洋商勸助賑款，茲又續收到捐銀一萬五百六十六兩七錢，其中……香港西人寄來五十圓，計三十六兩六錢。

《申報》合訂本，第一三冊，〈西商賑款〉，光緒戊寅（1878）七月二十九日，一九七頁。

香港西字報云：廣東現在需餉孔亟，故大憲擬向港中華商書捐，聞已有十餘人均經問過。如何捐法，則尚未悉其詳，並聞在船上為買辦者，亦須科捐云。

《申報》合訂本，第二十九冊，〈捐及港商〉，光緒十二年（1886）七月念四日，三二五頁。

又接香港東華醫院諸大善長賜函，云奉到鈞示，內詳山東水患，貴埠籌賑公所亦來捐冊，已即匯銀四千云云。

《申報》合訂本，第二八冊，〈上海文報局籌賑叢譚九十〉，光緒十二年（1886）五月初三日，八八八頁。

第五章　英佔香港後對香港沿海的考察

按：英佔香港後，除宣布為自由港，並建立起一套殖民統治機構外，對香港沿海形勢，及船隻航行注意事項，都由英國海軍部門進行測繪和解釋。而當時的士人也適時譯出，以供朝野人士參考。

一、英國海軍部門論香港沿海形勢

原卷（二・上）（英國海軍海圖官局原本）

候官陳壽彭、如甫譯

香港（一千八百九十四年即光緒甲午年，羅經差偏東四十五分為準）

總說

綱領　如在廣東香港界內，當西南風時，由南向而望老萬山，在於北向頗着力。當先紀其附近停泊處，如香港島港詳於後。次紀澳門港附近之處，並及珠江內港。此篇所紀珠江，並以支港西江為附。（原書註云：見海圖第二千二百十二軸十字門圖。第一千九百六十二軸，由香港至兄弟島圖，並一千一百八十軸，香港附近圖）

提防　至香港珠江附近一帶，常遇華式漁船，迅速強行穿過，此須格外提防之。此船張挂小小方帆隨風向往，夜不燃燈，其船所製必不勝鐵船相撞。也有時離岸四十迷當之遠，即遇此船，是又不僅防於中國濱海而已。然華式大號之商船（即夾板也）具有各種帆纜，桅有五枝，船尾之雙帆較小。

香港附近處[①]

老萬山（由此至鞋洲乃珠江南向）

老萬山。（在珠江口外之南，香港之東南，是處數島，謂之老萬山列島）譯言大拉都郎 Great Ladrone，又謂之門山 Man Shan（西人謂此本為吾國之音，究亦不知為何字），為珠江第一重外障，當西南風時，南至之船，非取道於此，即駛入於香港。其西接於西澳，西北則有蒲臺。皆峙立於大西水道 Great West Channel（在老萬山與大橫琴之間，港門甚闊，而水淺，尋常不過五七拓而已）之東，（原書註云：見海圖第一千二百六十三與第二千六百六圖）此島有危（峰）突起於西北，最易認識，其式甚圓，高一千四百六十八尺。（一作一千四百六十五尺，一作一千四百六十三尺）是處各島，無有更高於此者，橫徑寬二迷當，誠為絕巘。其西南盡處，有小灣曰浮石灣，譯言邦密士斯塘 Punsice Stone Bay，當東北風時，漁船泊此以避。（老萬山周圍之水深十五六拓）

提防　香港以外。常有小島甚眾，星羅棋佈，對閉水道，凡船不可近及其一迷當界內。（此條指香港前後左右群島言，非專為老萬山而發）

西澳

西澳譯言小拉都郎 Little Ladrone，又謂之北頸漢 Po King Han，（西人指為中國音）在老萬山之西，高一千零八十三尺，其狀斜浮而起，與老萬山對峙，成一窄港，港水深九拓至十八拓。深在南淺非有緊急之事，不宜由此徑行。西澳東北尖有小石島 Small Rock Island 當其衝，小石島之北有黑石 Black Rock 焉，相距四分迷當之三，是石周圖，水深九拓潮漲則隱，雖扼於東西二澳間，實為西澳之險。

浮臺

浮臺 Poter，一作蒲臺，在西澳西北北，又偏西四分向之一，五迷當有半，下視西澳，轉在其西南向。此石斜峭，相距九迷當之遠，即可望見四圍之水，深五六拓，然微風之時，頗不易行，因是處水流旋轉，能令舟漂泛磕損於浮臺之間，或為流至黃茅。

黃茅兩葉

黃茅 Hong Mao 距浮臺東北東一迷當有半，此島南北橫長一迷當，零三分迷當之一，其北向有小山甚尖，附近西向半迷當，有群石露於水面（原書作西向，舊誌作東向。按之海圖，東向有石島，似即是也）。黃茅東向一迷當，有島曰兩葉即大洲頭，其南又有一圓形島似指獅澳而言，兩葉北向盡處，西北偏北半向，有群石焉。潮至則隱，天氣惡劣則有破壞之虞，又有他石與此同向，附列於西約半迷當之遠，故行此島北向者，宜離以一迷當。

東澳

東澳 Dong Ho Island（一作獅澳未知誰誤），距西澳北向偏東二迷當零四分迷當之三，此島東北橫長一迷當零四分迷當之三，高八百八十五尺，其東南有小灣可避風，名博打母 Boddam（以西船之名名之），水深二十一尺有半，當大風時，停泊於此甚安穩。此灣之闊，一加保爾 Cable（繩纜也，一纜長百二十拓，計合七百二十尺，自此以下皆譯為纜）零三分纜之三（統共合英尺九百六十）。進口處，水深二十四尺，內向恆深十八尺，其底皆軟泥，是處僅可泊船，船入軟泥自無險礙，島岸斜峭入水，灣旁山谷皆沙岸，天氣惡劣，華式漁船，皆集於此。（原書註云：見海圖第一千零二十三軸，博打母灣圖）有撞石二，相聚一處，在東北之北三分纜之二，適當北方進口之向，其外向之石，隱於水中，離東澳東北向二迷當許，不能分辨此灣，及駛進當謹慎。而離北石之北二纜之遠前進，順此灣西南偏西，轉舵而入。此灣之口，有圓式山岡，峙立港門。其東南岸尖，有兩石，即撞石，宜避之。水漲之時，在九點四十分，高四尺有半，流入於西北。港外潮退，則流向東南，勢頗急，灣內始覺之。灣內可取淡水，並購牛肉、鮮魚、飛禽、生果等。

白瀝島

白瀝島 Pak Leak Island，亦謂之葡萄 Putai（一作東澳），高八百八十五尺，在老萬山東北北，一迷當有半，其東北有尖圓山岡，而南向諸山皆黑石。其東與澳阿 Hao Ok 小島對峙處，有一灣，華式漁船避風於此。其北亦有小灣，可取淡水，其東北尖處，有石如屋，曰屋島 House Island，上有漁舍並漁磯。（屋島即所謂圓錐石也）其南尖處略遠，有一石立於水面（即露石也）。克利阿 Clio（一作固禮阿）石，在白瀝西向二纜，距島之西北，由北偏西半向四纜之遠。

竹灣島

竹灣島 Chuk Wan Island（即鬼洲、竹洲也，茲仍西國之舊譯之）二島也，一名竹灣山 Chuk Wan Shan（距白瀝東北三迷當半，此島大者即竹洲也），一名竹洲 Chuk Chau。距白瀝東偏北有二島：一迷當半者一，三迷當半者一。其大者為東島。竹灣山之東南，又有尖島 Sharp Island。石巖磊落而高聳，其北亦有一小灣。

母拉利石

母拉利石 Ruligh Rock（一作日阿禮石）。此小尖石，微露水面，周圍水深九拓、十拓，船從海上來，甚易沖磕，立於白瀝島白石海峽之中，距白石二迷當零四分迷當之三。（此石之東北向相距二迷當，左右尚有一墨石。原書註云：見海圖第一千一百八十軸）

白石

白石 White Rock（即三排牙，一作南北二白石），兩石高聳，相距半迷當之遠，其偏西之石，立於水面差小，其南向之石，則在竹灣山東北，四迷當有半羅經東北北，又偏東四分向之一，南石之東南向，相距一迷當，又有一石。立於水面。（即黑石也。）潮漲則沒，四圍之水皆深九拓。

提防　當天時清爽時，可以遙望白石以避之，惟與竹灣山相間之水道，深約九拓，總須謹慎探試而後行。

鞋洲

鞋洲 Cei Shan Island 在竹灣山之東，羅經東北偏東又偏東半向，其東島較大於西島（蓋二島也），中分一海峽甚窄，水深四拓。

山島（由此至伶仃島乃珠江之南第二重門。）

山島 Hill Island 在鞋洲東島之東北，一迷當有半，此島甚小，四圍水深十一拓，中多礁石。

三門列島

三門 Sa Mun 乃三座小島也，在鞋洲之東，三迷當有半，峙立於西北並東南兩向，中有窄港以隔之，其西北有黑洲 Hak Chau，一作北洲。又有尖石數座，其北亦有群石，當東中兩島間，有所謂高子 Gauze 者，亦一群高聳之石也。又有一平石臥於南向，東島之南向，有所謂韓江洲 Hung Kong Chau 者（即高圓堆也）為最高之石，其式甚圓，高四百九十二尺，當大中兩島之西南處，有小港足容二三船，以避東北風，其泊船處水深六拓至十拓不等，港底之泥甚軟。

伶仃島

伶仃島 Ling Ding Island（即外伶仃也）在擔扞東北角，羅經西偏北四分度之三，十五迷當之遠，崎嶇削立，峰尖崛起，高一千一百八十一尺，峙於中央，東西橫長一迷當零四分迷當之三，外有二石，彼此互視，一在東北，一在西南，皆立水面，當島北尖之東向。一則距北尖之東偏北，又偏北半向，一迷當之遠，一則更遠半迷當。相距之處，水深十三拓周圍同之。

提防　夜經伶仃北向，宜距之稍遠而行（因是處有暗礁）。

鍼石

鍼石 Huddle Rock 二石尖銳挺起，相距數碼，在伶仃島西北角之西南，一纜有半之遠，露出水面高六尺，與浪相激而成湍。

大流島（由此至石羔島為珠江第三重門戶）

大流島 Tai Lo Island（一作大流洲又名浪列），當老萬山之北，其島甚小，高六百九十尺，稍偏西向，又斜而向東在於兩葉島北盡處，羅經北偏東半向，相距成一港，闊二迷當零四分迷當之三，然經此港道，必須謹慎以防暗礁也。有大碌 Tai Lok 者，在大流洲之北向半迷當，高三百九十五尺。巔有大石。

三角島

三角島 Saun Kok Island（又名方錐島）在大磹西北北一迷當零四分迷當之一，高四百六十尺，勢甚崎嶇，狀如方塔，與大磹遙接處，有小島曰小磹 Sai Lok。小磹之旁有二石：一名依力士 Ellis（隨意命名），一名鳥石 Bird（為其像形也）。然其間水道甚窄，水流旋轉，急而無定，輪船不易駛行。

三角島之北向，有一小灣，小船可入以避風，島上可取淡水。

青洲西

青洲西 Chang Chau Si（一作青洲），又謂之西水島 West Water Island 乃老萬山最北之一層，在三角東北北一迷當零四迷當之一，此島高四百十五尺，其西相距半迷當之遠，水深五拓，由青洲轉入大磹，取道於東，水深七拓。（原書註云：見海圖第一千一百八十軸）潮水從其西，繞入北向，流旋轉而急於西北。

四尺石

四尺石 Four Feet Rock 乃小險阻一尖石，僅高四尺，周圍之水深十拓，在於青洲東南東三迷當之遠，有島曰竹途岸 Chuk Tu An，又謂之非爾撲得 Frill Pot，又名赤洲，係在南北二白石北，與在榕樹頭之西北小島適成直線，如東北北又偏東半向，與西南南又偏西半向，而四尺石適間於此二者之中，而稍近於竹途岸。

參洲

參洲 Chung Chau（即榕樹頭，西音近似青洲，故以青洲本島為青洲西）又謂之連島，或謂之水島 Water Island。此島之南向，當大濠水道（見下）之西南隅，距大濠島西南尖，西南偏西二迷當有半。島高四百九十尺，其山之尖，近於北角。自西北迄於東南，長一迷當有半。其北無甚險阻處，惟與大濠之南尖相接處，水旋流甚急。此島之北有小灣，足容小船，其北岸之西，有圓形高島甚小，其巔有大石。

牛頭

牛頭 Nau Tau 為東南次衝之島，高而小，並有一窄港，謂之牛頭門 Nau Tau Mun（即與參洲交接處），中有淺水，即參洲之南向也。

牛頭之南，與剌撒尾相接處，其水深不過三五拓。

刺撒尾

刺撒尾在牛頭之南，其西南隅，有淡水。此島之狀甚突兀，其南角偏東之向，有石島 Rocky Island（即小石島），上有漁舍臚列罩綱。

蚺洲

蚺洲島 Chi Chau Island 二島頗大，臥於刺撒尾之東南，三迷當之遠，其東傍於大澳水道南向之盡處，島高八百二十尺，狀頗圓，西向有民居，又有小島較小，峙於西，謂之西蚺洲 Si Chi Chau，東西對峙成窄港。蚺洲東北有暗礁，距其北尖四分迷當之一之遠，是處水深四拓。

石羔島

石羔島 Shko Island（一作石羔洲）西南為雅洲，距大濠之南尖，在東南偏東四迷當之遠，其東北即大濠水道也。（此乃大濠橫岸之水道，其南則為大濠正道）此島之高處在北，高五百二十五尺。雅洲之北，有一島，東西長一迷當，中腰較窄，其西向沙岸，尖凹而出，長一迷當有半。（此即樟木頭）有一石島並二石，在石羔島之間，距雅洲東南，四分迷當之三，其石雖高，然其地與雅洲相間，皆渾濁。雅洲之北沙岸上，可覓淡水。

雞澎列島（由此至甘布里治石皆雞彭列島）

雞澎 Kai Hong 為廣東珠江第一重門戶，在其最南處，群島零星約散在東西南北間，十迷當之廣。（列島名目見下）

北尖

北尖 Pak Island，此為雞澎中東北最大之島，距老萬山之東，偏南四分向之三，十六迷當之遠，其西盡處，有二尖峰，高而奇，謂之為驢耳，Ass's Ears（即鉗蟲尾），並高九百四十尺，甚易別識，斜突而向於東北，高於平地四百八十尺，則其島地所高之數可知矣。

尖尾灣

尖尾灣 Tip Wi Wan 係雞澎西南第二島，高七百五十尺，與北尖之西南尖處，相隔成一港，約闊半迷當。

亂形石

亂形石 Rugged Rocks（一作劈裂島），乃尖尾灣西南向，共四迷當有半之廣，一群小島中之一也。然尖尾灣南向盡處，有尖石 Peaked Rock 焉，高一百六十尺，離其東島（此指尖尾灣言當作東北）有水道闊一迷當零四分迷當之一，最平之水深十八拓，而亂形石則在於尖尾灣之南盡處，羅經西北偏西半向，相距一迷當半，此石高五十尺，其與尖尾灣相距間之水道，約半迷當之遠，又有一石曰核島 Hard Island 高二百八十尺，此島最近於南向，水深十拓至二十六拓。又與亂形島相距間，有島曰族必利，高二百尺，曰母利符 Reef Island（即石島）。其間水道，深十四至十八拓，若風向稍定，駛行亦穩。

凹石

凹石 Gape Rock（一作馬尾洲又謂劈裂石），乃雞澎之西南島，高九十七尺船至此不宜駛近，因有許多暗礁，在於四圍。未嘗發露者，香港政府於此設燈塔電線，有船經過，則具報焉。（凡有輪船過者，無論師船、商船皆升砲為號）

燈塔　凹石之燈塔有白光，每三十秒鐘，旋轉一周（燈火之外罩自能旋轉，狀如走馬燈，光色白，能及遠而亮）高一百四十尺，天氣清爽時，十八迷當之遠，即能望見。此燈塔建在一木寨上，以白色油添之。

霧號　霧天轟砲為號，每十分鐘發一號。

圭頭

圭頭 Kwai Tau 或謂為龜頭，一石小島也，在北尖之東。四分迷當之三，是處更有他礁，船隻不可駛近。

蓋雲

蓋雲 Gai Yun 在北尖之北盡處，北向一迷當有半之遠，高一百三十尺，此島與圭頭相距間，多有亂石隱伏，非有急要之事，船隻勿駛入。

甘布里治石

甘布理治石 Gan Bridge，突出水面高十七尺，在圭頭西北，又偏西半向二迷當又四分迷當之一之遠，凡入大擔尾水道者，尤宜謹慎以避此石之險，因此石曾經有船磕破也。繞石尖四圍之水，約深四五拓。

利馬列島（由此至蛟石是為擔杆列島）

利馬 Lema Island 即擔杆也，共五島。由東北東至西北西，廣長十二迷當有半，（利馬乃擔杆群島總名，為香港南向第一重門戶，南洋諸船來者，必取道於此，餘見下）群島南向，皆亂石隱伏，並無合宜港灣，以備小船避風之處。其地雖苦瘠，卻有少許人家，採山巖矮樹，燒有木炭，運至澳門發販。

擔杆

擔杆 Tan Kan 乃偏東最大之島，長六迷當，闊一迷當，其西盡處，高八百五十二尺，其與一洲相隔者，有窄港曰一門。（原書註云：是港中有礁石，當一千八百三十四年，即探得，至一千八百八十七年，又有西船以探之，見第一千一百八十軸海圖）

一門 Yal Mun 本無甚險，水深十二至十九拓不等，然此一洲水道（指二門言），非緊要事，皆不宜駛船直入，因恐不能得風之力也。當東北風時，宜努力駛至擔杆北向盡處之蒲堆（一作薄臺，在香港之東南，與上文之蒲臺異）蒲堆在其北向六迷當之遠。擔杆北岸，可取淡水之地有數處。擔杆東北尖之西，有小灣，曰廟灣 Joss House Bay 為中國祀神之所，每年八月以後，東風起時，小船咸聚此以俟大船。

二洲

二洲 Ye Chau 乃利馬群島之最高者，遠望其地之頂上，甚平衍，東北有島曰圓島，係一小石礁，由一門入者，對面能見之。

潘汀

潘汀 Pun tin（一作一洲，或以北尖為潘汀誤）與二洲相接，隔一窄港，（即二門水道），港深十九至三十拓，此島高一千二百十尺，頂尖較大，其西向尖角突出，謂之一洲頭。

大擔尾

大擔尾 Tai Dan Wi 島小而高，在一洲頭之南向，與潘汀相接，隔一窄港（此港無專名，而其水則深二十三至二十九拓）而大擔尾乃在大擔尾水道之東北，若甘布里治石，若北尖，若主頭諸石島，又在於大擔尾水道之西南。

蚊石

莫士克杜 Mosquito Rock 譯言蚊石也。在大擔尾之西盡處南向，三纜有半之遠。此石東西長五十尺，闊三十尺，高十三尺，其望擔杆二洲諸島，為東北偏東，又偏東四分向之一，成一線，又與一洲頭大擔尾西向盡處，成一線，此為險地宜避之。

拉馬（由此至澎森瀉石，皆在香港東向水道中）

拉馬島 La Ma Island（一作南了）在香港之南，距其西南尖十三迷當之遠，由擔杆列島之東北頭，繞入西北之偏西，又偏西三分向之一。此島之上皆亂石，南北長四迷當，闊二迷當，其東向適中之處，有港灣曰碧尼克 Picnic（即閒遊澳）。其西向亦有一灣，兩灣相距之間，其陸地相距，尚未踰於四分迷當之一。（原書註云：見海圖第一千四百六十六軸）碧尼克灣，進深一迷當又四分迷當之一，闊三分迷當之二，深三拓至三拓半不等（大抵灣口深而灣內近岸處則淺），然有一群礁石，由岸濱橫過其灣之半，長約一纜有半，其水之深至六拓者，一船可以停泊焉，因其在於水深處也，惟須進至其灣半迷當以內。此灣北向尖角之北，又有一島，曰志惡渚 George Island（一作佐治島），高二百三十四尺，拉馬之西北尖處，約離一迷當半，有一石。是處水深六拓，其外向殊險着，拉馬西向之西南尖處，當羅經南偏東，又偏東半向，乃其西陲之險地。又其北向蒲爾題尖 Boulder Point，東而偏北四分向之三，有土梨島 Tree Island（譯言樹島也）。

東拉馬水道

東拉馬水道 East Lamma Channel（一作東南了水道），在香港與拉馬相接之間，約寬一迷當之遠，深十七至二十三拓，拉馬之北尖，與志惡渚島相望之間，是處為泊船善地，水深七八拓。

香港岸濱，東南有尖，曰麥士港 Moskong。有島曰圓島，Round Island，島外有一石，又入新字澳進口處，西南尖，距岸一纜遠，有石曰幫助石 Assistance Rock，伏在水底二拓，（圓島，在東南了水道口略偏東向，距間遊澳南岸之東角，與香港之南，所謂大潭角者適在中央之處，然則茗麥士港，茗新字澳，若幫助石，皆在大潭島之西，中國江海圖皆失載其名）其西澳，距土梨島之東南二纜有半，有一礁伏於水底，距落水灣南尖之西向五十碼，（落水灣即志惡渚之西）距拉馬島東北一迷當之遠。附近於亞伯登泊船處之西向，有山泉，取為淡水尤合宜。

浮墩　有浮墩兩對，在於大潭島 Taitam Peninsula（此實非島也，三面臨水，一隅粘陸，語曰：板尼壽拉。吾國無此專名，故以島代之。）並麥士港上，以誌相隔兩迷當之遠，以驗輪船之行遲速也，當蒲臺（在大潭島南，說見下）島與加士拖石 Jasili Rock 頂上東南偏東，以白色標誌者，互成一線。（原書註云：見海圖第一千四百六十六軸）

西拉馬水道

西拉馬水道 West Lamma Channel（一作西南了水道），在拉馬島之西向，與大濠（見下）之東向距處，其水皆深四五拓，海底為泥質（其偏西北處，底有涌沙，故較淺，其東近拉馬島處，有深六拓者）凡由東拉馬水道入者，測其水可增至六七拓（此條水道之東北，與東拉馬通，故是處之水較深）及測蒲爾題尖，相距東北北三分當之一，是處礁石之縫隙間，則深九拓。

綠島燈塔 Green Island Light House。綠島在香港之西角西北向，島高三百尺，其與香港相距處曰硫磺，水道下與西拉馬水道之北相接。船至此灣入東，至香港水道矣。由東拉馬水道而來者，亦必至西拉馬水道北，而後北入於硫磺水道也。綠島之東，又有一極小之島，高九十五尺，定而不動，言不旋轉也。天氣清爽，十四迷當之遠可望見。此燈見於西向，偏北半度者色白，並透至東北，及東偏南又偏東半向，自東偏南又偏東半向，而至於南偏西半度者色紅，此外他向，望之皆不清。

長洲

長洲 Chang Island 在外伶仃之北五迷當，近於大濠（見下）東南向，其南北兩股高高，中腰反窄而低，固有海灣兩所，分列於東西也。當東風急時，一船駛入其中，避之甚善。而灣深三拓零四分拓之一，島上可得淡水。其西相距二迷當之遠，有島曰巴潭 Patung 此即石羔島之地，吾國海圖所指石羔島，似即樟木頭，彼此互異，未知孰是。長洲之北，與大濠相距之間，小島礁石，浮露水面甚眾，且與大濠處，港窄而沙淺，大船不宜入之。

燈塔　長洲與大濠相距間，有鐵浮墩立於石上，上安紅色小燈，定而不動。

長石

長石 Chung Rock（一作中石）在長洲之東尖，偏於西向（西向語似有誤）三纜零十分纜之一之遠，潮退則見。又一深石廣十尺，伏於水底六尺。距長石東南又偏南半向，七十五尺之遠，又一隱石，距長石西南二百尺之遠。長洲之東南角，有破船焉，是處水深七拓，其與長洲相距者則西偏北，又偏北四分向之三 六纜之遠。

急星門

急星門 Kan Xing Mun（一作急水門），或謂之咽喉柵。因大濠北尖，插出洋面，中有馬鞍島 Ma Wan Island 礙之，分為二港。馬鞍之東，可容輪船來往，然港門甚窄，潮來甚猛，旋轉而險，馬鞍北向之港稍闊，帆船可泊之以待潮，當東北風時駛行，尤為利便。（原書註云：見海圖第一千八百六十六軸）。如帆船進至急星門之西，宜繞低地而行，以避其建瓴之勢，送入於西港也。當馬鞍島東北尖，與中嶼島 Chung Hue lsland 相對處，三分迷當之一，即轉舵以入中港，中嶼在馬鞍東向一迷當，其即接於香港北界者也。船出馬鞍島，轉舵向西，又須防於石工島。

澎森瀉石

澎森瀉石 Bunsansiak Rock 又謂之過路石 Passage Rock，其狀尖頂，在急星門進口之南，潮至則沒，四圍之水，深八至十拓。由此而進，則望中嶼尖在東偏北，並出可衣洲之東盡處，在南偏東，又偏東半向。可衣洲之北，有一尖石，在東偏南又偏南四分向之一，相距六纜有半，出於水面僅三尺。大北島之東北東，相距二纜半之遠，亦有一石潮落乃現。

蒲臺群島（由此至橫欄，是為蒲臺群島）

蒲臺列島 Pu Tai Group（此與上節蒲臺音同而實異）在香港之東南，擔杆水道之北向（其東乃大欽門，西即東南之水道也，其北為大潭灣）

蒲臺

蒲臺即其群島之南島也，距利馬島即擔杆之東北頭，西北北又偏西半向，六迷當有半。島高七百九十二尺，其上童，然惟山腰之下有幾許矮樹叢而已。其西有石質小島，並有一小灣以容艇子，內有人煙處。

螺洲

螺洲 Lo Chau 或謂之標和得島 Beaufort Island，在蒲臺之北，中分成一小港。此島高八百七十八尺，其頂平，四圍徒削，惟西北山尖，有少許突出，其中不免有隱礁焉。其西南尖有加士宅爾石 Gastle Rock 高五十五尺，其近處有無險阻，尚未能定，此島無人居。

宋羌

宋羌 Sun Kong 在螺洲之東，一迷當又四分迷當之三，一小島峰尖突起四百七十六尺。在其適中處，其西北有怒石 Fury Rock 高十五尺，附近之處，不常亦有礁。（似尚未測明之語）此島亦無人居。

橫欄

橫欄 Hag Lan（一作橫欄洲），在宋羌之東，四分迷當之三之遠，濯濯然小石島也。小船出入，分為二股，而常從於東向也，離其東差遠處，水深十六七拓。此島之南向，西北隅，有浮錨三，以為船隻停泊之所，然所泊必須離其西岸也。策慶石 Likin Rock 出水十八尺，在橫欄西南尖之西二纜之遠，同向中，西南又偏西半度，一纜有半之遠，有枝灘 Branch Shoal 者，乃一小石相距縫隙中，水深六拓。

燈塔 橫欄之燈塔，乃兩倍光力。白色而閃爍者（言其能伸縮）每一閃爍，約間半分鐘之久，高於水面二百二十五尺。當天氣晴爽時，相距二十一迷當之遠，望之不蒙昧。其光所射於其地周圍之向，僅三分之一，如北偏東，透至正東並東南偏東也。此燈設之島之南向山岡上，高五十二尺，以鐵鑄成長圓式，下半油以白色，而上半則紅色，其燈罩與守燈所居之所，則油白色。

霧號 向海處設兩砲以互答，相間十五秒鐘，若聞船上霧號，則間十二分鐘後發之。

大欽門（由此至佛堂門，皆香港東向水道）

大欽門 Tachong Channel（其音則似大潭港，按其地勢則大欽門也）乃香港之東泊船處也。由香港東角至於有名之東龍島 Tunglung，東林或作潭母株 Tamtu，大欽角或作連塘尾（即東龍南下一尖也）乃為東向進口之路（言進香港也），東龍適當其外，且有地脈相連之暗礁。

燈塔 大龍頭之燈塔 Tailung Head Light House（在香港之東東南角，界於大欽門兩箸門之間）色白，不旋轉，高於水面二百尺，天氣清爽，二十三迷當，能望見之。此燈所照，各向不同，除橫欄與九柱群島（在東龍東橫欄東北，與橫欄為大欽門口，船東來皆繞之北轉）之相距處，望之在於西南，並西北又偏西四分度之三，皆清明可見外，而由宋羌之西北又偏西四分向之三，與西北又偏北四分向之一，望之皆蒙暗而不見，若西北又偏西四分之一，與西北北望之而仍見焉。若螺洲，若蒲臺，若利馬群島，於西北北，與東北而偏北，望之皆蒙暗而不見。若由東北偏北至於東偏北，又偏北八分向之七，望之則仍見焉。除其船由沙門群島 Sa Mun Groups（見從）西南而來者不見外，若入大欽門者，無不見之，惟入艾哥頭 Thiko Head 處，有數向忽然蒙暗而已。此塔為石所建，司燈住處，牆界皆白色。

撞角之燈塔　撞角 Cape Collision，或謂之夏磕頭 Hak Kok Tau。色分紅白，定而不動，高於水面二百尺，天氣清爽，六迷當能望見。（撞角乃香港東北角，界於大欽門、鯉魚門轉灣處，即華船島之對面，船至此，必西北轉，而入香港）此燈在正東者為白色，自西北北迄於東南南相接處，皆如此。在正西者為紅色，自東南南迄於西北北相接處，皆如之，此皆屆於香港東北兩向也。其白色在東者，使知避大欽石與蒲加母拉石也，此二石皆在石灣內。

大欽石

大欽石 Tachong Rock，或謂之大龍鼻 Da Long Pai，出水削立六尺，在大欽門適中之處，離大欽角西南四迷當零四分迷當之一下，離大龍角之北，亦四迷當零四分迷當之一，而離香港東濱二石（即石灣灣外之二石也）四纜之遠，入夜須避之，而守定撞角白色燈光也。

蒲加母拉石

蒲加母拉石 Bokcara Rock，此係兩座甚險之暗礁也，相距處水深九拓，在大欽門入口之南。西南之石，墳起高十五尺，大欽石在其北偏西，又偏西四分向之一，大龍角之燈塔在其西南西，有一黑白棋盤紋之浮錨，在此石西南旁，入夜須避之，而守定撞角白色燈光也。東北之石，墳起高二十一尺，其方位則在於西南石東北北，又偏東半向一纜有半。（原書註云：見海圖第一千四百六十六軸）。

東龍島

東龍島 Tung Lung Island，一作連塘 Lamtong，一作潭母株 Tamtu，高八百二十四尺。（此乃其東峰也，中峰高七百二十尺，北峰高八百零一尺）周圍三迷當，其與內地相接處，有佛堂門水道以隔之，兩岸岩石相望，僅隔四迷當零四迷當之一之遠，港中之水深三拓（下有淤沙），東龍之北尖東南，又偏東三分向之一四纜之遠，有一暗礁，乃削島 Stup Island 之西盡處。（原書註云：為東北第一小島）削島即依蒲盧甫 Yo Blubs，在於頭地東北北又偏東半向，東龍西尖之南向為平島 Flat Island 即一礁石也，離岸一纜之遠，其內向略高。

佛堂門

佛堂門 Fo Tan Mun 此港甚窄，僅容小船行過，係高原之間，出奇斷隙，在香港之東北向，其南向低處山嘴展開，乃華船埠之南，天然形勢，引之以穿渡此港。

香港島

英人之初據香港也，在一千八百四十一年，西曆正月，已蒙中國見讓矣。一千八百四十二年，西曆二月六日，英令朴逞霽 H. Pottinger（人名）宣布自主開埠之說。一千八百四十三年，西曆正月二十六日，中英和議成，以香港為互市。四月五日，公議以為英之屬地。一切號令皆從英，號其市鎮曰維陀利 Victoria（維陀利譯言戰勝，猶之凱歌之意，茲照原書譯之，乃仍其舊耳）。內地九龍 Kan Lung（即九龍山也。其山高一千九百四十六尺，其地三面臨水，惟北向連入廣東內地。道光十九年七月，參將賴恩爵敗義律於此）。即在此埠對岸，於一千八百六十年，天津成約，許與英國互市。此島長九迷當，其西北偏西，至東南偏東，闊二迷當，至五迷當有半不等，共積二十九方迷當。島在內地（指九龍以內言）與拉馬（指南丫言）之間，隔一窄港，曰鯉魚門 Lye Mun 闊僅四分迷當之一（此似指其極窄處言）此島未占之先，本瘦瘠而童然，今則儼然如圖畫，其中山峰林立，中峰最高者曰維陀利（西人嘗以此字加於英后之上，猶之徽號也，譯人不察，以此為英后之名，誤甚）高於水面一千八百零九尺，在其峰之西北隅，即為維陀利市鎮，及泊船海之豎旗處。市鎮在於島北，廣三迷當，中有大路環於島者，長二十二迷當。香港沿岸，凹凸不一，而海灣甚多，最佳者則在於北向。停泊之處，即在此島與內地遙望之港中，所謂鯉魚門是也。是處水深五拓至九拓不等，商船可攏於碼頭。當大風時，宜將船停泊於港之北，即九龍東北地角也（在九龍之石山邊鬼角後，所謂避風深澳是也。）所以必避於是處者，則港中風信之猛烈可想矣。是澳水深六七拓，寬約半迷當，兩旁足立砲壘，船

748

隻欲避其中者，宜在其東岸角（所謂鰲金澳處，上有高峰八百九十六尺）與克勒得島 Kullet Island（一作華船島，上有峰高三百二十四尺，與鯉魚門之燈塔斜對處，島旁有礁石）之東向，因其外向潮急也。香港既立為商埠，則商務冊籍，不宜改纂者，然近來格外推廣，至一千八百九十一年，英與各國之船到者益眾，統計出入所載，共一千四百萬五千六百九十八墩。所至之商貨亦不一種，其中最多者，若茶、若絲、若鴉片、若麵粉、若鹽、若瓦器、若油、若琥珀、若棉花、若棉貨、若檀香、若象牙、若檳榔、若菜蔬、若牲畜、若石器。當一千八百九十一年，香港戶口共二十二萬一千四百四十一人，內有八千五百四十五為白種人。

經緯　以大禮拜堂塔尖為準，當緯線赤道北，二十二度十六分五十二秒，經線由英起算，偏東一百十四度九分三十一秒。

天氣　香港之地，略在熱帶內，熱時雖多亦有冷時。在西南風與東北風皆能湊至，晴雨之時，均有之。每年寒暑表之溫度約由四十五至九十九度之間。西曆七八月為至熱之時，其溫度則由八十至九十四度，晝夜涼燠約差十度。其鎮埠設在島北尖峰下，蓋避西南風之勁且烈也。島之南向，薰風酷熱尤甚。西曆十一月迄至正月，為最冷之時，天氣屢緊，溫度跌至四十度，尖峰上雖見冰亦不常有，且常變易其地（此言冰者乃霜痕也，故所結無定處）如有一日忽發暴熱，則刮北風其時尚為平順，非然者隆冬暴熱，則東北風遮天而至，溫度為之卒跌。其颶颺為虐，常在春秋兩季，一來恆二三日。一千八百九十三年，西曆正月，香港與九龍兩處，在海平測驗天氣，據其冊籍所載，十七日測得天氣三十六度二分，濕氣冰花，凝在三十度二分。由九龍而至廣東二十八迷當之遠，則差在二十三度。西曆三四月，煙雨迷離，溫氣貫逼，須謹慎而防衣服、書籍、器具，收存諸物之霉爛、破壞、損敗也。其大風鮮有發於六七月以前，惟自此時（言六、七月）以後則甚烈，其在香港者，恆在於秋分前後，濕氣之時，常在五月，相續而至於八月，是時雨氣絕少間斷，恆使其水漲而為災（此言為船之災，非陸地洪水也）。自一千八百五十三至九十一年，每年扯算，約其雨之所漲恆在五十九寸七十二分，一千八百六十年，則漲至一百二十寸六十六分，一千八百八十三年則漲至九十寸十七分。

疾病　其病之發，雖由於瘴氣，而香港之水土，較之東方諸埠為尤佳。前年大獲保安者，皆賴其水之精善，使人快爽也。有年情欠安者，約因少雨之故，痢瘧之作，尚非異事，若痰疱、若黃疸，則發於暑月。自西曆十一月迄於三月則痘症盛行，當此之時，飲食衣服皆宜謹慎，自然康健矣。尤妙者得有日光相射，雖然冬月亦宜焉。

香港泊船處　在島之北向，與內地相間一空闊之港也，惟西風之力甚猛，然較外面諸島，則減輕多矣，似乎足為地球一善地。（原書註云：見海圖第一千四百五十九軸）九龍地角，存一內港（似九龍灣也）有陸地為鎖顱，足以保護諸船於各種天氣中，但其地位，不甚方便耳。此埠管理繫船次第，屬港中中總辦。商船則魚貫泊於港埠之中下部位，若港旁公正之處，有浮錨為誌者，此則專為兵艦之取道東方也。

方向　此港之內，諸船皆可拖進，惟帆船重載者，當由西向，繞至克勒得（即格利得淺灘也）迤北，是處中港，水深二十五尺，此與西拉馬水道所通也，輪船可由硫磺水道 Sulphur Channel（在綠島之南，與香港相對處）而進，是處水深二十四尺（此照水飲而言）。若重載之船，因低水而進鯉魚門之東西，須避天鵝淺沙 Penguin Shoals，惟其北尖 North Point 與恰士特石 Gust Rock 縫隙水道，深二十七至三十尺，固未嘗少過於六拓。所謂深者，約在每年最低潮平之數也。

石工島泊船處

石工島 Stone Cutter 或謂之溫洲槎停泊船之處，係在此島與九龍相對之間，當大風時尤為有用也。當颶颱大作間，中國大船，及西商輪船群集於此。島之東向，水渾濁，惟東北尖，有石巖一座，橫至東南長一纜，凡船吃水深不及十四尺者，不妨由島東以進，而吃水過深者，則由西以進，有一礁沒於潮汐，約離白石之南十四碼，又有別礁，露於水上，則在島之西北。

停泊　此係專指英國海軍，設立停泊師船而言也。所泊之處有定限，當香港、九龍之間，有繫船浮錨為誌。見海圖一千四百五十九軸。（此節以下又係專言香港）

電線　由香港之北尖，通入港之西南，接至九龍之東南，共費水線長四百五十碼，兩岸盡處，以浮墩為號。夜燃紅燈為號，掩東而亮西，故船未停泊時，皆見兩燈於同向。此與新加坡 Singapore、拉邦 Laboim（爪哇西北三十迷當一小島，屬於英國者，緯線赤道北五度二十五分，經線由英起算，偏東一百十五度十九分，島長十迷當，闊五迷當）馬尼拉等處，至於北方諸埠，所有電線皆相通。

時號　以球為號，每日懸掛於繩竿，在港之北，約近九龍角巡捕房處，其球懸在半桅，乃五十五分，收緊則五十七分，若墜下則由天文臺之電氣也。香港報時之法，當一點鐘零分零秒時，與英國姑林母亦次天文臺之十七點鐘二十三分十八秒零三三相等，言七點者以全日二十四點為計也。惟一點鐘之零分零秒其球必緩而低若至二點鐘之零分零秒，必再緩而再低，此香港報時之法也。時號之設，乃導船以停止也。

接濟　預先存儲各物充盛，較之市場尤有次序，並以井水濾至精善，以給埠鎮及諸船。島上（指香港）有航海諸人之醫院一所，有水手公所一，又航海諸人會館一。

煤　約有六千噸之煤，以備海軍不時之需，而本地現存者，則有二千至五千噸。

碼頭　凡船吃水深至二十尺者，可停泊於九龍魚雷艇，西邊海中，設有小艇，長二十尺橫過港灣停泊之處，則長五百四十尺。此灣之北，有碼頭共三所，其全數總長一千六百三十五尺，為吃水深至二十四尺者而設，加以亦有能容吃水深二十尺者之所，則共長一千六百九十五尺。凡船吃水深至二十四尺，則船之長四百尺，故建北海塘，為運煤碼頭三座，設有小艇長二十五尺，由海塘橫接至是處。（原書註云：見海圖第一千四百五十九軸）凡師船裝煤，必由所設之小艇，程家厝 Chin Sal Chui 碼頭處，凡船吃水深者，不踰十五尺者，可入以裝煤。香港島邊各碼頭，皆無裝煤之所。

九龍船塢　此為水師第一號船塢，在香夏母海灣 Hangham Bay 中（九龍東向，與香港東山砲臺遙相對），長五百七十三尺，圍五百三十尺，進深八十五尺，塢門深二十八尺，是處又有一塢，在亞伯登 Oberdem 或謂之夏鼻灣 Shik Pai Wan（一作泰西船塢是也），乃九龍地角之西向，與石工島西正相對，長闊詳於船塢書。（九龍船塢前水深三四拓，泰西船塢前水深四拓以上）

修補塢中工匠，手藝頗精，凡建造修補船隻機器等，則以西國匠首督理之，有氣椎之力重六十鳩。（見第一卷權衡說。西國廠所之優劣，但論椎力，椎力愈重，則其所鍊之鋼，所打之鐵自純淨）凡重二十噸之物，可一時舉之上下，鑽竿上下能刺通九十六寸，最大之汽鍋，能自製亦能修補。煙通長三十二尺，徑二十四尺者，能自打造，亦能改換。鐵桅亦能自造，並能造船上之三板也。當水平至二十四尺時，船可駛至碼頭邊，其繫船之處，長三百七十五尺，是處水平僅深十五尺，有起重架高九十尺，以氣力能舉七十噸。（原書註云：此架乃一千八百九十二年十二月新設）

風號　九龍巡捕房前，設桅占風，所立風號如下：上懸一鼓，明大風在中國海中，當香港之東向。一尖竿懸於桅頂極處，明大風在香港迤北，或北方之風加進也。一尖竿懸於桅頂低處，明大風在香港南向，或南向之風加進也。上懸一球，明大風在香港之西。紅號，明此風之力能由香港展至三百迷當以外。黑號，則不及此之遠。諸號之設乃港官之責，以導諸船不妄動。以上諸號，惟近港之風不在內。

風災，於桅竿之下，燃砲，為號一砲，明料定此處有颶風甚猛；二砲明暴風之勢將至；三砲明風力旋轉將為諸船之災。其消息能通靈者，則由於香港電報公司，或九龍之巡捕房也。

夜號　雨燈高舉，明天氣惡劣，料其風將繞島而來；其燈低平，料風將息。此號係設在九龍貨倉公司 Kowloon Company 旗竿上。

開駛　當舉鼓時，諸船向往南北西者，可即開駛，尚能冀望出口後有好天氣也，若駛非力群島（見第一卷註中作飛臘邊即此），或者，是適與風遇也。帆船欲往西南諸埠者，務即開駛，但欲駛於東北者，則不如存留港中，俟其風定而行，然此時西向亦不定無風也。當舉尖竿於桅頂時，西南之風必將至，諸船出口者，不宜冒險以向風也。凡帆船欲往北向，可即開駛以乘此風之便，因西南風正其所利焉。當舉尖竿於桅半時，則願諸船皆存留港中，以避此惡劣天氣，俟風雨表升起後，則此風險方過。當舉球時，諸船向往南北東諸埠者，尚虞其風之在東，或轉南而至於西南也。惟開駛向西者，則勿冒險而行，須俟風雨表升起方可。若風雨表仍跌，則舉起之口號（見上註中）不可忽，嗣即覓一避風港以俟之，然此罕有相遇者，諸港之目，詳於卷一。

潮　香港之潮甚異，每日來勢高低接續恆不齊，其所以不齊者，似係隨月之盈虧也。上下弦明魄平分時，則潮平。此外大小漲之高低，則隨朔望消長，雖層層有次，尚無善法以切定之。凡有最高之潮，其先必有最低之潮。據是說也，則其循環轉動之理可按矣。稍高之高潮既落，則成稍低之低潮，於是再起則成不甚高之潮矣，於是僅成稍高之低潮矣，其時又起，則與稍高之高潮平。數日後，約近上下弦，則前後之次序仍復始。當日行北陸時，高潮常發於晝，日行南陸時，高潮常發於夜，潮發則在十點鐘，惟有高潮，則發於九點鐘。潮高次第雖不同，常以八尺為準，日晷太偏於南北陸，及平分之時，則高六尺。

潮隨月長，層遞而大至因月而最高，所高之時亦僅，其次即續而為低矣。當月漸圓時，日偏南向，新月之時，而日又偏於北向。香港大潮，見於一年十二月者，列表於下（其月分皆按西曆言）

正月由下午五點鐘至中夜。二月由下午三點鐘至中夜。

三月由正午至下午十一點鐘。四月由上午九點鐘至下午六點鐘。

五月由上午七點鐘至下午五點鐘。六月由上午六點鐘至下午三點鐘。

七月由上午五點鐘至下午一點鐘。八月由上午三點鐘至正午。

九月由中夜至上午十點鐘。十月由下午十點鐘至上午九點鐘。

十一月由下午六點鐘至上午六點鐘。十二月由下午六點鐘至上午三點鐘。

潮流　當鯉魚門 Lye Mun 與磨刀石，港道相接，其流勢起落，順西向，潮滿則從東向。其所以變易方向者，視水之高低耳。其流之力甚大，而停泊之處又甚弱，當窄港中，其流之急者，一時可至二訥。若在鯉魚門中，順風潮而流，則一時可至三訥。若在長闊澳 Chung Kuang（此地未詳何處，似係砲臺山灣也）與九龍灣等澳，其潮之流弱而不齊。大欽港滿潮時，其流起於西北北，而滿於東南南。改向之時，視水之高低為度，而最有力者，不過一訥之遠。佛堂門，其流起於西北，而滿於東南，其流源之急者，可至三訥，然其力穿過於此不甚覺，因其夾於斜島 Slope Island，一名莊漕，與東龍島之間，而其流較細。

海里　測量海里由港之東北，至於克勒得淺灘之頂，並與黃彩山角 Wanchai Gap 成一線，在羅經西南南，又偏西四分度之三，計長六千零五十五尺，以其相距，而驗輪船行程之速率。其所畫海里之痕，其在西南界者，乃由九龍船塢之首起，迄於一童山 Children Hill 南向巖石，成一直線，當羅經西北偏西，又偏西四分度之一。其在東北界者，乃由九龍船塢，迄於白縫 White Patch（即白石之縫也）成一直線，當羅經西北偏西，又偏西半度。

水雷　佈置南北向，相間於六七百碼之遠，由石工島南岸，至東西等向，約距七百碼。其在南岸者，以紅白色浮錨為號，以代浮墩，諸船至南向，須識而避之。

天鵝沙

天鵝沙　乃一片平灘，近於香港泊船處東向。此灘由北偏西至南偏東，長二纜有半，闊約四分纜之三。當最低之潮時，其頂距水五拓，上堆蛤殼沙，四圍距水六八拓。其北向盡處，適當石礦尖南偏東之向，相距五纜遠，所言其水之深之數，乃一千八百九十三年，由鯉魚門及九龍地角測量所有者。（原書註云：見海圖一千四百五十九軸）

西向　所有輪船由西向而近於泊船處者，須穿過硫磺水道。此水道相隔於綠島及香港間，雖闊二纜，而險阻之處，須有把握。帆船則不然，專候順風吹送而過，既繞至綠島之後，小島東向，該處之水，僅深四拓。若船係重載，當防綠島相對之處，有拉馬島峰尖曰仙屋山Son House，高一千一百四十尺，在綠島之西，當南偏東之向，又附近鯉魚門有鬼角 Devil Peck，又與石工島南向之白石尖，成一直線，其間東南偏東之向，即引至克勒得沙岸之北，即泊船處也。香港路之西，即近於帆路停泊處，其旁即克勒得沙處以對之。其北向約近綠島一迷當有半，尋常水深三拓半，是處亦可乘東北風之便，以出鯉魚門之東。其餘之風，皆為高地所阻，無所用帆船焉。（原書註云：見海圖一千四百六十六軸）

東向　若乘濃濁天氣，或在黑夜，由東向穿入大欽門水道，而東龍島之大欽石低且暗，離二三拓，用西北西之向以過之，惟是處又有大欽石北向，適當其衡。欲保此程，當以大欽角之西為正角，拉船至於西北北。若其船不必望到香港停泊處，則不妨別求順路，前向他港停泊，如有九拓、十拓之水皆可也。是處之水雖深，亦須探測，所測線內，宜無情弊者尤妙，此乃近岸提防之要策也。若出香港界之南向，而由邢海門 Shin Hi Mun（似即所謂雙樹門也）前進者，可以繞入大欽石東向之後，而撞角之北，則在西北北向，遂至於大龍角與大潭角所開張處。過大欽石東之後，當香港與蒲加母拉石相連處，將魯柯 Lo Kau 山頂與大龍角，牽成一直線在西南南，記此而轉舵焉。既屈大欽石，即虎頭洲 Hu Tao Chau 或謂之華船島之北偏西三分向之一，是處適至大龍角，並宜防之。若穿過大欽石之西，當乘利便，迅速而行，即出此石之後。時若行過蒲加母拉石東向，則不宜望大欽石北向之波汀齊尖角也。及至大潭地角南向盡處，即大龍角南向所開展處所也。

停泊所　諸船由香港駛出，穿過鯉魚門，若當天氣暴變，或夜間陰黑，欲覓最好停船之處，在東龍之北向，是處水深五拓，然不可太近之，此為香港引水之所，為大風停泊最善者。

大潭灣

大潭灣 Tai Tam Bay 在香港東南向，香港之南，所謂灣澳者甚多，而此灣則足以為小船救護之所。進深二迷當有半，口門闊一迷當零四分迷當之一，水深六拓至十拓不等，絕無險阻。若由西邊大潭角進口，是處山勢高而莽，附近處水深十三拓。大龍角，或謂之打汲拉角 Cape Dagnilar（此係法國音）。相離處水深，座小綠島，即在口門東向，此灣最有用者，雖口外有橫欄島以障之，日間望為秘密。當大風之夜，尤為陰黑，其船之合量者足藏其中，雖是灣外大風，而此中可無恐。灣之西岸，有大潭村，可取淡水。

橄欖沙

橄欖沙（見上）當大潭地角之南向，一迷當之遠，有橄欖沙灘，由東北之至西南南，長一纜零四分纜之三，距於水底六拓，基底有強壯海樹生焉。

方向　如由大潭灣東向而入，可取道於橫欄、宋羌、螺洲等島之北，穿入邢海門，或由南向利馬水道而入，隨於諸島之縫皆可穿入。惟螺洲之西，有砲臺圓石 Castle Rock 在焉，是不如繞至北向穿入之為愈。若從邢海門而行，當離宋羌、橫欄一迷當之遠渡過，其泊船處則離於西岸之大潭村，是處水深六拓半，凡船之至於此地者，所有諸風皆可避。若稍偏於南，則所得不及此。因有附近諸島群石，以阻其風陣陣捲入也。若欲停在此灣之上部，當慎避於漁梁，因其豎插於灣中者良多也。

潮流　大潭灣之潮甚細，與附近諸地皆同，良難得有高潮時也，不比各種港門，得有風力催送之大耳。其源頭潮滿時，則高八尺，其次則六尺，潮退則由螺洲與香港相連處東向而去。

註：①原書英文不清或有誤，據原文排印。

（清）陳壽彭譯：《中國江海險要形勢圖》卷四，一至一九頁。

二、十九世紀後期英人敘述香港地理、海道形勢等

香港，中國東南海邊海島也。在直道北二十二度十五分，經線自北京偏西二度，長約二十四里，闊約十五里，總計約三百方里。同治九年（1870）核居民二萬五千人[①]，其中六千歐羅巴人，二千八百印度人，十一萬一千五百中國人。此地海口甚便，周圍有山一、二百丈高，初為英屬地在道光二十三年（1843）。斯時兵船林立，保護在此貿易，即如鴉片、糖、油、花、米、茶、絲等物核稅餉，光緒元年（1875）七十萬兩，用費亦如其數。二年（1876），貨由英運至一千一百萬，貨物運至英五百餘萬，均有地方官管轄，議會事九人，遵會四人，巡撫俸銀二萬五千元，將軍三千四百元，按察司一萬二千五百元焉。

註：①此居民數有誤。

（清）王錫祺輯：《小方壺齋輿地叢鈔》十八，第十帙，（英）慕維廉著：〈英屬地志一〉。

金星門

自澳門東岸起，曲折向東北，約十一里，至波拉富（譯曰陡山）角（即高岸角），及轉此角，則忽偏西而成深灣，曰金星門港。港內停泊小船最穩，惟外面有甚寬淺灘，距口外二里，僅深二拓至三拓，及離波拉富角約半里，則深七拓至八拓，所以自東面深處進口，為最穩水道。淇澳島南半，與波拉富角之間，闊約半里，為金星門港口。距九星洋北面八里，距伶丁山峰西偏南十里，自波拉富角至淇澳，所有相近小島與隱石間，俱深六拓至十四拓不等，惟距口內小島西偏南半里，有深四拓至六拓之處，海底泥質甚軟，亦可泊船，但宜視圖中所記淺泥灘以避之。

老萬山

珠江口外最高者為老萬山，值西南恆風時，凡進珠江口者，必以此島為記認准的，並以老萬山與西澳，及蒲臺為大西水道東界。

老萬山西北面有圓峰，高一千四百六十五尺、寬約二里，最易識別，相距二十七里，立船面可見，相距四十里，登桅末可見，周圍各島，雖有高者，絕不同此形勢。近海之面，為高石崖，四周水深十四拓至十五拓，即附近而行，亦無妨礙，西南面有小灣曰浮石灣，凡漁船值東北恆風時，俱於此灣內避之。

西澳（西名博頸漢）

老萬山西面有島曰西澳，高不及於老萬山，其間水道雖深九拓至十八拓，但甚窄狹，非甚緊急，不應由此經過。西澳西面尚深十拓，惟距浮臺南面半里，僅深七拓，及近浮臺南角，則深十二拓，又老萬山南面與東面，皆深十四拓至十五拓。

西澳東北有小石島，距小石島北面四分里之一，有黑石，潮漲則隱，四周水深十拓，凡值潮漲時，由此經過，不能分辨隱險，故宜行於西澳與東澳間之水道為穩。西澳附近無險，近西北面有一高石，近石處皆深九拓至十拓。

浮臺

距西澳西南角，西北偏北又北三分五里半，有浮臺，形勢平斜，相距九里，即可遙見。四周附近深六拓至五拓，但值風微時，頗不易行。緣珠江泛漲，水流湍激，船首恆不能任風力所向，或推至浮臺岸，或推至黃茅浮臺與大橫琴東南角間之水道，寬約五里，甚便駛行。

黃茅兩葉二島

距浮臺東東北一里半，有黃茅島，南北橫列，長一里四分里之三，北面有甚尖山峰，距此東面約半里，多露石。又距黃茅東面一里，有小島曰兩葉，近此南面亦有一小島。又距兩葉北角西北四分里之一，有二石，大潮則隱。若風力猛烈，海浪衝激，此石恆如瀑布，凡由此北面經過者，必行距一里。

白瀝島（又名葡萄子，原名東澳）

距老萬山東北偏北一里半，有白瀝島，其東北面有一奇石，形如圓錐，高八百五十五尺，自澳門即可遙見。島無定形，南面盡石無土，與東面阿澳小島間有小澳，漁舟恆於此避風。北面有淡水，又東北角石島間有漁舍，附近多漁梁，近此南面有一蕩石。

固禮阿石

距白瀝西面二百拓，有固禮阿石，若自此石視白瀝西北角，為北偏西之向，則相距四百拓。道光二十一年（1841）冬月間，有英兵船固禮阿誤撞之，遂以此名石。

獅澳又曰蠔塘，西圖誤曰東澳。

距西澳北偏東又東二分，約二里半有獅澳自東至西長一里四分里之三，山面參差不齊，此東北面有一小灣曰波打末（西船名）。寬二百拓，深二十四尺，潮退盡時，深十四尺至十八尺。前有英商船名波打末者，遇大風時，為引水道者，導入此灣避之。灣內為軟泥，最便拋錨，設遇險失錨，可進至軟泥處，俾得稍停。灣岸陡斜不一，岸中山谷內多細沙，曾見近處多植芭蕉。是灣為漁舟聚會之所，可避海盜。北西北高岸間有砲臺，距岸一拓半至二拓之處，水深十二尺，海底為軟泥。

入波打末灣法程

凡行至獅澳東北面，約相距二里，始見此灣。及進灣口，必防距砲臺東北角，一百五十拓處之隱石，至見灣首山谷，為西南偏西之向，必已行至隱石東南，嗣可直向灣口，距東南岸約五十拓而行，緣西北岸近砲臺處有隱石也。又距東南岸二三百拓處，有石一行，自岸排列至水涯，長一百拓至二百拓，潮漲可見多半。若入灣直向東南岸前行，即可免撞此石。又灣內東北面，亦有隱石，已行至此，必距岸四分里之三，始可避之。潮性恆由灣口進向西北，退向東南，灣內不覺潮力，惟灣外潮力甚大。

鬼洲竹洲（西圖誤以鬼洲為竹洲，又誤以竹洲為竹灣）

距白瀝東偏北約一里半有二島：西面小者曰鬼洲，東面大者曰竹洲。近竹洲東南角，有小高石島，曰尖島。北面有小澳，又鬼洲與阿澳間，水深十四拓，二島北面深十拓至十二拓。

日阿利石

咸豐七年（1857）春月間，有英兵船日阿利，遇此隱石於白瀝島，與南白石間之水道中，距南白石約二里半，緯度距赤道北二十二度二分，經度偏西二度四十一分。（原圖偏東一百十三度四十七分）潮退，風浪稍平時，常見海浪激石成瀑，附近深九拓至十拓。自此石視喇撒尾東面小劈形島，與南白石中裂處，成直線，為東北偏北之向；又自此石視鞋洲最高頂，為東又北三分之一，又見白瀝島西斜坡，後面之老萬山高峰，為西南偏南又南二分之向。

南北二白石

距鬼洲北面三里半，有二高白石，彼此相距半里。南白石，距竹洲西南偏南，又南三分，約四里半；距大流洲西偏北又北二分約六里；距兩葉北角西偏南又南八分之一，約六里；距蜘洲東偏北，又北三分之二，約五里又四分里之一。距鞋洲東南偏東，又東二分，約六里。又距南白石東南一里，有一小黑石，大潮退盡則現，四周水深九拓，南北二石間，稍偏西，又有小露石。當天氣晴爽，可遙見南北二石，東北兩面深九拓，西南兩面深八拓。又二石與鬼洲間之水道深九拓。昔因日阿利兵船，遇此遭險，厥後探試精密，遂可暢行。

鞋洲

距鬼洲東偏北又北二分約四里，有二島曰鞋洲，東西並列甚近，東大西小。二島間之水道甚窄，潮退盡時，深四拓至五拓，二島南面深十四拓，東北兩面深十二拓至十三拓，西面深八拓至九拓。

山島（西名息爾愛勒特）

距鞋洲東島北角東北一里半，有小島曰山島，附近多石，深十一拓至十二拓。

三門列島

距鞋洲東面二里半有三小島，自西北至東南，分列三里又四分里之一。三島間各水道曰三門，三島之最西北者曰北洲，原名黑洲。其西北面，附近有二尖石，中島北面有小石島，曰高子，南面多隱石。

三島最東者，南角有高圓堆，為三島中最高之處。此西南面有小港，凡遇大東北風時，可入此港避之，但僅能容船二三隻，泊船處深六拓至十拓，底為軟泥。三島在大擔尾西北面，或行各島以南，或行各島與外伶丁之間，皆得水深十二拓至十五拓。

外伶丁

距擔杆島東北角，西又北三分，約十五里，有一島自東至西，長一里四分里之三，中峰高如圓錐，近北角，東面有二石：一為蕩石，一為露石。二石彼此互視，為北偏東與南偏西之向，其向外之蕩石，距外伶丁北角東，東北約一里。自露石距蕩石約半里，為南偏西之向。二石近處水深十三拓，惟二石間之水道不穩，頗難暢行。

距外伶丁西北角西南面，約一百五十拓，有二甚尖隱石，石巔不能存留物件，因名曰針石。二石相距數尺，昔英兵船多理寺，於嘉慶十八年（1813）間誤撞此石。潮退盡時，距水面六尺，若值巨浪起伏，或可顯露，與浪相激而成飛瀑。自外面隱石處，視外伶丁西南角，恰能遮蔽擔杆島西南角，又視南丫島最高峰，少能遮蔽南丫島西北角。凡由外伶丁西北面經過者，必距半里而行，仍宜經意視擔杆島西南角，與外伶丁西南角，稍相離為度。

近外伶丁北角，水深十八拓至十九拓，及相距一里，則深十四拓至十五拓，南面與西面，則深十拓至十二拓，其底為軟質。

行外伶丁法程

如暮夜行於外伶丁北面應距外伶丁一里至二里，以避東北面之二隱石。

大流洲

距澳門泊船處東面頗遠之數小島中最南者，西面較高於東面，為大流洲，距兩葉北角，北又東二分，約二里又四分里之三。其間水道穩便，但必防遇兩葉北角之隱石，又距大流洲北面約半里，有小島曰大磢，島巔有大石，可作記認。

三角島

前數島中最大者為三角島，距大磢北東北，一里又四分里之一，勢高而形亂，略如方錐。又大磢北面，有小島曰小磢，附近有二露石，其間水道極窄，流行甚疾，而無定向，至此最難直行。又北有小島曰青洲，如行於此島，與三角之間，必行水道中界，或稍近青洲，得水深六拓至七拓之處，因距三角島北面四分里之一，僅深三拓又四分拓之一，即距西面四分里之一亦然，若距東面四分里之一，則僅深三拓。

青洲（西圖曰清洲西）

距三角島北東北，約一里又四分里之一，有小島較卑於前數島者，曰青洲。近東面處，水深七拓，北西二面，深五拓至六拓。自青洲一帶海島西面皆深五拓至五拓半，東面則深七拓。潮漲自東南，而成旋流，退自北面，順西岸流行甚疾。

四尺石（西音福爾肥特洛先）

距青洲東東南三里，有極險尖隱石，距水面四尺，近四周處深十拓。自此石視大流洲最高峰，為西南偏西之向，視三角島，為西又南二分之向。近青洲西北角，東北偏北又北三分，有小島，若行船者，見青洲東南偏東三里之竹途岸小島，與近青洲西北角之小島成直線，為東北偏北又北二分，與西南偏南又南二分之向，其四尺石必在二島之間。而稍近竹途岸，原名赤洲。故凡欲由此水道赴澳門泊船處者，必距喇撒尾與榕樹頭南面，一里又四分里之三而行，此水道中界，深十拓至十二拓，及行近青洲，則漸淺至七拓。

榕樹頭（西圖誤為青洲）

距大濠西南角，西南偏西約二里半，有高島曰榕樹頭。自西北至東南，長一里有半，近北角為高峰，附近無隱險。自此島並以南各島，為大濠水道之西南面，惟榕樹頭與大濠南角間之水道，深淺不一，且旋流甚疾，如近大濠角深七拓，而水道中竟深十八拓至十二拓，及近榕樹頭，則深二十八拓至三十拓。又榕樹頭北岸，有小澳，便於小船避風。又距北角西面不遠，有圓形高島，頂巔有大石，高島北西二面，深十五拓。

牛頭山

榕樹頭東南相近之島，小而高者，曰牛頭山，二島間之水道淺窄，惟近北岸處，深十五拓至十七拓，南面灣內，深三拓至五拓。

喇撒尾

牛頭門南面之島，較大於榕樹頭與牛頭山者，曰喇撒尾。此間水道甚窄。喇撒尾北面，與大濠西南面水道中，深淺不一，若相距一里四分里之一，有深十七拓者，有深二十五拓者，惟南面有十拓至十一拓深者。自此數方向視之，見喇撒尾山峰頗大，又距南角東面不遠，亦有一小石島。

蜘洲

距喇撒尾東東南，二里又四分里之一，有二島：其高大而形圓者，曰蜘洲，在大濠水道東口南面，其西面一島，為二島中之小而卑者。二島之間，水道甚窄，近小島東北角有隱石，距北角四分里之一，水深四拓。又小島與喇撒尾東面，相近石島間之水道極穩，寬約一里半，深九拓至十拓，若自西南，由鬼洲與鞋洲間之水道，即可進珠江。

樟木頭（西圖誤為石羔洲）

樟木頭分為二島：南曰鴉洲，距大濠南角東南又東三分約四里，為大濠水道東口，鴉洲南角高陡附近處，水深七拓，惟鴉洲與蜘洲間之水道，深十一拓至十二拓，近蜘洲則深十三拓。又距蜘洲近處，有淵潭，深二十五拓至三十拓，二島相距甚近，自東至西長約一里，中腰較窄，西面有尖沙嘴，遠伸入海約一里又四分里之一。沙嘴西界潮退盡時，深二拓又四分拓之三，自此距島稍近，則深二拓，又稍近，則深一拓又四分拓之一。樟木頭二島稍向北之西南角間，有小石島，並有二露石。又距鴉洲西面約一里，有高石島，幾行至此，必離南面半里，始得水深七拓之處，惟高石島，與鴉洲間之水道內有隱險，不便駛行。

雞澎列島

珠江口外各島，惟雞澎為最南列島，其距老萬山東偏南十六里，
為列島中最大。而向東北者，曰北尖。北尖西面有二奇峰，直聳海
面，高九百八十尺，曰鉗蟲尾，西名驢耳，最易識別。其東北面形勢
甚斜，山麓有高原一段，鋪及海涯。

北尖西南之島曰尖尾灣，較北尖稍小，二島間之水道，寬約半
里。尖尾灣西南有一帶小島分列，長約四里半，其最向外者，高九十
尺，峰頂稍缺，分為雙尖者，曰馬尾洲，又曰劈裂石（西音格不洛
克）。此為一帶小島內之最向西南者。又最向東者，高一百八十尺，
曰尖石，與尖尾灣南角間之水道，寬一里又四分里之一，最淺時，
深十八拓。又距尖尾灣南角西北又西二分約一里半，有亂形石，高約
五十尺。此石與核島，並核島向南最近各小島間之水道，皆寬約半
里，深十拓至二十六拓。又馬尾洲與東面各小島間之水道，寬約一
里，風向穩定，便於駛行。

圭頭石

距北尖東角四分里之三，有小白石曰圭頭，其與北尖之間，猶有
隱石，更宜防避。又距北尖北角之北約一里有石島曰蓋雲。二島間之
水道內有亂石，有時浪激此石，濺成飛瀑，非因急要，不可由此經
過。若已過大擔尾水道，其擔杆最西之島，與亂石之間，有甚險者，
曰甘布里治石，必謹避之。

甘布里治石

道光元年，有西船甘布里治，行於北尖與擔杆間，偶撞此石，探
得形如螺絲，距水面十七尺，其上常有疊浪痕，距圭頭北偏西又西一
分，二里又四分里之一；距北尖北角東北偏北又北二分，約一里四分
里之三。自此石視蜘洲最高峰，與山島成直線，為西北之向，視蓋雲
島東南面之小者，曰北沙淺。自沙淺南尾，水深二拓半之處，視伶丁
峰為東南偏南，又南三分之向，相距六里又四分里之三，又視礬石為
東偏南，又南三分之向，其最淺處，僅深十二尺。又自沙淺北尾，水

深二拓又四分拓之三之處，視礬石為東南偏南之向，相距十里半，又視舢板洲，與亞娘鞋西角恰稍分離。

伶丁西南面可泊船處，距沙岸約一里半，深十拓至十二拓，及至深十拓之處，又稍近岸，則忽淺。

礬石

距伶丁北面四里又四分里之三，有二石：東面大者曰礬石，西面小者曰白石。若視此二石成直線，為東偏南又南三分之向，即知伶丁沙淺北尾亦在此直線內。又沙淺南尾，與伶丁間水道東界為泥灘，其上深淺不一，潮退盡時，深二拓半至三拓半。

龍穴平灘

自伶丁沙淺北界，有淺泥灘橫入水道，至西岸淺泥陂，自此處伸入水道，向西北而至龍穴島，曰龍穴平灘，為泥沙合質，亦有數處土質堅硬者。此間潮退盡時，深三拓至三拓又四分拓之一，大潮深四拓至四拓又四分拓之三，若船體入水過於二十尺者，必待潮半漲時，始可行過。龍穴島與亂形石西北角成直線，為西南又西二分之向，石四周亦有隱石，距水面四拓至五拓，由此至大擔尾與擔杆間之水道，則漸深至二十三拓，寬二里又四分里之三。必稍行近擔杆各島，始無舛誤。

擔杆列島

擔杆列島，三大者，一小者。自東東北至西西南，共長十二里半，最大而最向東者曰擔杆島，長六里，寬一里，形勢頗壯，高低起伏如浪。與二洲分隔之間甚窄，曰一門水道。道光三十年間，探此水道素無危險，且深十二拓至十九拓，嗣有西船於道光十四年西曆十一月間，見此處水性不順，波浪起伏甚險，幾致推船近岸，見前有一門水道，即欲由此經過，復見二洲，東北角有小圓島，恐誤撞之，遂行近擔杆島西南角，轉欲行於水道中界，適為旋流推至擔杆角，回視受浪返擊之處，忽水道中有隱石偶現，若依本意所行，必撞此石，茲為旋流所阻，誠幸事也。一門外雖有大風，及入一門以內，全帆即不得力，故非緊要，不宜入此一門，即已過一門，亦必行近擔杆岸以避隱石。

二洲為擔杆各島內之最高者，島上多半為平面，東北附近處有小石島，若正對一門水道而行，可見此石。

三大島最向南者曰一洲，其與二洲間之窄水道曰二門水道，深十九拓至三十拓，一洲高一千二百十尺，西角奇峰上大於下，為一洲角。角南有小高島曰大擔尾，其與一洲之間，亦有窄水道二洲，為大擔尾水道東北界，甘布里治石，與北尖、圭頭各島，為大擔尾水道西界。

行擔杆水道法程

擔杆各島，南面峭壁高斜，無一小灣可以避風者，距岸一里半，水深二十二拓至二十三拓，北面距岸近處深十五拓至十六拓，值東北恆風時，應行於擔杆北角，與距擔杆北角北面六里之蒲臺間行過，凡自東東北視擔杆北角，形如小尖堆。

南丫島

香港西南面有南丫島，距擔杆列島東北角，西北偏西又西三分之一，約距南丫西南角十三里，距外伶丁北角東北五里半。南丫島面多露石。自北至南長約四里寬約二里，東面之灣深入西面之灣寬廣，故二灣之間，陸地甚窄，約寬四分里之一。自南丫北角至香港西南面，相距約一里，距西灣北角，北又東二分約一里，亦有一角，距角約半里，多隱石。南丫東南角為青色小圓堆，堆近水涯，石面顯露。又東南角東面近岸處亦多石，及相距半里，則深十三拓至十四拓。又東角北面有海灣長約一里又四分里一，寬約三分里之二，深約三拓半至八拓，凡行至水深六拓至七拓之處，距口約半里，即宜停泊，底為石面，四面多山環繞，泊船於此，最為平穩。近灣北角北面有小石島，高約二百三十四尺，西名佐治島。（疑為鴨利島）

南丫各水道

南丫與香港之間為南丫東水道，寬約一里，深十七拓至二十三拓。佐治島與南丫北角之間，深七拓至八拓，為泊船穩處。此水道中，料無危險，惟有云香港灣對面，小圓島之西南角有隱石。南丫西面與大濠東面，相近小島間，深約五拓，底為軟泥，凡自南面由南丫東水道行過南丫北角之後，必由漸而淺自七拓至六拓。又距南丫北角北東北約三分里之一，有淺處，底為石面，深約八拓，稍近南丫，則深十四拓至二十一拓。

長洲島（西名涌島）

距大濠東南面相近者為長洲島，距外伶丁北又西二分，約五里，南北二面較高，中腰低窄，東西二面有海灣，值大東風時，凡船體入水不過深者，可於西面灣內深三拓又四分拓之一之處停泊，最為平穩。其南面附近處，深七拓至八拓，西面深五拓至六拓，凡行此二面別無他險，惟東面距岸約三百拓，有小隱石，潮退即現。周圍附近處，深六拓至七拓。

蒲臺

蒲臺距香港南面稍遠，距擔扞東北角西北偏北，又北二分約六里，此二島為擔杆水道北界，蒲臺形勢頗低，狀若濯濯，惟山谷中有矮樹，東面海灣便於小船避風。灣內有石島，蒲臺與擔杆列島東北角間，深十八拓至十九拓。

螺洲（西名布弗得愛倫）

近蒲臺北面有螺洲，其間為窄水道，螺洲形勢高陡，頂巔稍平而有奇石，近西南面距岸約半里，有數大露石，附近絕無隱險。

宋羌

距螺洲東面約一里半，有小高島曰宋羌，中峰高四百六十六尺，近西北面有數露石。

橫欄

距擔杆東北角，北又西二分約七里，有小島曰橫欄。又距宋羌東面，約四分里之三，有小石島濯濯然，不生草木，東面附近處，深十六拓至十七拓。

香港

南丫與粵省東南岸間之島為香港，近南岸之窄水道曰鯉魚門，寬約四分里之一。香港自西北偏西至東南偏東，長約九里，寬二里至五里半，共計得面積二十九平方里。

香港泊船處

香港沿海多曲折，惟東南面海灣較大。香港與粵省東南岸間之一帶水道內，皆可泊船，惟鯉魚門處甚深，不便拋錨。凡可泊船處，以各埠對面為最穩，深五拓至九拓，海底受錨能牢，惟此間東北風較甚於他方，如遇大風，宜於港之北首停泊，因東北面有九龍陸地，能遮護東北風也。

潮信

香港泊船處，朔望日潮漲於十小時一刻，大潮高四尺又四分尺之三，此外漲落不一，且莫辨水流方向，有時一晝夜僅漲落一次。

大潭灣（即雙箸門）

香港南岸有數小灣，便於小船停泊，惟東南面有海灣，內曰大潭港，外曰大潭灣，長約二里半，寬一里又四分里之一，深六拓至十拓，灣內絕無隱險。灣口西角為高斜岸，曰大潭角，附近處深十三拓至十四拓。大潭角北偏東四分里之三，有小沙灣。沙灣對面有小石島，距此東面半里之圓角，北面海灣較大於小沙灣，近灣岸有大潭村。

大龍角（西名愃不大記拉爾西姓）

近大龍角南面有二小石島，青色蔥蔥。大龍角為大潭灣口東角，自此角折繞向北二里成小澳，曰大潭港，深四拓至六拓，惟港首西北淺而多石，如行船至日落時，已近橫欄，見天色改常，疑將大風，則可入此澳避之。

進大潭灣法程

若欲自東面進大潭灣，或行於橫欄、宋羌、螺洲三島以北，由雙箸門前行，或行於三島以南，由擔杆水道，繞行螺洲西面各石間前行亦可，雖三島北面水道較窄於南面，然一入灣口，可向北行，且易覓停泊之處。

若行南面水道，必循曲折進口，如將過雙箸門，已行過橫欄與宋
羌，或半里，或四分里之三，即應向南面螺洲，與近大龍角，二青色
石島北面間之水道口而行。依此前行，於近橫欄處，得水深十六拓至
十七拓，及近螺洲，則漸深二十七拓至三十拓，嗣近二青色石島間，
則又漸淺自十四拓至十六拓，惟距二青色石島西面一里有半，則忽淺
至十拓或十一拓。自此至西岸大潭村對面停泊處，僅深六拓半，除南
風外餘無可為舟人患者，緣灣口東南面多石島遮護，故無大浪擁入。

大濠

香港西面有大濠，自東北偏東至西南偏西長十四里，最寬處五里
半，勢高而多峰，西而最高者三千五十尺，距大濠西岸南角，一里又
四分里之一，有相連高峰。潮漲，則高峰與大濠分隔為二，近高峰南
角有一帶低平泥灘，自岸鋪入海涯三分里之一，其上僅深二拓，故行
於西南面，不可至淺於七拓之處。又距高峰北西北，約一里又四分里
之三，近露石處，深十五拓，其與大濠間之水道，深七拓，及近岸，
則漸深。又距此石東北偏北，一里又四分里之一，有前伸陸岸，其東
灣岸間有大濠村，附村水濱，惟小舟乘潮漲可入，村南面有二甚淺小
灣，近處可得淡水。

大濠北岸有二角，相距約四分里之一，二角之間為巴羅灣，灣旁有
巴羅村，距灣東角對面四分里之一，其一小島北面，又有蕩石。小島
與筲洲間之水道甚淺，值潮退盡時，凡船體入水較深者，不可行過。
距筲洲東南面稍遠，則深三拓又四分拓之三，至四拓又四分拓之一，
及近大濠僅深三拓至二拓又四分拓之三，其底為軟泥。又近巴羅灣之
小島東面，亦有一灣，此北面有赤瀝島，自南至北長一里又四分里之
三，灣內有東涌村。赤瀝角東北面多紅色石（西名花剛石），此間多石
工住居，遠近多取此石為房舍基址。赤瀝南角與大濠岸相近，凡由外
面經過時頗難分辨，此島不與大濠相連者。東涌灣內僅深二拓至二拓
半，赤瀝角東面尤淺，自此處向東大濠北岸絕無居民，距赤瀝角東東

北約一里又三分里之一，有青色小島，再向東東北約四分里之三，猶有二小島：一曰上磨刀，一曰下磨刀。距上磨刀南面約半里，距大濠北岸約一里，近露石處深七拓至八拓，惟自上磨刀至大濠北岸，僅深四拓至五拓，且水道頗窄。下磨刀西面有一帶低平沙洲，上磨刀北面與南面之大石間，深八拓至十拓，為最便水道，此石高而四面陡削。又上磨刀距大濠東北角東偏北四里。

大濠南岸成二大澳俱甚淺，榕樹頭東北面，二澳之東面大者，澳內有小島並露石。澳首鎮市居民頗多，露石以內水深二拓，澳口深四拓至五拓之處，泊船甚便。惟西澳較小，深二拓至五拓。近東澳東角，有青色高島，曰巴東島原名石羔洲，其間水道甚窄，而深七拓，近巴東島西面有數露石，故小船宜於石之西面停泊，又距露石南偏東約四分里之三，水深五拓之處，更便泊船，大濠南面沙岸中有淡水。大濠與巴東島間，水深七拓，潮退向東。

急水門（西名突羅特彀，字譯曰喉龍門）

大濠北角，與粵省東南岸之間，為急水門。其間有小島曰馬鞍。水道自此分為二支：一向西者甚窄，旋流極險，不可駛行；向北者較寬，泊船甚便，且潮性亦有定率，值東北恆風時，較便駛行。

過急水門法程

如由西面以過急水門，應行近陡岸，以避馬鞍島東北角伸入水道之石行，約長三分里之一。及過此處，即可由馬鞍島與中嶼二島間水道中界而行。中嶼距馬鞍島東面約一里，及行過中嶼南面，若欲至香港泊船處，則可直向灣竹洲（原名仰船洲）之西角而行。

筲洲

距大濠北面三里，距伶丁東南面四里半，有筲洲窄水道。筲洲長約一里，北角有尖堆，距筲洲南面約一里，有一島較高，多凸出石面。又銅鼓南角西南偏南，與筲洲北角西偏北，相距約一里，有二露石，西石色白者，曰白石。又筲洲與銅鼓二島東面相近處，深五拓至九拓，惟銅鼓以西，僅深四拓半，近二石之處，潮退盡時，深五拓。

銅鼓港

銅鼓、筲洲二島，為銅鼓港西界，近女牆峰陡岸為東界。兩界之間，泊船最穩，四面皆可護風，視銅鼓高峰，與伶丁南角僅相離，稍近陡岸，稍遠銅鼓，探得深八拓至九拓，為泊船最穩之處。

凡船體入水深者，恆行於銅鼓港北面，深七拓至八拓之處。若自南面入此港者，應行於伶丁南沙淺東面，與筲洲、銅鼓二島之間。又筲洲南面水道深三拓又四分拓之一，至筲洲與銅鼓之間，僅深二拓半。白石與伶丁南沙淺東面之水道，寬約二里，深七拓至八拓，惟近南沙淺，則深五拓，故向北曲折強行時，探得水未淺至五拓，即不可更向西行，又不可視伶丁東面有較北偏西，而更偏北之向。若視筲洲南角，為東東北之向，又視伶丁峰為正北之向，即知行近沙淺南界，探得水深四拓又四分拓之三，至五拓之處，海底為泥沙合質。

伶丁

距銅鼓港西西北，距九星洋最外島東北面，約十四里，有高峰如圓錐，周約七里者，曰伶丁。伶丁南面有窄沙淺，向南伸入海，長約四里半，沙嘴末界，深約三拓半，及距伶丁南面二里又四分里之三，僅深九尺，餘猶有更淺者。沙嘴西界頗陡，附近深十拓，又稍近則深七拓，忽而淺至三拓，惟東界，則自三拓忽深七拓至八拓，若船體入水甚深者，已至距伶丁不及五里之處。不待視伶丁西角，為較北又西三分，而更偏西之向，即應轉行，或於深九拓至十拓之處，轉向而行，可不致滯於沙淺。若值昏夜，更不可行於水深不及七拓至八拓之處。

此窄沙淺，亦自伶丁向北，西北長約十三里半，北段較淺平灘，北面多漁梁與漁舟，伶丁與龍穴二島間亦多漁梁與漁舟，夕行遙見漁火，宜防避之。

龍穴島

距伶丁高峰，西北偏北，又北二分十九里，有龍穴島，形如兩山斜向，西角低矮處有樹數株，附近有小廟並淡水井。島內素無居民，西南角有淺嘴，向東南偏南一分伸入海約二里半，潮退盡時，深二拓至二拓又四分拓之一。此淺與西面長窄沙淺之間,有可行水道,如過龍穴島西角,而至大角頭西半,必視大角頭之大白石間,與近龍穴島西面石之最外者成直線,依此前行,至距龍穴島四里之處,潮漲滿時,深四拓又四分拓之三以至五拓。及近大角頭西角,水深亦然,又稍近,則深六拓,或卸載,或登岸,於此停泊甚便。又龍穴與大角頭二島間多淺處,潮退盡時,竟有僅深一拓者。

舢板洲

距龍穴島東角,北偏東又東二分約一里半,有小島不過高,形如覆舟,曰舢板洲。此西北面有石淺,且有數露石。此淺接連於龍穴、大角頭二島之間,舢板洲以東,深七拓至九拓,凡由伶丁沙淺向龍穴而行者,見舢板洲,即識水程。

入香港法程

當西南恆風最大時,風力恆不出東南與西南二方向外,已行至見老萬山在北面,應即行於老萬山與雞澎列島間,遂由檐杆各島西面,繞外伶丁以至南丫西水道。如西八月中旬後,常有東風,必先自擔杆東北角,行過擔杆水道,始及南丫西水道,無論西南與東北恆風時,總以行於南丫東水道為穩,水雖較深於無風時,泊船亦穩,且潮性極小,幾至於無。

凡帆船常由西面赴香港泊船處,因香港西面有綠島與格里得淺灘,可遮護風浪。惟此淺灘,自綠島向北面伸入水道約一里半,水深二十一尺,故赴香港泊船處者,多行此西面水道,東北恆風時,由東面過鯉魚門,而至香港,泊船處者亦少,因此間近於高陸岸,風勢方向不一,帆船頗不易行。

凡船體入水深者,行至綠島對面處,必視南丫島高峰,一千一百四十尺。與綠島西面,為南又東三分之向,及與鯉魚門相近,視南丫高峰,與灣竹洲南角成直線,即可向東南偏東而行,過格利得淺灘以北,而至泊船處。如船體入水不過深者,可由淺灘經過,若已行過綠島北面,約一百五十拓,即可直行於綠島與格利得間,水深四拓之處，以至香港泊船處。

如風勢直向綠島與香港水道間，則可順風勢而行。凡行此水道者，素無阻滯，內有深十拓至十二拓者，惟行過綠島東面之小島時，則漸淺自八拓至六拓，以及四拓半。

由擔杆大濠、大擔尾各水道，入珠江法程

擔杆列島為擔杆水道南界，蒲臺各島為擔杆水道北界，寬約六里，深十七拓至十九拓，底略平而軟，最便行舟。值東北恆風時，欲赴香港或珠江行此水道，必先見擔杆東北角在船西面，而後可轉向前行。若天氣陰溼，三四里外不能遠見，又風力向東或向東南之勢甚猛，即宜稍停於擔杆東北角，附近水深十九拓至二十一拓，與水道口深二十八拓之處，如視天時不宜入此水道，可於水深二十五拓至二十六拓之處，稍停帆力，任其飄泊，以俟機宜。

若於日落時，已近擔杆水道口，視風雨表水銀下降，或見天色改常，將有大風，刻即駛入大擔尾，或大欽門，或南丫東水道，視宜入某處，可隨時察奪，設未至昏暮，恰已穩泊，可無他虞矣。

惟值西風或西南風時，擔杆水道間潮力漲自西南，退自西面各小水道中，故此間水力恆自西向東，每行至此，頗難曲折前進。若西南風甚大，其東流速率，一小時約行一里半，惟潮將平時，其力稍緩，凡向蒲臺行者，即近至四分里之一，並無隱險，又向擔杆北面行者，近至半里亦無他虞。

由大濠水道進珠江法程

凡行至蒲臺南面相距一里，可直行向西約十九里，即至大濠水道口。此十九里內所經水道，為外伶丁以北南丫以南之間，近蒲臺處水深十七拓，過外伶丁則淺至十二拓，或十三拓，及近大濠水道口，則深八拓至七拓，已至水道口，則深十二拓，及近鴉洲，則深七拓至八拓。如已行至大濠水道東面，見高峰形如圓錐之外伶丁，須視風勢所向，或行外伶丁以南，或行外伶丁以北皆可。若行於外伶丁南面，必距近西南面之隱石稍遠而過。若行於外伶丁北面，必距近東北角之隱石稍遠而過。但晝日行於外伶丁北面較便於南面，緣無難防隱險，可任意曲折前進，惟值昏夜，應距外伶丁北面一里半而行，始無誤撞，近外伶丁東北角之二小石。

蜘洲形奇，自東面遙視之狀，如獨立，高而且圓，最易識別。其西面稍遠之亂形島，即喇撒尾與格樹頭西曰青洲。如已入大濠水道，必向西北偏西而行，雖係深淺不一，總無淺於八九拓，亦無深於二十五拓者，惟水流甚速，風微難行，雖用數小艇在前牽引，亦不能前進，是為此間恆槳也。[1]

註：[1] 此金約翰所輯史料可與以上英海軍部門史料互相參照。

（英）金約翰輯，傅蘭雅口譯，王德均筆述：《海道圖說》，一四至四〇頁。

附：日人岡千仞論香港[1]

明治十八年（1885）二月。

十二日（廿八日），暮抵香港。遣山吉姓公署，町田領事曰：已戒逆旅。乃投押把街一店，主人廣瀨姓（要吉），長崎人，在此開旅店。田邊書記來問，頭重不勝坐，食粥就床。

十三日（廿九日），從田邊書記轎抵英哈亞底東診脈。

十四日（三十日），此日中曆除夕，港法禁爆竹，惟除夕為之己。暮百雷并發，萬瓦震動，如千軍四襲，自昏至旦，不絕爆響。豪富家一夕所消硝藥三、四百金云。

十五日（正月一日）此日元旦，男女賀正者，著新衣來往。少女紅絲辮髮，垂背至地。戶外帖紅紙，大字書"蓬萊呈壽色，松竹繞祥煙"等聯句。中俗尚紅色，市肆扁榜，祠廟聯額，名刺書箋皆紅紙。聞歐人以紅色兒童所悅，稱為幼稚色，一人蒙獅面，二人鳴鉦鼓，入人家歌呼跳舞。此我邦稱為大神樂者，知此事來自中俗也。至夜放爆如昨。

十六日（二日），一客川村由義來投。見余致敬曰：當相見於本願寺。問自奚，曰：前月從法人赴安南海防。海防風土卑濕，天氣炎熇，非東人所勝，辭歸。問戰事，曰：十一日法兵襲諒山，中兵敗走。安南境內無復一中兵。按：法人窺安南也，久矣。蓋歐人發牧師宣傳宗教，皆在三百年前。西班牙略呂宋，荷蘭據臺灣，葡萄牙入澳門，其志固不止宣佈宗教也。後之國漸失勢力，英、法嗣興。千七百八十七年（乾隆五十二年）安南大亂，法人出兵援國王，漸得勢力。千八百六十年（咸豐十年），遂逼安南割邊和、嘉定、定祥三州。英人傾國力開香港，其意在置嚴兵，耀國威，為歐人通東洋之門戶。香港歸英，東洋一大變局。今舉安南屬法，此剝床以膚者。在我如秦越肥瘠不相關，可乎？

十七日（三日），夜聞巨砲連發，響震窗戶。曰：夜來三法艦投港。凡軍艦投港，放砲十三發，砲臺應發亦如數。法事起以來，各國發軍艦巡視中土各埠。春秋以來，軍艦來投不知幾十隻。

廿三日（九日）香港南負峻山，山頂常陰，每至正午，日行山背，多霧雨，一二月多雨陰，如我梅雨候。

廿七日（十三日）轉臥室玻窗面陽，掃床安臥，稍覺讀書有味。日來搜索地誌，紀此間風土者，不得。此因館人所談，舉其概曰：中土各港皆置海關，稅出入物貨，惟香港無此設，故內外商旅，不達萬里，蜀產藥種，而下長江，帆大海，來此販賣，亦惟利其不徵稅也。然而其聚斂方法詳密，無所不至，計地徵租，量屋納錢，是曰國餉。街燈井泉，道路橋樑，凡百修築，課之戶口，酒亭、茶店、煙館、妓院，按月徵課。艇子、輿夫，負販、傭丁，四季給牌片徵課，懶納者放逐，嚴法峻令，一如束濕薪，而帳簿分明，出入程度，皆有定則，吏胥不得私半錢，至為嚴明。夜九點鐘禁人行，百街寂然，一點鐘，擔夫入人家除糞穢，洗污器，六點鐘，車卒振鐸街上，收人家塵芥。稠密萬戶，不留一塵。此類皆折衷歐制，適宜立法者，余未遊歐米（美），惟一見香港、上海，可以了其一斑也。

廿八日（十四日）島村，羽山二姓來話曰：俄法約背攻中土，有俄艦樹法旗入香港者，其情可知，普亦潛約返蔑西易臺灣半島。

（三月）二日（十六日），川村姓曰：日本小銀行於上海而不行於香港，圓銀行於香港而不行於上海。安南並行各國銀貨，而日本小銀居其半，小銀有日本字，故婦女亦皆知日本。

四日（十八日），香港當東西之衝，風舶汽船之出入，歲踰三萬隻，其盛踰上海。汽艦煤燈，凡百工作，皆仰石炭，終歲所消炭石，凡二十五、六萬噸，而其十萬噸，我三池之石炭。此地石炭，本仰英國澳洲，艦路遼遠，得不償失，使我三池盛行，則不復見英澳炭。惟雞籠在臺灣南岸，航海比我減三分二，炭質雖不及三池，以其投鑪忽發猛火，大為外人所重。若設新器械與三池賣競，為彼所壟斷，亦不可知。本港有三製糖局，月消石炭四千噸，大沽糖局已用三池粉炭。

七日（廿一日）此日晴妍，為濯所扶，乘轎攀坂路出山腰大路列樹一帶，行路迤邐，下瞰全港，船船陸續，街衢縱橫，環港四山，煙雲縹緲，紫翠映發，左顧右眄，精神豁然，頓忘篤疾在身。卸轎樹下，試步兩山，舉足乃覺呼吸促逼。此間卉木，一半我邦所無，竹皆叢生，間見帶黃色，如我金明竹。時方春和，不見一樹著花為異。

十三日（廿七日），晴妍。坐轎觀市，罪囚百餘，魚貫肩土畚，邏卒手銃，而左右進退步武，一如練兵。歐米治獄法度善良，往年佐和東野歷視歐米各國獄舍而還曰：如香港未為備矣。

十四日（廿八日），陰而冷，黑雲四塞，室暗如夜。既而大雨傾盆，食頃朗晴。此地港背峻嶺屏遮，雲霧吞吐，日夕翁鬱，往往有此異聞。

十五日（廿九日），好晴，乘轎消遙山腹，一望山海，紫翠萬狀，特覺兩間清氣，不藥而健人。半里許右轉出海濱。市場鬧熱，埃塵翁渤，臭氣衝鼻。

廿五日（九日）午晴，心神稍快。坐轎出觀，山腰有二徑。就上徑，巖根石隙，涓泉湧出，男女爭汲。蓋全港飲水，仰自來水，層樓高廈，壁設支管，設螺塞接取，而千百僑寓者不遍及，皆汲泉自給，小民、婦女、童孩，爭業擔水。香港自來水異上海。香港山峻，溪澗無數，接以鐵管，行地中，分注百街。如上海江流溷濁，井水亦然。於是江底設大水盤，地中設清水窖，中通鐵管，管中實以清沙，地上設機器，激上窖水十丈而後，四設暗管，遍布各租界。各街有鐵柱，柱頭設龍嘴，捩螺旋水乃噴吐。創設此機器，用十一萬六千磅云。行半里許，得一絕景處，停轎踞石，山中洋館，占邱埠，迴鐵柵，庭列盆裁花卉，極深邃幽逸之致。下瞰帆檣林立，萬家櫛比，灣內全勝，可一目而窮焉。二里許至公園，南背就一澗而降。為濯所扶，觀園內奇苑異木，概皆歐種，無一知名者。力步於數武，腳疲息促，殆不勝步。就轎。

廿六日（十日），雨終，北村姓（虎吉）來話，浪華藥鋪在此轉販藥種，曰人參、樟腦，牡丹皮、吳茱萸、黃連、芍藥，中人仰東種，甘草、大黃、連翹、麻黃、龍腦、犀角、甘松、蒼朮，東土仰中種。洋劑固勝漢藥，惟千年慣習，不能俄變。四五年來，漢藥生價，今春麻疹盛行，漢藥頓貴，得利三倍，事固有不可知者。僕將行開東洋藥鋪以弘販路。

廿七日（十一日）午後坐轎觀海岸大路，老樹夾街，鬱如庭園。此日曜日，歐人男女陸續，其可異者，婦人豔妝，四丁卒舁轎，其夫徒步跟隨，猶奴婢接其主，惴惴焉，恐失其意。蓋歐俗專矯男子凌虐婦女之弊，遂致此風，殆矯曲過直者。

三十一日（十五日），晴妍。坐轎行山腰大路，洋館駢列。一館庭院深沉，卉木雜植，為英國官廳，周以鐵柵，嚴兵守門。聞知官某前遊日本，好說日事，悅，顧問來遊，設盛饗。右折度二澗，遙望頂上候臺，高標國旗。凡港法：汽艦有指本港者，電訊通知，日時，候兵見一艦指港口，表旗臺上。港人望旗號知為某艦，開市埠頭，皆有此設。一路隨山曲折，兩側行樹，道坦如砥。有硝藥庫，結構異樣，礮兵警守。轎上四顧，全港瞭如展圖。淒風颯至，雲色頓惡。恐雨至，飛轎下坡，出海上則晴朗。

四月一日（十六日）紫詮[②]《文錄》有《香港略》一篇，記市街猥雜，形容逼真。曰全港市街、隨山高下，層江如塔，中民所居，小若蝸舍，密若蜂房。一屋簇集七、八家，小亦二、三家。男女老稚，眠食鹽浴，咸於蝸室之中，若蠶之巢繭，蟪之蟄穴，非復人類所勝。一椽房，賃一月十金，全地球中，無此寸土寸金之地。紫詮此言未實，一月十金，我東京亦有此房賃。

三日（十八日）午後坐轎出觀，山腰右折，得一橋。橋下築石蓄澗水，設三鐵管，分疏各街，所謂自來水者。石工蟻集，破巖穿石，丁丁相和。香港全山皆花岡石，製作諸工場，皆用花岡石。石已天設，故工作大省費用。香港不產一物，惟花岡石採掘不盡，為天造至寶云。石片碎，和埴泥，修道路，百年不毀。下一坂，煙突高聳，為熾炭場。四接暗管，疏煤氣分照百街。自是海岸帆檣櫛比，海面為陸。

七日（廿二日），香港東西十一英里，南北七、八里，峻嶺聳峙，最高處二千尺，人口十六萬四百 七千九百七十人為英人，千七百二十人為異方人，十五萬七百人為中人。歲入八百二十萬九千五百十七弗。土木營繕，吏胥俸給，一切諸費仰於此，二萬磅充兵備。英開此地，本意在張商權，耀軍威，故不吝投巨萬。此島一歸英手，東西交際，日盛一日，非特利英一國也。

九日（廿四日）轎詣公館，見町田、田邊菅川諸子，贈物辭別。……余在香港，踰十旬，每妍日，坐轎歷探勝地，惟北郊未周探，乃沿海岸右折，市街盡，架一石橋，溝上有製糖場。香港有製糖、絢索、製玻璃、釀酒、造船諸機器。而製糖、絢索、機器為最大。南背為競馬埒，四周木柵，二、三里，其前為歐人墓城，墓石或像十字，或累圓石，其制不一。中央鑿池噴水丈餘，花卉爛燦，不點一塵，猶庭院然。此亦死在巖根，骨亦清者。香港一大市場，至此周覽無遺。惟病贏不能下轎寸步，僅記一斑耳。

註：①岡千仞：十九世期中期日本著名學者，與王韜、黃遵憲均有
　　過從。此為他 1885 年遊歷香港時，日記中所寫的觀感。
　　②紫詮：即王韜。

（清）王錫祺輯：《小方壺齋輿地叢鈔》第五帙，〔日〕岡千仞：〈觀光紀遊〉，四七至五五頁。

引 用 書 目

1. （明）申時行、趙用賢等纂：《明會典》，中華書局 1988 年影 印本。

2. 《明實錄》，（台）中央研究院歷史語言研究所校印（1962 年）。

3. （清）實錄館纂：《清實錄》，中華書局 1986 年版。

4. （清）張廷玉等纂：《明史》，中華書局 1974 年版。

5. （清）乾隆官修：《清朝文獻通考》，浙江古籍出版社 1988 年 版。

6. （清）趙爾巽等纂：《清史稿》，中華書局 1977 年版。

7. （清）文慶等纂：《籌辦夷務始末》（道光朝），中華書局 1964 年版。

8. （清）賈士槙等纂：《籌辦夷務始末》（咸豐朝），中華書局 1979 年版。

9. （清）寶鋆等纂：《籌辦夷務始末》（同治朝）。

10. 不著編纂人，王鍾翰點校：《清史列傳》，中華書局 1987 年版。

11. （明）馮應京編纂：《皇明經世實用編》，（台）成文出版社據萬曆年刻本影印。

12. （明）陳子龍等輯：《明經世文編》，中華書局 1962 年影印。

13. （清）賀長齡輯：《皇朝經世文編》，（台）文海出版社版。

14. （清）楊陸榮撰、李延補編：《三藩紀事本末》，借月山房板。

15. （清）朱壽朋編：《光緒朝東華錄》，中華書局 1958 年版。

16. 張偉仁主編：《明清檔案》，中央研究院歷史語言研究所原藏清內閣大庫檔，1974 年 影印。

17. 中央研究院歷史語言研究所編：《明清史料》甲編、乙編，（台）維新書局 1972 年印。 己編，中華書局 1985 年印。

18. 中國第一歷史檔案館編：《鴉片戰爭檔案史料》，天津古籍出版社 1992 年版。

19. 中國第二歷史檔案館、中國社會科學院近代史研究所合編：《中國海關秘檔》，中華 書局 1990 年版。

20. （明）鄭若曾撰：《鄭開陽雜著》，在《文淵閣四庫全書》，（台）商務印書館 1986 年印。

21. （清）王延熙、王樹敏輯：《皇清道咸同奏議》，（台）文海出版社 1965 年版。

22. 故宮博物院、故宮文獻編輯委員會編：《宮中檔光緒朝奏摺》，（台）1974 年印。

23. （清）郝玉麟等總裁：《（雍正）廣東通志》，雍正時刻本。

24. （清）阮元等纂：《廣東通志》，廣東人民出版社 1981 年影印本，（台）中華書局影 印本。

25. （清）康熙新修：《廣州府志》，康熙時抄本。

26. （清）靳文謨等纂：《康熙戊辰新安縣志》，康熙時刻本，廣東中山館複製本。

27. （清）陳伯陶等纂：《東莞縣志》，清宣統辛亥年養和印務局本。

28. （清）瑞麟、戴肇辰等纂：《廣州府志》，光緒五年粵香書院刊本。

29. （明）應檟編、劉堯誨重修：《蒼梧總督軍門志》，全國圖書館文獻縮微複製中心 1991
年版。

30. （清）彭人傑、黃時沛等纂：《東莞縣志》，嘉慶三年廣州存古堂刻本。

31. （清）陳澧等纂：《重修香山縣志》，同治二年刻本。

32. （清）李侍堯等纂：《廣州府志》，乾隆二十四年刻本。

33. （清）毛鴻賓、瑞麟等纂：《廣東圖說》，同治時刻本。

34. （明）郭棐撰：《粵大記》，書目文獻出版社 1990 年影印本。

35. （明）方孔昭撰：《全邊略記》，民國十九年北京圖書館影印本。

36. （清）黃芝撰：《粵小記》，廣東中山圖書館 1960 年複製本。

37. （明）蔡汝賢撰：《東夷圖說》，萬曆丙戌年刻本。

38. （明）胡宗憲撰：《籌海圖編》，明天啟甲子年刻本，（台）商務印書館影印本。

39. （清）顧祖禹輯著：《讀史方輿紀要》，中華書局 1955 年版。

40. （清）顧炎武著：《天下郡國利病書》，涵芬樓影印本。

41. （清）張之洞撰：《廣東海圖說》，光緒十五年廣雅書局本。

42. （清）王錫祺編：《小方壺齋輿地叢鈔》、《補編》、《再補編》，杭州古籍書店 1985 年
影印本。

43. （明）姚虞撰：《嶺海輿圖》，在《文淵閣四庫全書》，（台）商務印書館 1986 年印本。

44. （清）洪亮吉撰：《洪北江全集》，同治十年刻本。

45. （明）戚繼光著：《紀效新書》，清邵授名湖南刻本。

46. （清）慶保奏：《廣州駐防事宜》，清抄本。

47. （清）吳蘭修編：《嶺南叢書》，道光時刻本。

48. （清）屈大均輯：《廣東文選》，清吳俊常重輯本。

49. （清）李士楨撰：《撫粵政略》，（台）文海出版社 1965 年版。

50. （明）俞大猷著、李杜編：《正氣堂集》，萬曆二年鹽山精舍本。

51. （明）顧天俊撰：《兵垣四編》，明泰昌元年刻本。

52. （清）毛奇齡撰：《西河全集》，康熙五十九年留草堂刻本。

53. （清）陳澧撰：《東塾集》，光緒壬辰菊坡精舍本。

54. （清）林則徐撰：《林文忠公政書》，中國書店 1991 年版。

55. （清）仇池石輯：《羊城古鈔》，大寶堂藏板。

56. （清）林則徐著：《林則徐集》，中華書局 1963 年版。

57. （清）李鴻章著、吳汝綸編：《李文忠公（鴻章）全集》，（台）文海出版社 1968 年版。

58. （清）劉坤一著、中國科學院三所編：《劉坤一遺集》，中華書局 1959 年版。

59. （清）張之洞著：《張文襄公全集》，中國書店 1990 年影印本。

60. （清）魏源著：《魏源集》，中華書局 1983 年版。

61. （清）王之春撰、趙春晨校點：《清朝柔遠記》，中華書局 1959 年版。

62. （清）郭嵩燾著、楊堅校補：《郭嵩燾奏稿》，嶽麓書社 1983 年版。

63. （清）杜臻撰：《粵閩巡視紀略》，在《文淵閣四庫全書》，（台）商務印書館 1986 年印本。

64. （清）王先謙編：《郭侍郎嵩燾奏稿》，（台）文海出版社 1968 年版。

65. （清）《曾忠襄公奏議》、《曾忠襄公書札》，光緒二十九年版。

66. （清）陳熾撰：《庸書》，光緒二十二年刊本。

67. （清）王韜著：《弢園文錄外編》，中華書局 1959 年版。

68. （清）吳震方編：《說鈴》，康熙五十一年學古堂藏板。

69. （清）魏源著：《聖武記》，中華書局聚珍板據古微堂原刻校刊本印。

70. （清）關天培撰：《籌海初集》，（台）文海出版社 1968 年版。

71. （清）鄧淳撰：《嶺南叢述》，道光庚寅刊本。

72. （清）喻岳衡點校：《曾紀澤遺集》，岳麓書社 1983 年版。

73. （清）薛福成著：《薛星使海外文編》，光緒丙申印本。

74. （清）魏源撰：《海國圖志》，古微堂重刊本。

75. （清）彭孫貽撰：《靖海志》，北京圖書館藏本。

76. （清）吳榮光輯：《勝朝遺事》，道光壬寅楚香書屋藏板。

77. （清）梁廷楠等纂：《粵海關志》，（台）文海出版社 1965 年版。

78. 許地山編：《達衷集》，商務印書館民國二十年版。

79. （清）康有為著、樓宇烈整理：《康南海自編年譜》，中華書局 1992 年版。

80. （清）梁廷楠著、邵循正校註：《夷氛聞記》，中華書局 1959 年版。

81. （清）梁廷楠著、駱驛等校註：《海國四說》，中華書局 1993 年版。

82. （清）夏燮著、高鴻志點校：《中西紀事》，嶽麓書社 1988 年版。

83. 鍾叔河編：《走向世界叢書》，嶽麓書社 1985 年版。

84. 蔡尚思、方行編：《譚嗣同全集》，中華書局 1981 年版。

85. （明）王在晉撰：《海防纂要》，萬曆時刻本。

86. （明）王鳴鶴輯：《登壇必究》，萬曆時刻本。

87. （明）卜大同撰：《備倭圖記》，寶顏堂秘笈石印本。

88. （清）李增階撰：《外海紀要》，道光八年刊本。

89. （清）芍唐居士撰：《防海紀略》，光緒二十一年同文館印本。

90. （清）朱雲峰評：《籌海策略》，燕山澤存書屋板。

91. （清）陳碧池輯、趙天錫評訂：《海隅紀略》，光緒丙午敬元堂刊本。

92. （清）丁日昌、李鴻章撰：《海防要覽》，光緒甲申敦懷書屋校刊本。

93. （清）盧坤等輯：《廣東海防彙覽》，道光時刻本。

94. （清）嚴如煜輯：《洋防輯要》，光緒庚子鄭慎德堂板。

95. （清）徐家榦撰：《洋防略說》，光緒十三年刻本。

96. （清）俞昌會編：《防海輯要》，道光二十三年百甓山房藏板。

97. （清）章綸撰：《海防經略纂要》，乾隆十八年鋤經堂藏板。

98. （明）王臨亨撰：《粵劍篇》，萬曆辛丑年刊本。

99. （明）錢澄之撰：《所知錄》，浙江古籍出版社 1985 年版。

100.（明）魯可藻撰：《嶺表紀年》，浙江古籍出版社 1985 年版。

101.（明）嚴從簡著、余思黎點校：《殊域周咨錄》，中華書局 1993 年版。

102.（清）三餘氏撰：《明末五小史》，乾隆時刻本。

103.（清）屈大均著：《廣東新語》，中華書局 1985 年版。

104.（清）查繼佐著：《罪惟錄》，浙江古籍出版社 1986 年版。

105.（清）鄭達輯：《野史無文》，中華書局 1960 年版。

106.（清）梁晉竹撰：《兩般秋雨盦隨筆》，上海益書局 1934 年版。

107.（清）昭槤撰：《嘯亭雜錄》，光緒辛丑埽葉山房石印本。

108.（清）范端昂輯：《粵中見聞》，乾隆四十二年一泓軒藏板。

109.（清）劉世馨輯：《粵屑》，光緒丁丑上海申報館印本。

110.（清）周廣、鄭業煌等輯：《廣東考古輯要》，光緒十九年刊本。

111.（清）袁枚著：《隨園詩話》，人民出版社 1960 年版。

112.（清）黃遵憲著、錢仲聯箋註：《人境廬詩草箋註》，古典文學出版社 1957 年版。

113.（清）丘逢甲著：《嶺雲海日樓詩鈔》，安徽人民出版社 1984 年版。

114.（清）劉光第著：《介白堂詩集》手抄本，北京圖書館藏。

115. 北京大學中文系編：《近代詩選》，人民文學出版社 1957 年版。

116.《申報》合訂本，上海書店 1982 年影印本。

117. 中國科學院歷史研究所第三所編：《近代史資料》1957 年第 6 期。

118. 王鐵崖編：《中外舊約章彙編》第一冊，三聯書店 1957 年版。

119. 北洋洋務局纂輯：《約章成案匯覽》甲篇，光緒三十一年點石齋印本。

120. 陳壽彭譯：《新譯中國江海險要圖誌》，光緒庚子刊本。

121.（英）金約翰輯、（英）傅蘭雅口譯、王德均筆述：《海道圖說》，光緒時刻本。

122. 陳翰笙主編：《華工出國史料匯編》，中華書局 1980 年版。

123. 夏東元編：《鄭觀應集》，上海人民出版社（上卷 1982 年出版，下卷 1988 年出版）。

124.（日）佐佐木正哉編：《鴉片戰爭前中英交涉文書》，（台）文海出版社 1968 年版。

· 香港文庫

　　總策劃：鄭德華

　　執行編輯：梁偉基

· 早期香港史研究資料選輯

　　責任編輯：梁偉基

　　書籍設計：吳冠曼

書　　名	早期香港史研究資料選輯（全二冊）
主　　編	馬金科
出　　版	三聯書店（香港）有限公司 香港北角英皇道 499 號北角工業大廈 20 樓 Joint Publishing (H.K.) Co., Ltd. 20/F., North Point Industrial Building, 499 King's Road, North Point, Hong Kong
香港發行	香港聯合書刊物流有限公司 香港新界大埔汀麗路 36 號 3 字樓
印　　刷	美雅印刷製本有限公司 香港九龍觀塘榮業街 6 號 4 樓 A 室
版　　次	2018 年 11 月香港第一版第一次印刷
規　　格	16 開（185 × 260 mm）共 852 面
國際書號	ISBN 978-962-04-4336-7（套裝）